心理出版社・心理學系列⑥

發展心理學

蘇建文・　林美珍・程小危・林惠雅・幸曼玲　　著
　　　　　陳李綢・吳敏而・柯華葳・陳淑美

作者簡介

（依個人負責章次順序排列）

蘇建文（策劃主編，第一、四、五、十三章）

學歷：美國夏威夷大學教育心理學碩士

美國明尼蘇達大學兒童行爲與發展研究所研究

曾任：國立台灣師範大學家政研究所所長

國立台灣師範大學教育心理與輔導學系教授

林美珍（第二、十七、十八、十九、二十章）

學歷：國立政治大學文學士、教育碩士

美國奧勒岡大學教育心理學碩士

美國西北大學人類發展博士

曾任：國立政治大學心理系主任、講師及副教授、教授

現任：私立經國管理暨健康學院幼兒保育系教授

陳李綢（第三、十章）

學歷：國立台灣師範大學教育心理學學士

國立台灣師範大學輔導研究所碩士、博士

曾任：國立台灣師範大學教育心理與輔導學系副教授

現任：國立台灣師範大學教育心理與輔導學系教授

程小危（第六章）

學歷：國立台灣大學心理學學士
美國 Syracuse 大學碩士
美國洛杉磯加州大學發展心理學博士

曾任：私立聖心女中教師
國立台灣大學心理系副教授

吳敏而（第七章）

學歷：美國哥倫比亞大學 Barnard 女校心理學士
美國紐約市立大學認知心理學博士

曾任：紐約 Colgate 大學心理系助理教授
美國教育部教育研究所研究員
美國 Carnegie Mellon 大學心理研究所博士後研究員
美國 La Roche 學院研究發展部主任
美國中美國際學校中文教學研討中心研究員

現任：國家教育研究院籌備處研究員

林惠雅（第八、十一章）

學歷：美國加州大學聖塔巴巴拉分校教育心理學博士

曾任：台灣省國民學校教師研習會副研究員
私立輔仁大學學生輔導中心代主任
私立輔仁大學生活應用科學系副教授
私立輔仁大學應用心理系兼任副教授

現任：私立輔仁大學兒童與家庭學系教授

柯華葳（第九、十五章）

學歷：美國華盛頓大學哲學博士

曾任：台灣省國民學校教師研習會研究員

現任：國立中央大學學習與教學研究所教授

幸曼玲（第十二、十六章）

學歷：國立台灣大學心理學學士

　　　美國俄亥俄州立大學心理學碩士、博士

曾任：國立台灣大學助教

　　　私立中國文化大學青少年暨兒童福利學系副教授

　　　台灣省國民學校教師研習會副研究員

　　　私立輔仁大學應用心理系兼任副教授

現任：台北市立教育大學幼教系副教授

陳淑美（第十四章）

學歷：國立台灣師範大學學士

　　　西德海德堡大學心理學研究所研究

曾任：國民小學、國民中學教師

現任：國立台灣師範大學教育心理與輔導學系兼任教授

序　言

　　發展心理學是心理學的一支，它是研究人類個體隨年齡成長身心特質變化歷程的學問。在二十世紀六十年代之前，心理學家認爲人類身心特質的發展，主要發生在幼稚期，然後便進入相當穩定的成熟期，因此發展心理學的內容主要偏重由生命開始至靑年期身心成熟爲止。七十年代開始，由於醫學的進步，人類生命期普遍延長，學前教育普及與科技的發達，致使心理學家擴展了研究的領域，使有關老年期、出生前及嬰兒期的發展知識更爲豐富，許多心理學家逐揭櫫「全人生」發展的觀點，對發展心理學的內容作了大幅度的拓展，有關胎兒、嬰兒、幼兒、兒童、靑年、成年及老年期等階段，個體重要的發展特徵，均在研究之列。發展心理學的知識，無論是父母敎養子女，學校敎師對於兒童及靑少年的敎育與輔導工作，成年人的婚姻與家庭的建立，工作之選擇，甚至於老年人的生活適應，均與之息息相關，我們可以說人生這一輩子都離不開發展心理學，做一個現代人，更不能不具備發展心理學的知識。

　　目前在國外，適合大專院校發展心理學課程的敎科書琳琅滿目，不勝枚舉；而在國內方面，雖然在大專院校相關科系均已開設發展心理學課程，但是敎授此課程之敎師大多使用英文版敎科書，眞正有系統的將國內外發展心理學的知識及研究成果撰寫成書的中文本並不多，因此撰寫中文本發展心理學乃成爲目前非常重要與迫切的工作，三年前與數位同道閒談，大家均有此共識，於是在她們的鼓勵之下，邀請台大心理系程小危敎授、政大心理系林美珍敎授、師大敎育心理與輔導學系陳淑美與陳李綢敎授、中正大學心理研究所柯華葳敎授、輔大生活應用科學系林惠雅敎授、台灣省板橋敎師研究會幸曼玲博士及吳敏而博士，共同執筆，可謂集一時之選，由於她們的參與與付出，此書得以付梓，特在此表達深摯的謝忱與崇高的敬意。

　　由於發展是畢生的歷程，是兼具連續性與階段性的，在各個發展階段中，人類的行為各具不同的面貌，也各具不同的發展任務，因此本書在撰寫時，一方面強調發展的畢生歷程，在縱的方面，包括由胎兒期至老年期的「全人生」歷程；在橫的方面，各章順序的安排，則考慮每一個發展階段之特色；在內容方面，則是理論與事實並重，期使讀者不但瞭解人類身心特質的發展現象，更能進一步瞭解促進身心發展的心理歷程。

　　本書共計二十章，分為八大部分，第一部分為緒論，係整體性的介紹發展的本質，研究行為發展的方法，發展心理學的理論，以及發展心理學的演進。

　　第二部分為產前的發展，主要內容在闡述生命如何開始，胎兒的發展階段，影響胎兒發展的因素，以及出生的歷程等。

　　第三部分為嬰兒期的發展，包括第三章、第四章及第五章，主要內容在闡述嬰兒的感覺、知覺、動作、認知能力特徵，以及社會依附之發展等等。

　　第四部分係幼兒期的發展，包括第六章、第七章、第八章及第九章，主要內容在闡述幼兒的認知、語言、社會行為及遊戲行為的發展。

　　第五部分為兒童期的發展，包括第十章、第十一章、第十二章及第十三章，主要內容在闡述學齡兒童智力、創造力、道德、人格、社會認知的發展，以及家庭因素的影響等。

　　第六部分為青年期的發展，包括第十四章、第十五章及第十六章，主要內容在闡述青少年身體與性的發展、認知以及同儕關係的發展等。

　　第七部分為成年期的發展，包括第十七章與第十八章，主要內容在闡述早年成人期發展的特徵，成年人的智力、工作、婚姻及家庭，以及由早年成人期轉變到中年人的過程等。

　　最後部分為老年期，包括第十九章與第二十章，主要內容在闡述老化的歷程，老年人所面對的工作、退休、健康及死亡等問題。

　　本書可作為大專院校兒童發展或發展心理學教科書，教授該課程之教師，可視課程之實際需要，選擇適當的部分施教。

　　由於國內研究人類發展的專家學者人數不多，過去所累積的研究成果尚不足以撰寫闡述中國人行為發展之發展心理學，目前僅能儘量將國內外

發展心理學方面最新的知識、理論及研究成果呈現在諸位面前，疏漏不週之處，尚祈同道先進、社會賢達及讀者不吝指教，實所企盼。

國立台灣師範大學教育心理與輔導學系教授

蘇建文　　　謹識

民國八十年七月

目　　錄

1

緒 論

第一節　發展的基本概念

一、發展的意義

　　發展（development）一詞係指個體在生命期間，因年齡與經驗的增加，所發生的有規律有層次的行為變化過程。人類發展的事實顯而易見，它不但呈現在身高體重的增加，內臟器官與神經系統體積的加大，以及身體比例的改變，使一個幼小的兒童成長為成人，在體積與形貌上產生了顯著的改變，同時由於身體之成長變化，機能之成熟，而導致心理特質的改變，諸如認知、情緒、人格及社會行為等各方面質與量的變化，在發展的歷程中，不但舊的行為特徵逐漸的消失，新的行為特徵陸續出現，使人類具有更複雜的行為模式，能夠產生更有效的學習活動，適應更複雜的生活

環境，亦使個人更能夠充分的表現自我的潛能，達到自我實現的目標（蘇建文，民65）。

　　成熟與學習是促進個體發展行爲變化的兩個重要歷程，成熟是指展開個體遺傳秉賦的過程，像身體的成長、動作能力、語言行爲、生殖能力表現等，莫不受內在成熟歷程的支配，待個體成熟到某一程度，雖未經學習亦能自行表現，由於成熟歷程所產生的發展變化，以胎兒與嬰兒期最爲明顯，胎兒的發育有一定的順序與時間表，可以預知，誕生之後，嬰兒的感覺能力、動作、智力及語言行爲等，都是受成熟歷程所決定，（Gesell, A., 1880-1961）更明確的指出，兒童在十歲以前，行爲發展變化多受成熟歷程的支配，十歲之後受學習歷程的影響逐漸增加（Biehler, 1971）。

　　學習乃是另一個重要發展歷程，透過學習，吾人的經驗不斷累積，而產生人格特質、情緒、態度、道德、知識以及技能等方面的改變。

　　成熟與學習雖然是決定行爲發展的重要歷程，但是它們是相輔相成互爲影響的，成熟往往是學習的基礎，兒童之身心特質必須成熟到一定的程度，才能展開有效的學習，例如嬰兒必須靠發音器官與神經系統成熟相當地步之後，才能學習語言。

　　此外，由於個體從父母那兒所得到的遺傳秉賦與成長經驗各不相同，因此發展歷程的個別差異現象益發明顯。

二、發展的本質

　　發展心理學家對於個體發展歷程的探討，一直表現出濃厚的興趣，發展究竟是怎樣的歷程？發展的目標是什麼？兒童在其本身的發展中扮演著什麼樣的角色？關於這些問題的答案，學者們的見解仍然見仁見智，於是產生了對於發展本質不同的看法。

㈠連續發展觀或階段發展觀

　　持連續發展觀的學者認爲，發展乃是連續不斷承前啓後的過程，個體從幼稚到成長的過程中，行爲發展的變化是採逐步漸進的方式來進行的，

每一個發展的時期，都奠定了未來發展的基礎，對於未來的發展產生累積性的影響，兒童時期所建立的基本習慣、態度以及人格特質，均具有相當的持續性，是青少年發展與成人生活適應的預備。

　　心理分析與皮亞傑 (Piaget, J., 1896-1980) 主張階段發展觀，他們認爲發展是呈階段方式來進行的，而非連續的過程，每一個發展階段行爲特徵都與前一個階段不同，有新的行爲、新的能力與新的思考方式出現。行爲的品質上有很大的差異。階段發展觀的特色在認爲每一個兒童所經歷的發展階段相同，其順序是固定而不可改變，如皮亞傑認爲認知發展階段經歷感覺動作期，心智操作前期，具體心智操作期及形式心智操作期四個階段，每個階段中兒童的心智能力與解決問題方式都具特殊性，都具有一定開始與完成的時間，且順序固定。

㈡主動發展觀或被動發展觀

　　個體在其發展的歷程中究竟扮演什麼樣的角色？皮亞傑認爲兒童在其本身發展的過程中扮演主動的角色，發展是其本身自我發生的歷程，兒童具有適應環境的遺傳傾向，發展的變化是兒童與環境互動活動的結果，蘊釀在日常生活活動中，兒童一方面吸取外在的經驗，以豐富其原有的認知結構，另方面改變其認知結構以適應環境的需求，兒童不斷的與環境互動的結果，智力得以發展。

　　被動發展觀將兒童視爲一被動的個體，行爲的表現端視其環境中種種的條件、經驗事件來決定，個體的發展的歷程將受制於環境，學習論則持有此觀點。

㈢整體發展觀

　　過去發展心理家在研究人類的行爲時，很自然地將之分爲身體的發展，認知的發展，情緒的發展，以及社會的發展等領域，然後採用微視的觀點來研究決定認知或社會發展的因素，這種研究的方式，對於個體行爲發展的了解，過於片面性，亦可能產生誤導的作用。近年來有的學者開始採用整體性的觀點 (holistic point of view) 來探討發展的過程，整體性的觀點認爲個人是一個完整的個體，人類的情緒、生理、認知及社會各領域

，是相互依賴而運作的，吾人無法單靠對某一領域的了解而正確評估整體的發展，強調各領域之間相互關係，此外，整體性的觀點亦將個體視爲一個開放的系統，與其生活的環境有密切的互動關係，必須由其所處的錯綜複雜的環境背景去看他，因此，個人的家庭、經驗、環境、目標及角色等各方面都受到重視，個人現有的行爲表現，可說是其生物性與其經驗統整的結果 (Schuster & Ashburn，1988)。

㈣全人生發展觀

　　早期發展心理學家認爲行爲發展主要是由幼稚到成熟期間行爲改變的歷程，換言之，主要集中在胎兒、嬰兒、幼兒、兒童以及青少年時期，兒童與青少年的時期是人生發展的明顯階段，而認爲成年期則是穩定而無明顯的成長變化，老年期的特徵則是失落與衰退。持全人生發展觀 (life-span approach of development) 的學者認爲，發展並不是終止在青年期，成年期甚至於老年期都具有成長與發展的潛能，因而強調整個人生的發展過程，擴展了發展心理學的領域。此外整個人生發展觀的學者也特別呼籲我們認識個人發展歷史環境影響的重要性，例如四十年前台灣經濟尚很落後，整個社會尚很貧窮，那時候在當時生活環境中成長的兒童，至今已是社會中的成人，他們對於物資、金錢等的看法，與今日在富裕社會中成長的個人有很大的差別。人生各階段中所發生社會與科技的重大變遷，對於其發展過程都會產生衝擊與影響。 (Clarke-Stewart & Friedman, 1987)

　　表1-1爲全人生發展歷程的分期，由產前期生命的開始，到最後的老年期，共計分爲九個時期。

三、發展心理學的界說

　　前面曾界定發展爲生命期間個體所顯示身心特質改變的過程、而發展心理學則是研究這些發展過程的科學，換言之，發展心理學是研究個體行爲的發展現象，解釋與說明發展現象，進而預測與控制個體行爲發展的學

表 1-1　全人生發展的分期

發展的分期	年齡範圍
產前期	受精至出生
嬰兒期	出生至兩歲
學步期	一歲至三歲
幼兒期	三歲至六歲
兒童期	六歲至十二歲
青年期	十二歲至二十歲
成人期	二十歲至四十歲
中年期	四十歲至六十五歲
老年期	六十五歲以後

（摘自 David R. Shaffer, 1985）

問。

　　現代發展心理學的內容，在橫的方面包括個體行為的各個層面，如認知、情緒、人格與社會、身體與動作等，過去學者對於各個領域的研究豐碩，因此在說明時雖然採用個別領域分別為之，但是學習者隨時應持有整體性的觀點，將發展中的兒童視為統整性的個體，任何一方面的改變，都影響其他領域的變化與功能表現。在縱的方面，則包括了整個生命期間的行為發展，由生命的開端期至生命的末端老年期。

　　發展心理學的內容一方面在描述個體行為發展的事實現象，但是更重要是在研究決定行為發展的因素，建立理論來說明解釋行為發展現象。

　　除了發展心理學家之外，像人類學、社會學、生物學、教育學，甚至於醫學的學者，對於個體發展亦有濃厚的興趣，他們研究的成果促進了我們對於人類行為的了解，因此發展心理學又可稱為科際整合的科學（multidisciplinary science）。

　　由於學者研究的興趣不同，有的對兒童及青年的身心發展情有獨鍾，故稱為兒童心理學（child psychology）或青年心理學（psychology of adolescence），也有人研究整個生命期間個體身心特質的發展，則稱為

發展心理學 (developmental psychology)。

第二節　發展心理學的演進

一、早期的研究

　　最初研究兒童的興趣導源於教育上的需要，爲了改進兒童教育的歷程，尋求良好的教學方法，增進教育的效果而研究兒童，17世紀斯拉維亞（Slavonia）之教育家孔美紐斯（John Ames Comenius）於1628年出版兩本書《嬰兒學校》（The school of infancy）與《圖片中的世界》（World in pictures），分別說明六歲前兒童的教育方法，書中闡明兒童本性的了解爲教育兒童的基礎，由於兒童認知能力的發展由具體而抽象，因此教育兒童應利用模型及圖片協助之，自從孔美紐斯呼籲研究兒童本質以增進教育效果以來，早期的兒童研究可以分爲教育哲學思想研究與實地觀察研究兩大趨勢。

㈠教育哲學思想研究

　　17、18世紀歐洲許多著名的教育思想家如英國的洛克（John Locke, 1632-1704），法國的盧梭（Jean Jacques Rousseau，1712-1778），瑞士的派斯泰洛齊（Heinrich Pestalozzi, 1746-1827）德國的福祿貝爾（Friedrich Froebel, 1782-1852）等均提供了有關兒童本質之見解，其中以洛克與盧梭的看法最常被論及。

　　英國的洛克提出「白紙」（Tabula Rosa）之概念，他認爲嬰兒有如一張白紙，有待經驗之筆來塗抹，兒童的本質須要訓練與紀律來鑄造，唯有嚴格的訓練，才能塑造成爲具有良好特質，具有理性與節制的公民。

　　法國教育家盧梭是極端的自然論者，他於所著之《愛彌兒》（Emile）書中，提出「自然」（Laissezfaire）之概念，藉愛彌兒廿五年的生活，來說明其教育思想與方法，強調順從自然歸於自然的說法，他以爲兒童本性善良，天生俱有均衡發展的能力、教育應順應兒童的本性、儘少干涉，兒童自然可以發展爲社會上的優良人才。

　　早期教育思想家對於兒童本質的闡釋，引起一般人對於兒童研究的注意與興趣。

㈡實地觀察個別兒童的行爲

　　早期研究的另一趨向是實地觀察個別兒童的行爲、對象多爲自己的子女，觀察地點在家庭內，觀察的方式是日記的方式，例如1774年派斯泰洛齊發表觀察其幼子頭三年生活的記錄，可謂是世界上第一個觀察兒童行爲的記錄，德國醫生泰德曼（Johann Heinrich Tiedemann）於1877年出版《兒童心理發展觀察記錄》（Observations on psychological development in a child），之後兒童觀察幾乎停頓了一百年，至1879年又出現新作《嬰兒傳記》（Darwin，1877），嗣後，這種日記方式的兒童觀察記錄，便如同雨後春筍一般出現，其中德國小兒科醫生卜雷（Preyer, W.）於1882年發表《兒童的心靈》（The mind of the child）最具價值，書中對出生至三歲兒童的感覺與智力的發展，都有很精細的觀察，且有獨到的見解。

　　個別兒童行爲的觀察，發源於歐洲大陸，至廿世紀初葉便在美國如風起雲湧的發揚光大。

二、科學研究兒童行爲的萌芽

㈠兒童研究運動

　　兒童日記的研究方式，只是對於個別兒童發展加以描述，而大規模有系統的研究兒童行爲，至十九世紀末方才開始，霍爾（George Stanley

Hall, 1844-1924) 發表《兒童心靈的內容》（The content of children's mind），乃其首度利用問卷法來研究兒童對於世間事物了解的結果，是根據多數兒童的反應所獲得之資料，就現代的標準而言，霍爾的方法尚不完全符合現代科學方法的標準，然而就當時而言，已成爲方法上劃時代的革新，同時他又熱心組織兒童心理研究會，對於發展心理學的發展貢獻甚鉅。

㈡心理測驗運動的影響

自從1905年比奈（Alfred Binet, 1857-1911）與西蒙（Theophile Simon, 1873-1961）編製了世界上第一個標準化智力測驗，使用新的測量工具能夠具體的測量兒童的智力以來，發展心理學的研究方法及興趣都深受影響而產生很大的轉變，廿世紀的三十年代兒童智力發展的研究幾乎橫霸了發展心理學的天下，由於應用心理年齡及智商來表現心理能力連續發展的歷程，而激發了許多有關智力的性質與發展的研究，於1920-1930年之間，開始了許多生長研究（growth study），如美國的哈佛大學，加州大學等學術機構，均以縱貫式的生長研究頗負盛名（Bayley, 1969），研究的內容已不限於智力的發展，尚擴大而包括身體及生理的發展，於是建立常模繪製生長曲線便成爲熱門的研究題材。

㈢遺傳與環境的爭論

由於生長研究的盛行，無形中使兒童發展的研究偏向於生物科學，心智能力的發展，被視爲生物發展的一部份，因此當時所討論的主題偏向遺傳與環境孰爲重要，研究的重點，便集中在智力的穩定性與變異性，是否可藉教育的歷程提高之，或嬰幼兒動作訓練的效果等。

㈣幼時經驗的重要性

廿世紀的三十至四十年代，兒童研究的方向又再度的轉變，側重在父母教養方式，親子關係對於兒童人格與適應的影響，這種轉變無疑是受了佛洛依德心理分析理論的影響，最初此類性質的研究主要目的在企圖驗證心理分析理論種種假設的正確性，漸漸地，由特殊的因素如斷奶，厠所訓

練對於兒童的影響，轉變爲一般生活經驗對於人格發展的影響，在理論上亦擺脫了心理分析理論的牽制，轉以行爲理論解釋之，五十至六十年代之間，兒童行爲社會化與人格發展的研究頗多，社會學習論亦成爲發展心理學思想的主流。

三、近代行爲發展研究的趨勢

㈠認知發展之研究

自六十年代之後，研究認知發展的興趣與日俱增，瑞士心理學家皮亞傑的貢獻最大，皮氏的認知發展理論，早在三十年代即已問世，至六十年代才逐漸受人重視，皮氏研究兒童如何理解與組織四週的環境，強調認知的發展乃是兒童以其固有的遺傳傾向，主動的積極的與環境互動的結果，發展心理學家受了皮氏的影響，研究的方向遂逐漸轉向於兒童的認知、記憶、思考、解決問題、概念形成以及創造力等發展的過程，發展心理學家開始重視兒童如何學習語言、規則，由於重視認知發展的研究，進而使認知與社會人格的發展兩個層面產生了新的溝通，七十年代肯根 (Kagan, 1965) 認知型 (cognitive style) 的研究，即爲最好之例證，亦促進了八十年代社會認知 (social cognition) 領域之蓬勃發展。

㈡嬰兒的研究

由於對於認知起源與早期認知發展的研究興趣，導致嬰兒行爲特徵與潛能的研究，再加上科技的進步，許多精緻複雜的研究儀器應運而生，使得嬰兒知覺、學習、以及認知能力方面的研究進步快速、成果豐碩，近年來有不少學者致力於研究嬰兒氣質 (temperament)，氣質影響嬰兒的人際行爲與探索環境的表現，嬰兒社會情緒的發展，與母親建立社會依附關係等。

㈢社會認知的研究

社會認知的研究是當今發展心理學中最熱門的研究領域，它的淵源主要是以皮亞傑認知發展的理論與社會心理學為中心，研究成人的人際概念與社會推理過程，社會認知的研究主要在強調社會行為與認知發展間的關係，起初較為重視認知的層面，例如兒童如何形成社會概念及其發展的過程，研究角色取替能力的發展 (Selman, 1980) 權威與友誼概念的發展 (Damon, 1977) ，道德推理 (Kohlberg, 1969, 1976) 等，近年來社會認知的研究拓展到社會行為的層面，以社會認知為中間變項來探討兒童因社會認知能力的差異而對於社會行為的影響，例如研究兒童角色取代能力、溝通能力、人際問題解決能力等方面的個別差異，而造成社會地位的不同，或是研究敵意歸因對於攻擊行為影響等。

㈣成人與老年心理的研究

六十年代至七十年代，由整個生命期發展觀的盛行，不但激發許多成年與老年心理的研究，而且成長頗為迅速。成人心理學的研究大多集中於擇偶、婚姻與家庭的建立與適應、家人關係、父母角色、職業與成就等，而老年心理為研究的主題一方面在於了解老化的過程，增進對於老年人認知與心理社會功能的認識與了解，另方面從實際需要的角度了解老年人對於身體健康情形衰退、退休、是否成功適應老化等過程，俾能協助老年人解決老化所帶來的問題。

第三節　研究行為發展的方法

有關行為發展的知識，有賴科學的方法來建立，一般言之，最常用以了解行為發展現象，建立發展常模，或者解釋與分析決定行為發展因素的方法，有自然觀察法、實驗法以及診斷法，現分別說明於後。

一、自然觀察法

自然觀察法係指在日常生活環境中觀察個體的行為。就兒童而言，則是指深入家庭、學校或遊戲場所，去仔細觀察兒童的行為，然後予以記錄。因此，在實地觀察開始之前，應先有週詳的計畫，計畫中應注意的事項包括：⑴確定欲觀察行為的操作性定義，⑵在何種情境或場所進行觀察，⑶確定觀察的時間長度與單元，⑷確定記錄的方法，⑸確定分析資料的方法。

根據上述項目所設計的觀察法計有下列數種。

㈠標本描述法

標本描述法（specimen description）是以預先選擇好的對象，在預先選擇好的情境中，按照時間的順序密集而詳細的連續觀察並記錄一切發生的行為，包括兒童的所做所為，所說的話，以及他人對其所說的話及行為反應，毫無選擇的平述直敍的描述行為，當時現場的記錄愈詳細愈好，為方便記錄起見，可以運用速記或符號系統簡化記錄，事後再加以整理，或以錄影機記錄所有的過程。巴克（Barker, 1955）曾以標本描述法觀察一個七歲男孩（Raymond Birch）的一天，由早上七時至晚上八時半，八個觀察者輪流每半小時一班，將所得的記錄寫成一本四百二十二頁的報告。

標本描述法最大的優點是記錄詳盡內容豐富，亦可按照資料分析行為發生的原因及可能影響的因素，但是它的缺點是記錄的可靠性，資料的量化問題等。

㈡時間樣本法

時間樣本法（time sampling）係在固定的時間間隔內觀察預先選定的行為，在觀察開始之前，應先確定觀察時間的長度、間隔、及觀察次數，以期能獲得在單位時間內某種行為的樣本，記錄的方法可採用核單法或

評定量表協助之。

　　由時間樣本法所得的資料，可予以量化處理，例如在所有時間樣本中，欲觀察的行為出現的次數、強度或時間比例等。時間樣本法較適合於觀察經常出現的行為，對於鮮而出現的行為則往往徒勞而無功，此外由於只在特定的時間內觀察行為，很難兼顧行為的完整性。

㈢事件樣本法

　　事件樣本法（event sampling）是以某一事件發生的整個過程為觀察的對象，觀察者到兒童生活或遊戲場所中，等待事件的發生然後記錄事件的經過及前因後果，如道衛（Dawe, 1934）觀察幼兒的爭吵事件200次，每小時發生3.4次，平均時間不到一分鐘，爭奪玩具是最大的原因。

　　事件樣本法最大的優點是保持行為自然流程的完整性，能夠探討影響行為的因素，了解情境與行為間的關係，更可用於不常發生的行為，其缺點則在於行為不易量化。

㈣特質評定法

　　特質評定法（trait rating）是觀察者事先準備好評定量表，量表的內容則是以某些人格特質為主，然後觀察者根據觀察所得之印象，評定每一個人格特質的等級，評定量表適用的範圍廣泛，簡單而容易使用。

　　總而言之，自然觀察法是在兒童生活環境中觀察其行為，能夠保持行為的自然真實性，但是短時間的觀察，雖然可以了解行為的真象，但是卻不能據以推論行為的因果關係，由於幼小兒童語言反應能力較差，行為又易受情境的影響，故較適合應用自然觀察法。

二、實驗法

㈠傳統實驗法

　　實驗法淵源於實驗心理學，它是在探求行為因果關係時所採用的方法

，換言之，主試者在實驗情境中，將可能影響兒童行為反應的因素都保持均等，然後有計畫的操縱獨立變項，以探求獨立變項與依變項之間的因果關係，實驗法最大的價值，不但能將兒童行為予以量化，更能驗證經驗的法則或假設，將之統整為兒童行為發展的理論，以解釋行為發展現象。

實驗法最大的特色是在控制的情境中，實驗者操弄獨立變項，然後觀察獨立變項對於依變項的影響，控制的目的在於確定兩者間的因果關係，而非來自其它可能影響改變的因素，兒童實驗研究中所需控制的變項很多，最重要者分為實驗情境條件，兒童的遺傳秉賦，以及兒童成長經驗等因素的控制。實驗法的另一個特色是行為測量的客觀化，亦即實驗變項的測量精確化與數量化。

實驗程序應事先安排，有週密的計畫，稱為實驗設計，實驗設計可分為兩部分，一部分是在考慮如何將欲觀察的行為或心理特質轉變成為可操縱或可測量的實驗變項，以及如何操縱獨立變項，如何測量依變項的變化；另一部分別是考慮如何使實驗組與控制組，以及實驗前及實驗中各項條件均等，為了達到預期的目的，隨機取樣、匹配分組法，以及基準綫的運用等都是有效控制影響依變項的各項因素的方法，至於控制實驗前與實驗中條件的控制，可事先設計實驗的程序，如何引導參與實驗，實驗指導語，實驗者社會因素的影響，參與之先後順序，實驗場所與時間等因素都可能影響兒童的反應，均經事先考慮。

實驗法的優點是客觀精確，能夠驗證行為的因果假設，但是實驗法高度控制的情境，過於人工化，兒童在實驗室內的反應不足以推論其在日常生活環境的行為表現，實驗室內發現之決定行為發展的因素亦不見得適用於生活情境中，為了補救上述的缺點，可以採用實地實驗與自然實驗法。

㈡實地實驗法

實地實驗法 (field experiment) 是在自然環境中進行實驗研究，其結果可以驗證實驗室內研究結果的適用性，例如施旬 (Stein, 1973) 曾在幼稚園中觀察幼兒的利社會行為 (合作，幫助，關懷他人等) ，獲得個別兒童利社會行為的基準線表現，然後將這些兒童以隨機方式分配在實驗組與控制組，實驗組的幼兒每週觀賞三次電視節目「羅傑先生的鄰居」，達

一個月之久，控制組的幼兒則觀賞一些與利社會行爲無關的影片，在實驗結束後，再觀察每一個參與研究的幼兒的利社會行爲兩個星期，以確定觀賞利社會行爲的影片是否會影響幼兒利社會行爲表現，施旬的結果是與施布雷金 (Spralkin, 1975) 實驗室內實驗結果一致的。

三自然或準實驗法

自然實驗法或準實驗法 (natural or quasi experiment) 主要目的是在研究自然事件或國家教育政策對人們生活的影響，如美國種族隔離，我國義務教育延長，提早入學等政策實施對於兒童的影響，這些事件都是可遇而不可求的，對於遭遇的人來說，必然會產生影響，但是自然實驗法無法操縱獨立變項，亦無法控制其他的變項，只能當事件發生的此時此刻研究其影響。由於無法控制其他影響因素，因此因果關係的確定比較困難。

三、診斷法

診斷法是對於個別兒童或成人作深入研究以了解其思想、態度，甚至於問題的方法。研究者爲了深入的了解兒童，收集有關兒童的資料，或是對於兒童的問題提出假設，提出解決的方案，通常所採用的診斷法中包括晤談與個案研究。

㈠晤談法

晤談法 (interview) 是以事先準備好的問題來口頭詢問不同年齡的兒童或靑少年對於某事件的態度與觀點，如性別角色刻板印象、友誼、價值及道德觀念、兒童過去的生活史等主題，都可以用晤談來收集資料。

㈡個案研究法

個案研究法 (case study) 乃針對個別的兒童，作深入的研究，個案研究的歷程包括了收集資料、診斷、輔導及追踪研究等步驟，收集有關個案的資料，乃是欲針對其困難或問題作通盤的了解，包括個案的家庭背景

、學校生活、健康歷史、人際關係等，然後根據所得的資料，診斷問題的成因，擬定輔導計畫，實施輔導計畫，並作事後追踪以評估其成效。個案研究法雖然提供給我們豐富的發展訊息，但是其推廣性卻很受限制。

(三)診斷法

診斷法（clinical method）與個案研究法非常接近，亦是針對個別的兒童作深入的晤談或測量，研究者與兒童是一對一的關係，以客觀而標準化的刺激呈現給兒童，觀察兒童的反應，繼而要求兒童說明為何做如此的反應，診斷法較為重視兒童的個別性，因此針對每一個兒童反應，所提出的問題可能是不一樣的。

最早應用診斷法來研究兒童行為是比奈，心理學家皮亞傑在研究兒童認知發展時亦採用診斷法，皮亞傑分別向個別兒童發問，以探究其對環境中事物的認識，較具差異性。

四、測量發展變化的研究設計

發展心理家在探討年齡與行為改變之間的關係時，所通用的方法有三，即橫斷法，縱貫法及連續比較法。

(一)橫斷法

橫斷法（cross-sectional method）是指在同一時間之內研究不同年齡的兒童與青少年，由所得到的資料中獲得發展的事實。此種方法的優點是時間經濟，在短時間內即可得到豐富的資料，並且可以根據所得到的資料，來繪製行為發展的曲線，但是這種方法最大的缺點是忽略了不同群體（cohort）所產生的影響，群體是由同年齡與相同生活環境的個體所組成，在橫斷研究中往往包括了不同年齡的兒童，他們來自不同的群體，具有群體的差異，因此橫斷研究結果所表現出來的年齡差異，很可能是群體差異造成的，並非真正的發展變化。雖然橫斷法具有以上的缺點，但是由容易實施及時間經濟等優點，至今仍然是發展心理學家研究行為發展最常使

用的方法。

(二)縱貫法

縱貫法（longitudinal method）是在一段時間內對於相同的兒童間隔而重覆的觀察或實驗研究，研究的期限可能長達十數年或短至兩三年之久。此種方法的優點，在於能夠得到精確的發展資料、了解行為發展的趨向、發展速度的變化、以及影響發展的因素。其缺點則為時間上頗不經濟，長時間的研究所需的人力與財力較多，難以保持原有的樣本，有時候收集了過多的資料，整理起來較為困難。此外，縱貫研究的另一個缺點是社會變遷的影響，由於社會變遷迅速，橫跨十數年的研究，其研究結果恐已不適用於這一代兒童。

縱貫法又可分為特質中心及生活經驗中心的研究，前者乃透過縱貫的研究，來探討兒童所具有的單項或多項心理特質，在其發展的歷程中是持續的或變異的，例如依賴或攻擊性特強的兒童是否成為依賴或攻擊性強的成人，或是這些特質會隨時間而消弱。

生活經驗中心的縱貫研究則是探討幼時生活經驗影響的持久性，此種研究是可以向後推進與向前追溯兩種方式來進行的。

(三)連續比較法

連續比較法（sequential comparison）乃是橫斷法與縱貫法的綜合運用，兼具兩者的優點，此種方法是選擇不同年齡的兒童為研究的對象，然後在短時期內重覆觀察這些對象，例如師範大學教育心理系黃堅厚等在研究兒童對青少年基本身心特質時（黃堅厚等，民66）即採用此種方法，他們研究的目的是兒童對青少年智力與人格的發展，研究樣本為小學三年級至國中三年級學生，共計六組，第一年先從事橫斷的研究，以收集資料，第二年及第三年則就第一年橫斷研究原三、六及九年級受試，從事兩年的追踪縱貫研究。

連續比較法較傳統的縱貫研究法有更多的優點，連續比較法較為節省時間，如果我們想要了解長期行為發展變化，在較短的時間內就可以做到，連續比較法所收集到的資料會比單純的縱貫法為多。

五、泛文化比較法

　　發展心理學家常常只是根據某一種文化或次級文化團體中的兒童、或青少年，在特定的時間內進行研究，但其研究結果對於不同時代或不同文化中兒童的適用性問題頗值商榷，目前研究結果的適用性及推廣性問題已逐漸受到重視，而泛文化比較的研究正可以回答上述的問題。

　　泛文化比較法（cross-cultural method）有兩個主要目的，第一是透過文化間的比較以了解人類發展的普遍性原則，第二則是在了解文化因素對於個體發展的影響，文化因素往往導致個人對於世界的知覺，表達情緒的方式、思考模式等方面的差異，因此吾人只有在兒童生態環境中了解其行為才是正確的，研究的成果的適用性應有所限制不得濫用。

第四節　重要發展理論

　　理論是一組具有邏輯關係的行為法則，用以解釋與預測行為發展現象，並且能夠將過去的研究成果與知識，加以組織與統整，因此理論在發展心理學中的地位非常重要，當代有關行為發展的重要理論計有：心理分析論、學習論、認知發展論、動物行為論以及訊息處理論等，這些理論對於發展心理學所經常探討的主題，諸如兒童的本性是性善抑或性惡？遺傳與環境孰為重要？兒童是主動的適應環境抑或被動地受制於環境？發展的過程是連續的或是呈階段方式進行的？每個兒童發展的過程是相似性或具變異性的？都有獨到的見解，為研究發展心理學的人必須具備的知識。

一、心理分析論

㈠佛洛依德心理分析論

心理分析論（psychoanalysis）係由奧國精神病醫生佛洛依德（Sigmund Freud, 1856-1939）所創，佛氏最初為臨床醫生，從事歇斯底里症的治療工作，根據他多年臨床經驗，創心理分析論，弗氏的心理分析論，不但對於個人人格的結構與人格的發展，提出了系統的解釋，而且在心理治療方面，以自由聯想與夢的分析方法來瞭解患者潛意識中的內容，用以推論影響患者行為心理衝突因素，或是被壓抑的情緒與動機，對於患者的痊癒助益很大。

1.本能、目標與動機

佛氏認為人是一個複雜的能量系統，所有的行為包括思考、學習、以及各種心理功能表現，都是由心理能量所推動，心理能量（psycho-energy）的來源則是嬰兒生而俱來的本能（instincts），即生（Eros, or life instinct）與死（Thanatos, or death instinct）兩種本能，生之本能以促進自我的生存為目標，引導個體種種維持生命的活動，諸如：呼吸、繁殖、飲食、以及其它滿足身體需要的行為。而死之本能，則是存在於個體本身的破壞力量。一般而言，生之本能的心理能量大於死之本能，以至於個體尋求自我生存而非自我毀滅，但是當死之本能之心理能量逐漸累積，超過其所能容忍時，遂向外宣洩。佛氏認為戰爭、鬥毆、謀殺、以及自虐行為莫不是死之本能的流露。

2.人格的結構

根據佛洛依德（1933）之觀點，心理能量可以分為三部分，即人格結構的本我、自我、超我。

(1)本我

本我（id）係生而俱來的人格結構部分。包括許多本能性的需求，它的主要功能在追求本能需求的立即滿足與避免痛苦，因此本我所遵循的原

則是享樂原則，但是嬰兒最初幾個月的行爲多屬反射的，本我自身並無直接滿足其生物性需求的能力，嬰兒因饑餓而激起的心理能量只是透過哭泣與揮動四肢來喚起母親的注意，才能獲得需要的滿足。漸漸地，透過餵食的經驗，本我遂將心理能量投注在可以滿足其需要之物體、人及情境的心像上，例如將牛奶或母親的胸部與母親胸部的心像，連接在一起，以爲只要渴望或產生牛奶與母親胸部的心像，饑餓的需要就能獲得滿足，這種過程佛洛依德稱之謂原始過程思考模式（primary process thinking），是與現實不相符合的。

(2)自我

根據佛氏的觀點，心理能量逐漸從本我轉向知覺、學習、以及邏輯推理等重要的認知歷程時，便形成自我（ego），自我具有兩項主要的功能，第一是尋求實際的方法來滿足本我的需求，如肚子餓了會開冰箱找東西吃，因此自我所遵循的原則是現實的原則，第二是產生控制本我的不合理衝動，自我一方面是本我的僕人；另方面又是本我的主人。

(3)超我

超我（superego）是人格結構中道德的仲裁者，由自我發展而出，分成爲兩部分：一部分是理想我（ego ideal），是個人追求完美的動力；另一部分則是道德良心（conscience），亦即所謂的道德仲裁者。佛氏認爲三至六歲的兒童逐漸將父母的道德觀與行爲的準則內化，而形成其自身的道德標準與行爲準則，用以判斷是非與約束自己的行爲，在過錯行爲發生前後，個人所經歷罪疚感與羞恥心，則是控制吾人行爲中規中矩的道德情緒制裁力量。

佛氏認爲人格結構中的本我、自我及超我，雖然各司其職，然而三者之間須維持平衡，本我與超我趨向於兩個極端，自我居於中間，持調節與平衡的作用，始能具有健全的人格，否則傾向於任何一個極端，不是形成自我爲中心極端衝動而缺乏自我控制的原始人，即是形成過份抑制自我的清教徒。

3.人格的發展

佛氏認爲性本能是最重要的心理能量來源，隨着個體生理的成熟，性本能往往透過身體上不同的區域來獲得滿足，弗氏稱之謂心性的發展階段

(stages of psychosexual development)，而心性的發展過程又影響及兒童人格發展。

(1)口腔期 (The oral stage，出生至一歲)

佛洛依德認爲嬰兒性本能是透過口腔活動來獲得滿足，諸如吸吮、咬、嚼及吞嚥等活動皆是，在此時期母親對於嬰兒的口腔活動若不加以限制，長大後其性格將傾向於開放、慷慨及樂觀，倘若其口腔需要受到挫折，則其未來性格的發展，可能偏向於悲觀依賴退縮，由是可見佛氏相信早期的經驗將會對於人格的發展產生長遠的影響。

(2)肛門期 (The anal stage，一至三歲)

一歲之後，性本能的滿足由口腔區域轉向肛門區域，此時嬰兒的肛門與膀胱擴約肌開始成熟，逐漸可受意志的支配，排除糞便的活動成爲性本能滿足的重要方法，兒童對於肛門內糞便的儲留與排泄都感到愉快與滿足，此期剛好是母親開始大小便訓練的時期，母親在大小便訓練時所製造的情緒氣氛對於未來人格的發展影響甚鉅，過份嚴格的訓練，將導致其頑固、剛愎、吝嗇的性格；過份的寬鬆、聽其自然，則可能形成浪費的習性。

(3)性器期 (The phalic stage，三至六歲)

此期的兒童常以撫摸性器官以獲得快感，戀母或戀父情結 (Oedipus complex or Electra complex) 亦在這時期發生。就男童而言，以母親爲愛慕的對象，而視父親爲競爭者，在爭取母親的過程中，遂產生被閹割的恐懼，害怕父親將其生殖器官割除，爲了解決戀母情緒結所產生的焦慮，遂壓抑其對母親的愛慕，轉而向父親認同，吸取父親行爲特徵與態度，進而發展出男性之性別角色。女童的戀父情結與男童的戀母情結極爲相似，唯一不同的是女童發現本身沒有男性生殖器官，轉而羨慕具有男性生殖器官的父親，將之視爲愛慕的對象，佛洛依德並未清楚說明女童如何解決戀父情結，只是暗示當女童認識現實環境中不可能得到父親的事實後，就逐漸消失了。

(4)潛伏期 (The latency stage，六歲至十二歲)

兒童自六歲後便進入潛伏期，意即性本能暫時安靜而不活躍，兒童轉向學校的課業與遊戲當中，對於環境中種種活動發生興趣，此時兒童對於性別非常敏感，是同性相吸的階段。

(5)異性期（The genital stage，十二歲以後）

隨着青春期來臨，性生殖器官的成熟，性荷爾蒙增加分泌，致使性本能復甦，性器官再度變成爲身體的敏感區域，青少年男女開始以異性爲愛慕對象，此時性本能的目的在於生殖，其所產生的心理能量，大多投注於形成友誼、職業與婚姻準備等活動之上，以便完成生兒育女的終極目的。

佛洛依德的心理分析論問世之後，其擁護者甚多，但是所引起的爭論亦不少，尤其是其人格發展的理論，如人類的行爲是否全由性與攻擊本能所支配？是否每一個人都經歷戀父情結或戀母情結至今仍難下定論，但是吾人亦難以完全拒絕佛氏之貢獻，特別是在潛意識動機、早期經驗的影響、以及人類人格中情緒（愛、焦慮、恐懼）層面。

(二)艾瑞克遜的心理社會發展論

佛洛依德的心理分析論自問世迄今，已有不少學者提出修正意見，艾瑞克遜（Erik Erikson）便是其中佼佼者，艾氏出師於心理分析學派，基本上接受佛洛依德的觀點，諸如本能、人格的結構、以及心性發展的階段等，他更將佛洛依德人格發展的階段引申擴大，含蓋了整個的生命歷程。除此之外，艾瑞克遜的理論與佛氏的心理分析論亦有顯著的不同，例如：

(1)他認爲兒童能夠主動的適應環境，控制環境而非被動受制於環境。

(2)他同時強調自我的功能，認爲個人唯有認淸現實世界，才能成功適應環境，獲得正常的發展，他的理論兼顧社會文化的重要性。

(3)他強調個人的理性層面，人類的思考、感情與行動都由自我所支配，而非佛洛依德本我與超我的衝突。

綜而言之，艾瑞克遜認爲人是社會的產物而非性本能的產物，因而將其理論命名爲心理社會發展論（The theory of psychosocial development）（Erikson, 1963, 1972）。

依照艾氏的看法，人格的發展並非止於青春期，而是終其一生的歷程，人的一生共分爲八個階段，由於個人身心發展的特徵與社會文化的要求不同，每一個階段都有其獨特的發展任務，與所面臨的發展危機（crises

），每一個階段的發展危機，在本質上都是社會性的，對於未來下一個階段的發展產生實際的影響，如果上一個階段的發展危機得到積極的適應與解決，個體的行為表現能夠適應社會環境的要求，則化危機為生機，反而促進個體的成長，而能順利的發展至下一個階段，否則危機不能解除，個體將會遭遇到適應的困難，並進而阻礙到以後各個階段的發展，茲將其八個階段列表如表1-2。

艾瑞克遜的理論強調人類理性與適應性層面，較為容易接受，但是他並未明確的說明決定心理社會發展的因素，如何因應每一個發展危機，以及心理社會發展階段究竟如何影響下一個階段人格的發展，因此他的理論只是描述社會人格的發展過程，並未恰當的說明發展的原因。

二、學習論

學習論的學者與心理分析論學者最大的不同是，他們認為新生兒有如白紙一般，刺激與反應之間結合的學習歷程，才是行為發展的基礎，根據學習論創始人華生（John B. Watson，1913）的看法，發展並非呈階段方式進行的，而是逐漸習到新的複雜的行為模式的過程，華生雖然強調行為發展是學習的結果，但是他本身並未提出有關行為發展的理論，自華生迄今，學習論中解釋社會學習與行為發展的論點很多，諸如霍爾（Clark Hull）的需求遞減論，史金納（Burrhus F. Skinner, 1953）的工具性制約論，以及班度拉（Albert Bandura，1977, 1986）的社會學習論等均是，現僅就最具影響力的工具性制約論與社會學習論，分別說明於後。

㈠工具制約論

史金納認為兒童表現出來的大部份行為，都是透過工具制約學習歷程建立的。換言之，行為的建立端視行為的後果是增強或是懲罰而定，是受制於環境中的刺激因素，史金納的工具制約論雖然是以動物為實驗對象而建立，但是其基本概念與學習原則，卻是普遍的應用在人類行為上。

表1-2　艾瑞克遜的人格發展階段

年齡	階段危機	重要內容及社會影響	弗洛依德之對照發展階段
出生-1歲	對人基本的信任感—不信任他人	此階段的主要發展任務是建立對照顧者的信任感，照顧者若是持拒絕或不一致的態度，嬰兒則學習到世界是一個充滿危險的地方，他人是不可信任的。母親或照顧者是主要的社會代理人。	口腔期
1-3歲	活潑自動—羞愧懷疑	兒童必須學習飲食、穿衣、衛生等自助技能。缺乏獨立自主性將導致兒童懷疑自身的能力而感到羞愧。父母乃重要的社會代理人。	肛門期
3-6歲	自動自發—退縮內疚	兒童開始肩負責任，有時表現不符父母期望的行為與活動，這些活動往往使兒童感覺內疚，如果能夠成功的解決這個衝突，一方面是兒童能保持自動自發的精神，另方面又尊重他人而不至於侵犯到他人的權益。家庭乃兒童重要社會代理人。	性器期
6-12歲	勤奮努力—自貶自卑	學習重要的社會與與讀寫算技能。與友伴之間作社會比較。勤奮努力掌握社會與學習技能，增加兒童的自信心，否則將導致自卑感。	潛伏期

		教師與友伴為重要社會代理人。	
12-20歲	自我統整— 角色錯亂	介於兒童到成人之間的過渡期。 　　青少年對於自我認定的問題很 　　有興趣，諸如我是誰？建立基 　　本的社會與自我認定，否則在 　　將要扮演成人角色時，將發生 　　角色錯亂現象。	異性期
		友伴是主要社會代理人。	
20-40歲	友愛親密— 孤獨疏離	建立友誼獲得愛與伴侶之親密人 　　際關係，否則將感受孤獨疏離 　　寂寞。	異性期
		配偶與密友乃主要社會代理人。	
40-65歲	精力充沛— 頹廢遲滯	由工作中獲得成就，建立美滿的 　　婚姻家庭生活，協助滿足下一 　　代的需要，個人的成就標準由 　　文化所決定，個人如不願或不 　　能肩負社會責任，或不願對社 　　會有所貢獻，將會頹廢或自我 　　中心，不關心他人。	異性期
		配偶、兒女乃主要社會代理人。	
65歲以後	自我統整無 憾— 悲觀絕望	回顧一生，生命旅程具有意義有 　　所成就，快樂充實滿足無憾， 　　否則只覺來日不長而人生的願 　　望與目標多未能實現，充滿了 　　悔恨失望，人生的經歷與社會 　　經驗決定最後的危機結果。	異性期

1.增強與懲罰

兒童的行為因增強與懲罰的後果而有所改變，如果行為發生後所導致的後果是滿意的，則將來這項行為再度出現的可能性增加，如果行為的後果是懲罰，則將來這項行為出現的可能性降低或被完全壓抑而不再出現。

凡是任何能夠加強行為發生力量的刺激，稱為增強物。就兒童而言，諸如糖果、冰淇淋、或母親的微笑或輕撫、獎品獎金等，令兒童愉快的事物，叫做積極增強物。增強物亦可能是消極而令兒童不愉快的刺激，諸如母親的嘮叨與懲罰，個體為了避免痛苦與不愉快的事件，或消除不愉快的刺激，常常成為加強行為反應的力量，是為消極增強物，凡是由於增強物的作用而加強行為反應的力量，則稱為增強作用，又可分為積極與消極增強作用。

懲罰與消極增強作用有所不同，消極增強作用是在利用嫌惡刺激的消除以促進行為的發生，而懲罰則在利用嫌惡的刺激以壓抑行為的發生，其效果是恰巧相反的。

一般而言，在促進行為的改變上，懲罰的效果不及增強作用，因為懲罰只是消極的的抑制過錯行為的發生，卻未能指出何謂正確的行為方式，而積極的增強作用，則教導兒童學習新的正確的行為。

新生兒即可以透過工具制約的學習過程以建立新的行為方式，但是學習的速度卻非常緩慢，派波西克（Papousek, 1967）發現兩天大的新生嬰兒需要200次練習，才學會向右轉頭的行為，三個月大的嬰兒需要40次練習，5個月時則只需要30次練習就學會簡單的反應。

2.複雜行為的塑造

隨著年齡的增加，嬰幼兒所需要學習的行為方式或動作技能都具有相當的複雜性，複雜行為的學習並非一蹴而成，而且須將複雜的行為分析成為幾個步驟，然後採用逐步漸近的方式，一步步的學習，終而成功完成學習的目標，這個學習過程叫做塑造（shaping），例如學習自己穿衣，第一步先學習穿一隻袖子，待學會之後，再學習將手放在另外一個袖口裡，第三步則是學習扣鈕扣，而終於為會自己穿衣服，在幼兒學習每一個步驟之後，都應該給予適當的鼓勵。

㈡社會學習論

心理學家班度拉認爲以動物實驗爲基礎的工具制學習並不能解釋所有的人類社會學習現象，人具有認知能力，能夠處理所接受的訊息，思考自己行爲的後果，而且班氏主張新行爲的學習乃是透過觀察歷程，故稱之謂觀察學習，兒童只須觀察社會楷模的行爲，即使在沒有增強的情形下，學習也會發生，班度拉（1965）並在實驗室中研究楷模示範攻擊行爲對於兒童學習的影響，他將受試兒童分成爲三組，第一組爲楷模獎勵組，此組幼兒先行觀察一部短片，片中主角對於一個塑膠玩偶拳打腳踢，並且看到楷模獲得糖菓與飲料；第二組爲楷模懲罰組，此組幼兒亦同樣地觀看楷模示範攻擊行爲的短片，但却看到楷模因此而受到責罵與挨打。第三組爲楷模無賞罰組，意即幼兒觀賞到楷模表現攻擊行爲之後並無獲致任何的獎勵或懲罰。在三組受試兒童觀賞短片之後，將他們帶至實驗室中，實驗室中亦有一隻同樣的塑膠玩偶，讓他們遊戲，結果發現三組受試兒童均一致地表現出模仿楷模的行爲，由是觀之此項研究支持班度拉觀察學習的論點，班氏更進一步將學習與成就表現分開，學習本身並不需要增強，而成就表現却受增強的影響。

班度拉（1977）認爲觀察學習歷程包括下列四個歷程：

1.注意歷程

在日常生活中，兒童接觸形形色色的社會的楷模，諸如父母、師長、友伴、或電視人物等，但是並不能保證兒童一定會去模仿他們的行爲，因此觀察學習的第一個步驟乃是去注意楷模的行爲，正確知覺到楷模行爲的特徵與重點，才可能模仿楷模的行爲。

2.保留歷程

兒童在觀察楷模的行爲之後，必定要將行爲譯碼，轉換爲符號表徵以意像或語言的方式，儲放在記憶之中，以便需要時喚回，或是在原來的楷模不在的情形下，模仿其行爲動作。

3.模仿動作歷程

觀察學習的第三個步驟是將符號性記憶訊息轉變成爲具體的模仿行爲，觀察者必須根據楷模原先的動作順序，經由認知過程與記憶綫索，然後

作出反應，並檢查自己的動作，依照回饋訊息加以校正。

4.動機歷程

　　觀察者雖然注意到楷模所示範的行為，清楚地記憶楷模的行為順序，也具備能力做出類似的行為，但他不一定具體表現模仿的行為，模仿行為是否出現端視其是否具有模仿行為的意願與動機，因此增強因素確實影響及行為的表現，而非行為的學習。（莊秀貞，民72）

　　學習論在發展心理學中一直佔有重要的地位，學習論學者不僅強調研究工作的客觀性，而且豐碩的研究成果與原理原則，說明了許多個體行為的發展現象，諸如兒童如何與環境互動、如何建立依附關係、建立性別角色、獲得道德規範、形成友誼等，尤有進者，行為論亦提供具體改變行為的方法，在改善問題行為與良好習慣的建立方面都頗有助益，但是學習者太過強調環境的重要性，而忽略人認知的功能。

三、認知發展論

　　對於兒童認知發展貢獻最大的是瑞士學者皮亞傑，皮氏自1920年代開始研究兒童智力的發展，他認為兒童是一個建構者（constructivist），他們根據認知發展的層次來建構現實世界，而非完全受本能影響或受制於環境。

　　皮亞傑認為智力的主要功能是在協助個體適應環境，智力活動的主要目標則在建立個體的思考歷程與環境之間的和諧的平衡關係，環境中種種新奇的刺激，如不能為兒童所理解，可能形成兒童與環境之間的不平衡，因而促使兒童調節自己的心理結構，以適應環境。皮氏採用個體與環境互動的觀點，當個體與環境不平衡時，能夠激發認知的活動，導致智力的成長。

㈠智力的成份

　　皮氏認為智力可分為三項相互關聯的部分，即智力的內容、結構及功

能。

1.智力的內容

智力的內容是兒童思考的內容，例如四歲幼兒的萬物有靈論（ani-mism），認爲許多無生物都是活的，皮氏認爲智力的內容決定於智力結構，他在早期研究智力內容之後，發現研究智力的內容，並無法解釋決定兒童思考方式的因素與心智發展現象，後來遂轉變其研究的方向，注重智力的結構與功能。

2.智力的結構

皮氏認爲組成智力結構的基本單位是基模（schema），基模乃是有組織的思考模式或行爲，用以解釋吾人的經驗與適應環境，新生兒自出生之後，對於現實世界並無任何理解，僅靠著若干反射的動作來適應環境，這些生而俱來的反射動作能夠隨著經驗作迅速的修正，成爲嬰兒的常用行爲基模（behavior schemata），如凝視、抓握、吸吮等。自從第二年之後，嬰兒逐漸能夠能使用符號，能夠利用符號從事思考，於是符號基模（symbolic schemata）開始出現。當兒童七歲左右，能夠以操作基模（operational schemata）即以內在的心智操作思考與解決問題。

3.智力的功能

皮氏認爲人類生而俱來具有兩種心智功能，即組織（organization）與適應（adaptation）。

(1)組織

組織是指兒童將已有的基模或知識組織成爲密合系統的傾向，組織功能是一種自動與持續的歷程，換言之，兒童會不斷地重新組織已有的知識，以形成新而較爲複雜的認知結構，俾使兒童更有效的適應環境。

(2)適應

適應是兒童調節自己以適應環境要求的傾向，皮氏認爲適應是透過同化與調適兩種歷程來進行的。

同化（assimilation）是兒童吸取外界新經驗以併入本身認知結構的歷程，而調適（accommodation）則是兒童改變其認知結構的歷程。同化與調適歷程是同時並進相輔相成的，兒童一方面同化新的經驗，另方面也同時調適自己的認知結構，以適應環境的新要求，透過此兩種歷程，兒

童對於世界的了解的增進，其認知的結構亦朝更高層次發展。

(二)認知發展的階段

皮氏認爲兒童認知的發展是呈階段進行的，有其一定的順序，每個兒童的發展順序相同，各個階段承先啓後，不會躐等不可能倒退，因爲後續的階段不僅包括了先前階段的特質，且將其認知結構重新組織，因而產生新的品質，容許兒童表現更高層次的心智活動。

表1-3的內容說明皮亞傑認知發展階段及其特徵。

皮亞傑對於近代發展心理學貢獻甚大，他不僅是傳統智力研究的革新者，由於研究兒童思考活動，促進今日認知心理學蓬勃發展，此外在其早期的研究中，將道德與認知發展連接在一起，而開創了社會認知領域研究的先河，皮亞傑亦是第一位主張兒童是主動而積極適應環境的個體的學者，兒童的思考方式與成人不同，兒童的教育需要因應其認知的發展特徵。

縱然如此，皮亞傑的理論至今已遭到學者的批評，例如其過份重視認知因而忽略人類行爲的動機層面，認知發展不像皮亞傑所言呈現明顯的階段，兒童的表現則明顯的呈現出橫斷面參差不齊的現象 （horizontal drclarage）。

四、動物行爲論

動物行爲論 （the ethological theory） 乃近三十年來新興的理論，雖然動物行爲學本身並未提出綜合性的論點以解釋發展的各個層面，但是他們強調兒童的生物性遺傳對於其本身行爲以及與他人互動的影響，已經引起了發展心理學家的廣泛注意。

動物行爲論是研究行爲的生物基礎的學科，包括了進化與發展，動物行爲學的掘起主要由於歐洲的動物學家，丁伯根(Niko Tinbergen，1951)與勞倫茲 （Konrad Lorenz，1971），他們一致強調，過去的發展理論都忽略行爲的生物基礎，他們認爲每一類的動物，都有若干生而俱來的行爲特徵，這些生而俱來的行爲特徵，乃是依照達爾文進化論適者生存的原則

表1-3　皮亞傑認知發展的階段

發展階段	年齡	認知基模或心理表徵方式	主要發展
知覺—動作期	出生～2歲	嬰兒以其知覺及動作能力來了解環境,新生兒以其反射動作與環境互動,知覺動作期結束時嬰兒已經具備感覺的動作的協調能力。	嬰兒獲得最基本的自我及他人意識,了解物體恆常性概念,將行為基模內化,以形成意像或符號的基模。
心智操作前期	2～7歲	幼兒能夠使用符號包括心像與語言來代表及了解環境中種種事物,只能對事物的表象有所反應,思考具自我中心特質,認為別人的方法均與其一致。	表現出想像性的遊戲活動,逐漸了解他人的觀點可能與自己的觀點不同。
具體心智操作期	7～11歲	兒童獲得並能夠應用心智操作能力(邏輯思考能力)。	兒童對於事物的理解不再受物體表象的影響,了解現實世界中事與物的特徵及彼此間的關係,依據環境與他人行為來推論其動機的能力亦增強。
形式心智操作期	11歲以後	具有反省思考的能力,思考活動漸形系統化與抽象化。	邏輯思考活動不再限於具體或可觀察到的事物,喜歡思索一些假設性的問題,較為理想化,能夠從事系統化的演譯推理,可以考慮一個問題各種解決方式,選擇正確的解決方法。

進化的結果，動物行為學認為環境的要求對於種族中每一個成員都是一樣的，唯有具備最適應特徵的個體才能生存，並將此適應的特徵傳給下一代，因為自然競爭、優勝劣敗、適者生存，動物行為學對於行為的研究主要在回答下面的四個問題：

(1)形成行為的原因為何？

(2)行為是如何發展的？

(3)行為的生物性功能為何？

(4)他是如何演化的？

動物行為論的研究以自然觀察法為主，因為正確了解行為不能脫離其自然生態環境，生而俱來的行為特徵往往有利或停止某些經驗的發生，進而影響到個體的發展，例如包爾比 (John Bowlby, 1969, 1973) 認為嬰兒哭泣行為最易引起母親或照顧者的注意，有利於依附情感的建立，有利於其基本需求的滿足，有利於人際關係的建立。

動物行為學家批評學習論忽略了人類發展的生物基礎，可是他們却承認學習的重要性，例如哭泣雖然是嬰兒生而俱來的訊號系統，其功能在於促進與他人的接觸，有助於社會依附的建立，但是社會依附並非自動的發生，嬰兒必須先行學習分辨母親與陌生人臉孔，然後才能與特殊的對象建立依附關係，只不過動物行為學認為這種具有適應價值的辨別學習，乃是進化的結果。透過學習，早期的經驗，諸如父母離婚、母親偏差的育兒方式，都會影響親子間的依附關係。

動物行為論相信行為發展的關鍵期存在，關鍵期係指人生歷程中，某些階段個體對於環境的影響力特別敏感，過了這個時期環境的影響力就逐漸減少，甚至於不發生任何的影響，例如有的動物行為學家認為生命的頭三年是人類對他人社會與情緒發展的關鍵期，如果兒童在三歲之內無法或無機會與照顧者之間建立感情的關係，將來在友誼或其它親密關係的建立上可能會發生困難。

目前動物行為論本身仍然處於嬰兒期，瞻望未來對於發展心理學的影響將日趨重要，他們提醒我們注意生物基礎對於行為發展的重要性，但是其理論本身，尚有一些未能解的難題，例如，行為進化的實證問題，以動物行為學的觀點來解釋已經發生的行為較為容易，但是用以預測行為的發

生將有困難。

五、訊息處理論

訊息處理論 (information processing theory) 發源自成人的認知理論，在1960年代的早期，開始將成人實驗心理學中訊息處理的研究結果轉變成爲兒童思考的觀點，訊息處理論將兒童視爲一個活的訊息處理系統，心理活動視爲訊息處理的活動，其研究的重心，在於探討兒童如何就龐大複雜的外界刺激中去獲得訊息，研究處理訊息的心理歷程與步驟。

尤森與孫洛克 (Yussen & Santrock，1982) 曾提出一個簡單的訊息處理流程，兒童由接受刺激到產生反應之間，至少包括了五個步驟，即刺激→注意→知覺→記憶→思考→解決問題→反應，一旦訊息處理過程完畢之後，個體必然產生顯而易見的反應，認知活動就是訊息流動在這些步驟之間的過程。

訊息處理論的學者認爲不同年齡的兒童，其處理訊息的能力不同，因而其輸入與輸出之間的關係也各有不同，可由其輸出的行爲表現來推論其內在的認知活動，例如貝洛與凱斯空 (Baylor & Gascon，1974) 曾經給五歲與十一歲兒童一個天秤，以及一組不同重量的金屬塊，要求其拿積木放天秤的另一端、以獲得兩邊的平衡，他們仔細的觀察兒童如何運用已有的訊息來解決當前的問題，記錄兒童行爲順序，如將即一個放置在天秤的那一端，一次放幾塊積木，是否調整天秤兩端的重量，由他們反應的差異來推論認知狀態，結果發現，五歲的兒童每一次只能稱一對金屬塊，每一塊金屬塊只稱一次，在完成稱重量的工作之後，他雖然了解在同一配對中，即一塊金屬較重，但是却無法對不同配對中的金屬進行比較，然而11歲的兒童的做法有顯著的不同，他們將一塊金屬塊與其它所有的金屬塊作比較，而且持將較重的一塊留置在天秤上，而找出最重的一塊，然後再利用相同方法找出第二塊，如是類推，直到所有的金屬塊都比較完畢，從不同年齡兒童的輸出行爲中，得以推理他們解決問題的規則，如果我們改變輸入的刺激，而後觀察不同年齡兒童輸出行爲的改變，因此更能了解兒童訊

息處理的過程。

　　自從1960年代開始，訊息處理理論的學者，積極分析訊息處理過程中每一個步驟，即注意、記憶、思考、解決問題等歷程，研究其發展變化，貢獻很大，訊息處理論在電腦科學技術的協助之下，運用工作分析（task analysis）的方法，可以將工作所需要認知技巧與要求作詳細的分析，以了解訊息的性質影響處理的認知活動。

　　隨著年齡的增長，兒童認知技巧與處理訊息的速度都有所進步，認知技巧導致對環境的知識、記憶、心理、表徵及心智操作能力的進步。

　　發展包括質與量的改變，質的改變如記憶策略、心理表徵方式、解決問題方式的改變；量的改變則包括記憶的或知識量的增加。

　　訊息處理論提供給我們分析複雜思考過程的途徑，並了解知覺、注意、記憶、語言，以解決問題等心理歷程間的關係，以統整組織的觀點來了解思考的歷程，因此也能根據兒童的認知系統與工作分析來預測兒童的行爲。但是人類處理訊息的歷程，是否像電腦般的有一定步驟仍然值得商榷，兒童亦可能將各種訊息同時處理。

參考資料

蘇建文（民65）：個體的發展。蔡樂生等著，**教育心理學**。中國行爲科學社。台北。

莊秀貞（民72）：**班度拉的社會學習論及其在幼科教育上的意義**。師大教育研究所碩士論文。

黃堅厚、路君約、蘇建文、邱維城、盧欽銘、簡茂發、陳淑美（民66）：**我國國民教育階段中兒童與青少年身心發展的研究**。師大教育心理系研究報告。

Bandura. A. (1973). *Aggression: a social learning analysis.* Englewood Cliffs, N. J.: Prentice-Hall.

Bandura. A. (1977). *Social learning theory.* Englewood Cliffs, N.J.: Prentice-Hall.

Bandura. A. (1986). *Social foundations of thought and action: a social cognitive theory.* Englewood Cliffs, N.J.: Prentice-Hall.

Barker, R.G., & Wright, H.F., (1951). *One boy's day.* New York: Harper & Row.

Baykey, N. (1969). Development of mental abilities. In P. Mussen (ed.), *Carmichael's manual of child psychology.* N.Y., Wiley.

Bieher, R.H. (1971). *Psychology applied to teaching.* Houghton Mifflin, Chap. 3, 54—98.

Bowlby, J. (1969). Attachment and loss, volume 1. *Attachment.* New York: Basic Books.

Bowlby. J. (1973). Attachment and loss, volume 2. *Separation.* New York: Basic Books.

Clarke—Stewart, A., & Friedman, S. (1987). *Child development infancy through adolescence.* New York: John Wiley & Sons.

Damon, W. (1977). *The social world of the child.* San Francisco. Jessey— Bass.

Darwin, C., A. (1877), *A Biographical sketch of an infant.* Mind, 2, 285—294.

Erikson, E. H. (1950). In M.J.E. Senn (ed.), *Symposium on the healthy personality.* New York: Josiah Macy, Jr., Foundation.

Erikson, E. H. (1963). *Childhood and society* (2nd ed.). New York: Norton.

Erikson, E. H. (1972). Eight ages of man. In C. S. Lavatelli & F. Stendler (eds.), *Readings in child behavior and child development.* San Diego, C.A.: Harcourt Brace Jovanvich.

Freud, S. (1933). *New introductory lectures in psychoanalysis.* New York: Norton.

Freud, S. (1961). The dissolution of the oedipus complex. In J. Strachey (ed. and trans.), *The standard edition of the complete psychological works of Sigmund Freud* (Vol. 19).

London: Hogarth Press. (Original work published 1924).

Freud, S. (1964). An outline of psychoanalysis. In J. Strachey (ed. and trans.), *The standard edition of the complete psycholog-ical works of Sigmund Freud* (Vol. 23). London: Hogarth Press. (Original work published 1940).

Kagan, G. (1965). Impulsive and reflextive children: Significente of conceptual tempo. In J. D. Krumboltz (ed.), *Learning and the education process.* Chicago: Kand McNally.

Kohlberg, L. (1969). Stage and sequence: The cognitive—develop-mental approcah to socialization. In D. A. Goslin (ed.), *Handbook of socialization and research.* Chicago: Kand McNally.

Kohlberg. L. (1976). Moral stages and moralization: Cognitive—developmental approach. In J. Lickonae (ed.), *Moral devel-opment and behavior: theory, research and social issues.* New York: Holt, Rinehart & Winston.

Lorenz, K. (1971). *Studies in animals and human behavior.* Vol-ume 1. Cambridge Mass.: Harvard University Press.

Papousek, H. (1976). Experimental studies of appetitional behavior in human newborns and infants. In H. W. Steneson, E. U. Press, and H. L. Rheringold (eds.), *Early behavior.* New York: Wiley.

Piaget, J. (1950). *The psychology of intelligence.* San Diego. C.A.: Harcourt Brace Jovanovich.

Piaget, J. (1952). *The origins of intelligence in children.* New York: International Universities Press.

Schuster, C. S. & Ashburn, S.S. (1988). *The process of human development.* N. Y.: Ann West of Little, Brown and Com-pany.

Selman, R. L. (1980). *The growth of interpersonal understanding:*

　　　developmental and clinical analyses. New York: Academic Press.

Shaffer, D. R. (1989). *Developmental psychology*. California, Brooks ／ Cole Publishing Co.

Spralkin, J. L., Liebert, R. M., & Poulos, R. W. (1975). Effects of a prosocial television example on children's helping. *Jounal* of *experimental child psychology*. 20, 119–126.

Tinbergen, N. (1951) The study of instinct, Oxford: Oxford University Press.

Yussen, S. R., & Santrock, G. W. (1982). *Child development*. Dubuque, Iowa, Wm. G. Brown Co.

2

產前的發展與出生

第一節　生命的開始與受孕

一、生命如何開始？

在歷史的過程中，對於人類生命的開始有著各種不同的信念與傳言，直到十八世紀中葉，人們仍普遍相信生命開始就具有完備的形體及功能，有如成人的縮小。在產前階段，這個小生命的發展工作僅是一天天變大而已。

當時學者對於此成形胎兒的來源具有著激烈的爭論（Needham, 1959），一些生物學家認爲它是在母體卵子中，而父親的精子之功能僅在於刺激那早已成形的胎兒長大。其他的科學家則認爲已成形的胎兒是存在父親精子的頭部，而母親的子宮僅是提供一有如保溫箱的場所。而複合式顯微

鏡的發明者Anton Van Leeuwenhoek在他的實驗中觀察精液並於1677年聲稱他在精子內看到一種小小的雙性動物，經由他們的交媾並產生新的動物。其他科學家尚報告他們可以分辨驢和馬之精液，因爲驢之精液內之動物有著較長的耳朶。

在1759年，握夫（Kaspar Wolff）斷言父母親二者對於生命的開始有著同等重要的貢獻，且胚胎初期開始形成時，形狀有如一串聚集的微小球體。此宣稱有著很大的含義，認爲此小小的組織在此時尚未具有在出生時具有的組織系統及結構。意指產前發展是由新細胞的結構及功能之出現與生長，而非僅是擴大已成形的個體。約在五十多年之後，貝爾（Karlvon Baer，1827）從顯微鏡下觀察到哺乳動物的卵細胞，證實了以上的理論，而胚胎學就此開展。

二、受孕

每一個人的發展均是起始於受孕（conception）的那一刻——也就是來自父親之精子（spermatozoom）與母體內卵子（ovum）結合之時。卵子是人體內最大的細胞，有時甚至不用顯微鏡亦可觀察到。卵子在女性的卵巢中成熟。在婦女生育期間約每隔28天左右便會適時排放出一個成熟的卵子。這個獲得自由的卵子緩緩經過輸卵管（fallopian tube）向子宮移去（如圖2-1）。若要受孕則必需在二十四小時內完成。

女性體內所有的卵子均是在她生育期之始便以不成熟的形式存在卵巢內，但男性卻可持續地製造新的精子。在一般的性交活動中，男性約可射放出四億個精蟲，這些精子必須在四十八小時中和卵子結合才可受孕，但它們卻可在女性的生殖道內生存長達七天之久。

精子和卵子會結合在一起是件非常令人驚歎的事。第一、只有在女性月經週期28天內的某三天，卵子才可以受精。第二、只有很少比率的精子可通過子宮狹小的開口——子宮頸。第三、精子必須藉著自己的活動或藉子宮內絨毛之蠕動進入輸卵管。第四、卵子也必須能進入輸卵管，第五、卵子還必須在精子和它自己尚生存時進入輸卵管，才可能相遇。這許多的

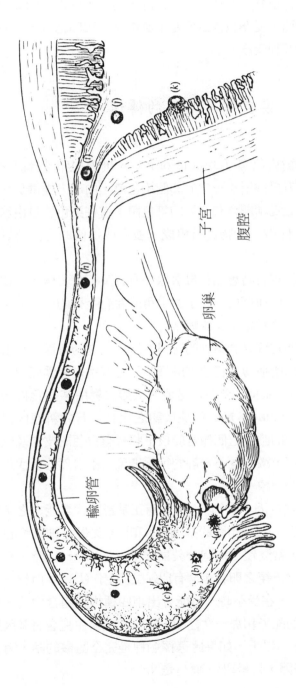

圖2-1　受孕

受孕是這樣的：(a)一個卵從卵巢排出進入腹腔→(b)由於輸卵管末端絨毛的蠕動，將卵向前推移→(c)卵開始第二階段的減數分裂→(d)精子穿入卵子而完成減數分裂→(e)精子與卵子的染色體混合→(f)染色體行有絲分裂→(g)受精卵分裂→(h，i)受精卵經過輸卵管時，不斷重複分裂→(j)進入子宮→(k)細胞球體依附在子宮壁（摘自 Grobstein，1979）。

情境均需在受孕前配合得很好，有些醫生曾估計，約有十分之一的父母是無法受孕的。而另一方面，受孕只需四億精子其中之一和卵結合，有些夫妻便是在一次性交後便順利受孕。

三、染色體及基因的傳送

　　人體的細胞含有23對染色體（chromosome），精子和卵結合而形成受精卵，此受精卵由父方提供所需一半的23個染色體，由母方提供另一半所需的23個染色體，因此受精卵含有23對的染色體。這些染色體是由珠條狀般的基因（gene），極微小的物質所組成，並形成遺傳的身體特質與行為傾向。

　　孩子們的某些身體特質有時會和父母很像，有時又不會很像。例如，可能父母二人均是棕髮，但他們的三名子女中可能會有金髮的出現。到底父母親的身體特質是如何傳送給子女的呢？

　　雖然頭髮的顏色是非常容易觀察到的普通特徵，但它的傳送卻是很複雜的。從由單獨一對基因所遺傳之特性來解釋基因之傳送是較為簡單的。苯酮尿症（phenylketonuria, or PKU）是遺傳上無法對由某些食物所組成的苯丙氨酸（phenylalanine）加以新陳代謝之症狀。若此新陳代謝異常的症狀沒有進一步治療的話，這個痛苦的孩子將會有白色的皮膚及頭髮，比例很小的頭部，濕疹，激動且不安靜的行為表現，不自然的步伐以及中度至重度的智能不足的現象。

　　為了瞭解PKU發生之成因，我們讓N代表有正常新陳代謝能力之基因，而P則表示PKU之基因，二者相關的基因為N和P，父母之細胞均包含此N，P因子，如圖2-2，當雙親之細胞分裂為配子（gametes）時，有一半父親之精子細胞及一半母親之卵會包含有PKU之基因（P）；而另一半則包含正常之基因（N），在受孕時，可能會出現四種排列組合中的一種，關鍵在於那一個男性的配子和那一女性配子結合，此新生兒會有基因遺傳成NN，NP（和PN同）或PP，如果此選擇過程是完全隨機的話，有¼的後代會有NN結合之基因，¼是PP，而½是NP。

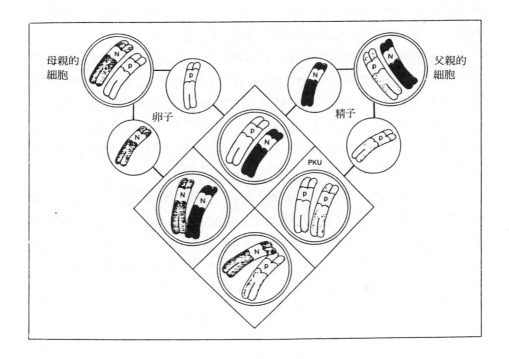

圖2-2　遺傳的傳送

此圖是PKU遺傳的傳送，父母的染色體均有N與P兩種基因的相對因子，因此他們產生相等數目帶有N或P基因的配子，由於受孕時配子的結合，新細胞會有NN，NP，PN或PP的組合，因為P是隱性基因，只有小孩帶有PP者將是PKU患者（摘自Schell，1983）。

　　但是擁有那一組基因的後代會成為正常人而那些會被遺傳PKU呢？以此例子而言，NN基因之個體將會是正常，而遺傳到PP基因的個體會有PKU病症。這些後代是純合子（homozygous），也就是他們細胞中有相同的基因來造成其特性。但擁有NP基因之個體是離合子（heterozygous），意即他（她）的細胞內有不同的基因造成同樣的特質。這些NP之個體是正常或患有PKU的呢？

　　這個答案主要決定於那一個基因是顯性（dominant），而那一個是隱性（recessive）。顯性基因是甚至當它和不同基因配對時，它亦可使

個體顯現某特性。而和其相配基因所代表之特質便隱而不顯。在PKU之例子中，若正常基因是顯性，則此NP個體便會是正常。

　　要注意的是，一個人所顯現之特質與其所擁有的基因並非完全是一對一的相關聯，這種關聯可從遺傳型（genotype）和顯型（phenotype）之不同可以獲得證明。遺傳型是個體的遺傳特質，而顯型則是自然顯現之特質。產生PKU之基因可合成三種遺傳型：NN，NP，PP，但只有兩種顯型：NN和NP是一種，PP是另一種，因N對P而言是顯性，因此，有些特質遺傳型和其實際表現之顯型是不同的。

　　由於很多原因，基因之傳送是很少像它存在PKU內般之簡單。大部分特質（尤其是行為方面）是多基因（polygenic）控制的，意即在產生某一特質上，有很多基因對其均有同等或累積的影響。最近關於人類基因傳送之科學研究愈多，就愈顯出其間之複雜，我們似乎不可專指某一單一的基因就是負責某一特質的。

第二節　產前的發展

　　產前發展是指由懷孕開始一直到出生為止的這段日子，一個小小的受精卵能在這九個月中發展成一個完整的嬰兒似乎很不可思議。對所有的嬰兒來說，他們的發展過程是遵循著一個主要的藍本模式，身體器官以及功能上之發展大約都是以相同的速率以及次序逐步發展完成的。藉著現代的進步科技，我們對受精卵在母體子宮內的發展過程有了基本的瞭解。

　　懷孕過程可分為三個階段，第一個階段是受精卵期（germinal stage），是由卵子受精一直到受精卵在子宮壁上著床（implantation）的兩個星期左右。第二個階段是胚胎期（embryonic stage），是由懷孕的第二個星期到約第八個星期，在這段日子，個體會慢慢成形。第三個階段是胎兒期（fetal stage），是由懷孕後八個星期一直到出生為止。在這段期間，胎兒會長到夠大，並發展出各器官及肌肉之功能。

一、受精卵期

　　從懷孕的第一天到第十四天，受精卵首先會分裂為兩個獨立的細胞，然後不斷加倍分裂為四個，八個……等。在受精後的三十六小時，細胞不斷行有絲分裂（mitosis）並且速度愈來愈快。在受精後的六十小時，一個桑椹形狀的由十二個或十六個細胞所組成的桑椹胚（morula）在母體的輸卵管中浮動，如圖2-1，這個時候每一個細胞都是和其他細胞分開的，並且是全能的，每一個細胞均可能發展成一個完全的小生命──這也可能就是同卵雙生的小雙胞胎生命的開始。到了桑椹胚已成形了，這些細胞也不再全能，在胚內側的細胞逐漸變小，開始進行細胞的分化。

　　經過在輸卵管內緩慢的浮動之後，桑椹胚在懷孕後的第四天左右會落在子宮壁上，這個圓圓的囊胚（blastula）是由超過一百個細胞所組成的。在它的中心並沒有液體存在，在幾天之中，此囊胚會發展成一個更完全分化，更有組織的囊胚。在它的一邊，一些較大的細胞形成胚盤（embryonic disk），此胚盤會轉變成胚胎（embryo），最後形成胎兒（fetus）；而另一邊較小的細胞會形成生命支持系統，以膜來保護胎兒，有絨毛膜（chorion），羊水（amnion），胎盤（placenta）及卵黃囊（yolk sac）等。

　　囊胚在子宮內浮動數天後，會停落在某點上，就如太空船降落在月球表面一樣，此胚胎「著陸」（landed）在子宮壁上。此時子宮襯裡會充滿血液，輕軟地接納此胚胎，胚胎外側細胞會突出微小的絨毛（vieli），直接深入母親的血管，有如在掘一洞穴般著床在子宮壁上，幾乎有一半的胚胎是異常而無法著床成功（Robert & Lawe，1975）。對於這些著床成功的胚胎，子宮壁會慢慢閉上被胚胎掘開的小洞，到此時著床便算完成。

二、胚胎期

　　懷孕後的兩個星期，胚盤逐漸被包圍並形成胚胎，中有三層分開的細胞，最外一層突出的細胞是外胚層（ectoderm）形成腦、脊髓、神經、感覺器官及皮膚等，較內一層細胞是內胚層（endoderm）會形成膽、唾腺、胰、肝、心肺以及呼吸系統。中間一層細胞很快發展爲中胚層（mesoderm）會形成軟骨、硬骨、肌肉、血管、心以及腎等器官。

　　胚胎的生命支持系統此時已開始成形。羊膜中充滿羊水造成一溫暖的墊子來保護胚胎，使其避免受到傷害。卵黃囊產生血液細胞以及決定此小小胚胎以後將爲人父或爲人母的生殖細胞。胎盤就如太空人的支持系統般，爲胚胎的多種細胞執行呼吸、消化以及排泄的功能。它和胚胎是經由有著規律脈動的臍帶（umbilical cord）所連接。沿著此黏稠的臍帶，一條靜脈帶著氧氣、糖分、脂肪、基本的蛋白質以及礦物質到胚胎。同時兩條動脈從胚胎帶著廢物、二氧化碳以及尿素進入母體，由母親的肺及腎臟來處理，排除。母親和胚胎的血管經由胎盤有著親密的接觸。事實上，母親和胚胎的血流並無混合，但氧氣、養分及廢物會藉著胚胎壁上的毛細管而互通、胎盤篩除一些有害物質，包括大部分細菌、然而一些毒素、瓦斯以及藥物仍可經由胎盤由母體送入胚胎。

　　第三、四個星期——在懷孕後的第三、四個星期，這個如豌豆大的胚胎，它的細胞快速地分化並組織成爲一個有功能的個體。凹溝（如圖2-3）形成一個管子，且漸漸發展成腦、脊髓、神經系統以及眼睛之基礎。心臟的發展，首先是形成一管子，然後再形成分隔有許多間隔小室之心臟。消化系統及一些如腎臟……等之結構也開始形成。以上所有的發展，都是依循著主要原則而發生的，也就是經由從頭至腳（cephalocaudal），從軀幹到四肢（proximodistal）之順序來發展。首先是頭，然後是軀幹，最後是四肢之發展。由身體的中心——脊柱、心、臉向外至肩膀、手臂、腳、手之發展。

　　第二個月——在懷孕的第二個月中，從前一個月已有的基礎中，新的

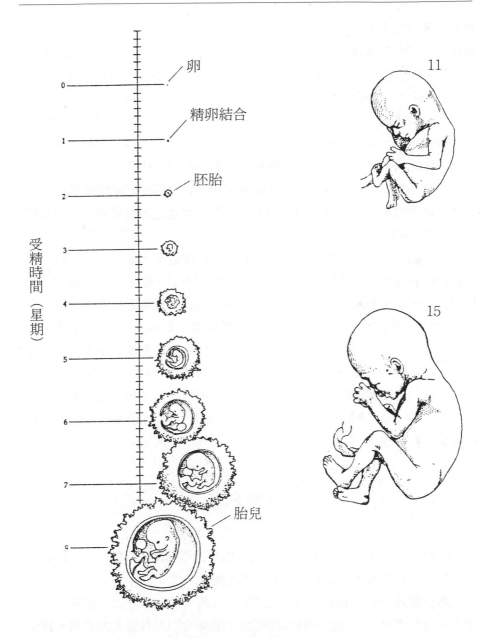

圖2-3　成長中胎兒的大小

在受孕頭15星期之卵子，受精卵，胚胎及胎兒實際大小（摘自Patten，1968）。

身體結構以令人驚訝的速度迅速發展。例如：在頭三天，手脚的肢芽以及視覺系統均開始成形。在這月中，胃、食道形成；心臟也由本來接近嘴的部位移入胸腔而且形成一瓣膜把心臟分為上、下二部分，神經生長並在腦、鼻、眼間形成聯結，此外，最原始的卵巢、睪丸也形成。

從胚胎末期之一張半透明照片，顯示出一個看起來像人類之生命體，他的臉有眼睛、鼻子、嘴巴、嘴唇、耳朵以及上下顎，他的手有手指以及拇指，他的脚有膝、踝以及小小的趾頭，從一個精密的顯微鏡中，我們可以看出此小胚胎是男孩或女孩。而軟骨也在手臂及脚間逐漸開始被骨骼所代替，這個歷程叫骨化 (ossification) 。骨化歷程是產前發展中第三及最後階段開始的明顯特徵。

胚胎期是器官和身體結構正常發展形成的關鍵期，如果此時心臟、眼睛或肺沒有出現，那麼以後也永遠不可能再出現了。如果手脚末稍圓圓的肢芽沒有形成手指或脚趾，那麼以後也不可能有手指脚趾的形成。因為在這個階段，胚胎細胞特別容易受環境因素影響，如圖2-4，同時經歷重大的冒險及巨大的生理進展，所謂冒險是指胚胎在此關鍵期若受到輻射、毒素等感染，很容易受傷；所謂進展是指胚胎同時也對基因的化學物質以及其他細胞分化發展順序特別敏感，因為胚胎細胞能對細胞內的去氧核醣核酸 (deoxyribonucleic acid, DNA) 分子做反應，而且也準備和身體各種系統間交互反應。

三、胎兒期

從懷孕的兩個月後一直到小生命出生的這段期間是胎兒期。在此階段，結構以及身體系統的發展是在大小與功能上。

第三個月——九個星期時，胎兒是一吋長，重約十分之一盎斯，並且有一個看起來非常不成比例特大的頭部。這時的胎兒有著大大的頭、神秘的眼以及天眞的模樣，使人們對他有著幻想，如電影E.T.及第三類接觸中那個和人類相似的不同生物，均對人類很友善，他們看起來就像是一個胎兒。在懷孕後第三個月，胎兒的眼瞼形成，此時仍緊緊閉著，嘴亦閉著。

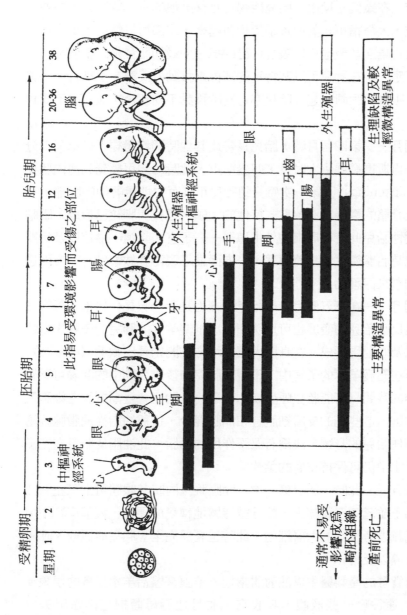

圖2-4　產前發展之關鍵期

此圖顯示產前發展時之關鍵期在胚胎期，組織結構畸形發展之可能性最大（深色），因此時各器官正逐漸形成，在器官形成後，組織畸形發展之可能性減低（淺色）（摘自Moore，1977）。

胎兒消化羊水，並且從已具功能的腎臟中排出尿，用肺來呼吸，男性胎兒的陰莖亦開始發展，神經和肌肉相聯結，胎兒並開始有一些踢、擲、躲閃等反射動作。在幾個星期後，胎兒能踢並且移動他的脚，脚趾亦可捲曲，拳頭也形成，大拇指可和其他各手指相對起來，頭部可以轉動，小嘴可以自由閉合及吞嚥。甚至他可以吸吮自己的拇指。最初胎兒是以整個身體來對刺激做反應，現在胎兒可以某特定的部位來移動做反應，手被打、手臂移動，觸摸眼瞼、眼睛瞇起，胎兒亦可同時移動不同部位，並且有不同程度的活動。

第四個月——第四個月時，胎兒長得比其他時間均迅速，從三又二分之一吋，一盎斯重發展到六吋長，四盎斯重，此時母親可感覺到體內胎兒的胎動 (quickening) ，第一次感覺到胎兒正強有力地踢著她的腹部，頸部的肌肉及骨骼的發展幫助胎兒支持他的大頭，指紋與脚紋已形成，眼睛感覺光，女性胎兒此時發展出內外生殖器——子宮，陰道、陰核以及相關的構造。此時胎盤產生大量荷爾蒙，一方面爲母親泌乳做準備，一方面也抵抗傳染物質來保護胎兒。

第五個月——在第五個月時，胎兒繼續生長到一呎長一磅重。母親外凸的腹部是反應胎兒的發展也可以明顯看出她懷孕了。胎兒的汗腺、眼睫毛、眉毛以及頭髮均形成。在身體大部分地方亦開始長出軟毛 (lanugo)。胎兒漂浮在充滿羊水的子宮中，母親在胎兒前後段活動中的間隔可感覺到一段安靜的時間（可能胎兒睡覺或休息了）。胎兒會逐漸擺脫老細胞並發展出新細胞，這些死的皮膚細胞會和油脂混合，這種油脂從油脂腺分泌出來並包裏住胎兒的身體，成爲有保護作用的油脂，此油脂使胎兒在充滿礦物質的羊水中仍可保持皮膚的柔軟。

第六個月——此時，胎兒第一次張開眼瞼，同時其眼睛可上下左右四處轉動，腸子並落下至腹部內，軟骨並持續地轉變成硬骨，大腦皮質中用來做複雜意識思考反應的六層細胞，此時也發展完全，胎兒能抓取、呼吸、吞嚥、打嗝以及嚐味。

一個有智慧的產科醫生以注射甜素進入羊膜來醫治羊水過多的現象。因胎兒會迅速吞嚥一些液體，吸收它，並且透過母體把它排除出去（Montagu，1962）。

六個月大的胎兒仍是非常脆弱的，僅可在子宮內生存，胎兒尚未從母體得到免疫功能，胎兒或許可以規則地呼吸到二十四小時，但若在此時就出生，胎兒如果無精密的醫療照顧是不能存活的。因為在缺乏皮下脂肪的情況下，胎兒需被保持溫暖的環境中才可生存。

最近發展出的一門有關新生兒的研究──新生兒學（neonatology）大大增加了早產兒的存活率。如今，六個月大的胎兒已能藉著新生兒學家所給予的逐步醫學治療而存活，而且身體各器官也能和其他健康胎兒一樣正常運作。相對於新生兒學，胎兒學（fetology）是一門更新的醫學研究，它主要在治療胎兒出生前的病症，當胎兒仍在母親子宮內時，醫生已可完成各種醫學治療，諸如：輸血、將管子插入腎臟、腦部及萎陷的肺以及尿道的外科手術等。舉一個患有水腦症（hydrocephaly，意指腦中有過量積水）的胎兒為例，醫生能夠在它出生前做腦部的外科穿刺手術，將積水抽出，而在胎兒出生後，完全沒有水腦症狀及手術痕跡。在另一個案例中，醫生成功地從胎兒萎陷的肺內導出廢液。將來，胎兒學家會接受愈來愈多的案例。或許400到500個胎兒中，會有一個自願者接受產前子宮內之手術（Kotulak，1981）。

第七個月──在受孕後的第七個月初期，胎兒約有2磅重。如果此時胎兒早產，依胎兒目前各器官發育的程度來說，在醫生仔細的照顧下，早產兒有一半生存的機會。七個月的胎兒，其腦部能控制呼吸、體溫及吞嚥，腦中包含了數以兆計聯結的神經細胞，結合成系統專司聽覺、視覺、嗅覺、發聲及身體的移動。同時許多的反射動作，包括吸吮、抓和緊握此時均會出現。在第七個月中，大部分的男性胎兒之睪丸開始從有體溫保護的腹部下移至陰囊，如此，青春期後所產生的精蟲才能夠生存，而女性胎兒的卵子已在卵巢內形成。

第八個月──在第八個月時，胎兒的身體已為著子宮外的生活做準備，因為此時胎兒的體重已達三磅或三磅以上，所以在子宮外的存活率增加到85%。此時肺組織尚未成熟，肺中的肺泡或小氣囊還不能將氧氣轉換成二氧化碳。胎兒的消化系統和免疫系統也未成熟。但皮膚下維持生命所必須的脂肪層已形成，這個脂肪層可增加胎兒在母體外的生存機會。此時，胎兒腦部的神經細胞形成了分支及神經傳導介質，使得訊息能在神經之間

互相傳遞，就這個觀點來看，可以說此時胎兒的神經細胞已開始工作了。胎兒開始會傾斜、滾動、驚嚇，或是因大聲或尖銳的聲音而抬起頭，胎兒也會因母親的心跳聲及規律的散步得到安慰。胎兒若受外界聲音（像鋼琴、電視甚至是洗碗機的聲音）之干擾，也會在媽媽肚子裡拳打腳踢起來。

很顯然的，這個時候的胎兒已能夠學習了，在四十年前，胎兒學習的研究已著手進行。在一個研究中（Sontag & Newberg，1940）一直重複地在子宮外做很大的響聲，起初，胎兒的心跳會加快，但在聽了一段時間之後，心跳又回復正常，不再對聲音有反應，這表示胎兒已學會了忽視噪音。在另一個研究中（Spelt，1948），胎兒容易被巨大而嚇人的聲音影響，同時產生顫動。在一十次試驗之後，胎兒在沒有響聲的情況下，也會產生顫動之感覺而驚嚇，很顯然的，此胎兒已學習了巨響及顫動間的關聯性。可惜的是，這些早期研究並無將母體反應及胎兒反應區分開來，因此，研究結果很難去解釋。無論如何，在最近的研究中，從動物及人類均得到了印證（Kolata, 1984）胎兒已能夠學習了。舉例而言，在一新近的研究中（Spence & Decasper, 1982）發現，新生嬰兒較喜聽母親唸一些在懷孕末六星期中每天唸兩次的兒歌，而較不喜聽母親在懷孕時沒有唸過的東西。這個研究顯示，嬰兒已學習到可辨認在子宮內曾聽到的兒歌。

同時胎兒在母體內能夠聽到外界的聲音，在一個聲音透過子宮的研究（Armitage，Baldwin & Vince，1980）裡，學者將水診器插入兩隻懷孕母羊的子宮內，然後發現在子宮內，大的聲音（如叫聲或碰撞聲），均可聽得很清楚，而外界平常談話的聲音，在子宮內聽不太清楚。母羊體內的聲音（如喝水、吞嚥、吃東西及沈重的呼吸）在子宮內均可以聽到，但心跳聲除外，於是研究者做了這樣的結論在子宮的液態環境中，未出生的小羊可以聽到母體內，外的聲音。

當水診器被放入人類母體之羊水囊中時，可以聽到母體外談話的聲音，但不清楚（Querleu & Rennard，1981）。如果外界聲音像工廠噪音一樣的話，才聽得清楚（Aslin et al, 1983）。在另一研究中，當母親正在產前陣痛時，即使談話聲音模糊，比起一般的聲音更會改變胎兒心跳速率（Macfarlane， 1977）。

這些研究證實聲音確實能穿過子宮影響胎兒，到底胎兒聽到的清楚程

度如何？由於胎兒耳朵充滿了羊水，故此問題尚未有圓滿答案。另一個相關問題是，母親在懷孕期多聽古典音樂或是規律性做語言練習，這種給嬰兒早期學習對嬰兒往後學習是否有益？這個問題也尚未有答案。

　　第九個月──此時距出生僅幾個星期，以身體伸直之長度計算，胎兒平均有二十吋長，七磅重，生長速度慢慢減緩，若不如此，胎兒在一歲時

《附欄2-1》

胎兒學

　　胎兒學(fetology)是醫學的一個新的分支，它治療出生前胎兒的問題，尤其是最近在這方面有很大的進展。芝加哥論壇報(The Chicago Tribune)的科學主編Ronald Kotulak在1981年十一月十五日有一篇文章，報導了下列幾則有關胎兒學的重大事件。

　　加州大學舊金山分校的醫生們藉著經由母親的腹部，插入一根導管到胎兒的膀胱，成功地治療了一個患有生命威脅的尿道阻塞的胎兒。醫生們也從母親的子宮移出胎兒，來給胎兒的尿道動手術，然後再放回子宮，這個懷孕繼續，而胎兒也到足月出生。

　　在丹佛的科羅拉多大學也成功地對患有水腦症的胎兒動手術，水腦症是腦部充滿了液體，醫生們能夠經由母親的腹部插入針筒至胎兒的腦部，抽出液體，以減少液體對腦部產生的壓力。

　　哈佛的研究員治療另一個水腦症的胎兒，曾對胎兒的頭部穿刺了六次，以抽取過多的液體。當嬰兒出生時，並沒有顯示穿刺的跡象。

　　維吉尼亞醫學院的科學家們也抽取了一個胎兒衰弱的肺內的液體。

　　耶魯大學的醫生們也抽出胎兒胸部與腹部過多的液體。

　　紐約西奈山醫學院的醫生們藉著插入針筒到胎兒的心臟以抽取血液，而使一患有道恩氏症候群的雙生子流產，而另一名雙生子在出生時是正常的。

　　醫生們估計，每400到500個胎兒中，為避免出生的缺陷，有一個將是胎兒手術的候選人。

就會達兩百磅重了！目前胎兒把子宮撐得滿滿的，他捲曲成球狀，只能稍稍蠕動，身體上只有手、腳和頭可活動，由於胎兒頭較重，因此常形成頭在下腳在上的情形，此時胎兒的頭蓋骨擠入了母親骨盤之環狀骨內，因為胎兒這種姿勢，使母親有負荷減輕 (lightening) 之感，腹部脹的部位也下移了，橫膈膜及肺之壓力感減輕，原來鬆軟的胎盤變得堅韌，而母親本身對痲疹、腮腺炎、百日咳及其他曾患過疾病之免疫性，均會傳染給胎兒。在快出生時，胎盤會分泌出促進陣痛速度及母乳產生之一種荷爾蒙——催產素 (oxytocin) 。在266天中，小小的一個細胞已經成長為完整的嬰兒，準備好離開媽媽的子宮而生活了！

第三節　影響產前發展的因素

發育中的胎兒可能會受到所有能透過胎盤而進入血液中的物質之影響，無論孕婦吃了什麼，喝了什麼，服了什麼藥或吸入了什麼均可能傳染給胎兒。孕婦的營養、健康、平靜或焦慮，是否曾暴露於輻射線或其他有害物質，凡此種種均會影響胎兒發育。

一、母親的情緒狀態

當孕婦覺得持續性焦慮、沮喪、精神受創或有極巨悲傷受驚嚇時，她的身體會產生巨大的、不能控制的改變。她的心跳、呼吸速度、腺體分泌均會對情緒波動產生反應。例如，一個害怕的孕婦，她的腦會指揮腎上腺分泌可體松 (cortisone) ，當此荷爾蒙進入血液，會使得血液直接流入孕婦身體內部器官，減少了胎兒所得到的血液，進而減少胎兒可獲得之氧氣量，雖然我們對孕婦情緒反應所引起的化學影響可經由驗血得知，但要評估這些化學變化如何影響到胎兒行為是很難的。要做一個故意讓孕婦處

在壓力之下的實驗，對未出生的小生命是不道德的，雖然兔子實驗已證明出生前之壓力狀態會影響下一代往後行為（Ward，1972），但此結果卻不能完全用於人的身上。

　　要測試壓力對人類產前發展影響的一個方法是對一些自然產生壓力之孕婦做縱貫研究。在1930～1950年間的一個研究中（Sontag，1940-1944），調查很多孕婦，其中有八人在懷孕時經驗到嚴重壓力，發現此八人腹中胎兒明顯地較好動，有時這種活動數倍於母親未經驗壓力者，這些過度活動的小胎兒，出生時體重較輕，且似乎均有胃部及進食方面問題，到了嬰兒期，在動作發展上，他們比同年齡小孩進步，但他們靜不下來，易暴躁，對噪音敏感，同時嘔吐，哭叫，腹瀉之次數多。

　　另一個研究產前壓力影響之策略是計算出全部受到壓力之孕婦中，產下畸形兒之比率是多少。例如：一研究是研究二次大戰前，大戰時以及大戰後，德、英二國出生的先天畸形的小孩（Stott，1971）。在德國，1933年患先天畸形症嬰兒比率很高，這一年正好是希特勒掌權，戰時比率又提升，並且在戰後，此比率又由1945的千分之二戲劇性地升到1949年的千分之八。在英國，畸型嬰兒出生比率在德軍強烈炮轟那幾年中，達到最高點，在大戰逐漸結束及戰後數年，比率逐漸下降，很不幸地，心理學家對此觀察之現象因很多原因無法驗證，因此僅可原原因做猜測，在希特勒掌權數年中，畸形比率升高是心理反應嗎？戰後數年，德國畸形嬰兒比率升高是因營養不足，缺乏醫療照顧或心理傷害造成？英國在大戰期間畸形胎身比率升高是因大規模攻擊而形成壓力，過度工作、寒冷、或是基於失眠因素影響？這些問題這個研究均沒有提供解答。

　　另一個母親情緒狀態影響胎兒之可能是經由自然流產，在一研究中，懷孕時曾至少三次流產之婦女比從未流產之婦女更緊張焦慮（Grimm，1962），但我們無法說明是否是因情緒波動促成流產或是她們過去流產經驗使她們焦慮而導致一再流產。在另一個研究中，一些曾流產之孕婦，在再次懷孕時給予諮商幫助，她們焦慮平靜下來，同時她們亦無再次流產的情況發生。

　　在我們的社會中，對孕婦有太多可能的壓力來源，把這些種種原因綜合一起來說，孕婦強大的壓力情緒的確影響嬰兒產前發展，在我們可以預

測可能性，實際情況及事件內容前，有必要做進一步研究。

二、疾病

　　孕婦生病對體內胎兒有影響之事實愈來愈明顯，兩個可能對發展中小生命最具危險的病症是(1)糖尿病(2)Rh因子不合。糖尿病使母親血糖濃度升高，很多患者注射因素林 (insulin) 來降低血糖，高血糖及因素林會增加流產的機會，同時小生命更有可能體重過重，身體與神經方面可能出現問題或死產。一些研究者 (Yogmen，Cole & Lester, 1982) 對有糖尿病及無糖尿病之孕婦做了一項研究，糖尿病孕婦生下的嬰兒注意力較弱，較不警覺，眼球移動速度較慢，並且在注意人臉時有點問題，當他們被置於坐姿時，似乎無法正常控制頭部，他們震抖著，同時皮膚顏色很快轉變爲紅棕色，這些嬰兒是較難照顧的，正如他們父母所言，這些小生命是很難去了解的，在以後的幾天，無糖尿病母親嬰兒的測驗分數較有糖尿病母親所生之嬰兒較進步。

　　Rh因子是存在紅血球內的一種蛋白質，在全人口中，約有85％的人是有這種蛋白質，當一胎兒血液內含有Rh蛋白質，但母親並沒有Rh因子時，Rh不相容情況便發生，如果胎兒那含有Rh因子之血液流入母親體內（或許在生產時）母親的身體系統會形成抗體來對抗Rh因子，問題並不會在此時產生，但若下一次懷孕，則下一個胎兒之紅血球便會受此種抗體影響，小生命可能會患黃疸、早產、死產或腦受傷。一些受到影響的嬰兒若要生存下去，在出生後要立刻換血，甚至在出生前便換血。然而，在大部分個案中，無Rh因子母親在每次懷孕、生產、流產或墮胎後會注射免疫球蛋白防止她的免疫系統產生抗體。

　　孕婦得到急性傳染病亦會影響胎兒，其中尤以德國麻疹 (German measles or rubella) 最危險，美國在1964～1965年，德國麻疹大流行，有三萬多個新生兒死去，並且有約二萬個嬰兒生來就盲、聾、智能不足或患心臟病。雖然在懷孕的頭兩個星期並不會受德國麻疹傷害，但在下幾個星期，當胚胎中器官逐漸形成，若母親感染到的話，有一半的胚胎會受到

傷害（如圖2-4）。此後危險逐漸減少，在懷孕第二個月中，德國麻疹傷
害率降至22%，在第三個月時約只有6—8%的胎兒受害。婦女到了養育孩
子的年齡，可去做德國麻疹免疫檢驗，在美國，約有85%婦女是免疫的，
而無免疫婦女在懷孕前六個月或更早需要接受免疫接種。

三、營養

　　一個孕婦在懷孕過程及前後是否有良好營養或是缺乏營養均會影響胎
兒發展，由於懷孕本身對母體系統產生很大的負擔，一個婦女在懷孕之始
便需有好的營養，懷孕時營養不足是很難克服的。此時卡路里需求量增加
20%，蛋白質維他命需求量增加45%，維他命C則增加100%，一個孕婦
一天需吃下約2000卡路里之食物。

　　營養對胎兒發展十分重要，在寒冷的秋、冬季，母親之食量較大，吃
下含蛋白質之肉類食物，在此情況下出生之嬰兒會比在溫暖氣候母親多吃
水果，沙拉所生之嬰兒更重、更健康、更聰明、更可能進大學以及出現在
美國名人錄。此外很多智能不足兒童均是在春、夏天懷孕而生產的，夏天
愈熱，胎兒因母親攝食關係，智能不足的可能性愈大。在一美國俄亥俄州
哥倫布市的研究中（Knobloch & Pasamnick，1966）嬰兒在產前發展之
八至十二星期（此時正值腦最快速發展）若正好碰到最熱的月分，智障情
況發現較嚴重，而在飢荒期間懷孕生下的小孩，也可能有智能上的傷害（
Montagu，1962）。一個長期營養不良母親生下的小孩，在動作及神經
之發展均較落後，他們自己亦會有營養不良，體重不足現象，並且和正常
嬰兒相比之下，他們的胎盤較輕，其所含蛋白質濃度亦較低（Bhatia，
Katigar and Agarwal，1979）。

　　不只是一般營養或蛋白質不足會影響產前發展。一些特殊的維他命及
礦物質缺乏亦會影響胎兒發展。在本世紀初，瑞士大量出生智能不足兒童
證明了以上的關聯，這些智障兒形成的原因，是因瑞士土地缺乏碘的存在
，因此孕婦食物中缺乏碘質，胎兒的甲狀腺無法正常發展，造成智能障礙
，阻礙發育並造成耳聾，一旦給予孕婦碘質，這些問題均解除了。

當懷孕婦女飲食改變，胎兒的健康亦隨著改變，在一戰時的研究中（Ebbs，Brown，Tisdall，Moyle，and Bell， 1942），一組孕婦照常食用缺乏營養之飲食，而另一組隨機抽取之組則給予富含維他命、礦物質、蛋白質及卡路里之食物。在缺乏營養組，約12%有流產、死產，8%有早產現象，而改進營養組中，並沒有流產死產現象，只有2%早產，他們分娩陣痛平均短了5小時，而胎兒在出生的六個月內較少生病。

在幾十年前，醫生警告孕婦在懷孕期不可超重10至15磅，他們相信較高的體重可能產生血毒症，但是今天醫生卻了解，若孕婦體重太輕，可能會造成死胎，嬰兒太小等現象。他們建議孕婦增重至少24磅，而到生產過後再嚐試減輕體重。

四、母親的年齡

雖然十一、十二歲的小少女就可以懷孕到婦女四十多歲仍可受精，但從生理角度看，二十二～二十九歲是最適合懷孕的年齡。在此時，母親及小生命雙方均較有勝算在諸多可能有之併發症下平安生存。然而社會趨勢似乎朝雙向走，一方面愈來愈多十幾歲的少女懷孕，另一方面也有愈來愈多高齡產婦。高齡產婦較易冒有懷孕困難，道恩氏症候群（Down's syndrome）小孩之危險。同時，孩子可能有動作技能發展上之問題（Gillberg，Rasmussen & Wahlstrom，1982）。十多歲青少年懷孕同樣亦很危險，生理尚未成熟且心理尚未做好懷孕準備的情況下，很多小媽媽分娩時間過長或早產，她們的胎兒往往體重過輕，很多出生不到一年便去世。有很多原因導致這種情況：如青少年子宮並未成熟，身體仍在生長，她可能營養不良，亦可能缺乏產前醫療照顧。以上種種因素均對於早懷孕母親及胎兒造成危險。

五、母親的工作

今天，大部分到了育兒年齡之婦女在外均有工作，很多婦女在懷孕時仍然繼續工作直到生產爲止，是否工作會影響孕婦及胎兒的健康？答案也許是的。在一份對7700位孕婦的研究中發現，懷孕後三個月仍持續工作之婦女生下的嬰兒比沒有工作在家待產婦女生下之嬰兒平均輕了五～十四盎斯 (Naeye & Peters，1982) 。當母親自己體重過輕或有高血壓的情況下，胎兒體重不足的情況最爲嚴重。當懷孕後期孕婦工作要求她長時間站立時，胎兒亦有可能嚴重體重不足，這也許是因爲孕婦的子宮與胎盤血液供應缺乏。當然，這些均只是統計學上的或然率，也有很多婦女在懷孕時工作並未對嬰兒造成傷害。如何決定懷孕時工作持續多久要根據很多因素，如母親健康情況，工作性質及公司之離職政策等。

六、胎次的間隔

婦女生過多少個孩子，以及胎與胎之間隔的長短，這個因素也會影響胎兒產前發展。在經過一次懷胎之後，母親內分泌系統需要四年時間恢復到原來狀態 (Maccoby，Doering，Jacklin & Kraemer，1979) ，故若兩胎相距過近，低於四年可能是不利的，若超過所需恢復的時間，後生的嬰兒似乎比頭胎胎兒有較好的產前環境，因爲在第一次懷孕後，胎盤之血液循環更充足，很多非頭胎的胎兒均比第一胎之體重重，且畸形現象較少，難產也減少，不少婦女後幾胎之分娩均較順利容易，若第二胎和第一胎間隔過短則從第一胎生產所得到的這些較好的產前環境便會消失。

七、藥物

一直到1961年，人們才知道化學物質會透過胎盤而傷害胎兒 (Wilson，1977) 。在此之前，已有太多嬰兒生來便缺手缺腳，他們便是海狗肢症畸形兒 (phocomelia，seal limbs) 。研究說他們的母親服用一種叫沙利竇邁 (thalidomide) 的藥，用它來減除懷孕早期暈吐症狀，但同時，此藥也妨礙了胎兒四肢正常發展。在這項相關尚未發現前，大約已有一萬名海狗肢症畸形兒出生，其中約有一半活到成年，這個現象使科學家和後來的人逐漸注意到藥物會傷害到發展中的胎兒這項大危機。

即使如此，在1961年以前仍有不少孕婦服用一種荷爾蒙 (diethylstilbestrol，DES) 來防止流產，約有60%孕婦生下的女嬰中發展出不正常之陰道組織及子宮頸結構 (Elliot， 1979) ；男孩則發現有不正常睪丸結構之發展，導致無法生育 (Cosgrove & Henderson，1977) 。

然而，一個研究顯示，孕婦仍然每天服藥。婦女平均而言會服十種藥，還不包括維他命，鐵質、咖啡、尼古丁及酒精在內 (Hill，1973) 。超過半數孕婦會吃阿司匹靈或其他止痛藥，利尿劑或傷風抗素，⅓婦女會吃鎮定劑，⅛婦女會服荷爾蒙，這些藥物現在都證實大部分均有可能對胚胎或胎兒產生有害的影響。

孕婦耽溺於古柯鹼、海洛因或鹽酸抹殺酮，會把這些藥物帶給胎兒，因此胎兒生下來也耽溺於這些藥物，在出生後嬰兒必須戒除，這些嬰兒很多早產的，體重不足，不安(Householder，Hatcher，Burns & Chasnoff，1982；Ostrea & Chaves，1979；Strauss，Lessen-Firectone，Stan & Ostrea，1975；Jeruchimowicz & Hans，1985) 他們較緊張，神經質，抗拒撫抱，睡眠不規律。到了一歲時，動作認知發展仍然可能落後。

藥物對胎兒之所以會有嚴重打擊是有兩個原因的：(1)成人的少量藥劑對胎兒而言卻成了大量藥劑。(2)對分解藥物有效的肝臟要等到出生後才會發展，因此胎兒體內便存留了不少藥物。當婦女發現自己懷孕時應停止服藥，但很多人甚至到胚胎已受傷了，才知道自己懷孕了！鎮定劑、一般藥

物及避孕丸均會造成耳聾、裂顎、心臟及關節、手腳障礙、神經與行為疾病等，這些症狀均可能在出生或出生過後才發生。多種藥物混合對胎兒產生之影響比單一藥物更大（Wilson & Fraser，1977）。完全禁服任何藥物對自己的健康也許不是絕對必要的，對孕婦及胎兒卻是絕對必要的！

《附欄2-2》

產前檢查是有道理的

　　懷孕期間的身體檢查是確保母親與嬰兒健康的最好方法。許多潛在的疾病因定期的看醫生而得以預防或減少其嚴重性；懷孕早期的知識使婦女特別小心服藥與暴露於其他的媒介物，這些都很可能對胎兒有害。例如，胎兒腦部充滿液體以及尿道阻塞都能經由早期超音波的偵側，在出生前予以治療。

　　對將要做母親者的健康與營養的監督，醫生會在產前檢查時推薦維他命與鐵質作為孕婦飲食的補充。高血壓的檢查、突然的體重增加、以及尿中的蛋白，能測知血毒症（toxemia）。約有6%的孕婦在懷孕的最後三個月會受此疾病的影響（Pritchard and MacDonald, 1967），血毒症是可控制的，如果沒有測知與控制，腦部會受損傷，母親與嬰兒也會死亡。未婚媽媽，有較高的血毒症比率，因為她們沒有看醫生以尋求醫療照顧與產前檢查（Guttmacher Institute, 1976, 1981）。

　　偵側胎兒的新方法使得產科醫生為了某些方面的考慮，決定在產前是否採行人工催產或其他特殊的程序；懷孕後期可使用羊膜穿刺術（amniocentesis）抽取羊水來分析，使醫生知道是否胎兒對母親的血液敏感、或胎兒患有脊柱裂（spina bifida），我們已經知道在抽取羊水前，使用超音波（ultrasound）可找出正確的穿刺位置。

　　聲波圖（sonogram）對產科醫生在決定是否需要剖腹生產（cesarean section）也是很有用的。剖腹生產是剖開母親的腹部與子宮，將胎兒移出，或者是使用鉗子使胎兒的頭部經由產道較為容易。剖腹生產從1968年的5%增加到1978年的16%（Hausknecht and Heilman, 1978；Donovan, 1977），臀部位於子宮下方的嬰兒、雙生子、特別大的嬰兒、

以及在懷孕或生產期間有不尋常困難的嬰兒，可能需要剖腹生產；而有些醫生希望安排在某個時間出生對他比較方便，或免於不當醫療的訴訟，也會使用剖腹生產或刺激陣痛。即將爲人父母者應該詢問任何有關不尋常的生產。

　　在眞正陣痛時，一旦羊膜破了，醫生會使用各種儀器來測知胎兒的活動與心跳，以決定是否要趕快接生，嬰兒過度的活動與心跳的不正常改變，顯示嬰兒的頭部受到不尋常的壓力，此時嬰兒可能下衝太快，母親的骨盤可能太窄、或子宮頸不夠大；而生產時的缺氧，可能是胎盤過早與胎兒分開、或是臍帶圍繞著胎兒的頸部。雖然各種儀器的使用會使母親緊張，有時也會減緩子宮的收縮，或是偶而使母親與嬰兒受傷害，現在這些手續只使用在高危險性的生產上。

　　所幸的，很多婦科與產科醫生已經洞悉即將爲人父母的需要，他們都非常積極地提供父母們有關的訊息，讓父母參加懷孕與生產的課程，定期的產前檢查提供了必要的產前照顧並幫助父母做好心理準備。

八、吸煙

　　每吸一口煙，孕婦便使她自己及胎兒之系統籠罩在有毒物質之中。

　　懷孕的吸煙者有28%的機率會流產、死產及新生兒死亡，在懷孕的最後三個月，她們的胎兒比不吸煙孕婦的胎兒平均輕6盎斯。

　　吸煙如何阻礙胎兒的發育呢？一個研究顯示（Quigley Sheehan Wilkes & Yen，1979），懷孕婦女花二十分鐘吸兩支煙，每二又二分之一分鐘抽驗她們的血液，抽煙很快升高血壓及脈膊速率，血液中的氧被碳氧血紅素取代（此碳氧血紅素是由香煙中的一氧化碳而產生），母親血液中腎上腺素及新腎上腺素濃度亦升高，這些化學物質使胎盤處血管變窄，使養分無法充分供給胎兒，並減低胎兒吸取氧氣之量。在母親抽煙七又二分之一分鐘後，胎兒心跳速率上升並持續增高到一分鐘二十三下，由於這些生理改變（尤其是胎兒產前發展所需要的氧氣供應缺乏）增加了胎兒發

展成不正常的機率及其它疾病的機會。

　　也有可能這些抽煙的不良影響在本質上是屬於心理方面的，若一個母親為減低焦慮而抽煙，抽煙的直接影響會和焦慮之間接影響相關聯 (Yer-ushalmy，1971，1972) 。縱然如此，孕婦會發現停止抽煙比停止感到焦慮容易。同時這樣對胎兒是絕對有助益的。在一個大研究中，1700個在1858年三月～八月出生於英國之嬰兒，當其母親把每天抽煙量減至一天五枝或是更少時，嬰兒出生時的體重和一般正常嬰兒比起來並無兩樣 (Buter，Goldstein & Ross，1972) 。

　　母親在懷孕時持續抽煙是否對孩子有長期的不良影響，此證據不明顯，一些研究者的確發現，這些孩子持續瘦小，並可能學業成績較差，注意力及導向 (orientation) 測驗也較差 (Butler & Goldstein，1973；Fogelman，1980；Streissguth et al，1984) 而一些研究者並未發現顯著身體或智力影響 (Hardy & Mellits，1972；Lefkowitz，1981) ，那些在產前與新生兒期活下來的嬰兒在後來生活上並無大問題。

九、喝酒

　　沒有人可明確指出，懷孕時多少酒量便算過量，但嗜酒者有17%的機率會有死產及44 %比率寶寶會有畸形的危險。胎兒酒精症狀 (fetal alco-hol syndrome) 在1973年被証實存在於一些狂飲酒之孕婦所生之嬰兒中 (Jones，Smith，Ulleland & Streissguth，1973) ，類似症狀也在抽煙，吸食大麻煙很凶的孕婦產下的嬰兒之中 (Hingson et al，1982) 。有此症狀之嬰兒，體重比一般嬰兒輕，生出後經過一段正常發展時期也不易趕上正常嬰兒的發展，他們智能不足，動作發展緩慢，眼睛，心臟，關節，手臂或腿均可能有缺陷。一些嬰兒的頭部很小，臉看起來很特殊。兩眼分得很開，鼻子扁平，以及發育不良的上顎。據估計約有20%的智能不足患者是患有胎兒酒精症狀的 (Rawat，1982) 。

　　酒精對胎兒有直接影響，和其他藥物一樣，它亦可透過胎盤，因胎兒的肝臟尚未成熟，故酒精便長期停留在胎兒體內。一個研究指出 (Fox et al.，1978）一些偶而喝酒的孕婦中，一半喝減肥薑汁汽水加伏特加酒，另一半只喝薑汁汽水，這些孕婦均懷孕三十七～三十九星期;在喝汽水加酒此組中，在三～三十分後，胎兒有時會停止呼吸，很多胎兒有超過半小時之久沒有呼吸，當母親血液內酒精濃度降低，此胎兒呼吸又再發生。因胎兒對酒精很敏感，甚至只要一小點量均會造成不正常發展，一個對3500名懷孕前三個月流產孕婦研究發現，母親喝酒比不喝酒並沒有使胚胎有更多畸形發展產生（Matsunaga & Shiota，1981），換句話說，酒精正如抽煙一般，對懷孕後期影響較嚴重。喜歡大量飲酒之孕婦如果可以在後三個月禁止酒精的飲用，顯著減少嬰兒發育不正常之身體過小的現象（Rosett，Weiner，Zuckerman，Mckinlay & Zdelin，1980）。嗜飲酒者產下的嬰兒其頭圍與一般嬰兒比約有27％是低於百分等級十的，但若孕婦能在懷孕最後三個月時戒除飲酒，其機率將降至4％，同樣的，嗜酒之孕婦生下之嬰兒有45％體重過輕，但若後三月禁酒，則比率降為8％。

　　當胎兒酒精症狀第一次被討論時，醫生們認為孕婦若適度喝酒，對胎兒不會有太大影響，但他們已開始改變這種看法。在懷孕期間，可能酒精攝取含量並無安全的標準，在一個研究中，一天平均喝二盎斯含酒精100％酒之孕婦，嬰兒有12％呈現一種或多種胎兒酒精症狀現象，但在完全不喝酒或只喝一點酒的孕婦中，只有2個嬰兒有此症狀（Hanson，1977），孕婦喝酒量之多寡似乎和嬰兒畸形之比率有相當關聯。對一個狂飲之孕婦而言，此關聯高達50％—75％。其他研究亦支持此發現，孕婦喝酒喝得愈多，她們的嬰兒發展愈遲緩，無法集中注意，並且學習緩慢（Jacobson et al，1984；Richardson & Day，1986; Streissguth，Barr & Martin，1983），這些缺陷至少持續四年（Streissguth et al，1984），醫生現在均建議孕婦要避免喝酒。

　　但是僅如此仍無法完全解決此問題，最新的証據建議懷孕以前飲酒之影響會持續，甚至當孕婦在懷孕期戒酒仍會有影響。一個研究顯示，智力相當之嗜酒婦女及輕度飲酒婦女，即使在懷孕期間均戒酒，前者所生之嬰兒在一歲時仍比後者生下之嬰兒之智力低十二點（D′Connorawl Briel，1984），這個研究建議婦女在她們養育嬰兒的這幾年間，最好完全嚴格禁絕酒精的攝取。

十、輻射線

X光及其他來源的輻射會對遺傳物質造成有害變化，它可造成女性卵巢中未成熟之卵內染色體之變化;也造成男性睪丸內產生精子之細胞發生變化。由於此原因，除非是絕對必要，否則在懷孕期間，甚至更早，均應避免以X光照射下腹部及骨盆。當婦女懷孕時，受精卵尚未深植於子宮壁時，暴露在輻射線下可能致使懷孕終止;然而若此受精卵生存下來，它很可能仍是正常的;但此受精卵若在己植基於子宮之情況下受到輻射影響，則會有很多不同方式影響到發展，若一個胚胎暴露於輻射線之下很可能中樞神經系統會不正常發展，使胎兒出生不久便死去。若胎兒受到輻射，亦可能在稍後發展出惡性腫瘤或血癌及生長遲緩等現象。輻射治療或原子爆炸所發出的大量輻射會造成小頭症 (microcephaly，small skull size)，智能不足，道恩氏症候群 (Down's syndrome)，水腦症 (hydroce-phaly)，頭骨畸形或死亡 (Joffe，1969)，輻射可能充斥於我們四周之空氣、土地中，一些研究證實，輻射會提高畸形比率 (Joffe，1969)，其它研究多不同意此看法，認為天然輻射並不足以對胎兒發展造成危害 (Brent 1977)，而埋在地下或水中的原子廢物及核電廠意外均可能對胎兒發展造成危險傷害。

十一、化學危險

愈來愈多婦女在懷孕時仍持續工作，而她們的胎兒受到環境傷害可能性也大增，一些在紡織原料工廠工作的孕婦會接觸粉塵、顏料、紡虫化學物質及燃燒遲縮劑等;而在實驗室中工作的婦女會和輻射、細菌、強力溶劑及致癌之化學物質接觸。甚至待在家中之婦女亦會受到一些傷害。

在我們呼吸的空氣中，飲用的水中及吃的食物中可能均有危險的化學物質存在。植物上的殺虫劑，具毒性之化學物質的掩埋，這些均被認為會

造成流產、死產及先天缺陷、苯（一種溶劑，清潔之用），一氧化碳（由香煙及汽車排出），二硫化碳，碳氫化合物，鋁，汞（在食物中），乙烯氯化物（一種塑膠）等物質均是每天會接觸到的，而它們均會對胎兒造成影響。故懷孕期是特別需要小心，避免接觸化學物質。

十二、保持安全

在懷孕時避免發生問題的最安全保險是定期接受合格醫生檢查，一旦得知懷孕，婦女要避免藥物，輻射及其它可能對胎兒有害之物質。一些問題如阻塞之尿道、Rh因子、胎兒腦積水等均可要求產科醫生診斷治療；定期檢查確保孕婦了解如何飲食及攝取充分維他命。定期量血壓、體重、尿液均可確保一旦發現任何有毒物質或其他病變發生時，可迅速採取有效措施，懷孕後期若有任何問題，亦可由此提供醫生及父母（指孕婦本人及其配偶）資訊，幫助決定最妥的分娩與處理。

第四節　分娩與出生

一、陣痛

在懷孕的九個月中，母親懷著胎兒，保護他，並感覺到此小生命在她體內發展，現在，這偉大的一刻終於來臨了，在充滿期待與好奇還有些許焦慮的心情下來目睹這個親密的陌生者，母親為此刻小生命的誕生準備著，她開始感到陣痛，她可感到她的子宮肌肉收縮，這些收縮通常間隔約十五～二十分鐘，每一次至少持續十五～六十秒。此時子宮頸會逐漸伸張

，經由此胎兒將進入陰道，最後出生。子宮頸由零點二吋漸漸地擴展至四吋，正如陣痛愈來愈強，子宮也每隔二～五分鐘便強烈收縮一次。此有力的收縮緩緩打開了子宮頸，當子宮頸張開，胎兒的身體，正常情況下是頭頂開始被推入陰道。對頭胎而言，陣痛約持續十四小時，以後的胎兒則只需八小時，當然，此有個別差異不同。

陣痛的第二個階段始於胎兒頭部在陰道出現，同時並不會因子宮的收縮而退回，很自然地，通常我們稱爲胎頭（crowning），這是很興奮的時刻，此階段持續約半小時到二小時，陣痛每隔一分鐘或兩分鐘一次，且持續一分鐘之久，每一次陣痛，母親會感到極深的驅力促使她深呼吸，肌肉緊縮，並一次次把此胎兒推出來，爲了使胎兒頭部面向母親背部，並引領胎兒的頭擠出陰道，醫生可能用鑷子，眞空吸塵器等安全裝置來幫助，也可能會對孕婦施以陰唇切開術，使陰道四周的組織不致因擠壓而破裂，有的醫生則使用局部麻醉，因爲此區域仍會受胎兒頭的擠壓而劇痛。

在胎兒頭部伸出陰道後，醫生馬上把他轉成側向，使肩和身體快速滑動，當臍帶接觸到空氣，臍帶內有似果凍之物質會使它腫大，並使血管崩緊，接下來的收縮便是把胎盤及其他膜層從子宮循此產道推送出來，這些稱胞衣。

二、改變對分娩的態度

任何一個成功的生產，最後應有正常之新生兒與平安的母親，但因社會習俗與態度對生產事件賦予之意義隨各文化與時代不同而有不同，直到1500年代，所有產婦都還是在助產士的幫助下在家中生產。只有在助產士認爲無法處理的複雜案例才會請醫生幫助。約過了二百年後，醫生學習了更多的生理學及解剖術。在西元1700年代中期，產科成了醫生訓練中重要的一門科目。在大城市中，醫科學生及助產士建立了產科門診與病房來爲一些未婚媽媽與窮困的母親接生。

在醫院病房生產之婦女，仍有可怕的高死亡比率，幾乎有四分之一死於產褥熱（childbed fever），醫科學生以他們解剖屍體帶有細菌之雙手

（這也就是此疾病之原因）來爲產婦接生。在一位威尼斯婦產科醫生孫美魏斯（Zgnaz Semmelweis）於1840年間注意到此問題，並敎導醫生在接生前應淸潔手部觀念後，產褥熱比率便降低，在此同時醫生亦開始爲他們的病患動手術或生產時施以麻醉。一位蘇格蘭醫生辛普遜（James Young Simpson）提議用哥羅仿（chloroform）來做麻醉劑以減輕疼痛。婦女開始要求醫生使她們在生產時能減輕她們的痛苦，但牧師卻說這種做法是違反神的旨意──自從夏娃被驅逐出伊甸園後，婦女均必須在痛苦中生產（創世紀，Genesis 3:16），但1853年英國的維多利亞皇后用哥羅仿麻醉生了她的第八個孩子後，這種說法便失去了力量。

　　在第一次大戰後，婦女到醫院生產可獲得較佳的淸潔設備，消毒之衣物與器具以及適當之麻醉。醫生亦知如何去輸血。在醫院生產似乎比在家生產痛苦較少。此時代的婦女幾乎均使用麻醉，而父親是被隔離在等待室中，等待嬰兒出生。

　　當時一位英國醫生狄克・瑞德（Dick-Read，1933）在他的一本書《無痛分娩》（Childbirth without pain）中建議一個較無害怕感覺的產婦較不會感到疼痛。他提議公開陣痛及生產之眞像，並加一些訓練來敎導孕婦鬆弛肌肉並控制呼吸，這便是所謂自然分娩（natural childbirth）。他認爲，雖然在陣痛期之產婦，仍需少量止痛藥，但這些練習行爲可幫助她們減少陣痛期之痛苦並減低藥物之需要量，一些產婦採用了狄克・瑞德之建議，直到另一位醫生發現自然生產的可能性，自然生產才逐漸被廣泛使用。

　　另一位醫生就是法國的拉梅茲（Trernand Lamaze），他在1951年訪問列寧格勒，發現當地婦女在未接受醫療幫助下完全以不同於法國婦女之觀點來渡過陣痛期，她們會集中於呼吸及肌肉的控制以配合陣痛時的子宮收縮。拉梅茲把此方法帶回法國，他敎導產婦在陣痛時調整呼吸、放鬆、並集中於所做的工作。很快地，此方法傳到美國，懷孕七個月的婦女可參加爲期六週的訓練，他們的丈夫亦接受訓練來輔助妻子，在生產過程中給予情緒與身體上的支持。現在美國每年有超過五十萬對夫妻接受拉梅茲訓練。通常由受訓練過的護士或生理治療師負責敎授。一項針對400家醫院調查的研究顯示，拉梅茲的方法廣被使用（Wideman & Singer，1984

）　，幾乎所有醫院均會讓父親進入產房陪產。並且幾乎所有醫生均建議他們的病人接受拉梅茲訓練，超過70％的醫院中，有過半數來自不同社經地位，宗教信仰，職業收入的婦女均受拉梅茲之預備訓練。每一年受訓的人數均增加，有些醫院把產房佈置成如家一般。產婦可在此陣痛生產並恢復健康。

　　拉梅茲訓練是否有效呢？在一個研究中，比較有與沒有接受拉梅茲課程之孕婦，研究發現，雖然二組在焦慮程度上沒有明顯不同，但有接受拉梅茲課程之婦女似乎對懷孕多持正向態度，較不依靠止痛藥劑，對陣痛的感覺較不感到痛苦，且自己感覺較好 (Tanzer & Block，1976) 。在生產時所有有狂喜經驗的母親都是屬於此組的。

　　另外，一個較大型的研究是比較500名接受拉梅茲訓練及500名未受訓練之婦女 (Hughey，MoElin，and Young，1978) ，兩組在年齡、種族、懷孕次數及教育程度上均相符合。在接受訓練組中原有三分之一患血毒，二分之一有早產現象，四分之一使用手術生產，而接受訓練後，他們嬰兒較少有致命疾病並較可能存活，當然不是只靠拉梅茲訓練便有如此大的助益。由於拉梅茲訓練組是自我選擇接受訓練，或許比另一組具有其他身體與心理上的優勢，而這也是研究者無法控制的；此研究同時也沒有提供是什麼使得拉梅茲方法如此有效地幫助生產，是分娩的知識、呼吸訓練、伴以支持的力量，亦或是其他因素。一個最近的研究指出，婦女對她們陣痛可以加以控制者比接受止痛治療的孕婦對分娩有較好的處理 (Entwisle & Doering，1981) ，似乎孕婦於生產時控制疼痛比解除疼痛來得重要。在另一研究中，婦女在陣痛生產時，若有伴侶的陪伴可減少很多問題，陣痛時間較短、生產後較警覺、和嬰兒間互動較多 (Sosa，Kennell，Klaus，Robertson & Herutia，1980) ；同樣的，父親亦可從參與生產過程得到益處，若是參與生產，很多父親均可和母親有同樣感覺，認為孩子的誕生真是一種高峰經驗 (peak experience) 。

　　最近生產過程的改革是由另一位法國醫生李伯亞 (Frederick Leboyer) 提出，他認為傳統生產法對新生兒而言是不必要的混亂及暴動，他決定生產時應遠離亮光、叮噹吵鬧之器具聲，避免快速剪斷臍帶，同時並停止對剛出生嬰兒的倒吊及掌摑臀部，在李伯亞的溫和生產方法中，

從舒適、溫暖、暗光之子宮中緩和地轉移到暗光安靜溫暖的房間，並給予他溫和的處理，當孩子一出生，被放在母親的腹部，其背部溫和地被按摩著，以此方法，羊水會從氣管排出，在新生兒哭了一陣後，他的呼吸會恢復正常，當臍帶停止脈動後再將它剪斷，然後柔和地將寶寶抱起，給他洗個溫暖的澡，並裹上溫暖的尿布，李伯亞 (1975) 發現以此溫和並關心的方式來迎接寶寶時，小生命的臉上會放射出滿足的光芒。

對於李伯亞的方法是否與傳統的方法有所不同？有一系列的研究探討此問題，一位法國研究者發現120個八個月至四歲大經由李伯亞法接生之小孩，較沒有情緒上困擾，且對人事均發展出高度興趣以及良好的適應，在嬰兒適應量表中，他們的分數會高於平均數，但此研究缺乏以傳統方式生產的嬰兒爲控制組 (Rapoport in Salter，1978)。在一個研究中，十七個以傳統方法生產的嬰兒和二十個以李伯亞方法生產的嬰兒比較，發現在產後的頭十五分鐘 (Oliver & Oliver，1978) 二組嬰兒有顯著不同，傳統生產法的嬰兒身體表現出較緊張，眨眼、吸吮、發抖並且戰慄；而以李伯亞方法生產之嬰兒較放鬆，較會把眼睛張開，並發出較舒適的聲音，在他們洗澡時他們放鬆肌肉，張開眼睛，動來動去，也不哭鬧，但這個效果會持續下去嗎？一研究者追蹤了以李伯亞方法對待之新生兒三個月，發現這個效果持續相當短。

三、出生時的藥物處理

對生產過程是否該使用止痛藥物的爭論，孕婦似乎分成兩派。在美國，所有在醫院生產的孕婦據估計有95％接受某種程度的止痛醫療 (Brack-bill，1979)，這是很值得驚訝的，雖然這些藥可減除母親的疼痛，但它們仍可以進入胎兒血管，並減低氧氣的供應。結果，所生出來的嬰兒有些先天體質太弱而不能靠自己呼吸，並且可能腦中缺氧。藥物也會壓抑胎兒的注意力及吸吮的活力 (Brazelton，1961)。甚至只是從母親胸部到膝部的局部麻醉，也多少會減慢胎兒的動作能力，尤其是當新生兒扶起呈坐姿時，他控制頭部之能力明顯差了很多 (Scanlon，Brown，Weiss　&

Alper，1974) 。若母親被給予更多更強的藥物處理，則其影響更爲嚴重 (Lester，Als & Brazelton，1982) 。

並不是所有影響均可以馬上消失，在產前，經由胎盤可以排除一些藥物，但是當臍帶剪斷後，留在嬰兒血管內之藥物成份爲母親體內的70%，正如我們看到的，新生嬰兒內在器官不能有效處理這些藥物（至少在四個星期內無法做到），受過藥物治療母親所產下的嬰兒，似乎比一般正常小孩在肌肉及神經發展上有較弱傾向 (Brackbill，1979) 。

出生時使用藥物是如何影響嬰兒之發展呢？事實上這問題的答案可能父母及產科醫生均很想知道，但此答案並不容易獲得，由於有太多不同因素影響到新生兒的成長，因此研究者很難分辨特殊且持久之影響原因，一般發現在生產時使用重量藥物之孕婦生下的嬰兒比起未受藥物之孕婦產下的嬰兒在一般與母親以及他人的互動上有不同。例如，在一研究中指出這些受到藥物作用影響之嬰兒在被哺育時較少張眼，並較少對聲音產生反應 (Brown et al，1975) 若是這些早期行爲均會影響到以後的互動，則嬰兒和父母間關係便會受影響！

麻醉同樣亦會增加母親生產的危險，有5%的婦女是因生產時麻醉而死亡，而另外5%的婦女則死於由麻醉造成的難產 (Hellman & Pritchard，1971) 。然而儘管如此，只有不到五千分之一的婦女是死於生產的，同時由於最近對藥物的改進，愈來愈多的產婦及嬰兒均可安然地渡過生產。

四、複雜的分娩

如果懷孕到約三十八星期時無陣痛產生，或是陣痛開始後沒有繼續愈來愈快的現象。此時可能需以各種外力方法來刺激陣痛，其中一個刺激陣痛的方法是經由陰道子宮頸弄破包住胎兒及胎盤的膜，這程序不會產生太大痛苦，使子宮收縮加快。另一方式是給孕婦服用催產素，此荷爾蒙會刺激子宮收縮。

很明顯地，由一些例子可知，刺激生產可救活母親及胎兒之生命。至於何時應用以及使用的原因都由醫生來判斷，有的醫生對大部分病人都施

用此法,有的醫生則用在少數人身上,我們必須重視刺激生產的正反兩面之看法。其好處是可適時救活母子生命,並減低他們由於長期陣痛精力疲憊所受到的危險,有些人也認為,母親可以在使用藥物下得到較好的休息;另一些人反對此看法,他們認為以催產素刺激生產所生的嬰兒很有可能患黃疸病,胎兒出生後必須受到特別的醫療照顧,並且使得嬰兒必須和母親分開 (Macfarlane,1977) 。

另一個影響陣痛與分娩而使生產複雜的因素是胎兒在子宮中的位置,正常的情形是胎兒的頭頂最先出現在陰道而後是肩膀,身軀,腳才跟著出來,這樣的位置提供胎兒最好的方式來經產道,然而有些胎兒是先把臀部 (breech position) 露出來,這樣是非常危險的,因為胎兒可能在臀部生出來但頭部仍在子宮內情況下開始呼吸,可能因此窒息或患上嚴重呼吸感染。另一研究指出,有些臀部位於子宮下方之胎兒無法順利生出時,便需以外科手術來剖腹生產 (cesarean section) 。

一些臀部位於子宮下方的胎兒,雙胞胎,很大的胎兒以及一些在產前發展發生問題的胎兒,均需要實行剖腹生產。有時由於醫生希望安排一個對他方便的時間或為了可能發生不正當醫療時的謹慎小心處理而實施剖腹生產。剖腹生產由1968年的5%進展到1978年的16% (Donovan,1977; Hansknecht & Heilman,1978) 剖腹生產增加了母親及孩子的危險度,產婦需要較長時間才可回復健康,死亡率也較高。在出生後第一年,親子互動也較少活力 (Pederson Zaslow,Cain & Anderson,1981) 。

五、早產

在受孕後三十五～四十週產下的是足月的嬰兒 (full-term babies),而比此時間更早出生的便是早產的嬰兒 (preterm babies) ,超過此時間出生便是晚產的嬰兒 (post-term babies) 。在美國所有可能的複雜生產中,早產是最平常的了,大約有7%的嬰兒是早產兒。

為什麼會發生早產現象呢?有很多可能原因,如我們曾指出母親年紀太輕、太疲累、營養不足、健康不佳均可能引起早產,而抽煙、服藥、子

宮有問題、感染、血毒或產前沒有適當醫療照顧均可能早產。很多早產的
孕婦是因為貧窮沒有金錢或社會資助，在美國有二分之一早產兒其原因仍
不明（Annis，1978）。

　　愈來愈多早產兒可以生存下來，他面臨的問題嚴重性在本世紀已逐漸
減低，雖然大部分在未滿二十六個星期便生下的嬰兒太過虛弱無法生存，
但有些仍可存活，至於在什麼時候生下可存活與否並沒有嚴格規定，而是
決定於早產兒是否有適當的醫療照顧。在最完善的醫院中，幾乎所有三又
二分之一磅以上的早產兒，80～85％體重在二又二分之一～三又二分之一
磅間，以及50～60％體重只有一又二分之一～二又四分之一磅的早產兒均
可生存下來。在過去幾年甚至生下來只有1～2磅的早產兒，存活率也由
20％提高至40％。在早產兒中，約有10％的嬰兒有嚴重缺陷，如眼盲、智
能不足、神經問題或腦麻痺；15％有適應問題，而75％的大多數如受到良
好醫療照顧是沒有嚴重問題（Goldberg ＆ Divitto，1983; Kopp，1983）
，然而他們的發展可能多少有些遲緩，甚至在計算年齡時把產前階段也算
入，早產在早期的動作發展上仍差於足月兒，這種遲緩可能是由於嬰兒在
加護照顧下，被擺在床上而較少活動的結果。在智力發展上，85％早產兒
是正常的，但他們之IQ平均而言約比足月兒低了些（至少在初生的這幾
年）（Goldberg ＆ Divitto，1983）。早產兒中，男孩似乎比女孩脆弱，
在一個早產嬰兒研究中，這些嬰兒的母親都是貧窮黑人，出生時的體重也
相同，在十三個月大時，男孩的動作智力發展顯著低於女孩，在神經發展
上早產男孩比起女嬰來，也有些微落後（Brnine，Heiwer，Wortis ＆
Freedman，1966）。

　　在醫院中，早產兒的身體功能均被小心地記錄，他們的心跳、呼吸、
血壓、血糖以及尿液均被記錄下來，小心的被安置在自動調節溫度、氧氣
及適當溼度的保溫箱中，一條管子通到嬰兒胃部由唧筒提供他必要之營養
，很多早產兒無法單獨呼吸，因為他們肺部尚未成熟，而無法產生一種使
用氧氣的必要物質，因此某些醫院醫生試著由動物身上抽取類似功能之體
素來噴入新生兒的肺內。

　　在本世紀早期，早產兒才開始被置於保溫箱，它最早是在巴黎設計成
功，而後延傳下來，在當地及外國展示，在1923年美國芝加哥醫院首度使

用保溫箱來照顧早產兒。往後四十年對早產兒的照顧變化不大，到了1960年代一些新的外科技術、好的設備用以測知身體狀況、新的藥物、餵食的管子以及注射針筒等均發展出更具品質也更爲優良。一些區域性醫院也開始重視早產兒之照顧，同時新生兒學家也改善他們的方法。

今天，新生兒學家不只關心早產兒的生存，亦關心他們以後發展的品質，在加護的照顧下，希望早產兒不發展出其他問題。早產兒在保溫箱裡，身上插著管子及接觸各種線路，他們缺少皮下脂肪，看起來不像胖嘟嘟的可愛模樣，他們的頭部帶著棉帽保暖，眼睛用布蒙著，身旁有嚴密監視設備，注意他們的心跳、呼吸、體溫、血中氧，以及助他們呼吸、進食的裝置、防止感染或黃疸傳染，此加護照顧約發出六十～八十分貝的吵雜聲。日光燈日夜開著，嬰兒不斷受到測試，事實上這些均會使早產兒不舒服，對父母而言是很難想像此充滿壓力的環境，有如在家的感覺。這些均指出，在醫院的早產兒很少受到如足月嬰一樣的愛的關懷。

現在，在醫院工作的人己意識到這個問題，開始以較人性的方式來照顧他們，因此早產兒的體重增加快速，在測量動作與視覺的反應亦比較好 (Goldberg & Divitto，1983) 。這顯示了，若醫院育嬰室佈置得較似子宮般，有母親心跳聲之錄音、有搖擺弔床內舖舒適羊皮或水床均對嬰兒有益、或在保溫箱上吊有明亮吸引人的轉動物體，這樣比較像家一般，充滿愛的照顧。最近一研究指出每天按摩及移動早產兒之手脚四十五分鐘，造成嬰兒有47％或更多體重增加，且較多時間醒著並活動，同時成熟動作亦較多 (Scafidi et al，1986) 。事實上這種照顧的早產兒比一般早產兒早六天離開醫院。另一研究使醫院育嬰室更像家的措施，是讓父母和嬰兒多接觸。早產兒的父母們可聚在一起一同討論，他們較會去探望小嬰兒並對他們不討喜的模樣較憐愛，並了解他們早產兒的問題。

現在，很多早產兒均存活下來，但卻有一些缺陷，面對此一難解決的倫理爭執，到底應重視早產兒生命價值或是生命品質？應由誰來決定小生命的醫療方法呢？在很多情況下，醫生不知是否此救活的早產兒會有缺陷。然而當他們給小生命放入保溫箱施以治療、使用人工呼吸器、施行手術或進行其他醫療，或是他們不如此做，他們實在控制著早產兒的生存機會。這種複雜的倫理爭執，最近常被討論，當嬰兒生來有重缺陷，可以在父

母、醫生的同意下使他們死亡。在美國有些個案是如此處理之消息報導後
，這些牽涉在內的父母及醫生均被起訴，後來聯邦政府下令所有早產兒不
管醫生預言及父母期望，也不管可能有的生命品質考慮，均應受到全力醫
療，此法令也規定只有當早產兒有無法救治之昏迷或末期疾病現象，才可
以准許由他死亡。最近，在1986年六月，美國的最高法院下了命令，不管
父母是否同意，均要加強對早產兒的照顧，僅管我們今天提高了不少早產
兒的存活數量，但他們生命的品質如何呢？我們仍面臨倫理道德上困難的
爭執。

參考資料

Annis, L.F. (1978). *The child before birth*. Ithaca, N.Y.: Cornell
　　　Uuiversity Press.

Aries, P. (1962). *Centuries of childhood*. N.Y.: Random House.

Armitage, S. E., Baldwin, B. A., & Vince, N.A. (1980). The fetal
　　　sound environment of sheep. *Science*, 208, 1173-1174.

Aslin, R. N.; Pisoni, D.B. & Jusczyk, P.W. (1983). Auditory develop-
　　　ment and speech perception in infancy.In P.H. Mussen　(Ed.
　　　), *Handbook of child psychology*, Volume 2. New York:
　　　Wiley.

Bhatia, V. P.; Katiyar, G.P., & Agarwal, K.N. (1979). Effect of intra-
　　　uterine nutritional deprivation on neuromotor behaviour of
　　　the newborn. *Acta paediatrica Scandinavica*, 68, 561-566.

Brackbill, Y. (1979). Obstetrical medication and infant behavior. In
　　　J.D. Osofsky (Ed.)　, *Handbook of infant development*. New
　　　York: Wiley.

Braine, M. D. S., Heimer, C. B., Wortis, H., & Freedman, A. M. (1966
　　　). Factors associated with impairment of the early develop-
　　　ment of prematures. *Monographs of the society for research*

in child development, 31 (4, Serial No.106)

Brazelton, T. B. (1961). Psychophysiologic reactions in the neonate:II.Effects of maternal medication on the neonate and his behavior. *Journal of pediatrics,* 58, 513-518.

Brent, L. (1977). Radiations and other physical agents. In. J. G. Wilson and F.C.Fraser (Eds.) , *Handbook of teratology.* New York: Plenum.

Brown, A. L. (1975). The development of memory: Knowing, knowing about knowing, and knowing how to know. In H. W. Reese (Ed.) , *Advances in child development and behavior* ,Volume 10. New York: Academic Press.

Butler, N. R., & Goldstein, H. (1973). Smoking in pregnancy and subsequent child development. *British medical journal,* 4, 573-575.

Butler, N. R., Goldstein, H., & Ross, E. M. (1972). Cigarette somking in pregnancy: Its influence on birth weight and perinatal mortality. *British medical journal,* 2, 127-130.

Cosgrove, B. B., & Henderson, B .E. (1977). Male genitourinary abnormalities and maternal diethylstilbestrol. *Journal of urology,* 117, 220-222.

Dick-Read, G. (1933). *Childbirth without fear:* The principles and practices of natural childbirth. New York: Harper & Row.

Donovan, B. (1977). *The cesarean birth experience:* A practical, comprehensive, and reassuring guide for parents and professionals. Boston:Beacon Press.

Ebbs, J. H., Brown, A., Tisdall, F. F., Moyle, W. J., & Bell, M. (1942). The influence of improved prenatal nutrition upon the infant. *Journal of the Canadian medical association,* 46, 6-8.

Elliott, J. (1979). Risk of cancer, dysplasia for DES daughters found very low. *Journal of American medical association,* 241,

1555.

Entwisle, D.R., & Doering, S. G. (1981). *The first birth:* A family turning point. Baltimore, Md.: Johns Hopkins University Press.

Fogelman, K. (1980). Smoking in pregnancy and subsequent development of the child. *Child: Care, health and development,* 6, 233-249

Fox, H. E., Steinbrecher, M., Pessel, D., Inglis, J., Medvid, L., & Angel, E. (1978). Maternal ethanol ingestion and the occurrence of human fetal breathing movements. *American journal of obstetrics and gynecology,* 132. 354-358.

Gillberg, C., Rassmussen, P., & Wahlstrom, J. (1982). Minor neurodevelopmental disorders in children born to older mothers. *Developmental medicine and child neurology,* 24, 437-447.

Goldberg, S., & Divitto, B. A. (1983). *Born too soon:* Preterm birth and early development , San Francisco: W.H. Freeman.

Grimm, E. R, (1962). Psychological investigation of habitual abortion. *Psychosomatic medicine,* 24, 369.

Hanson, J. W. (1977). Unpublished paper,

Hardy, J. B., & Mellits, E. D. (1972). Does maternal smoking during pregnancy have a long-term effect on the child? *Lancet, 2, 1332-1336.*

Hausknecht, R., & Heilman, J.R. (1978). *Having a cesarean baby.* New York: E. P. Dutton.

Hellman, L. M., & Pritchard, J. A. (1971). *Williams' obstetrics* (14th ed.). New York: Appleton-Centurg-Crofts.

Hill, R. (1973). Drugs ingested by pregnant women. *Clinical pharmacology therapeutics,* 14, 654-659.

Hingson, R., Alpert, J. J., Day, N., Dooling, E., Kayne, H., Morelock, S., Oppenheimer, E., & Zuckerman, B. (1982). Effects of maternal drinking and marijuana use on fetal growth and development, *Pediatrics,* 70, 539-547.

Householder, J., Hatcher, R., Burns, W. J., & Chasnoff, I. (1982). Infants born to narcotic-addicted mothers. *Psychological bulletin,* 92, 453-468.

Hughey, M. J., McElin, T. W., & Young, T. (1978). Maternal and fetal outcome of Lamaze prepared patients. *Obstetrics and gynecology,* 51, 643-647.

Huttunen, M. O., & Niskanen, P. (1978). Prenatal loss of father and psychiatric disorders. *Archives of general psychiatry,* 35, 429-431.

Jacobson, S. W., Fein, G. G., Jacobson, J. L., Schwartz, P.M., & Dowler, J. K. (1984). Neonatal correlates of prenatal exposure to smoking, caffeine, and alcohol. *Infant behavior and development,* 7, 253-265.

Jeruchimowicz, J., & Hans, S. L. (1985). Behavior of neonates exposed in utero to methadone as assessed on the Bragelton Scale, *Infant behavior and development,* 8, 323-336.

Joffe, J. M. (1969) . *Prenatal determinants of behavior.* Oxford:Pergamon.

Jones, K. L., Smith, D. W., Ulleland, C. N., & Streissguth, A. P. (1973). Pattern of malformation in offspring of chronic alcoholic mothers. *Lancet,*1, 1267-1271.

Knobloch, H., & Pasamanick, B. (1966). Prospective studies on the epidemiology of reproductive casualty: Methods, findings and some implications. *Merrill-Palmer quarterly,* 12, 27-43.

Kolata, G. (1984). Studying learning in the womb. *Science,* 225, 302-303.

Kolata, G. (1986). Obese children: A growing problem. *Science,* April, 232, 20-21. (b)

Kopp, C. B. (1983). Risk factors in development, In P.H.Mussen (Ed.), *Handbook of child psychology,* Volume2.New York:Wiley.

Kotulak, R. (1981). Baby removed from womb, returned in new surgery. *Chicago tribune,* November 15, Section 1, pp.1-12.

Leboyer, F. 1975. *Birth without violence.* New York: Knopf.

Lefkowitz, M. M. (1981). Smoking during pregnancy: Long-term effect on offspring. *Developmental psychology,*17, 192-194.

Lester, B. M., Als, H., & Brazelton, T. B. (1982). Regional obstetric anesthesia and newborn behavior:A reanalysis toward synergistic effects. *Child development,* 53, 687-692.

Maccoby, E. E., Doering, L. H., Jacklin, C. N., & Kraemer, H. (1979). Concentrations of sex hormonres in umbilical-cord blood: Their relation to sex and birth order of infants. *Child development,* 50.632-642.

Macfarlane, A. (1977). *The psychology of childbirth,* Cambridge, Mass.:Harvard university Press.

Matsunaga, E., & Shiota, K. (1981). Search for maternal factors associated with malformed human embryos: A prospective study. *Teratology,* 21, 323-331.

Montagu, A. (1962). *Prenatal influences.* Springfield, Ill.:Charles C. Thomas.

Naeye, R. L., & Peters, E. C. (1982). Working during pregnancy:Effects on the fetus. *Pediatrics,* 69, 724-727.

Needham, J. A. (1959). *History of embrzology.* 2nd. rev. ed., with the assistance of A. Hughes, Cambridge: Cambridge University Press.

O'Connor, M. J., & Brill, N. (1984). *Alcohol use in elderly primips: Relation to infant cognition and growth.* Paper presented at the International Conference on Infant Studies, New York,

April.

Oliver, C. M., & Oliver, G. M. (1978). Gentle birth:Its safety and its effect on neonatal behavior. *Journal of obstetrical, gynecological and neonatal nursing.*

Ostrea, E. M., Jr., & Chavez, C. J. (1979). Perinatal problems (excluding neonatal withdrawal) in maternal drug addiction: A study of 830 cases. *The journal of pediatrics,* 94, 292-295.

Pedersen, F. A., Zaslow, M. J., Cain, R.L., & Anderson, B. J. (1981). Cesarean childbirth: Psychological implications for mothers and fathers. *Infant mental health journal,* 2, 257-263.

Querleu, D., & Renard, K. (1981). Les perceptions auditives du foetus humain. *Medicine et hygiene,* 39, 2102-2110.

Quigley, M. E., Sheehan, K. L., Wilkes, M. M., & Yen, S.S.C. (1979) Effects of maternal smoking on cirulating catecholomine levels and fetal heart rates. *American journal of obstetrics and gynecology,* 133, 685-690.

Rawat, A. (1982). Alcohol harms fetus, study finds. *Chicago tribune,* April 19, section 1, p.13.

Revill, S. I., & Dodge, J.A. (1978). Psychological determinants of infantile pyloric stenosis. *Archives of disease in childhood,* 53, 66-68.

Richardson, G.A., & Day, N. L. (1986). Alcohol use during pregnancy and neonatal outcome. *Infant behavior and develoment,* 9 (Special Issue:Abstracts of papers presented at the Fifth International Conference on Infant Studies) , 301.

Roberts, C. J., & Lowe, C. R. (1975). Where have all the conceptions gone? *Lancet,* March 1, 7905, 498-499.

Rosett, H. L., Weiner, L., Zuckerman, B., Mckinlay, S., & Edelin, K. C. (1980). Reduction of alcohol consumption during pregnancy with benefits to the newborn. *Alcoholism:clinical and experimental research,* 4, 178-184.

Salter, A. (1978). Birth without violence: A medical controversy. *Nursing research,* 27, 84-88.

Scafidi, F. A., Field, T. M. & Schanberg, S. M. (1986). M. Effects of tactile／kinesthetic stimulation on the clinical coures and sleep／wake behavior of preterm neonates. *Infant behavior and development,* 9, 91-105.

Scanlon, J. W., Brown, W.V., Weiss, J. B., & Alper, M. H. (1974). Neurological responses of newborn infants after maternal epidural anesthesia. *Anesthesiology,* 40, 121-128.

Sontag, L.W. (1944). War and the fetal maternal relationship. *Marriage and family living,* 6, 1-5.

Sontag, L. W., & Newbery, H. (1940). Normal variations of fetal heart rate during pregnancy. *American journal of obstetrics and gynecology,* 40, 449-452.

Sosa, R., Kennell, J., Klaus, M., Robertson, S., & Urrutia, J. (1980). The effect of a supportive companion on perinatal problems, length of labor, and mother-infant interaction. *New England journal of medicine,* 303 597-600.

Spelt, D. K. (1948). The conditioning of the human fetus in utero. *Journal of experimental psychology,* 38, 338-346.

Spence, M. J., & Decasper, A. J. (1982). *Human fetuses perceive maternal speech.* Paper presented at the meeting of the International Conference on Infant Studies , Austin, Texas, March.

Stott, D. H. (1971). The child's hazards in utero. In J.G.Howells (Ed.) , *Modern perspectives in international child psychiatry.* New York:Brunner／Mazel.

Strauss, M. E., Lessen-Firestone, J., Starr, R., & Ostrea, E. M., Jr. (1975). Behavior of narcotics-addicted newborns. *Child devel-*

opment, 46, 887-893.

Streissguth, A. P., Barr, H. M., & Martin, D. C. (1983). Maternal alcohol use and neonatal habituation assessed with the Brazelton Scale. *Child development,* 54, 1109-1118.

Streissguth, A. P., Martin, D. C., Barr, H. M., Sandman, B.M., Kirchner, G.L., & Darby, B.L. (1984). Intrauterine alcohol and nicotine exposure:Attention and reaction time in 4-year old children. *Developmental psychology,* 20, 533-541.

Tanzer, D., & Block, J. L. (1976). *Why natural childbirth?* New York:Schocken Books.

Ward, I. L. (1972). Prenatal stress feminizes and demasculinizes the behavior of males. *Science,* 176.82-84.

Wideman, M. V., & Singer, J. E. (1984). The role of psychological mechanisms in preparation for childbirth. *American psychologist,* 39, 1357-1371.

Wilson, J. G. (1977). Current status of teratology. In J. G. Wilson and F.C.Fraser (Eds.), *Handbook of teratology.* New York:Plenum.

Wilsion, J. G., & Fraser, F. L. (Eds.). (1977). *Handbook of teratology.* New York: Plenum.

Yerushalmy, J. (1971). The relationship of parents' smoking to outcome of pregnancy: Implications as to the problem of inferring causation from observed effects. *American journal of epidemionlogy,* 93, 443-456.

Yerushalmy, J. (1972). Infants with low birth weight born before their mothers started to smoke cigarettes, *American journal of obstetrics and gynecology,* 112, 277-284.

Yogman, M. W., Cole, P., Als, H., & Lester, B. M. (1982). Behavior of newborns of diabetic mothers. *Infant behavior and development,* 5, 331-340.

3

嬰兒的世界

嬰兒期是從出生到一歲左右這個階段。嬰兒的世界是多彩多姿的，雖然嬰兒在這個階段中，不太會表達自己的意思，不會獨立做事，甚至不太會說話。但是嬰兒一出生後，即隨著一些自動的反應，如抓握（grasping）、伸展手臂、眨眼等反射的動作，逐漸的發展和拓展更複雜的反應，如說話、味覺或視知覺等反應，甚至發展到成人的思考反應。因此，嬰兒的世界是從自己的身體動作發展開始，再經由與外界環境交互作用下，逐漸的發展出認知、知覺、記憶、語言、依附行為、及溝通等能力。

本節主要在介紹嬰兒期嬰兒的世界，包括了認知的發展，各種知覺的發展、及各種能力的發展等。本章分成三節：第一節為嬰兒的認知發展：將介紹嬰兒認知發展的本質、感覺動作期發展、物體恒存概念的發展及有關的研究及發展趨勢。第二節為嬰兒的知覺發展：將介紹成熟與經驗對知覺的影響，研究嬰兒知覺的方法。第三節為嬰兒的各種能力發展，如視覺發展、聽覺發展、味覺發展、膚覺發展、嗅覺的發展及記憶發展等。

第一節　嬰兒的認知發展

　　嬰兒的認知發展是指嬰兒了解外界環境或事物的發展，也是指他們的心智或思考能力的發展。嬰兒對於外界環境的認知，是靠感覺動作發展為主，從最初的反射性反應，重複動作反應，乃至複雜混合反應等逐漸發展出來。因此，嬰兒從出生到二歲的階段，每個月的認知發展都是不斷在改變，不斷在成長。嬰兒的認知發展是後期（兒童或青少年）智力發展的基礎。

一、嬰兒認知發展的本質

　　近年來，研究人類認知發展的趨向，有二大潮流，一者以皮亞傑（Piaget, J.）認知發展論為主，一者以訊息處理論的觀點為主流。根據皮亞傑認知發展論的觀點，是以生物適應的模式說明人類認知發展的歷程。這一派學者對認知的界定偏重於如思考、心像及問題解決等高級心智運作的歷程。訊息處理論的觀點，是以電腦處理訊息方式，說明人類認知的歷程，這派學者將認知歷程包括了注意、知覺、編碼（encoding）、儲存記憶、解碼（decoding）、檢索等內容。他們對認知的界定採用較廣泛的定義，將知覺、記憶及語言等都涵蓋其中。本章對認知發展的介紹，並不偏向某一主流，而是採折衷方式加以說明。

㈠嬰兒的認知

　　嬰兒對外界事物的知道或了解，是一種對出現事物的期待。因此，嬰兒的思考，只能透過嘴、手、眼睛等感覺動作中的預測及期待，而獲得了解。以皮亞傑的觀點言，嬰兒的認知是沒有意識及自我知覺的，它不會使

用符號。是一種符號前期，表徵前期及反射前期的感覺動作智能。

(二)感覺動作基模與組織

根據皮亞傑的理論：嬰兒的認知發展，包含一些細密及互相關連的認知結構單位，稱爲基模（schema）。基模是指人類認知發展的基本單位，它是會組織，會重覆出現的行爲模式，嬰兒先靠吸吮、聽、及抓握等反射動作爲認知的基本基模，再逐漸組合或合併其他基模，形成一個更大的單位。因此一個簡單的基模會逐漸的組織，辨別或合併成更複雜的認知模式。

(三)適應的智能

皮亞傑認爲人類認知系統是一個複雜的機體，在複雜環境中的一種特定的生物適應歷程，這種認知系統是主動的在環境中尋求知識，個體會重建或重新構造，使環境能配合他的心智結構。皮亞傑以適應（adaptation）來說明個體的認知系統與外在世界接觸的現象。他認爲適應包括二個歷程，一爲同化（assimilation），一爲調適（accommodation）。同化的歷程是個體以現有的認知結構及基模，直接將外界事物納入或吸收。例如嬰兒經常吃奶，身體逐漸發育成長；又如反覆看著母親的面孔，才認得那是媽媽。這是嬰兒爲了配合無法改變的現實世界，必須去認識陌生的事物和人，與這些事物或人更接近，才能得到更多適應環境的能力。調適的歷程是個體需要改變內在的認知結構，去適應外在事物或環境。當外在世界的訊息與個人內在認知結構不一致時，或個人認知結構無法配合外在環境的訊息時，個人必須重新改造自己的認知結構，再將外界事物或訊息納入。例如，嬰兒爲了認識陌生事物和人，必須改變原有「只認得母親」的結構，才能認識其他的人。同化與調適是認知發展的功能，二者對個體的認知發展有密切的關係，而且這二者之間是相互關連的。

皮亞傑認爲嬰兒認知的發展是經由同化與調適的歷程，逐漸的組織及成長。因此他將嬰兒的認知行爲稱爲適應的智能。一般嬰兒是靠著遊戲（play）同化外界知識。利用模仿（imitation）來調適內在認知結構，吸收外界知識。

　　當嬰兒的認知結構與外界事物的認知結構一致時，皮亞傑稱爲平衡（equilibration），這是嬰兒認知成長的原動力。因此嬰兒的認知或智能發展是靠同化與調適的歷程，不斷追求平衡歷程，獲得成長的。

㈣認知的動機

　　認知動機是催化和增強人類認知活動的因素和動力。皮亞傑認爲嬰兒認知動機來自一種原始的，非認知的需要和目標。例如嬰兒飢餓求食，是爲了滿足吸奶的需求而期待母親的出現，逐漸的認知母親，與母親作溝通。因此嬰兒的認知發展來自單純的因素——滿足生理的需求或本能，然後才漸漸與外界環境因素結合在一起，形成更複雜的認知系統。

　　傳來福（Flavell， 1985）認爲引起嬰幼兒認知動機，包括下列四項因素：

　　⑴外界呈現的刺激或訊息是嬰兒以前未曾接觸過的；刺激或訊息對嬰兒言是新奇的，容易引起嬰兒注意，而產生認知動機。

　　⑵呈現的刺激或訊息，其複雜程度超越嬰兒的認知層次；比嬰兒所了解的認知結構更複雜，也容易引起嬰兒的認知動機。

　　⑶呈現的刺激或訊息，無法預料或出乎嬰兒的期待。嬰兒原始的認知行爲是經由期待而獲得的，因此出乎嬰兒預期的刺激或訊息，較易引起嬰兒的認知動機。

　　⑷呈現的刺激或訊息令嬰兒感到疑惑不安，也容易引起他們的認知動機。

　　以上四項因素說明嬰兒的認知動機是來自外在的因素，而非純然如皮亞傑所說的來看個體本身的需要和目標所形成的。這種說法顯然認爲嬰兒一出生就具有認知動機的結構本質。吉布森和斯派克（Gibson & Spelke, 1983）認爲嬰兒一出生就具有先天的注意本質，一出生幾天內就能對語言或其他聲音注意。

　　爲了證實人類的認知動機是內在的歷程；麥克等人（McCall & McGhee, 1977）利用不同的臉孔實驗，以引起嬰兒的注意；結果發現嬰兒對正常的臉孔較不感趣，注視時間較短。而且對新奇的臉孔較感興趣，

注視的時間較長。因此邁克認為提供一些與嬰兒認知結構不一致或矛盾的刺激，將會促進嬰兒的認知動機。

究竟認知動機是來自嬰兒非認知的需求；或是外在認知因素所引發的？一直是爭論問題。不論這些動機是來自本能或後天學習的，認知動機是促進嬰兒認知發展的原動力，是不可否認的事實。

二、感覺動作期的發展階段

㈠感覺動作發展階段的特徵

皮亞傑將嬰兒的感覺動作期分成六個發展階段，這六個階段的發展特徵是：

1.**同時性發展** (cognitive structures concurrence)

皮亞傑認為嬰兒在每一個階段中都同時具有多方面的認知結構，一個階段到次一個階段的多種認知結構會不斷累積或增加質或量。

2.**不變的次序** (invariant sequence)

皮亞傑認為六個階段的順序是不可改變，六個階段的發展是按步就班的，不會跳躍和間斷的。

3.**階層性發展** (hierarchical development)

六個階段的順序不可改變，各階段的發展成階梯式發展，前一個階段發展後，再拓展到下一個階段，各階段的發展是向上發展，在橫軸上也有重疊及拓展現象。換句話說，各階段的改變不只是量的不同，也是質的改變。

4.**急遽轉換** (abrupt transitions)

皮亞傑認為六個階段的行為都是急遽的突然改變的，而不是逐漸的改變的。

㈡感覺動作發展階段的劃分

皮亞傑將感覺動作期分成下列六個階段：

第一階段：反射作用的修正（0-1月）

　　嬰兒一出生就具有某些反射動作，如看、吮吸等，這些反射性動作有些會隨著年齡成長而消失，有些則繼續發展。而其中像吸吮、眼球活動、手臂活動等動作會成為日後重要發展的基礎。皮亞傑稱此階段嬰兒以發展適應智力為主。

第二階段：初級循環反應（1-4月）

　　此階段的發展特色有二：(1)是嬰兒感覺動作的基模繼續發展；(2)是基模與基模之間逐漸組合與調整。例如嬰兒視覺與聽覺功能的連結；吸吮變得更為熟練，嬰兒眼球可以隨著物體移動而轉動，眼睛已具有調節能力，可以有意的看外界事物。此外，由於基模的不斷拓展，嬰兒開始表現半模仿的動作，包括了簡單的發聲，看東西和抓取的動作等。

第三階段：次級循環反應（4-8月）

　　此階段中嬰兒的行為與興趣逐漸超出其本身的範圍，而轉向外界環境，且範圍愈來愈廣，但仍未完全成熟。

　　這個階段稱為次級循環反應，是因為嬰兒在偶然的活動中，產生某種不預期或有趣的結果，於是他會再次重覆這些活動或動作。例如嬰兒無意中抓住手鈴噹，結果鈴噹會發出聲音，嬰兒覺得有趣，於是他會不斷抓鈴噹，搖鈴噹。

　　此階段的發展特色是：

　　(1)嬰兒開始主動探索外界事物，使動作基模發展更純熟。

　　(2)嬰兒出現一些未正確或不夠成熟的模仿動作，如模仿以前做過的動作等，表示嬰兒已開始發展認知及社會能力。

第四階段：協調次級反應（8-12月）

　　此階段的嬰兒會有意向或手段──目的行為出現，他的活動是一種目的導向的行動，因此，比第三階段的嬰兒更能表現認知或心智能力。

　　在第三階段中，嬰兒會主動的合併基模動作，但第四階段的嬰兒會利用舊有的基模為手段，去運作另一個新的基模，以達到目的。此階段的嬰兒也能預期外界發生的事件，甚至有意的促成刺激的產生。

　　這個階段另外的特色是：

　　(1)模仿技能更為成熟，所模仿的動作不一定是自己看過的。

(2)動作行為更為分化，例如他會從適應智力中分化出遊戲以及模仿行
　　為。

第五階段：第三級循環反應（12-18月）

這個階段的嬰兒會更主動的、有目的、或嘗試錯誤的探索外界事物，
以尋求新方法，因此是感覺動作發展向外探索的最高峰。嬰兒對新奇事物
都好奇，會不斷追尋探索事物，例如，嬰兒會玩電線插頭、開關電視、電
鈴等動作，只要他看到新奇有趣的東西，他就會想辦法去嚐試、抓摸。他
甚至會產生「看看會產生什麼？」的態度，可見得他的目的行為更精密。
在探索的過程中，他會學習使用工具，觀察及模仿學習更為系統，更為成
熟。

第六階段：心智組合創新方法（18-24月）

這個階段為感覺動作期的後期，在此階段，嬰兒逐漸使用象徵性的概
念，例如他會使用符號的或象徵性名詞替代實物，以作為認知的工具。因
此，本期的特色是：

(1)能夠運用心智分辨符號，象徵或實體。具有符號的認知功能。

(2)開始產生延宕的模仿行為。例如嬰兒會將別人的動作行為模仿後，
　　事後再出現這種行為。

(3)嬰兒不須要經由實際觀察行為來表現，而是經由想像或表徵方式來
　　表現行為。例如畫圖表達意思等。

(4)開始出現假裝或象徵性遊戲的行為。例如他會利用手影來表演狗的
　　形狀；用木偶代替人等。

皮亞傑特定將此階段稱為心智組合，創新方法／手段的時期。

這六個階段的發展過程，可由圖3-1表示之。

三、物體恆存概念的發展

物體概念或物體恆存概念是指物體雖然消失在人的視覺範圍外，人看
不到這件東西，但仍然有這件東西的概念。皮亞傑認為嬰兒大約二歲以後

，才眞正具有物體概念的觀念。

　　根據皮亞傑的觀點，物體概念的發展是經由下列三種特徵形成的：

　　(1)嬰兒物體概念的發展，是從感覺動作期發展延伸出來的。

　　(2)嬰兒物體概念的獲得，大都是由經驗中學來，而非天生具有的。

　　(3)嬰兒物體概念的發展，如同感覺動作期的發展，具有階段性、順序
　　　性的特徵，不同階段的兒童，對物體的了解過程也不相同。

個體以反射基模爲主。　（階段1）

　　　　　　　　　　　　　　　　階段1的基模加以修正，隨著經驗
　　　　　　　　　　　　　　　　，基模互相組合，包括視覺與其他
　　　　　　　　　　　　　　　　活動的配合。　（階段2）

不同種類基模的發展，產生有趣的
環境性影響，與環境交互的影響，
個體認知活動比階段2更爲外向。
　（階段3）

　　　　　　　　　　　　　　　　以階段3的基模爲手段發展另一種
　　　　　　　　　　　　　　　　基模。合併組織階段3的基模。屬
　　　　　　　　　　　　　　　　於有意向的行爲，以手段一結果爲
　　　　　　　　　　　　　　　　取向。　（階段4）

主動嘗試錯誤，對階段3的基模加
以修正，尋找新方法，調適外界的
學習。　（階段5）

　　　　　　　　　　　　　　　　以內在心智的組合，創新方法，從
　　　　　　　　　　　　　　　　感覺動作改變爲象徵符號的認知。
　　　　　　　　　　　　　　　　（階段6）

圖3-1　皮亞傑感覺動作期的適應智力模式

因此，皮亞傑將嬰兒的物體概念發展分成六個階段，如表3-1所示：

表 3-1　**嬰兒物體恆存概念發展的六個階段及內容**

階段	發展內容
階段一或二(0-4個月)	嬰兒會注意移動的物體，直到物體消失為止。當物體消失後，他對物體的興趣也隨著消失。此階段嬰兒未具有物體表徵的架構。
階段三(4-8個月)	當物體消失於視覺中，嬰兒會在消失點的附近探索，當物體部分被遮蓋住時，嬰兒會注視著它，但物體全部被蓋住後，嬰兒會失去對物體興趣。這階段嬰兒對物體的了解，只限於主觀及與其本身行為有關的想法。物我不分。
階段四(8-12個月)	嬰兒對被遮蓋的物體會主動的尋找，經過多次的尋覓，即使他看到這個物體已被人移到另一地方，他會繼續從同一個地點找尋消失的物體。這個階段嬰兒開始了解物體的實質及恆常性，了解物體與本身無關聯，物體是獨立的東西。物我分開。
階段五(12-18個月)	嬰兒尋找物體，只能從其眼睛所看到消失的地方尋找。例如將一個玩具放進容器中，然後用布包住拿走，要嬰兒尋找，它會尋找容器中物體，而不注意布包的東西。可見得嬰兒對「看不見的轉換」還沒有觀念。
階段六(18-24個月)	嬰兒在此階段已具有物體恆存的概念，他能使用象徵的能力，對容器中被布包住的玩具問題，已經能清楚的解決了。

　　近年來，認知發展的研究相當重視物體恆存概念的發展。因為物體恆存概念的發展是個人心智成長或各方面認知發展的基礎。吉布森等人（Gibson & Spelke, 1983）亦認為個人的心智成長與物體恆存概念發展有密切關係。所謂物體恆存觀念，是指個人能瞭解或知覺到物體的存在性。物體在不同的情境下，其形狀及大小可能有所改變；但是個人仍然明瞭此種物體的客觀現象。例如：人類具有知覺一致性，同樣的物體呈現在不同情境下，人們仍然相信這樣物體的形狀及大小不變。物體恆存概念的發展通常與人類知覺發展同步進行。

四、新近研究趨勢

　　嬰兒認知發展的研究，一直深受心理學者的重視，這方面研究自1970年以後，如雨後春筍般的出現。有些研究（Uzgiris & Hunt, 1975）支持了皮亞傑的觀察及研究結果。但也有些研究，（Cratch, 1975；Harris, 1975，1983； Kagan, Kearsley & Zelazo, 1978）卻對皮亞傑的研究結果產生質疑。

　　支持皮亞傑嬰兒認知發展研究結果者，一致認為皮亞傑對嬰兒的物體概念發展的研究，雖然只以他自己三個女兒的觀察記錄來說明嬰兒的認知發展；但經過學者們研究中證實他的實際觀察結果的確有許多可被接納的觀點。而且多數的學者一致認為嬰兒物體概念的發展並非天生的，而是學習來的。物體概念的發展確實具有階段性。

　　反對皮亞傑認知發展的研究者，也一致認為皮亞傑的研究往往低估了嬰兒的認知能力，尤其是在訊息處理方面的發展。有許多研究（O'paluch & Rader, 1980；Harris, 1983）認為嬰兒在早期就具有知覺及記憶的能力，而且在生活中能處理較抽象、複雜的問題。他們認為皮亞傑低估了嬰兒認知發展的因素有二：

　　(1)方法上的錯誤，缺乏特別實際的實驗儀器，因此在研究過程往往只限於簡單方面的感覺或動作內容作探討。

　　(2)皮亞傑對嬰兒的研究較重視感覺動作的發展，但常忽略了與動作或

感覺有關的其他方面的發展，因此研究結果較爲狹隘。

反對派觀點對於皮亞傑對嬰兒物體概念發展的第四階段的解釋及說明，不表同意，他們認爲嬰兒在九個月以前就具有物體恆存的概念，總括來說，嬰兒在各階段對物體了解的概念或回憶的能力等觀點，一直是學者所爭論的問題。

第二節　嬰兒的知覺發展

知覺是指個人透過感覺器官對外界環境事物的一種覺知現象，個人對環境中的事物具有辨別及選擇的反應。感覺器官所接收來的訊息是物理眞實現象，而知覺是個人加上主觀色彩的反應。因此嬰兒的知覺發展是認知發展的基礎。

一、成熟與經驗對知覺的影響

至於嬰兒覺知、辨別和選擇反應的起源是什麼？這個問題一直是先天論 (nativists) 和經驗論 (empiricists) 所爭執。先天論認爲人一出生，就具有各方面的知覺能力，無所謂經驗。經驗論認爲人的知覺是靠學習而來的。現代心理學家大多數相信，成熟與經驗對個人的知覺能力確實有所影響。可是，人類的知覺能力是否完全由學習而來？抑或是生來具有？下列有幾種研究的結果。

㈠視覺復明的研究

　　根據桑頓 (Senden, 1960) 的研究，一個生下來因雙眼白內障而目盲的人，在其長大成年之後，經外科開刀手術而恢復視覺。此時將其空間知覺與正常人相比較，結果發現：天生盲者恢復視明時，立即能分辨形象與背景及顏色，他能注視形象並且追蹤移動的物體，這些現象顯示出分辨形象與背景是與生俱來的。但是他不能數出一個物體有多少個角，不能分辨三角形和正方形，此種現象說明他未具形狀知覺。

　　上述研究得知，人類的知覺發展過程中，先具有辨認形象與背景的關係能力，以及分辨各種顏色的能力，隨著練習與經驗逐漸變得判斷更正確。但是我們不能據此來推論嬰兒出生時的知覺能力。因此，成熟與經驗對知覺的影響尚有待進一步的研究。

㈡剝奪視覺的研究

　　有一些心理學家，以動物作爲剝奪視覺的研究對象，他們將動物飼養在黑暗的環境中，經過一段漫長的時間測量他們在有光線的視覺狀況。曾有研究者將黑猩猩養在黑暗地方十六個月，結果發現他的網膜與視覺細胞退化萎縮。

　　爲了讓動物能接觸少量光線以維持視覺細胞的正常功能，瑞森 (Risen, 1965) 的研究中，讓動物生下來就戴上半透明的特殊眼鏡。但是動物只見到擴散的光線，所以戴上這種眼鏡看不到物體的形狀。結果發現黑猩猩出生後戴上該種眼鏡三個月之後，雖然能辨別顏色、大小與亮度，可是他的雙眼不能跟蹤移動的物體，也不能分辨三角形與正方形。這個研究結果與上述研究的知覺現象頗爲類似。

㈢初生嬰兒的知覺

　　根據吉布森和渥克 (Gibson & Walk, 1961) 的研究，七、八個月大的嬰兒，給他們放在視覺懸崖的一端，讓他的母親在另一端逗引他們往前爬行。當他爬到懸崖處，大多數的嬰兒都不再往前爬。這個實驗之前，嬰兒已經有幾個月的學習機會，因此不能依此實驗結果來判斷深度知覺是否

與生俱有。於是作者又以剛出生不久會走路的小山羊走到懸崖峭壁的地方，它們也不敢再往前走。由此實驗結果證實，簡單的空間知覺是先天具有的，並非由學習而獲得的。

㈣經驗在知覺發展中的研究

高太博 (Gottieb, 1981) 提供一個模式來說明經驗可能扮演的角色：

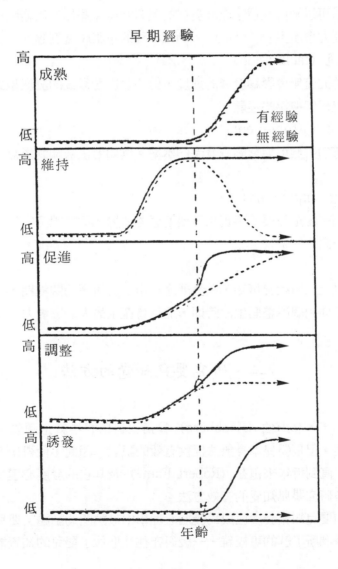

早 期 經 驗

　　上圖中實線是代表有經驗的，虛線是代表缺乏經驗者。左邊的縱線是代表發展程度。

1.成熟 (maturation)

　　發展是由遺傳因素所決定。經驗的有無並沒有影響。例如嬰兒的發展順序階段。

2.維持 (maintenance)

　　經驗可以維持及穩定充分發展的現有狀態。假如缺乏經驗的話，可能有某些能力會產生永久性缺陷。例如小貓的單眼視覺剝奪。

3.促進 (facilitation)

　　經驗的有無會影響發展的速度，但不會影響最後的發展型式和水準。例如嬰兒學爬樓梯的經驗。

4.調整 (attunement)

　　經驗的有無可能影響到發展的水準。例如老鼠被關到黑盒子中視覺剝奪的實驗。

5.誘發 (induction)

　　早期經驗是發展的事實和發展型態的依據。例如鴨子的銘印行爲和兒童的第一語言的學習。

　　由以上五種狀況可知，在發展過程中，有所謂的關鍵期，而關鍵期中經驗能延伸到個體整個生命時期，而且會產生最大的影響力。

二、研究嬰兒知覺的方法

　　1962年，郝須伯 (Hochberg) 曾指出科學家早就企圖想探討嬰兒的知覺發展，但是嬰兒本身無法提供有效的訊息，因此，使得研究受到許多的限制。直到近年來范茲 (Robert Fantz) 及其它的發展心理學家已經發展出許多研究嬰兒知覺的有效方法。

　　目前嬰兒知覺發展已成爲發展心理學中最熱門的話題。嬰兒知覺能力比目前我們所了解的更複雜，一般研究往往低估了嬰兒的知覺能力，傳來

福 (Flavell, 1985) 分析出三個理由：

(1)一般研究將嬰兒的動作能力過分類化到知覺能力。例如嬰兒的動作
技能差，頭、軀幹、四肢的控制協調差，往往也被假定是他們的知
覺能力差。

(2)傳統的哲學及心理學認為人的行為能力是由經年累月而成長的，因
此將知覺能力也做如此的假定，使得過去數十年，這方面的研究受
到相當大的阻礙。

(3)以往研究嬰兒的知覺發展，是以較大兒童作研究，再以向下推溯方
式推估較小嬰兒的知覺發展，這種研究方法無法正確的反映出嬰兒
的知覺能力。

　　雖然過去的研究有相當大的限制，隨著方法論的突破，目前研究嬰兒
知覺的方式，可以設計一些不需要嬰兒語言報告的實驗。嬰兒雖然本身不
能告訴我們什麼？但是我們可以從知覺刺激所引發的行為和生理反應得到
一些有關的訊息。主要從看（眼動和固定）、吸吮、轉頭、和伸手去瞭解
。例如實驗者以圖形給嬰兒看，而用特殊的照相機或人來觀察，發現嬰兒
的眼睛會固定在這個圖形的某個部分，而且經過一次又一次的嘗試後，嬰
兒注視圖形的時間會逐漸減少，這個過程，可稱為習慣化 (habituation
) 。假若實驗者呈現新舊配對圖形給嬰兒看，嬰兒可以明白刺激的改變，
注視新的圖形，對舊的圖形厭煩不看，由此可知新生兒具有區辨刺激的能
力。

　　另外有些實驗同時呈現二個圖形給嬰兒看，結果嬰兒對其中一個圖形
看得較快、次數較多、時間較久，由此推知嬰兒有偏好 (preference) 能
力。一般研究顯示嬰兒看到新奇的，會動的東西時，他們的心跳及吸吮速
度會增加。由此可見，有關嬰兒偏好的研究，已經將研究樣本推展到幼小
嬰兒，甚至新生兒身上了。

　　從上述的研究中，發現嬰兒一出生後，就具有習慣化和偏好能力，從
這些實驗中又可推估嬰兒的再認能力及記憶能力可能天生的。例如：嬰兒
如果無法記住二個圖形中的任一個，又如何會對不同圖形產生不同的反應
，而形成習慣性歷程？

不過研究嬰兒的知覺，仍然存有許多的限制：

(1)嬰兒是個不穩定的個體，隨著時間及年齡、生理狀況不同而改變，因此研究結果往往缺乏穩定性及預測性。

(2)有些嬰兒知覺的研究只適用於某一年齡階段，對其它階段的嬰兒則不適用，因此研究內容缺乏普遍性。

(3)嬰兒太小，本身無法以言語表達，因此研究嬰兒的知覺只是間接性的推估及測量，是以邏輯推理的，並非直接觀察及測量結果。

第三節　各種能力的發展

一、嬰兒的視覺發展

研究嬰兒的視覺發展，大致可分成二個層次，以感覺發展在先，以知覺發展在後，在感覺方面，是探討嬰兒多大時才能看得見、是否可以有效的盯著東西看、他們的眼力如何、能否辨別顏色、形狀及動作。在知覺部分，是探討嬰兒隨著年齡不同，如何應用視覺能力獲得外界重要訊息？

根據吉布森和斯派克 (Gibson & Spelke, 1983) 的研究指出，人類的視覺系統能收集到許多有關人、事、物的訊息。視覺的運作和神經系統、網膜、側彎神經、外皮層等有關；網膜中心的小窩比周邊部分更具視覺敏感性。初生嬰兒的視覺系統還未完全發展，但不能因此說明他們看不見東西。

布朗遜 (Bronson, 1974) 提出早期視覺發展的理論，嬰兒的眼球運動較慢，很難立刻看清東西，無法推持注意力，無法正確的瞄準，因焦距不對，要到成熟時才能注視於小部分。在實驗時，為避免嬰兒的眼睛不能集中在一個物體，或兩眼看不同方向，不知嬰兒到底注意哪裡，因此要把

一隻眼睛遮起來。眼球除了集中，固定和調適的能力外，還能辨識複雜的資訊，如色彩、動作、深度等。其中形狀最複雜，因爲它包含了外形、狀態、成分及結構等。嬰兒在區別形式有兩種十分有關聯而且重要的視覺能力，即爲視覺敏銳性及相對敏感性。視覺敏銳度所指的是一個人可以發現的最高空間頻率。好的視覺敏銳度可以使人辨別較小，較遠的物體或物體的部分。相對敏感性是指區別黑白差異的能力。利用相對敏感性可以使人辨別形象和背景、形狀、物體及部分物體之差異。

　　班克和沙拉帕提克（Banks & Salapatek, 1983）指出新生兒的視覺敏感度很差，只有20／600 snellen，而成人的視力爲20／20 snellen，當人的視力少於20／200 snellen，幾乎看不見東西，所以未滿月的新生兒視覺敏感度只有成人的三十分之一，視力很差，幾乎像盲人。但是在出生六個月後，已有相當明顯的進步，乃是成熟因素所促成的。

　　就視知覺方面的發展，新生兒通常只注意物體的單獨特徵或其中一小部分，不會注意物體的中心，而只看其外形。根據班克和沙拉帕提克（1983）的研究證明，嬰兒二個月就能辨別不同波光的刺激，三月後有色彩知覺。斯派克（1982）研究指出四、五個月的嬰兒，會接近較近距離的東西，以確定他們的存在。這些研究都支持嬰兒的視知覺發展在三個月以後就具有功能，三個月以後的視知覺發展得更好。

　　至於嬰兒視知覺的發展是成熟或經驗造成的，一直是爭論的問題，研究嬰兒視知覺的發展往往從四方面去探討：

　　⑴知覺的發展，尤其是深度知覺的發展是一個複雜的歷程，成熟及經驗對知覺發展都扮演重要的角色。這方面研究偏重於嬰兒知覺事物、物體、位置和圖畫的能力。

　　⑵對深度知覺產生躲避反應的視知覺懸崖實驗，是成熟或經驗造成？也是爭論問題。如尤耐斯（Yones, 1981）研究認爲人與動物一樣，遇到阻礙物，會產生閃躲反應，以避免直接碰撞物體；即使嬰兒遇到危險的東西，不會閃躲，但也會眨眼睛。由此說明，人的知覺受成熟因素影響，而非學習得來的。而肯布斯（Campos, 1978）研究則指出較小的嬰兒雖然在視懸崖實驗中，嬰兒不敢跨出懸崖區，但心跳及生理反應並未因此加快；而較大的嬰兒則在面對懸崖時

，心跳加快，甚至產生害怕的反應。這是因爲學習及經驗的影響。
由此可見，這方面研究一直未有定論。

(3)由視知覺研究中探討人的害怕反應是經驗或成熟？瑞達（Rader,
1980）研究支持成熟因素對嬰兒視知覺發展的重要性。Rader研究
發現較晚會爬的嬰兒在走懸崖的時候才會有躲避的反應，他們會有
躲避反應是因爲爬行因素而非先有躲避反應的學習及了解危險處境
概念的獲得。雖然他認同肯布斯研究，學習及經驗對深度知覺的發
展有所影響，但是他堅信成熟是影響知覺中最重要的因素。

(4)研究嬰兒視覺發展是否與其他知覺之間產生交互作用？也是學者所
爭論的問題。皮亞傑認爲嬰兒的知覺發展模式，在一出生時並沒有
交互作用，直到感覺動作期發生才有交互作用產生。經驗是知覺交
互作用的重要因素。吉布森則認爲嬰兒一出生就具有知覺的交互模
式，然後透過後來的經驗與學習，增進知覺的發展。因此，嬰兒的
視覺發展並非單純的歷程，它是與其他知覺，如聽覺、生理動作等
同時發展的。

二、嬰兒的聽覺發展

從一些研究胎兒和早產兒的證據中顯示嬰兒的聽覺在出生之前幾週就
具有了。根據早期的研究中發現：許多胎兒對較大的聲音（如汽車的喇叭
聲），會以運動（或胎動）來作反應。匹克夫婦（1970）研究新生兒對四
十分貝的聲音會產生反應。

艾斯林等人（Aslin et al., 1983）的研究指出：外在的聲音必須經由
母體組織和羊膜囊才能到達胎兒的耳朵，聲音會刺激胎兒的皮膚及聽覺系
統，因此胎兒的聽覺發展是以客觀的聽覺系統變化爲主，而非主觀的知覺
發展。

上述的研究亦指出頻率在每秒1000週波（Hz）以下的聲音，傳送到
母體的羊膜囊，聲音的強度會減弱。而人類語音的頻率在每秒500至2000
週波之間，所以父母若想和未出生的胎兒進行溝通，必須提高音量大聲說

話，而且母體子宮內的環境很吵雜，大約高達八十五分貝；不提高聲音就無法與胎兒溝通。

　　但有些研究指出嬰兒的聽覺閾高於成人十到二十分貝，因此父母不須提高聲音與嬰兒溝通。狄凱斯普和費雪（DeCasper & Fisher, 1980）研究剛出生三天的嬰兒辨別母親聲音的現象。實驗設計是在產婦住院期間讓母親親自餵奶四次，每次以一小時為限，在餵奶的同時，由母親講述同樣一個故事。三天後改由護士餵奶，在餵奶同時，交义播放許多不同母親的錄音，結果發現嬰兒每次聽到自己的母親聲音時，吸奶的動作就會變得格外的激動用力。由此說明未滿月的嬰兒已有區分母親聲音的能力，已具有聽覺能力。

　　艾斯林等人（1983）的研究顯示4個月內的嬰兒喜歡聽錄音帶中母親的聲音勝過錄音帶中成人的交談聲。

　　伊瑪斯和史桂蘭（Eimas & Siqueland, 1971）等人研究發現嬰兒具有先天的語言知覺，嬰兒能分辨出「爸」和「帕」的聲音。由此可見，嬰兒對某些聲音十分敏感，有些聲音甚至連大人也分不清楚。至於一些語音，嬰兒不明白其意思，但只是會辨別與其他音的不同。

　　綜而以上的研究，可知嬰兒的聽覺發展是與知覺發展連接的。聽覺的發展過程是靠先天的能力與後天的學習經驗，逐漸的發展的。

三、嬰兒的味覺發展

　　對於嬰兒味覺的敏感性研究很少。曾有研究證明新生兒至少能辨別鹹、甜、酸的檸檬汁和奎寧等不同味道。

　　根據早期學者的研究發現嬰兒喜歡甜勝過於喜歡鹹味。當給嬰兒甜的溶液時，嬰兒顯得較為輕鬆愉快，並且會滿意的吸吮、但是對於鹹的、酸的或苦的溶液則以怪樣子和不規則的吸吮去反應。

　　匹克夫婦（1970）認為嬰兒的味蕾比成人的味蕾在舌面上的分布更廣，但是至於味覺的敏感性如何影響嬰兒，則有待進一步探討。

四、嬰兒的膚覺發展

1.觸覺方面

　　一些探討早產兒的研究中指出：人類在生命的早期就能夠對觸覺刺激發生反應。聖特（Saint, A. D., 1966）研究：將早產兒的腳趾展成扇形，會有輕微的運動反應，並且能從半睡眠狀態中覺醒以對觸覺作反應。

2.痛覺方面

　　根據早期生理學家的研究兒童與成人的觸覺定位發展，讓受試閉著眼睛，刺激皮膚的某個定點，要求受試指出被觸及的位置。研究結果發現兒童的觸覺比成人更敏銳。

五、嬰兒的嗅覺發展

　　在嗅覺的研究中證明嬰兒也能辨別氣味的，在一系列研究中，嬰兒被放在一個記錄活動程度的穩定測定儀上，腹部圍著一個呼吸描述器用來測量呼吸反應，然後用一個棉花簽蘸上有氣味的物質放在嬰兒鼻子下面十秒鐘，結果表明嬰兒能夠辨別氣味，而且反復呈現這些氣味，嬰兒的反應會逐漸減弱。

六、嬰兒的記憶發展

　　很多研究指出嬰兒出生後即有記憶能力，例如從上述習慣化歷程中推測到嬰兒具有再認的記憶能力；另外嬰兒若沒有再認的記憶能力，又如何發展出社會依附的行為？嬰兒會有模仿及尋找遮蓋物體能力，也需要具有記憶的能力。

　　菲根（Fagan, 1973）研究指出給予五個月大的嬰兒，呈現一些人的

臉孔，每天幾分鐘，到二星期後，嬰兒能再認這些圖片。我們可以假設每天的刺激呈現與反應的聯結，會使嬰兒有更多的經驗，而且更能儲存記憶到二個星期左右。

至於嬰兒的記憶發展歷程是否會在嬰兒期改變？而幼兒期所具備的記憶能力是否嬰兒所沒有的？這是近年來，研究者想探討的問題。

皮亞傑（1968，1973）和殷海德（1973）等研究指出出生幾個月的嬰兒有再認的記憶力，但沒有回憶能力；而到一歲半到兩歲時，嬰兒有延宕模仿能力，由此推知其有回憶能力。

孟德爾（Mandler, 1984）認為較大兒童再認時，能意識到那些曾經經歷過的，而較小的嬰兒則不能，由此說明嬰兒期的記憶發展到幼兒期的發展是會改變的。

蘇利文和泰斯（Sullivan & Tynes, 1979）研究三個月大嬰兒，看到會動的東西，會抬腳，嬰兒在二個星期後，仍會有此反應，由此可見嬰兒在三個月大時已有回憶能力。

由以上的各種研究中得知：嬰兒初期與後期記憶確有不同，但要截然區分實在很難，不過嬰兒有意識的再認能力比皮亞傑所言的還早，有人推測大約發生在七到十一月，有人推測在八至九月中；而且由外在線索提示的回憶能力比內在線索的回憶力（自己有意識，深思能力）發生得更早。

總而言之，嬰兒期的各方面能力的發展以感覺及知覺發展為主，而這些發展都是受成熟及經驗交互作用的影響，而且每種能力的發展顯然是各種能力或感覺、知覺的交互影響下而成長的。

參考資料

Aslin, R. N.; Pisoni, D. P.& Jusczkyk, P. W. (1983). Auditory development and speech perception in infancy. In. M. M. Haith & J. J Campos (Eds.) *Handbook of child psychology:* Infancy and developmental psyogology (Vol.2) N. Y.

Banks, M. S. & Salapatek, P. (1983) Infant visual perception. In M.

M. Haith & J. J. Campos: *Handbook of child psychology:* Infancy and developmental biology　(Vol.2) N. Y.

Bronson, G.　(1974) The postnatal growth of visual capacity. *Child development*, 45, 873-890.

Campos, J. J.; Hiatt, S.; Ramsay, D.; Henderson, C. & Svejda, M.　(1978) The emergence of fear on the visual cliff. In M. Lewis & L. A. Rosenblum　(ed.) *The origins of affect.* N.Y. Plenum.

DeCasper, A. J. & Fifer, W. P.　(1980). of human bonding: Newborns prefer their mother's voice, *Science,* 208, 1174-1176.

Eimas, P. D.; Siqneland,E. R.; Jusczyk, P. & Vigorito, J.　(1971). Speech perception in infants. *Science,* 171, 303-306. ·

Fagan, J. F.　(1973). Infant's delayed recognition memory and forgetting. *Journal of experimartal child psy.* 16, 424-450.

Gibson, E. J. & Spelke, E. S.　(1983) The development of perception. In J. H. Flavell & E. M. Markman　(eds.) *Handbook of child psychology:* Cognitive Development　(Vol. 3) N. Y.

Gibson, E. J. & Walk, R. D.　(1980). The Visual cliff. *Scientific American* 202, 64-71.

Gottlieb, G.　(1981). *Roles of eraly expericence in species-specific perceptual development.*

Harris, P. L.　(1975). Development of search and object permanence during infancy. *Psychological bulletin*, 82, 332-344.

Harris, P. L.　(1983). Infant cognition. In M. M. Haith & J. J. Campos　(eds.) *Handbook of child psychology:* Infancy and Developmental Psychology　(Vol.2) N.Y: Wiley.

Hochberg. J. E.　(1962) Nativism and empericism in perception. In L. Postman　(ed.) *Psychology in the making.* N. Y. Knopf.

KaGan, J.; Kearsley, R. B. & Zelarzo, P. R.　(1978). *Infancy:* Its place in human development. Cambridge, Mass: Havard Univelsity

Press.

Mandler, J. M. (1984).Representation and recall in infancy. In M. Moscovitch (ed.) *Infant memory.* N.Y. Plenum Press.

McCall, R. R. & McChee, P. E. (1977)The discrepancy hypothesis of attention and affect in infants. In F. Weizmamm & J. C Uzgiris (eds). *The stucturing of experience.* N. Y. Plenum Press.

Piaget, J. & Inhelder, B. (1973). *Memory and intelligence.* N. Y: Basic books.

Pick, H. L. & Pick, A. D. (1970). Sensory and perceptual development. In P. H. Mussen (ed.) *Carmichael's mamual of child psy.* (Vol.1) N. Y. Wiley.

Rader, N. & Ashley, S. (1983). *Avoidance Behavior on an actual cliff.* Paper presented at the meeting of Society For Research in Child Development, Detroit.

Spelke, E. S. (1982). Perceptual knowledge of objects in infancy. In J. Mehler, E. C. T. Walker, & M. Garrett. (eds.) *Perspectives on mental representation.* Hillsdale, N. J. Lawrence Erlbaun Associates.

Sulivan, M. W.; Rovee-collier, C. K. & Tynes, D. M. (1979). A conditioning analysis of infant long-term menory. *Child development.* 50, 152-162

Uzgiris, I. C. & Hunt, J. M. V. (1975). *Assessment in infancy. Ordinal scales of psychological development.* Urbana: University of Illinois Press.

Yonas, A. (1981). Infant's responses to optical information for Collision, In R. N. Aslin, J. R. Alberts & M. R. Peterson (eds.) *Development of perception:* Psychobiological perspectives. (Vol. 2) The visual system. N.Y.: Academic Press.

4

社會依附行為的發展

第一節　社會依附的意義

　　社會依附（social attachment）係指嬰兒與照顧者之間所建立的感情聯結，英國精神病學家包爾比（1958，1973）首先運用這個名詞，來說明個人與其親密伴侶間的強烈情感聯繫。安士渥斯（Ainsworth，1964，1967，1969）更闡揚依附概念，將依附界定為嬰兒對於特定人物強烈的感情聯結，它具有區別性與特殊性，而且不管何時何地相互依附的兩人內心感情都是聯結着的。相互依附的個人不但經常表現互動的行為，而且更有尋求親近對方的傾向。就一般嬰兒而言，大約在六個月左右，便會明顯地表現出認識母親、想要主動接近母親、看見母親時特別高興、母親將他（她）抱起時便愉快地靠在母親身上，以哭或發聲來引起母親的注意，母親離開時會產生分離的焦慮等行為，這些行為均屬社會依附行為表現，事實上嬰兒自出生以來，即有若干依附行為表現，一直發展至六個月至一歲之間依附行為乃逐漸組織成為一具有統整性的行為系統。嬰兒的依附關係是

具有選擇性的，常以特定的對象爲焦點，選擇特定的對象親近，而拒絕他人，當嬰兒建立起第一個依附關係後，便會迅速地與其他的家人建立依附關係，至十八個月，至少已擴展到兩三人了。

綜而言之，依附是一種情感的關係，使雙方緊密的聯結，而依附行爲則是尋求與依附對象親近的行爲表現，嬰兒的社會依附行爲主要包括下列四項特徵：

　(1)嬰兒主動地親近特定的對象。

　(2)特定對象離開時，嬰兒會表現分離的焦慮。

　(3)再見特定對象時，嬰兒會顯得雀躍歡欣。

　(4)注意特定對象一切活動。

嬰兒與母親之間所建立起來的依附關係具有特殊的意義與重要性，不但有助於嬰兒的生存，使嬰兒能在母親的照顧下成長，同時嬰兒將母親視爲安全保壘，母親隨時在嬰兒身旁，使嬰兒對四週環境產生安全感，能夠毫無顧慮地探索環境。包爾比（1973）認爲社會依附爲個體的目標調整控制系統（goal—corrected control system），其功能在使嬰兒隨時視環境的性質，而隨時調整與母親間的距離，產生尋求與母親親近或接觸的需求與行動，目的是在獲得安全感與安慰，因而當嬰兒處於害怕、疲倦或身體不舒適時，依附行爲表現也就特別明顯。

社會依附的發展是嬰兒期社會與情緒發展的重點，主要是由於安全的依附關係有助於嬰兒情感與各方面的發展，基於對母親的依附嬰兒才能承受與母親分離，探索環境，才能發展對自己的信任與自我價值。社會依附行爲在嬰兒期亦特別明顯，然後在人生的各發展階段中，依附會以不同的形式出現，例如存在於青少年與朋友之間，成年人配偶之間，甚至於人與寵物之間，吾人所建立的各種親密關係中都具有共同的特徵，那就是尋求親近，這些與嬰兒與母親間的依附關係極爲相似。

第二節　早期親子互動的歷程

一、母親與嬰兒間感情聯結的建立

　　嬰兒與照顧者之間所建立的依附關係是一種相互的關係，換言之，早在嬰兒表現出依附母親的行爲之前，母親亦需要與嬰兒建立感情的聯繫，克勞斯與肯尼爾（Klaus & Kennell，1976）認爲嬰兒誕生後的最初六～十二小時，是母親與嬰兒感情聯結建立的關鍵時期，母親對待新生兒的態度部分決定於她與新生兒最初幾小時的相處經驗，親子之間肌膚的接觸，加強母親對嬰兒的反應性，進而促進母親對嬰兒依附情感的建立，爲了驗證此項假設，他們曾在醫院中研究二十八名新生兒與其母親，將他們分成兩組，第一組母親在三天的住院期間，醫院採用傳統管理方式，那就是母親在見到自己的新生兒之後，護士便將嬰兒送入嬰兒房，等待六～十二小時之後，再將嬰兒送至母親身旁餵奶，此後每隔四小時餵奶一次，母親才能見到嬰兒。第二組的母親爲延長接觸組，母親每天有額外的五小時時間，與她們的嬰兒接觸，有較多的機會將嬰兒抱在懷裡，輕輕撫愛他們，與他們嬉戲，研究結果顯示，延長接觸組的母親，對待孩子的態度，較傳統管理組的母親更爲親切與溫和，能給予孩子更多的慰藉。

　　由於上項研究結果顯示，如果母親在嬰兒誕生後的數小時後，與嬰兒經常接觸，撫摸他們，因而能夠激發母愛，於是美國許多醫院婦產科病房亦開始推廣同室育嬰（Rooming in）計劃，將嬰兒留置於母親病房之中，可惜後來的研究結果，並未支持克氏與肯氏關鍵期的假設（Goldburg，1983；Rutter，1981；Singer，Brodzinsky，Rainsay，Steir & Waters，1985），由是可見早期的接觸，並不足以發展出母愛親情，嬰

兒與母親間穩定堅固的依附關係，不是發生在朝夕之間，而是經年累月親子之間長期互動的結果。

二、嬰兒本身的貢獻

在母親對嬰兒依附關係建立的過程中，嬰兒本身亦功不可沒，包爾比（1969）與勞倫茲（1943）都認爲嬰兒具有一些與生俱來的反應傾向與身體特徵，像寬大的前額，短而突起的面頰，柔軟而渾圓的身體，模樣稚氣可愛，極易引起照顧者的憐愛，此即「娃娃徵候群」（doll syndrone），較能吸引男女老幼的注意、凝視，而產生愉快的反應，進而促進母親對嬰兒的依附關係。

嬰兒除了具有惹人憐愛的面孔之外，尚有許多與生俱來的反應特徵，俾能提供嬰兒表情達意與傳遞社會訊息的方式，像吸吮、追蹤及抓握反射等行爲表現，使父母覺得嬰兒喜歡跟他們在一起，嬰兒的微笑與發聲行爲最初是反射性的，沒有任何社會意義，但是看在父母眼裡，却是孩子認識父母的開始，對父母的照顧回報以滿足與滿意的微笑，這種歸因傾向，給予照顧者莫大的鼓舞與安慰，更助長了母愛的洶湧澎湃。嬰兒的哭聲亦是傳達訊息的訊號，自然引起照顧者的注意，進而產生安撫的行爲，如果嬰兒經照顧者的安撫安靜下來，發出微笑與聲音，照顧者所得到的安慰與鼓勵，更是可想而知。

三、親子互動時彼此的行爲配合並相互呼應

從誕生後的第一天開始，嬰兒便具有接受與反應社會訊息的能力，而且很快的便發展出與照顧者步調一致的行動，彼此的行爲能夠相互配合呼應，史登（Stern，1977）相信親子同步互動現象（interactional synchrony）在一天之內會出現好幾次，嬰兒不斷的與照顧者互動、逐漸了解照顧者、而能發出訊號以控制照顧者的注意。就照顧者而言，他們亦

最了解嬰兒的需要，最清楚嬰兒所發出的訊號所代表的意義，因而學習調整自己行為的步調，以掌握嬰兒的注意力，而嬰兒也了解母親行為的意義而予以配合。當照顧者與嬰兒互動行為間的默契增加，彼此的關係也就愈加令人滿意。

四、影響照顧者對嬰兒依附關係的因素

大體而言，母親在懷孕生育之後，都會很順利的建立親子間感情的聯繫，但是亦有少數的例外情形，影響照顧者與嬰兒間依附關係的建立，現在從嬰兒、照顧者及環境三方面來探討。

㈠嬰兒因素

李斯特、霍夫曼及布魯索頓 (Lester，Hoffman & Brozelton，1985) 的研究發現，早產兒反應較為遲鈍，對於外界刺激的反應性較低，外貌上亦不及足月健康的嬰兒可愛，尖銳的哭聲亦常常令人厭煩。此外嬰兒的氣質也是一項重要的因素，磨娘精型的嬰兒常常活動量特強，容易發怒，行為習慣不易建立，很難接受安撫，或是根本拒絕照顧者傳遞來的社會訊息 (Crockenberg，1981) ，照顧者與易怒或缺乏反應的嬰兒之間建立同步互動是很困難的事，難免會產生挫折感，同時在親子互動的歷程中，嬰兒不停的哭泣，亦可能會破壞親子間美好的關係。

㈡照顧者因素

照顧者本身的特質往往能影響其與嬰兒之間的依附關係，例如母親精神狀態有異，具有慢性的憂鬱傾向，以致於無法對於嬰兒發出的社會訊號有所反應、亦無法建立彼此的默契及滿意的依附關係。

照顧者本身的家庭歷史也很重要，在自己的幼年時代，如果遭受過父母的拒絕、忽視或虐待，長大成人有了子女之後，常認為子女應該是完美無缺失的，一旦子女表現出發怒，發脾氣或是注意力不集中等行為，這些情緒不成熟的父母，便傾向認為孩子不喜歡他們，因而收回對孩子的親情

《附欄4-1》

嬰兒的氣質

氣質（temperament）是指個體生而具有的獨特行為模式。1956年湯姆士與荔斯（Thomas & Chess）所領導的研究小組，開始對於嬰兒氣質作有系統的縱貫的研究，他們觀察嬰兒對於內外刺激的反應方式之後，辨認出九項不同的行為特徵：

(1)活動量：指嬰兒在全天活動中，所表現的動作節奏快慢與活動頻率多寡。

(2)規律性：指嬰兒的生理機能，睡眠、清醒時間，饑餓與食量的規律性。

(3)注意力分散度：指嬰兒是否容易外界刺激的干擾而改變他正在進行的活動。

(4)趨避性：指嬰兒初次接觸人、食物、情況、場所等新刺激時，所表現的接受或是退縮的態度。

(5)堅持性：指嬰兒正在或想要做某件事情時，若遭遇困難、障礙、或挫折時，繼續維持原活動的傾向。

(6)反應閾：指引起嬰兒反應所需要的刺激量，包括聽、味、嗅、觸及社會覺。

(7)適應性：適應新的人、事物、情況、場所難易的程度。

(8)反應強度：嬰兒對於內外刺激所產生的反應激烈的程度。

(9)情緒：快樂、友善、和悅等正向情緒與不快樂、害怕等負向情緒表現的比例。

佳利（Carey，1970；1978）的研究發現，在嬰幼兒時期，上述的九項氣質項目中，以規律性、趨避性、適應性、反應強度及情緒等五項特徵較會影到親子關係，照顧者主觀上感受到的養育難易度、社會化順利的程度、以及影響學習的程度、行為問題是否發生等，他更進一步將所有的嬰幼兒依養育難易的程度分為下列五種類型：

(1)易養育型（easy—child pattern）：易養育型的嬰兒表現出高規律

性，正向的情緒，高適應性，高反應強度。

(2)磨娘精型 (difficult—child pattern) ：磨娘精型的嬰兒表現出低
適應性，低規律性，負向情緒，退縮，高反應強度。

(3)慢吞吞型 (slow—to—warm pattern) ：慢吞吞型的嬰兒表現出
低活動量，退縮，低適應性，負向情緒，低反應強度等氣質特徵。

(4)中間偏難型 (intermediate high child) 。

(5)中間偏易型 (intermediate low child) 。

　　就我國嬰兒而言，徐澄清等人 (1981) 的研究結果顯示，各種類型的
分佈情形與佳利的研究結果非常類似。

中美嬰兒氣質類型百分比分佈表

嬰兒氣質類型	徐氏研究	佳利研究
磨娘精型	8.3 (29)	9.4 (19)
慢吞吞型	2.9 (10)	5.9 (12)
中間偏難型	15.5 (54)	11.3 (23)
中間偏易型	21.5 (75)	31.0 (63)
易養育型	51.9 (181)	42.4 (86)

　　此外像嬰兒的誕生並非父母計劃中要生育的，或是父母根本不想要這
個孩子，這些情況都可能會影響到父母對孩子的感情，甚至於虐待自己的
孩子 (Rutter，1981；Steele & Pallack，1974) 。

㈢環境因素

　　環境因素亦可能會影響及照顧者與嬰兒之間的關係，如家庭中年齡幼
小的子女眾多，讓母親分身乏術，又無他人分擔照顧子女的責任，自然無
法或不願意盡心的照顧這個新生兒。

　　照顧子女是繁鎖辛勞的工作，母親需要父親的精神支持力量，在良好的夫妻關係之下，父母共同的愛護他們愛情的結晶，嬰兒亦充分得到母親親情的滋潤。相反地，若夫妻關係不良，母親本身情感的需求無法滿足，或無法全心全力照顧嬰兒，或遷怒於嬰兒，因此親子之間始終無法發展出同步的互動，行為不能彼此呼應，往往影響嬰兒對待母親的態度（Belsky，1981）。

第三節　嬰兒社會依附的發展

一、嬰兒社會依附的發展

　　母親在生育之後，一旦面對面的接觸嬰兒，母愛親情便會如同泉湧般的產生，唯嬰兒與母親之間的感情聯結則需要稍假時日，才能發展，心理學家薛弗與依默生（Schaffer & Emerson，1964）曾研究蘇格蘭的嬰兒，由出生開始一直追蹤至十八個月大為止，平均每一個月訪問母親一次，訪問的內容主要是嬰兒與照顧之間的互動關係，以及嬰兒對於照顧者離去的反應，他們的研究結果顯示，嬰兒與照顧者之依附關係的建立需經過四個階段。

㈠無社會性階段（0～6週）

　　六週之內的嬰兒是無社會性的，無論非社會性或社會性的刺激都會引起同樣的反應，在此階段結束，六週大的嬰兒才開始顯示出選擇的傾向，社會性的刺激較易引發嬰兒微笑的反應。

㈡無區別性的依附關係階段（6週～6、7個月）

此階段的嬰兒明顯地表現出樂與他人親近的傾向，但是並無任何區別性，陌生人亦同樣的受到歡迎，當任何人離他而去或將他放下，都會表現抗議的行爲。自三個月之後，嬰兒才逐漸地對母親的微笑反應超過對陌生人的微笑反應。

㈢特殊依附關係階段（6、7個月～18個月）

大約在六、七個月的時候，嬰兒開始與特定的對象（通常是母親）建立依附關係，此時嬰兒不但主動地尋求與特定對象親近，注意特定對象的活動，而且抗議特定對象離去，同時害怕陌生人的行爲開始出現，薛依二氏認爲這些行爲表現都顯示出嬰兒對照顧者的依附關係，已經建立。

㈣多重依附關係階段（18個月以後）

嬰兒一經與第一個特殊對象建立依附關係之後，很迅速地便擴展至家庭中其他的人，如父親、祖父母或兄姐等，至十八個月大時，已至少與三人以上建立依附關係。在諸多不同的依附關係中，各有其特殊功能，例如嬰兒不適或不愉快時，較喜歡接近母親，而父親則常爲嬰兒選擇遊戲的夥伴，並無一定的偏愛順序。

二、社會依附發展的理論

嬰兒對照顧者的依附關係究竟是如何發生的呢？心理分析論，學習論，認知論以及動物行爲學理論，均有不同的論點，茲分別說明於下。

㈠心理分析論

依照心理分析論的觀點，嬰兒依附關係的建立主要係由於口腔的活動，嬰兒期正值口腔期，嬰兒主要透過吸吮、咬、嚼等口腔活動，來獲得快感，凡是任何的刺激、無論是物體或人，祇要能夠滿足嬰兒口腔的需要，

都會成爲嬰兒心理能量投注或依附的對象，因爲在日常生活中，通常都是母親在滿足嬰兒口腔的需要，使嬰兒獲得快感，嬰兒自然的發展出依附母親的傾向，佛洛依德認爲，母親在餵食過程中，持慷慨而輕鬆的態度，使嬰兒獲得口腔需要的充份滿足，嬰兒與母親之間必能發展出安全的依附關係。

艾瑞克遜（Erikson，1959）亦認爲，母親對嬰兒的口腔需要，具有高度的敏感性，必須隨時給予滿足，使成爲發展嬰兒信任感的基礎，若是一個人無法在嬰兒期間學習信任他人，則終其一生，都可能會避免相互信任的人際關係。

(二)學習論

傳統的學習論觀點，認爲母親每天餵食嬰兒五、六次，經常解除嬰兒饑餓與身體的不舒適，嬰兒漸漸學習到母親是滿足饑餓需要與解除身體不舒適的訊號，久而久之母親便具有令人愉快的特質，有次級增強作用，無論母親是否提供食物，只要嬰兒看到母親就覺得特別愉快，老是要親近母親。

在依附關係發展過程中，餵食果然是那麼重要的因素嗎？哈羅與依默曼（Harlow & Eimmerman，1959）研究的結果顯示，餵食本身並不是決定依附發展的唯一或最重要的因素，重要的是餵食的情境中，母親輕擁嬰兒入懷，搖着、拍着、用手輕撫着，嬰兒感受到母親身體的溫暖，聽到母輕柔的聲音，看到母親慈祥的臉孔，對嬰兒來說，餵食經驗不僅是滿足饑餓需要，乃是多重享受時刻，而接觸的舒適感（contact comfort）才是發展嬰兒依附母親的重要因素。事實上，現代的學習論者認爲、除了餵食與接觸的舒適感兩項因素之外，像母親所提供視覺的、聽覺的以及觸覺的刺激、亦有其重要性，薛弗與依默生（1964）發現母親對於嬰兒行爲反應的敏感程度及其所提供的刺激量多寡與嬰兒依附母親的強度息息相關。

(三)認知論

認知論的學者認爲嬰兒社會依附的發展建築在認知發展的基礎上，嬰兒必須先能夠認識照顧者，具有辨別身邊熟悉人物與陌生人的能力，並須

具有「物體恆存性」（object permanmence）概念，能夠發展出代表照顧者的基模，才能對於環繞身邊的人有所選擇，當特定對象離去時才會抗議。

社會依附行為表現出現的時間與嬰兒對物體恒常性發展的時間不謀而合，都是在七至九個月之間，伯瑞（Barry, et al., 1974）等人都曾經測量九～十二個月大嬰兒的物體恒常性發展的程度，予以評分，然後再觀察嬰兒與母親、父親以及陌生人短暫分離的反應，結果發現，就七個月的嬰兒而言，物體恒常性發展在第四階段以上的嬰兒，對於母親離去所表現的抗議，比在物體恒常性發展仍低於第三階段的嬰兒，更為強烈。再就十二個月嬰兒的反應來看，物體恒常性發展在第四階段以上的嬰兒，對於母親或父親的離去，表現出較為強烈的抗議，而物體恒常性發展較差的嬰兒則抗議的行動較弱，而兩個年齡組的嬰兒，當看到陌生人離去，都沒有任何抗議的反應。由是可見，上項研究結果是支持認知論的觀點。

㈣動物行為論

動物行為論是從進化論的觀點來解釋社會依附的發展，他們認為任何動物類別，包括人類在內，為了其個體與種族類別的生存，都生而俱備一些種族特有的行為傾向，不但能夠增加種族及其個體生存的機會，同時也往往可促使某些社會行為的發生（Ainsworth, Bell & Stayton, 1974；Bowlby, 1969, 1973）。

包爾比（Bowlby, 1969, 1973）認為嬰兒與照顧者間社會依附行為是一種由遺傳賦予與生俱來的行為傾向，就所有的動物而言，社會依附都具有保護幼小避免遭受傷害、維護其生存以及綿延種族的功能。

動物行為學家持進化論的觀點，是由於早期的動物生態學家觀察家禽的結果，史博丁（Spaulding, 1873）發現小雞常表現出追隨任何移動物體的傾向，像任何的雞、鴨，甚至於一個人。勞倫茲（Lorenz, 1937）發現小鵝亦有同樣的追隨行為，遂將之命名為「銘印」（imprinting）行為，勞倫茲同時並發現：(1)銘印行為不須經過學習而自然發生；(2)而且只發生在孵化後短暫的關鍵期中；(3)一經發生之後，便會依附於特定對象、表現追隨行為，而不會改變。勞倫茲因而下結論說銘印行為是一種適應性

的行為，經過種族的世代遺傳與進化，這種有助生存的反應傾向，遂成為動物的先天行為傾向，具有保護幼小、綿延種族的功能。

一般嬰兒雖然不像小雞那樣產生追隨母雞的銘印行為，但是嬰兒亦生而俱有若干行為特徵，以有利於與照顧者之間社會依附的建立，例如嬰兒的吸吮、抓握及追隨行為目光注視、爬或行走動作，包爾比（1969，1973）稱之為「執行反應」（executive response），嬰兒用以接近母親，而嬰兒的微笑與發聲包括哭與喃喃學語，目的在於吸引照顧者的注意、安慰與親近，依照動物行為論的觀點，嬰兒是在主動地建立社會依附關係，包氏亦認為成人亦具有與生俱來的行為傾向，以反應嬰兒傳遞過來的種種訊號，如果母親愈能了解嬰兒的訊號與迅速地予以反應，則嬰兒對母親的行為也就愈加呼應，於是親子之間互動的結果、彼此之間的社會依附就可順利發展。

上面所探討的四種理論，對於嬰兒依附母親行為的說明均有其獨到的見解與貢獻，雖然實證的研究結果顯示餵食的經驗不若事實上的那麼重要，但是佛洛依德却是第一個引導我們注意親子互動歷程的學者，之後艾瑞克遜與學習論學者，繼承心理分析論的研究，使吾人了解照顧者在嬰兒情緒發展上所扮演的重要角色，嬰兒認為提供舒適的照顧者是可信任與令人喜歡的，進而發展出對照顧者情感的聯結，動物行為學家雖然同意學習論的觀點，但是他們更加注意到嬰兒本身具有與生俱來的行為特徵，有利於社會依附關係的發生，而認知論的貢獻，在於告訴我們社會依附關係的建立，是與嬰兒認知發展息息相關，每一種理論都幫助我們對於社會依附發展有較完整的了解。

第四節　嬰兒社會依附的個別差異現象

一、社會依附的測量

㈠陌生情境測驗

　　心理學家安士渥斯等人（1978）設計了一個陌生情境測驗（strange situation test），以客觀的方法來測量一歲左右嬰兒對於母親依附關係的品質，整個的測驗包括八個步驟，詳細過程請參見表4-1。

　　整個測驗的設計，在於逐漸增加陌生情境的壓力、然後觀察嬰兒對於陌生人，對於與母親分離、單獨置身於陌生情境，以及與母親重逢等情境的行為反應，來推知嬰兒依附關係的品質。

㈡Q技術

　　Q技術最初是由史蒂芬生（Stephenson，1953）所倡，曾普遍運用在人格測量及發展心理學研究當中，華特和布里斯頓（Waters & Brether-ton，1985）因鑑於陌生情境測驗使用的年齡範圍過於狹窄，不適宜用以研究社會依附的發展變化，遂以Q技術的方式來測量依附行為，其中包括100張描述嬰兒依附行為以及其他行為特徵的卡片，由母親按照嬰兒的實際行為表現分成三類，分別代表嬰兒行為特徵、既不是特徵也不是非特徵及非特徵行為，然後將此三類卡片再進一步再各細分為二類，共分為九類，由一～九類，每一類卡片的張數分別為5、8、12、16、18、16、12、8、5，形成一個對稱的分配，每一張卡片的得分視其被分配到的位置而定，第一類的五張卡片各得一分，第九類中的五張卡片各得九分，依次類推，華

表4-1　陌生情境測驗的八個步驟

步驟	參與測驗的人物	時間	測驗情境簡介
1.	母親、嬰兒、觀察者	30秒	觀察者帶領嬰兒與母親進入觀察室，室中地板上有很多玩具，觀察者指示母親將嬰兒放在地板上玩玩具，母親坐在自己的坐位上，然後離去。
2.	母親、嬰兒	3分鐘	母親繼續坐在自己的位子上，無須參與嬰兒的遊戲，若是嬰兒不肯玩玩具，可於兩分鐘之後，鼓勵嬰兒玩玩具。
3.	陌生人、母親、嬰兒	3分鐘	陌生人進入室中，頭一分鐘，陌生人坐在自己的位子上保持緘默，然後陌生人與母親交談一分鐘，最後陌生人趨近嬰兒一分鐘，三分鐘之後母親安靜的離去。 第一次分離。
4.	陌生人、嬰兒	3分鐘或較短	陌生人的行為視嬰兒的反應而配合。
5.	母親、嬰兒	3分鐘或較長	母親與嬰兒第一次重逢，母親進入室內，招呼嬰兒，安慰嬰兒，讓嬰兒安靜下來，重新開始玩耍，母親然後離去，對嬰兒說再見。
6.	嬰兒	3分鐘或較短	第二次分離。
7.	陌生人、嬰兒	3分鐘或較短	陌生人進入室內，配合嬰兒的行為而反應。
8.	母親、嬰兒	3分鐘	母親與嬰兒第二次重逢，母親進入室內，招呼嬰兒，然後將之抱起，陌生人安靜地離去。

(摘自Ainsworth et al.，1978)

特和布里斯頓所發展出來的Q技術，可以適用於一至三歲的嬰兒幼兒。

二、嬰兒社會依附的類型

安士渥斯（1978）根據嬰兒在陌生情境測驗中的行為反應，可以分為三種不同的依附類型。

㈠安全依附型

安全依附型的嬰兒（secure attachment）在陌生情境中，只要母親在身邊，會主動地玩玩具，探索環境，看見陌生人時也會主動積極的反應，當母親離去之後，嬰兒的遊戲活動減少，顯得情緒苦惱甚至於哭泣，陌生人也安慰不了他，但是當母親回來時，嬰兒的緊張情緒會立刻鬆弛下來，會主動的歡迎母親，尋求身體的接觸與母親的安慰，一會兒功夫，嬰兒就能夠恢復平靜，再繼續遊戲了。根據安士渥斯研究的結果顯示，美國嬰兒受試，約70%屬於此種類型。

㈡不安全依附型──焦慮與抗拒母親的嬰兒

焦慮與抗拒母親的嬰兒（insecure attachment-anxious and resistant）又簡稱為抗拒型，這一類型的嬰兒，在陌生情境中，顯得相當焦慮，喜歡纏住母親，不肯好好地玩耍與探索環境，隨時隨地會哭鬧發脾氣，母親離去時會顯得強烈的抗議與苦惱，與母親重逢時，嬰兒對母親卻表現出矛盾的情感，一方面見尋求接近母親，另方面卻又表現出憤怒的情緒，拒絕母親的接觸，使母親很難安慰他，母親抱起他時，他會發脾氣，掙脫母親的懷抱，扔掉母親給他的玩具。大約有10%的一歲嬰兒屬於此種類型。

㈢不安全依附型──焦慮與逃避母親的嬰兒

焦慮與逃避母親的嬰兒（insecure attachment-anxious and avoicance）又簡稱為逃避型，這一類型的嬰兒顯示出與母親之間，缺乏情感的聯繫，他們的遊戲活動完全不受母親是否在旁的影響，母親離去時，他

們會無動於衷照樣玩耍，母親再回來時，通常嬰兒也不會去理會他，當他們單獨留在陌生情況中，顯示不安時，只要陌生人出現，他們就會顯得安然無事，並不在乎是不是母親。此種類型嬰兒約佔20%。

三、影響嬰兒社會依附類型的因素

心理學家對於為何嬰兒會產生安全與不安全依附差異的問題很有興趣，並且企圖去尋求答案，至今提出兩種假設，即母親照顧嬰兒方式假設（caregiving hypothesis）與嬰兒氣質假設（temperament hypothesis）以回答上述的問題。

㈠照顧行為假設

安士渥斯（1979）認為嬰兒對於母親的依附類型，主要決定於母親照顧嬰兒的行為，他發現安全依附的嬰兒，他們的母親在育兒過程中，對於嬰兒的各項需求，有敏銳的觀察力，能夠迅速而正確地反應嬰兒的訊號，使其需要得到滿足；母親經常能配合嬰兒行為的步調；喜愛嬰兒、接納嬰兒；並且鼓勵嬰兒探索環境。而不安全依附，焦慮與抗拒母親的嬰兒，他們的母親雖然也喜歡與嬰兒接觸，但是卻時常誤解嬰兒所發出訊號的意義，以致無法配合嬰兒的步調；母親常採用不一致的照顧行為，時而熱心時而冷漠，主要由其自身的心情來決定，而非配合嬰兒的情緒狀態。至於焦慮逃避母親的嬰兒，他們的母親在育兒行為上亦表現出明顯的特徵，例如缺乏耐心；當嬰兒打斷母親的計畫與活動時，母親對其表現憤怒與敵意；對於嬰兒的訊號缺乏反應（Ainsworth，1979；Egeland & Farber，1984）；或過度的以嬰兒為焦點，過度的刺激嬰兒使之不勝負荷（Lyons-Kuth，Connell，Zall & Sfhe，1987；Sroufe，1985）

㈡嬰兒氣質假設

心理學家肯根（Kagan，1984）卻不同意安士渥斯等人的看法，認為陌生情境測驗所測量的只是嬰兒氣質的差異性，而非其依附關係的品質，

《附欄4—2》

嬰兒社會依附類型與文化間的比較

　　美國心理學家對於嬰兒與母親之間社會依附關係的研究已有三十年的歷史，研究成果豐碩，使吾人對於嬰兒社會依附的意義以及其發展的歷程，有通盤的認識與了解。近年來，除了美國之外，格羅曼 (Grossman et al.，1981)，麥牙其 (Miyake et al.，1981，1982)，藍波 (Lamb，1983) 以及沙基 (Sagi，1983) 等學者曾經分別研究西德、日本、瑞典以及以色列等國家嬰兒社會依附的類型，結果發現嬰兒與母親之間社會依附關係的品質，與社會文化關係密切，不同文化涵蓋的母親育兒經驗不同，嬰兒所發展出來的社會依附類型亦有差異，例如西德嬰兒以逃避型最多，瑞典嬰兒則以安全型最多，日本與以色列嬰兒抗拒型最多，而我國與日本同屬亞洲國家，文化背景亦極為相似，那麼我國嬰兒社會依附關係發展情形是如何呢？蘇建文等 (民79) 曾以62名12月大嬰兒及其母親為對象，以安士渥斯之陌生情境來測受試嬰兒與其母親之間的依附關係類型，並與其它國家研究結果相互比較，如下表。

不同國家嬰兒社會依附類型之百分比

國家別	受試人數	安全型	逃避型	抗拒型	出處
美國		62.0	23.0	15.0	Ainsworth (1978)
德國	49	32.7	49.0	12.2	Grossman, et al (1981)
瑞典	51	74.5	21.6	3.9	Lamb, et al (1982)
以色列	56	37.5	12.5	50.0	Sagi, et 1l (1983)
日本	25	72.0	0.0	28.0	Miyake, et al (1982)
中華民國	62	75.8	17.7	6.5	蘇建文等 (79)

磨娘精型的嬰兒往往抗拒任何日常生活常規的改變，受了陌生情境的影響使其產生強烈的苦惱情緒，以至於母親安慰不了他，而被歸入焦慮與抗拒的類型。相反地，順應型的嬰兒，隨和友善，易於被分為安全依附型。而將慢吞吞型的嬰兒歸納為焦慮與逃避型。

那麼究竟那一種看法才是正確的呢？新近研究結果顯示，嬰兒氣質假設無法解釋許多嬰兒依附行為現象，例如嬰兒可能安全依附於某一對象、而不安全依附於另一對象，這個現象似乎與嬰兒氣質假設的論點不相符合（Sronfe，1985）；嬰兒的對於母親依附類型可能因母親生活環境改變而改變，如離婚或外出工作等（Thompson，Lamb & Estes，1982），穩定的氣質特徵似乎不可能作快速的改變；況且葛伯格、倍羅塔、麥地與柯特等人（Goldberg，Perrotta，Minde & Corter，al.，1986）曾從事嬰兒出生至一歲的縱貫研究，每隔三個月便重覆評量嬰兒的氣質，社會行為以及母親的育兒行為，並於十二個月大時，以陌生情境測驗來評量嬰兒依附行為，他們的結果清楚地發現，母親的育兒行為才是預測嬰兒依附類型的主要因素。韋伯、立比夫、克拉克（Weber, Lebiff & Clark, 1986）的研究顯示出母親的氣質而非嬰兒的氣質與嬰兒的安全依附息息相關。由是觀之，新近的研究結果是支持安士渥斯的照顧行為假設的。

四、父親與嬰兒的社會依附

嬰兒社會情緒發展過程當中，父親一直是被冷落的角色，因為父親終日忙於家庭生計，在家的時間較少，與嬰兒接觸時間也較少，影響無足輕重，然而自八〇年代之後，心理學家發現只要父親經常與嬰兒接觸，亦能正確的了解嬰兒所發出的訊號的意義（Belsky et al.，1984），藍波（Lamb，1981）發現許多嬰兒均與父親建立安全依附關係，父親亦能如母親一般的安慰嬰兒，使苦惱的嬰兒平靜下來，成為嬰兒探索環境的安全堡壘，凡是母親所能扮演的育兒角色父親都可以做到。梅茵與韋士頓（Main & Weston，1981）發現與父母雙親都建立安全依附關係的幼兒，社會反應最強；單獨與母親建立安全關係而與父親建立不安全依附關係的

幼兒、社會反應性次之；單獨與父親建立安全依附關係的幼兒，社會反應又次之；與雙親均無安全依附關係的幼兒最差。由是可見，嬰兒如果能夠與父親建立安全依附關係，將有助於其社會情緒的發展。

五、早期依附類型對於日後發展的影響

　　早期嬰兒對於母親所建立的依附關係，是否會影響及其日後的發展呢？近年來已有一部分研究資料顯示，嬰兒在十二～十八個月時建立的依附關係，影響到其二十四個月時的遊戲與社會行爲，安全依附的嬰兒往往顯示出較長的的注意力，較爲專注遊戲，較具利社會傾向（**Matas, Arend & Sronfe**，1978；Pastor，1981；Slade，1987），甚至於到了進托兒所幼稚園的年齡，早期安全依附的幼兒，在團體活動中往往成爲活動的領袖與積極的參與者，能夠了解他人的需要與感覺，接受到友伴的歡迎，顯示出好奇，自我引導及熱衷學習等行爲特質，也較具獨立性。至於早期不安全依附的幼兒，則顯得被動、退縮、追求目標的動力較爲薄弱（Sroufe，Fox & Pancake，1983）。

　　縱然早期所建立的依附關係會影響及日後的發展，但是依附關係並非永遠不改變，任何促使親子互動改變的事件均可能影響與改變其依附關係的品質（Vaughn, Egeland, Sroufe & Waters，1979；Feiring, Fox, Jaskir & Lawis, 1987；Levitt,Weber & Clark，1986）。

六、母親就業，托嬰對於嬰兒情形發展的影響

　　近年來由於已婚婦女就業者日衆，所生嬰兒多依賴祖父母、保姆、或專業的托嬰與托兒機構代爲照顧，這樣的育兒安排，嬰兒每天與母親分離，或經常接觸母親代理人，會影響嬰兒的依附關係及其社會情緒的發展嗎？霍夫曼（Hoffman，1984）在綜覽有關文獻之後，曾經下結論說，母親就業並未對於嬰兒的發展造成不利的影響，但是就低社經階層家庭，或單

親家庭而言，情況卻不太樂觀，嬰兒六個月大左右時，正值建立與鞏固其對於母親的依附關係時，母親外出工作，常常發展出不安全依附關係（Benn，1986; Barglow, Vaughn & Molitor，1987, Belsky & Ravine，1988）。至於嬰兒滿週歲之後，母親才返回工作崗位，是否會對於嬰兒的依附關係有所影響呢？研究的結果則莫衷一是仍未獲得一致的結論。

第五節　懼怕反應的發展

當嬰兒與照顧者建立感情聯結的同時，亦表現出對陌生人的懼怕反應，以及對於照顧者分離時的抗議行為，這些消極的情緒反應，吾人叫做陌生人焦慮（stranger anxiety）與分離焦慮（separation anxiety），它們都是嬰兒期最普遍的懼怕反應。

一、陌生人焦慮

薛弗與依默生（Schaffer & Emerson，1964）的研究顯示，對陌生人的懼怕反應往往發生在依附關係建立之後，大約自六～七個月時開始，之後懼怕陌生人的反應逐漸加強，到了八～十個月時到達顛峰時期，而在第二年當中逐漸的減少（Sroufe，1977），但是它並未完全消失，兩歲至四歲的幼兒而言，在不熟悉的情境中，遇見陌生人，多少仍會表現出小心謹慎的反應。過去心理學家認為陌生人焦慮是社會依附的行為表徵，然而目前的研究結果顯示，並非所有的嬰兒都會懼怕陌生人，有的嬰兒甚至於還會對陌生人表現出積極的反應（Bretherton,Stolberg & kreyer，1981; Levitt，1980）。

二、分離焦慮

　　七至十二月嬰兒不僅會表現陌生人焦慮，而且還會表現分離的焦慮，換言之，當嬰兒與母親分離的時候，往往會表現出不安，焦慮或哭泣等抗議的行為，稱為分離的焦慮，分離的焦慮在嬰兒十四～二十四個月大時到達顛峰狀態，以後，隨著年齡的增加而逐漸減少。

　　分離焦慮的強度顯然受早期經驗的影響。安士渥斯（1967）發現，烏干達嬰兒所表現的分離較美國嬰兒強烈，時間亦較早，大約在五～六個月時，即行出現，究竟是什麼原因造成這種差異？最主要的原因是教養方式的不同，一般而言，烏干達的嬰兒常與母親睡在一起，餵奶到兩歲，嬰兒與母親形影相隨，母親到那裡嬰兒也跟到那兒，鮮有與母親分離的經驗，因此與母親分離所產生的分離焦慮非常強烈。

三、形成陌生人與分離焦慮的原因

　　嬰兒陌生人焦慮與分離焦慮幾乎是與社會依附同時出現的行為特質，其發展的歷程亦極為相似，嬰兒何以會表現這些懼怕反應呢？心理學家有以下三種不同的解釋。

㈠制約的焦慮表現

　　心理分析與若干社會學習論學者認為，分離焦慮是學習的結果，在經驗中嬰兒屢將不舒適與母親不在身邊聯結在一起，久而久之，當母親離去時嬰兒便會以哭泣或其它抗議等行為，來表現其制約的焦慮。陌生人焦慮亦是懼怕與母親分離，或是懼怕失去依附對象的另一種表現方式，事實上，根據薛弗與依默生（1964）觀察研究的結果顯示，嬰兒對陌生人的懼怕與分離焦慮表現，確實發生在社會依附關係建立之後，當陌生人出現嬰兒往往表現出靠近母親，抓住母親等行為，但是制約的焦慮的說法卻無法解

釋若干現象，諸如嬰兒在家中所表現的分離焦慮比在實驗室中較少（Rin-koff & Corter，1980）又如烏干達嬰兒鮮有與母親分離的經驗，卻反而較早表現出分離焦慮，甚至於有的嬰兒在母親離去之後，仍然對陌生人有積極友善的反應，這又當如何解釋呢？

㈡動物行爲學的觀點

　　動物行爲學家認爲，各類動物的生態環境中，都有一些危險事件與情況存在，由於這些危險情況經常發生，其特殊的懼怕與反應型態，經過進化的過程而演變成爲內在的反應型態，由遺傳所決定，人類嬰兒所表現的懼怕陌生人與陌生情況，或是與熟悉的照顧者分離等行爲特質，都是遺傳賦予的反應型態，有利於其自身的生存。

　　動物行爲學者認爲當嬰兒順利地與母親建立社會依附關係，能將母親視爲安全堡壘，鼓勵嬰兒探索環境之後，嬰兒與母親間的距離逐漸增加，嬰兒將發現環境中充滿新奇有趣的刺激，而能主動的與母親分離，對於陌生的人物與情境的容忍亦形增加。

㈢認知發展的觀點

　　認知發展的觀點對於陌生人焦慮與分離焦慮的形成原因所做的解釋與動物行爲論的觀點相輔相成，肯根（1972）認爲對陌生人以及分離焦慮的出現，乃是由於認知發展的結果，六～八個月大的嬰兒，不但能夠在腦海中建立身邊照顧者臉孔的穩定基模，而且能夠辨別陌生人的臉孔與已經建立的熟悉人物的基模的不同，於是陌生人的臉孔便成爲一種引起懼怕的刺激，這時當嬰兒遇到陌生人時，他們的目光會凝視陌生人的臉孔，仔細審查陌生人的臉孔，將之與已有的基模比對，並企圖了解這是怎麼一回事，當他們找不到答案時，便會害怕，當嬰兒愈加成熟，經常與不同的人接觸，嬰兒所得到的人類面孔的基模也會愈加一般化，因此兩歲幼兒不再那麼懼怕陌生人了。

　　肯根（1972, 1976）認爲嬰兒不僅形成熟悉人物臉孔的基模，同時也形成他們經常出現熟悉情境的基模，換言之，嬰兒形成的是「在熟悉情境中熟悉人物」的基模。因此，母親在嬰兒熟悉日常生活環境中與其作短暫

的分離，例如母親離開客廳到廚房去，十個月大嬰兒便不會因此而哭泣，因為他已經具有母親在廚房裡的基模，能夠了解母親去了那裡；但是當嬰兒看到母親去拿外套與皮包，不知道他要去那裡時，便會害怕而哭泣。李特伯與肯根 (Littenberg & Kagan，1971) 曾經在十五個月大的嬰兒家中觀察他們所表現的分離焦慮，其結果發現如果受試的母親從經常出入的門口離去時，嬰兒絲毫沒有表現出分離的焦慮，但是當母親由不常出入的門口離去時，嬰兒便會抗議，此項結果是與肯根認知發展的觀點一致的。

綜而觀之，嬰兒所表現的陌生人焦慮與分離焦慮等情緒反應可能是由於：(1)嬰兒對於陌生狀態所產生的困惑與不知所措；(2)嬰兒缺乏能力去了解陌生人是誰，他的目的是什麼？以及熟悉人物究竟怎麼了；(3)害怕失去提供關愛與安全感的熟悉照顧者等因素共同決定的。

由於嬰兒與母親之間情感的聯結對於其日後正常社會與人格發展非常重要，是嬰兒安全感、信任感、探索環境與學習社會技能的基礎，因而早期的情緒經驗亦值得我們特別注意。

第六節　缺乏依附關係的嬰兒——早期缺乏社會接觸所造成的影響

有的嬰兒由於常常受到照顧者的虐待或忽視，或是生活在設備簡陋人手不足的育嬰中心中，缺乏母愛與社會接觸，以至於無法建立任何的依附關係，這種早期社會剝奪 (social deprivation) 經驗，對於嬰兒會有什麼反應與長期的影響呢？它會造成永久性的傷害嗎？是否能夠有所補救呢？心理學家對於這些問題的注意與重視，淵源於哈羅恆河猴的研究與史比茲 (Spitz，1945) 孤兒院童的研究。

一、哈羅的恆河猴研究

　　哈羅等人研究恆河猴嬰兒社會剝奪經驗所造成的影響多年，成績斐然，頗負盛名，他們的研究成果引起心理學家對於社會剝奪問題的注意與重視，哈羅 (Harlow，1977) 夫婦在實驗室中，將初生的恆河猴作部分或完全隔離，部分隔離組的小恆河猴安置於鐵籠之中，讓他們可以看得到與聽得到其他的恆河猴，卻無法作身體的接觸；完全隔離組的小恆猴安置於封閉的密室之中，聲、光、空氣均予以控制，飲食與清潔亦完全自動化處理，這種部分與完全隔離經驗，對於小恆河猴所產生的影響如何呢？

　　研究結果顯示隔離的時間越久影響愈大，三個月的隔離，使小恆河猴情緒驚駭，當將他們放出來與其他猴子相處時，害怕得將自己埋首於身體之中，躲在籠子的一旁，不敢與友伴接近；隔離六個月的小恆河猴，明顯地逃避友伴，寧可孤獨的玩耍，缺乏社會反應性，亦不知保護自己；至於隔離十二個月在的小恆河猴，情況更糟，他們極端的退縮，神情茫然，後繼的研究亦顯示，當這些遭受社會剝奪的小恆河猴長大為成年猴時，仍然表現出偏差的社會行為與性行為。

　　蘇密與哈羅 (Suomi & Harlow，1972) 發現社會剝奪所造成的不利影響是可以補救的，他們將四隻經歷社會剝奪六個月的恆河猴與一隻三個月大的幼猴放在一起，三個月大的幼猴的遊戲活動尚不具攻擊性，只是趨近與纏繞在四隻隔離的猴子身上，而不像正常的友伴般的攻擊他們，結果每週兩小時總共二十六小時的接觸，隔離的恆河猴社會反應逐漸增加，但是他們所表現的偏差行為一直持續了六十天之久，之後漸漸消失，至治療結束時，他們幾乎都恢復正常。

　　恆河猴社會剝奪經驗的研究讓我們了解早期社會依附關係的重要性，如果人類嬰兒缺乏母親的關愛，缺乏依附關係，後果又將如何呢？基於人道的立場，心理學家無法刻意的將新生兒與母親隔離，以觀察社會剝奪的影響，所幸有關孤兒院院童的研究，提供了些許答案。

二、孤兒院院童的研究

　　在一九四〇年代，有的心理學家發現，部分育幼院或孤兒院由於設備簡陋，人手不足，院童的生活環境近似哈羅的社會剝奪情境，一位保姆往往照顧二十個嬰兒，保姆除了餵食時將奶瓶放入嬰兒口中，替嬰兒換洗之外，完全沒有與嬰兒作個別的接觸，嬰兒被放置在小床上，四週白色的布帳環繞，事實上各種情境等於與外界隔離，幾乎沒有任何的社會或感官的刺激可言，在這種環境下生活一年的嬰兒已經明顯地表現出發展落後的現象，在頭六個月之內，這些嬰兒尚有正常反應，他們以哭來喚起注意，表現微笑與發聲行為，被抱起來時會調整自己的姿勢，可是到了後六個月，行為產生重大的改變，哭與發聲的行為漸次減少，姿勢變得僵硬，神情顯得沮喪，缺乏社會接觸的興趣，語言能力亦稍許落後。

　　這些早期缺乏社會依附關係的嬰兒日後發展的情形又如何呢？在這種惡劣情境中生活時間的長短是一個重要的決定因素，葛發波（Goldfarb，1943，1947）的研究結果發現，居住三年的孤兒，比只居住了一年的孤兒，無論在智力測驗得分或語言問題上面都相差很多，在人格特質上，他們亦較具依賴性，性格暴燥，活動量過高，攻擊性較強，表現較多的偏差行為，較不受同伴的歡迎（Tizard，1977；Tizard & Hodges，1978）。

三、早期社會剝奪經驗會造成不利影響的原因

㈠缺乏母愛所導致的結果

　　包爾比（Bowlby，1973）與史比茲（Spitz，1965）都強調母愛的重要性，他們一致認為，嬰兒需要母親盡心的照顧，溫暖親切的母愛滋潤，始能使其健全的發展，與母親建立安全依附關係，在人手不足的育幼院裡，由於無法與「母親」建立親密的情感關係，因缺乏母愛導致發展的偏差。

這項理論最初頗爲引人注目，可是像一部分蘇聯，以色列及中國大陸的嬰兒，曾經生活在人民公社組織中，由不同的成人照顧，這些嬰兒的發展亦頗爲正常，與西方國家家庭中養育的嬰兒並無顯著不同（Bronfenbunner，1970；Kessen，1975；Livy-Shiff，1983），況且哈羅的研究亦顯示社會剝奪三個月的恆河猴是可以復原的，由是觀之，母親對嬰兒的正常發展固然重要，但是並非只有母親一人才能促進嬰兒健全發展，任何母親代理人只要給予嬰兒關愛都能夠替代母親，提供充份的社會刺激，喚起嬰兒對環境以及其它人的興趣，對於嬰兒的社會訊號有所反應，建立嬰兒控制環境的信心，嬰兒會是能夠知覺到他所發出訊號能夠吸引他人的注意，獲得他人的關愛，他的社會興趣即愈加濃厚。

前面曾經提到過，長期遭受社會剝奪經驗的恆河猴，若是在接受適當的治療過程之後，能夠恢復正常，人類嬰兒若是生活在缺乏社會接觸的育幼院環境中，是否亦能夠復原？他需要接受什麼樣的治療呢？

許多研究的結果都樂觀的顯示，遭受社會剝奪的嬰兒是可以恢復正常的，若是他們在寄養家庭中，得到養父母細心的照顧，大量溫情的滋潤，（Clarke & Clarke，1976；Ruffer，1981），顯而易見的寄養家庭生活的品質影響及他們社會，認知以及情緒行爲的進步情形，寄養父母社經水準愈高，教育程度愈高，他們的進步愈加顯著。

㈡社會剝奪時間的長短

決定社會剝奪嬰兒恢復效果的另一個因素是他們居住在育幼院時間的長短，若是自出生後便生活在缺乏社會刺激的環境中，一直持續三年的話，將可能造成社會、情緒及心智能力等方面的嚴重傷害，而難以恢復（Dennis，1973；Goldfarb，1943，1947；Ruder，1981），或需要更長的時間來恢復。弗曼、雷喜、哈塔普（Furman, Rahe & Hartup，1979）等人鑑於哈羅研究三個月大恆河猴能夠治療六個月大社會剝奪恆河猴的研究結果，同樣的可應用於人類，他們將托兒所中孤僻的幼兒與一個十八個月大的嬰兒或同年齡的幼兒，放置在一起遊戲，結果顯示同樣發揮了顯著的治療效果，那些孤僻的幼兒在教室中與友伴間的互動明顯的增加，尤其是與十八個月大的嬰兒接觸與共同遊戲的幼兒，進步情形更爲顯著。

　　綜而言之，在生命的頭兩年遭受社會剝奪經驗的嬰兒，若是被人領養，生活在溫暖與關愛刺激豐富的家庭環境中，養父母能夠對嬰兒的需求與訊號加以注意而有所反應，其痊癒性是非常高的，即便是受到嚴重傷害的嬰幼兒，在行為上都有顯著的進步。

參考資料

鄒國蘇、朱曉慧、陳美吟、黎曉鶯、徐澄清（民76）：*幼兒氣質特徵的初步研究*。中華精神醫學，第一期，第二期 123-133。

蘇建文、丁心平、許錦雲（民79）：陌生情境中嬰兒行為及其類型研究初探。*教育心理學報*，23期，49-70。

Ainsworth, M. D. S. (1967). *Infancy in Uganda: Infant care and the growth of love.* Baltimore：Johns Hopkins University Press.

Ainsworth, M. D. S. (1979). Attachment as related to mother-infant interaction. In J. S. Rorenblatt, R. A. Hinde, C. Geer, & M. Busnel(eds.), *Advances in the study of bebavior* (vol. 9) .Orlando,FL：Academic Press.

Ainsworth, M. D. S.; Bell, S. M. & Stayton, D. J. (1974). Infant-mother attachment and social development: Socialization as a product of reciprocal responsiveness to signals. In M.P.M. Richards(ed.), *The integration of the child into a social world.* London: Cambridge University Press.

Ainsworth, M. D. S.; Blehar, M.; Waters, E. & Wall, S. (1978). *Patterns of attachment.* Hillsdale, NJ: Erlbaum.

Barglow, P., Vaughn, B. E. & Molitor, N. (1987). Effects of maternal absence due to employment on the quality of infant-mother attachment in a low-risk sample. *Child development,* 58, 945-954.

Belsky, J.; Gilstrap, B. & Rovine, M. (1984). The Pennsylvania infant and family development project. I: Stability and change in mother-infant and father-infant interaction in a family setting. *Child development,* 59, 157-167.

Belsky, J. & Rovine, M. (1988). Nonmaternal care in the first year of life and the security of infant-parent attachment . *Child development,* 59, 157-167.

Benn, R. K. (1986). Factors promoting secure attachment relationships between employed mothers and their sons. *Child development,* 57, 1224-1231.

Bowlby, J. (1958). The nature of the child's tie to his mother. *International journal of psychoanalysis,* 39, 350-373.

Bowlby, J. (1969). *Attachment and loss.* vol.1: *Attachment.* London: Hogarth Press.

Bowlby, J. (1973). *Attachment and loss.* vol. 2: *Separation: Anxiety and anger.* London: Hogarth Press.

Bretherton, I.; Stoberg, U. & Kreye, M. (1981). Engaging strangers in proximal interaction: Infants initiative. *Developmental psychology,* 57, 746-755.

Bronfenbrenner, U. (1970). *Two worlds of childhood: U.S.S.R.* New York: Russell Sage Foundation.

Carey, W, B. (1970). A simplified method for measuring infant temperament. *Journal of pediatric,* 72, 184- 194.

Clark, E.A. & Hanisee, J. (1982). Intellectual and adaptive performance of Asian children in adoptive American settings. *Developmental psychology,* 18, 595-599.

Clarke, A. M. & Clarke, A. D. B.(1976). *Early experience: myth and evidence.* New York: Free Press.

Crockenberg, S. B. (1981). Infant irritability, mother responsiveness, and social support influences on the security of infant-mother attachment. *Child development,* 52, 857-865.

Dennis, W. (1973). *Children of the crecbe.* East Norwalk,C.T.: Appleton-Century-Crofts.

Dowd, J. & Tronick, E. Z. (1986). Temporal coordination of arm movements in early infancy: Do infants move in synchrony with adult speech？ *Child development,* 57, 762-776.

Egeland, B. & Farber, E. A. (1984). Mother-infant attachment: Factors related to its development and changes over time. *Child development,* 55, 753-771.

Erikson,E. (1959). Identity and the life cycle , Selected Papers. *Psychological issues.* 1, 1-171.

Feiring, C. ; Fox, N.A. ; Jaskir, J., & Lewis, M. (1987). The relation between social support, infant risk status, and mother-infant interactions. *Developmental psychology,* 23, 400-405.

Furman, W.; Rahe, D. F. & Hartup, W. W. (1979). Rehabilitation of socially withdrawn preschool children through mixedage and same-age socialization. *Child development,* 50, 915-922.

Coldberg, S. (1983). Parent-infant bonding: Another look . *Child development,* 54, 1355-1382.

Goldberg, S., Blumberg, S.L., & Kriger, A. (1982). Menarche and interest in infants: Biological and social influences. *Child development,* 53, 1544-1550.

Goldberg, S., Perrotta, M.; Minde, K. & Corter, C. (1986). Maternal behavior and attachment in low-birth-weight twins and singletons. *Child development,* 57, 34-46.

Goldfarb, W. (1945). Effects of psychological deprivation in infancy and subsequent stimulation. *American journal of psychiatry,* 102, 18-33.

Goldfarb, W. (1947). Variations in adolescent adjustment in institutionally reared children. *Journal of ortbopsychiatry,* 17,

449-457.

Grosoman, K. E. Grossman, K., Hoker, F., & Wartner, U.(1981). German children's behavior toward their mothers at 12 months and their fathers at 18 months in Ainsworth strange situation. *International journal of behavior development,* 4, 157-181.

Harlow, H. F. & Harlow, M. K. (1977). The young monkeys. In *Reading in developmental psychology today* (2nd ed.) .Del Mar, CA: CRM Books.

Harlow, H. F. & Zimmerman, R. R. (1959). Affectional responses in the infant monkey. *Science,* 130, 421-432.

Hoffman, L. W. (1984). Maternal employment and the young child. In M. Perlmutter(ed.), *Minnesota symposia on child psychology* (vol. 17). Hillsdale, N.J.: Erlbaum.

Hsu, C. C., Soong, W, T.; Stigber, J. W. et al. (1981). The temperamental characteristics of Chinese babies. *Child development,* 52, 1336-1340.

Kagan, J. (1972). Do infants think? *Scientific American,* 226, 74-82.

Kagan, J. (1976). Emergent themes in human development. *American Scientist,* 64, 186-196

Kagan, J. (1975). *Childhood in China.* New Haven, CT: Yale University Press.

Klaus, M. H., & Kennell, J. H. (1976). *Maternal-infant bonding.* St. Louis: Mosby.

Lamb, M. E. (1981). The development of father-infant relationships. In M. E. Lamb (ed.), *The role of the father in child development.* New York: Wiley.

Lamb, M. E. (1983). Early mother-peonate contact and the mother-child relationship. *Journal of child psychology and psychiatry* 24, 487-494.

Lamb, M. E. & Stevenson, M. (1978). Father-infant relationships: Their nature and importance. *Youth and society,* 9, 277-298.

Lester, B. M., Hoffman, J. & Brazelton, T. B. (1985). The rhythmic structure of mother infant interactions in term and preterm infants. *Child development,* 56, 15-27.

Leviet, M. J. (1980). Contingent feedback familiarization, and infant affect: How a stranger becomes a friend. *Development psychology,* 16, 425-432.

Levitt, M. J., Weber, R. A. & Clark, M. C. (1986). Social network relationships as sources of maternal support and well-being. *Developmental psychology,* 22, 310-316.

Levy-shiff, R. (1983). Adaptation and competence in early childhood: Communally raised kibbutz children versus family raised children in the city. *Child development,* 54, 1606-1614.

Littenberg, R., Tultain, S. & Kagan, J. (1971). Cognitive components of separation anxiety. *Developmental psychology,* 4, 387-388.

Lorenz, K. Z. (1937). The companion in the bird's world. *Auk,* 54. 245-273.

Lorenz, K. Z. (1943). The innate forms of possible experience. *Zeitschrift fur tierpsychologie,* 5, 233-409.

Lyons-Ruth, K., Connell, D. B., Zoll, D., & Stahl, J. (1987). Infants at social risk: Relations among infant maltreatment, maternal behavior, and infant attachment behavior. *Developmental psychology,* 23, 223-232.

Main, M. & Weston, D. R. (1981). The quality of the toddler's relationship to mother and to father: Related to conflict and the readiness to establish new relationship to mother and to father: Related to conflict and the readiness to establish new relationships. *Child development,* 52, 932-940.

Matas, L., Arend, R. A. & Sroufe, L. A. (1978). Continuity of adaptation in the second year: The relationship between quality of attachment and later competence. *Child development,* 49, 547-556.

Migaki, K., Chen, S., Ujiie, T., Tajima, N., Satoh, K., & Takahashi, K. (1981-1982). Infants , temperament disposition, mother's mode of interaction, qality of attachment, and infants receptivity to socialization, 1983-interim Report. (*RCCC Annual Report*). Hokkaido University.

Pastor, D. L. (1981). The quality of mother infant attachment and its relationship to toddlers' initial sociability with peers. *Developmental psychology,* 17, 326-335.

Rintsoff, R. F. & Corler, C. M. (1980). Effects of setting and maternal accessibility on the infant's response to brief separation. *Child development,* 51, 603-606.

Rutter, M. (1981). Maternal deprivation revisited (2nd ed.). New York: Penguin Books

Schaffer, H. R. & Emerson, P. E. (1964). The development of social attachments in infancy. *Monographs of the society for research in child development,* 29 (3, Serm No. 94).

Shaffer, D. R. (1989). *Developmental psychology.* Brooks／Cole Publishing Co. Calf.

Singer, L. M.; Brodzinsky, D. M.; Ramsay, D.; Steir, M. & Waters, E. (1985). Mother-infant attachments in adoptive families. *Child development,* 56, 1543-1551.

Slade, A. (1987). Quality of attachment and early symbolic play. *Developmental psychology,* 23, 78-85.

Spaulding, D. A. (1873). Instinct with original observation in young animals. *MacMillans magazine,* 27, 282-283.

Spitz, R. A. (1945). Hospitalism: An inquiry into the genesis of psychiatric conditions in early childhood. In A. Freud(ed.), *The psychoanalytic study of the child* (vol. 1). New York: International Universities Press.

Sroufe, L. A. (1985). Attachment classification from the perspective of infant-caregiver relationships and infant temperament. *Child development,* 54, 1615-1627.

Steele, B. F. & Pollack, C. B. (1974). A psychiatric study of parents who abuse infants and small children. In R. E. Helfer & C. H. Kempe (eds.), *The batteredchild.* Chicago: University of Chicago Press.

Stephenson, W. (1953). *The Study of behavior: Q-technique and its methodology.* Chicago: University of Chicago Press.

Stern, D. (1977). *The first relationship: Infant and mother.* Cambridge, MA: Harvard University Press.

Suomi, S. J. & Harlow, H. F. (1972). Social rehabilitation of isolate reared monkeys. *Developmental psychology,* 6, 487-496.

Thomas, A. & Chass, S. (1977). *Temperament and development.* New York: Brunner／Mazel.

Thompson, R. A., Lamb, M. E. & Estes, D. (1982). Stability of infant-mother attachment and its relationship to changing life circumstances in an unselected middleclass sample. *Child development,* 53, 144-148.

Tizard. B. (1977). *Adoption: a second chance.* London: Open Book.

Tizard, B. & Hodges, J.(1978). The effect of early institutional rearing on the development of eight-year-old children. *Journal of Child psychology and psychiatry,* 19, 99-118.

Naughn, B. E.; Egeland, B.R.; Sroufe, L. A. & Waters, E.(1979). Individual differences in infant-mother attachment at twelve and eighteen months: Stability and change in families under stress. *Child Development,* 50, 871-975.

Weber, R. A.; Levitt, M. J. & Clark, M. C. (1986). Individual variation in attachment security and strange situation behavior: The role of maternal and infant temperament. *Child development,* 57, 56-65.

5

動作的發展

　　在人類生命的初期，自嬰兒開始，個體逐漸能夠控制身體各部分的肌肉，有效地支配自己的行動，操作環境中的物體，學習各項動作技能，充分發揮身體運動機能的歷程，稱為動作發展，動作發展始於胎兒期，由第三個月開始，胎兒即能夠對外界的刺激產生反應，而後產生自發的活動。出生之後，新生嬰兒動作表現以反射動作為主，多為籠統性、缺乏組織而又不受意志支配的動作，其後，隨著個體的成長，腦部神經系統與肌肉的成熟，彼此間的協調更加完善，始能表現隨意而協調的操作與行動能力，學習複雜的動作技能。一般而言，動作的發展分為姿勢改變與移動能力、操作能力、以及動作技能學習等方面。動作發展是一切行為的基礎，兒童能夠隨心所欲的支配自己的行動之後，始能獨立自主，探索環境與支配環境，更進而透過自身的動作技能展開學習，在學會遊戲與運動技能之後，就容易在團體生活中發展良好人際關係，能有效的操作與控制環境之後，就容易培養安全感與自信心，綜而言之，兒童動作發展的歷程，是由新生兒的反射動作表現發展到具有協調性、控制性以及適應性動作技能的歷程，動作技能表現在兒童的適應環境、學習、運動、傳遞思想與表達感情等活動中，影響兒童認知以及社會情緒的發展甚鉅。

第一節　動作發展的原則

早期美國心理學家吉賽兒 (Gesell, 1939，1945) 對於兒童動作發展的研究貢獻很大；他提出成熟假設 (maturation hypothesis) ，認為成熟是決定動作發展的重要因素，內在的生長因素決定動作發展的速度與時間表，環境的影響甚微，他並進一步據以提出動作發展的五項重要原則。

一、個別化成熟原則

個別化成熟原則 (the principle of individualizing maturation) 是指自生命之始，個體即具有遺傳潛能，發展成為一個具組織性與統整性的個體，每一個動物類別的個體，將按照其秉賦潛能，發展出特定的動作型態，就人類嬰兒而言，自生命之始，便是一個完全統整的個體，由於內在的生長歷程，導致動作形態的改變。動作亦趨向於個別化，那是完全基於內在的歷程，而非由經驗所決定。

二、發展方向原則

發展方向原則 (the principle of developmental direction) 是指個體的組織系統與功能成熟的方向，是由頭至腳 (head to toe) 與由軀幹至四肢 (或由中央至邊緣，proxemal to distal) 方向來進行的，動作發展亦復如此，例如兒童對於自身肌肉的控制，始於頭部、然後依次表現頸部、上半身、腰部、終於腿部，因此嬰兒先能夠抬頭挺胸，然後才能表現坐、站及行走的動作，前臂及腕關節的動作發展，先於手掌與手指的操作

動作發展。

三、相互交織原則

　　吉賽兒（1945）認為行為的發展，由不成熟到成熟，是呈螺旋形方式進行的，稱為相互交織原則（the principle of reciprocal interweaving），如圖5-1所示，a, b, c, d等個別的行為特質，隨著年齡的成長，將逐漸經過合併、再分化，以及相互交織等發展的過程，終而統整形成複雜的行為系統。換言之，由於這些個別特質的結構與功能表現成熟的速度不同，有的在嬰兒期已經出現，有的仍然潛伏於內，當其個別發展時，乃產生合併與交織的現象，於是兒童的行為表現亦顯示出穩定與不穩定、進步與退步的相互間隔時期，事實上發展上不穩定與退步時期，只是讓新出現的行為特質有鞏固的機會，例如剛會行走的嬰兒往往退步至爬行，但只須稍假時日，嬰兒自然以行走而放棄以爬行來移動身體。

四、自我調節變動原則

　　自我調節變動原則（the principle of self-regulating fluctuation）與上項相互交織原則乃相輔相成的，由於發展呈現出由不穩定狀態與進步趨向穩定的間隔現象，行為的退步與不穩定乃是行為發展至高層次組織的必經階段，但是個別行為特質或動作特徵的自我變動狀況，乃是由個體自動調節，因其成熟度而有所不同，例如就個人每天所需的睡眠時間而言，能視情況而自我調節，在動作發展方面亦復如此，尤其顯示在動作所需的時間方面。

五、功能不對稱原則

　　功能不對稱原則 (the principle of functional asymmetry) 是指個體在動作功能上經常會出現發展的顯勢，由嬰兒早期的動作發展、即可看出對稱與不對稱的型態，例如，新生兒的頸反射，在動作上是不對稱的，至

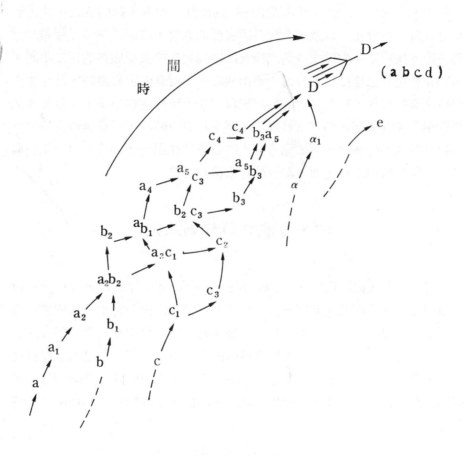

圖5-1　吉賽兒的形態發展歷程圖

a, b, c, d為個別行為特質，亦為D複雜行為的組成元素，虛線為潛伏期（摘自Gesell，1945）。

六個月大的，頭趨於中央位置，是對稱的。又如早先慣用兩手臂，是對稱
的，後來又成爲慣用掌側的不對稱狀態。

第二節　新生嬰兒的動作能力

前述動作發展始於胎兒期，自第四個月開始，胎兒在母體內即有十分
明顯的活動，如轉動軀體、扭曲臀部、伸張四肢、踢腿等，誕生之後，由
新生兒的大腦組織尚未皮質化，神經系統與肌肉發育未臻成熟，動作表現
大多爲反射性的、或全身性與局部性的動作，現分述於下：

一、反射動作

反射動作是對於刺激所產生的固定反應，這些動作的特點是刺激與反
應都比較單純而固定，同一刺激常引起同一反應，例如用強光照射新生兒
的眼睛會產生瞳孔反射，當奶頭塞進嘴中，便會產生吸吮及吞嚥反射；將
木棒塞入嬰兒手中，便會產生抓握反射，此外在新生兒尚有幾種特殊的反
射動作，如巴賓斯反射（Barbinski reflex），莫洛反射（Moro reflex）
，以及追踪反射（rooting reflex）。

巴賓斯基反射的在嬰兒出生之後就會出現，若以手輕觸嬰兒腳掌心時
，其腳趾便向外扇形張開，這種反射動作在四個月大後才逐漸消失；莫洛
反射又稱爲吃驚反射，當變換嬰兒的位置或姿勢時，便會表現出雙手臂迅
速向外伸張，然後再復原作擁抱狀；追踪反射是以奶嘴觸及面頰時，嬰兒
會轉動臉孔，以追尋奶嘴，有的反射動作大約在四、五個月時漸漸消失，
如抓握反射，取而代之的是受意志支配的抓取動作，有的反射動作的消失
，常被視爲腦神經系統的皮質化現象，如巴賓斯基反射，到了應該消失的
時間而未消失，則可能具有神經系統上的缺陷。

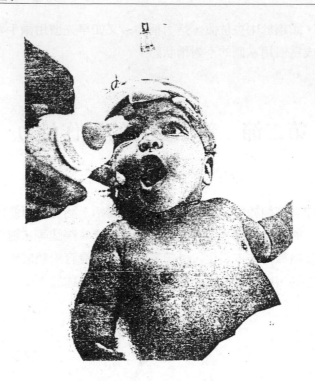

圖5-2　追踪反射

圖5-3　抓握反射

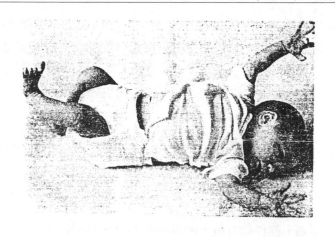

圖5-4　莫洛反射

二、全身動作

　　全身動作包括整個身體的活動，當新生兒遭受內在或外在的刺激，如痛楚、饑餓、溫度過冷或過熱、潮濕或大聲響時，都會產生全身性的動作，如轉動頭部、軀幹的蠕動、揮舞雙臂以及踢腿等等，通常還伴以哭聲，但是這些動作都是籠統、散漫而缺乏協調性，消耗的能量很大，而未能有效的控制自己的身體，身體上任何一部分受到刺激，便會引起嬰兒整個身體的活動，隨著年齡的增長，嬰兒全身性的動作表現次數與強度都會增加，且在一天之中，嬰兒全身性的活動量也有很大的差異，清晨體力旺盛，活動較多；午間活動較少；午睡之後，體力恢復，活動又再度增加（洪靜安，民70）。

三、局部動作

　　局部動作所涉及的身體部份，比反射動作廣泛，如眼球追隨物體活動、微笑、皺眉、打呵欠、手臂與手的揮動、腿部的踢動等。

　　新生兒所表現的全身性或局部性的動作，既缺乏組織與協調，又散漫而無目的，但非常重要，日後複雜且具協調性的動作，就是奠基於這些動作之上。

第三節　移動能力與姿勢改變的發展

　　在嬰兒時期，動作能力最大的進展是在身體移動能力與手的操作能力兩方面。身體移動能力的發展，包括姿勢的改變，由平臥到翻身、坐起、爬行、站立及行走等，其發展有一定的順序和時間，主要是屬於粗大肌肉（附着於身體及四肢骨骼上的肌肉）的控制，身體大肌肉的控制需要到五歲左右才臻於完成。

　　我國嬰幼兒動作發展的初步常模，經師大敎心系蘇建文等（民76，77）以貝萊嬰兒動作發展量表爲工具，施測出生至兩歲嬰兒1680名，目前業已建立，詳細情形請見表5-1。

　　移動身體能力的發展實際上包括一連串身體各部位肌肉的控制過程，最先表現的是頸頭的控制（2個月），繼而能夠上半身挺直（3個月），能夠翻身（6個月），坐（6個月），扶物站立（7個月）爬行（8個月），單獨站立（11個月），終而能夠單獨行走（12個月），明顯地表現出由首至尾的發展方向。

　　在基本身體移動能力發展方面，翻身，爬行與行走是重要的里程碑，而每一個動作都有其獨特的發展過程，個別差異非常顯著。

　　翻身是較早出現的動作能力，表5-1中顯示，由側臥翻身到仰臥較爲容易。在2.7個月時，已有95%的嬰兒能夠做到，而由仰臥翻至側臥較爲困難，中數爲5.4個月，由仰臥翻身至俯臥則更爲困難，須至6.5個月始有50%通過。

　　爬行動作的發展亦呈現明顯的階段循序前進，井然有序由初生時俯臥的爬行動作（3.4個月），經過匍伏前進（6.9個月）手與膝蓋的爬行（7.6

表5-1　我國嬰幼兒姿勢改變與移動身體能力的發展常模

動作項目		5%	50%	95%
抱起時頭部穩定	頭部穩定	(月)	2.0(月)	2.9(月)
	頭部平衡		2.7	4.3
俯臥時舉起身體	舉起頭部		2.0	3.8
	舉起頭部90°	1.7	3.5	4.9
	以手支持胸部舉起	2.7	3.9	6.0
翻身	由側臥到仰臥			2.7
	由仰臥到側臥	3.2	5.4	7.7
	由仰臥到俯臥	4.4	6.5	8.9
坐	須扶持才能坐		.	3.1
	單獨坐30″	4.4	6.2	7.9
	單獨坐得很穩	5.2	6.8	8.6
爬行	俯臥時有爬行動作	2.0	3.4	4.8
	匍伏前進	5.0	6.9	9.0
	手與膝蓋爬行	6.1	7.6	10.3
	四肢爬行	7.4	10.0	13.3
站	能扶物站立	5.0	6.9	8.9
	單獨站立	8.3	10.9	14.7
行走	踏步動作	6.2	8.4	11.2
	扶持行走	6.6	9.1	11.6
	單獨走	9.7	12.0	14.9
	橫走	10.9	13.8	20.1
	倒走	11.0	14.1	20.2
	踩粉筆線走	13.3	22.9	28.2
	在行走板上行走	21.5	30＋	30＋
姿勢改變	由仰臥到坐姿	6.3	8.8	11.5
	扶著傢俱站起	6.3	8.8	11.5
	坐下	8.2	10.9	14.0
	獨身站起	9.7	11.6	15.7
上下樓梯	扶持上樓梯	10.3	15.7	21.4
	扶持下樓梯	12.2	17.2	22.3
	獨自上樓梯(雙腳同一階梯)	14.5	22.4	29.8
	獨自下樓梯	15.1	23.4	29.8
	雙腳交替上樓梯	22.4	30＋	30＋
	雙腳交替下樓梯	30＋	30＋	30＋
跳高	雙腳跳離地面	19.2	30＋	30＋
	8吋	25.1	30＋	30＋
跳遠	4—14吋	15.7	26.6	30＋

個月），終而能夠身體騰空利用四肢在地面爬行。

行走動作的發展較為複雜，我國嬰兒於9.1個月時能夠扶物邁步，於12個月時能夠單獨行走，剛開始走路時，重心不穩，因而需要雙手張開以維持身體平衡，待假以時日重心下降，身體平衡度增加，嬰兒走起路來亦就輕鬆愉快，不致常常摔跤了。

第四節　手操作能力的發展

新生兒對於附著於手與手指部位的細肌肉完全不能控制。只能表現抓握反射。約四個月左右，才由受意向支配的抓握行為所取代，嬰兒由伸手嘗試抓取開始，到能夠輕鬆而成功的以食指與姆指抓住細小的糖片，其間經一連串的發展歷程，早期的美國心理學家如吉賽兒（1934）與哈渥生（Halverson，1931，1937）曾經利用攝影機，拍攝嬰兒手操作動作的照片，然後作詳細的分析，發現嬰兒有目的拿取動作，最初是重覆以手腕和手掌心去觸壓物體，然後用掌心去抓握，最後進步到應用手指去攝取，如圖5-5。

貝萊嬰兒動作發展量表中包含測量手操作能力的項目，我國嬰兒通過這些項目的一般年齡及範圍，詳見表5-2。

拿取動作的發展有賴於眼手協調，是一種視覺引導的伸手動作（visually directed reaching），嬰兒在四個月之前，看見物體，自然會朝物體放置的方向伸手，但是在動作進行時，由於眼手無法協調，也不能靠各種感覺的回饋以校正本身的動作，因此很少成功，這種原始的伸手動作稱為視覺引發的伸手動作（visually initiated reaching），四個月之後，由於神經系統與肌肉間連繫的進步，不僅肩、手肘、手臂、手腕與手的轉動能力增加，手眼協調能力亦大有進步，於是視覺引導的伸手動作更有進展，變能達成拿取的目標。普洛文和魏斯特曼（Provine & Westerman，1979）的研究結果發現11～14個月的嬰兒表現單邊伸手，即物體與手在

同一邊，20週之後，始能表現中綫伸手及異邊伸手的動作，因而擴展了嬰兒探索環境的範圍。

　　伸手與抓握動作的發展雖有賴神經系統的成熟，但是後天的經驗也很重要，多提供給嬰兒操作物體的機會，對於手操作能力的發展是很有幫助的，嬰兒期手的操作能力日後成爲使用工具能力奠定良好的基礎。

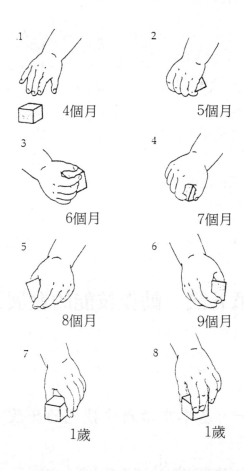

図5-5　精細肌肉動作能力的發展

表5-2 我國嬰兒手操作能力之發展常模

動作項目	5%	50%	95%
抓握積木			
用手指與手掌握住積木	2.0(月)	2.5(月)	4.2(月)
用姆指合併四指的手掌握住積木	2.1	3.9	5.9
以姆指及合併四指抓住積木	4.4	5.8	7.8
操作能力			
手掌伸出	3.1	4.5	6.6
轉動手腕	3.1	4.5	7.7
雙手握積木或湯匙	6.1	8.7	10.4
拍拍手中軸淺技巧	6.5	10.0	14.7
抓握糖片企圖抓住糖片	4.2	6.1	7.8
抓取糖片	5.6	7.1	9.4
以姆指及合併四指抓住糖片	6.0	7.1	9.4
用姆指與食指握住糖片	6.2	8.4	11.6

第五節　動作技能的發展

一、基本生活動作技能的發展

當嬰幼兒能夠有效的控制自己的身體之後，他就可以運用肌肉間的協調來進行種種新的活動，學習一般生活必備的動作技能，這些基本生活動作技能的建立，關係到兒童是否能獨立自主與照顧自己，非常重要，茲將

其重要者列舉如下：

㈠進食

　　自己進食的動作技能，早在嬰兒期就已經開始，例如八個月大的嬰兒在吃奶的時候，能夠自行握住奶瓶，也能用手握住餅乾送入口中，到了一歲左右，嬰兒能用手握住杯子喝水，也可以開始用湯匙自己進食，這時候他最喜歡自己動手，常會拒絕成人的餵食，但是由於動作協調能力尚不夠完善，食物尚未進入口中常常就已傾覆，經過多次嘗試與反覆練習，再加上肌肉協調的成熟，兩歲之後就很少再有這種現象發生。

　　嬰幼兒進食的方式漸漸由使用湯匙換成使用筷子，觀察幼兒的握筷行為，發現會依兒童年齡不同而有所改變，例如：兩三歲時多以掌心握筷，將食物扒進口中，因此效率不佳，三歲以後，才開始運用食指握筷，五歲之後，幼兒能以中指與食指夾住一枝筷子，再以無名指小指協助姆指支持另一枝筷子，全部動作以極細微的分工方式來進行操作，年齡愈大，動作愈正確。

㈡脫衣與穿衣

　　嬰幼兒在一歲半至三歲半之間，脫衣與穿衣的動作技能，進步的很快，脫衣較為容易，兩歲左右的幼兒均具備這種能力，到了三歲半時，能夠在成人的指導下自己穿衣，五歲時能夠將衣服全部穿好，鈕扣扣好，六歲時幼兒不但能自己上拉鏈，解拉鏈，同時也能自己繫綁鞋帶。

㈢梳洗

　　梳洗與穿衣動作技能發展是同時並進的，約在兩歲半時，喜歡模仿成人的刷牙動作，這時候可以鼓勵幼兒在起床後與就寢前試行刷牙，又由於大多數幼兒都很喜歡玩水，可以利用洗澡時間讓幼兒自己擦洗身體，洗澡便成為愉快的經驗，自兩歲起幼兒可以用毛巾清洗前胸部位，三歲時能自己洗手，四歲左右能自己洗臉，到了六、七歲之後才能顧到背部的清洗。

二、遊戲技能的發展

　　遊戲一直都是幼兒最喜愛的活動，如玩積木、擲球、滑滑梯、盪鞦韆
、騎三輪車、折紙、剪紙、玩黏土等等，在這些活動中，每一項都包括了
許多動作能力的運用，例如玩積木是一項手的操作活動，約在一歲半時，
嬰兒即能將兩塊積木重疊在一起，兩歲時能將積木排行列或塔形。此後積
木在幼兒的想像，建構的創造遊戲活動裡，一直佔有重要的地位。又如騎
小三輪車活動，也是幼兒喜歡的遊戲活動，尤以男童為最，有的幼兒在兩
歲左右就開始會騎，如果具有練習的機會，大多數三、四歲幼兒都能學會
，到了上幼稚園的時候，遊戲技能與使用工具能力的充分運用，成為幼兒
學校生活成功與快樂的必備條件。

三、學習技能

　　與學習關係最為密切的動作技能是書寫，書寫是非當複雜的動作技能
，需要配合運用手臂，手腕以及手指各部位的動作組合，手眼協調，以及
智力的成熟，因此書寫的動作技能是按照可預知的模式來發展的，在發展
書寫技能之前先會塗鴉、繪畫、仿繪圖形等動作技能。
　　嬰兒約在一歲左右就能夠開始塗鴉，手握筆在紙上亂點亂塗，畫些沒
有意義的線條；在兩歲半至四歲之間，所繪的圖畫已經稍具實物的形象，
自四歲到八歲之間，才畫出像樣的圖畫。
　　仿繪圖形也是一種非常複雜的動作技能，與智力關係尤為密切，除了
需要手部動作之外，尚需相當的智力來洞察圖形中各部位之間的相互關係
，因此幼兒在開始仿繪圖形時，常會在圖形的大小、線條及方向上發生錯
誤，而且年齡愈大，仿繪能力並不一定會強，由此可見智力因素的重要性
。有的心理測量學家，往往在智力測驗中安置仿繪圖形的項目，希望從仿
繪圖形行為表現中，了解兒童的智能，如比西智力量表裡，五歲組測驗包

含仿繪方形，七歲組測驗包括仿繪菱形。

　　眞正書寫數字與文字的能力，必須靠細肌肉的控制與協調，所以到了五、六歲時方能開始，此外，由於幼兒的知覺和對物體的方向尚不能辨別，因此開始學寫字時，常會發生上下顛倒、左右相反的現象，例如「2」寫成「5」，「9」寫成「6」，「陳」寫成「鄭」，「由」寫成「甲」等，這些錯誤情形，會隨著幼兒知覺能力之成熟而自行消除。

　　由於書寫動作技能，不但包括一連串手臂、手腕與手指的控制性與適應性動作組合，保持一定的動作的速度與穩定度，在認知領域中，尚包括形態與方向知覺，注意與記憶，視覺與動覺的回饋作用，近年來書寫動作技能頗受西方心理學家的注意，曾經研究兒童握筆時的手指彎曲度，與前臂傾斜度（Eiviani，1983），書寫時的筆壓（Koa，1979），或是對書寫字體做質的分析，如字體大小的穩定性，形狀的可辨認性等（Rutin ＆ Handerson，1982），書寫速度（Saosam et al.，1985）以及書寫中停頓的時間（Wann，1986）等，良好的書寫者不但能保持較穩定的動作節奏，而且下筆與筆劃之間，用筆的力量，以及動作速度的轉變都比較敏捷。

四、運動技能

　　在嬰兒學會走路之後，行走這項基本動作表現，便成爲全身運動的基礎，在幼兒期間，跑、跳、上下樓梯、雙腳跳、單腳跳、立定跳遠、跳遠、跳高、走平衡板、擲球與接球等運動技能相繼出現，五、六歲的幼兒已經能將這些運動技能融合於遊戲活動之中。到了學齡期與靑少年時期，兒童、與靑少年喜歡有規則性與競爭性的活動，對於各種球類、游泳及田徑運動都有濃厚的學習興趣。

　　在基本的生活動作技能與運動技能發展之後，動作技能的進步表現在動作的速度、精確性、穩定性及協調性上面，在整個的學齡期間，上面所談及的運動功能都有迅速的進步，體力亦不斷的增加，因此就女性靑少年而言，在十四歲左右即到達顛峰狀態，以後就逐漸減低，而男性靑少年旺盛的體力一直維持到十七、八歲，運動功能在靑少年時期可謂頂峰時期。

五、動作技能學習的心理過程

　　早期嬰幼兒常模性的研究，讓我們得以了解基本動作能力發展的重要里程碑，在動作技能學習方面，學者們亦不斷的致力於理論的建立，以說明動作技能學習的心理過程，其中佼佼者如封閉環節論（closed－loop theory）與基模論（schema theory），都在強調動作技能學習是非常複雜的心理過程，由刺激出現到動作反應出現之間，中間包括了許多認知的歷程，中樞神經系統以及週邊神經系統的作用（Schmidt，1975）。

㈠封閉環節論

　　亞當斯（Adams，1971）的封閉環節理論將動作技能的學習過程分為輸入、中介、輸出及回饋四個環節，輸入歷程主要說明動作學習時個人不斷的透過各種感覺管道，將有關語言報導，動作示範，身體與四肢的姿勢動作，以及環境的條件等因素輸入。

　　中介過程則包括認知-知覺過程與動作程式單元兩部分，前者的主要功能是儲存與處理已經輸入的訊息，喚起過去有關特殊動作的記憶，接受整合各種知覺與動作的回饋作用，發揮練習與動作技能間的學習遷移，以及形成行動計畫。後者則是動作的執行系統，它負責選擇恰當的動作單元，安排它們發生的先後順序，以及神經衝動的頻率，以決定動作行為的方向，力量與向量，速度與節奏等特質。

　　輸出部分即是動作的表現，在動作技能學習過程中，回饋亦是非常重要的環節，當身體執行動作時，中介過程中的認知—知覺過程亦獲得一份訊息，使個體了解自己動作的進行情形，此乃所謂動作意識，如果沒有將此訊息儲存於記憶之中，學習者便不可能重覆修正或變化動作表現，感覺與動覺所提供的回饋訊息，告訴我們在學習過程中錯誤之所在與進步的情形，如肌肉的緊張度，時間與空間關係的配合等，總之，關於動作結果的知識，在動作技能的學習上是非常重要的。

㈡基模論

　　基模（schema）是指代表某一類事物的共同特徵與歸納此類事物的原則，例如我們看過各式各樣的狗之後，能夠將「狗」的共同特徵抽取，而在腦海中形成「狗」的基模，然後便可以根據已形成的基模來判斷目前所看到的動物是否是「狗」，心理學中基模概念存在已久，然而將之應用於動作技能學習方面則以史密特（1975）為代表，史密特認為透過學習的過程，學習者形成動作基模以代表某一類的動作特徵，作為表現動作技能的依據，個體所形成的運動基模中，儲存了四種不同的訊息：

(1)有關學習前個體自身與環境的訊息，包括關於自己身體的姿勢、位置、肌肉緊張度，以及由視覺聽覺感官所獲得的環境訊息，這些訊息稱為先前條件訊息。

(2)有關動作反應的特殊要求，換言之，即關於動作的速度、力量的強弱等特殊要求的訊息。

(3)有關由動作表現而獲得的感覺訊息。

(4)有關動作反應結果訊息，即由外在或個體本身的動覺回饋所獲得的訊息。

　　史密特認為當個體重覆練習該項動作技能之後，由於經驗的累積，逐漸掌握了此四類訊息之間的關係，因而形成一般性的動作基模，動作基模所代表的是上述四項訊息以及其間的關係，動作基模因練習與回饋而加強其力量與精確性。

　　動作基模又可分為回憶基模（recall　schema）與再認基模(recognition schema)，當個體欲表現某項動作時，其先前條件與正確反應的訊息，促使個體在其回憶基模中尋找該動作的特殊要求，以確定動作的執行。而再認回憶基模則應用在動作執行時從感覺與動覺傳送的訊息，動作結果的知識與期望中正確的動作反應訊息比較，以偵察錯誤，做必要的修正。

　　由上面的分析得知，知覺與認知能力的發展，對於兒童動作技能的學習非常重要，當兒童的知覺、動覺、注意、記憶、選擇線索與統整線索、發現關係、判斷計劃、後設認知能力發展之後，他們對於環境條件、動作

技能的特殊要求、正確知識與了解速度都進步之後，動作技能的進步也隨之神速。

綜而言之，動作發展與認知發展具有相輔相成的關係，早期動作能力的發展，提供了嬰兒認知技能與獲得知識的基礎，隨著年齡的成長，兒童則具有較多的認知能力以影響動作技能的學習與表現。

六、動作技能學習的要點

動作技能的發展與認知，社會情緒的發展鼎足而三，是幼兒期與兒童期最重要的發展任務，每一個兒童必須經歷的過程，在動作技能學習的過程中，學習的時機與學習的方法同樣的重要。

㈠了解適當的學習時機

所謂學習的時機，係指當兒童在感覺、知覺、認知、肌肉、神經系統等成熟一定的程度，身體處於就緒的狀態，才能學習各項動作技能，由於各項動作技能的複雜程度不同，學習的關鍵時期不一，當身體成熟足以學習某項動作技能時，兒童都會表現出濃厚的學習興趣，這時父母與師長宜儘量把握學習的時機，提供充分的學習機會，那麼學習起來既自然又容易，有水到渠成的功效，如果尚未到學習的時機，而揠苗助長，不但將會徒勞無功，而且學習起來有沉重的心理負擔。

一般而言，幼兒期是學習基本生活技能的關鍵時期，兒童期則是學習運動技能的關鍵時期，這是由於幼兒的可塑性極大，學習起來較為容易，此外幼兒空閒的時間很多，練習的機會更多，再加上年幼，對於單調而重覆的練習，不會感到厭倦，學習成效自然更為顯著。前面曾經談及兒童時期是個體運動功能進步神速的時期，再加上認知能力的進步，使兒童的知覺、動覺、注意、選擇線索、統整線索、發現關係、判斷計劃等認知能力進步，兒童對於環境條件、動作技能本身正確知識與了解速度進步時，動作技能的進步，也就隨之神速。

㈡把握學習的三要素

面對兒童動作發展上學習的關鍵時期，父母與家長宜把握學習的三個要素。

1.提供練習的機會

動作技能的學習需要實際操作與充分練習的機會，如是動作才會自然而熟練，像穿衣、梳洗、吃飯等生活的必需動作技能，儘量讓兒童自理，以培養他的良好習慣，並奠定獨立自主的基礎，有的父母認為，對孩子照顧得無微不至才算盡到父母的責任，所以有關孩子的飲食起居，都由父母代勞；或是顧慮孩子在溜滑梯、盪鞦韆、溜冰、使用剪刀、釘錘、騎車、或運動時可能會受到傷害或將衣服弄髒，而禁止子女從事這些活動，這樣一來，無疑是剝奪了孩子學習動作技能的機會，此外，都市地窄人稠，公寓式的居住環境，缺乏寬敞的活動場地，學校過份重視智育與品行，致兒童沒有充分的練習機會。

2.提供正確的示範與輔導

在沒有正確的示範與指導的情況下，透過嘗試錯誤的學習歷程，學習動作技能，不但事倍功半，而且動作也不一定正確，如果成人給予兒童正確的示範與指導，在學習之前說明學習的目的，動作的性質，學習的要點，建立正確的認知，學習時不斷的給予立即的回饋，糾正錯誤的反應，再加上練習使動作技能鞏固而成為習慣自然，則進步較快。

在學習複雜的動作技能時，尤須將之分為若干簡單的動作單元，依序分別學習，形成連鎖過程，最後連貫一氣，完成整個動作學習的過程。

3.多給予鼓勵

一般說來，兒童對於動作技能的學習都很感興趣，因為學會一項技能之後，能獲得成就，也可以贏得友伴的讚美，如能獲得父母與師長積極的支持與鼓勵，則興趣更能持久，為了鼓勵兒童動作技能的學習，社會與學校應主動多安排各種運動器材與設備，多安排各種活動與競賽，多鼓勵兒童參與，當他學會一項動作技能之後，即時給予讚美，那麼練習的興緻也將更加濃厚。

七、影響動作技能學習的因素

前面曾經談到動作的發展有其一定的順序與時間表，有賴於個體身體的成熟狀態，然而促成動作技能臻於完善，尚須有賴於學習的機會，練習的次數，個體的動機與興趣等因素，茲就影響動作發展的重要因素說明於後。

㈠體型與體能

許多研究顯示，個人的體型與體能與其動作技能表現之間存有明顯的關係，例如薛爾頓（Sheldon，1940）將個人的體型分爲外胚型（ectomorph）、中胚型（metomorph）以及內胚型（endomorph），其中中胚型體型具有強壯的肌肉與骨骼，力量較大，而外胚體型具有較佳的平衡與彈性，較能促進某些運動技能的表現。

弗利曼（Fleishman，1964）亦曾研究十四至十八歲的青少年，發現個人在力氣、身體彈性與速度、平衡、協調、及耐力等體能上有明顯的個別差異，根據弗氏的研究，一般體能愈高者，愈具有體育運動的潛力。

㈡智力

動作的發展與智力的發展息息相關，例如嬰兒坐、站和行走動作發展與完成早晚，都與智力有關，智力發展遲緩的兒童，動作發展亦較爲遲緩，開始走路的時間也較晚。

在動作技能的學習方面，智力亦是一項重要的因素，就學前與學齡兒童而言，智力愈高，學習動作技能也越快越好，而智能不足兒童動作技能表現均較普通智力兒童爲低（Thurstone，1959）。

㈢性別

男童與女童對於動作技能的選擇與成就各有不同，這種性別間的差異，一方面是由於體能上的差異。另方面則是由於男女社會化歷程的不同，

女童常被制止從事劇烈的運動與學習機械方面的技能，而男童的行動較為自由，可以盡情的從事較為劇烈的活動。

㈣動機

動機是產生興趣，驅策個體努力學習的原動力，當兒童因動作表現而獲得成人的讚美與鼓勵時，對這項動作表現便會顯示出濃厚的興趣與強烈的練習動機，良好的成績促使兒童產生高成就動機，高成就動機又促使兒童不斷的練習，因此有更良好的表現，倘若兒童屢遭挫敗，漸漸喪失了信心與勇氣，自然視動作技能的學習為苦事，亦就失去學習的動機了。

參考資料

洪靜安（民70）：*兒童發展與輔導*。台北，商務印書館。

蘇建文、盧欽銘、陳淑美、鍾志從（民76,77）：*貝萊嬰兒發展量表常模的建立*㈠，㈡。行政院國家科學委員會主持研究專案。

Adams, A. (1971). A closed—loop theory of motor learning, *Journal of motor behavior.* 3, 111—150.

Gesell, A. (1939). Reciprocal interweaving in neuromotor development. *Journal of comparative neurology,* 70, 161—180.

Gesell. A. (1945). *The embryology of behavior.* New York: Harper.

Halverson, (1931). An experimental study of prehension in infants by means of systematic cinema record. *Genetic psychological monograph,* 10, 107—286.

Fleishman, E. A. (1964). *The structure and measurement of physical fitness.* Englewood. cliffs, N.J.: Prentice—Hall.

Provine R. R. & Westoeman, J. A. (1979). Crossing the midline: limits of early eye—hand behavior. *Child development,* 50, 437—441.

Rubin, N. & Handerson, S. E. (1982). Two sides of same coin? variability in instructional practice in handwriting and the problems of those who fail to learn to write. *Special education: Forward trends,* 9, 17−24.

Sassam, et al. (1985). An analysis of children's penholds. In H.S−R Kao (ed.) *Graphonomics: contemporary research in handwriting.*

Schmidt, R. A. (1975). A schema theory of discrete motor skill learning, *Psychological review,* Vol. 82, No. 4, 225−260.

Thurstone, T. G. (1959). *An evaluation of educating mentally handicapped children in special classes and in regular classes.* Cooperative research project Contract Number OEASE 6452 of the U.S. Office of Education. The School of Education. University of North Carolina.

Warn, G. P. (1986). Handwriting disturbances: developmental trends. In H. T. A Whiting & M. G. Wade (Eds.). *Themes in motor development.* Boston : Martines Nijhoff Publisher.

6

學前到學齡階段認知發展歷程

　　目前全世界兒童正式入學的年齡都定在六歲。這是有原因的。雖說就一天、一天的觀察中，發展是漸進的，相信父母、老師們不難體察五歲以前跟七歲大的孩子在認知能力、行為表現上有頗顯著的差異。皮亞傑(Piaget)的認知發展論中也將一般在這段時期中產生的改變列為人認知發展過程中的重要里程碑之一。這一章中，我們將挑選幾項重要的認知能力，試圖瞭解從學前一直到小學階段，兒童在這些能力上的發展歷程。同時，針對皮亞傑的認知發展論作一介紹及探討。

第一節　皮亞傑的認知發展論
與具體運思期認知運思的特徵

一、皮亞傑認知發展論簡介

　　皮亞傑(Piaget, 1896—1980)是一位瑞士的心理學家。不過他可能更

願意自稱爲一探討人類知識來源及其發展歷程的「知識源起學」(genetic epistemology)研究者。他認爲瞭解兒童的認知發展歷程是回答此一重要哲學問題的最佳途徑。皮亞傑從小熱衷於觀察動物行爲。十五歲時就由於一篇有關軟體動物的論文，日內瓦的自然歷史博物館曾希望邀請他當軟體動物收集部門的主持人。二十一歲時又以有關軟體動物的論文獲得博士學位。皮亞傑認爲智能是生物體適應環境的特殊機制之一，因此認知功能具有所有其它生物性機制共有的本質：組織(organization)及適應(adaptation)。

有關「發展現象」的探討及理論必須能回答以下三個問題：

(1)找出在此領域中，人隨著年齡最顯著、最有意義的改變。

(2)這些隨著年齡所產生的改變最適合以怎樣的概念、向度去描述？

(3)找出促成發展的條件及機制。

不同的理論主要在第(2)及第(3)個問題上有不同的看法。皮亞傑的認知發展論包含以下幾個主題：

㈠同化(assimilation)及調適(accommodation)

認知發展是個體的認知結構與外在世界互動後的結果。任何認知活動必爲一「同化」歷程；因爲當個體去認識外在世界，與之互動時，必然是以其現有的認知結構去吸收、解釋外界刺激，而並非直接將外界刺激模印下來。在主體(subject)與客體(object)接觸過程中，任一由主體產生的活動皆可謂之爲「同化基模」(schemata of assimilation)。這些同化基模如屬感覺運動層次的通常就稱爲「感覺運動基模」(sensory-motor schema)，如屬表徵推演層次的就稱爲「心智運思」(mental operations)。對於一個只具有「將東西塞入嘴中吸吮」、「敲打東西」這兩項感覺運動基模的嬰兒而言，所有的物體就只有這兩種意義。當要求幼稚園的兒童畫一杯傾斜45度角的水，大部分都會將液面畫成與杯底平行而非與桌面平行（見圖6-1）。沒有一個兒童曾經見過液面維持這樣的狀態。兒童畫的是他所瞭解的外界事物而不是外界刺激的直接模印。

個體以現有的認知結構去認識外在世界，與之互動的同時，也會發生

「調適」作用——個體現有的認知運作基模會根據新的經驗而發生改變以
適應外界刺激。嬰兒在吸奶的經驗中，會依母親的奶頭或人工奶嘴性質上
的不同而改變其吸吮速度及力量；幼兒在丟各種東西的過程中，會逐漸發
現有的東西丟下去會彈起來，有的丟下去就破掉了，同時可能發展出不同
的丟法，發現不同的丟法會產生不同的效果。如此，經由不斷同化與調適
的歷程，個體的認知基模會變得愈來愈豐富，愈能與外界刺激的性質作更
貼切的配合。

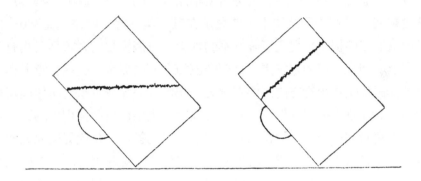

圖6-1

當要求以一直線表示液面時，年幼的兒童多半畫成與杯底平行（右）而非
與桌面平行（左）（摘自Kuhn D., 1988, p. 213）。

㈡平衡的機制(equilibration)

皮亞傑認為認知功能也具有一般生物體系（如消化、呼吸、體溫調節
系統）所具備的「自我調節」機制(self-regulating mechanisms)。類似
其它生物體系，當平衡狀態(homeostasis)被破壞時，會引發個體產生一
些活動來補償外界的干擾，恢復到原先的平衡狀態，當認知體系的平衡狀
態受到干擾時，也會促使個體產生一些活動，唯一不同的是，認知體系朝
向的目標並非恢復原狀，而為一更圓滿的平衡狀態。在此意義上，認知系
統可謂之為一不斷在尋求更佳平衡狀態的動態平衡體系。

所謂「平衡」可從四個方面來談(Piaget, 1971)。其一，同化與調適
的功能間存有平衡的關係。個體在某一時刻所可能因應外界刺激而發展出

的「調適運作」受制於個體當時所具備的認知結構，而並非無限的。其二，個體同時所具備各認知運作子系(subsystems)間需要保持平衡。亦即個體所具備各運作基模間會不斷相互同化(reciprocal assimilation)、協調、去除矛盾、追求一致性，以達成平衡。以下這個實驗就應用了上述機制。在這個實驗中(Inhelder, Sinclair,H. & Bovet,M., 1974 chapt, 6)，實驗者與接受測試的兒童各有一堆火柴，可是兒童的火柴比較短。首先，實驗者以他的火柴作出一條鋸齒形的路，然後要求兒童以自己手上的火柴在其下或其垂直方向各作一條與實驗者所築路等長的路（見圖6-2及6-3）。接著實驗者將其鋸齒形路拉平，要兒童在其下築一等長的路（見圖6-4）。最後這個步驟提供給兒童正確答案的線索。這個實驗的對象爲已具有「數目守恆」概念，但尚未掌握「長度守恆概念」的兒童。這些兒童最典型的反應模式爲(1)在平行方向條件下，築一起點及終點與實驗者所作模型相當的路；(2)在垂直方向條件下，築一與模型就火柴數目而言相等的路。實驗者要求兒童解釋並比較他在三種情況下所給的答案，藉此促使兒童體察他自行產生答案之間的矛盾。結果顯示，這樣的經驗確實有助於這些兒童發展出「長度守恆」概念。第三種情況涉及認知系統各部分與整體之間的平衡。發展的機制包含不斷分化與統合的歷程。新的分化往往導致新的問題觸發新的統整活動以達成更進一步的平衡。因此，認知結構的發展歷程中會發生質上的重組。最後，皮亞傑指出(a)遺傳，(b)個體直接與外在物理世界接觸所獲得的經驗，(c)經由教育及文化傳遞獲得的知識，這三者對認知發展的影響，其間的互動關係基本上亦取決於「平衡」的機制。

㈢發展階段說

　　基於上述「平衡」機制，認知發展歷程會呈現「階段性」、可劃分成幾個發展階段。「階段」此概念指的是一組認知運作模式或特徵。如認知發展確實具有「階段性」應滿足以下幾個條件：

　　(1)不同階段代表認知系統發生重組後的狀態，其結構應具有質上的不同(qualitative difference)。

　　(2)某一階段的認知結構特徵會反映在處於此階段個體所有的認知表現上，同時決定個體此時可能習得的新概念。換句話說，個體同時期

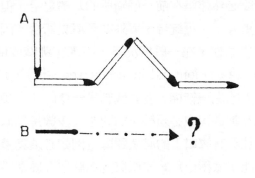

圖6-2

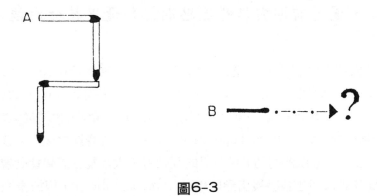

圖6-3

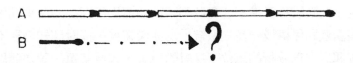

圖6-4

(摘自Inhelder, Sinclair & Bovet, 1974, p. 144)

所具備的認知運作基模之間有結構上的關聯(structured whole-ness)，而並非只是一堆、分別習得、互相無關的組合。

(3)每一個階段必然建築在前一個階段的基礎之上，但比前一個階段的認知結構更分化、更統合、與外在環境更切合。因此，發展階段間有一定的次序性，在一般情況下，不應有跳階或倒退的現象(hier-archical organization and invariant sequence)發生。

(4)最後由於人的生理結構，發展機制是一樣的。人類所處的物理環境，與環境互動過程中必須解決的問題大多數是類似的，加上「知識」本身往往具有邏輯上的必然關聯（例如必須具備一些相關的數學基礎，才能學微積分），皮亞傑認為認知發展階段是全人類共通的(universal)。

二、運思前期與具體運思期認知運思特徵比較

皮亞傑將人的認知發展歷程分為四個階段：感覺運動期（sensory-motor stage，大約從出生1～2歲），運思前期（pre-operational stage，學前階段），具體運思期（concrete-operational stage，大約從6歲～青春期），形式運思期（formal-operational stage，青春期之後）。按照皮亞傑的看法，兩歲以前的幼兒與外界的互動方式大都屬於感覺運動層面，要到感覺運動末期才會發展出形成表徵(representation)，根據表徵從事心智運作的能力。運思前期的兒童，顧名思義，雖已具備以表徵從事心智運思的能力，但其認知運思仍然是孤立的，欠缺可逆性（reversibility）。換句話說，此階段兒童還不能體認不同認知運思相互間的涵蘊關係，不能根據這些涵蘊關係構成一認知系統。皮亞傑認為，探討認知發展不應以獨立的心智運思作為分析的單位、探討的對象，因為某單一認知運思的意義導自其所隸屬的認知系統。因此，具有可逆性，能與具涵蘊關係的其它運思組成系統的認知活動，才足以稱為真正的「心智運思」。就認知表現的特徵而言，運思前期的兒童會出現以下主導思維特徵：

(1)只注意到事物最終的靜止狀態，忽略導致此狀態的改變過程。

(2)集中注意於最顯著的向度，而不容易同時注意好幾個向度之間的關係。

(3)傾向於將事物知覺上的外觀而非其內在邏輯當成事物的本質。

　　具體運思期的心智運思開始具有可逆性，能與其它具涵蘊關係的心智運思組成系統，成爲此系統中的一部分。亦即任一心智基模運思的同時，會考慮跟過去已發生和可能發生的其它心智運思之間的關聯。皮亞傑非常看重認知系統運思上的可逆性，以其爲界定不同階段認知結構的主要特徵之一。最基本的逆轉運作有兩種：其一爲「消除運思」（negation or inverse operation），即某運作直接的逆向運思；另一爲「互補運思」（reciprocal operation），爲經由其它途徑中和先前運作所產生效果的運思。例如在一平衡的天平右臂加上五公克定爲「p」運思，p的消除運思p*即將加上去的五公克拿掉。p的互補運思q*可以是在天平左臂等距處也加上五公克，或是將右臂的力臂縮短（將重量往內移）。q*並非p的直接逆向運思，但能中和P所產生的效果，恢復平衡。雖說與「形式運思」相比較，「具體運思」仍有其限制，具體運思期的兒童已具備基本的消除及互補運思，因此能根據觀察到的具體事實作某種程度的推論。在皮亞傑的理論架構下，由學前到小學階段或說運思前期到具體運思期的發展改變就在於「能否以具體的事物爲對象，依據邏輯推論運思」。

第二節　數量守恆概念

一、數量守恆概念的發展歷程

皮亞傑 (1963)設計了許多問題用以診斷、顯示認知發展歷程中各階段認知結構的特徵。在具體運作期，這些問題涉及數(number)、量(quantity)、分類、空間、時間等方面的概念。以下選擇分類以及量的守恆概念作爲說明的例子。

「守恆概念」(conservation)指的是對於「物體的某些性質如長度、數目、物質(matter)、重量、面積、體積等經由某些轉換、變形(transformation)仍保持不變」的體認。例如在兩個完全相同的杯子(A, B)內裝等量的水，讓兒童確定這兩杯水「一樣多」之後，將其中的一杯水(B)倒入底面積較小或較大的杯子C。這時，問兒童A與C杯中的水是否一樣多？（見圖6-5）。三、四歲未具守恆概念的兒童會依據A和C液面上的差異，認爲「C比A多（少）」；處於轉型期，五、六歲的兒童仍須依賴實徵驗證而非邏輯上的必然性，給的答案比較不穩定（開始瞭解某些轉換不會改變量，但是當轉形改變過大，衝突性線索過於突顯時，仍然不確定）；具有穩定實體守恆概念的兒童會立即、肯定的答：A跟C「當然」還是一樣多。如果進一步追問：「你怎麼知道A跟C杯中的水還是一樣多？」時，他們會以以下理由支持其論點：(1)沒加、沒減，只不過倒過去(identity)；(2)C杯只是看起來比較多（少），因爲C杯比較瘦（胖）(compensation)；(3)不信，可以將C杯中的水倒回B杯，就知道A跟C其實一樣多(reversibility)。皮亞傑認爲已發展出跟未發展出「物質守恆」概念的兒童，其認知結構上的差異就在於前者具有以上三種心智運作的能力。

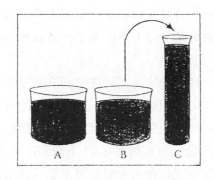

圖6-5　典型的「液體守恆」測試方法

先讓兒童確定A、B兩杯水「一樣多」之後，將其中一杯(B)倒入另一底面
積不同的容器(C)，再問：「現在，A和C是否一樣多」。（摘自Bower, T.
G. R., 1979, p. 181)

　　這個現象經皮亞傑提出，三十年來，後續研究無以數計。這些研究促
使我們進一步體認此概念發展歷程的複雜性。例如布魯納等人（Bruner,
Olver & Greenfield, 1966)將以上測「實體守恆」概念的標準測試法稍加
修改，將水從B杯倒入C杯時，用一屏風把A、C這兩個杯子下方遮蓋起來
，讓受試兒童看不到B倒入C後，與A液面上的差異。此一操弄能使許多
處轉型期的兒童給予正確的答案，甚至當屏風移走之後，仍然肯定A與C
是一樣多。以上實驗顯示轉型期的兒童有點知道「只是從一容器倒入另一
容器不會改變量」，但是當他們看到A與C液面顯著的差異時，無法自行
產生抵制此矛盾線索的解釋，以致信心動搖。另外鮑爾（Bower, T. G.
R. 1979, p. 193)指出：

　　如在B杯中的水未倒入C之前，問「如果現在我把B杯裡的水倒
　　入C，C跟A比會怎麼樣？比較多、比較少或一樣？」有些兒童
　　會說：「C比較多。」──「為什麼？」──「因為這個杯子(C
　　)比較瘦，水會高起來。」──「那就表示比較多？」──「對
　　」（將水實際倒入C，兒童指出A、C液面之差說）「你看，是
　　變多了。」「現在再把C杯中的水倒回B，會怎麼樣？」「又會

　　變回一樣多。」──「現在比較多，倒回去又變成一樣多？」──
──「對，除非倒的時候，你不小心潑了一些在外面。」

　　從以上描述看來，只是能夠「同時注意到底面積及高這兩個向度」或
只是知道「某逆向運作可變回原狀」，未必就能導出守恆概念。根據鮑爾
（Bower, T. G. R., 1979）的分析，守恆概念的關鍵在於分辨那些轉換不
會改變物體某一特性的量。有些轉換，如（圖6-6）中的邊長保持一定，
然變形後的面積改變了。又如在玉米變成爆米花、冰溶成水、某些溶質溶
於溶劑的過程中，體積確實改變了。因此必須先能確定物體轉換前後，某
特定性質之量是否發生改變，才能掌握此轉換歷程與所探討量之間的相關
性。換句話說，兒童在發展出守恆概念之前，必須先具備「估計」、「比
較」量的能力。

　　論及量的「估計」、「比較」，能一個個分開來算的非連續量(dis-
crete quantity)顯然比連續量(continuous quantity)要容易。數的守恆概
念（見圖6-7）一般也比連續性的守恆概念出現得早。比較「可數量」的
方法可以有兩種，一為經由計數(counting)；另一為經由「一一對應」的

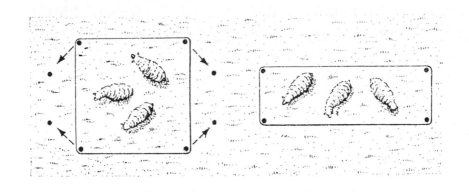

圖6-6

在這個問題中，想像將三隻羊放到由一固定線段及四根木樁圍成的草地上
去吃草，如改變四根木樁的位置，線段不變，此時，羊能吃草的面積是否
仍然相同。（摘自Bower，T. G. R.，1979，p. 194）

方式。摩基（Mussac, 1978）以及塞克斯（Saxe, G. B., 1979）的研究結果顯示以「計數」判別「等量」的能力先於依據「一一對應」原則辨別等量的能力。就現今兒童的成長經驗而言，經由「計數」發展出「數守恆」概念的可能性似乎較高。吉爾曼（Gelman, R.）因此將其研究的重心集中於數概念的發展歷程。吉爾曼（1978）將基礎的數概念分為兩個層面：(1)計數運作(estimator)，即計數的能力；(2)轉換運作(operator)，即識別某一轉換是否影響以及如何影響（加、減、乘、除）數量的能力。經由一系列的研究，吉爾曼和賈利特（Gelman, R. & Gallistel, C. R., 1978）指出計數運作包含以下五個原則：

(1)「一一對應」原則(the one-to-one correspondence principle)：計數時要點一個、唸一個數目標記。

(2)「固定數序」原則(the stable-order principle)：用以計數的數目標記必須每次相同，遵守一定的順序（但不一定要是1,2,3，也可以是a,b,c）。

(3)「基數」原則(the cardinal principle)：點到最後一個，其數目標記即為這堆東西的個數。

(4)「抽象」原則(the abstraction principle)：以上三個原則適用於任

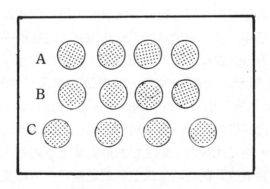

圖6-7　典型的「數守恆」概念測試方法

將兩列等數物體上下一一對齊排好，讓兒童確定A列和B列「一樣多」，然後改變其中一列排列的方式，再問：「現在，A和C是否一樣多？」

何可數的項目（無論是實物、想像的事物或物體之間的空間）。

(5)「次序無關」原則(the order-irrelevant principle)：每個項目被點到的順序（無論從那一個開始數起）不影響總數。

吉爾曼和塔克 (Gelman & Tucker, M. F., 1975)之研究結果顯示三歲左右的幼兒就能正確的估計三以內的數目。不過對於五以上的大數，學前兒童由於以上五項計數原則前三項尚不夠熟練（例如記不住一長系列固定順序的計數標記或是數數與點物不能協調，忘了那個已數過，那個沒數過，同一個項目數兩次，數到最後一個不知道這就代表整個集合的個數，還繼續數下去……等），估計的正確率逐漸降低。

「計數能力」跟「轉換運作概念」之間有何關聯？針對這個問題，吉爾曼 (1972引於Gelman & Baillargeon, 1983) 設計了一個有趣的實驗。此實驗過程分爲兩個部分。第一個部分，先讓測試兒童學會辨別裝有不同數目玩具小老鼠的兩個盤子中，那一個是贏家。小老鼠的數目都在2～5範圍內，數目多的是贏家。但在測試時並不特別要求「計數」，只是指出某一個盤子是贏家，因此測試兒童亦可以「長度」或「密度」等其它線索爲辨識的依據。等兒童知道那一個是贏家之後，主試將兩個盤子蓋起來，在桌上任意作一番移置，再要兒童猜那一個是贏家。從以上第一個步驟的結果得知，受試兒童都是根據特定數目辨識贏家。第二個步驟中，主試在將盤子蓋起來，任意移置時，偷偷得作了一些操弄。這些操弄，有的只是改變盤中小老鼠排的方式或換一隻不同顏色的，有的則包含「加一或減一」隻小老鼠。結果顯示3～5歲的兒童，如果改變涉及「加一或減一」，100%注意到，80%表現出「尋找」的行爲，甚至指出：「有一隻飛走了」。如果僅是取代或排列上的改變，只有66%注意到，同時沒有尋找的跡象。以上實驗中，相互比較的，是左右並排而非上下對列，不容易作一一對應的比較，只能根據計數的結果決定那個是贏家。吉爾曼和賈利特根據這個實驗的結果，下結論說：在能針對「特定數目」 (specific number) 形成表徵的情況下，學前兒童也知道「加或減」會改變數目，只是改變排列方式或替換任一項目並不會改變數量。面對大數，學前兒童的困難在於「數不清」。成人遇到「不容易數的情況」（如媒體報導有多少群眾參

與某項活動）也往往根據其他線索作估計。

　　但是皮亞傑設計的守恆概念問題，希望測得的是兒童在不知道確實數目情況下，也能辨別那些轉換與量無關的能力。在後來發表的著作中，皮亞傑（1977引於Gelman & Baillargeon, 1983）認可兒童必須先發現改變前後的等量關係。此時，兒童能以實徵方法判別等量關係。中間經過一個階段，兒童在確定等量關係之後，懂得使用「轉換原則」。最後，兒童才能掌握「轉換變化」的一般性原則，能直接根據「所涉及轉換與量無關」作判斷。皮亞傑認為：針對非確知量的守恆概念有賴兒童徹底明白「一一對應關係」──一堆東西中的任何項目之間可以相互取代（commutable）（改變排列相當於將某一個項目移走，換到另外一個位置）不會改變一一對應的關係。

　　假如數的守恆概念立基於經由計數或其它方式比較轉換前後數目是否相等的能力，那麼連續量、狀態改變前後如何比較？即使具備同時注意到兩個向度間互補關係的能力或是根據喝下肚去的感覺都無法確實判別是否相等。不同容器內連續量精確的比較必須藉用「單位」的概念（兩個不同形狀大杯內皆裝有五小杯水）。非連續量已經有現成的單位，連續量的單位則需自行建構。不少研究結果皆顯示要能確實掌握「單位」的概念，知道連續量可視為任一第三單位量之組合並不容易。例如皮亞傑、殷海德和史金明卡（Piaget, J.；Inhelder, B. & Szeminska, A., 1960）在一個實驗中，它在一張桌子上以十二塊積木造了一座八十公分高的塔，然後要兒童在另一張矮九十公分的桌上造一座等高的塔。給兒童的積木比主試者用的要小。另外還提供一些可作為測量單位用的紙條和小木棒，但不特別提示這些東西的用途。四歲的幼童完全依感知上的「高度」作比較，忽略底層的不同，將積木堆到與標準塔大約等高；稍為年長的兒童好似採取由「可數量」概化過來的原則，築一與標準塔包含同數積木的塔。但由於兒童手中的積木較小，所造成的塔實際上較矮。有些兒童發現這個問題，就以自己的身體作為比較的對象，在身上標示出標準塔的高度。皮亞傑指出，所謂「單位」的關鍵就在於知道將兩個無法直接比較的量，藉第三者作為比較的標準。其中隱含「量的可轉移性」（transitivity）──A＝B，B＝C，則A＝C。更大的兒童懂得利用木棒或紙條，開始時，必須找到一根與

標準塔正好等高的木棒或紙條。最後，才懂得依據「單位量」的倍數作比較。前面曾提到「以不同長度火柴棒築路」的例子中，認為以等數而大小不同之火柴所築路等長的兒童，顯然表示他們還沒有眞正掌握「單位」的意義。殷海德等人 (Inhelder, Sinclair & Bovet, 1974) 在其訓練研究中，刻意用不同顏色小塊黏土合成的黏土球，或將液體守恆問題中的水換成豆子，以幫助兒童將可數量的守恆原則概化到連續量上。吉爾曼和貝拉津 (Gelman, R. & Bailargeon, R., 1983) 也不認為一般六、七歲兒童，當他們在計算可數量的個數時，已經明確地意識到「所有連續量皆可以類似的方法，分解爲某單位量的組合」此通則。

　　顯然七、八歲的兒童尚未發展出明確的「單位」概念。那麼他們在「水倒入不同容器」、「兩塊球狀黏土，一轉捏成香腸狀」這兩個問題上的正確表現又如何解釋？一種可能是如吉爾曼和貝拉津 (1983) 所說，此時兒童已經懂得隱涵性地以單位計量，例如學前兒童能夠以不同長度的直線作有關面積、時間、距離相對量的比較。另外一種可能是此階段兒童藉由相關經驗、知識之概化（例如可數量之守恆原則以及其它的相關經驗），相信「只是倒來倒去不會改變」，亦即直接根據「轉換性質」作判斷。有些訓練研究顯示有關「可數量」守恆概念之訓練可對「連續量」守恆概念產生遷移效果 (如Gelman, 1969) 。席格勒 (Siegler, R. S., 1981) 也認為可數量之守恆概念所以較連續量早出現，就是因爲前者可經由不同的途徑導出（如計數、一一對應或直接根據有關轉換過程的分析），後者只能依據「對轉換性質的解釋」作判斷。泛文化研究（ Cole and Cole, 1989, p.430 ）顯示有些部族的兒童「物質守恆」概念的發展比一般慢好幾年，又有些家裡以製陶爲業的兒童，則比同年齡兒童更早即能掌握物質的守恆原則。這樣看來，直接操弄的經驗以及生活環境中是否有必要對某個量作估計可能與導出守恆概念有關。

　　如果我們把「重量」、「體積」甚至「熱」、「電」等物理量也一齊放進來考慮，每一種物理量有其獨特的性質，似乎必須對特定物理量之特性有某種程度的瞭解，才能找到有意義的計量方式或單位。例如皮亞傑所設計「體積」守恆問題是以「排水量」作爲比較的依據。兒童可能不確定把一樣東西丟進水中到底會產生什麼效果？前面提及的「冰溶於水」、「

糖溶於水」之類的現象很可能會產生干擾作用。無怪乎，「體積」的守恆問題最難，有時要到接近形式運作期才能答對。

從以上有關「守恆概念發展歷程」的研究結果看來，一個概念或是一個問題上的表現往往建立在許多相關能力的基礎上，間接有賴多方面的生活經驗。一個概念有時可經由不同的途徑導出。不過，穩定的，經得起考驗的概念可能正是統合不同途徑，相互印證、支持的成果。一個概念的發展往往歷經萌芽、延伸拓展、直到統合、明確化等階段。有時，開始的時候只是隱含性的會用 (implicit use of the concept)。從隱含性的會用到成為能明確表達的知識 (explicit knowledge) 還有相當一段路要走。例如，當三歲兒童重覆數一堆東西時，並不在意主試每次都將項目間排列的次序有所改變。但是五歲的兒童才能依照主試的要求，將一列物體兩頭的某一端（通常會被標示為1）任定為2或3或4，然後開始數。同時，他們能夠約略地說出「為什麼從那一個開始數都可以，只要全部點過一次，不會影響總數」（計數原則中的第五項）(Gelman & Baillargeon, 1983)。尤其新近的研究往往顯示，在能答對皮亞傑所設計問題之前，更小的兒童也能在某些情況下表現出某一概念的萌芽。同時，不同性質物理量的守恆原則，發展上固然有關聯，但絕不是同時一起出現的。數的守恆概念是否必須經由計數、形成有關確知個數的表徵？「計數」以及「一一對應」這兩種「比較數的能力」之間，「可數量」與「連續量」以及其它物理量的守恆原則之間，發展上確實的聯接歷程為何？雖然經過這許多年的研究，這些問題仍存有未盡釋疑，有待深究之處。

二、守恆概念可經由短期訓練加速促成嗎？

按照皮亞傑的認知發展論，「個體的學習能力決定於其目前所處的發展階段」，個體總是以目前的認知結構去同化外在的刺激，個體無法同化那些與現有認知結構相距太遠的刺激。基於此，「訓練研究」曾在1960年到1970年間為一相當盛行的研究趨勢。有些研究者的動機在於驗證「若那些尚未進入某認知發展階段的兒童，能經由短期訓練，加速促成下一階段

的運作基模」，則表示皮亞傑的發展階段說有問題；另一些「結構建構導向」的研究者則希望利用訓練研究探討，觀察促使認知結構發生改變的條件和歷程。關於第一個問題，「短期訓練是否能促成眞正的發展或只是讓兒童學會覆頌實驗者所要的答案？」爲不同研究者間爭論的重心。例如史米蘭 (Smedsland, J., 1961) 曾在一個研究中提供給五～七歲，尚未發展出「重量」守恆概念的兒童一些訓練，在此所謂「訓練」是讓他們實際將變形後以及未變形的黏土放到天平上去稱一稱、比一比，從而證實「變形後的黏土仍然一樣重」。經由多次如上示範之後，這些兒童不但學會了正確的答案，而且會自動說明「你只是改變了形狀，沒有增加或拿走黏土」。可是在此研究的第二個階段，史米蘭作了一些手腳：在變形過程中偷偷拿走一小塊黏土，以至一擺上天平，變形後的那塊較輕。此時，經訓練才獲得守恆概念的兒童即根據實徵結果，承認變形後的黏土確實變輕了；而未經訓練，「自然」發展出重量守恆概念的兒童卻有不同的表現，其中一半仍然堅持「變形後的黏土應該一樣重」，並且表示：「一定是你拿掉了一些，或是掉了一些在地上」。根據以上結果，史米蘭下結論說，雖然經短期訓練學會重量守恆概念的兒童所給答案，表面上與「自然發展出來的」很像，但是這兩組兒童對此概念確實的瞭解程度，以致於其「信念」仍然有所不同。另有一些研究 (Botrin & Murray, 1975；Markman, 1979 引於Gelman & Baillargeon, 1983) 也指出「自然」發展出守恆概念的兒童較常引用「互補關係」及「可逆性」作爲支持的理由；「經短期訓練學會的」傾向於以「沒加、沒減」爲理由。這很可能表示「短期訓練促成的概念」是比較局限性的，尚未與其它相關經驗、知識整合。孔恩 (Kuhn, 1974引於Gardner，1978) 認爲，欲顯示「短期訓練確實有效」必須滿足以下幾個條件：(1)不只是答案正確，同時能以自己的話說明理由；(2)所習得概念在訓練結束之後仍能持續；(3)能概化到不包含在訓練中的相關問題上。

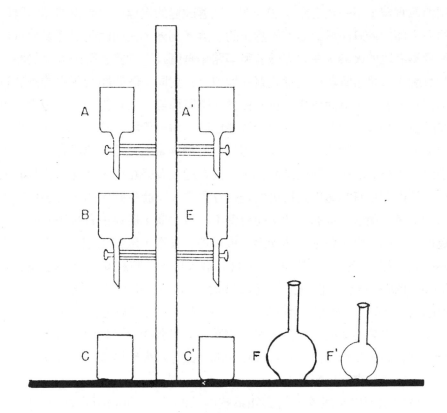

圖6-8

（摘自Inhelder，Sinclair and Bovet，1974，6.42）

　　「結構建構取向」的研究者多半以誘發「矛盾」或「不平衡狀態」引導出新的認知基模。殷海德等人 (Inhelder, Sinclair, H., & Bovet, M., 1974) 的系列研究之一，利用三組底部裝有開關的燒杯（參見圖6-8），其中頂層A′、A跟底層C、C′的形狀完全相同，中層的B、E或F，F′則其一較瘦長或底部較小。第一個步驟，先讓兒童在A、A′中裝入等量的水，然後讓兒童預測及觀察，當把開關打開，水由A、A′流入B、E或由B、E流入C、C′時，液面的變化。第二個步驟，則先在A、A′中裝入不等量，然流入F、F′時，液面相等的水，再重覆與第一個步驟相同的預測和觀察。以上安排的目的在於(1)使兒童提早接觸到，由其現有認知基模導出的預

測與眞實現象不一致之處；(2)突顯「狀態改變的過程」，因爲前運作階段的兒童傾向於只注意改變前後靜止的狀態。另外，在前面所引「要兒童以比實驗者短的火柴，在與實驗者所築路相垂直及平行處各築一等長的路」此實驗中，是希望藉由兒童體察「他自己針對同一個問題所產生的兩個答案相互矛盾」，進而建構出新的概念。整體而言，這類經驗往往確實具有推動認知發展的功能，尤其對於那些已屆「轉變階段」的兒童。完完全全尚處於前運作階段的兒童比較不容易從此類經驗中獲益，他們有時甚至看不出「矛盾」所在。對他們而言，「對齊起點及終點」、「採用等數的火柴」這兩個現有的運作基模仍然是相互獨立、不發生關係的，各適用於不同的情境。稍進一步的兒童，能覺察不一致之處，但還沒有解決的能力。更進一步的兒童，會主動建構出「折衷性」答案，例如(1)把（圖6-9a）中的最後一根火柴折斷，於是A、B含等數火柴，同時起點及終點也能對齊；(2)在B路終端加一根垂直的（圖9-9b）；(3)在B路終端加很小一段，以致超出A路部分不醒目（圖9-9c）。「折衷性」答案只是部分統合了兩個運作基模之間的衝突。最後，兒童才懂得從步驟(3)中（將模型路拉平）導出正確答案，並且明白「對齊端點」或「由等數火柴構成」只有在特殊的情況下才適用來「比較長度」。

依據皮亞傑的理論，由認知系統內部的矛盾（internal conflict）引發的建構活動，而非直接告以正確答案，才是推動認知發展最基本、最有效的動力。但是，實徵證據顯示，這並非導出新認知基模的必要條件。不少其它方法如(1)向度區辨訓練、突顯關鍵線索；(2)觀察已具守恆概念者的示範；甚至(3)僅針對答案是否正確給予回饋，有時亦足以促成能滿足孔恩所提標準的表現。例如，吉爾曼（1969引於Gardner, 1982）將一些五歲、尚未發展出守恆概念的兒童分成三組，讓他們作一些典型區辨學習問題（從三個項目中選出兩個一樣的）。實驗組㈠的兒童所面臨的問題，一半得根據數目判斷（3排各含5朵、3朵、5朵花）；一半得根據長度判斷（2條6公分及1條10公分的線段），答對的馬上給予強化。第二個實驗組的兒童作與實驗組㈠完全相同的問題，只是不提供任何回饋或強化。控制組作的問題與數目或長度無關。控制組100／100答對，表示在進行訓練之前，這些兒童已能正確瞭解「一樣」、「不一樣」的語意。實驗組㈠的兒童在

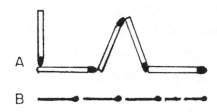

(9a)　將B路中的最後一根火柴折斷

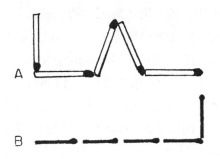

(9b)　在B路終端加一根垂直的

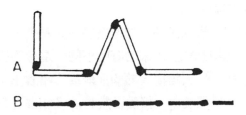

(9c)　在B路終端加很小一段，使超出A路部分不醒目

圖6-9

在Inhelder, Sinclair and Bovet（1974）的訓練研究中，處於「轉型期」的兒童會主動建構出「折衷性」答案，反映出他們嘗試統合「等長」相當於「對齊頭尾」或「由等數火柴構成」這兩項認知基模的歷程。（摘自In-helder, Sinclair & Bovet, 1974, p.153）

第十二個訓練次能作對90／100。實驗組㈡的兒童雖然也接觸到「數目」及「長度」這兩個向度，但未獲得回饋，在區辨的能力上沒有顯著的進展。第二天的後測表現顯示實驗組㈡的兒童能將在訓練期間習得的概化到典型的長度及數目守恆問題上，同時能提出支持的理由。一半以上還能作對並解釋液體及黏土守恆問題。這些訓練效果在兩、三個星期後的二度後測中仍持續存在。

　　以上這個實驗，訓練的對象已經五歲，距離一般自然發展出長度及數守恆概念的年齡不太遠。因此或可說這些兒童已屆「轉變階段」。但另有一些研究能藉由「短期訓練」使年齡更小的兒童答對「就自然發展時間表」而言，更難的問題。例如席格勒等人 (Siegel, R. S., McCabe, Brand & Matthews, 1977, 引於Gelman & Baillargeeon, 1983) 僅給予三及四歲的兒童六個訓練次，問他們四個問題：「這裏有幾個紅扣子？」；「這裏有幾個白扣子？」；「這裏有幾個扣子？」；「紅扣子是不是扣子？」並給予回饋。後測中，兩個年齡組都能在典型的「階層集合包含關係問題」 (class-inclusion problem) ——「這裏是扣子多還是紅扣子多？」上有所進步，唯四歲組獲益較多。以上討論中列舉的都是「訓練成功」的例子。自然也有不少失敗的實例。訓練的內容以及所謂「成功」的標準大概是區辨成敗的主要因素。

　　皮亞傑好似對以「短期訓練」加速發展不太熱衷，又不時強調「自然發展」出來的與「短期訓練」出來的有所不同。這樣的觀點常被誤解爲「認知結構建構論」與「先天結構成熟論」無異。事實上，皮亞傑所說的「自然發展」是指在一般環境中，接觸並統合許多相關經驗後的結果。實驗室中的短期訓練多半只提供相當局限且人工化（不容易與其他經驗統合）的經驗。按照皮亞傑的看法，人天生具備的是「同化」、「調適」、「組織及建構」的能力和傾向。在皮亞傑的理論中，只有極少數的認知基模是天生的，絕大部分的認知運作基模或概念都在與環境互動中，逐步建構出來。因此皮亞傑當然認可環境的重要性。只不過皮亞傑可能偏重「個體直接與自然環境接觸而獲得的那些經驗」。同時認爲「人爲的安排」必須考慮個體現有的認知結構以及周遭的大環境。不像「學習論」，至少表面上的主題比較是在「人爲安排」的部分。

第三節　分類能力

一、有關分類能力的古典研究

「將事、物歸類」是人組織其經驗的重要方式之一。類別概念幫助我們將所面對的世界劃分成可處理的組成單位。當我們將事、物歸類時，意指同一類的事物就此概念所指涉的性質而言是類似的。常用的概念如「香蕉」、「鳥」、「球」、「穿」、「買」、「紅色」、「漂亮」、「三個」、「奇數」、「重量」、「眞理」、「正義」在語言中往往對應於一個單詞。探討兒童分類能力的發展歷程有助於我們瞭解兒童如何組織其經驗。同時類別概念的形成及發展歷程反映認知發展領域中許多重要的論題。

皮亞傑 (Inhelder & Piaget, 1964引於Ginburg, H. & Opper, S., 1979) 認爲合乎邏輯的分類架構應該滿足以下幾個條件：(1)任一項目不能同時屬於兩個類，換句話說，某一分類架構的不同類是互斥的 (mutually exclusive)；(2)分爲同一類的各項目間具有某些共同的屬性；(3)描述某一個類別的方式有二，其一即列舉此類別包含的項目，稱爲「外延定義」 (extension)。(4)另一即指出此類別各項目共有的屬性，稱爲「內涵定義」 (intension)。具備定義性屬性的項目方能歸於此類，換句話說，「內涵」決定外延定義。皮亞傑就根據這些標準 (例如其分類架構中的各類別是否是互斥的，分爲同一類的各個項目是否具有共同的屬性) 來判別兒童的分類能力。

皮亞傑用的方法多半是給兒童一堆東西 (如一堆不同顏色、大小的積木、塑膠片或是一些實物模型)，請兒童「把一樣的放在一齊」，讓兒童自行分類 (free sorting)。結果顯示兒童的表現可大約分爲三個階段。

第一個階段（2-5½歲）的兒童很可能利用這些積木排出一些幾何圖形（small partial alignment），例如先把六個圓形排成一列，把一個黃色三角形放在藍色正方形之上，再把一個紅色正方形放在兩個藍色三角形之間，最後把剩下的三角形和正方形排成一直線；或者是將這些積木組成一樣東西（complex），例如將一些圓形和方形積木作垂直排列，號稱爲比薩斜塔；把幾個半圓形的排在正方形之間成爲一座橋。如果是實物模型，可能會根據其間的關係，兒童把認爲有關係的放在一起（collective objects），例如把娃娃跟搖籃放在一起，把兩個輪子跟一隻馬放在一起。這樣所形成的羣聚之間顯然不是互斥的，同一群聚之內各項目也不具共同的屬性，第二個階段（5½-7歲）的兒童能根據「相似性」分類。開始時會根據不同的標準形成好幾個小類，同時剩下一堆未納入任何一類的。稍進一步，所形成的類別仍然導自不同的標準，但不再留下未歸類的。更進一步，每一個項都能納入同時只能納入根據一致標準劃分的某一類。最進步的，還能形成階層分類，譬如先根據形狀分，同一形狀之下再依不同顏色分出次級類別。但是皮亞傑認爲只是能作到這樣還不夠，兒童要能瞭解階層集合的包含關係（class-inclusion）──當被問及：「桌子上有紅、藍兩種顏色的珠子。一個小朋友把所有紅色的珠子串成一條項鍊，另外一個小朋友把所有的珠子串成一條項鍊。那一個小朋友的項鍊比較長？」必須知道由子集合形成的上層集會永遠大於任一子集合，才算眞正掌握階層分類的邏輯基礎。第二階段的兒童還不能很流暢地掌握 $A + A' = B$，$B - A' = A$ 這些包含關係，以致將紅色的珠子（紅多藍少）與「所有的珠子」作比較時會只考慮到減去紅色珠子之後剩下的藍色珠子，答：「用紅色珠子串成的項鍊比較長」。第三階段的兒童才不但能作階層分類同時也瞭解階層集合之間的包含關係。

　　其它一些早期的研究（Bruner, Olver & Greenfield, 1966；Vygotsky, 1962；Kofsky, 1966）也得到類似的發展趨勢。尤其俄國心理學者裴歌夫斯基（Vygotsky）特別關心認知與語言發展之間的關聯，認爲兒童在分類問題上的表現也反映兒童對「詞彙語意」的掌握。裴歌夫斯基設計了一個模擬語意學習歷程的實驗。也是給兒童一堆不同顏色、形狀、大小的積木。然後在這些積木的反面寫上一些無意義的音節，當作這些積木的

名字。所有同名的積木都具有一組共同的屬性。先告訴受測兒童某一塊積木的名字，然後要他找出其它與這塊同名的，並且說明爲什麼這些積木都叫一樣的名字。學前的兒童把不同名的積木仍然歸爲一類，然後給一些「自創」的理由。六、七歲的兒童開始根據固定原則歸類（例如三角形），但不時會延伸（把梯形也納入）或縮限（只納入大三角形）原先設定的原則。八、九歲的兒童較能堅守固定的原則，但會受到特例間相似性的影響，例如：在收集三角形的過程中，因排除一個紅色正方形，接著把一個紅色三角形也排掉了。幾乎要到青少年期才能穩定的謹守歸類原則，從同名的項目中抽出共同的屬性，然後始終把握這個標準，不受特例的影響。裴歌夫斯基認爲，語言一方面具有引導兒童如何組織外界事物的功能，但語意學習歷程本身也受到兒童認知組織能力的影響，兒童在早期所習得語意有可能不是很穩定的，同時與成人所瞭解的未必相同。

二、關於分類能力新近的研究

以上這些早期的研究留下的印象是學前兒童尚未具備分類的邏輯基礎，不能依據相似性，把握一致的標準作階層分類。新近的研究對這項結論提出質疑，支持這些質疑的論點主要來自幾方面。

㈠相似性與關聯性

首先，先前的研究者只考慮以相似性爲基礎的分類架構，將兒童根據成員間空間、時間、功能、語意關聯所作歸類視爲「不成熟」的表現。但是近年來有不少研究者 (Nelson, 1978；Mandler, 1979；Markman & Siebert, 1976；Markman, 1978；Markman et al., 1980) 提出證據顯示：個別事物之間以及個別事物跟整體之間的關聯是人們組織經驗常用的依據。尼爾生 (Nelson, 1978) 分析學前兒童對日常生活中例行事件的描述（例如：生日、聖誕節、上學、去麥當勞吃漢堡），認爲這些生活劇本（scripts) 是兒童據以進一步組織其經驗的基礎認知基模。馬克曼 (Markman et al., 1980) 指出群體 (collection，如：一個家、軍隊裡的一個連

、一座森林）和集合（class）之間的差異在於(1)群體的結構有賴部分與整體的關係；階層集合之間具有的是包含關係。(2)群體的組成決定於成員相互間的關係，集合的成員之間不需要有特殊的關聯，只需要考慮每個成員個別屬性間之相似性。因此在心理層面上，群體的「整體性」更強、更容易形成。馬克曼等人（1980）利用一些特別設計的圖形構成的類別來驗證這項假設。受測對象為一年級到十一年級的學童，分為兩組。第一組，實驗者只是從左到右一面指那些圖形一面加以說明「這些是As」，「這些是Bs」，「這些是Cs」（C＝A＋B）。第二組給的訊息比較明確，除了與第一組相同的描述，還進一步指出：「As是一種C」，「Bs也是一種C」，「As和Bs是兩不同的C」。測試時，實驗者請受試「給我一個C」、「把一個C放入袋中」，或是實驗者指某一個C然後問：「這是不是一個C？」。結果，在訊息明確的情況下，一到十一年級的學童都能正確掌握A，B，C之間的階層包含關係。但是當訊息不夠明確，受試可任由附與A，B，C他種組織結構時，八年級（十四歲）以下的學童都傾向於將C解釋為A跟B合成的群體，以致當實驗者要求「給我一個C」時，他們同時拿出好幾個或全部的A和B，並且否認任何單一的A或B足以代表C。在另一個研究中（Markman，1973），典型的階層包含關係問題（A砍下所有的松樹，B砍下所有的樹，那一個人擁有較多的木柴？）只是將措辭換成群體與部分的比較（A砍下所有的杉樹，B砍下整座森林，那一個人擁有較多的木柴？），能使幼稚園及小學一年級學童答對的比例提高。除此之外，三～五歲兒童對空間上的排列及組合有特殊的偏好，因此他們的反應還受到測試情境及材料的影響。例如同樣給他們一堆分屬四個「超基礎層次」類別的模型（不同的傢俱、交通工具、人、樹），一種情境是讓他們在桌子上分類，另一種情境是讓他們把同一類的各放進一個塑膠袋中。第二種情境下，三、四歲兒童的表現顯著改善（Markman，1981）。根據以上這些實徵資料，馬克曼認為早期研究中所觀察到學前兒童依據組成關係歸類的表現很可能只是反映「隨著年齡，用以劃分事物、組織經驗的主導架構會有所轉移」。如給予選擇的自由，學前兒童偏好以「關係」作為組織事物的依據，但未必表示他們不具備根據「相似性」歸類的邏輯能力。

㈡分類架構的階層性

　　其次，羅許（Rosch et al., 1976）指出，這世界充滿了無數種可區辨的刺激，個體可以在好幾個不同的層次上將這些刺激歸類，但在其中一個層次，稱爲基礎層次（basic level），最容易區辨。比基礎層次包涵性（inclusiveness）高的爲「超基礎層次」（superordinate level），比基礎層次包涵性低的爲「隸屬層次」（subordinate level）。基礎層次（例：汽車）最容易區辨，因爲與「超基礎層次」（例：交通工具）相比較，同一類的成員具有較多共同的屬性；「隸屬層次」（例：不同種類的汽車）同一類成員間雖然相似性更高，但是不同類間也具有較多共有的屬性。此外與「超基礎層次」相比較，「基礎層次」各成員具有相似的外形（將各種椅子的圖形重疊，還能看出是個椅子；將各種傢俱的圖形重疊，則無從辨識）。人跟「基礎層次」各成員互動的反應模式也比較接近。羅許及其合作者提出證據顯示，幼兒習母語時，最早學會的都是事、物「基礎層次」的命名。以比較簡單的歸類問題（從三個當中選出兩個一樣的）作爲測試的方式，三歲的兒童（99／100答對）就能在基礎層次上（例：兩隻不同的貓、一隻狗），根據相似性選出同一類的。即使採用與皮亞傑等研究者相同的「自由歸類」測試法，五歲的兒童能非常有效得從事基礎層次的分類（例：汽車、火車、摩托車、飛機）。

　　皮亞傑研究中所提供的材料多半只能在「超基礎層次」歸類，這種條件下，學前兒童就容易有「中途改變標準」、「留下一些無法歸類的」——等表現，原因何在？前面已提過，「基礎層次」的類別間在屬性、互動方式、外形上都比較容易找到清楚的劃分界限，而「超基礎層次」同屬一類的成員未必具有相似的外形，同時有許多不相干的屬性干擾其間。面對這樣一堆東西，如吉爾曼和貝拉津（1983）所說，兒童的困難很可能在於找不到一組能涵蓋所有項目的分類依據。費雪和羅勃（Fischer & Roberts, 1980, 引於Gelman & Baillargeon）以一歲多到六歲多的兒童爲測試的對象，顯示在「由實驗者先示範然後讓他們模倣」的情況下，十五個月的幼兒就能將兩個只在一個向度上不同的類別（例如三角形和圓形）區分開來；二歲左右的幼兒能處理更多一些只在一個向度上不同的類別（例如

三角形、圓形、正方形）；二歲半的兒童能學著把不同的三角形、不同的圓形，不同的正方形歸爲一類；到了第四步（大約三～三歲半歲的兒童）才能模倣將在兩個向度上互相干擾的類別（例如由3種形狀、3種顏色組成9個類），先根據其中一個向度分類（例如形狀），同一形狀之下再分出不同的顏色。另外，有時兒童找不出一個恰當的分類架構，並非所涉及的特徵比較抽象或複雜，可能只是因爲他們欠缺相關的知識（不瞭解鰓與肺之別的兒童，不可能將之納入分類的標準）學前兒童並非完全欠缺作高階層分類的能力，要看特定高階層類別之複雜程度、抽象程度以及對兒童的意義。在前一段所提到羅許等人（1976）的研究中，「超基礎層次」題目上表現固然比「基礎層次」差，但三歲組能答對55%，四歲組能答對90%這種簡化的「三選二」超基礎層次歸類問題。一般八、九歲的兒童已能將日常生活中的實物作超基礎階層的歸類，但是當安格林（Anglin, J., 1970）給他們一堆不同詞性的字詞，要他們把相似的放在一齊，他們多半將語意相關或是在句子中常常一齊出現的歸爲一類。例如將「白色的」跟「花」放成一堆，把「聽」跟「意見」放成一堆，或是把「生氣」跟「笑」歸爲一類。吉爾曼和貝拉津認爲以上種種實徵現象表示兒童一旦能找到一個恰當的分類架構，就能根據此標準作有系統的歸類，而並非如皮亞傑、裴歌夫斯基等研究者所說，學前兒童基本上欠缺掌握一致標準、作有系統分類的邏輯能力。因此，隨著年齡所發展的只是「將基本的分類邏輯應用到屬性組成更複雜的事物上」。然筆者認爲，「能否抽離出一組恰當的歸類特徵」跟「能否掌握此標準，作一致、有系統的歸類」似乎是一體的兩面。例如裴歌夫斯基的研究是希望模擬語意的學習歷程，當兒童對於一個詞彙所指稱的概念只具有模糊的印象，尚未抽離、掌握其確實涵意時，就容易在應用的過程中、受制於模糊的相似性、隨著遇到的例子改變標準。

(三)階層集合包含關係

至於兒童在「階層集合包含關係」問題上的表現，根據溫納（Winer, 1980）的文獻回顧，大部分研究皆顯示一般七、八歲的兒童仍然

很容易錯答這個問題。而各種操弄中，強化高階層集合之「整體性」最能有效降低難度、提高答對比例。例如：與其問「是牛多還是水牛多？」，不如讓所有的牛躺下然後問：「是躺下的牛多還是水牛多？」；馬克曼將集合包含關係措辭爲群體與組成部分間的比較也具有相同的效果。此實徵結果似乎支持皮亞傑所作的解釋：兒童的困難在於不容易同時考慮子集合以及由子集合所組成高階層集合之間的關係。但是史密斯（Smith, 1979）問四～七歲兒童以下三組問題：「所有的狗都是動物嗎？」、「所有的動物都是狗嗎？」、「有些動物是狗，對不對？」、「有些狗是動物，對不對？」；「X是一種狗，X一定是一種動物，對不對？」、「X是一種動物，X一定是一種貓對不對？」；「所有的牛奶都含有X，那是不是所有的巧克力奶都含有X？」、「所有的牛奶都含有X，那是不是所有的飲料都含有X？」（以上問題中的X在實驗裡皆以無意義音節形成的假名代替，同時問題的內容不限於上述特例）。雖然整體而言，四歲組的兒童只能答對64-66％，絕大部分四歲組的兒童能答對三組問題中的某一組。在另一組問題上，（A是一種食物，但不是肉，A是漢堡？A是一種水果，但不是香蕉，A是不是一種食物？），答對的比例更高，四歲組全部加起來，能答對總數的91％。由於四歲組在部分問題上也具有根據包含關係作推論的能力，史密斯認爲，不同年齡組之間的差異並不在於「有關階層分類架構的概念表徵（conceptual representation）」，而是根據此概念架構導出某些結論的能力，年幼的兒童只能在比較有限的情況下導出正確的推論。然而另一方面，馬克曼（1978）的研究顯示，不少二～六年級的學童雖能答對典型的「集合包含關係」問題，但是他們只是將「上層集合大於其隸屬集合」視爲一項實徵事實而尚未能掌握其邏輯上的必然性，以致在訊息不充分的情況下，例如對子集合的屬性所知有限時，往往無法確定兩者間的比較關係，同時認爲如果不斷增加子集合的個數，有可能使之超過其上層集合。

㈣類別的內在結構（ internal structure ）

　　古典的心理學研究都假設「屬於同一類成員必然具備至少一種足以與其他類別區分的共有屬性」。這些「定義」性特質是決定某一個體是否屬於某類的充要條件。因此，判斷某一個體是否屬於某類，只有「是」與「

不是」之分。但羅許等研究者（Rosch & Mervis, 1975）指出，事實上現有的許多類別概念找不出每個成員皆具備又足以與其它類別區分的定義性質（如：水果、蔬菜）。這些類別的成員之間只具有「家族式相似性」（family resemblance──例如：A、B、C、D、E，括號部分表示具有共同屬性）。以致將個體歸類時，會有程度上的差別。某些個例被大多數人公認為某類的範例（prototype），另一些個例則為邊緣分子（麻雀是典型的鳥，鴕鳥則為鳥類的邊緣分子）。所具備屬性與其他成員之屬性重疊愈多，又與相對照類別成員之屬性重疊愈少者，典範性愈高。換個角度說，在同一類別下各成員中出現次數愈多，同時又在相對照類別各成員間出現次數愈少的屬性，就此類別而言其「辨識效度」（cue validity）愈高。年齡較小的兒童容易忽略邊緣例子，例如認為蝴蝶不是動物。後來的研究顯示，具有明確定義的概念也會出現「典範性有別」的現象。例如受試能評定出「奇數」的典範性，認為有些奇數（如7或3）比另一些奇數（如109或2003）更是典型的奇數（Armstrong, Gleitman and Gleitman, 1983）。目前大多數研究者認為概念或類別同時具有一組核心屬性及一些非屬核心的典型屬性。但是許多自然類別（natural kinds）的核心屬性未必能以定義（充要屬性）處理。

近年來有關「類別之內在結構」的探討更進一步揭示，無論是古典的定義觀（the classical view of categories）或是「家族式相似性」（family resemblance view）都無法說明是什麼因素促使一組事物凝聚成一個有意義的類別（Murphy and Modin, 1985）。正如Murphy and Medin所指出，「重量在11到240公斤之間，不只一隻腳，有條紋的東西」是個有定義的類別，但對我們而言，似乎沒什麼意義，不像個具凝聚力（conceptual coherence）的概念。哲學傳統中對於概念及意義之思辨以及近年來心理學集得的實徵資料皆顯示概念的表徵形式不可能只包含同類成員各屬性發生的或然率及相關（correlations）。人們心目中的概念、類別多半還涉及對於同一類相關屬性為什麼往往一齊出現所作的因果解釋。「羽毛」、「翅膀」、「輕」、「能飛」這些特質不只是鳥類共有的屬性而已，這些屬性之間有因果關聯相互增強發生的相關性，並藉著這些因果解釋的凝聚力促使不同的鳥形成一個自然類別。性格心理學的研究（

Asch, 1972引於Keil, 1991）顯示當以「具才智」、「精巧」、「勤勉」
、「**溫暖**」、「有決心」、「實際」、「謹慎」等六項性格特徵描述一個
人，受試會對這個人形成一種印象。可是只要掉換其中一項，如將「溫暖
」改成「冷峻」，立即改變受試對這個人所形成的整體印象。只有藉著受
試心目中對於這些人格特質為何凝聚在一齊出現所作的直觀理論解釋，才
能說明上述實驗中，改變一項特徵與其他特徵產生的互動效應。我們所以
把鯨魚歸為哺乳類而非魚類，是基於生物學理論上的考慮。概念蘊涵於人
們對於現象界所持的科學或直觀解釋架構中。這些解釋架構決定某一類別
概念的核心屬性。

　　在兒童的認知發展歷程中，這些解釋架構是如何產生的？從什麼時候
開始存在？哲學家 Quine（1977引於 Keil, 1991）認為幼兒最初期的類別
概念類似動物的歸類表現（動物在區辨學習中可學會區辨顏色、大小、形
狀、楓葉、魚、人等），完全只是由知覺上的相似性構成的。解釋架構由
此原始的相似性組合中逐步萌生，進而重組決定相似性的關鍵屬性及比重
。凱爾及其合作者（Keil 1989, 1991）針對這個問題進行了一系列的研究
。首先，以大班、二年級、四年級小朋友為受測對象，研究者選擇了好幾
組詞彙，就每一個詞彙作兩個例子的敘述，其一包含此概念所有的典型屬
性，但不具備此概念之核心屬性（例如：有一個人跟你父親年紀不多，很
喜歡你，常常到你們家來玩，帶禮物給你。這個人不是你爸爸媽媽的兄弟
或姐妹，這個人會不會是你的舅舅？）；另一敘述具備此概念之核心屬性
，但是其它的屬性與典型的範例不合（例如：假設你媽媽有許多兄弟，有
的年紀大，有的年紀小，其中最小的弟弟只有兩歲，他常到你們家來玩，
把你的玩具弄得亂七八糟。這個兩歲的男孩會不會是你的舅舅？）所得結
果顯示，學前的小朋友傾向於認定上例中第一項敘述可能是舅舅，第二項
不可能，四年級小朋友給的答案正好相反。Piaget, Vygotsky也曾經以「
親屬稱謂」作為例子揭示兒童在發展過程中，概念上的轉變。不過，Piaget
及 Vygotsky 等研究者將此轉變視為兒童「形成概念」基本能力上，全面
性的改變。在上述研究中，除了「親屬稱謂」，其它的類別概念如「午餐
」、「強盜」、「島」、「博物館」、「新聞」等也都呈現判別依據由「
典型屬性」轉向「核心屬性」這樣的改變（Characteristic to defining

shift）。但是不同於早期研究所下結論，不同範疇內概念發生改變的時間先後不一。Keil 及其合作者認為「由典型朝向核心屬性」此概念層次的轉變，影響所及只限於相關的知識範疇（domain-specific），而不是全面性的。事實上，類似的「發展」也發生於成人在某一領域由生手成為專家的過程中（Chi, Feltovich and Glaser, 1981）。

　　以上的研究結果似乎支持 Quine 所說最初期的概念只是典型相似性的組合，並不受解釋架構約制（constrain）這樣的看法。後來 Keil 及其合作者又以其他的方法進一步探究這個問題。假如年幼的兒童完全只靠典型屬性作為判別類別的依據，那麼，當把屬於某一自然類的東西，其典型屬性轉換成另一類時，幼童是否認為這樣東西的確在本質上變成另一類了？研究中設計的轉變有些是從一種動植物變成另一種動植物。例如，有個醫生用一種很特殊的去色劑把這隻老虎（讓小朋友看一張老虎的照片）身上的條紋去掉，然後替牠縫上一圈鬃毛，使牠變成這個樣子（讓小朋友看一張同背景獅子的照片）。經由醫生動過這些手術之後，這隻動物現在是老虎還是獅子？另外一些例子則涉及動植物或是生物、非生物之間的轉變。例如，玩具鳥變成真鳥，刺蝟變成仙人掌。所得結果，當把某一類的典型屬性轉換成另一類時，五歲的小朋友很容易接受一種動物（或植物）可以就這樣轉變成另一種動物（或植物），但是他們不認為可經由這樣的改變促成自然界最基本類別（生物／非生物，動物／植物）之間的轉換。同時，即使五歲的小朋友對於「轉變方式的性質」（the nature of the transformation）是否可能涉及「類別之間的根本差異」也有一些直觀上的掌握。換句話說，就這些自然界最根本的類別而言，五歲兒童的概念已經超越典型相似性，受到直觀解釋架構的約制（constrain）。一方面邏輯上不太容易想像，解釋架構如何在發展過程中從無中生有，再加上上述實徵資料，促使 Keil 及其合作者認為，概念的形成很可能從一開始就已經受到一些先天傾向的誘導和約制，使得人們偏好某種類型的解釋架構，比較容易注意到某些屬性間的關聯（如 Keil, 1991 所舉例—假設幼童的經驗中，總是媽媽在的時候看到知更鳥，跟其他人一齊時看到麻雀，但這位幼童不太可能因此認為「媽媽在不在」跟「知更鳥」此類別概念有關。）這樣的先天性約制誘導機制很有可能是因應自然界特定範疇的性質而生

，因此依特定知識範疇而異（ domain-specific ），而不是一般性的。另一方面，即使經驗豐富的成人所具備的類別概念也不是純粹由理論組織引導的。若成人只能形成、記住由理論導出的類別概念，就無法再修改解釋架構，進一步發展。隨著經驗發展的，在於導出能涵蓋更廣泛相似屬性凝聚現象之解釋架構（試想偏差行為分類架構的演變）。

三、記憶與知識組織架構之間的關聯

經由認知心理學領域多年的努力，我們現在知道，在大部分情況下，記憶並非如「照相」似的模印歷程。過去經驗過的事物能否被記起主要決定於訊息輸入時，是如何分析、記錄的，以及回憶時，已有線索跟希望取出訊息之間的關聯。個體現有的知識組織結構在記憶的譯碼（encoding）及取出（retrieval）歷程中扮演重要的角色。在典型的「自由回憶」（free recall）問題上──讓接受測試者聽或看一系列字詞或圖片，然後回憶，年齡較大的兒童多半不但記得的總數較多（或是只需要較少的呈現次數即能達到標準），而且比較能作有組織的回憶，例如把項目間屬於同一類的連在一起（Lage, 1978）。有些研究者將此發展趨勢解釋為「記憶策略」使用能力上的差異（如Moely et al., 1969）。事實上，跟許多其它問題一樣，兒童能否在記憶表現上有效的應用項目間類別上的關聯，會受到測試材料、情境的影響。在最有利的條件下，對學前兒童而言意義度高的材料，或是給予提示、訓練，學前的兒童也能在記憶表現中反映出類別組織（Mitchell et al., 1979；Bjorklund et al., 1977）。但是在實驗情境之外，他們往往不會主動繼續使用或將這些「經訓練習得的記憶策略」概化到類似的問題。卓克倫（Bjorklund, D. F., 1985）指出，關鍵似乎在於「記憶素材各項目間的意義關係對某一年齡層兒童而言是否容易被引發（activated）」。例如，陸希羅和尼爾生（Lucariello & Nelson, 引於Bjorkund, 1985）給學前兒童三組不同的記憶項目，其一為動物、食物等高階層類別的項目，第二組是由經驗劇本中導出的項目（動物園裡的動物，午餐吃的東西、早上穿的衣服），第三組為具有補助關係的項目（complementary items，如郵差、信）。結果，第二組記得最好。任賓諾維斯（Rabinowitz, 1984）提出實徵資料顯示，記憶素材包含項目與所屬類別名稱（category label）間的連接強度（associative strength）能預測回憶的量及組織程度（典範性高的項目與所屬類別名稱之間的連接性較強，回憶時會加強歸類的表現）。另有研究（Lange, 1978；Bjorklund & Jacobs引於Bjorklund, 1985）發現，學前及小學低年級學童記憶表現中呈現的類別組織很可能依賴同屬一類項目間的連接關係，當刻意將同類項目間的連接性降低時（動物中老虎跟獅子的連接性高，貓跟兔子的連接性低），回憶的量及組織性也降低。集合以上實徵證據，卓克倫認為在學前及小學階段所觀察到記憶表現上的進步應歸因於此階段兒童知識組織架構上的改變，以致於早先不容易被引發的意義關係，能在更廣泛的情境下被引發、應用。而主要不是因為兒童愈來愈懂得使用「記憶策略」。兒童逐漸從自己的記憶表現看出蘊涵的組織，體認組織的效用，一般大約要到青少年階段才會主動使用有意識的記憶策略。卓克倫並指出，小小孩作自由分類時，常有轉移標準的表現，此現象很可能也是因為小小孩的階層類別架構還不夠穩定，據以分類的向度，概念上還不夠清楚，以至於在分類的過程中，項目間其它的屬性關係同樣容易被引發，而將注意力導向另一個方向。

第四節　皮亞傑認知發展階段論面臨的問題

一、同一階段的認知表現具有「結構」上的整體性嗎？

　　皮亞傑的理論主導發展心理研究幾十年之久。經過幾十年的驗證，皮亞傑提出的「發展現象」，如採用完全相同的測驗方式，多半能得到類似

的結果。主要是「解釋」的問題。早期的爭論集中在「認知發展的階段性」。「階段論」假設認知結構具有整體性，那麼，被界定爲同一階段的能力是否在個體身上同時展現？許多研究顯示，屬同一階段各概念問題上的表現（如守恆概念、序列關係、分類能力、階層集合包含關係）相關並不高（如Brainerd, 1978）。第二節提到，能答對皮亞傑的數守恆問題跟體積守恆問題之間可能相距五、六年。同時，每個兒童，就概念和發展順序而言，細節上也不盡相同(Tomlinson-keasey et. al., 1979)。支持「階段說」的研究者提出抗辯，認爲「認知結構的重組」也需要一段時間，相關能力的展現時間自然會有一些差距(horizontal decalage)。

二、隨著年齡而發展的究竟是什麼？

　　但是當愈來愈多研究顯示：皮亞傑原先界定用以測量某一概念的問題，只要形式稍經修改就會顯著影響兒童的表現，如將測驗形式盡量簡化，或給予提示、訓練，往往很小的孩子，也具有相關概念的雛形；如將問題更抽象化，加上更多的條件，原先界定爲具體運思期的概念，可能要形式運思期才能答對，「階段論」面臨了更嚴肅的挑戰。一種解釋是說，每一個具體的問題都涉及許多變項，皮亞傑設計的問題包含了許多與「中心概念」無關的因素。可是我們不免進一步追問，從幼兒能分辨1、2、3之間的不同到瞭解不可數的量之間也能根據第三個量的倍數或比例作比較；從「A是一種水果，但不是香蕉」能推出「A是一種食物」，到能答對皮亞傑的階層包含關係問題，進而清楚得掌握「高階層集合大於子集合」邏輯上的必然性，知道「再怎麼增加，子集合的數目也不可能超出高階層集合」；從一歲多能將兩堆只在一個向度上不同的東西分開，甚至，七、八個月就能在視覺習慣化(habituation)實驗中顯示出「歸類」的潛能（連續看一系列女性照片之後，注視時間會逐漸降低，此時如換一張男性照片，能使注視時間恢復），到有能力作科學研究工作中的歸類；從隱含在行爲之中到能明確得表達出來，成爲有意識的認知策略。所謂「具備某一概念或認知運作能力」究竟該如何界定？如果許多認知基模的雛形很早就存在

了，那麼隨着年齡(經驗)發展的應作何描述？如何刻畫？主要是那些因素、向度在發展？近來文獻中常見的描述爲「不同年齡層的差異有時只是類似的概念能力能在更廣泛的情境下表現出來」。但究竟是什麼改變促使類似的概念能力能在更廣泛的情境下表現出來？可能如某些研究者所說的：以上現象表示「此概念的表徵形式並未改變，改變的是其他的因素」。「先天結構論」的倡導者Fodor（ 1975，引於 Keil, 1989 ）認爲有必要區分，在發展過程中所發生的只是知識表徵內容上的改變或是知識表徵基本結構（ the manner or vehicle of representation ）上的差別。但是，以第三節所論及「類別概念」的發展歷程爲例，發展過程中解釋架構（直觀理論）之演變或可僅視爲知識表徵內容上的差異。然此演變對於某一領域所涵蓋現象之概念組織及瞭解，可能產生相當深遠的影響。我們目前還沒有足夠的實徵資料，能針對「認知發展現象」找出最適當層次的描述，界定不同年齡層間眞正的不同處。然而，這是個値得思考的問題。

三、「概念結構」質上的重組是全面性的嗎？

　　假如「階段結構」的主要涵意是指「各個同時存在的認知基模，組織運作上的關聯」，如傳來福（ Flavell, J., 1982 ）所說，一方面實徵資料顯示，認知基模之間的組織、運作顯然並不具有如皮亞傑所設想的「緊密整體性」，但另一方面也絕不可能是完全獨立、互不相干的。吉爾曼和貝拉津（ 1983 ）以及佳利（ Carey, S., 1985 ）認爲有些認知範疇的發展歷程中，的確包含因結構重組所帶來「階段性」的改變，但此改變的影響力很可能不是全面性的，而比較只是限於某一個範疇的。有一些與此論題相關的研究結果値得在此一提。齊氏（ Chi, M., 1978 ）刻意選出一組精通洋棋的十歲兒童及另一略識棋藝的成人組，先讓他們察閱一盤下到一半的棋局，然後要他們根據記憶排出每個棋的位置。結果，十歲組兒童顯然優於成人組。齊氏以此證據顯示已具備知識架構的影響力。精通棋藝的十歲組兒童由於更瞭解每一步棋的意義，一個棋就能引導他記起許多其他棋的位置。整盤棋在他看來，可劃分成好幾個大單位。但是這些十歲西洋棋高手的

數字記憶幅度（digitspan）與同齡兒童相當，比成人組差。第三節中討論類別概念的發展時，也提過，不只是兒童，任何人接觸到完全陌生的概念，都可能歷經歸類依據由「典型屬性」逐漸轉向「核心屬性」這樣的發展改變。齊氏等人（Chi, Feltovich, and Glaser, 1981）在另一個研究中比較物理學領域中的生手和專家將物理問題歸類的方式。結果：生手多半根據問題的表型歸類（單擺問題、斜坡加速問題……等）專家則根據涉及的物理定律分類。但是，凱爾和貝特摩芮（Keil and Batterman, 1984）指出，我們也不能就此認為，小孩和成人面對陌生的概念，會有完全相同的表現。概念不可能是孤立的，總是某知識語意系統的一部分，在許多其他領域已具備相當經驗、知識的成人跟只具備有限經驗，甚至一無經驗的幼兒並不站在同一起點上。以上論題的關鍵還是回到不同年齡階段之間的差異涉及藉以形成概念架構一般性邏輯推論能力上的不同，或只是「概念架構」上的演變？「概念架構」演變過程中，經驗扮演什麼角色？皮亞傑將認知發展歷程界定為四個階段，就是說：不同階段的兒童，其認知結構、運思能力上具有某些影響力遍及全面性的不同。佳利（1985）認為，面對現有的實徵證據，一方面我們應避免對不同年齡階段認知表現上的不同，作過分普遍性的解釋，太快下結論說：某個年齡階段的兒童不具有某種基本的概念結構或推論能力；另一方面，我們需要對概念發展過程中，不同層次的改變和重組作更明確的界定和實徵驗證。然後，我們才能進一步釐清「不同年齡階段兒童的認知運思能力是否受到一些遍及全面性的限制，此限制的本質為何？」。

四、「認知結構」是如何形成的？

有些研究者（如 Chomsky, 1980；Fodor, 1983）認為組織經驗的認知結構根本是天生的，已經預設在基因程式中。但是此論點也並不表示：只需要等，時間到了，某種概念能力就會自動展現。還是需要藉由經驗才能將這些結構的運作功能「引導」出來。經演化產生以應付特定環境的「本能行為」尚且有賴經驗。許多鳥都需要藉著歌聲辨識同類的鳥，選

擇配偶，以及建立、防衛自己的領土。不同種屬的鳥在演化過程中因應所生存生態環境之特殊條件，展現出相當不同的發展機制（Marler, 1991）。有的鳥完全依歌聲聽覺上的屬性取決偏好學那一種歌，有的比較受社會性依附關係的影響。有的鳥是忠實的模倣者，有的模倣之後會自行作新的組合，但同一種鳥有特定的取材、組合原則。不同種的鳥可學習新歌的敏感期（sensitive period）長短也差異頗大。Marler強調先天的表徵樣板（innate representation or templates）在取決注意力導向、引導學習、影響學習機會上所扮演的角色。學習的本能（instincts to learn）為經驗的運作舖設一屬於特定種屬（species-specific）的背景，而不只是提供給動物一項固定的反應模式。人的基因程式自然蘊涵因應不同環境更大的彈性，與環境有更密切的關係。皮亞傑與浮多（Fodor）及杭士基（Chomsky）看法不同之處在於皮亞傑認為基因預設的只是一些組織經驗的功能，結構必須經由「個體藉著這些組織功能，在與環境互動過程中不斷從事組織，逐步建構出來」。也可以說，皮亞傑的理論雖然一再強調已發展出認知結構對下一步發展的影響力。然與浮多及杭士基的觀點相比較，一方面賦與認知功能更大的組織彈性，另一方面賦與「經驗」部分更重的角色，更明確的結構。而學習論感興趣的問題則是「環境所能造成的變異，極限有多大？」，因此一再強調環境的影響力。

「認知發展的起點是一些組織經驗的功能或是已成形的結構？」，「一般環境下，不同年齡階段兒童的認知運作能力究竟有何不同？」，「隨著年齡、經驗的累積，某一領域中的概念架構會發生那些不同層次的改變和重組？這些較高層次概念架構、認知運作能力上的改變，其影響範疇有多大？發展過程中，不同領域之間有什麼互動關係？（一般的兒童，許多領域中的發展都同時進行中）」，「環境及遺傳在發展的機制以及人建構出的知識架構中扮演什麼角色？」這些是認知發展關心的根本問題。筆者認為，皮亞傑是極少數具有如此深遠視野的心理學家之一。目標始終朝向認知發展的核心論題，並且，在實徵資料還相當欠缺的時候，嘗試為這些論題奠定一些明確度適中的方向。但是，從現今已累積的實徵資料來看，此理論架構中的某些部分有必要根據更多的資料重新評估，例如「以幾個大的階段來刻畫整個發展歷程是否是恰當的，有意義的？」，「所謂具備

某概念能力在認知表現上的運作定義」。同時此理論中，如「認知結構」、「同化」、「調適」、「平衡」、「建構」等概念已顯得過於籠統。未來的研究需要根據實徵資料，就其內涵及機制，作更明確得界定和區辨。

第五節　新的研究方向

　　自從電腦科技的興起及迅速發展，電腦的運作模式成為人認知運作歷程的模擬架構，形成一股新的研究趨勢。訊息運作取向(information-processing approach)視人為一限量(limited capacity)符號運作系統(Siegler, R., 1983)。訊息輸入後，歷經一連串轉換及運作步驟，每一轉換及運作步驟有其獨立的運作原則以及容量上的限制。如此，研究者可以比較明確得探討每一步驟，個別的運作方式，然後再合起來來導出最後外顯的表現(Kuhn, D., 1988)。

　　訊息運作研究取向起源於認知心理學，但很快地也吸引了不少對認知發展歷程有興趣的研究者。這其中，有些研究者如科拉和華勒士 (Klahr, D. & Wallace, J., 1976)直接讓電腦模擬出不同發展階段兒童在皮亞傑所設計問題上的表現。模擬的程式基本上為一組「條件——行動」指示語。每個指示語的條件部分界定短期記憶中應具有的資料，當條件滿足時，就引發後面的行動運作。模擬的過程必須界定每一個步驟運作的細節、需要的容量，資料表徵的組織形式，希望藉此能釐清不同發展階段兒童是在那些認知運作功能上有所不同。科拉和華勒士認為「認知發展」可能在兩個層次上發生：一為硬體層次（運作的容量和速度），一為軟體層次（資料的組織結構以及運作歷程的內容和組織）。

　　大多數的研究者，並不直接作電腦模擬，而是藉由訊息運作取向界定出的運作步驟，各個運作步驟的性質來分析不同發展階段兒童在某一個認知問題上的表現。例如帕斯科・里昂 (Pascual-Leone, 1970)指出個體同時具備許多認知基模，因此在解某一個問題時，必須由一執行基模(executive schemata)將注意力導向那些目前需要用到的基模，把這些基模保留在短期運作記憶庫中(short-term working memory)。此短期運作記憶庫的容量是有限的。除遺傳形成的個別差異之外，平均而言此容量會隨年齡而增加。按照帕斯科‧里昂的說法，三、四歲兒童的運作記憶容量約為e＋1，即除執行基模之外，只能容納另一運作基模，五、六歲的容量為e＋2，如此一個個增加下去，直到十五～十六歲，最多能容納e＋7。不同的問題。可根據解題歷程分析(task analysis)，找出所需運作記憶容量最大的步驟。某一年齡層兒童能否解某一個問題就決定於該題所需最大運作記憶容量是否在此年齡層兒童具備的容量範圍內。「運作記憶容量」不但影響兒童解題過程中同時能協調、控制的基模個數，並且限制兒童習得、發展出新認知基模的能力。依帕斯科‧里昂的理論，新認知基模的形成不只決定於兒童現有的認知基模跟所接觸到的經驗，還有賴「運作記憶」有足夠的空間注意到新的線索或是容許舊的基模從事新的統合。但是後來的一些實徵證據顯示，解某一個問題所需的運作記憶容量並不是固定的。首先，「練習」可使某些步驟的執行「自動化」而降低其使用的運作記憶容量。另外，一個問題不只一種解法，比較有效得解題策略往往能超越運作記憶的限制。譬如，史卡丹瑪利 (Scardamalia, M., 1977)，以一排列組合問題來驗證帕斯科‧里昂提出的假設──給受試一堆類似撲克牌的卡片，每一張卡片代表某一向度上的某一個數值，要受試實際排出所有可能的組合，不能有重覆。操弄的變項為所包含的向度(3-8)，因為這個問題最有效得解法即將每一個向度視為記數表中的某一個位數，然後從最右邊開始，先讓第一個位數上的所有數值一一出現，繼而改變第二個位數上的數值，再讓第一個位數上的數值循環一次，依此類推。因此，包含的位數就相當於該問題所需使用的運作記憶容量。接受測試的對象有三組：根據年齡以及所測得「倒背數字記憶幅度」(backward digit span)，其運作容量分別為e＋4，e＋5和e＋7。結果顯示，「e＋4」組在處理五個向度的組合時，答對人數顯著降低；「e＋5」組在處理六個向度的組合時，答對人數顯著降低。但是「e＋7」組不但在處理八個向度的組合時發生困難，其中有一部分在比較簡單的問題上也沒有達到標準。經晤談發現這七位成人因嘗試套用學校裡學的公式，反而干擾其找到有效得具體方法。我們不妨

進一步推想，若找到一組徹底瞭解「排列組合原則」的受試，同時允許他們使用紙筆檢察記錄進度，按理，「包含向度數」應可無限制增加。此時，「包含向度數」變成一個不重要的變項，重要的是，有沒有發展出有效的解題策略，掌握此策略的邏輯原則。基於上述問題，凱斯（Case, R., 1976)仍然延用「運作注意力執行機制」這個概念架構，但是將其「容量」假設為固定不變。隨著年齡發展的，不是「運作注意力絕對容量」的增加，而是「因執行特定運作的速率增進所帶來更大的功能容量」。凱斯同時指出，已具備認知基模執行上的自動化往往是形成新認知基模，進入下一個發展階段的必要條件。

席格勒（Siegler, R. S., 1976)則著重於分析不同年齡層兒童解某一個問題依據的規則。找出解題規則的方法可藉以下實驗說明。席格勒把一座在距離支點等距處各設有四個掛鈎的天平放在五、九、十三、十九歲四組受試面前，掛鈎上可放置不同數目的籌碼（在此實驗中，每個籌碼等重），然後要受試預測在各個實驗者預設情境下，左右臂中那一端會往下傾斜或保持平衡。預設的問題分為六類：(1)等重置於左右臂等距處；(2)不等重置於左右臂等距處；(3)等重置於左右臂不等距處；(4)一邊比較重，另一邊的力臂較長，合成的力距使較重的那一邊往下傾斜；(5)安排類似於(4)，然合成的力距使力臂長的那一邊往下傾斜；(6)安排類似於(4)，然合成的力距使兩端平衡。根據受試在上述六組問題上的表現，可推斷出其解題「決策規則」（decision rule)。經由這樣的分析，席格勒找出四種決策規則，反映對天平問題不同層次的瞭解。規則㈠只考慮兩臂所含籌碼數，完全不考慮力臂，較重的那一邊往下斜，兩邊重量相等時即保持平衡。規則㈡當兩臂不等重時，只考慮重量，當兩臂等重時才會考慮力臂，預測力臂較長的那一端往下斜。規則㈢同時考慮重量及力臂，當兩者或其一相等時能作正確的預測，可是當重量及力臂互相衝突時（一端較重，另一端力臂較長）不知道該如何處理。規則㈣能根據重量跟力臂的乘積即力距判斷。五歲組大多用規則㈠，九歲組大多用規則㈡或㈢，十三、十七歲組大多用規則㈢，只有少數受試能根據規則㈣作預測。全部受試中，90%其表現能納入以上四種決策規則之一。席格勒指出，利用這個方法可以找出在未能正確解答之前，不同年齡層兒童對某一個問題所具有的部分知識（partial knowledge)。在第二個實驗中，席格勒進一步探討影響兒童學習新規則的因素。提供給經預試已知其決策規則仍停留在第㈠個層次的五歲及八歲組兒童一些訓練經驗：像在實驗(1)中一樣先作預測，然後讓他們實際操作天平，有機會驗證實際發生的情形是否與所預測相符。結果發現，八歲組兒童能從這樣的訓練中獲益，五歲組卻不能。經過更詳細得分析，席格勒認爲五歲組兒童的問題出在觀察、認知譯碼(encoding)過程中，根本沒注意「力臂」這個變項（實驗者在天平兩臂各種距離處擺上不同重量，讓他們看十秒鐘後複製原來的安排，五歲組重量多半能擺對，但位置往往擺錯）。於是， 席格勒先讓這些五歲兒童歷經一些有關「力臂」的譯碼訓練，再提供給他們類似實驗㈡的回饋經驗，結果70%的五歲組兒童因此發展出決策規則㈡。

　　如孔恩 (Kuhn, D., 1988) 所指出，從以上幾個例子亦可看出，訊息運作取向的研究比較注重同時較能處理的是認知策略「執行」的過程。對於認知發展關鍵所繫如策略的選擇（決定在各種情況下，應援用那些認知基模）以及新認知策略形成的歷程，多半無法提出深入的說明。吉爾曼和貝拉津(1983)指出席格勒並沒有解釋在一般環境下，促使兒童注意到新訊息、新變項的因素。孔恩(1988)也質疑「只要具備足夠的運作容量」是形成新認知基模的充分條件。科拉和華勒士(1976)曾針對如何模擬「認知發展」，或是如何使其模擬程式具有「自行調適改良」(self-modification)的功能提出一些構想。此構想最主要的成份是在程式中加上「記錄解題過程及結果並偵察出規律性，將抽離的規律性列爲新的運作規則」這樣的機制。但是科拉和華勒士並沒有實際作出「會發展」的模擬程式。目前已作出的其它模擬程式，有一些可能具有某種程度的「自行調適改良」功能，但距離模擬人的認知發展歷程還有很大的距離。雖然，認知運作取向研究現階段仍具有以上種種限制，但它的確提供給我們一些對於分析解題歷程有用的概念架構，促使我們注意到一些新的、對兒童認知表現，具影響力的變項；讓我們能從另一與皮亞傑不盡相同的參考架構思考認知發展歷程中的問題。例如，目前的研究者大多認可，認知發展是同時由許多因素促成的（像知識的累積，運作效率的增進以致運作容量的增加，從外界刺激中抽取訊息的能力，資料概念表徵的重組，新的運作策略、策略的選擇…

…等）。這些因素之間具有某種程度的獨立性而不同的知識領域之間也帶有特殊性。又如，從皮亞傑的理論架構比較不容易看出「自動化」、「運作注意力容量」這類變項的重要性。

　　除了由訊息運作模式導出的研究，近年來在認知發展領域中影響最大的理論取向應屬「先天結構論」。一方面對於無語言能力之嬰兒測試方法上的突破揭示，至少在知覺方面，嬰兒知覺到的世界已經是有結構的，並非如詹姆士（William James）常被引用的描述「一片混亂」。另一方面，動物行為學（ethology）新近得到的研究成果也對於遺傳及經驗在行為發展機制中扮演的角色，提供不少啓示。促使不少研究者認即使在概念架構上，人類也可能具備一些先天的，用以組織、解釋經驗的神經結構。由於人類必須因應的環境中，不同的範疇（如數，空間，語言，直觀心理學、生物學、物理學）有其獨特的性質，演化過程中衍生出的因應機制也就可能不盡相同。因此這些研究者傾向於認為，就個別領域找出嬰兒的「起始狀態」；更明確的界定各領域進一步發展過程中，不同層次概念結構演變重組的本質，才是較有效的研究策略。不贊同一下子就假設認知發展涉及幾次全面性的大轉變。不過，Gelman（1991）強調先天的認知結構只蘊涵組織此範疇經驗，骨架式的原則（skeletal principles），用以觸發處於「起始狀態」的兒童會主動去尋找、注意到環境中與此認知結構相配合的經驗，從而滋養這些認知結構進一步的精緻化及演變，為發展提供一個起點。

　　除此之外，皮亞傑的理論很少直接論及「社會性環境」對認知發展的影響力。但是人的社會性很可能是人類知識建構過程以及個人認知發展歷程中不可忽視的一環。因此也有研究者致力於探討「照顧者與兒童之間的互動」，以及整個文化背景（cultural context）在認知發展歷程中扮演的角色。例如就幼兒學母語而言，「媽媽語言」（motherese）所展現的一些特殊性質很可能促使幼兒接觸到的語言輸入，其語意及語法訊息更明顯，更容易學。Lev Vygotsky（1978引於Cole and Cole, 1989）所提出「臨近發展區」（zone of proximal development）的概念，重新受到重視。「臨近發展區」彰顯兒童獨自所能成就的認知表現以及在有經驗的成人支持下能有的表現，其間的差異。即使一般被納入「先天結構取向」的

研究者如 R. Gelman（1991）也說—專家有必要根據生手現有的概念架構、同化傾向，提供給生手有組織、有結構的經驗，幫助生手「看出」經驗資料中的結構。泛文化認知發展比較研究（Laboratory of Comparative Human Cognition, 1983 引於 Cole and Cole, 1989）認爲不同的文化，就特定經驗情境（specific context）而言，在是否發生，發生的頻率以及如何組織不同經驗情境之間的關係等方面不同，致力於探討經驗情境與認知發展之間的關聯。

參考資料

Anglin, J. (1977) *Word, object, and conceptual development.* New York： Norton & Company.

Armstrong, S., Gleitman, L., and Gleitman, H.（1983）*What some conupts might not be.* Cognition 13, 263-308.

Bjorklund, D. F.；Qrnstein, P. A. & Haig, J. R. (1977) Development of organization and recall：training in the use of organizational technique. *Development psycholoqy,* 13,175—183．

Bjorklund, D. F. (1985). Development of organization in children's Memory. In C.J. Brainerd and M. Pressley (Eds.) *Basic processers in memory development.* New York： Springer-Verlag.

Bower, T. G. R. (1979). *Human development.* San Francisco： Freeman and Company.

Brainard, C. J. (1978). *Piaget's theory of intelligence.* Englewood Cliffs, N.J.： Prentice-Hall.

Bruner, Olver & Greenfield, (1966). *Studies in cognitive growth.* New York：Wiley.

Carey, S. (1985). *Conceptual change in childhood.* Cambridge： MIT Press.

Case, R. (1978). Intellectual development from birth to adulthood： a neo-Piagetian interpretation. In R. S. Siegler (Ed.), *Children's thinking： what develops*? Hillsdale, N.J.： Erlbaum.

Chi, M. (1978). Knowledge structures and memory development. In K. Sieqler (Ed.), *Children's thinking： what develops*? Hillsdale, N.J.： Erlbaum.

Chi, M. T. H.；Feltovich, P. & Glaser, R. (1981). Categorization and representation of physics problems by experts and novices. *Cognitive science,* 5, 121-152.

Chomsky, N.（1980）. Initial states and steady states. In M. Piatelli −Palmerini（Ed.）, *Language and learning：The debate Jean Piaget and Noam Chomsky*. Cambridge：Harvard University Press.

Cole, M., & Cole, S. R.（1989）.*The Development of children*.New York：Freeman.

Duncan, E. M. & Kellas, G. (1978). Development changes in the internal structure of semantic categories. *J. of experimental child psychology,* 26, 328—340.

Gardner, H. (1982). *Development psychology* (second edition). Boston ：Little, Brown and Company. (first edition, 1978)

Flavell, J. (1982). On Cognitive development. *Child development,* 53,1 —10.

Fodor, J.（1983）*The modularity of mind*. Cambridge：MIT Press.

Gelman, R. (1969). Conservation acquisition： A problem of learning to attend to relevant attributes. *J. of experimental child psychology,* 1969, 7, 167—187.

Gelman, R. & Tucker, M. F. (1975). Further investigations of the yong child's conception of number. *Child development,* ,46,167—175.

Gelman, R. & Gallistel, C. R. (1978). *The child's understanding of number.* Combridge, Mass : Harvard University Press.

Gelman, R. & Baillargeon, R.(1983). A review of Piagetian concepts. In P.H. Mussen (Ed.), *Handbook of child psychology.* New York : John Wiley and Sons.

Gelman, R.(1991). Epigenetic Foundations of knowledge structures : initial and transcendent constructions. In Carey S., and Gelman R.(Eds.), *The Epigenesis of mind : essays on biology and cognition.* Hillsdale, NJ : Erlbaum.

Ginsburg, H. & Opper, S. (1979). *Piaget's theory of intellectval development,* New Jersey : Prentice-Hall.

Inhelder, B. & Piaget, J. (1964). *The early growth of logic in the child.* New York : W.W. Horton.

Inhelder, B. ; Sinclair, H. & Bovet, M.(1974). *Learning and the development of Cognition.* Cambridge, Mass : Harvard University Press.

Keil, F. C. & Carroll, J. J.(1980). The Child's conception of "tall" : Implication for an alternative view of semantic decolopment. Paper and Reports on *Child language development,* 19,21—28.

Keil, F. C. & Batterman, N. (1984). A charactoristic-to-Defining shift in the development of word meaning. *J. of verbal learning and verbal behavior,* 23,221—236.

Keil, F.(1989). *Concepts, Kinds, and cognitive development.* Cambridge : MIT Press.

Keil, F.(1991). The emergence of theoretical belief as constrains on concepts. In Carey S., and Gelman R.(Eds.), *The Epigenesis of mind : essays on biology and cognition.* Hillsdale, NJ : Erlbaum.

Klahr, D. & Wallace, J. (1976). *Cognitive development* : An information-processing view. Hillsdale, NJ : Lawrence Erlbaum.

Kofsky, E. (1966). A scalogram study of classificatory development. *Child Development,* 37,191—204.

Kossan, N. E. Development Differences in Concept acquisition strateqies. *Child development,* 52,p290—298.

Kuhn. D. (1988). Cognitive development. In M. H. Bornstein and M. E. Lamb (Ed.), *Development psychology : an advanced textbook.* Hillsdale, NJ : Lawrence Erlbaam.

Kuhn, D. & phelps, E. (1982). The development of problem-solving strategies. In H. Resse (Ed.), *Advances in child development and behavior* (Vol.17) New York : Academic.

Lange, G. W. (1978). Qrganization-related processes in children's recall. In P.A. Qrnstein (Ed.), *Memory development in children.* Hillsdale, NJ : Lawrence Erlbaum Associates.

Lawler, R. (1985). *Computer experience and cognitive development* : a child's learning in a computer culture. New York : Halsted.

Mandler, J. M. (1979). Categorical and schematic organization in Momory. In C.R. Puff (Ed.) *Memory organization and structure.* New York : Academic Press.

Markman, E. M. & Siebert, J. (1976). Classes and collections : Internal organization and resulting holistic properties. *Cognitive psychology,* 8,561—577.

Markman, E. M. (1973). Facilitation of part-whole comparisons by use of the collective noun "family". *Child development,* 44,837—840.

Markman, E. M. (1978). Empirical versus logical solutions to part-whole comparison problems concerning classes and collections. *Child development,* 49,168—177.

Markman, E. M. ; Horton, M.S. & McLanahas, A.G. (1980). Classes and collections : principles of organization in the learning of hierachical relations. *Cognition,* 8,227—241.

Markman, E. M. (1981). Two different principles of conceptul organization. In M. E. Lamb and A.L. Brown (Eds.) *Advances in developmental psychology* (Vol I). Hillsdale, NJ : Erlbaum.

Marler, P. (1991) . **The Instinct to learn. In Carey Sy and Gelman R.** (Eds.) , *The Epigenesis of Mind : essays on biology and Cognition.* **Hillsdale, NJ : Erlbaum.**

Mitchell, D. B. ; Hazen, N.; Cavanaugh, J. C. & Perlmutter, M. (1979) *Exhaustive search and picture cues enhance two-year-olds' memory.* Paper presented at the Americas Pychological Association, New York : Semp tember.

Moely, B. E. ; Olson, F. A. ; Hlwes, T. G. & Flavell, J. H.(1969). Production deficiency in young children's clustered recall. *Developmental psychology,* 1,26—34.

Murphy, G. L., & Medin, D. (1985) . *The role of theories in conceptual coherence.* **Psychological Review, 92, 289-316.**

Nelson, K. (1978). How children represent knowledge of thoir world in and out of language : A preliminary report. In R.S. siegler (Ed.) *Children's thilking : what develops* ? Hillsdale, N. J. : Erlbaum.

Pascual-Leone (1970). A mathematical model for the transition rule is Piaget's Developmental stages. *Acta psychologica,* 32,301—345.

Piaget, J. (1952). *The child's conuption of number.* London : Routledge & kegan Paul.(a)

Piaget, J.; Inhelder, B. & Szeminska, A. (1960). *The child's conception of geometry.* New York : Basic Books. (Original French edition 1948.)

Piaget, J. & Inhelder, B. (1971). *On equilibration.* Nodine, C. F., Gallagher, J. M. and Humphreys, R. D. (Eds.). Philadelphia, Pennsylvania : The J. Piaget society.

Piaget, J. (1977). Some recent research and its link with a new theory of grouping and conservations based on commutability. *Annals of the New York academy of sciences,* 291,350—358.

Rabinowitz, M. (1984). The use of catcgorical organization : Not an all-or-none situation. *J. of expericmental child psychology,* 38,338—351.

Rogoff, B. (1982). Integrating context and cognitive development, In M. Lamb and A. Brown (Eds.), *Advances in developmental psychology* (Vol.2). Hillsdale, NJ : Lawrence Erlbaum.

Rosch E. & Mervis, C. B. (1975). Family Resemblances : studies in the internal structure of categories. *Cognitive psychology,* 7,573—605.

Rosch E. ; Mervis, C. B. ; Gray, W. ; Jonson, D. ; Boyes-Braem, P. (1976). Basic objects in natural categories. *Cognitive psyciology,* 3,382—439.

Russac, R. J. The relation between two strategies of cardinal corrrespondence and counting. *Child development,* 49,728—735.

Saxe, G. B. (1979). *Cognition about counting and its relation to number censtrvation.* Paper presented at the symposium of the Jean Piaget Society, Philadephia, June.

Scardamalia, M. (1977). Information processing capacity and the problem of horizontal décalage : A demonstration using combinatorial reasoning tasks. *Child development,* vol.48, no. 1,28—37.

Siegler, R. S. (1978). The origin of scientific thinking. In R.S. Siegler (Ed.), *Children's thinking : what develops* ? Hillsdale, NJ :

Erlbaum.

Siegler, R. S. (1981). Development sequences between and within concepts. *Monographs of the society for research in child development,* Serial No. 189.

Siegler, R. S. (1983). Information Processing approaches to development, In P. Mussen (Ed.) *Carmichael's manual of child psychology* (4thed.) . New York : Wiley.

Smedslund, J. (1961). The acquisition of conservation of substance and weight in children : III. Extinction of conservation of weight acquired "normally" by means of empirical controls on a balance. *Scandinavian J. of psychology,* 2, 85-87.

Smith, C. L. (1979). Children's understanding of natural language hierarchies. *J. of experimental child psychology,* 27,437—458.

Smith, E. E. & Medin, D. C. (1981) *Categories and concepts.* Cambridge, Mass. : Harvard University Press.

Tomlinson—Keasey, C. ; Eisert, D. C. ; Kahle, L. R. ; Hardy-Brown, K. & keasey, B. (1979). The structure of concrete operational thought. *Child development,* 50,1153—1163.

Vygotsky, L. S. (1962). *Thought and language.* Cambridge, Mass. : MIT Press.

Wertsch, J. (1979). From social interaction to higher psychological processes. *Human development,* 22,1-22.

Winer, G. A. (1980). Class-inclusion reasoning in children : A review of the empirical literature. *Child development,* 51,309-328.

7

語言的發展

第一節　語言的創造

母親：怎麼又吵起來了？你們倆不是爭這個就是搶那個，一點都不大方。

三歲：我不會搶。我大方，哥哥小方。

五歲：只能說大方，沒有人說小方。

三歲：我大方。我的方好大好大。

五歲：我的方比你的大。

三歲：我的方更大。

五歲：我的方最大。

三歲：我的方最最大。

　　這段話充份的表現出，三歲的幼兒有驚人的語言知識和能力。在語音方面，他有漢語語音的知識；他熟練地把一連串的雜音，分析爲有意義的訊息。而且，他聽到一個新詞——「大方」，馬上會重複爲漢音的「ㄉㄚˋ

ㄈㄤ」，不會說非漢語語音的「ㄅㄩㄚ　ㄈㄧㄤ」。這一點是外國的成人在短期之內很難學到的。

在語意方面，他有斷詞的能力；他知道「大方一點」應斷成「大方」，不會是「方一」，又能夠從上下文領悟到「大方」是一種美德，更會使用「大」和「小」相反的含意，創作一個新詞──「小方」。我們更要注意「大方」是一個極抽象的概念。三歲的幼兒在語言中經常會靈活操弄這種抽象的概念。

在語法方面，他有句型變化的知識；他知道如何表達「大、更大、最大、最最大」的層次。五歲的很快就把「方」用在「我的方比你的大」的句型中，而三歲的能夠進一步用「更」來回答，表示他了解前一句是比較的句子。

在語用方面，三歲的似乎了解媽媽的第一句話只是形式上的問話句，不必回答，第二句才是反駁的重點。

前一章所介紹的幼兒，在邏輯上充滿矛盾，在理解上，似乎只能倚賴具體的操作來體會週遭的事物。然而，他的語言是何等複雜、抽象而有規律！

更令人驚訝的，就是語言發展的神速。六個月的嬰兒只會伊伊牙牙，十二個月時普通會使用十個至二十個詞。到了兩歲，他的詞彙是一歲時的十倍。三歲的幼兒，平均可能會用九百個不同的語詞，流利的與人交談，甚至辯論了 (Hsu，1985) 。

這是怎麼一回事？為什麼語言學家累積了多年的研究，仍未能圓滿地描述的語言，幼兒在兩三年就學會了。幾乎每一個有機會與成人交談的幼兒，在他的邏輯思考還沒有成熟的階段，亦未經任何的教育訓練，即能夠在極短的時間內，克服一個高認知層次、抽象而複雜的語言系統。解釋這個現象，是當代發展心理學的極大挑戰。

第二節　語音的發展

　　語音是聲音的一種，具有特別的結構，但是不同的語言有很大的語音差異，例如，國語用聲調辨別意義，而西方語言不用，因此，學國語的幼兒，必須辨別和發出不同聲調，而學英語的幼兒，卻必須把不同聲調的語音歸為一類。儘管語言間的差異頗大，世界各地的語音發展仍相當的一致，簡述於後。

一、前語言階段的語音

　　嬰兒發出的聲音，不能算是語言。這前語言階段（prelinguistic phase）中，有幾個相當明顯而有固定順序的時期。

㈠咕咕期

　　嬰兒約一個月左右即開始發出ㄨㄨㄨ聲和各種母音，有點像鴿子咕咕（cooing）的叫聲，通常是吃飽舒暢安祥的表現。稍後，嬰兒會喜歡與熟悉的人咕咕的「交談」。

㈡呀語期

　　聲母和韻母的同時出現，大概從三個月開始。正如他們練習抓東西或翻身一樣，嬰兒會不斷地發出一連串的聲音，連自己沒有聽過的聲音，以及以後也用不上的音，他也會練習一番。有研究者認為，嬰兒的發育是導致呀語（babbling）現象的主要因素，因為各國嬰兒早期的呀語都是一樣的（de Villiers & de Villiers，1978）——中國的嬰兒會發出法國話的語音，而法國的嬰兒又會發出非洲話的語音，連耳聾的嬰兒和有啞巴父母的

嬰兒，也有這個現象，表示這一時期的語音，並不是模仿週遭，而是自發性的 (Lenneberg，Rebelsky & Nichols，1965)。不過，普通嬰兒所練習的聲音，會逐漸接近他所聽到的語音，而耳聾嬰兒的呀語會逐漸消失。

㈢回響期

約在十個月左右，呀語有新的發展。嬰兒會不斷地重複一個音節，如ㄍㄚ ㄍㄚ ㄍㄚ ㄍㄚ。這種回音 (echolalia) 的遊戲的語音材料，有時候是嬰兒自發的聲音，有時候是模仿別人的語音。語調的模仿，也在這一個時期出現。乍聽起來，嬰兒似乎在說一句句很長的話，語氣與成人的無異，但是細聽下去，卻是毫無意義的聲音。

二、音調的發展

聲調是幼兒最早學會發出的語音。學習國語的幼兒最先學會一聲和四聲，隨後再學會區別二、三聲，約在兩歲半即全部四聲都學會了 (Li & Thompson，1977；Jeng，1979，1985；Hsu，1985)。二聲的發展比三聲早，但是當幼兒開始使用三聲的時候，會混淆二、三聲。這可能是因為學習變調規則帶來的干擾 (鄭恆雄，1987)。

三、韻母與聲母的發展

在回響期的末期，嬰兒似乎能夠控制自己所發出的語音，而真的開始說話了。世界上雖然有數千種不同的語言，但是大部分的語言中的「爸爸」和「媽媽」，都是用ㄅㄚ、ㄆㄚ或ㄇㄚ的音；而且大部分嬰兒的第一個字，也經常是稱呼父親或母親。語言學家對這種全球性的語言規律 (linguistic universal) 特別感興趣。傑克普生 (Jakobson，1968) 認為這個現象與人類的口腔結構和發展有關。他提出「最大對照定律」 (principle of maximum contrast) 來解釋早期的語音發展。他認為人類的神經系統

，最適宜於組合差異最大的語音單位。他指出ㄅ、ㄆ、ㄇ的發音，都是把口腔最前的部份合起來，輕輕發出的雙唇音。相反的，ㄚ是把口腔最後的部位張開，用力氣發出的韻母。嬰兒最早發展的語音，就是這兩個最大差異的語音的組合，其它的音，只不過是填入「ㄅ」和「ㄚ」之間的各種語音罷了。

　　如此簡單的發展原則，令人難以致信，但是中外研究都支持傑克普生的論點，如鄭恆雄（民76）分析三個幼兒語音出現的順序，徐氏（Hsu，1985）追蹤八個幼兒的語言發展，發現全部幼兒都是最早掌握雙唇音和ㄚ音，最後才學會舌尖後音（即ㄓㄔㄕ），均與傑克普生的看法一致。

四、語音的辨別

　　語音的辨別能力，亦是很早就出現。我們要賞識嬰兒多麼的能幹，必須先了解成人怎樣區分語音。ㄅ和ㄆ同樣是合起雙唇發音。兩音之間的差異，是說ㄅ的時候聲帶會震動，而說ㄆ的時候不震動。根據儀器的測量，音色從ㄅ慢慢轉變到ㄆ，是逐漸連續的變化，如顏色自綠變藍之間，有無窮的不一樣的顏色。但是人類辨別語音的情形，與辨別顏色的作業不一樣，聽不出許多不同的音色，只聽見兩種音，其中有一組聲音聽成ㄅ，另一組聲音聽成ㄆ，而且兩組之間的轉變，在感覺上是突然而清楚的區別。

　　這種感官的學習，似乎應該很困難，但是艾瑪斯（Eimas et al.，1971）智巧的使用嬰兒吸奶嘴的反應，證實了一月大的嬰兒的語言反應和成人的一樣。艾斯林等人（Aslin et al.，1983）估計嬰兒語音的辨別的能力，在一歲之前就成熟了。這種驚人的能力和發展的一致性，使得學者認為語音辨認是人類與生俱來的能力，對一歲之後神速的語言學習率助益不少。

第三節　語意的發展

　　嬰兒在前語言階段所發出的語音，大概都是無意義的聲音。我們很難察覺到第一個有意義的字在什麼時候出現，因為幼兒初期的字義與成人的字義，有很大的差距。語意（semantics）的發展，與概念的發展，一併進行。以下介紹有關語意發展的爭論和現象。

一、單詞期

　　寶寶說出第一個字或詞之後，就邁進單詞期的階段了。單詞期前階段的發展比較慢，可能兩三個月才增加二十個詞，但是隨後有迅速的成長，甚至平均每天增加幾個新詞。單詞期的語言特徵，就是幼兒每次發言只說一個詞，詞與詞之間都會停頓。幼兒不能流暢地連續說幾個詞的原因，可能是訊息處理能力或發音能力的限制。不過，幼兒似乎很慎重地選擇他所用的一個詞，來盡量表達自己的意思。例如，幼兒想吃香蕉的時候，絕大可能會說「蕉」而不會選擇「要」（Greenfield & Smith，1976）。

　　有關單詞期的理論爭執不少，以下介紹其二：

㈠對句詞之爭

　　格林弗爾德和史密斯（Greenfield & Smith，1976）把幼兒單詞的涵義看得很豐富，認為幼兒雖然只說一個詞，但是語意可能是相當複雜的整句話，此即對句詞（holophrase）。根據他們的看法，幼兒說「媽媽」，也許是「這是媽媽的衣服」的意思。他們更進一步把幼兒單詞的內容分為十三種幼兒使用的語意類別。張欣戊（民74）分析四名幼兒學習國語的情形，發現行動和功能類的語詞先出現，表達東西與動作關係的詞類次之，

跟著是表達兩種東西關係的詞，最後是修飾情境的詞。以上各類語意出現的順序，與格林弗爾德和史密斯的架構相符。

不過，柏隆姆（Bloom，1973）卻認為幼兒的認知能力有限，未能了解事與物之間的關係，所以在單詞期會表達這麼多的語意關係的可能性甚低。柏隆姆更指出，幼兒甚至在擁有貫串兩三個詞的能力之後，仍有很多單詞出現，表示幼兒在單詞期不一定意圖在說明整句的意思。

我們沒有辦法證實幼兒說一個詞的時候，的確是有一句完整的話的企圖。不過，當幼兒指著母親的裙子說「媽媽」，心目中雖然未必有一句話，最低限度也不可能是在指物命名，因此，幼兒的單詞，雖然有時候是用來命名，但是有時候也可能包括該詞以外的含意。越靠近單詞期的末期，後者的可能性越大（de Villiers & de Villiers，1978）。

㈡詞義的來源

全世界的幼兒在單詞期的話題都大同小異。他們都談人物（爸、媽）、交通工具（車車、飛機）、食物（奶奶、餅餅）及物品（鑰匙、襪子），且以名詞居多，動詞較後出現（Hsu，1985；Gentner，1982）。尼爾生（Nelson，1982）指出，幼兒較注意物品的用法，因為幼兒在單語期多提到自己能操作的被單、鑰匙等等，而不談成人常談及的桌子、床等等。也有研究者根據幼兒過度的語意延伸（overextension），即是把「熊」、「貓」都稱「狗狗」的現象，而認定幼兒語意的發展，受到物品的形狀的影響（Clark，1973）。

大概兩種情形都存在。幼兒在學習語意的時候，必須分析每一個詞所指示的，是事物的那一方面——是物品的功用（例：可吃），或是物品表面特徵（例：紅），或是該物品的動作（例：跳）——是該詞的重點。固然，特殊的變化和外型會吸引幼兒的注意，於是幼兒就會先學會用那些特殊的語詞。

二、語意的延伸

幼兒經常稱各種動物「狗狗」，全部飲料都叫「奶奶」，這種語意的延伸，極受語言心理學家的重視，因爲它表示幼兒開始作分類和組合了。他們最感興趣的課題是：爲什麼幼兒會犯語意延伸的錯誤呢？他們是怎樣學到正確的意思呢？有兩個對立的看法：

㈠語意特徵論

在1960年代，愛丁堡大學的一個研究小組，探討兒童對各種關係詞的理解（如多少、粗細、長短、先後等等）其中一個實驗，請幼兒看著兩棵蘋果樹的模型，告訴施測者「哪一棵樹的蘋果比較少？」，結果很多幼兒都指蘋果比較多的那棵樹。他們的表現，似乎以爲「少」的意思就是「多」（Donaldson & Balfour，1968）。使用不同作業和其它關係詞的研究，都印證這種令人迷惑的錯誤型態，而且幼兒都是較早認識正面的一個詞，如「高、矮」先學到「高」，「長、短」先學到「長」。

克拉克（Clark，1973）提出了幾項假設來解釋這些研究結果。他認爲語詞的意義，是由概念屬性或特徵（feature）組成的，且先學較籠統的特徵，後學較細膩的特徵。例如，「以前」（before）和「以後」（after）各有三個特徵：

「以前」：(1)與時間有關（+time）
　　　　　(2)代表在不同時間發生（−simultaneous）
　　　　　(3)較早的（+prior）
「以後」：(1)與時間有關（+time）
　　　　　(2)代表在不同時間發生（−simultaneous）
　　　　　(3)較晚的（−prior）

根據語意特徵論（semantic feature theory），學習的過程與特徵的階層同步：第一、知道兩個詞都是與時間有關係，第二、理解兩詞是與事情發生的順序有關，第三、領悟到「以前」是較早的，「以後」是指較晚

的。兒童必須學到第三個特徵，才能夠了解兩個詞有對立的或相反的意義。克拉克認為這理論可以解釋關係詞的理解現象，以及幼兒說話中語意過度延伸的現象。

不過，日後較慎密的實驗結果，沒有完全支持語意特徵論的看法，如郭乃文（民74）請六至九歲的兒童表演出四種句子：

(1)摸鼻子在拍手以前。

(2)拍手在摸鼻子以後。

(3)拍手以前摸鼻子。

(4)摸鼻子以後拍手。

他發現提及順序的影響最大：兒童先演出較早提及的動作，而且沒有任何一位小朋友把「以後」當「以前」用。

此外，何田羅克（Huttenlocher，1974）指出幼兒語意延伸，可能是語彙太狹窄所致，因為一般的錯誤現象只在說話中出現，在理解上並沒有犯錯誤。尼爾生（1974）更指出語意特徵論在邏輯上有矛盾：兒童必須先擁有完整的語意概念，才能夠知道可以分析出那一些特徵。換句話說，此理論企圖解釋屬性分析，但分析的原則，已蘊藏在理論的假設中。

㈡典範論或基模論

關於語意概念的發展，有一個相反的看法，認為一般概念沒有一組界定的屬性，而概念與概念之間的界限是模糊的（Rosch，1973），所以語意發展大概是一種從初步典範（prototype）或最佳例子（best exemplar）的分化過程。以「鳥」的概念為例，鳥有很多種，有不同大小、形狀和顏色的鳥，但是當別人提到「鳥」的時候，我們的腦海裡，會有一隻典型的鳥出現。大部分的人的典型鳥，是長得有點像麻雀的小鳥兒，而不會是鴕鳥或火雞。當我們認識一種新的動物，也許是鴕鳥，我們自然地會比比看，這隻動物像不像典型的鳥：牠有沒有翅膀、尖硬的嘴巴、會不會生蛋等等。

尼爾生（1973，1982）和格林柏等人（Greenberg & Kuczaj，1982）認為幼兒學習語意，大概是用典範推論過程來揣摩詞義。以「狗狗」為

例，幼兒對「狗」的第一個典範或基模（schema）可能是依狗的外型而建立的。幼兒漸漸累積與他的「狗狗」基模有關的經驗，就會隨著修改原先的基模。譬如幼兒遇見他稱爲「狗狗」的豬，發現豬的聲音和狗的聲音不一樣，從而根據聲音修改原先「狗狗」的基模，或是分化成「狗狗」和「豬豬」兩個基模。

三、語言和思想的關係

幼兒是學習新語詞來表達他固有的概念呢？還是從學到詞義而獲得新的概念呢？這是一個語言和思想的關係的爭論。

㈠思想與語言獨立之說

依據許多認知心理學家（Piaget，1967；Brown，1973；Dale，1976；Slobin，1979）的看法，思維的內容可能會影響語言發展，但是語言的獲得不會影響到思維的內容或過程，因爲語言只是代表思想的一些符號。他們認爲思想是獨立的心理運作，本身不倚賴語言而成立，而語言的學習，只是帶給幼兒思考上的方便。皮亞傑（1967）更認爲嬰兒須先具有符號運作的思考能力，才能夠學習語言。

支持這論點的主要證據，有聾啞兒童的研究。弗斯（Furth，1971）給耳聾和普通兒童各種非語言的測驗，結果兩組兒童在邏輯思考上並無差異。此外，史洛賓（Slobin，1970）曾分析各國兒童學習如「假如你打我，我就告訴媽媽」的假設句的情形。使用假設句，在思維上是一種相當高層次的能力，因爲能使用假設句，表示能夠同時想到兩件還沒有發生的事情的因果關係。史洛賓發現俄語的假設句的語法特別簡單，但是因爲語意深奧，俄國的兒童與其它國家的兒童無異，都一律遲遲不使用假設句。這種現象，就是語言發展倚賴概念發展的證據。

㈡語言影響思考之說

以上的論點似乎很合理，可是胡弗（Whorf，1956）和沙皮爾（

Sapir，1921）兩位人類學和語言學家的看法恰恰相反。他們指出愛斯基摩語言中有九十二個不同的「雪」的名詞，又如漢語的動詞沒有明顯的時態變化，多少都會影響使用者的思路或人生觀。這個論點對人類學家有很大的吸引力，因爲他們可以從各國語言的差異而了解各民族的文化。例如，愛斯基摩兒童學到不同的「雪」詞之後，對雪會產生各種概念，對氣象亦會建立新的分類系統。愛斯基摩兒童的分類系統，會跟熱帶兒童的看法不一樣，胡弗和沙皮爾認爲這是語言的影響。

可惜，語言學習影響概念發展之說缺乏強烈的證據來支持。而且，還有些證據顯示各民族對物理世界的看法相當的一致（Rosch，1973）。例如，紐約市和印尼的兒童，雖然在語言上和文化上有極大的差距，但是他們作顏色、物品和圖片的分類時，卻有非常一致的做法。

有少量的證據，顯示語言會影響不同民族對宗教、哲學以及抽象理論的看法。專用詞彙的學習，如醫生認識了人體各部位的一套專用名詞，可以幫助他們掌握到一個組織知識的新方法（Clark & Clark，1977）。這些資料的說服力很弱，所以大部份學者都已放棄極端的語言決定論。

㈢裴歌夫斯基中立之說

中立的理論以俄國心理學家裴歌夫斯基（Vygotsky，1962）的最完整。他把語言和思維的關係分三個階段。他的名著「思想與語言」提出不少證據，說明思想與語言在嬰兒階段獨立的發展。在這時期，嬰兒建立一些概念，但既無語言表達這些概念，亦聽不懂別人表達這些概念的語言。同時，他可能會說出很多語詞和句子，但是沒有使用這些符號來表達自己的思想。

到了兩歲，語言和思維的發展才開始發生關係。內在語言（inner speech）幫助幼兒控制自己的思考和行爲，而詞彙的學習影響幼兒的分類系統和概念發展。因此，思想能形之於言，而語言亦趨合理化。

最後，思想和語言融合爲一體，這是純意（pure meaning）的境界。一般人的思維很難脫離語言，尤其是我們企圖表達自己的意願和想法的時候。唯獨在科學或藝術的領域中，有少數的學者能超脫語言，如愛因斯坦自供研究相對論時，沒有倚賴語言來表達他的理論。各學者對語言的重

視程度，可能是反映出個人思維的運作。

總言之，幼兒早期的思考能力和概念內容，會影響語言的發展，而所學到的語言知識，亦可能影響到他的思想。後期的語意發展，似乎較需要認知能力的支配。

第四節　語法的發展

父母親對寶寶說話的內容最感興趣，語言心理學家卻因幼兒把語詞串起來的方式而著迷，以下就國內外幼兒的語法（Syntax或grammar）發展資料，說明學者著迷且迷惑的所在。

一、語法發展的研究

杭士基（Chomsky）在1957年首先提出衍生轉換語法理論（generative transformational grammar），轟動了語言界，更帶給兒童語言研究一個新方向和挑戰。此理論問世之前，兒童語言的研究，有日記式和常模式，其分析重要均在統計各外在因素（如年齡、性別、排行、智力、父母社經地位等）與句長、詞類、詞彙等等的關係。在中國兒童方面，有林清山（民55）、張春興（民63）、楊國樞等（民63）和朱氏（Chu，1969）。杭士基的理論著重語法，而且對於語法規則的發展提出完整的架構，使得1960年代，有許多長期追蹤的研究，尋求幼兒語法的規則和句型轉換法則的學習情形（如Braine，1963；Brown ＆ Fraser，1964；Miller ＆ Ervin，1964），其中以哈佛大學的研究小組的影響力最大（Brown，1973）。到了1970年末，台灣地區也有這類型的研究出現（Erbaugh，1978；張欣戊和程小危，民74；Hsu，1985-1987）。以下引用的資料，均取自這幾個研究。

二、語法發展的階段

　　自從布朗（Brown，1973）根據發言長度和句子形式的複雜度，把語法發展區分為五個階段，各學者亦採用這個指標，以方便研究之間的比較。布朗發現以幼兒的實際年齡劃分發展的階段，倒不如用發言長度之能夠反映出幼兒的語法能力。發言長度以意義單位（morpheme）為計算單位。許多語言有字尾變化（inflection）的特色，如英文複數名詞後的s，和過去式動詞後的ed，每一個算作一個意義單位。漢語大概是一個詞或字構成一個意義單位，但是必須從幼兒的觀點計算——「不要」、「起來」、「這裡」等等都是一個意義單位，所以「不要狗狗起來」的發言長度是三。布朗利用連續一百句的平均發言長度（mean length of utterance，簡稱MLU）來劃分語法發展為五階段。第一階段的MLU在1.75以下，最長的句子是5；第二階段的MLU在2.25以下，最長的句子是7；第三階段的MLU在2.75以下，最長的句子是9。後兩階段亦稱雙詞期，因為幼兒大部分的句子都有兩個詞。

　　圖7-1是布朗追蹤的三位幼兒的年齡和語法階段的關係圖。圖中最重要的啟示，就是語言發展的速度有很大的個別差異：有一位在二十一個月左右抵達第二階段，其他兩人要三十個月以後才開始說超過兩個詞的句子。雖然發展的時間有這麼大的個別差異，但是不同語言和家庭環境的幼兒，他們的發展過程都相當的一致。這一點值得詳細分析。

三、雙詞句的語法

　　第一階段的句子最短最簡單，幾乎沒有字尾變化和「功能詞」（function words）。幼兒只能說出內容最豐富的「內容詞」（content words），而省略如助詞、介詞等等扮演文法角色的功能詞。幼兒的話就像我們發電報時用的語言，例如「我們跟狗狗一起玩」會被縮成「狗狗玩」

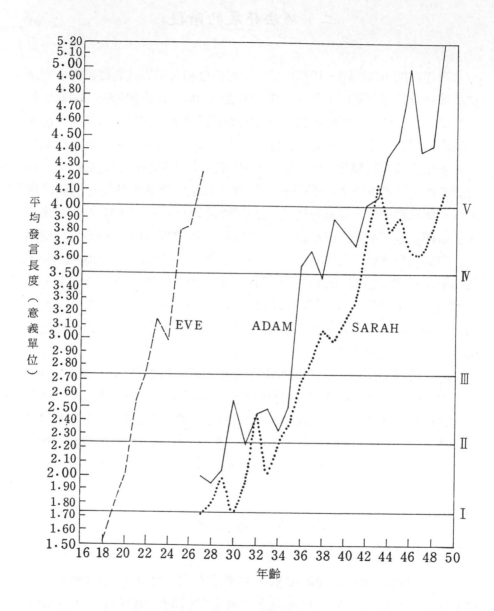

圖7-1　三位幼兒年齡和語法階段的關係圖

(摘自 Brown，1973，p57)

因此，布朗稱這種話爲電報式語言。

　　雙詞期的句子，好像有些規則。布蘭尼（Braine，1963）把幼兒的詞彙分爲軸心詞（pivot words）和開放詞（open words或X words）。軸心詞是經常與其它字詞合成句子的關鍵詞，在幼兒句中有固定的位置，且使用頻率高，如「這襪襪」、「這車車」、「這狗狗」的「這」。開放詞即是以上三句中的「襪襪」、「車車」、「狗狗」，每詞的使用率較低。當時，有不少學者認爲幼兒可能有一些簡單的規則來把詞串成句，如「從每一組詞中挑一個」或「不可以用兩個軸心詞組成一句」。可是這階段的語法變化太迅速，而組織比原先想像的要複雜，語言學家未能替幼兒的雙詞句寫出令人滿意的兒童文法。

　　早期語言語法分析的另一個困難，是表面上相同的一句，可能代表幾種不同的意義和結構。例如，柏隆姆（Bloom，1970）的小女兒，在兩個不同的場合說過「媽媽襪子」這一句：第一次是她拿著媽媽的襪子說的；第二次是媽媽替她穿襪子時說的。可見幼兒會用同一個雙詞句來表達不同關係。

　　根據布朗（1973）的分析，雙詞句大致上表達八種意義關係，而程小危（民75）所分析的第一階段資料中，幼兒並沒有遵守成人「主詞＋動詞＋受詞」的形式，大概是以語意關係爲重要，而且表達的關係相當的狹窄（見表7-1）。這些抽象的關係眞的代表幼兒的知識或思想嗎？當幼兒穿著爸爸的鞋子說：「鞋鞋爸爸」，也許他只是先給鞋子命名，然後表示這鞋子讓他聯想到爸爸。他的腦海裡不一定有「所有權關係」那麼豐富而高層次的概念。

　　無論幼兒是否擁有抽象的意義關係的概念，近代學者都同意我們仍是沒有足夠的證據，來說明第一階段的幼兒有任何的語法概念（Flavell，1985）。我們需要怎樣的證據呢？假如有一個幼兒，親吻媽媽時會說：「親親媽媽」，而當媽媽吻她時說：「媽媽親親」，更在其它的「動詞＋受詞」和「動作者＋動作」的句子中有同樣的規律，那麼，我們就能夠肯定幼兒實在具有語法的概念——詞類的區分以及固定的串詞規則。可惜，我們不但沒有這種資料，在程小危（民75）的七位小朋友的語錄中，雙詞句的「受詞＋動詞」的順序很多。這種例子，最少反映出幼兒還沒有掌握到

表7-1　幼兒初期語句的類型

語句類別	例句
「動作者＋動作」語句 ⟨(1)祈使句 (2)描述句	媽媽抱抱 阿姨弄 狗狗叫 妹妹打破
「實體＋狀態、經驗、特質」語句	脚破掉 阿姨有筆
「動詞＋受詞」語句	穿鞋鞋 找叔叔
「受詞＋動詞」語句	奶奶親（親奶奶後指奶奶說） 狗狗抱（抱著狗說）
引介或說明的語句	這個積木 這裏貓咪
表示所有權關係的語句	鞋鞋爸爸 這姊姊的
與「處所」所關的語句	電鍋這邊 坐這兒
「特質＋實體」語句	好多蝴蝶 新鞋鞋
以「要」及「不要」表達要求或拒絕的語句	媽媽不要（不要媽抱） 回家不要
「還有」及「還要」句型	還要玩 還有這個
涉及「沒有」跟「有」的句型	沒有狗狗了 有哭，媽媽走

（摘自程小危，民75）

成人「主語＋動詞＋受詞」的順序的語法規則。當然，他們亦可能自有一套規則，因為紀錄中沒有「動作＋動作者」的順序。這些問題，有待更進一步的探討。

四、成人規則的獲得

第一階段的句長逐漸增加，但是句子的複雜度保持不變。到了第二階段，雖然平均句長仍不超過2.25，各「功能詞」、字尾變化、單位詞等等的數量突然劇增。幼兒似乎在原來的電報式語言進行「微調」工作，使得句子中的時態、數量、觀點等能更清楚。

在第二階段，幼兒不但會用到成人的規則，更是熱烈地濫用規則（over－regularization）。學習英文的幼兒，在第一階段會正確地運用不依規則變化的語詞（如went，feet），到了第二階段，幼兒好像突然發現過去時態或複數的規則，在每個詞都加上詞尾變化，說出成人詞彙中沒有的goed wented或foots（Kuczaj，1978）。這種「錯誤」在三歲至五歲之間特別多。如果幼兒不懂規則，絕對不會產生這種錯誤，而且例外的變化（像go, went, gone）和普通的變化（像jump, jumped）的詞尾，兩者的學習速度，亦應該差不多。

漢語的語法沒有詞尾變化，而是以詞序為主要的文法基礎，所以幼兒語法規則的過度規律化，不如西方語言發展那麼的明顯。鄭玲宜（民74）請三至五歲的幼兒用玩具動物表演「小狗推小馬」、「小馬追小狗」，甚至一些不合法的句子，藉此觀察詞序對理解的影響，結果發現幼兒對國語的「主詞＋動詞＋受詞」的句子有80%以上的正確反應，而在大部分的反應都會把句子的意思當作「主詞＋動詞＋受詞」的結構，可見三歲的幼兒已經找出國語詞序的規律。對於不合法的句子，幼兒遵循以上詞序規則的機率比成人還要高，可能是過度規律化的現象。

總之，第二階段的語言行為中，不斷地流露幼兒對語言規律的探索和尋求。可以使用規則學習的，他們都用規則來學；不應該使用規則學習，他們好像仍不甘心強記，硬套規則試試看，使得幼兒的語言充滿活潑可愛

的創意。

五、語法習得的順序

圖7-1顯示幼兒語言發展的進度參差不齊,但各句型的出現和習得的順序,卻有令人驚訝的一致性,以下列舉幾項:

㈠常用的英文字

布朗(1973)分析英文十四個常用單字的發展順序,有一些是字尾變化(ed、ing、複詞的 s、擁有的 's和第三人稱動詞尾的 s)、有兩個是介系詞(in 和 on)、有兩個是冠詞(the 和 a),有些是動詞‧be 的變化。每一個幼兒習得這十四個字的順序都一樣。特別引人注目的,是三個同音的詞尾 s 的學習順序:小朋友都先會用複詞的 s 再學得擁有的 's,最後才用動詞尾的 s。

中文文法沒有相同類型的變化,但是句尾詞的發展研究(楊俐容,民76),發現「啊」明顯的較「哦」和「呢」早出現,但其它的順序不明確。此外,還有單位詞的發展(Hsu,1987;Chang,1988)也有相當一致的順序:最先出現的是「個」,隨後再由「個」分化成「張」、「片」、「條」、「隻」、「件」等,較不常用的如「顆」,就要到五歲以後才會用。

㈡否定句

否定句和問話句,在各國語言中都有很多變化,是典型依規則變化的句型,所以特別受到語言心理學家的重視。依克林馬和貝路吉(Klima & Bellugi,1966),英語否定句的學習階段是:

(1)在第一階段,幼兒在語首或語尾加否定詞(例:No wash)。

(2)在第二階段,否定詞移至語句中央,而且有幾種不同型態的否定句出現。不過大部份的否定句都不合成人的語法,因為缺乏必須要的助動詞(例:That not milk)。這時期有 can't 和 don't 的助動

詞與否定詞合併出現，但由於獨立的助動詞 can 和 do 還沒有在肯定句中露面，不算得是正式的助動詞運作，只能算是籠統的否定詞。

(3)第三階段的發展主要是助動詞的出現（例：That is not milk）。

國語的否定句在語法變化上似乎比較簡單，沒有助動詞的介入，所以發展比較迅速。依程小危（民74）的資料，國語否定句的發展階段是：

(1)在第一階段，「不」、「不要」和「沒有」在單詞期就出現，其中「不要」往往比「要」更早出現，「沒有」會稍後出現。在雙詞句中，這些都是軸心詞，與名詞和動詞合併，如「我不要」、「不要搖」。雙詞期的否定句，以「主詞、否定詞」的結構居多。

(2)在第二階段，名詞和動詞會同時與否定詞出現，造成「主詞，否定詞、動詞」和「否定詞、動詞、受詞」的句型結構，如「這個沒有要修好」和「不要關燈」。

(3)在第三階段有完整的否定句，具「主詞、否定詞、動詞、受詞」的結構。

國語和英語的否定句型難易不一，但在發展上都有相當固定的順序。幼兒學國語的否定句，不只要學語法，還需要使用兩種不同的詞和句型來表達幾種不同意思的否定概念（Hsu，1987）：

(1)不存在（例：沒有人在裡面）

(2)拒絕（例：不要糖糖）

(3)否認（例：沒有髒髒）

(4)禁止（例：不要爸爸吃）

(5)消失（例：奶奶沒有了）

徐氏（1987）認為幼兒用「沒有」取代「不」的現象，可能是閩南語法的影響，而用「不」取代「沒有」的錯誤，大概是概念上的混淆。程小危（民77）指出成人的「不」與「沒有」在功能上的差異沒有截然劃分，因此學習規則可能是以典範性的原則來進行。

㈢問話句

英語問話句的學習，與否定句的發展很接近 (Klima & Bellugi，1966)：

(1)在第一階段，幼兒會使用語氣和問話詞（例：Where Daddy？）

(2)在第二階段，問句大都缺少助動詞（例：What Mommy doing？），少數有助動詞的句子，其位置也不正確（例：You can help me？）

(3)第二階段的發展蓬勃。助動詞出現了，且在沒有問話詞的句型會移到主語之前（例：Can you help me？）。使用問話詞之時，助動詞仍留在主語後（例：What Mommy is doing？）

(4)完全正確的問話句，在第四階段才出現（例：What is Mommy doing？）

國語的問句語法，沒有英語助動詞往前移動的麻煩，但是有同樣明顯的階段（程小危，民75；Hsu，1987）：

(1)在第一階段，能使用疑問語氣詞（例：媽媽呢？）。

(2)在第二階段，大部份的疑問詞都出現。

(3)第三階段的發展最快，Ａ不Ａ類的疑問句型（例：有沒有好硬？）和附和問句（例：我們出去，好不好？）都接踵而至，但是語法不一定正確。

(4)選言式的疑問句（例：是吃的東西還是玩的東西）要到第四階段才出現。

㈣疑問詞

英語和國語有意義接近的疑問詞。幼兒學習國語疑問詞，在兩歲左右習得「什麼」、「那裡」和「誰」，稍後學會「怎麼」和「為什麼」。數量和時間的疑問詞很晚才出現：程小危（民74）追蹤的兒童，直到兩歲半第四階段，還沒有自動發出數量和時間的疑問詞；徐氏（1987）所追蹤的兒童，在4.7歲才首次有「什麼時候」的疑問句。以上的資料與英語發展

的資料恰好相符合（Bloom，1982；Ervin－Tripp，1970）。

㈤複雜句

第四、五階段最顯著的，就是複雜句的發展。布朗（1973）的資料顯示內嵌結構（embedding）在第四階段出現，而複合句（compound sentence）在第五階段出現。表7-2列出徐氏（1987）蒐集的國語資料，亦是內嵌句在兩歲至兩歲半先出現。首先出現的內嵌句是把受詞擴張爲一句，再來是主詞擴張成一句而組成的複雜句。複合句的語詞也是和布朗（1973）的一樣，較晚才學到，不過，兩者的原因可能不一樣：在英語最早出現的連貫詞 and 和 but ，在漢語是可以省略的語詞，所以這方面的發展不明顯。

爲什麼各樣本中幼兒發展的速度，有如此大的差距，而學習順序卻這麼一致？學者們相當肯定，這原因不在於模仿機會的多寡，因爲出現的順序與成人當著幼兒面前的使用頻率不成正相關（Brown，1973）。一般語言心理學家都認爲較複雜的詞句較遲出現，但是目前沒有足夠的資料來澄清，複雜度應以語法或是語意來作標準。這個問題的答案，可能從更多語言發展的國際比較研究中獲得（Slobin，1973）。

六、能說與能懂

本節提供的資料，大部分屬於兒童發表的能力，還沒有正式探討他們對各句型的理解。早期的觀察研究，似乎顯示雙詞期的幼兒，還不能說很複雜的句子之前，就能夠理解成人的命令或要求。不過，自然觀察所提供的資料不夠嚴謹，因爲幼兒可能使用語氣、上下文、週遭環境或動作等非語言的線索，來輔助句子的理解。純語言理解的測驗很難進行，一方面是因爲所測的理解能力只能由研究者推測，另一方面是因爲局限於語言線索的實驗情境不容易獲得。

學齡兒童的語言多采多姿，錄音觀察的資料不容易提供有關特定句型

表7-2　中國幼兒的複雜句的發展

階段	特色	例句
內嵌句	(1)NP＋VP→NP＋V＋S 　　主語＋受詞→主語＋動詞＋句	聽蟬叫。 我要爬給媽媽看。 這是小阿姨綁的。 不是買給你的。
	(2)NP＋VP→S＋VP 　　主語＋受詞→句＋受詞	阿姨唸書好棒啊！
複合句	(1)沒有連接詞	吃完這個蛋糕就吃這個蛋糕。（如果）是壞人的，我就不穿。（雖然）他麼小，還有去上課。
	(2)有連接詞	只要姊姊安安靜靜，不要吵就好了。 他說你也可以來，可是要做完事情。
	(3)不只一個連接詞	如果萬一在外面喜歡聽錄音帶就帶過來。 我喜歡穿鞋子就可以或是穿涼鞋都可以。 如果用塑膠袋弄到的話，也沒有關係，反正不要摸到手，就可以了。

（摘自Hsu，1987）

的使用線索，所以學齡兒童的語法理解與發表能力的相關研究，多半是在
實驗情形下進行。

　　布朗等人 (Fraser，Bellugi & Brown，1963) 設計了一套圖片，每
兩張代表兩種對立的句型。譬如說，有一張圖片畫一隻綿羊正在跳過欄杆
，相對的圖片中的綿羊已跳過去了。每一受試者接受三種不同的嘗試：(1)
理解——指出那一幅圖畫與「綿羊在跳欄杆」或「綿羊跳過了欄杆」的句
子相符；(2)說明——說出描述每一幅圖片的句子；(3)模仿——請幼兒重覆

《附欄7-1》

學習兩種語言

　　許多家長都關心兒童在家中說方言會影響到學習國語的成績，卻又有
家長提早送幼兒到才藝班學習英語。早期學習兩種語言是否有妨礙語言發
展呢？在學校什麼時候開始學第二語言最佳？雙語兒童的研究，能夠提供
寶貴的線索，但是目前的資料不是很多。

　　一般雙語兒童同時學習兩個語言系統，都先把兩個語言作一個語言看
待，所以早期有混合使用的現象。約兩歲至三歲之間，幼兒就能夠獨立的
運用兩個語言系統，混合的句子隨著減少，與一般單語兒童的表現一樣了
。家中使用兩種語言(或方言)的幼兒，語法上的早期發展會稍爲慢一點，
不過到了雙詞期以後，就馬上趕上了。如果家中每一個成人固定對幼兒說
一種方言，學習會比較容易。在詞義的辨別上，雙語兒童則佔優勢；他們
較只會母語的幼兒提早領悟到「同一個意義可以用不同的語詞來表達」。
這是一個相當深奧的概念，可能有助於幼兒的認知發展。因此，在家中無
妨與幼兒用方言或第二語言交談，也許能夠使幼兒在語言上更有創意和彈
性。

　　在學校或才藝班提早學外語的情形則不一樣。雖然幼兒是語言學習的
能手，脫離了家庭豐富而自然的語言環境，低年級兒童學習外語較吃力，
待中高年級母語的讀寫能力已穩定後，再開始學習，才會獲得理想的長期
效果。

施測者所唸的句子。結果發現三歲幼兒的模仿能力勝於理解能力，理解能力又比主動描述的能力強。換句話說，幼兒可能因模仿而說出一些自己不能理解的句子，但是一般而言，理解是在發表之前。不過，有些學者評擊此研究，指出研究者對於兒童所發表的句子，記分法太嚴格，所以不容易與理解句子的選擇題作直接比較。能說與能懂的相關研究，實在不容易設計。

第五節　語用的發展

語言的主要作用是溝通。有效的溝通不但需要詞義和文法的知識，更需要知道在適當的時間和地點，針對聽眾和話題，說出適當的話。這就是語用 (Pragmatics) 的知識。本節探討兒童如何在社會互動中與人交談和溝通。

溝通的能力牽涉到說、聽和社會技能，如有來有往的輪流說話、評估對方的知識、能力和需要、察覺對方是否了解自己的話、引起對方的注意力等。兒童什麼年齡才擁有這些能力呢？語用的發展有漫長的過程，可分幾階段：

一、嬰兒期

包爾 (Bower，1977) 有一個驚人的發現：初生嬰兒能用肢體呼應和配合照顧者的語調 (interactional synchrony) ，似乎說明人類從出生開始就有溝通的意願和潛力。

前語言階段的嬰兒，已經會使用肢體、聲音和語調來影響照顧者的行為。這些早期的「語言動作」 (speech acts) 能夠達成大部分成人表達的功能，如示物、感情流露、要求等等。他們所能夠傳達的訊息，必須倚

賴週遭的情境來支配，所以受到時空的限制（Dore，1975）。

二、幼兒期

大概在兩歲左右，幼兒就能夠表達不在身邊的事物，以及以前或以後會發生的事件，而且會主動的與別人作有來有往的談話。在這之前，有部分的互動是由成人引發的談話。

三歲的幼兒，大致上能依照對方的話題提供訊息，可是根據皮亞傑（1926）早期的觀察，兒童要到六、七歲才有社會化的語言（socialized speech），而在這個階段之前，幼兒只有自我中心的語言（egocentric speech），似乎不曉得別人可能有另外的立場。參照說明溝通（referential communication）研究與社會語言（sociolinguistic）研究，意圖證實或推翻皮亞傑的理論，簡述於下。

㈠參照說明溝通

歌洛斯柏和克羅斯（Glucksberg & Krauss，1967）設計了一個實驗情境來探討兒童交換資訊的能力。他們先放一塊屏風在桌子的中央來隔絕視線，再請小朋友玩「疊積木」遊戲。兩位小朋友前面有相同的積木，每塊積木上有一個抽象而不容易描述的圖案。溝通的目的，是要扮演說明者的小朋友描述每一塊積木和它們的排列順序，好讓聽者把自己面前積木排得一模一樣。這個遊戲成功的關鍵，在於發訊者使用對方能夠理解的話，以及聽者反問澄清的技能。

莊麗君（民76）仿歌洛斯柏和克羅斯（1967）的設計來探討國內幼稚園和小學生的溝通能力，其結果與國外研究大致相同。幼稚園的小朋友，不重視對方是否聽得懂，一直使用自我的語言來描述積木上的圖案，如「媽媽的衣服」和「另一件媽媽的衣服」來作說明。隨著年齡的增加，說明者的準確度和句長增加，聽者發問的次數增加，而且說者給予聽者的回饋的有效性亦增加。

進一步的追蹤顯示，積木上的圖案類型，會影響幼兒描述的正確度，

譬如學前兒童能夠描述熟悉的形狀，達到溝通的目的，但是會被抽象的圖案難倒。因此，獨憑皮亞傑自我中心的假設，不能夠充份解釋溝通為什麼會失敗。

㈡社會語言研究

　　社會語言研究顯示皮亞傑可能嚴重的低估幼兒的溝通能力。例如，夏茲和給爾曼（Shatz & Gelman，1973）觀察四歲的幼兒與二歲、四歲或成人在遊戲中，以及在說明如何操作一個玩具的時候的語言，發現四歲的小朋友對兩歲的說話，使用簡短的句子和許多吸引注意力的語料，而對同儕或成人說話時，有較長而複雜的複句以及連貫的句型。

　　在日常生活的社會互動中，三歲的幼兒就開始發出與另一位幼兒的語言或動作有關的疑問句（Garvey，1975）：

　　甲：你知道嗎？我們家有一隻新的鸚鵡。
　　乙：新的什麼？
　　甲：鸚鵡，一隻鳥。
　　乙：哇晒！

　　這兩位小朋友的互動中，有引起話題的「你知道嗎？」，有要求澄清的「新的什麼？」，有協助對方理解的補充「一隻鳥」，更有表達溝通成功的「哇晒！」，證明幼兒有維持談話的技巧。

　　綜合分析參照說明溝通和社會語言研究的結果，似乎說明學前兒童能夠衡量聽者的理解而調整語言的複雜度，又能維持有來有往的對話，澄清對方的疑惑。不過，遇到陌生的實驗材料，他們缺乏描述的語言能力，所以只能從個人立場作說明，無法發揮溝通上的社會技能。

三、學齡期

　　語言的功能，直至青少年期，還會不斷地成長。這些發展受到語言知

識、認知能力和社會能力的影響。

　　在語言知識方面，小學生逐漸增加首語重複的修辭（anaphora）的
應用（Tyler，1983），以及使用「是……不是」的對照句型來加強對方
注意新資訊的機率。

　　在認知方面，推論能力的發展幫助兒童想出對方談話中多方面的含意
，而同時處理多項訊息的能力，幫助兒童歸納和掌握對方的重點與大意。

　　學齡兒童在理解和運用諷刺、出於好意而說謊言、以及說謊言的技巧
上，需要多年社會經驗的累積，是較遲發展的語言功用（Menyuk，1988
）。不同文化背景的兒童，會各自發展出一套不同的會話使用技巧。兒童
在學校裡，很可能是首次接觸文化背景不同的教師和同學，會引起適應不
良或學習障礙的問題。社會語言發展對教學的影響，已逐漸受到教育家的
重視（Cazden et al.，1972；Heath，1983）。

第六節　　解釋語言發展

　　除了陳述語言發展的過程和現象以外，心理學家更希望了解為什麼會
有這些過程和現象。解釋語言發展的理論，可分三大類：環境影響的取向
、生理或先天影響的取向，以及認知影響的取向。

一、環境的影響

　　沒有聽過別人說話的兒童，或只看到別人交談而沒有機會與人交談的
兒童（如看電視），都不會說話。由此可見，語言的學習必須有適當的環
境刺激。環境導向的理論，認為幼兒是先模仿照顧者正確的語句，再透過
成人給予正面或負面的回饋，使得幼兒正確的語句受到增強，不正確的話
被減弱。可是，模仿和增強的作用，不能完全解釋語法的發展現象。

㈠模仿

　　從模仿而習得語言的理論，源自社會觀察理論。語音的學習固然有模仿的成份，但是幼兒詞彙中的過度類化現象，語法上的過度規則化現象，以及發展中的自創性，都不能用模仿來解釋。而且，幼兒模仿的頻率有極大的個別差異，但是模仿量與語言發展的速度無相關 (Bloom, Hood & Lightbrown，1974) 。現在，大部分的研究者都承認模仿不是語言發展的主要因素。

㈡增強

　　史金納 (Skinner，1957) 把學習理論的原理使用到語言學習，建議成人對於幼兒發出來的正確的字、詞和句子作正面的反應，會影響到幼兒的發音、用詞和語法。例如：嬰兒伸手拿牛奶時說：「ㄋㄚ ㄋㄚ」，母親可能糾正他說：「不，說ㄋㄞ ㄋㄞ。」待嬰兒發出較像成人標準的音才給他牛奶喝。這些片段的學習，如何組合成一段流暢的話，仍沒有徹底的說明。幾方面的資料證明增強作用不可能是主要的學習方法，尤其是在語法方面的學習：

　　(1)家長多半把幼兒電報式或不完整或形式錯誤的句子當作正確完整的句子，而針對幼兒話題內容的眞實性作反應 (Brown et al.，1969) 。例：孩子說：「今天下大雨。」家長說：「不對，今天沒有下雨。」孩子說：「叔叔有小小個狗。」家長則說：「對，他的狗很小。」

　　(2)父母經常糾正幼兒的發音的話，他的語彙發展會較緩慢 (Nelson，1973) 。

　　(3)各語言的語法規則都很複雜，幼兒沒有機會在短期發出足夠的話來接受足夠的增強，而且幼兒獨創的句法結構，許多都不像成人的話，卻很像其它幼兒的話 (Chomsky，1965) 。

　　儘管增強作用不能夠解釋一般語言學習的速度和特徵，語言行爲仍不免會受到獎懲的影響。例如，局部條件的強化，是治療有語言障礙的自閉兒童的妙方 (Lovaas，1976) 。

🗀母親語言

　　照顧者與幼兒的互助，逐漸受到重視。成人與幼兒說的話，有許多有趣的特徵，可視爲一種國際性的「母親語言」 (Motherese) (Snow & Ferguson，1977) 。母親語言的特徵包括簡短的句子，較具體的內容和誇張的聲調。這種語言是否會促進幼兒的語言發展，是當代熱門的研究課題。在實驗研究中，當研究者不斷地緊接著幼兒的話，擴充他的電報式句子，或修改文法錯誤的句子，經過十三週，這種做法的確提高了三十至四十月大的幼兒的句法發展。在自然觀察的研究中，成人也會依幼兒的語言行爲來調整自己對幼兒所說的話 (Snow，1972) 。可是，大部分的家長對於自己孩子的發展情況都不太清楚，因此實際上調整出來的話很難造成學習效果 (Gleason & Weintraub，1978) 。

　　上述的資料顯示，幼兒的語言環境能夠影響到他的發展，但是我們仍不很清楚成人的那一種手段，在那一些階段，實施多少，才能達到學習預期的效果。

二、先天或生理的因素

　　世界各地的兒童，學不同的語言，但是都以同一個順序、速度和年齡，經過同一些階段，連耳聾的兒童也會有自創的語言和呀語 (Goldin－Meadow，1979) 。這種超脫語言界限的一致順序，引起不少人提出語言發展的主要成份爲先天的因素的論點。又因人類生理的裝備，如精緻的發音器官和大腦的語言控制區 (Lenneberg，1967) 使得更多的學者相信語言是人類有生俱來的特權，所以只要最低限度的刺激，語言學習就自然產生了。

　　杭士基 (Chomsky，1965，1975) 是語言先天論最著名的倡導者。他指出：

　　(1)每一語言的語法都不容易分析，裡面的規律很難下定論。

《附欄7-2》

幼兒階段是否語言學習的關鍵期？

　　幼兒階段是否語言學習的關鍵期？假如在這個階段沒有機會學會說話，對日後的語言發展會有什麼影響？耳聾兒童的語言發展研究，不但提供教育資料，還可以幫助我們了解語言學習的關鍵期。目前有關耳聾兒童語言發展的主要研究資料有：

(1)約百分之九十的耳聾兒童的父母有正常的聽力，因此大部分的耳聾兒童的生活環境，是充滿語言的。

(2)耳聾兒童的說話能力比一般兒童慢好幾年。他們咬音不正，而且不會看唇形。

(3)從嬰兒階段開始就接觸手語的耳聾兒童，讀、寫和數學的能力都比沒有早期手語經驗的耳聾兒童好。

(4)父母也是耳聾的耳聾兒童，讀、寫和說話的能力不遜於父母能聽的耳聾兒童，甚至會比他們的還要好 (Liben，1978)。

　　最後的一點特別令人側目。為什麼父母聽不到語言，孩子的語言能力反而更強呢？原因可能是因為這些兒童在語言學習的關鍵期，有機會接觸語言──父母用手語交談，幼兒就如學普通母語一樣，自然地學到手語。同樣的，父母有正常聽力的耳聾兒，假使有機會與父母用手語交談，日後的語言發展亦較佳。反過來，縱使父母都是耳聾的，卻不允許幼兒使用手語，讓他錯過了學習語言的黃金時期，日後學習讀、寫和說話都會有較多的困難。這些資料，都支持學習母語有關鍵期的論點。

　　至於耳聾兒童的語言教育，目前有不少教育家強調說話能力而忽略語言發展，因此他們堅持不應該讓幼兒倚賴手語來溝通，希望強迫幼兒早點學習說話。其實手語本身是一種複雜的語言系統，具備相當於漢語的詞序規則，和西語詞尾變化的語法結構，能夠像一般語言刺激耳聾兒童的語言發展，作為閱讀學習的基礎。況且，以上的資料，亦強烈的支持儘早給耳聾兒童學手語為第一語言，相信耳聾兒童的教育方式，在不久的將來，會更重視手語的推動。

(2)幼兒所聽到的語言，不能提供足夠的線索，來幫助他發現文法上的規律。如果幼兒沒有天賦的語法學習本能，從環境中凌亂的資料，可以推論演變出無數不同的語法系統。

(3)既然兒童在短促的幾年，就成功地推論出正確的語法系統，學到母語，他們的生理組織必然是對人類語言的某些結構特別敏感。

杭士基建議幼兒有一個「語言學習器」（Language acquisition device，簡稱LAD），有一點像一個能夠學習英文或日文或漢文的電腦程式。幼兒所聽到的語言，透過「語言學習器」程式的處理，就會產生一套適用於母語的規則。「語言學習器」的運作，使得幼兒不必測試每一個可能的假設，而會嘗試較接近人類語言的規則。

依杭士基的衍生變換語法論，每一句話有基層或深度結構（deep structure）的語意和表層結構（surface structure）的句型，亦即所聽到的句子。語言學習器的內容，包括有生俱來的基層結構，和幫助幼兒學習從基層結構換為表層結構的變換規則（transformational rule）。譬如幼兒需要表達一個思想，但是還沒有把思想轉換為語言的規則，他天賦的語言學習器，讓他會自動地用最有效的方式來發現母語的規則。

衍生變換語法論能夠解釋幼兒學習語言的幾個現象：驚人的學習速度、濫用規則的特性、國際間語言發展之一致性、創造新穎句子的能力等等。早期的單詞句和雙詞句，似乎很接近杭士基所謂的基層語言結構：特殊句型的學習當中，有運用不完整的變換規則的現象，可算是支持杭士基理論的證據。

杭士基的理論風靡了1970年代的語言學界，但從1980年代開始，學者們認為它高估了語言發展的一致性，亦不能夠解釋幼兒的錯誤策略和個別差異。

三、幼兒認知的因素

語言發展的規律不一定是生理結構的影響，亦可能是有生俱來的認知

發展、資訊處理策略或是性向的關係。認知發展的研究，逐漸顯示一、二歲的幼兒的思想，比以往想像中的活躍。他們的語言有反映出他們與環境互動中獲的知識，所以幼兒本身的思考、創意以及問題解決策略，都可能是語言學習過程的關鍵因素（Piaget，1967；Slobin，1973）。

　　支持皮亞傑的認知理論的研究者，指出語言發展必待感官操作期之後，幼兒具有物體守恆概念之後，才能開始。幼兒在守恆測驗中的表現，似乎與某些句型的理解和發表能力有關（Beilin & Spontik，1969）。不過，這種相關的研究，不能證實認知發展引致甚至解釋語言發展。

　　史洛賓（Slobin，1973，1979）提出七個學習語言的操作法則或策略，為幼兒學習各國語言所用。他蒐集了四十種語言發展的資料來引證他的理論。譬如，第一個法則是「注意字尾」。各國的幼兒都很重視字尾，因此冠詞在字尾的語言（如土耳其文），較冠詞在字首的語言（如英文）容易。雙語兒童同時學習兩種語言，若同義的句型在兩種語言有不同的複雜度，他們都先學到句型較簡單的語言。此外，繆小春（Miao，1981）的發展資料和鄭玲宜（民74）的實驗資料顯示，三至五歲的幼兒對詞序的依賴程度比成人高，可引證「注意詞序」和「避免破例」的法則。

　　姜士頓和史洛賓（Johnston & Slobin，1979）把語言學習比喻為一串學習等候室，每一種句型像一個等待室。幼兒具備學習這個句型的認知能力即可開門入室，待他學習得該室之句型，即可打開出口的門。等待時候的長短依句型的複雜程度而增加。根據這個比喻，幼兒需要足夠的認知能力，才可以開始學習某一句型，但是認知發展本身不足夠解釋語言發展。傅來福（1986）認為語言發展和一般認知發展，兩方面密切配合的研究，日後會提供圓滿的答案。

四、綜合的看法

　　行為學習取向和先天生理取向兩種極端的看法，以及認知學者的理論，都不足以完全解釋語言發展的現象，但各有可取之處，說不定可有綜合的看法：

第一、人類先天有配給特殊的語言學習能力，尤其是在語音辨別和發音系統方面。

第二、語言發展不可缺少語言環境最低限度的刺激，因爲沒有接觸過語言的幼兒，學不到母語，而且，週遭有豐富的語詞語法和互動的情形，似乎有促進發展的影響。

第三、幼兒擁有處理語言訊息的策略；這些策略與處理其它訊息的策略，似乎有相同的認知運作：先使用早期的策略來找出規律，再依新的訊息調整策略或規則。

也許語言發展的其中特徵和現象是受到生理或先天因素的影響，而另一部分的發展反映了環境因素的影響，例如語音的能力受到大腦和發音器官的成長的限制，而語用的學習較受到家庭環境的觸發。孟約克（Menyuk，1988）曾提出這種看法，但是仍希望有更綜合性的理論。近年來，語言心理發展的研究，已逐漸擺脫傳統極端派系的爭論，開始合作處理語言發展中較關鍵性的課題。

第七節　讀寫能力發展

幼兒最先是用肢體語言溝通，再發展口頭語言，最後才能用書面的語言。近年來，書面語言發展的研究劇增，尤其是幼兒讀寫能力的發展（literacy development），必然是九十年代最熱門的研究課題之一。本節介紹讀寫理論和研究的新趨勢及重要成果。

一、讀寫研究的新趨勢

讀寫，即是閱讀和寫作。閱讀和寫作的研究，在教學方面已有一段相當悠長的歷史（Clark，1976；Durkin，1966），但是近代的學者，從新

的角度來分析和研究讀寫能力。值得注意的有三個觀點：

㈠讀寫能力是溝通能力之一

這個觀點強調口頭語言、肢體語言和書面語言的相關性，認爲所有的語言活動都是人與人之間的溝通過程。既然溝通是有來有往的，每一種溝通的能力亦包括理解和傳達兩方面。這些能力的發展的起點，相輔相承，全都起源於幼兒揭發周遭的規律，以及幼兒對於溝通的好奇心。

㈡推翻被動性的教學取向，認定活潑主動的發展

這個觀點指出文明社會中的幼兒，在入學之前，已經吸收了不少有關文字的知識，而且有動機去延伸及使用文字的知識。研究証實，幼兒只要接受適當的文字刺激，不必經過正式指導，就能夠獨立地學到許多有關文字的知識，正如他們獨立地學習口頭語言的聽和說一樣。這種早期的讀寫能力發展稱爲「emergent Literacy」。

㈢讀寫能力發展的研究必須有新的研究方法

新的論點得配上新的研究方法。讀寫能力既然不是全部透過教學而發展，研究的場地很自然的就從教室和實驗室移到家庭和社區中，而探討的內容，改變爲兒童閱讀生活中的故事書、包裝紙、廣告、標語、路標等等的能力。同時，研究的對象，亦往下延伸至學前的幼兒，甚至連出生才幾小時的嬰兒對文字和書本的反應，也在研究的範圍之內。研究的取向，融合認知心理學、語言心理學、發展心理學、社會語言學、人類學，替此研究領域添加不少熱鬧和衝勁。

二、讀寫能力發展的重要研究成果

理論和研究法的革新，自然帶來新的發現。以下簡述較重要的結果。

㈠讀寫發展可能在嬰兒階段開始

文明社會中的幼兒，從小就有機會認識文字。嬰兒在懷抱中聽成人念圖畫故事書，說不定是閱讀的開始；不少三、四歲的幼兒，從生活的經驗中，就學會辨認周遭的文字，如標誌、標籤等等（Goodman，1986；Hiebert，1981）。當然，這些幼兒的文字概念，可能與稍大的兒童的文字概念不同。我們仍不知道文字的學習是什麼時候開始的，不過，我們可以肯定，它跟口頭語言的學習一樣，的確在進入幼稚園之前就開始發展了。從小有親子共讀經驗的幼兒，三歲時就會知道圖畫書中的故事內容，是由文字而不是由圖畫帶來的訊息，又知道文字有各種功用，如文字可以幫助記憶，可以用來與不在場的人溝通等等。這些都是早期的文字概念。

在家裡經常接觸文字的幼兒，到了四歲，大都知道國字、部首和注音符號三種符號和其它的符號（如箭頭、音樂符號）和圖畫有不同的作用。到了五歲，很少幼兒會把一頁寫滿國字的紙顛倒來看（Wu，1985）。

㈡文字用途的理解是讀寫發展的基礎

讀和寫的概念是從生活中的應用獲得的（Heath，1983）。幼兒平日觀察成人使用讀和寫來達成各種實際的目標，從而發展出讀寫概念和文字概念。例如，幼兒可能發現成人從玩具包裝的文字知道盒子的詳細內容，從電視節目表獲知節目預告和播出時間，或是看到成人記下朋友的地址、寫賀卡和請帖、留字條、製造標籤等等。領悟到文字用途的兒童，不會把文字當作一種在學校由老師傳授的、需要背誦和反覆練習的科目，而會主動的學習這項生活技能。

㈢讀寫發展和口頭語言發展有相同的學習策略

幼兒學習口語時所犯的錯誤，尤其是語法上的錯誤，反映出他語言的知識（見本章第一節），以及尋求規則的學習策略（見第四節）。同樣的，讀寫學習中的錯誤，顯示兒童不斷地試用文字的知識和規則。

兒童無論是在閱讀熟悉的故事或是陌生的文章時，並不是逐字認念，而是在應用他對語法和語意的知識，根據字形的線索，尋求文章的整體意

義。他們爲了保留自己所使用的規則和維持上下文的貫串，甚至連本來認識的字也會念錯（吳敏而，民77）。其實，成人閱讀時，也是用相同的策略（Rumelhart，1973），因此，兒童在說話和閱讀中的錯誤，都同樣是有創意、有邏輯、而對學習有正面影響表現（Goodman，1988；吳敏而，民77）。

此外，根據兒童英文拼音的錯誤分析（Read，1971；Henderson & Beers，1981），兒童之所以犯錯，亦是他們嘗試建立拼音概念和使用規則的表現。兒童早期的拼音，可能與正確拼音的字形和字音有很大的出入，但是它的確有內在的系統，而絕對不是隨便亂寫的表現。幼兒寫中國字的發展，同樣也有受到文字概念和策略推動的現象（吳敏而，民78）。

基於上述，近代研究幼兒讀寫發展的學者，均認爲成人對於兒童在讀寫上的錯誤，應該秉持大家對口頭語言早期錯誤的態度一致，給予支持和接納，因爲兒童會反覆調整他的概念系統，達到成人的標準。家長若從頭堅持讀寫的正確性，兒童會放棄主動建構和探索文字規律的策略，而採用被動式背誦的學習策略，對於長期學習策略的發展可能會有負面的影響。

第八節　結語

語言發展的研究，已成爲口頭語言與書面語言、閱讀理解與文章創作、發展與教學、以及理論與應用的共同研究領域。這種統合性的研究，繼續負起兒童語言發展的挑戰，追求輔導兒童語言發展的理想。

參考資料

吳敏而（民78）：文字書本概念與閱讀能力的關係，第二屆世界華語文教

學研討會，台北市。

吳敏而　(民79)　：讓孩子主動積極學習文字，巧連智媽媽，p1-2.

林清山　(民55)　：兒童語言發展之研究。師大教育研究所集刊，9，139-296。

陳青青　(民77)　：國小兒童口語詞彙發展研究報告。國科會報告。

程小危　(民74)　：幼兒學習國語歷程中問句的觸發及發展。國科會報告。

程小危　(民75)　：習國語幼兒最初語法規則之本質及其可能的學習歷程。中華心理學刊，28，93-122。

程小危　(民77)　：「不」跟「沒有」──學習國語幼兒初期否定句發展歷程。中華心理學刊，30 (1) ，47-63。

張春興、邱維城：國小中高年級兒童作文常用字彙研究。在楊國樞、張春興編， (民63) 中國兒童行為的發展，台北市：環宇。

張欣戊　(民74)　：幼兒學習漢語單詞期的語意概況。中華心理學刊，27，1-11。

楊國樞、楊有維、蕭育汾 (民63) ：學前與國小兒童口頭語言之發展及其相關因素。在楊國樞、張春興編，中國兒童行為的發展，台北市：環宇。

楊俐容　(民76)　：學前兒童的句尾語氣詞發展。國立台灣大學心理研究所碩士論文。

莊麗君　(民76)　：兒童口語溝通能力發展研究。中國文化大學兒童福利研究所碩士論文。

鄭玲宜　(民74)　：學前兒童對於基本句型結構之理解。國立台灣大學心理研究所碩士論文。

鄭恆雄　(民76)　：語言學習的認知基礎。認知與學習基礎研究研討會，台北市。

Aslin, R., Pisoni, D. & Jusczyk, P.(1983). Auditory development and speech perception in infancy. In M. Haith & J. Campos (Eds.) *Handbook of child psychology,* Vol. 2, NY: John Wiley.

Beilin, H. & Spontik, G. (1969). *Active passive transformations and operational reversibility.* Paper presented at the Society for Research in Child Development, Santa Monica, CA.

Bloom, L. (1970). *Language development: form & function in emerging grammars,* Cambridge, MA: MIT Press.

Bloom, L. (1973). *One word at a time.,* The Hague: Mouton.

Bloom, L.; Hood, L. and Lightbrown, P. (1974). Imitation in language development: if, when and why. *Cognitive psychology,* 6, 380 −420.

Bloom, L., Merkin, S. & Wootten, J. (1982). Wh−questions: Linguistic factors that contribute to the sequence of acquisition. *Child development,* 53, 1084−1092.

Bower, T.G.R. (1977). *A primer of infant development.* San Francisco: Freeman.

Braine, M.D.S. (1963). The ontogeny of English phrase structures, the first phase. *Language,* 39, 1−13.

Brown, R. (1973). *A first language: the early stages.* Cambridge, MA: Harvard University.

Brown, R.; Cazden, C. B. & Bellugi, U. (1969). The child's grammar from 1 to 3. In J. P. Hill　(Ed.)　*Minnesota symposium in child psychology,* Vol. 2, pp.28−73.

Brown, R. & Fraser, C. (1964). The acquisition of syntax. In U. Bellugi & R. Brown (Eds.) The acquisition of language, *Monograph of the society for research in child development,* 29, No. 1, 43−79.

Cazden, C.; John, V. & Hymes, D. (Eds.) (1972). *Functions of language in the classroom.* NY: Teachers College.

Chang Hsing-Wu (1988). *Acquisition of Mandarin Chiness: A review of recent research in Taiwan.* Paper Presented at the XXIV International Congress of Psychology, Sydney, Australia.

Chomsky, N. (1957). *Syntactic structures.* The Hague: Mouton.

Chomsky, N. (1965). *Aspects of the theory of syntax.* Cambridge, MA: MIT.

Chomsky, N. (1975). *Reflections on language.* NY: Pantheon.

Chu, C. (1969). An investigation of the development of language and vocabulary in elementary school children, *Acta psychologica taiwanica,* 11, 48−66.

Clark, E.V. (1973). What's in a word? On the child's acqusition of semantics in his first language. In T.E. Moore (Ed.) , *Cognitive development and the acquisition of language.* pp. 65−110, NY: Academic.

Clark, H. H. & Clark, E.V. (1977). *Psychology and language: an introduction to psycholinguistics,* San Diego, CA: Harcourt Brace Jovanovitch.

Clark, M. M. (1976).*Young Fluent Readers.* London: Heineman.

Cromer, R.F. (1973). The development of language and cognition: The cognition hypothesis. In B. Foss (Ed.) *New perspectives in child development.* Harmondsworth, England: Penguin Books.

Dale, P. S. (1976). *Language development.* 2nd Ed. NY: Holt.

De Villiers, P. A. & de Villiers, J. G. (1978). *Language acquisition.* Cambridge, MA: Harvard.

Dollard J. E. & Miller, N. E. (1950). *Personality and psychotherapy: an analysis in terms of learning, thinking, and culture.* NY: McGraw−Hill.

Donaldson, M. & Balfour. (1968). Less in more: A study of language comprehension in children. *British Journal of Psychology,* 59, 461−472.

Dore, J. (1975).Holophrases, speech acts and language universals. *J. of child language,* 2, 21−40.

Durkin, D. (1966). *Children who read early.* NY: Teachers College.

Eimas, P.; Siqueland, E.; Jusczyk, P. & Vigorito, J. (1971). Speech perception in infants, *Science,* 171, 303—306.

Erbaugh, M. S. (1978). *Coming to order.* Doctoral Dissertation, University of California at Berkeley.

Ervin—Tripp, S. (1970). Discourse agreement: How children answer questions. In J. Hayes, (Ed.) *Cognition and the development of language.* N.Y.: Wiley.

Flavell, J. (1985). *Cognitive development,* 2nd Ed., Englewood Cliffs, NJ: Prentice—Hall.

Fraser, C.; Bellugi, U. & Brown, R. (1963). Control of grammar in imitation, comprehension and production., *Journal of verbal learning and verbal behavior,* 2, 121—135.

Furth, H. G. (1971). Linguistic deficiency and thinking: Research with deaf subjects, *Psychological bulletin,* 76, 58—72.

Garvey, C. (1975). Requests and responses in children's speech. *J. of child language,* 2, 41—63.

Gentner, D. (1982). Why nouns are learnt before verbs: linguistic, relativity versus natural partitioning. In S. A. Kuczaj, II (Ed.) *Language development, Vol.2, Language, thought and culture.* Hillsdale, NJ: Erlbaum.

Gleason, J. B. & Weintraub, S. (1978). Input language and the acquisition of communicative competence. In K. E. Nelson (Eds.), *Children's language,* Vol 1. pp. 171—222, NY: Gardner.

Glucksberg, S. & Krauss, R. M. (1967). What do people say after they have learned how to talk? *Merrill palmer quarterly,* 13, 309—316.

Goldin—Meadow, S. (1979). Structures in a manual communication system developed without a helping hand. In H. Whitaker and H. A. Whitaker (Eds.) *Studies in neurolinguistics,* Vol.

4, NY: Academic.

Goodman, Y. (1986) Children coming to know literacy. In W. H. Teale & E. Sulzby (Eds.), *Emergent literacy: writing and reading.* Norwood, NJ: Ablex.

Greenberg, J. & Kuczaj, S. A. II. (1982). Towards a theory of substantive word—meaning acquisition. In S. A. Kuczaj, II. (Ed.) *Language development,* Vol. 1, *Syntax and Semantics,* Hillsdale NJ: Erlbaum.

Greenfield, P. M. & Smith, J. H. (1976). *The structure of communication in language development.* NY: Academic.

Heath, S. B. (1983). *Ways with words,* Cambridge, England: Cambridge University.

Henderson, E. H. & Beers, J. W. (1981). *Developmental and Cognitive Aspects of Learning to Spell.* Newark, DE: International Reading Association.

Hiebert, E. H. (1981). Developmental patterns and interrelationships of preschool children's print awareness. *Reading Research Quarterly,* 16, 236-260.

Hsu, J. H. (1985—1987). *A study of development and acquisition of Mandarin Chinese.* NSC research report.

Huttenlocher, J. (1974). The origins of language comprehension. In R. L. Solso (Ed.), *Theories of Cognitive Psychology.* Hillsdale, NJ: Erlbaum.

Jakobson, R. (1968). *Child language, aphasia, and phonological universals.* The Hague: Mouton.

Jeng, H. H. (1979). The acquisition of Chinese phonology in relation to Jakobson's law of irreversible solidarity. In *Proceedings of the ninth international congress of phonetics sciences,* pp. 155—161, Copenhagen: University of Copenhagen.

Jeng, H. H. (1985). A developmental view of child phonology. *Studies in language and literature,* 1, 1−29.

Johnston, J. R. & Slobin, D. I. (1979). The development of locative expressions in English, Italian, Serbo−Croatian, and Turkish, *Journal of child language,* 16, 531−547.

Klima, E. S. & Bellugi, U. (1966). Syntactic regularities in the speech of children. in J. Lyons & R. J. Wales (Eds.) *Psycholinguistics papers.* Edinburgh: Edinburgh University.

Kuczaj, S. A. II. (1978). Children's judgments of grammatical and ungrammatical irregular past tense verbs. *Child development,* 49, 319−326.

Lenneberg, E. H. (1967). *Biological foundations of language.* NY: Wiley.

Lenneberg, E. H., Rebelsky, F. G., & Nichols, I. A. (1965). The vocalization of infants born to deaf and hearing parents. *Human development,* 8, 23−37.

Li, C. & Thompson, S. (1977). The acquisition of tone in Mandarin speaking children. *Journal of child language,* 4, 185−199.

Liben, L. S. (1978). The development of deaf children: An overview of issues. In L. S. Liben (Ed.), *Deaf Children: Developmental Perspectives.* NY: Academic.

Lovaas, O. I. (1976). *The autistic child: Language development through behavior modification.* NY: Irvington.

Menyuk, P. (1988). *Language development* Glenview, Il: Scott, Foresman.

Miao, X. C. (1981). Word Order and Semantic Strategies in Chinese Sentence Comprehension. *International Journal of Psycholinguistics.* 8. 109-122.

Miller, W. and Ervin, S. M. (1964). The development of grammar in child language. In U. Bellugi and R. Brown (Eds.), The acquisition of language, *Monographs of the society for research in child development.*, 29, 9－34.

Nelson, K. (1973). Structure and strategy in learning to talk. *Monographs of the society for research in child development,* 38.

Nelson, K. (1974). Concept, word and sentence: Interrelations in acquisition and development. *Psychological Review,* 81, 267－285.

Nelson, K. (1982). The syntagmatics and paradigmatics of conceptual development. In S.A. Kuczaj, II (Ed.), *Language development.* Vol. 2: *Language, thought and culture.* Hillsdale, NJ: Erlbaum.

Piaget, J. (1962). *The language and thought of the child.* NY: Harcourt, Brace Jovanovich.

Piaget, J. (1967). *Six psychological studies.* NY: Random House.

Read, C. (1971). Preschool children's knowledge of English phonology. *Harvard Educational Review,* 41, 1－34.

Rosch, E. (1973). On the internal structure of perceptual and semantic categories. In T.E. Moore (Ed.), *Cognitive development and the acquisition of language.* pp.111－144, NY: Academic.

Rumelhart, D. E. (1973). Understanding understanding. In J. Flood (Ed.) *Understanding Reading Comprehension.* Newark, DE: International Reading Association.

Sapir, E. (1956). Language. In D. G. Mandebaum (Ed). *Culture, Language and Personality.* Berkeley, CA: University of California.

Slobin, D. I. (1966). The acquisition of Russian as a native language. In F. Smith and G. A. Miller (Eds.) *The genesis of grammar: A psycholinguistic approach.* Cambridge, MA: MIT Press.

Slobin, D. I. (1970). Universals of grammatical development in children. In G. B. Flores d'Arcais and W. J. M. Levelt (Eds.), *Advances in psycholinguistics* pp.174－186, NY: Holt.

Slobin, D. I. (1973). Cognitive prerequisites for the development of grammar. In C.A. Ferguson and D. I. Slobin (Eds.), *Studies in child language development,* pp.175－208. NY: Holt.

Slobin, D. I. (1979). *Psycholinguistics,* 2nd ed. Glenview, IL: Scott, Foresman.

Shatz, M. & Gelman, R. (1973). The development of communication skills: Modifications in the speech of young children as a function of listener, *Monographs of the society for research in child development,* 28(5), Serial no. 152.

Skinner, B. F. (1975). *Verbal behavior,* NY: Appleton－Century－Crofts.

Snow, C. E. (1972). Mothers' speech to children learning language, *Child development.* 43, 549－565.

Snow, C. E. & Ferguson, C. A. (Eds.) (1977). *Talking to children: language input and acquisition,* Cambridge: Cambridge University.

Tyler, L. (1983). The development of discourse mapping processes: The on line interpretation of anaphoric expressions, *Cognition,* 13. 309－341.

Vygotsky, L. (1962). *Thought and language.* NY: Wiley.

Whorf, B. (1956). *Language, thought and reality,* edited by J. Carroll, Cambridge, MA: MIT.

Wu, R. (1985). The development of metalinguistic awareness of Chinese words and sounds. Paper presented at the Annual Meeting of the American Educational Research Association, Chicago.

8

社會行爲的發展

8

　　兒童自出生開始旋即進入了社會環境一人的世界。在這環境裏，他／
她（以下均用他代表）不斷地和別人接觸相處。和別人接觸相處時所表現
的行爲，稱之爲社會行爲（social behavior）。於兒童成長過程，他必須
由一位自然人—充滿與生俱來的慾望且追求慾望立即滿足的快樂，逐漸學
習成爲社會人—表現出他所處文化環境之可接納甚至讚許的社會行爲，此
過程即是社會化過程（socialization）。

　　兒童社會行爲發展涵蓋的範疇十分廣泛，本章將就攻擊行爲（ag-
gression）、利社會行爲（prosocial　behavior）。以及性別角色（sex
role）此三個社會行爲發展的重要主題，分別說明其定義、發展情形與重
要的影響因素。

第一節　攻擊行爲的發展

　　處在現代社會裏，人們或許有一種感覺—存在於人與人之間的暴力事
件似乎比往日增加了。許多學者專家欲探究這些現象的緣由。發展心理學

者亦從事不少研究來瞭解攻擊行爲的發展。究竟兒童攻擊行爲的型態爲何？影響攻擊行爲的因素又有那些？這是本節主要探討的內容。

一、定義

何謂攻擊？這是社會心理學一直爭論的議題。Dollard, Doob, Miller, Mowrer 和 Sears（1939）定義所謂攻擊即行爲目標是傷害行爲指向的人。在這個定義中隱含了傷害行爲必須存有意圖（intention）。可是這樣的定義事實上也有問題。因爲意圖並不是行爲本身的特質，反而意圖是行爲前的一個情況，同時只能由行爲去做推論（Bandura & walters, 1963）。而推論卻是相當主觀的判斷且有時難以決定（Perry & Bussey, 1984）。因此 Bandura（1979）認爲判斷何者爲攻擊，何者不是攻擊乃由許多因素所決定，包括行動者的意圖；反應的型式、強度與結果；行動者和受害者的角色、地位等等。Maccoby（1980）則以認知的觀點分析，若要成爲有意圖的攻擊，攻擊者本身必須具備下列層面的理解：

1.知道別人會是自己目標或行動的阻礙；
2.知道自己的行動可引發別人的苦惱（distress）；
3.知道何種行動會引發別人的苦惱；
4.知道如何進行引發苦惱的行動；
5.知道由於引發的苦惱將導致別人依照自己希望的方式去做；
6.被引發苦惱的人其行動在自己的興趣範圍之內。

這認知架構說明攻擊者「知道」行動的意圖與結果，當然這裏的知道並非指攻擊者於每次攻擊時，他會明白地說出上述的層面，然而他或多或少意識到這些層面。

二、攻擊行為的類型與發展

一般而言，攻擊行爲可依其目的加以分爲二種類型，一爲工具性攻擊

（ instrumental　aggression ）—攻擊者為得到他所要的而引發的攻擊，如幼兒為爭奪玩具而打架爭吵。攻擊只是手段，藉此得到攻擊者所想要的。另一為敵意攻擊（ hostile　aggression ）—傷害特定對象是攻擊主要目的，如侮辱別人，此種攻擊是針對特定的人（ person－oriented ）、企圖傷害對方（ Hartup, 1974 ）。

　　另外，攻擊的方式基本上有：(1)身體的攻擊（ physical　aggression ）、如推、拉、打等；(2)語言攻擊（ verbal　aggression ），如威脅、恐嚇、罵人等；(3)用物品攻擊；(4)破壞別人財產或物品，如摔壞別人玩具（ Patterson, Littman & Bricker, 1967 ）。

有關攻擊行為的發展過程，首先，出生至二歲之間，嬰兒之間較少有互動，他注意的焦點經常集中在玩具或物品上，雖然會有生氣或爭執，不過所謂的攻擊並未出現，爭執的只是對玩具的興趣而非具有傷害別人的意圖（ Broson, 1975 ）。

　　至於二歲末期開始，兒童的攻擊行為有了轉變。Goodenough（ 1931 ）要求二歲至五歲幼兒的母親記錄孩子每次生氣的情形、原因及結果。另外，Hartup（ 1974 ）觀察記錄四歲至七歲兒童在戶外、教室與走廊所發生的攻擊事件。綜合上述二個研究結果，兒童攻擊行為的發展如下（ Shaffer, 1989, p.512 ）：

　　1.在學齡前時期，沒有焦點的發脾氣逐漸減少，在四歲後尤其少見。不過，兒童表現攻擊的總次數卻逐漸增加，而以四歲為最多。

　　2.在三歲以後，兒童對於攻擊或挫折所引發的報復行為增加迅速。

　　3.二歲至三歲之間，兒童通常在父母藉由使用權威來阻礙或激怒他之後產生攻擊行為；年紀較大的兒童則通常是在和兄弟姐妹或同伴起衝突之後有攻擊行為。

　　4.攻擊的型式亦隨年齡而有不同。二、三歲兒童的攻擊多半屬於工具性攻擊，且較多以身體攻擊的方式出現。雖然較大年紀的兒童仍會為物品而爭吵，但是敵意攻擊的比例增加，身體攻擊遞減，語言攻擊取而代之。

　　除此之外，在幼兒攻擊行為上有一些有趣的現象，例如大約二歲半至四歲之間，一位社會性愈高—即和同伴快樂相處或友善的兒童，其攻擊性

可能也愈多。這可能的原因是此時期的兒童花很多時間在社會性遊戲上，而遊戲增加正向及負向互動的機會。不過這種現象大約於四歲半至五歲時就逐漸消失，因較大幼兒已學會較多社會技巧。同時，幼兒亦常藉攻擊來維護或爭取權益，並形成團體的支配階層，平衡團體中的人際關係。

三、與攻擊行為有關的重要因素

有許多與攻擊行為有關的因素曾被提及和討論，以下僅就攻擊行為的生物基礎、環境因素以及情緒與認知中介因素加以大略介紹。

㈠攻擊行為的生物基礎

研究者花了很多心力企圖瞭解荷爾蒙、身體特質、神經學上的因素和基因在攻擊行為所扮演的角色，尤其是動物的攻擊行為。這些生物性決定因素並不是直接影響攻擊行為，而是透過這些因素影響個體體型大小、活動量和對刺激的反應等，再間接影響攻擊行為。

荷爾蒙的作用有二，一是在發展早期，荷爾蒙的出現或缺乏對以後攻擊行為有不可改變的影響。例如在初生的雌性老鼠或鼷鼠注射雄性荷爾蒙會增加以後的攻擊行為，若對初生雄性老鼠或鼷鼠注射雌性荷爾蒙將使以後的攻擊行為減少。第二個作用是對同時期攻擊行為產生影響。例如鼷鼠雄性荷爾蒙的分泌和同時期攻擊行為有關。雖然如此，對荷爾蒙和攻擊行為關係所下的結論仍要相當謹慎，因荷爾蒙可能只對一些而非全部型式的攻擊行為有影響（Grusec & Lytton, 1988），或是荷爾蒙和人類攻擊行為並無相關（Money & Ehrhardt, 1972；Ehrhardt & Baker, 1974）。

在身體特徵方面，身體大小、力量以及外表吸引力可能和攻擊行為有關。青春期較早熟的男孩顯示較多支配和自我肯定（Mussen & Jones, 1957）。其可能的原因是較早熟的男孩在攻擊時較易成功，並導致他學到並使用攻擊行為作為控制別人的有效方法。而外表吸引力的影響可能是由於外表不具吸引力的人較易被歸為具有較多攻擊性，久而久之，外表不具吸引力的人順服這種歸類而有較多攻擊行為（Grusec & Lytton,

1988 ）。

　　破壞或刺激海馬迴（ hippocampus ）可能引發攻擊，但這仍須和其他因素如動物在支配階層的地位或社會孤立的經驗互相配合，有社會孤立經驗的動物較難區分攻擊的對象（ Cairns, 1979 ）。

㈡環境因素

　　在攻擊的社會化過程中，有二個重要層面值得注意。這二個重要層面是家庭強制互動（ coercive interactions in the family ）以及觀看電視暴力影片的影響。

　　有關家庭強制互動方面，Gerald　Patterson 多年致力於這方面的研究。藉由觀察攻擊與行為不良男孩在家中和家人互動情形，發現孩子企圖以攻擊行為來應付家人所表現的嫌惡事件。例如高攻擊的男孩經常被家人忽略、譏笑或家人以命令方式強迫孩子停止做一些事、對孩子表現出不贊同的態度或行為等，當面對這些事件時，孩子企圖並成功地使用攻擊行為來獲取注意、或停止家人對他的譏笑或命令等（ Patterson,　1976；Patterson & Cobb, 1971；Patterson & Reid, 1970 ）。

　　由 Patterson 的研究發現看來，高攻擊孩子的主要特徵之一即是透過負增強的學習，以強烈及持久的攻擊來對嫌惡事件作反應。

　　除了家庭強制互動之外，父母教養方式和攻擊行為亦有關係。男孩若在幼年時由父母得到太少的愛與興趣以及對攻擊行為給予太多的自由，較有可能發展成富於攻擊的青少年（ Olweus, 1980 ）。同時，父母對孩子攻擊行為的管教方式不一致─即有時處罰、有時卻予以獎勵；或體罰孩子的攻擊均會使孩子的攻擊行為增加（ Katz, 1971；Martin, 1975 ）。

　　觀看電視暴力究竟會不會增加兒童的攻擊行為呢？這是心理學者、教育學者和父母所關心的問題。現代兒童觀看電視的時間相當多，在兒童觀看的影片中，仍有不少是屬於暴力性質的。因此這的確是值得探究的問題。針對此一問題，社會學習派之班度拉進行不少研究並提出肯定的答案─兒童會模倣影片中的攻擊行為，若有機會則可表現出來（ Bandura　& Hustson, 1961；Bandura, Ross & Ross, 1961, 1963 ）。其主要原因是孩子透過觀察示範者（ model ）的行為而學習。假如示範者的行為獲得獎

勵，則兒童的模倣效果更好。

　　Andison（1977）分析67個有關研究，其中76％的研究顯示電視暴力會增加攻擊行爲，5％的研究持相反的結果，即減少攻擊行爲，19％則發現沒有影響。雖然許多研究均指示觀看電視暴力會增加攻擊行爲，但是有一些研究上的問題須加以注意。首先上述研究大多是實驗室研究或相關研究。在實驗室研究中所測量的攻擊行爲只是類似攻擊行爲而已，並且實驗程序通常暗示攻擊是被接受的，因此研究結果有商榷之處（Freedman, 1984）。另外，相關研究雖發現二者有顯著相關，但是相關係數卻不是非常高。同時由於是相關研究，其解釋亦有困難。例如究竟是觀看電視暴力使攻擊行爲增加，抑或攻擊多的兒童比較喜歡觀看電視暴力則有待探知。其次，有些研究以青少年爲對象，則發現觀看電視暴力有宣洩（catharsis）的功能（Feshbach & Singer, 1971）。這可能的原因之一是青少年的認知能力比較成熟，可以區分眞假與瞭解行爲—結果的關係，所以青少年比較不會模倣影片中的暴力行爲（Collins, Berdt & Hess, 1974；Paske & Slary, 1983）。

㈢情緒與認知因素

　　過去許多研究集中於探討環境因素和攻擊行爲的關係，但由於研究方向的改變，使得情緒和認知因素在刺激和反應之間所扮演的角色亦成爲重要的主題。

　　Dodge（1985, 1986）提出了社會訊息架構（social information processing model）來說明攻擊行爲（圖8−1）。Dodge認爲一位有社會反應能力的人在一個社會情境中，首先是有能力譯碼（decoding）社會線索，即尋找正確的相關社會訊息。第二步是解釋社會線索的過程，例如被別人撞了一下，可以解釋對方是無意的或是敵意的。解釋之後便是尋求各種可能的反應並且評估這些反應的結果及決定較好的反應。有能力的孩子不僅可以考慮到做出反應後自己所要面對的後果，同時也考慮到對別人的影響。最後是執行選擇反應的過程。一些研究結果顯示高攻擊孩子欠缺社會訊息處理所需的技能，例如他較易解釋別人的行爲具有敵意意圖（Dodge, 1980；Dodge & Frame, 1982）；或是他比較無法想出解決

人際問題的可能策略（ Richard & Dodge, 1982 ）。

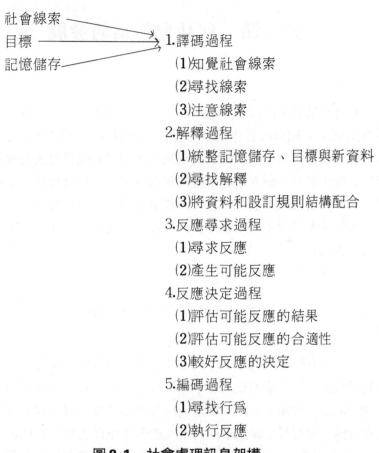

社會線索
目標
記憶儲存

1.譯碼過程
　　(1)知覺社會線索
　　(2)尋找線索
　　(3)注意線索
2.解釋過程
　　(1)統整記憶儲存、目標與新資料
　　(2)尋找解釋
　　(3)將資料和設訂規則結構配合
3.反應尋求過程
　　(1)尋求反應
　　(2)產生可能反應
4.反應決定過程
　　(1)評估可能反應的結果
　　(2)評估可能反應的合適性
　　(3)較好反應的決定
5.編碼過程
　　(1)尋找行爲
　　(2)執行反應

圖 8-1　社會處理訊息架構

（ 來源：Dodge, 1982，摘自 Perry & Bussey, 1984, P.207 ）

第二節 利社會行爲的發展

利社會行爲是做出有利於他人的行爲，在成長過程中，我們經常被鼓勵要幫助別人、和別人合作或分享等等。的確，這樣的行爲是頗爲重要的。然而過去有關兒童社會行爲的研究大多偏重負向行爲的層面——如攻擊行爲，近十年來，研究趨勢才轉向正向層面——利社會行爲的發展。由於利社會行爲涵蓋範圍很多，許多研究著重探討分享、助人、安慰別人等層面。本節先大略說明利社會行爲的發展，爾後再說明和利社會行爲有關的一些重要因素。

一、利社會行為的發展

孩子很小的時候就已顯示不同方式的利社會行爲。例如十二月或十八月大的嬰兒即能展示或把玩具給予不同的大人（ Hay, 1979；Rheignold, Hay & West, 1976 ）。除了展示或給予物品之外，孩子還有其他型式的利社會行爲，諸如幫忙做家事，對別人的苦惱予以安慰等（ Hay & Rheingole, 1983；Rheingold, 1982 ）。表 8－1 列出一些孩子早期利社會行爲的例子。

爾後隨著孩子的發展，利社會行爲的型式和表達亦有改變。例如對線索清楚的苦惱（ 如嘶聲力竭的哭 ），年紀小的孩子可以注意到，但當線索不清楚時（ 如輕輕地皺眉頭 ），他可能會認爲沒有問題而沒有予以協助。然而年紀較大的兒童，他比較能處理抽象或線索不清楚的苦惱，同時可以考慮別人的情感（ Pearl, 1985；Radke－Yarrow & Zahn－waxler, 1983 ）。

表 8-1　早期社會化發展的例子

出生至六個月

　　對別人有正向反應（微笑，和別人大笑）
　　參加社會遊戲（躲貓貓）
　　對苦惱有情緒反應（別人的哭或不高興）

六個月至十二個月

　　在社會遊戲中扮演主動的角色
　　開始分享行為
　　對熟悉的人表現情感

一歲至二歲

　　服從簡單的要求
　　對合作遊戲的規則有一些知識
　　安慰苦惱的人
　　參與成人的工作

二歲至三歲

　　以手勢和說話來引起別人對物品的注意
　　遊戲型式的幫助增加
　　表達幫助的意願和知道幫助的目標

（來源：Hay & Rheingold, 1983，摘自 Hetherington & Parke, 1986,
　　　p.682）

　　另一方面，從孩子對利社會行為的判斷亦可看出利社會行為的發展。Esienberg以認知觀點，採用兩難情境故事的方式來探討兒童對利社會行為的判斷（reasoning about prosoical behavior）。其中之一給女性受試者的兩難情境故事如下：

　　有一天，有一位名叫瑪麗的女孩要去參加朋友的生日派對。在路上，她看到一位女孩跌倒了而且腿也受傷了。這位女孩請求瑪麗到她家並且找到她的父母。如此她的父母會來這裏和帶她去看醫生。可是如果瑪麗答應她，同時也這麼做的話，那麼生日派對瑪麗會遲到，她吃不到冰淇淋、蛋糕，也不能玩遊戲了。瑪麗應該怎麼做？為什麼？

　　Eisenberg以七歲至十七歲的兒童為對象，分析受試者對故事的判斷，提出利社會行為判斷的五個時期（表8－2）（Eisenberg－Berg, 1979；Eisenberg, 1982）。關於此一利社會行為判斷時期，有幾項事項必須注意：(1)縱然是幼兒也會出現需求取向、同理的判斷；(2)基本上，隨著孩子的發展，自我中心取向減少，他人取向增加。但是年紀較大的兒童也可能會使用不同時期的判斷。例如做出不幫助別人的決定的時候，較大的兒童也可能會給一個較低時期或類似幼兒判斷的理由；(3)利社會行為判斷和表現利社會行為之間的關係尚未十分清楚，因為判斷和實際行為之間還有其他因素影響（Eisenberg, Lennon & Rogh, 1983；Grusec & Lytton, 1988）。

表8-2　利社會行爲判斷時期

時期	描　　述	年齡團體
時期一 快樂、實際 取向	正確的行爲是滿足自己的需 求	學前幼兒與國小低年 級兒童
時期二 別人需求取向	考慮別人的身體、物質與心 理需求，但表達時只用相當 簡單的字眼，例如「他餓了 」	學前幼兒與國小兒童
時期三 贊同和人際關 係取向及 1 或 刻板印象取向	以刻板印象中的好人、壞人 或好壞行爲以及別人的接受 贊同作爲判斷行爲的標準。 例如「幫助人是好事」	國小兒童和中學生
時期四 (1)同理取向	個人判斷包括同情的反應， 以及瞭解自己的行爲對別人 所造成的結果	國小高年級兒童和中 學生
(2)過渡時期	行爲的判斷包含內化的規範 、價值與責任，或指示對別 人的權利及尊嚴的保護	大部份中學年紀的人
時期五 強烈內化時期	過渡時期裏的概念強烈地表 達	只有一小部份中學 生，沒有國小兒童

（來源：Eisenberg, Lennon & Rogh, 1983，摘自Hetherington &
　　　Park, 1986, p.685）

二、與利社會行為有關的重要因素

許多研究探討過一些因素如同理心（empathy）、觀點取替能力（perspective–taking ability）、心情（mood）和利社會行為的關係。以下僅就這些因素大略說明。

㈠同理心和利社會行為

所謂同理心即是知道別人的情緒狀態並做出（合適的）情緒反應（Flavell, 1985）。Hoffman（1979）提出同理心發展的四個時期。第一個時期是在嬰兒早期，嬰兒似乎意識到鄰近的人的苦惱（Yarrow & Waxler, 1976），例如聽到別的嬰兒的哭聲而自己也哭了。但是此時期的嬰兒並不曉得苦惱的人到底是誰，有時也會混淆別人與真正發生在自己身上的苦惱。第二時期是幼兒可以辨認何者為苦惱的人，但他仍不明瞭苦惱的人本身有自己內在的感受與想法，且和自己的不同。例如他知道爸爸心情不好，然而他以為給爸爸一個心愛的玩具即可安慰爸爸。第三時期，兒童逐漸顯示瞭解別人內在感受能力加強，並漸能區分不同對象或情境而給予適當的反應，像是給爸爸親吻來表示安慰，但給弟弟玩具來安撫弟弟。直至兒童後期，兒童進入第四時期，較大兒童真正達到瞭解別人內在感受，並知道內在情緒反應其實是綜合了別人一般生活經驗的反映，故兒童由對他人短暫情緒狀態的關心，轉為關心他人較長時間及一般狀態，例如兒童存錢並捐給慈善機構來幫助比他更不幸的人。

就 Hoffman 的論點，兒童須至兒童後期才發展出完全的同理心（comprehensive empathy），但有研究則指出四歲幼兒可能已具有此能力，因此需要更有系統地收集有關兒童在實際生活情境中同理心的資料，以便更瞭解兒童的同理心發展（Radke–Yarrow, Zahn–Waxler & Chapman, 1983）。

至於同理心發展水準與利社會行為的關係，雖然有些結果發現愈有同理心則愈會助人或合作（Buckley, Siegel & Ness, 1979；Marcus,

Telleen & Roke, 1971）。反之亦然，愈不具同理心者則愈可能犯罪（Ellis, 1982）。但是仍有頗多研究指出同理心的發展不是利社會行為的良好指標（Levine & Hoffman, 1975；Radke－Yarrow, Zahn－Waxler & Chapman, 1983）。這原因可能是一方面由於不同研究對同理心的定義與測量有所不同，二方面受到兒童利社會行為意願的影響，三方面則是不同情境下，兒童的行為有所不同。

㈡觀點取替能力與利社會行為

社會─認知和情感性的觀點取替能力可能在利社會行為的表現上扮演相當重要的角色。基本的假設是在表現利社會行為之前須先具有對別人思想、情感和需求的一些知識以便辨認別人的需要以及決定可以滿足別人需要的行動。許多研究嘗試驗證這個假設且找出二者的關係。雖然有關研究並未得到一致性的顯著正相關，但至少沒有出現負相關。而 Moore（1982）分析有關研究仍肯定觀點取替能力和利社會行為有可靠的關係存在。這種結論亦由角色取替能力（role－taking ability）訓練的研究中獲得支持。透過角色扮演或思考角色觀點的訓練，觀點取替能力和利社會行為都增加，愈能思考不同角色的觀點與反應者，其利社會行為增加的愈多（Iannotti, 1978；Staub, 1971）。

㈢心情和利社會行為

目前心情和利社會行為關係的主題受到一些研究者的注意。在探討二者關係的研究中，兒童心情的設計大多是給予兒童成功或失敗的經驗或者是指示兒童想一些快樂或傷心的事，至於利社會行為則多為分享和助人行為，例如讓兒童有機會以匿名方式和別人分享金錢或代幣（Grusec, 1988）。綜合研究結果發現，當兒童高興或想快樂的事時，他比較願意分享（Moore, Underwood & Rosenhan, 1973；Rosenhan, Underwood & Moore, 1974）。反之，國小兒童想傷心的事時，他比較不願分享或助人（Cialdini & Renrick, 1976；Rushton & Littlefield, 1979；Underwood, Froming & Moore, 1977）。Barnett, King & Howard（1979）進一步區分兒童想的是自己或者是別人的傷心事。當兒童想的是自己的傷

心事，其利社會行為會減少，當想別人的傷心事時，則會有較多的利社會
行為。究竟為什麼兒童心情的好壞會和利社會行為有關呢？可能的解釋是
當快樂的時候，別人變得比較具有吸引力、或是兒童對自己的福利感到比
較樂觀，因此兒童比較願意和別人分享。另一方面，自己的傷心事容易引
起兒童的自憐，導致兒童比較不會注意到別人的需求，而使利社會行為減
少。想到別人的傷心事也許激發了兒童關心別人的動機，並做出利社會行
為。

第三節　性別概念與性別角色發展

　　「男女有別」是我們耳熟能詳的一句話。的確男女看起來似乎有別，
但問題的重點是若男女有別，別在何處—外表？生理？能力？同時男女的
不同是天生的？抑或學習的？以上的問題乃爭論已久且未定案。

　　除外，「男主外、女主內」為長久以來被人們（尤其是中國社會）所
接受的分配，男性責任在於外出賺錢養家，女性主持家務、相夫教子。然
而近年由於社會變遷、家庭及經濟型態改變，加之教育普及，上述的分配
逐漸受到重視與質疑，因此性別角色被廣泛地討論著。

　　當然，不論男女是否有別及性別角色如何分配，不可否認學習成為男
性／女性是社會化過程相當重要的一環。透過性別角色的發展，個體學到
社會所特定之適合自己性別的行為模式。相對地，社會亦藉此衡量其行為
之適合與否，故性別角色發展為社會適應的指標之一。

　　本節先予以性別概念及性別角色定義，而後描述二者的發展情形。

一、定義

新生兒剛生下來，人們關心的問題之一即「是男是女」？而這個問題其實具有二方面的意義。其一是生物上的事實—自受孕刹那即決定個體的性別。其二是社會性的意義—個體的性別或許將影響人們如何與之互動。因此談到性別時，極須澄清幾個用詞：

㈠性別

一般言之，「性別」（gender）指受孕時就決定的生物性的性別—男（male）/ 女（female）。

㈡性別概念

性別概念（gender concept）是對自己或別人性別的瞭解。而性別概念可分三層次：性別認定（gender identity）—知道自己的性別；性別穩定（gender stability）—瞭解自己長大以後將維持同一性別；性別恆定（gender constancy）—瞭解個體的性別不會因外表、穿著或從事的活動而改變，例如男生穿裙子還是男生，女生踢足球仍是女生。

㈢性別角色

性別角色（sex role）是用來描述在特定社會文化下、適合某性別（男 / 女）之行爲、態度、權利義務、功能。如前所述「男主外、女主內」的分配；或男性好動、獨立，女性溫柔、依賴等。基本上，性別角色包括：

1.性別角色刻板印象

一群被大部份社會成員概括化而期許於兩性的特質與行爲（Koblinsky, Cruse & Sugawara, 1978），刻板印象（stereotype）僅將男 / 女分派到他 / 她所被視爲應該歸屬的類別中而不考慮個人的特質，如女性情緒化，男性不會。其實有些女性不會而有些男性則很容易顯現情緒。

2.性別角色行為

孩子的實際行爲符合性別角色期望的程度（Bee, 1985）。

二、性別概念與性別角色發展

(一)性別概念發展

　　孩子何時能瞭解自己與別人的性別呢？首先發展的是性別認定，即知道自己或別人是男是女。大約十五至十八個月左右，孩子似乎能注意到區分男／女的一些特徵。在湯普森（Thompson, S. K. 1975）探討二歲、二歲半及三歲幼兒性別認定的實驗裏，其設計如下：

　　孩子坐在媽媽膝上，面對二張並排且孩子可以摸到的布幕，在每一布幕上方有一個兔寶寶的臉（有眼及嘴）。二張圖片會出現在布幕上一例如球和湯匙。實驗者問孩子「球在哪裏」？假如孩子指出或摸著正確的布幕，圖片上兔寶寶的臉就會亮出燈光。經過幾次熟悉物品的練習之後（兒童亦正確地反應），繼續呈現典型性別特徵（衣著、髮型）的男／女的配對圖片，並問孩子「男士在那裏」、「女士在那裏」、「媽媽在那裏」等問題。

　　另外，呈現一些紙製的男娃娃、女娃娃、雜誌圖片，請兒童依性別來分開，問兒童自己性別與這些不同圖片的相似性，最後呈現二張中性圖片（如二個蘋果，一張被稱爲「好」或「壞」、或「給男孩」或「給女孩」，問兒童要帶那一個回家。

　　表8－3列出這些實驗結果，二歲左右孩子尚未具有性別認定。二歲半左右，則開始能指認自己與別人的性別並開始瞭解自己與同性別圖片的一些相似性。到大約三歲，性別認定發展得更好。

　　至於孩子根據什麼線索來區分男女呢？四、五、六歲幼兒最常使用頭髮長度當作主要線索，較少幼兒會提及生物性的特徵，如上半身的特徵或生殖器官等（Thompson & Bentle, 1971）。

　　性別概念發展的第二時期是性別穩定。研究的方式通常詢問兒童類似

下列的問題—當你是小小孩時，你是小男孩還是小女孩？你長大以後，你會是爸爸或媽媽？大部份四歲左右兒童就具有性別穩定的理解（Slaby & Frey, 1975）。最後是性別恆定，五、六歲左右兒童才足以理會性別不因外表衣著改變而改變。爲什麼性別恆定的發展是性別概念最後的時期呢？此可由守恆概念（concept of conservation）來瞭解，性別恆定也許可視爲一種性別的守恆概念（conservation of gender），與其他守恆概念並行發展。

表8-3　兒童對自己與別人性別的瞭解

項目	年　　齡		
	2歲	2½歲	3歲
1.一組兒童相片——其中一張同性，其餘數張異性，回答「那一張是你」？	82	100	100
2.當問及「那一張是男（女）人？男（女）孩？」時可正確指出。	62	79	89
3.回答「你是男（女）孩？」	45	83	88
4.回答「你像這個娃娃（男）或這個娃娃（女）？」	50	68	82
5.將一些陌生人的圖片放入給男（女）孩的箱子。	50	95	95
6.將自己相片放入「給男（女）孩」的箱子。	57	75	95
7.將「給媽媽（爸爸）的事物」放入適當的箱子。	61	78	86
8.喜歡性別合適的物品（給男孩或給女孩）。	52	57	78

註1：數字表示在所有反應中正確（即合適性別分化）反應的百分比。50表示猜對的反應，75則介於猜對及正確反應之間。

（摘自 Thompson, 1975）

㈡性別角色發展

1.性別角色刻板印象

二～三歲左右兒童已慢慢形成和成人相似的性別角色刻板印象（Kuhn, Nash & Brucken, 1978）。此時的男女孩均認爲女孩喜歡玩洋娃娃、幫媽媽的忙、煮飯、清潔房子、愛說話、不打人、常說「我需要幫忙」；而男女孩亦均認爲男孩喜歡玩汽車、幫爸爸的忙、建構東西、常說「我打你」。除外，兒童認爲自己的性別具有正向特質而予以異性負向評價，如女孩認爲別的女孩愛乾淨、不打架，男孩卻愛打架、冷酷、脆弱；男孩認爲別的男孩努力工作，女孩則是愛哭和慢吞吞。

許多研究發現五至十一歲的兒童性別角色刻板印象持續增加，且國小的兒童其刻板印象最強烈（Best et al., 1977；Ullian, 1981；Williams, Bennett & Best, 1975）。國小四～五年級的兒童認爲女生是脆弱、情緒化、好心、傷感、世故、溫情；男生是強壯、暴躁、攻擊、肯定、冷酷、粗魯、野心、支配。幼稚園幼兒雖也顯示一些上述相似結果，但不若國小兒童強烈，青春期孩子對刻板印象則較具彈性。

多曼（Doman, W., 1977）更進一步欲探討兒童認爲性別角色屬於「社會的慣例」（convention）—人們可隨意願改變，抑或屬於「應該、必須的規則」（oughts）。多曼以四至九歲兒童爲對象，首先告訴兒童一個關於小男孩的故事—小男孩名叫喬治（George），喜歡玩洋娃娃，他的父母告訴他男孩不應該玩洋娃娃，只有女孩才玩，他父母買一些適合男孩的玩具給他，但他仍喜歡玩洋娃娃。兒童於是被問及喬治這種行爲是對是錯的看法。多曼變換許多問法以便探究兒童的觀點：

(1)爲什麼父母告訴喬治不要玩洋娃娃？父母這樣做對嗎？

(2)是否有男孩不應玩洋娃娃的規則？這規則從何而來？

(3)喬治應該做什麼？

(4)假如喬治繼續玩洋娃娃將有何後果？假如沒人看到他玩呢？喬治是否有權玩洋娃娃？

(5)假如父母因喬治玩洋娃娃而處罰他，公平嗎？

(6)假如喬治說「爲什麼姐姐可以玩而我不能呢？」這對喬治公平嗎？

(7)假如喬治要穿裙子去學校，可以嗎？這有沒有什麼不好的地方？他有無權利這樣做？

　　這些問題之後，故事繼續描述喬治去到蘇格蘭，發現蘇格蘭男生穿蘇格蘭裙。然後實驗者向兒童說明這是蘇格蘭好幾百年來的習慣。於是受試者被問及一個男孩在蘇格蘭穿裙子但在美國不可以，這對不對？為什麼？最後問到男生當護士、女生當卡車司機，可不可以？

　　依據上述問題，結果發現四歲兒童很難說明這複雜的事項，他們的答案重覆，而把對的行為相等於他要做的事（如喬治可以玩洋娃娃，因他想玩；沒有規則規定他不可玩洋娃娃）；六歲兒童傾向相信玩洋娃娃或穿著像女孩是錯的，同時亦無法區辨道德上的對與錯與別人的期望讚賞（如喬治不應該玩洋娃娃，這是不對的，他應該玩男孩的玩具，男生玩洋娃娃和打破窗子一樣都是不對的，要接受處罰的）。到了九歲，兒童的看法已逐漸轉變，他們逐漸了解什麼是社會的規則，而玩洋娃娃及衣著等性別角色均屬於社會的期望而非道德上的對錯。

　　由以上研究看來，有三個結論：

(1)在瞭解性別角色過程中，兒童經由一段相當強烈刻板印象時期；

(2)當漸漸長大，孩子的刻板印象較具彈性；

(3)這些改變與其他認知發展有關。

2.性別角色行為

　　至於兒童實際的行為呢？研究結果指出三歲以上幼兒在選擇玩具上即有差異，以合乎自己性別角色刻板印象者為主（Hartup & Morre, 1963）。女孩玩的玩具遊戲傾向家事處理的遊戲，包括縫紉、穿珠子、煮飯，男孩則玩刀槍棒棍、汽車引擎等等（Fagot, 1974 1978）。除外，男孩偏好球類、運動、積木；女孩偏好著色遊戲、洋娃娃、辦家家酒、樂器及玩具電話（Connor & Serbin, 1979）。

　　男/女孩在選擇同性玩伴亦開始得相當早—約二歲半至三歲左右，且與同性同伴較具社會化。這種同性同伴現象在國小時更加明顯而強烈（Jacklin & Maccoby, 1978）。

《附欄8-1》

男女有別乎？——幼兒的性別差異

「男女有別乎？」是爭論頗多的議題，有人主張男女天生有所不同，有人強調男女的不同來自學習。同時有些研究指出男女幼兒於行為上的差異，例如男孩活動量大，女孩喜歡尋求協助。但某些研究的發現卻不一致。至目前為止，綜合研究幼兒各層面之性別差異，其結果可歸納如下：

幼兒各層面的性別差異

發展層面	性別差異
身體動作	(1)約四歲左右，女孩不再比男孩長得快。 (2)因疾病或營養不良造成之成長緩慢，女孩的影響較小。 (3)約三歲，男孩對於需要力氣的工作較熟練。
認知與情緒	(1)男孩易因挫折而爆發負向情緒，同時女孩在此種情緒爆發方面亦較快消減。 (2)女孩較早形成習慣之（左／右）手。 (3)女孩較早會被一些物體引起害怕。
社會及遊戲 行為	(1)男孩較參與大肌肉活動。 (2)女孩較易服從大人但非同伴。 (3)男孩與同性同伴有較多正向互動。 (4)男孩若參與不適合性別的活動則受較大壓力。 (5)男孩接受較多懲罰以及讚賞。

除以上的差異，尚有一些關於幼兒性別差異的信念然未獲得證實：
(1)女孩比男孩「社會化」。
(2)女孩較易接受建議。
(3)女孩有較低的自我評價。
(4)女孩優於記誦，而男孩優於分析。
(5)女孩缺乏成就動機。

（摘自Gardner，1982）

第四節　社會行爲發展的理論

　　理論主要的目的是解釋發展的原因，本節將介紹幾種社會發展的理論，由於社會行爲範圍很廣，故以性別角色爲主來說明各理論的觀點。

一、佛洛依德之心理分析論——認同

　　佛洛依德的理論於第一章中已有介紹，現僅就認同解釋性別角色的發展。依佛洛依德的看法，人天生下來具備生與死的本能。生的本能稱之爲原欲力（libido），而死的本能則爲攻擊。在孩子成長過程中，約三至六歲之間，孩子正處於性器期—對自己性器有強烈的心理。此時男孩注意自己的生殖器官並引以爲傲，同時，男孩亦對母親產生強烈感情，嫉妒父親和母親的親密關係，在此情況下，一方面他想取代父親而擁有母親，另一方面卻害怕父親較大生殖器官及自己被閹割，由此產生了罪惡感與焦慮。爲了消除罪惡感與焦慮，他唯有使自己變得更像父親。於是透過認同父親，一來他不僅學到父母的行爲，同時亦包括態度、意見及標準；二來他選擇父親作爲性別角色的對象、學習成爲男性之一份子並完成成爲男性的合適角色。

　　另外經由認同過程，兒童發展超我（superego）—內化父母的標準，並以此作爲行爲的準則，倘若行爲不符標準（如攻擊），則受超我的責罰而有罪惡感，若行爲符合標準（如利社會行爲），則稱讚自己。

二、學習理論——模倣與增強

　　傳統環境學習學派者（如 Miller, N.；Dollard, J.）強調行爲的形成開始可能是偶然做出或模倣到周遭人的一個行爲，但假如這行爲得到增強，則行爲將持續。反之，如果行爲沒有得到增強，則行爲無法形成。性別角色行爲和其他社會行爲都是經由這樣的過程而學習的。例如一位女孩玩洋娃娃，不斷地受到父母讚許，那麼是這位女孩就較會持續地玩洋娃娃。攻擊行爲也是如此。攻擊性的孩子是打人之後獲得獎賞而形成的。

三、社會學習理論——示範學習

　　社會學習學派中的班度拉提出行爲可由二個途徑學習。一爲學習理論所言之直接經驗。另一則爲觀察別人的行爲及別人行爲所獲得之結果而學習（即示範學習）。而觀察學習包括四部份：(1)仔細注意觀察對象（稱示範者model），觀察其行爲之合適與顯著的特徵；(2)保留示範者行爲之特徵；(3)重覆行爲；(4)依據內外在的獎賞或別人行爲結果來修正行爲。因此行爲結果具有傳遞訊息、動機（行爲前）、及增強（行爲後）三種功能。以性別角色爲例，孩子可能觀察及記憶男性行爲特徵，有動機去模倣這些行爲，只要動機持續，行爲模式逐漸形式。而攻擊行爲或利社會行爲亦藉此過程形成。

四、認知架構理論──性別認知

　　柯柏格為此派一員且提出解釋，柯柏格強調性別角色學習的第一步是兒童瞭解自己的性別，以及仔細觀察同性的人並發現自己與同性者同樣具備了某些特徵，而後兒童學習與這性別一致的外表、行為、生活型態、工作或表現等。因此，性別角色的行為是反映其認知的程度（ Kohlberg, 1966 ）。其他社會行為的研究亦著重在認知因素的探討。如攻擊的研究則著重在兒童時攻擊行為的瞭解程度，兒童知不知道這樣的行為是反社會的？他知不知道這樣的行為會傷害別人？他可不可以站在被攻擊者的立場呢？總而言之，其強調「認知」的重要性與探討。

五、理論的結合

　　以上說明四種理論的解釋並簡略於表 8－4。至於性別角色的發展若綜合上述理論則可得一更完整的解釋。首先，生物遺傳上有一些男女的差異，父母注意到這些差異，在對待子或女的方式上亦有不同導致生物性的差異更為明顯。其次由二、三歲至幼兒階段，孩子開始知覺到自己和環境，環境中有很多分類，如男生／女生，男孩的／女孩的，於是孩子認知到自己的性別並學習同性的行為。另一方面，父母所提供予孩子的物品、機會或行為準則不同，透過認同或模倣，孩子顯示性別角色刻板印象及符合印象的行為。當孩子逐漸成長，示範學習（包括人、圖書、電視）的功能愈大。

表 8-4　四種理論解釋性別角色發展過程

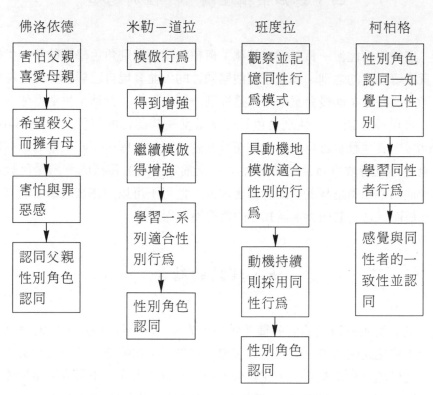

（摘自 Gardner, 1982）

參考資料

Andison, F. S.（1977）. T. V. violence and viewer aggression：A cumulation of study results 1956－1976. *Public Opinion Quarterly,* 41, 314－333.

Bandura, a.（1979）. Psychological mechanisms of aggression. In M. von Cranach, K. Foppa, W. Lepenies & D. Ploog

（ Eds. ）*Human ethology：Claims and limits of a new discipline.* Cambridge：Cambridge University Press.

Bandura, A. & Hutson, A.（ 1961 ）. Identification as a source of incidental learning. *Journal of Abnormal and social Psychology,* 63, 311－318.

Bandura, A., Ross, D. & Ross, S.（ 1961 ）.Transmission of Aggression through imitation of aggressive models. *Journal of Abnormal and Social Psychology,* 63, 375－382.

Bandura, A., Ross, D. & Ross, S.（ 1963 ）. Imitation of film mediated aggressive models. *Journal of Abnormal and Social Psychology,* 66, 3－11.

Bandura, A. & Walters, R. H.（ 1963 ）. Aggression. In H. W. Stevenson（ Ed. ）, *Child Psychology.* Chicago：National Society for the Study of Education.

Barnett, M. A., King, L. M. & Howard, J. A.（ 1979 ）. Inducing affect about self or other：Effects on generosity in children. *Developmental psychology,* 15, 164－167.

Bee, H.（ 1985 ）, *The developing child.* N. Y.：Harper & Row, Publishers.

Best, D. L., Williams, J. E., Edwards, J. R., Giles, H. & Fowles, J.（ 1977 ）. Development of sextrait stereotypes among young childrens in the United States, England and Ireland. *Child Development,* 48, 1375－1384.

Broson, W. C.（ 1975 ）. Developments in behavior with age mates during the second year of life. In M. Lowis and L.A. Rosenblum（ Eds. ）*The origins of behavior：Friendship and peer relations.* New York：John Wiley & Sons.

Buckley, N., Siegel, L. S. & Ness, S.（ 1979 ）. Egocentrism, empathy, and altruistic behavior in young children. *Developmental Psychology,* 15, 329－330.

Cairns, R. B. (1979). *Social development : The origins and plasticity of interchange.* San Francisco : W. H. Freeman.

Cialdini. R. B. & Kenrick, D. T. (1976). Altruism as hedonism. A social development perspective on the relationship of negative mood state and helping. *Journal of Personality and Social Psychology,* 34, 907 – 914.

Collins, W. A., Berdt, T. J. & Hess, V. L. (1974). Observational learning of motives and consequences for televised aggression : A developmental study. *Child Development,* 45, 799 – 802.

Connor, J. M., Serbin, L. A., Burchardt, C. J. & Citron, C. C. (1979). Effects of peer presence on sex typing of children's play behavior. *Journal of Experimental Child Psychology,* 27, 303 – 309.

Dodge, K. a. (1980). Social cognition and children's aggressive behavior. *Child development,* 51, 162 – 170.

Dodge, K. A. (1985). A social informational processing model of social competence in children. In M. Perlmutter (Ed.), *Minnesota symposium on Child Psychologty* (pp. 77 – 125). Hillsdale, NJ : La wrence Erlbaum Associates.

Dodge, K. A. (1986). Social information – processing variables in the development of aggression and altruism in Children. In C. Zahn – Waxler, E. M. Cummings and R. Iannotti (Eds.), *Altruism and aggression.* New York : Cambridge University Press.

Dodge, K. A. & Frame, C. L. (1982). Social cognitive biases and deficits in aggressive boys. *Child Development,* 53, 620 – 635.

Dollard, J., Doob, L., Miller, N. E., Mowrer, O. H. & Sears, R. R. (1939) *Frustration and aggression* New Haven : Yale

University Press.

Doman, w.（1977）. *The social world of the child*. San Francisco；Jossey – Buss.

Ehrhardt, A. A. & Baker, S. W.（1974）. Fetal androgens, human central nervous system differentiation and behavior sex differences. In R. Richart, R. Friedman and R. vande wiele （Eds.）, *Sex differences in behavior.* New York：John Wiley & Sons.

Eisenberg, N.（1982）. The development of reasoning regarding prosocial behavior. In N. Eisenberg（Ed.）, *The development of prosocial behavior*（pp. 219 – 249）. New York：Academic Press.

Eisenberg, N. & Lennon, R. & Roth, K.（1983）. Prosocial development：A longitudinal study. *Developmental Psychology,* 19, 846 – 855.

Eisenberg – Berg, N.（1979）. Development of children's prosocial moral judgment. *Developmental Psychology,* 15, 128 – 137.

Ellis, P. L.（1982）. Empathy：A factor in antisocial behavior. *Journal of Abnormal Child Psychology,* 10, 123 – 124.

Fagot, B. I.（1974）. Sex differences in toddler's behavior and parental reaction. *Developmental Psychology,* 10, 554 – 558.

Fagot, B. I.（1978）. The influences of sex of child on parental reactions to toddler children. *Child Development,* 49, 459 – 465.

Feshbach, N. D. & Singer, R.（1971）. *Television and aggression.* San Francisco：Jossey – Bass.

Flavell, J. H.（1985）. *Cognitive development.* Englewood cliffs, NJ：Prentice – Hall.

Freedman, J. L.（1984）. Effects of television violence on aggressiveness. *Psychological Bulletin,* 96, 227 – 246.

Freedman, J. L. (1986) . Television violence and aggression : A rejoinder. *Psychological Bulletin,* 100, 372 – 378.

Gardner, H. (1982) . *Developmental Psychology.* Toronto : Little, Brown and Company.

Goodenough, F. L. (1931) . *Anger in young children.* Minneapolis : University of Minnesota Press.

Grusec. J. E. & Lytton, H. (1988) . *Social development : History, theory and research.* Springer – verlag New York Inc.

Hartup, W. W. (1974) . Aggression in childhood : Developmental Pespectives. *American Psychologist,* 29, 336 – 341.

Hartup, W. W. & Moore, S. (1963) . Avoidance of inappropriate sex

typing by young children. *Journal of Consulting Psychology,* 27, 467 – 473.

Hay, D. F. (1979) . Cooperative interactions and sharing between young children and their parents. *Developmental Psychology,* 15, 647 – 653.

Hay, D. F. & Rheingold, H. L. (1983) . *The early appearance of some valued social behaviors.* Unpublished manuscript, State University of New York at Stony Brook.

Hetherington, E. M. & Parke, R. D. (1986) *Child psychology : A contemporary viewpoint.* McGraw – Hill International Editions.

Hoffman, M. (1979) . Development of moral thought, feeling and behavior. *American Psychologist,* 34, 958 – 966.

Iannotti, R. J. (1978) . Effect of role – taking experiences on role – taking, empathy, altruism, and aggression. *Developmental Psychology,* 14, 119 – 124.

Jacklin, C. N. & Maccoby, E. E. (1978) . Social behavior at 33 months in same – sex and mixed – sex dyads. *Child Develop-*

ment, 49, 557 – 569.

Katz, R. C. (1971). Interactions between the facilitative and inhibitory effects of a punishing stimulus in the control of children's hitting behavior. *Child Development,* 42, 1433 – 1446.

Koblinsky, S. G., Gruse, D. F. & Sugawara, A. I. (1978). Sex role stereotypes and children's memory for story content. *Child Development,* 49, 452 – 458.

Kohlberg, L. (1966). A cognitive – development analysis of children's concepts and attitudes. In E. Maccoby (Ed.), *The development of sex differences.* Standford, California : Standford University Press.

Kuhn, D., Nash, S. C. & Brucken, L. (1978). Sex role concepts of two and three years old. *Child Development,* 49, 445 – 451.

Levine, L. E. & Hoffman, M. L. (1975). Empathy and cooperation in 4 – year – olds. *Developmental Psychology,* 11, 533 – 534.

Maccoby, E. E. (1980). *Social development.* New York : Harcourt Brace Jovanovich, Publishers.

Marcus, R. F., Telleen, S. & Roke, E. J. (1979). Relation between cooperation and empathy in young children. *Developmental Psychology,* 15, 346 – 347.

Martin, B. (1975). Parent – child relations. In F. D. Horowitz (Ed.), *Review of child development research* (Vol. 4). Chicago : University of Chicago Press.

Money, J., & Ehrhardt, A. A. (1972). Man and woman, boy and girl. Baltimore : The Sohns Hopkins press.

Moore, B. S., Underwood, b., & Rosenhan, D. L. (1973). Affect and Altruism. *Developmental Psychology,* 8, 99 – 104.

Mussen, P. H. & Jones, M. C. (1957). Self – conceptions, motivations and interperonal attitudes of late and early maturing boys. *Child Development,* 28, 243 – 256.

Olweus, D. (1980). Familal and temperamental determinants of aggressive behavior in adolescent boys ﹕ A causal analysis. *Developmental Psychology,* 16, 644 – 666.

Parke, R. D. & Slaby, R. G. (1983). the development of aggression. In E. M. Hetherington (Ed.), *Handbook of child psychology.* (4th ed., Vol. 4, pp. 547 – 641). New York ﹕ John wiley & Sons.

Patterson, G. R. (1976). The aggressive child ﹕ Victilm and architect of a coercive system. In L. A. Hamerlynck, L. C. Handy & E. J. Mash (Eds.), *Behavior madification and families.* New York ﹕ Brunner – Mazel.

Patterson, G. R. & Cobb, J. A. (1971). A dyadic analysis of ″aggressive″ behaviors. In J. P. Hill (Eds.), *Minnesota symposium on child psychology* (Vol. 5). Minneapolis ﹕ University of Minnesota press.

Patterson, G. R., Littman, R. A. & Bricker, W. (1967). *Assertive behavior in children ﹕ A step toward a theory of aggression.* Monographs of the Society for Research in Child Development, 32.

Patterson, G. R. & Reid, J. B. (1970). Reciprocity and coercion ﹕ Two facets of social systems. In C. Neuringer & J. L. Michael (Eds.), Behavior modification in clinical psychology. New York ﹕ Appleton – Century – Crofts.

Pearl, R. (1985). Children's understanding of other's need for help ﹕ Effects of problem explicitness and type. *Child Development,* 56, 735 – 745.

Perry, D. G. & Bussey, K. (1984). *Social development.* Englewood Cliffs, New Jersey ﹕ Prentice – Hall Inc.

Radke – Yarrow, M., Zahn – Waxler, C. (1983). Roots, motives and patterns in children's prosocial behavior. In J. Reykowski, T. Karylowski, D. Bar – Tal & E. Staub (Eds.) , *Orgins and maintenance of prosocial behaviors.* New York : Plenum.

Radke – Yarrow, M., Zahn – Waxler, C. & Chapman, M. (1983). Children's prosocial dispositions and behavior. In P. M. Mussen (Ed.) , *Handbook of Child Psychology* (4th ed., Vol. IV, pp. 469 – 545). New York : Wiley.

Rheingold, H. L. (1982). Little children's participation in the work of adults, a nascent prosocial behavior. *Child Development,* 53, 114 – 125.

Rheingold, H. L. Hay, D. F. & West, M. J. (1976). Sharing in the second year of life. *Child Development,* 47, 1148 – 1158.

Richard, B. A. & Dodge, K. A. (1982). Social maladjustment and problem solving in shcool – aged children. *Journal of Consulting and Clinical Psychology,* 50, 226 – 233.

Rosenhan, D. L., Underwood, B. & Moore, B. (1974). Affect moderates self – gratification and altruism. *Journal of Personality and Social Psychology,* 30, 546 – 552.

Shaffer. D. R. (1989). *Developmental Psychology* : *Childhood and adolescence.* Califarnia : Brooks / Cole Publishing Company.

Slaby, R. G. & Frey, K. S. (1975). Development of gender constancy and selective attention to same – sex models. *Child Development,* 46, 849 – 856.

Staub, E. (1971). The use of role playing and induction in children's learning of helping and sharing behavior. *Child Development,* 42, 805 – 816.

Thompson, S. K. (1975). Gender labels and early sex role development. *Child Development,* 46, 339 – 347.

Thompson, S. K. & Bentler, P. M.（1971）. The priority of cues in sex discrimination by children and adults. *Developmental Psychology,* 5, 181－185.

Ullian, D. Z.（1981）. The child's construction of gender. Anatomy as destiny. In E. K. Shapiro and E. Weber（Eds.）, *Cognitive and affective growth.* Hillsdale ; New Jersey : - Erlbaun.

Underwood, B. Froming, W. J. & Moore, B. S.（1977）. Mood, attention and altruism : A search for mediating variables. *Developmental Psychology,* 13, 541－542.

Williams, J. E. Bennett, S. M. & Best, D. L.（1975）. Awareness and expression of sex stereotypes in young children. *Developmental Psychology,* 11, 635－642.

Yarrow, M. R. & Waxler, C. Z.（1976）. Dimensions and correlates of prosocial behavior in young children. *Child Development,* 47, 118－125.

9

遊玩、遊戲與同儕

　　讀本章前，請先想想你對遊玩（play）的定義及對兒童與遊玩、遊戲及同儕的看法。你在這方面有什麼想問的問題，先把它們寫下來，再讀本文。讀完後，請回頭看看，你的問題本章是否都提到了？提到的，是否適合你的需要？若兩者答案皆否，恭喜你，你要進一步找這方面的資料，相信你會學得更完整。

「還玩、還玩，不作功課。看你將來怎麼辦？」

第一節　什麼行為算遊玩

　　兒童遊玩的行為一直受到心理學家、教育學者、人類文化學者的注意。兒童在遊玩中是那麼地快樂與自然。研究人員就想透過遊玩多了解兒童在語言、動作協調、社會適應等方面的能力。在了解兒童與遊玩的關係後，成人進而可採遊玩為教學或治療的方法來幫助兒童成長（Pellegrini, 1987）。

到底什麼是遊玩？什麼行為才算遊玩？

近年來許多研究者(Johnson，Christie & Yawkey，1987；Pellegrini，1987；Rogers & Sawyers，1988)都採用《兒童心理學手冊》(Handbook of Child Psychology，V.4，1983)中對遊玩的定義。手冊中陸賓、凡恩及范登博格(Rubin，Fein & Vandenberg)綜合各家理論，整理出六個遊玩的特徵：

(1)內發的動機：兒童遊玩是因為他想玩而不是由於外在的要求。

(2)看重遊玩的過程而非遊玩的結果：兒童只在乎好玩與否。不好玩，他就不玩，他不在乎是否玩出結果來了。

(3)遊玩時，兒童的玩法是主觀的，即使有媒體物如玩具，兒童自己決定怎麼去玩它，而不受限於媒介物本身的條件。因此兒童會拿木棍當馬騎，也會拿它當劍舞。

(4)遊玩本身對兒童來說是真實的，即使是裝扮遊玩(pretend play)，在當時當景他就是所裝扮的，所裝扮的就是他。

(5)遊玩是有彈性的，沒有外在規則的限制。它本身可能有規則，但由遊玩者來制訂，因此規則的改變也由遊玩者來決定。

(6)兒童是主動參與遊玩的，若被迫去玩就不好玩了。

這六個特徵所描述的遊玩行為仍有它不周全的地方。例如兒童常玩的「扮家家」就很受社會規範的影響，我想沒有人會否認「扮家家」是玩的一種。這個定義本身主要在分辨遊玩不同於工作（特徵1、2、6）；不同於遊戲(games)（特徵5）；不同於探索行為(exploration)（特徵3）（見附欄9-1）。加得納(Gardner，1978)基於難有完全的定義乃由「遊玩不是什麼」來定義遊玩。遊玩不是為滿足緊迫的生理需求而有的行為，例如非常餓找東西吃，非常渴找水喝的行為不算遊玩。遊玩不是為躲避對身體有傷害的行為；遊玩也不是正式的儀式行為如莊嚴的祭孔儀式。就是這樣的描述，仍有叫人不滿意的地方。一位幼兒在莊嚴的祭典中可能將節目單折來折去，樂在其中，若不是在一旁的母親反應快，他折成的紙飛機差點就落在不苟言笑的正獻官頭上了。

定義最主要的目的在使研究遊玩行為的人知道彼此研究的是那些特定

的遊玩行為，也就是所謂的操作性定義(operational definition)。只是遊玩是大家一看就能分辨什麼是玩，什麼不是玩的行為，特別是老師與父母親，然而却不容易說得明白，更不容易寫下完整(exhaustive)且互斥(exclusive)的定義。基於此，馬修兩人(Matthews，M.S. & Matthews，R.J.，1982)採用範典個案方式(paradigm case approach)來代替一般的操作性定義。所謂範典個案方式是個案本身清楚、直接了當，沒有爭議且很標準。每個人不論其背景如何，一看便同意就是這個個案。馬修認為遊玩就是一個範典個案。他們找了圖書館員、讀自然科學的學生、書店店員及醫學院學生各一位及研究人員自己看三十段，每段各半分鐘的兒童行為錄影帶。看完後，每人要回答每段影片是不是幻想遊玩行為(fantacy play)。結果發現五個人的評量者間相關係數平均是.89（在.84至.94之間）。研究者再利用大家都同意的幻想遊玩錄影帶來研究兒童在幻想中的模仿行為及其性別、年齡差異等問題。這種定義方式再次說明遊玩行為(在此是幻想遊玩行為)是很容易被指認出來的。透過這種方式或許可以避開研究者本身的偏見以及先行定義的困難。

《附欄9-1》

遊玩、遊戲、探索

㈠遊玩與遊戲

　　遊玩(play)的時候，常會聽到小朋友抗議「賴皮！」，「你怎麼可以這樣！」這表示在他們的遊玩中有規則，而且有人違反了規則。有規則的遊玩通常稱爲遊戲(games)，如打彈珠、跳房子、木頭人、籃球、棒球等。前面三種遊戲似乎不能和後兩種球賽同等列比。但他們的出發點是相同的，都是爲玩與休閒的緣故，只是結果可能很不相同。完全看玩的人怎麼玩。兩個正式組成的球隊賽球就要有絕對的輸贏。若有人不照規則打球，或半場放棄不打，就算輸了。兩位小朋友也可以玩籃球，投一下籃，跑一跑，沒有輸贏的結果。一群小朋友玩木頭人，輸的人做木頭人，若有人賴皮，群起攻之，賴皮的小朋友只有乖乖地去做木頭人。再玩下去，突然有人說不玩了，也就不玩了，那時也沒人在乎誰該做木頭人。

　　遊玩與遊戲最主要的差別在遊戲有正式的規則。這些規則定義出一個遊戲怎麼開始，怎麼結束以及每個行動的順序與程序，使參與的人都有類似的表現。也因此，遊戲可以一代一代傳遞下去(Garvey，1977)。遊玩也可能有規則，但不是正式的，不守規則是玩的一部份，且不會被罰。規則的有無雖可分別遊玩與遊戲，但對玩的人來說，遵守規則與否可分辨他是在遊玩還是在遊戲。這是幼兒、兒童與成人間遊玩的差別。年齡愈大愈注重按規則來遊戲，以有公平的結果。這就牽涉到兒童對規則的看法。皮亞傑對此問題有生動的描述，請見本章第三節。結語是遊玩與遊戲的主要分別在於遊玩的雙方是否認眞的遵守規則。若不在乎，只爲玩而玩（看重過程，不看結果），遊戲可以是遊玩。我們當然可以說玩一個遊戲了。

　　上述對遊玩與遊戲的分辨主要是說明這兩個名詞的意思本來是不相同的。但在中文使用上，這兩個名詞多數都譯成遊戲。如慣稱的幻想遊戲（fantasy play）。事實上幻想是屬沒有規則的遊玩。爲了使本文的用詞能統整，作者決定將符合遊玩（play）特徵的皆稱遊玩。符合遊戲（game）特徵的才稱遊戲。因此作者使用幻想遊玩一詞。

㈡遊玩與探索

當兒童第一次接觸一件新玩具時，他會專注地看，用手在不同的部位試，直到他發現怎麼去玩這件玩具。這個行為稱之為探索(exploration)。當兒童知道一件玩具怎麼玩後，他不一定按這個玩法來玩，他使用其他的玩法而且每次可能都不同。這種行為稱之為遊玩（見特徵 3）。有些研究者認為探索行為是遊玩的前奏。有探索行動後，兒童在認知上有了對此物體的概念，他就開始玩了(Wohlwill，1984)。探索時，刺激物本身有新奇感吸引兒童遊玩時，刺激物本身已失去其新奇感。吸引兒童的是他對這件刺激物的新奇反應。沒有了這些反應，他也就厭倦這件物品了。事實上，有許多研究者在研究中不特別分辨這兩種行為，因為實在不容易分辨。有人就直接使用探索遊玩(exploratory play) 一詞來涵蓋兩者(Gardner，1978；Henderson，1984)。

遊玩、探索、學習

第二節 由研究看遊玩

在遊玩範疇中，多數的研究方向可分爲下面四類(Johnson，Christie & Yawkey，1987)：

1.定義型的研究

此類研究目的在分辨遊玩與非遊玩的行爲，如前面所提的馬修兩人(Matthews，W.S. & Matthews，R.J.，1982)的研究。

2.關係型的研究

此類研究目的在探討遊玩對社會、情緒、認知發展的影響。有的做相關性的研究(Johnson，Ershler & Lawton，1982)，有的做訓練實驗研究(郭靜旻，民71年)，都可回答這個問題。

3.個別差異的研究

此類研究主要在探討年齡、性別、文化、社經背景等因素對遊玩行爲的影響，如葉紹國（民67年）的研究。

4.生態的研究

此類研究主要在探討環境佈置，材料使用等對遊玩行爲的影響，如黃淑貞（民76年）的研究。

下面我們將由研究來看遊玩的發展與遊玩與發展的關係。

第三節 遊玩的發展

隨著兒童成長，遊玩也變得複雜，主要的變化在他們逐漸脫離玩具，

運用想像力，安排、設計自己的遊玩。換句話說，玩的內容與組織是隨著
成長而有所不同的。

一、由認知發展看遊玩發展

　　皮亞傑由認知發展的角度分析遊玩行為。兒童在感覺運動期主要的遊
玩內涵是練習。他反覆地操弄一件玩具，有時會加入一些偶然發現的新招
，使動作變複雜些。在這階段結束前，兒童就能有目的操作玩具如堆積木
了。到了前操作期，由於語言的出現，兒童開始使用符號來代替實物與動
作。他們拿眼鏡藥水瓶餵布娃娃（圖9-1）。年齡再長，符號使用表現在
裝扮遊玩上（圖9-2）。此後，裝扮遊玩愈來愈抽象而且是整套的（圖9-3
）。這過程當然是有模仿（圖9-4）也有創作。漸漸地，他們不需要具體
物，也可以玩的非常認真。皮亞傑稱此階段的遊玩行為為符號遊玩(sym-
bolic play)。

　　符號遊玩引起許多研究者的興趣。他們根據皮亞傑提出的發展理論進
一步研究，發現認知能力及社會能力的發展是符號遊玩成熟及轉變的最重
要因素。其中包括：(1)有關社會環境的知識，人與人之間的關係，角色的
定位的知識與執行的能力。(2)與同伴溝通與協調的能力。(3)不再自我中心
，能將別人納入裝扮遊玩中的能力。(4)不受限於現實情境，能以符號代替
物體或行動。(5)統整的能力：能將許多物體及動作統整為複雜有順序的活
動(Rogers & Sawyers，1988)。因著這些知識與能力的發展使符號遊玩
愈來愈複雜。

　　到了具體操作期，另一種遊玩的型式產生，那就是有規則的遊戲（
game with rules）。這不是說兒童在此之前的遊玩都沒有規則。其實是
有的。一個一歲半的兒童玩球，他彎下腰來把球往後丟，看著球滾到桌底
下，他很開心地走過去、趴下來把球撿起來，再走回原處，彎下腰來，把
球往後丟，看球滾到桌底下，走過去，趴下來，撿球，再走回來，再彎下
腰來……，這當中規律產生了。他有自己玩球的規則。到了兩、三歲時，
成人教他玩剪刀、石頭、布的遊戲，他學會了，雖有時需要旁人來提醒，

圖9-1　娃娃吃奶奶（一歲三個月）

圖9-4　阿媽跟我彈琴、唱歌（一歲七個月）

圖9-2　超人——飛——（2歲）

圖9-3　漂亮的小姐要出去了（二歲十個月）

但他知道輸了就要換別人玩。只是輸贏對他來說並不重要（不像對七歲兒童那麼重要），他只覺得非常好玩，要再來一次。

此外，他也能告訴別人怎麼玩剪刀、石頭、布，雖不一定說的完全正確。對他來說規則是存在的。只是規則與遊戲的關係，他還不清楚。因此，有規則的遊戲可以有兩種意思：一是指遊戲中的規則，一是指遵守遊戲中的規則。皮亞傑提到的是後者。

皮亞傑認為兒童最先對規則的看法是「有」規則，但不知道規則是要遵守的，規則與他是不相關的。漸長，兒童視規則如聖旨，知道要遵守，雖不一定做得到，但他堅持規則是不可以修改的。再長，兒童了解規則是雙方同意就可以修改的。他們也樂意坐下來討論如何修改遊戲的規則。修改規則成為遊戲的一部分(Piaget，1965)。皮亞傑認為具體操作期前的兒童因未脫離自我中心，對規則的知覺又不夠，因此沒有合作行為。但近年來愈來愈多研究發現兒童的合作行為以及裝扮遊玩發生的年齡都比皮亞傑所認為的時間要早 (Cohen，1987；Fein，1981；Garvey，1977)。

司密蘭斯基(Smilansky，1968)稍事修改皮亞傑的遊玩行為分類。他將練習改成功能遊玩(functional play)，因為練習是有其功能的。然後在練習與符號遊玩之間，他加入了建構遊玩(constructional play)如玩積木、黏土以建造出物品來。至於符號遊玩，司氏則改為戲劇遊玩(dramatic play)，最後是有規則的遊戲與皮亞傑的意思相同(Rogers & Sawyers，1988)。

二、由社會互動看遊玩發展

派頓(Parten，1932)觀察兒童間的互動，將遊玩行為分為下列發展順序：

1.不專注者(unoccupied)

兒童只看別人玩，但看的時候不是很專注，那樣活動吸引他，他就跑過去看一下。

2.旁觀者(onlooker)

兒童看別人玩，雖未參與，但看得很專注。

3.單獨遊玩(solitary play)

兒童自己一個人玩玩具，即使有其他小孩在一旁也不會引起他去和那小孩一起玩。

4.平行遊玩(parallel play)

兩位兒童在一起，空間上的距離很近，但兩人之間沒有溝通，沒有關聯，各人玩各人手上的玩具，當對方有聲音時，另一方會抬起頭來看一眼再繼續玩自己的（圖9-5）。

5.聯合遊玩(associative play)

兩位兒童或是交換玩具或是模仿對方，兩人之間有互動，但却沒有一個共同的目標以完成一件工作。而且兩人互動的角色也不確定，會換來換去（圖9-6）。

6.合作遊玩(cooperative play)

兒童合作以達成共同的目標如有比賽的遊戲，有角色分配的裝扮遊玩等。或是比賽或是裝扮，每人的角色在遊戲時是確定的。通常在團體合作遊戲中，可觀察到一、兩位領導者在指揮整個團體的運作（圖9-7）(Johnson, Christie & Yawkey，1987；Rogers & Sawyers，1988)。

派頓基於兒童漸成熟，與他人互動增加，遊玩上也愈來愈複雜，因此提議上述遊玩行為分類是有發展階段取向的。只是後來的研究發現並不是所有的兒童都順著這個遊玩發展順序發展。年紀大的兒童有平行或單獨遊玩的時候。年紀小的兒童，小至嬰兒也與人有互動。最早可觀察到嬰兒與母親玩「躲ㄇㄠㄇㄠ」的遊戲。小嬰兒可以玩的很進入情況，似乎很清楚其中的遊戲規則，及至六至九個月時，在實驗室中，他們與同年齡同性別的嬰兒互動的頻率與他們與母親互動的頻率一樣多(Vandell & Wilson，1981)。因此派頓的分類做遊玩的類別可能比遊玩的發展階段更恰當（見Box9-2）。

皮亞傑和派頓的遊玩發展階段都有需要補充、修飾的地方。有幾位研究者試著不分向度，綜合地觀察兒童遊玩行為的發展，他們提出的發展重點如下(Curry & Arnaud，1971)：

圖9-5　平行遊戲

圖9-6　聯合遊戲

圖9-7　合作遊戲

㈠第一年

　　嬰兒遊玩行為與滿足基本生理需求行為是分不開的。因此活動重心都集中在嘴部。漸漸地，他會有連續的肌肉舞動及聲音的練習。嬰兒會發出各種聲音自得其樂。然後他會主動操弄身體周圍的物品如搖床上的走馬燈，他也開始與母親（或主要照顧者）互動如躲ㄇㄠㄇㄠ。

㈡第二年

　　幼童會模仿母親的動作，而且有反覆做一個動作的現象。例如把積木堆到卡車上拖到另一角落倒出來，再把積木裝回去，再拖，再倒，再裝⋯⋯。此時幼童也開始戲劇性的遊玩，如玩媽媽與寶寶的遊玩。有時他也會扮演動物，或是跟布偶們裝扮遊玩。

㈢第三年

　　此時兒童遊玩的主題都與家庭生活有關，有時也會模仿電視上一些較

新鮮的角色。他對扮演與真實之間的界限不很清楚,對扮演角色間的定義
也不清楚,他可以一下子是媽媽,一下子又變成小狗在地上滾了。遊玩中
的一個特色是搜集東西。他把所有小東西,有時包括書在內全裝到一個大
玩具中。等一下玩的時候,這些小東西都可溶入他玩的主題中。另一個特
色是他在遊玩中會有一些重覆的動作,像儀式般,一定會出現,例如每天
放學回家一進門先在客廳中跑一圈,再到玄關脫鞋脫外套。

㈣第四年

　　此時兒童遊玩的主題擴展到家庭以外,他可以玩商店的遊戲,救火的
遊戲等,但攻擊行為及控制攻擊行為是四歲兒童遊玩的主要內容。例如他
們玩官兵捉強盜,玩好人與壞人。在語言上,對同儕攻擊性字眼也用的較
多。此時,遊玩中男女性別特徵分得非常清楚。因此裝扮時,女生若扮媽
媽,一定會讓自己有母親的全套打扮如擦口紅、穿高跟鞋等等。男生若扮
強盜,也一定會有一頂強盜帽子、強盜手槍等等。此外所扮演的角色與自
己較能分開,不再以為自己扮演寶寶自己就是寶寶了。

㈤第五年

　　兒童在此時非常清楚,扮演是扮演,而且看過一眼的人或事,他馬上
可以扮演,且所扮演的角色範圍更廣,如新娘、新郎、太空人、護士這些
大眾生活中較凸出的角色。至於扮演的內容力求與日常生活一樣實際。例
如扮演商店遊戲時,他們會做些紙鈔,買賣時好用。

㈥六歲至十歲

　　社會性戲劇遊玩是此時兒童遊玩的重點。裝扮不再是即興的,是事先
設計、安排、分配好,有如舞台的演出。到八、九歲時,男女生會完全分
開玩,男生玩全部男生的遊戲,女生玩女生的遊戲。公平的原則在此時出
現,例如不能兩個壞人打一個好人,否則就不公平了。

　　上述遊玩發展的描述相信比皮亞傑或派頓的描述讓我們更清楚兒童的
遊玩行為。

《附欄9-2》

遊玩行為觀察

　　皮亞傑、派頓、司氏的遊玩行為發展階段在理論上雖需要再補充、修飾，它們却是很好的遊玩行為類別。陸賓及其朋友（Rubin，Maioni ＆ Hornung，1976）就將三者理論綜合分為認知向度與社會互動向度來觀察兒童遊玩行為。其後愈多研究不再以單一向度而以兩向度的交互行為來觀察兒童。下面是一個簡單的認知，社會互動兩向度遊玩行為觀察表供大家參考。由於不專注者及旁觀者實在不能算有遊玩的行為，因此被與其他遊玩行為分開。表中數字是兒童代號。例：⑿丟球表示在觀察時，12號兒童一個人單獨地丟球，是屬功能性遊玩。⑸城門城門幾丈高表在觀察時，5號兒童與一群人玩有規則的遊戲，遊戲名稱叫城門城門幾丈高。

認知、社會互動兩向度遊玩行為觀察表

認知 社會	功能性	建構性	戲劇性	有規則的遊戲
單獨	⑿丟球			
平行			⑴準備餐點	
團體				⑸「城門城門幾丈高」

不專注者	旁觀者	⑻看別人玩跳房子

（摘自 Johnson，Christie ＆ Yawkey，1987.）

第四節　遊玩與發展的關係

這是遊玩範疇研究中資料最豐富的一個領域，下面將由遊玩與認知發展、語言發展、社會能力及情緒發展的關係來探討這個問題。

一、遊玩與認知發展

研究者覺得遊玩中兒童有機會嘗試並練習各種與學習有關的能力，因此透過遊玩，兒童的智力水準、解決問題能力，創造行為等認知活動應該會增強。只是多數這類研究是相關性研究，研究的結果並不一致。派卜勒（Pepler，D.J.，1982）分析創造力與遊玩的相關研究指出不一致的結果可能是因為我們不清楚是遊玩的經驗造成這種差異，還是「遊玩」與「創造力」之間有其共同的認知型態造成的。若遊玩經驗果真增強創造力，研究者應指出是那些遊玩的變項與創造力有關。派卜勒與其同事就做了一系列實驗性的研究。基本上，他們讓三、四歲兒童有的玩聚斂性玩具如拼圖，有的玩擴散性玩具如積木，另有兩組兒童分別觀察成人玩聚斂性或玩擴散性玩具。四組都各有十分鐘的時間。結果是親自玩擴散性玩具的兒童在擴散性實作上如說出一件物品的其他用途，表現比其他三組兒童都好。派卜勒的結論是擴散性思考與遊玩的共同點是彈性的反應及遊玩的態度（playful attitude）。而這一點：遊玩的態度與擴散思考的關係或是做兩者評量間的相關研究或做實驗性研究，結果都是正向的（Dansky & Silverman，1975；Dansky，1980）。因此強調遊玩與認知上的共同點，如脫離自我中心（decentralization），可逆性（reversibility）（Rubin，Fein & Vanderberg，1983）或可使研究結果更清晰。

二、遊玩與語言發展

　　遊玩與語言發展的關係同樣是許多研究者想了解的，只是到目前為止，答案也不是很清楚（Rogers ＆ Sawyers，1988）。有研究者（McCune-Nicolich ＆ Bruskin，1982）錄音分析兒童的語言，建議符號遊玩與語言兩者在使用符號的發展上是相似的。我們不清楚的是這種關係是因符號使用能力，語言表達能力的成熟帶來遊玩行為的成長，還是遊玩經驗帶來語言的成熟。不過，裝扮遊玩是能提高兒童的字彙（Saltz ＆ Brodie，1982）。戲劇遊玩多的幼稚園兒童比建構遊玩或功能遊玩多的同齡兒童在閱讀及字彙成績上也要好些（Pellegrini，1987）。

　　分析這些研究結果會發現造成這種結果的因素非常複雜，不只是一種變項造成的，而且多數沒有追蹤研究，不能肯定成果的穩定性。因此我們可以說，遊玩或許不是學習語言的必要條件，但遊玩可以提供語言一個最佳發展的環境。

三、遊玩與社會能力／社會認知能力的發展

　　遊玩與社會能力關係的研究結果可能是較不受爭議的。如戲劇遊玩與社會能力評量有正相關（Connolly ＆ Doyle，1984）；透過遊戲訓練可增加兒童角色取替能力（Burns ＆ Brainard，1979）及合作行為（郭靜晃，民71年）。兒童多參與社會性遊玩，他的社會技巧、人際問題處理能力就比少參與社會性遊玩的同儕高。但通常受歡迎的兒童或社會能力、角色取替能力、社會問題解決能力好的兒童自然會多參與社會性遊玩，這似乎是一個雞生蛋或蛋生雞的問題。這點在本章第七節，交個朋友中會有更進一步的討論。

四、遊玩與情緒發展

遊玩時，兒童一定是快樂的？有人就用歡樂、幽默來定義遊玩（Lieberman，1977）。許多觀察研究指出遊玩時，正負面情緒都會出現，就像在真實生活中所經歷的一樣。特別是在裝扮遊玩中，兒童喜怒哀樂都會經歷到。如此推測，遊玩與情緒的發展應有密切的關係。很可惜的是，這方面的研究很少。在裝扮遊玩中的情緒表達也未受到研究者的注意（Rogers & Sawgers，1988），因此上述推論目前無法證實。

在此領域中最多的研究是出於以遊玩為治療，幫助適應有困難，情緒上有障礙的兒童。許多醫院也利用遊玩來協助病童適應醫院及疼痛的情境（Bolig，1984）。檢查不同的遊玩治療方法及它們的效果，不論使用何種方法都會帶出一些治療前、後不同的效果，但這些效果都很容易受到挑戰，最大的挑戰來自於效果的延續性（Guerney，1984）。因此如何提高研究的效度是有興趣這個領域的研究者可努力的方向。

第五節　遊玩的其他研究

與遊玩有關的其他研究項目還有許多，例如性別、遊玩與社會化的關係是眾所注目的。性別不同，挑選的玩具，玩的型式及父母親挑玩具的偏好都被研究過。至終的目的是想了解這些行為對日後成長的影響。是否男生多玩競爭性的遊戲，將來組織技巧、人際問題處理能力會更好些？是否女生多玩洋娃娃，將來更知道為母之道？至目前為止，結果都不能肯定地形成理論，而且多數此類研究太看重結果，忽略了性別社會化的過程（Liss，1983）。

另外，活動空間的安排與行為的關係也是有趣的研究題目。黃淑貞（

民76年）觀察發現台北市四個面積、環境、設計不同的鄰里公園中兒童遊玩行為是有所不同。例如甲公園遊戲設施數量多，有滑梯、鞦韆等，兒童功能性遊玩及平行遊玩發生率高於其他公園，但它帶出來的活動多樣性就低。乙公園遊戲設施數量少，活動空間多，空間連續性較佳，兒童可在其中較無拘無束地跑，兒童合作遊戲發生率較高。研究還指出隨著年齡的增加，兒童減少以玩遊戲設施為主的活動。黃淑貞並未說明每個公園附近兒童的年齡及人數與上述結果的關係。因此我們可以進一步探討，年幼的兒童（二至五歲間）在設施較少、空間較自由的環境中，他會有怎樣的遊玩行為？例如田育芬（民76年）觀察兩個不同空間安排的幼稚園中——甲園利用櫃子將各角落分開屬半封閉式，乙園則是沒有分割屬敞開式——幼兒的社會互動。結果發現大班幼兒在半封閉式環境下比在敞開式環境中多單獨遊玩，而小班幼兒正好相反，他們在半封閉式環境中多團體遊戲。顯然空間與兒童的活動有交互作用。在都市化的社區中，如果我們希望兒童有陪伴成長的遊玩空間的品質與設計研究是值得重視的。

　　另一個研究題目是遊玩傾向（playfulness），這個字不容易用中文傳達其精神。它描述一個人不論是認知的，社會的或身體的反應是自發的，即興的而且表達出一種愉悅與幽默（Lieberman，1977）。在遊玩的研究中有人定義遊玩為遊玩傾向，加以測量，並探討其與創造力的關係（Lieberman，1977）。事實上，遊玩傾向是一種態度而且是生活中一種很重要的態度。塞頓（Sutton-Smith，1971）是研究兒童遊玩的重要學者就認為沒有遊玩態度就沒有遊玩。遊玩態度使生活更有意義。因為當你做一件事是你自己想出方法來要這麼做，那麼新奇的感受所帶出來的喜樂是生活中的一種大成就。

　　兒童使生活中的每個動作都像遊玩，因為他們還有遊玩傾向。只是年齡愈長，愈社會化後，遊玩傾向似乎就消失了，甚至會視它為負面的特質，如教師們就不喜歡兒童的遊玩態度（Lieberman，1977）。若遊玩對兒童成長有幫助，成人是否應想辦法保留兒童的遊玩傾向而不是將它壓抑下來？（見附欄9-3）

《附欄9-3》

小孩爲什麼要遊玩？

對我來說，這不是一個容易回答的問題。就像問人爲什麼要休息一樣。累了要休息，這是很自然的事。孩子玩也是一件自然的事。

有很多哲學家或心理學家曾試著回答這個問題。蘇俄的裴歌夫斯基（Vygotsky，1978）認爲遊玩是小孩爲滿足需求而有的行爲。他舉例說，當一個兩歲半小孩子想要一樣東西但得不到，他會發脾氣、耍賴，不過他很快可以被安撫下來，忘了剛才未滿足的焦慮，到了學前，兒童未滿足的需求不會一下子忘掉，因而產生焦慮。解決焦慮的辦法就是進入幻想世界，使無法實現的需求在幻想中被滿足。另外還有許多理論，如多餘精力論：人在生存之餘多出來的精力必須以遊玩方式消耗掉，否則會造成壓力；又如練習理論：幼童在遊玩中操練生存技巧以適應將來的成人生活；以及近年來的理論如皮亞傑以遊玩爲認知成長促進說等（Johnson，Christie & Yawkey，1987）；許多的書也有章節討論小孩爲什麼要遊玩（Butler，Gotts & Quisenberry，1978；Rogers & Sawyers，1988；Spodek，1974）。綜合各家的說法，爲了了解及適應環境，小孩子遊玩以便不斷地操練自己的認知、社會知能與體能。認眞地說，這是遊玩的果，不是遊玩的因。若有一位小孩說：「我要增進我的知能，所以我要玩了。」這不但不合遊玩定義，而且不好玩了。小孩子有遊玩的傾向，因此多數的事和物對他們來說都可以玩且是好玩的。吃飯好玩、睡覺好玩、跟媽媽去拜拜也好玩。因此要回答這個問題，我只能說，或許是小孩有較多的遊玩傾向吧！至於他們爲什麼有較多的遊玩傾向，那就得再研究了。

第六節　同儕的影響

一、同儕的重要性

　　隨著年齡成長，兒童遊玩中同儕的地位愈形重要。同儕是指有相等地位的友伴。但在研究中多半是指同年齡層的友伴。同儕在兒童成長過程中的地位是被肯定的。哈塔普（Hartup，1979）認爲同儕是社會化重要的中介，影響兒童性別角色的學習、道德的發展及攻擊行爲的控制。同儕是兒童的模仿對象、增強物及教師（Zahn-Waxler，Iannotti & Chapman，1982）。此外同儕是兒童最清楚的觀察者。他們很敏感那位同學行爲有問題。早期在同儕關係中有否問題是成人社會適應與否的指標（Sroufe，1979）。在認知方面，同儕不同的看法使兒童經歷到不同的見解，造成不平衡狀態，增進認知結構的變化（Rest，1983）。

二、研究兒童友伴關係的方法

　　研究同儕互動最常用的方法是社會計量法（Sociometry）（吳武典，民73年）。利用同輩提名的方式（peer nomination）計量兒童在同輩中的地位及同儕對他的看法。問題如：「你會請班上那三個人到你家吃飯？」「上課時，你喜歡誰坐在你旁邊？」放學回家路上，你最不喜歡跟誰一起走？」每位兒童提名周圍中他（最）喜歡或（最）不喜歡的同儕。每個人在同儕心目中的地位就是計算他有多少次被提到（最）喜歡，有多次被提到（最）不喜歡。由提名中，老師可找到班上所謂的明星學生（許多

人都喜歡的）；被拒絕的學生（被提最不喜歡次數最多的人）或是孤獨者
（沒什麼人提他名的）。通常老師還可以利用學生的提名畫出一個社會計
量圖（sociogram）（圖9-8），看出班上學生的互動情形。例如男生2號

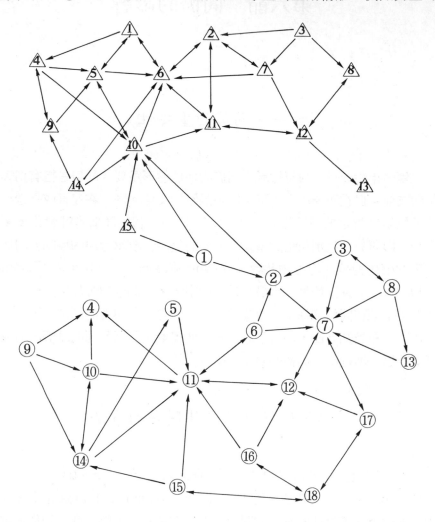

△表男生，○表女生，數字為學生號碼

→表選擇的方向；△→△　表1選4，但4未選1；↔表互選

圖9-8　社會計量圖

、5號、6號、10號都有許多人擁護他們，但2號與10號是不互相往來的；13號有人提他的名，他却放棄提其他同學的名。9號女生沒人提他的名是一位孤獨者。此外在這個班級中很明顯地男生跟男生玩，女生跟女生玩。

　　爲了方便統計處理，社會計量法也量化了。它計分的方式有很多種。有以哭臉（1分），普通臉（2分），笑臉（3分）請兒童依喜歡程度給同儕哭、笑或是普通臉，每個人在同儕中的地位就看得分高低了。也有的研究者以：「你喜歡○○○（某同學姓名）嗎？」讓兒童使用五等量表來表示喜歡程度（5表非常喜歡，1表非常不喜歡）。年齡較小的兒童由於他們可能不知道同儕的名字，乃以全班每個人的單獨照片來讓他挑選喜歡誰，不喜歡誰。此外，研究者也發展出社會計量指標來分類兒童（Newcomb & Bukowski，取自廖信達，民77年）。國內採用社會計量法的論文不在少數如蔣惠珍（民75年），廖信達（民77年）等，讀者可進一步參考。

　　社會計量法被證實是一個有信度及效度的測量工具，但單獨使用時，它不能指出孤獨者爲何孤獨，它只能描述同儕互動的現象不能解釋這樣的現象是怎麼產生的（Putallaz & Gottman，1981）。因此許多研究都加上別的方法。其中最常用的是觀察法，另外就是實驗的方法，看兒童接受過一些實驗後是否更能爲同儕所接受。

第七節　交個朋友

　　研究者利用不同的研究方法試圖回答：同儕團體怎麼形成的？形成過程中有那些特徵？團體穩定性如何？團體怎麼拆散分開的？兒童與同／異性，同／異年齡交往及友誼建立過程？還有其他問題如同儕團體對兒童學習社會規準的影響，對自我概念／自尊的影響等等（Hartup，1983）。

　　常見的研究是用社會計量法或用觀察方法找出不同類型的兒童，比較他們與同儕相處的行爲。例如孤獨兒童比社會性高的兒童或一般兒童在與另一位同儕相處互動時會自己跟自己說話，好像對方不存在一樣。當兩人

間產生問題要解決時,他們常用踢、抓等生氣的方式或是「告老師」的方式 (Rubin,1982) 。這樣的比較不能說清楚的是孤獨兒沒有適當的社交能力所以孤獨,還是孤獨沒有社會參與所以沒有適當的社會能力,就像第四節三中所提的問題一樣,需要進一步探討。

當研究者深入探討時發現性別、年齡、社經地位等等都會影響同儕的互動與交往。其中最引人注意的是兒童本身的特質。蔣惠珍 (民75年) 研究四至六歲兒童氣質與友伴關係時就發現兒童的趨避性 (面對新環境所表現的是趨或避傾向) 及活動量 (動作的頻率及速率) 影響他的社會影響力 (同儕對他喜歡與不喜歡提名的總次數) 。而反應閾 (多少刺激量才能引起反應) 則影響同儕對他的喜好程度。顯然兒童本身不同的特質會影響他與同儕的互動。但有否吸引人的特質還是不能說明是否吸引人者有較多正向的社會行為,而不吸引人者就有較多負向社會行為。國外研究者 (Montagner,1984) 利用觀察發現吸引人的兒童有五種動作。這五種動作交互運用以與他人來往:(1)吸引人、安慰人的動作,如以不具威脅的語氣說話、鼓掌,與人分享玩具等。(2)威脅的動作如咬牙、大叫、皺眉引起別人害怕的反應。(3)攻擊行為如搶玩具、踢人,向人丟擲東西。(4)害怕、退後的表情與動作如張大眼、哭、跑走。(5)自閉的行為,如咬手指,離開別的小孩,自己孤獨一角等。這五種動作或行為並不都是正向的行為,有正的也有負的。兒童視情況交互使用,使對方知道他的狀況與需求。這是社會能力好的表現。顯然社會能力好所要求的是會靈活運用各種技巧與人交往。有的研究甚至發現正常兒童比孤獨兒童多使用賄賂方法交朋友 (Rubin,1982) 。那些不會視情況靈活運用社會技巧的兒童,通常他們都只堅持 (或只會) 一種動作因此就成了適應不佳的兒童了 (Montagner,1984) 。

兒童與同儕交往時正負行動都會有,端看怎麼合宜的使用,這就是技巧了。不過當兒童與相處份量不同的同儕在一起,他的表現還是略有不同。廖信達 (民77年) 發現受歡迎的兒童與好朋友在一起時所表現的正向行為比與不願做朋友的同儕在一起時要多。同樣的,被拒絕的兒童與好朋友在一起時正向行為出現的頻率也比與不願做朋友的同儕在一起多。顯然,好朋友在一起是會引起更多的正向行為,不論是被拒絕或是受歡迎兒童。

此外有研究者探討同齡與不同齡團體的同儕互動是否會帶給兒童不同的經驗。整體研究看來，同齡、不同齡同儕的社會互動對兒童都是建設性的挑戰（Hartup，1983），兩種經驗對社會能力的發展都有助益。

交個朋友吧！從上面文獻看來，研究兒童交朋友不是件輕鬆的事，因為有太多互相影響的因素要考慮，但兒童自己的看法呢？

第八節　怎麼交朋友

國外學者（Smollar & Youniss，1982）以故事訪問六至二十四歲的大小受試對於友誼的看法。他們使用的故事例子如下：

小美和小葳（女受試用；男受試用小傑和小偉）都像你這麼大。他們彼此不認識。開學時，他們同時到一個新學校上課，他們兩人正好被安排在同一班且坐在隔壁，班上每一個人彼此也都不認識。

(1)你想小美、小葳怎樣才會成為朋友？

(2)怎樣，他們就做不成朋友？

(3)怎樣，他們才會成為最好的朋友？

研究人員整理答案的結果發現隨著年齡的成長對問題的看法有下面的趨勢：

　「怎樣成為朋友？」

6- 7歲的看法：在一起活動、一起玩、一起談話。

9-10歲的看法：一起分享、互相幫助，例如朋友忘了帶午餐就跟他一起分享。

12-13歲的看法：要互相認識，如看看兩人有沒有相同的嗜好；多聊天彼此多認識。

　「怎樣才會變成『好朋友』？」

6- 7歲：多花一些時間在一起。

9-10歲：兩人在一起做一些特別的事。

12-13歲：兩人要很親近是與別人在一起不同的。

　　「交朋友的義務是什麼？」

10歲：要對他好，兩人不打架，幫他做功課。

12-13歲：要保護他，不要讓他有麻煩。

　　這個研究指出，兒童有他們自己交朋友的方法與看法。我們成人是否擔心太多？怎麼研究都說不完全。

　　我們擔心是因我們希望每位兒童都有好的同儕互動，如研究指出，常與同儕互動的兒童在社會、認知上都較少與同儕互動的兒童好，長大以後也少去了社會的負擔。而兒童在遊玩中有最多的同儕互動機會。只可惜多數成人不喜歡玩，也不喜歡兒童玩，更不喜歡遊玩傾向。當我們成人把兒童這點傾向社會化後，兒童所失去的，不是我們可以想像的。

「不玩、不玩，只作功課，將來只好愁眉苦嘆。」

參考資料

田育芬（民76）：幼稚園活動室的空間安排與幼兒社會互動關係之研究。師大家政教育研究所碩士論文。

吳武典（民73）：社會計量法。教育研究法，台灣省教師研習會。

黃淑貞（民76）：台北市四個鄰里公園中兒童遊戲行為之研究。台大園藝研究所碩士論文。

郭靜晃（民71）：遊戲對兒童合作行為之影響研究。文化大學兒童福利研究所碩士論文。

葉紹國（民67）：幼兒想像遊戲之研究。師大教育研究所碩士論文。

廖信達（民77）：受歡迎及被拒絕學前兒童與其同輩社會互動之研究。文化大學兒福研究所碩士論文。

蔣惠珍 (民75)：學前兒童友伴關係的相關因素研究。師大家政教育研究所碩士論文。

Bolig, R.(1984). Play in hospital settings. In T. D. Yawkey and A. D. Pellegrini(eds.) *Child's play: developmental and applied.* Hillsdale, N.J.: Erlbaum.

Burns S. M. and Brainerd, C. J. (1979). Effects of constructive and dramatic play on perspective taking in very young children. *Developmental psychology,* 15, 512-521.

Butler. A. L.; Gotts, E. E. and Quisenberry, N. L. (1978). *Play as development.* Columbus, Ohio: Merrill.

Cohen, D. (1987). *The development of play.* London: Croom Helin.

Connolly, J. A. and Doyle, A. (1984). Relation of social fantasy play to social competence in preschoolers. *Developmental psychology,* 20, 797-806.

Curry, N. E. and Arnaud, S. (1971). *Play: The child strives toward self-realization.* National Association for the Education of Young Children, Washington, D.C..

Dansky, J. L. (1980). Make-believe: A mediator of the relationship between play and creativity. *Child development,* 51, 576-579.

Dansky, J. L. and Silverman, I. W. (1975). Play: A general facilitator of associative fluency. *Developmental psychology,* 11, 104.

Fein, G. (1981). Pretend play in childhood: An integrative view. *Child development,* 52, 1096-1118.

Gardner, H. (1978). *Developmental psychology: An introduction.* Boston: Little, Brown and Company.

Garvey, C. (1977). *Play.* Cambridge, Mass. : Harvard University Press.

Guerney, L. F. (1984). Play therapy in counseling settings. In T. D .Yawkey and A. D. Pellegrini (eds.) *Child's play: developmental and applied.* Hillsdale, N.J.: Erlbaum.

Hartup, W. W. (1979). The social world of childhood. *American psychologist,* 34, 944-950.

Hartup, W. W. (1983). Peer relation in P. H. Mussen (ed.) *Handbook of child psychology,* vol 4. NY: John Wiley.

Henderson, B. B.(1984). The social context of exploratory play. In T. D. Yawkey and A. D. Pellegrini (eds.) *Child's play: developmental and applied.* Hillsdale, N.J.: Erlbaum.

Johnson, J. E.; Christie, J. F. and Yawkey, T. D. (1987). *Play and early childhood development.* Glanview, Ill.: Scott, Foresman.

Johnson, J. E.; Ershler, J. and Lawton, J. T. (1982). Intellective correlates of preschoolers' spontaneous play. *Journal of general psychology,* 106, 115-122.

Lieberman, J. N. (1977). *Playfulness: Its relationship to imagination and creativity.* N.Y.: Academic Press.

Liss, M. S. (1983). *Social and cognitive skills: Sex roles and children's play.* N.Y.: Academic Press.

Matthews, W. S. and Matthews, R. J. (1982). Eliminating operational definitions: A paradigm case approach to the study of fantacy play. In D. J. Pepler and K. H. Rubin (eds.), *The play of children: current theory and research.* N.Y.: S. Karger.

McCune-Nicolich, L. and Bruskin, C. (1982). Combinational competency in symbolic play and language. In D. J. Pepler and K. H. Rubin (eds.), *The play of children: Current theory and research.* NY: S. Karger.

Montagner, H. (1984). Children's winning ways (M. Pines reported) *Psychology today,* December, 59-65.

Pellegrini, A. D. (1987). *Applied child study: A developmental approach.* Hillsdale, N.J.: Erlbaum.

Pepler, D. J. (1982). Play and divergent thinking. In D. J. Pepler and

K. H. Rubin (eds.), *The play of children: Current theory and research.* N.Y.: Karger.

Piaget, J. (1965). *Moral judgment of the child.* N.Y.: Free Press.

Putallaz, M. and Gottman, J. M. (1981). Social skills and group acceptance. In S. R. Asher and J. M. Gottman (eds.) *The development of children's friendship.* Cambridge: Cambridge University Press.

Rest, J. R. (1983). Morality. In P.H. Mussen (ed.) *Handbook of child psychology,* V.III. N.Y.: John Wiley.

Rogers, C. S. and Sawyers, J. K.(1988). *Play in the lives of children.* National Association for the Education of Young Children, Washington, D.C.

Rubin, K. H. (1982). Social and social-cognitive developmental charateristics of young isolate, normal and sociable children. In K. H. Rubin and H. S. Ross (eds.), *Peer relationships and social skills in childhood.* N.Y.: Springer-Verlag.

Rubin, K. H., Fein, G. and Vandenberg, B. (1983). Play. In P. H. Mussen (ed.), *Handbook of child psychology.* N.Y.: John Wiley.

Rubin, K. H.; Maioni, T. L. and Hornung, M. (1976). Freeplay behaviors in the middle and lower class preschoolers: Parten and Piaget revisited. *Child development,* 47, 414-419.

Saltz, E. and Brodie, J. (1982). Pretend play training in childhood: A review and critique. In D. J. Pepler and K. H. Rubin (eds.), *The paly of children: Current theory and research.* N.Y.: S. Karger.

Smollar, J. and Youniss, J. (1982). Social development through friendship. In K. H. Rubin and H. S. Ross (eds.), *Peer relationships and social skills in childhood.* N.Y.: Springer-Verlag.

Spodek, B. (1974). The problem of play. In D. Sponseller (ed.), *Play as a learning medium.* National Association for the Education of Young Children, Washington, D.C..

Sroufe, L. A. (1979). The coherence of individual development: Early care, attachment and subsequent developmental issues. *American psychologist,* 34, 834-841.

Sutton-Smith, B. (1971). The playful modes of knowing. In N. E. Curry and S. Arnaud (eds.), *Play: The child strives toward self-realization.* National Association for The Education of Young Children, Washington, D.C..

Vandell, D. L.; Wilson, K. S. and Whalen, W. T. (1981). Birth order and social experience differences in infant-peer interaction. *Developmental psychology,* 17, 438-445.

Vygotsky, L. S. (1978). *Mind in society: the development of higher psychological processes.* Cambridge: Harvard University Press.

Wohlwill, J. F. (1984). Relationships between exploration and play. In T. D. Yawkey and A. D. Pellegrini (eds.) *Child's play: Developmental and applied.* Hillsdale, N.J. Erlbaum.

Zahn-Waxler, C.; Iannotti, R. and Chapman, M. (1982). Peers and prosocial development. In K. H. Rubin and H. S. Ross (eds.) *Peer relationships and social skills in childhood.* NY: Springer-Varlag.

10

智力與創造力

　　人類智力與創造力的發展，是否隨著年齡的變化而改變？這些能力的發展是連續的？抑或間歇的？智力與創造力的發展是否可以透過環境、文化或教育力量加以改變呢？智力與創造力的關係如何？這些問題都是近年來研究智力與創造力發展所爭論的。由於這些爭論，使得研究人類智力與創造力發展的趨勢，也有了重大的改變。

　　智力的發展牽涉到智力的本質及意義，心理學家及測驗學家的觀點莫衷一是。各派理論對智力的界定不一致，對其發展也有不同的觀點。

　　至於創造力的發展，至今也仍有許多的爭論，有些學者將創造力視爲一種能力，有人將創造力視爲一種解決問題的歷程。因此，創造力與智力之間關係如何？創造力與其他能力（如學習能力等）的關係如何？這些問題也成爲爭論不已的焦點。

　　本章主要在闡述智力發展與智力與創造力發展的理論，研究趨勢及有關的研究。本章將分七節探討下列問題：

　　壹、智力的本質與理論　　　　陸、創造力與學業成就之相關
　　貳、智力發展的研究　　　　　柒、如何培養學生創造力
　　參、創造力的本質與理論
　　肆、兒童創造力發展的研究
　　伍、智力與創造力發展的關係

第一節　智力的本質與理論

一、傳統智力理論

　　傳統智力發展的研究，始自高爾登(Galton，S.F.，1822-1911)自從他爲研究人類個別差異問題，創出相關的統計方法後，才開始對智力的本質界定爲感覺辨別力(sensory discrimination)。之後，比奈(Binet，1896)認爲高爾登的智力定義過於狹窄，他認爲智力不只是簡單的感覺能力，應還包括高層次的心理能力。因此，1905年他和西蒙(Simon)以「判斷」和「知識架構」爲核心，建立一套舉世聞名的智力量表—比西智力量表。他將智力界定爲普通能力(general intellectual capacity)，其中包括：判斷、推理和理解能力。早期的比西量表，是以心理年齡(MA)來說明個人智力發展的狀況。1912年，史登(Stern)認爲以心理年齡說明個人智力成長仍有其限制，因而提出智商(IQ；intelligence qutient)一詞，用來說明個人智力成長的量，用心理年齡與實足年齡相比，以比率智商(ratio IQ)代表個人的智力。但是這種智商只能說明個人智力成長的量，卻無法比較個人與他人智力的差異量，因此在1916年後，許多學者採用了新的智商名詞，即離差智商(deviant IQ)，用來表示個人在團體中智力發展的情形。這些淵源導致早期智力發展的研究，偏重於統計及計量學的研究方法，傳統智力理論大致分成三種：

㈠不同因素量的智力理論

　　從心理計量學的觀點，智力的本質是包含著許多種因素，這些因素範圍從1個到180個。因此，又被稱爲分化論的智力理論。

1.斯皮曼二因子論

斯皮曼(Spearman，1927)認爲智力包含二個因素，即普通因素和特殊因素。普通因素是指個人一般處理事情的普通能力。特殊因素是個人所擁有的特殊能力，如音樂、藝術等能力。

2.塞斯通基本心理學能力説

塞斯通(Thurstone)認爲人的智力包括七種基本心理能力(primary mental ability)即爲語文理解、語文流暢、數字能力、視覺空間能力、記憶力、知覺速度及推理能力。

3.戈爾福智力結構論(SOI)

戈爾福 (Guilford，1963) 主張人類智力包括許多因素，這些因素可以立方體結構來說明，立方體有三個向度，即內容、運作、及結果等三方面。

1967年，戈爾福認爲人類智力因素包括了4（內容）×5（運作）×6（結果）＝120因素。其中內容包括「語意」、「行爲」、「圖形」及「符號」四個。運作包括「認知」、「記憶」、「聚歛思考」、「擴散思考」及「評量」五個。結果包括「單位」、「類別」、「關係」、「系統」、「轉換」。

1982年，戈爾福認爲人類智力因素應擴大爲5（內容）×5（運作）×6（結果）＝150因素。其中「運作」和「結果」包含因素如上述所列的相同，內容則改爲包括「視覺」、「聽覺」、「語意」、「符號」和「圖形」等五個因素。

1988年，戈爾福的研究又將智力因素拓大成5（內容）×6（運作）×6（結果）＝180因素。將運作的因素拓大成六個，即改爲「認知」、「短期記憶」、「長期記憶」、「聚歛思考」、「擴散思考」、「評量」等。

以上的理論，可以發現心理計量學從分化觀點將智力分成許多不同量的因素。智力的本質包括許多 (1-180) 因素。

(二)不同因素結構的智力理論

心理計量學對智力發展的觀點，不僅強調其因素量改變，而且也表示

智力的成長是因智力因素結構改變之故。下列將介紹四種結構理論：

1.塞斯通的七種基本心理能力

各種能力之間無所謂次序前後，因此這派又稱爲非次序的因素結構論(unordered structure)。

2.戈爾福的立方塊理論

Guilford (1988)以180個小方塊代表所有智力的結構。任何一個小方塊都牽涉到三個向度（即運作、內容及結果），每一小方塊都是智力的本質。

3.智力階層論(hierarchical structure)

以斯皮曼的二因子論爲基礎，斯皮曼認爲G因子較重要，而S因子次爲重要 (Holzinger，1938)。柏特 (Burt，1940) 主張智力包括五種層次，即(1)人類心理、(2)關係、(3)聯結、(4)知覺、(5)感覺、我能 (Vernon，1971)認爲普通因子的智力包括二大群能力，即語文—教育能力及實際—理論能力，而群能力之下又分成許多小能力。因此這派理論爲智力所含蓋的因素之間有層次之分。

4.智力循環論 (radex structure)

以加德曼 (Guttman，1965)爲主，認爲智力本質是各因素圍繞著一個中心，愈接近中心的本質質愈重要，愈是邊緣的本質則愈不重要。

由以上四種智力結構理論中，可以了解分化論認爲智力的成長與智力結構的改變有關。

㈢認知結構智力理論

以皮亞傑爲主的認知發展論，認爲兒童的心智發展與認知發展息息相關，因此智力的本質包括認知的能力及認知的結構。智力的發展與對個人、他人及周遭環境的了解有關。他以同化—調適的認知模式說明人類心智成長的過程。他認爲認知結構是一個複雜的機制，在複雜環境中，面對衝突及不平衡，應用適應的功能，追求平衡，方能促進智力的成長。

皮亞傑將人的認知發展分成四個階段，每一階段的認知基模不同，適應的功能也不同。本節將說明各階段兒童心智成長的本質。

1.感覺動作期的智能

皮亞傑認爲嬰兒智能的發生是來自一種對物體出現的期待(expentan-cy)，再逐漸形成了解的歷程。研究嬰兒的智能，只從他們的手、眼睛等感覺動作中加以推測。因此，早期嬰兒的心智成長是無意的、偶然的；而不是一些符號、象徵的表現；因此，皮亞傑稱之爲符號前期的感覺動作智能。這些智能隨著基模的組合、改變；再經由此同化，調適的歷程，逐漸增長智力，因此這種智力理論稱爲適應智力。

2.學齡前兒童的智能

根據皮亞傑的觀點，人類智能的發展是隨著年齡增加而愈成熟。學齡前兒童的智能發展比嬰兒期的智能更爲成熟，學齡前兒童的智能發展是靠裝扮遊玩，表徵與眞實間的辨別，而獲得符號表徵技巧及知識結構。又隨著溝通能力的增加，及基本數字能力的發展而促使心智能力的發展。因此，學齡前兒童的智力成長與其符號表徵能力及知識結構，溝通及基本數字能力的發展有極密切的關係。

3.兒童中期及青年的智能

皮亞傑認爲兒童中期的智能發展是靠具體運思。此時期兒童能使用較抽象的表徵知識，能分辨表面—事實資料，思考或推理時較能注意到整體的刺激與資料。重視空間及時間的動態化。因此，兒童中期的智能成長與分類、可逆性、非自我中心等推理思考有關。

青年期的智能發展是以抽象化符號來思考，青年能運用的抽象的假設、演繹，及邏輯的命題及推理。因此，青年期的智能成長與個人的假設—演繹思考能力、歸納能力，擴散思考能力及交互邏輯推理能力有關。

由以上各階段的智能成長中，可了解皮亞傑認爲人類智能發展及成長與年齡有密切關係，而且各年齡智能發展的結構及其基模也都不同。

二、近代智力發展的理論與研究

由於心理計量學利用統計方式說明人類心智能力的發展，描述了人類

智力成長的差異量，並且確定每個人智力上的個別差異；但他們都以靜態的因素說明人類智力的本質，似乎又不能全然解釋人類的智力發展。因此，近代的智力理論對心理計量學（或分化論）的智力理論有許多的爭論。他們認為智力本質及發展過程並非全然是靜態的因素結構或因素組合。智力本質還包括一些可以改變的特質，如訊息處理的能力。這派觀點主要受訊息處理理論之影響，對智力的本質及發展有許多突破性的觀點。

㈠卡泰爾的流體及晶體智力論

卡泰爾（Cattle，1971）和荷恩（Horn，1968）以智力階層論的觀點，提出晶體—流體智力之說。他們認為人類智力本質包括晶體及流體二類智力，所謂晶體智力（crystallized ability）包括字彙、閱讀理解、及一般資訊處理等能力。流體智力則包括抽象類推、分類、系列填空等能力。史諾（Snow，1984）將卡泰爾的晶體—流體智力之分，又分為晶體、流體及視覺空間三種智力。這派智力理論雖然承繼著分化論階層理論的基礎，但是對智力發展的觀點却不同於分化論的靜態因素及評量的觀點，史諾認為人類的智力發展是可以透過教學或策略而加以改變，並促進其發展及成長的。

㈡裴歌夫斯基的最大發展軸智力說

蘇俄心理學家裴歌夫斯基（Vygotsky，1978）提倡最大發展軸（the zone of maximam development）的智力觀點，他認為兒童智力的發展不僅是內在能力的成長，而且是靠外在世界中與人交互作用中不斷的成長。發展軸是一個理論架構，它是用來表示個人目前所具有的發展水準和潛在水準之間的差異。個人智力的發展靠學習和成熟。因此，他認為智力發展離不開社會環境因素，在兒童時期，兒童智力發展可能需要更多他人的支持及鷹架維持，才能使其智力成長更快；但年齡愈大後，愈有智力的人愈能獨立於社會的支持。這種觀點，也有人稱為鷹架理論。

裴歌夫斯基認為心理能力可從實際的發展中內化而反映出來，潛在的能力則必須從社會的支持或輔助下反映出來。因此，他認為智力的成長與環境的學習有密切關係。他的大部分研究都偏重在高層次心理能力，如知

覺、注意及有意的記憶力等方面的研究。他認為智力本質有高低層次之分，高層次智力功能在與人交互作用中及解決問題歷程中都不同於低層次的智力功能。由此可見，裴歌夫斯基智力論重視社會文化的影響。他認為人類的智力發展是動態的，可以透過學習和診斷而加以改變的。

㈢史登柏格的三鼎智力理論

史登柏格(Sternberg，R. J.，1985)強調人的智力是一體三面的功能，包括環境型(contextual intelligence)、經驗型(experiential intelligence) 及組合型(componential intelligence)三種智力。環境型的智力是指與外界環境接觸的能力，個人在現實環境下適應的能力，包括(1)個人對目前環境的適應力。(2)選擇與自己習慣最接近的環境，最能發展適應的環境。。(3)改進目前環境，以便配合自己技能、興趣和價值觀。這種智力主要代表個人與生存的社會主之間的相對關係，說明個人在外在現實環境中表現出什麼行為，在那裡表現適當行為的能力。

經驗型智力是指個人面對新情境或陌生環境下，如何應用舊經驗或知識與新經驗結合，而且能習慣化或自動化表現適當行為。這種智力主要是代表個人內在經驗與外界環境的交互作用關係。說明個人在何時表現出才智行為。

組合型智力是指個人智力行為的結構部分，相當於傳統的智力內容，但是組合型智力尚包括後設成分、作業成分及習得知識成分。傳統智力測驗大都測量作業成分及習得知識成分；至於後設成分則少有涉及。所謂後設成分是指個人在思考、推理時，對自己思考分析歷程的監控及自我調整。作業成分是指個人在歸納推理或演繹推理中，所表現的能力。習得知識能力是指個人經由學習語文或數學等獲得經驗的能力。組合型智力主要是測量個人內在知識結構，探討個人是如何產生分析及思考能力。

史登柏格認為智力理論是多重理論的重疊，而非單一理論，因此，他的理論架構中含攝著各種分理論，分理論下又涉及更細微的小理論。同時史登柏格智力理論最大特色是強調智力是可以訓練的。他強調智力測量應同時包含能測量個人內在知識、外在適應力及能促使知識與外在經驗結合的能力。因此智力本質含攝各種能力，形成一個統整而獨立的三鼎智力。

㈣派瑞的智力基模發展理論

　　派瑞（Perry，1970）從認知發展觀點，說明人類的智力發展是認知結構的改變，也是各種經驗的改變歷程，智力的發展可分成九種不同性質的階段，這些階段是有順序的及階層的。每一階段代表個人如何去了解或判斷外界的知識。從一個階段進入下一階段時，智力的發展會融入更多的經驗。

　　這九個階段可分成四大類思考歷程，即二元論思考、多重性思考、相對性思考及執行相對的思考。

　　第一及第二階段的發展，是屬於二分法的思考方式。換言之，個人採用二分法來看外界或了解外界知識。例如，認爲任何事不是對，就是錯；或所有知識都可以知道的，老師會知道所有事情等。

　　第三及第四階段的發展，是屬於多重性思考方式，在第三階段中，個人會從各種觀點去尋找正確的答案。第四階段是個人相信有些答案不一定是全對的。但是可以從各種觀點去找出最佳的答案來。

　　第五及第六階段的發展，是屬於相對性思考方式，個人會想辦法將所學知識應用學習中，並且想辦法去了解文章意義，找出支持性證據來判斷知識。

　　第七至九階段的發展，是執行相對性思考方式，這些階段中，個人會衡量選擇，找出學習某一件事或知識的最佳方式，利用相對性推理歷程去實行和判斷知識，然後從這些實行中獲得經驗。

　　由此可見，派瑞的認知思考方式，強調個人思考的歷程，重視質的分析，而不在於量化的分析。這個觀點與史登柏格重視歷程及後設認知成分的分析上，有相同的看法。只是派瑞的智力理論較傾向於測量個人的內在能力及外在經驗的比較，但忽視了內外在經驗的交互作用關係。

㈤訊息處理論的智力理論

　　訊息處理論與前述的認知發展論，同樣都是以認知實作表現來說明人類智力本質及智力的發展歷程。只不過是訊息處理論強調如何去說明智力本質，如個人處理訊息的速度等，而認知發展是描述心智是怎樣發展的。

訊息處理論研究智力本質大都從幾方面來探討：

1.訊息處理的速度研究

　　有些學者(Berger，1982；Eysenck，1982)認為智力的個別差異與個人處理訊息的速度有關。這種觀點源自高爾登 (Galton，F.，1883) 的智力測量。然而從近期研究中(Lunneborg，1977；Jensen，1980，1982)等人研究皆發現訊息處理速度與傳統智商之間相關不高。

2.選擇反應的時間

　　柏格 (Berger，1982) 研究指出選擇反應時間速度和傳統智力測驗之間的相關高於單純訊息處理速度。

　　另外詹森 (Jensen，1979，1982) 及賴聶二氏 (Lally & Nettelbeck，1977) 也發現選擇反應的刺激變項愈多，與傳統智力測驗結果相關愈高。由此說明人類智力本質與選擇反應速度有關。

3.字彙觸接的速度

　　杭特 (Hunt，1978，1980) 研究發現要了解人類語文智力可從個人如何從長期記憶中將字彙資訊檢索及觸接的速度來了解。一個智力高者，字彙觸接的速度愈快，則愈能利用剩餘時間處理及解決問題。

4.推理歷程的速度

　　有些學者如普勒瑞那和格拉色 (Pellegrino & Glaser，1980，1982)、史登柏格 (1977) 、史高二氏 (Sternberg and Galdner，1983)等人認為了解人類智力應從高層次訊息處理歷程來探討。大致分成二方面：即作業表現歷程及執行作業歷程。就作業表現歷程的研究偏重於個人在解決問題中的速度，或解決問題中所用的策略，其速度如何。就執行歷程的研究言，則探討個人在解決問題時如何發現方法，如何形成策略，如何將知識表徵，如何保持快速又正確等；史登柏格在這方面的研究很多，甚至以後設成分 (metacomponents) 觀念來表示人類訊息執行的歷程。

　　訊息處理的智力研究，至今仍在探討中，許多研究雖然有傑出的結果，但研究結果都只是停留在驗證階段。這些研究變項是否代表智力本質至今仍是未知數。

三、綜合傳統及近代智力發展的理論與特色

本節將以史登柏格觀點綜合智力理論發展趨勢，並介紹艾森克（Eysenck，1988）綜合智力理論發展趨勢，並探討傳統智力理論及近代智力理論的特色。

㈠內隱─外顯性智力理論

史登柏格（1985）綜合了所有智力發展理論，將智力理論分爲二大類：一類爲內隱理論，一類爲外顯理論。內隱理論對智力的界定是以一般人所認定的想法而定，它是一種衆人約定俗成的觀念。最明顯的觀念是尼爾生（Neisser，1979）觀點：他認爲只有具有與某些有智力才能者類似的原型者，智力才出現。換言之，智力本質是內涵的，並非由外在行爲能推估的。這類理論研究人的智力本質，常以某些心理專家認爲「智力是什麼？」而認定，如推孟（Terman）認爲智力是一個人能抽象思考的能力等。或是以某些人認爲有智力者的行爲特質是什麼來界定。史登柏格等人（Sternberg，Conway，Kerton & Bernstein，1981）曾將一些心理專家所認定的智力本質加以因素分析，分析出三個因素來，即爲語文智力、問題解決能力和實際智力等三種。

外顯理論則包括傳統心理計量學所主張的理論及認知論的智力理論。這些理論是基於利用測驗或資料收集可以測量個人智力功能爲主。因此將智力分析成某種因素、成分、基模或心理結構等加以測量人的智力。

由此可見，史登柏格將智力理論分成二大類，是因爲各種智力理論對智力本質界定有不同觀點，內隱理論重視智力與實際能力符合，而外顯理論重視實徵研究取向。史登柏格（1981）對智力理論發展趨勢提出一個模式，如圖10-1。

第一階段

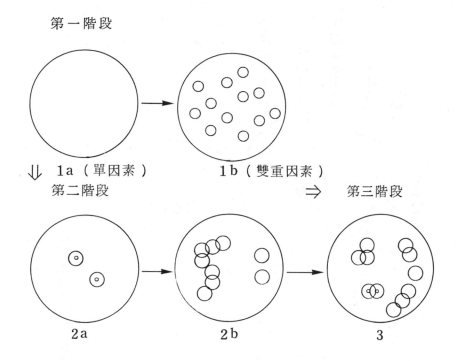

⇓　1a（單因素）　　　　1b（雙重因素）

第二階段　　　　　　　　　　　　⇒　第三階段

2a　　　　　　　　2b　　　　　　　3

圖1O-1　史登柏格的智力理論發展模式

　　圖中第一階段分為二部分，1a是以斯皮曼（1927）的普通因素理論為主，將智力認定為一種單獨能力。1b則是以湯普森（1938）觀念為主，認為普通能力包括一羣獨立的能力結構，如反射、習慣、連結學習等能力。第二階段也分為二部分，2a代表階層性智力理論，它是以柏特（Burt，1940）、卡泰爾（Cattle，1971）、荷恩（Horn，1968）、詹森（Jessen，1970）、莪能（Vernon，1971）等理論為主。每個大的智力內容含攝著其他更細小智力本質。他們認為2b代表各種不同智力組型，以塞斯通的基本心理能力理論，戈爾福的智力結構說，杭特的訊息處理理論為主。第三階段發展趨勢說明智力發展包括階段二階層含攝觀點，甚至有許多不同小智力含攝在各階層智力之內。如加德曼（1965）的循環理論及斐歌夫斯基（1978）的智力理論等。但第三階段的智力研究至今仍未有明確證據及資料支持。

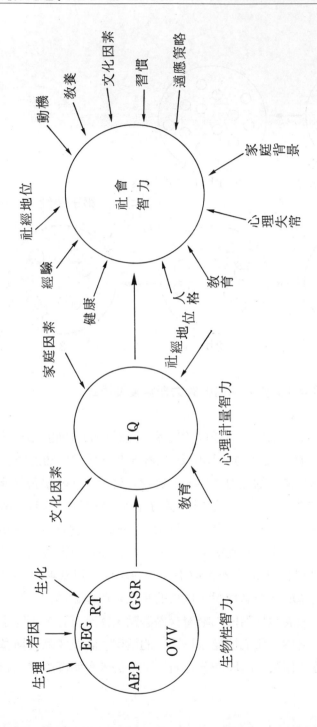

圖10-2 艾森克的智力理論發展模式

㈡艾森克的智力發展趨勢

　　艾森克（1988）在「智力」季刊中提出一個智力理論發展的模式，如圖10-2。由此圖中可了解艾森克將智力概念的定義及發展趨勢分成三個階段，第一階段智力發展理論，是以探討生物性智力爲主，這派是以高登（Golden）的個別差異測量方式爲基礎，認爲智力本質與生理因素，遺傳因素及生化因素有關，因此智力可以腦波、膚電反應及反應時間、動作反應等測量出。第二階段智力發展理論，稱爲心理計量智力，主要受心理計量學，以統計及因素分析方式探討人的智力本質，假設人的智力可以藉由一些外在行爲表現作業，而間接推估人的智力發展。這些智力發展受文化因素，家庭因素、教育及社經地位之影響。因此此階段智力成長的研究都偏重於各種文化、教育及家庭因素的探討。第三階段智力發展，艾氏稱爲社會智力，也是史登柏格所謂的實際智力。這種社會智力是將生物性智力及心理計量智力的觀念與實際生活結合。因此社會智力除了一部分是屬於心理計量智力外，尚有一部分屬於非認知因素，如健康、經驗、社交地位、動機、教養、文化、習慣、適應策略、家庭背景、心理失常、教育及人格等等。換言之，社會智力重視個人認知成分及非認知成分的智力。有關這方面研究是近年來，許多學者所爭論的問題。

㈢傳統智力理論及研究的特色

　　以心理計量學或分化論爲主的智力理論，由於實徵研究資料的支持，使得許多學者熱衷於使用此種計量方式，測量人類智力，再據以說明人類智力的本質，因此，此種取向的智力理論能明確的指出人類智力的本質或智力測量的數據，藉以鑑定人類智力高低。這些智力理論有其理論爲依據，而且藉以了解人類能力的差異性。它是屬於一種描述性智力理論。它和認知發展論同時都在探討人類智力或能力的個別差異，重視量化實徵證據，藉由外在認知或心理操作表現過程，推測人類智力成長，將人類智力視爲因素，是靜態的，不可改變的，受遺傳及發展因素影響的。

　　當然，近代有些屬於計量學的智力理論也重視文化及教育對智力影響；不過這與智力測驗內容重視學習結果有關，因此有些研究支持智力與學

業成就有密切相關。但基本上，他們仍然認爲智力因素是不可能改變的，它是潛在的特質因素。

㈣近代智力理論及研究特色

近代智力理論大都受認知心理學與訊息處理論的影響甚大。兩者都強調智力是多元化的，動態的特質，現代研究智力的趨勢有四種派別：

1.重視認知相關變項研究

主要是研究簡單的實作表現，基本的認知歷程，如字母配對問題、字彙觸接等的速度。

2.重視認知成分的研究

主要是研究類比、推論、應用、執行及監控歷程等高層次的認知成分問題。

3.訓練認知歷程的研究

主要是根據認知理論製編相關課程加以訓練認知歷程，並重視後設認知的教學等研究。

4.重視課程內容法的研究

主要研究個人知識庫的儲存結構、先前概念及其差異性，所導致個人資訊輸出量不同等問題。

由以上的研究趨勢，可了解近代智力理論有關智力發展研究，已不再只重視量化問題，並且重視「知」的歷程及「質」化問題，並且認爲智力發展與實際生活結合，可以透過教學或訓練而加以改變，它是動力性，具診斷性及可改變性的。

第二節　智力發展的研究

一、智力發展與年齡的關係

　　智力發展與年齡之間的關係如何？這是發展心理學家重視的問題。事實上，有些學者認為智力發展隨著各階段發展而產生質的變化，因為智力發展是不連續的。這類研究(如McCall，1979；Piaget，1950；Wohwill，1980)提出實徵證明說明從嬰兒期到兒童後期的智力發展是相當不穩定的，各階段發展的差距不一致。以麥克（McCall，1982）研究指出幼兒期（三點四歲）用一般因素結構論的測量方式所測出的智力和學習的能力相關為.09，而五～七歲兒童，其間相關為.21。由此可見各個年齡階段兒童所發展的智力是不一致的速率。

　　但是，相對的，也有些學者如史登柏格（Sternberg，1985）、柏爾格（Berg，1985）等人研究則支持智力發展的連續性觀點。他們支持智力發展的連續性是有幾項原因：

(1)從實徵性研究中發現嬰兒對新奇事物的視覺注視時間較長，從這些研究中說明智力發展從嬰兒期到後來發展都是一致的，因此證實智力發展是連續的。

(2)從一些認為智力發展是不連續的實驗當中發現，其間不一致是因為各階段測驗或實驗材料內容不同所致，而非智力本質不一致。例如菲根等人(Fagan & Singer，1983；Rose，1981) 研究指出，研究嬰兒智力發展材料是以感覺和動作技能為內容。而研究兒童智力發展的測驗內容是記憶力、辨別力、抽象能力和其他訊息處理能力。各階段兒童使用不同測驗內容，結果自然不一致，更無從比較了。

因此，研究嬰兒的智力作業內容偏向材料新奇性，而研究兒童的智力作業內容以再認記憶方式，因此與傳統智力測驗之間的相關不一致。科羅伯(Colombo，1987；Rose，S.A.；Feldman，J. F. & Wallace，I. F.，1988) 等人研究也一致支持此種看法，說明智力本身的發展是相當一致且連續的。

從上述二派研究趨向，可了解發展心理學家對智力發展與年齡之間變化，是否隨著不同年齡發展有不同差異量或質化問題？他們重視的是各種年齡階段，智力發展是如何變化，其過程是如何轉變，而較不重視差異量的問題。如果實徵研究智力發展是不連續的，而呈階段式發展，則教學及教育目標則必須訂出不同標準來教學。如果證實智力發展是連續的，那麼智力發展則是可以提前加以訓練，以增進智力的成長。不過這些研究都未有充分證據支持自己的觀點，他們仍停留在驗證的階段。

二、智力發展與教育的關係

新近的智力理論，大都接受訊息處理的觀點，認為人類智力本身是動力性、多元性的，因此智力發展是可以透過教學而加以改變的。蓋聶和狄克 (Gagné & Dick，1983) 指出智力功能與教學方法互動，才能促使學生學習結果。柏克‧歐瑞爾 (Balke-Aurell，1982) 認為人類具有晶體、流體及視覺空間三種智力受教育經驗的影響甚大。史諾等人 (Snow & Lohman，1984) 也認為造成學生晶體、流體智力差異是因為性向處理交互作用 (ATI) 不同所導致的，它是學生智力與教學處理交互作用形成的。歌登納 (Gardner，1983) 認為智力是多相的，可以隨著不同領域內容或符號表徵系統，如音樂、語文、數學和生理的協調而有不同成長。他認為應根據教學目標來檢驗學生智力的側面圖是否和教材和教法調適。此種觀點顯然與斐歌夫斯基觀點重視動力性評估觀點類似。這種說法使得學者從不同領域如學科內容、數學、科學或一般問題解決方式訓練來促進人類的智力發展。

《附欄１０-１》

國內有關智力發展與年級、性別關係的研究

國內學者盧欽銘等人（民76）建立基本心理能力測驗的研究中，發現我國小學生的智力發展隨著年級增加而遞增。例如在基本心理能力測驗分數中，國小四年級學生各項分數皆高於三年級生。小學生五、六年級及國中一年級生，除了語文流暢分數以外，其它五項分數（如語文理解、數字運算、邏輯推理、空間關係及機械記憶）等平均數皆隨著年級而遞增；但在語文流暢分數，則是國小六年級高於國小五年級生，國中一年級生高於國小五年級生，但國小六年級和國中一年級生，則沒有顯著差異（詳閱測驗本刊，34輯，1-51頁）。

另外盧欽銘、黃堅厚、林清山等人（民77）修訂考夫曼兒童智力測驗(Kanfman assessment battery for children，K-ABC)中，發現從三歲到十二歲兒童的各項分測驗分數，都隨著年齡增加而遞增。考夫曼兒童智力測驗是一套國內新修訂智力測驗，以認知心理學為取向經驗，共有十六個分測驗，可測出四種量表分數，即系列思考(sequential processing)、平行思考(simultaneous processing)、智力(mental processing composite)及成就(achievement)等。系列量表分數可測量兒童的「動作模仿」、「數字背誦」、「系列記憶」等三項能力。平行量表可測量兒童「圖形辨識」、「人物辨識」、「完形測驗」、「圖形組合」、「圖形類推」、「位置記憶」、「照片系列」等能力。成就量表可測量兒童的「語彙表達」、「人地辨識」、「數字運用」、「物體猜謎」、「閱讀發音」及「閱讀理解」等能力。在修訂考夫曼兒童智力測驗 (K-ABC) 中對智力界定為個體解決問題及處理訊息的型態。這種界定着重於各種訊息處理的技巧層次；並根據大腦功能及認知心理學研究，以系列思考和平行思考來代表心智功能的兩種型態。系列思考着重於問題解決時，掌握刺激的系列或時間順序；平行思考則是以最有效率的方法把握刺激的完形和空間性，並整合刺激來解決問題。而K-ABC的智力量表，儘量減少語文對受試之影響，在選題上並考慮性別的差異性。K-ABC的成就量表，是以理性和邏輯的考慮，以嶄新的評量方式評量個人語文能力、學業成就等能力（詳細

請閱讀師大教育心理學報，21期1-16頁）。

就智力發展的性別差異研究中，盧欽銘等人（民76）發現國小中年級男生在機械記憶能力分數優於女生，而女生的語文流暢分數却優於男生，但其他各項分數（即語文理解、數字運算、邏輯推理及空間關係）上差異不顯著。就國小高年級生言，男生在「邏輯推理」、「空間關係」「數字運算」、及「機械記憶」力中分數皆優於女生（詳閱盧欽銘，民76年，測驗年刊，34輯，1-51頁）。

從教學立場而言，智力測量的動態性及多相性、可改變性，有助於診斷學生學習障礙，可提供適當學習策略，增進學生的智能或認知發展，使教育發揮最大功能。不過從發展立場言，改變人類智力發展的意義是什麼？透過策略或教學法去改變學生的智力發展將帶來何種意義？改變智力發展能有助于社會適應或遷移到現實環境生活中嗎？這是發展心理學家都重視的問題。近年來，有些研究如肯皮尼（Campione，1982）利用認知理論編製課程訓練兒童解決問題能力，以增進兒童的智力成長。衛莫等人（Wimmer. H.；Hogrefe，G. J. & Perner，J.，1988）研究教導兒童視覺及語意溝通技巧有助於兒童知識的理解。席爾格（Siegler，R. S.，1988）研究指出對國小兒童提供加減法及閱讀策略的訓練，有助于增進兒童訊息處理能力。這些研究逐漸從某些特定領域的訓練，以增進智力成長的觀點，說明有些領域的智力發展是可以訓練的，但也可能有些智力本質是無法長期經由訓練而加以改變的。換言之，今日加速兒童某方面智力的發展或成長，他日能有助於兒童適應生活，或使後期的心智發展的更好。這是近年來，許多研究從遷移觀點在探討策略訓練對智力成長效果的主要目的。目前許多研究都只能提出部分證據證明在某方面智力發展是可以透過教學而改變，但是否產生長期遷移效果呢？這個問題有待學者更進一步的探討。

三、智力發展是由遺傳或環境決定？

　　早期的智力發展研究，時常為智力是由遺傳決定？或由環境所決定的觀點爭論。支持遺傳論者，常以雙生子，雙生子女與父母之間智力求相關來支持智力發展是受遺傳因素影響較大。例如有些學者（Erlenmeyer-Kimling ＆ Javrik，1963）曾以五十二篇智力相關的研究分析，父母與子女之間智力相關，雙胞胎兄弟智力相關，兄弟姊妹的智力相關等，如圖10-3所示。以此說明同卵雙生子智力的相關較高，子女與父母智力相關較高，兄弟姊妹的相關較低等，來支持遺傳重於環境的觀點。

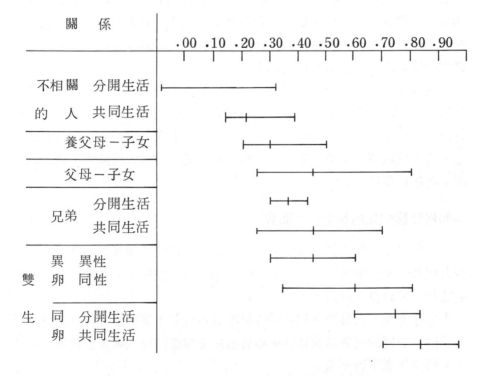

圖10-3 52篇遺傳基因與智商的相關範圍

（摘自Erlenmeyer-Kimling ＆ Jarrik，1963）

　　強調環境論者，通常是以教養院或孤兒院成長的兒童與一般家庭兒童的智力發展作比較，然後發現孤兒院長大的兒童，由於缺乏教育，環境文化的薰陶，因此他們的智力發展較爲遲滯，或是比正常家庭兒童發展的落後。依據此種論點支持智力發展是環境所決定。

四、如何促進兒童的智力發展

㈠發展兒童智力的重要性

　　芝加哥大學心理學教授布倫博士（Dr. Benjamin Bloom）曾對兒童的智力發展作一研究，其結論是「兒童在四歲以前，其智力將已發展50％」，換言之，這四年是兒童智力發展最迅速且最重要的時期，故兒童在早年受到「智力刺激」（intellectual stimulations）的多寡，對其將來的行爲與心理的發展有重大影響。

　　兒童早期的五年裏，不但是情緒發展，社會發展和智力發展最重要的時期，且在此時期，兒童基本的人格結構已大略塑成，其人格特性（包括智力）對將來的發展趨勢有決定性作用。在早期智力得不到良好發展的兒童，其腦細胞將呈頹萎現象，且人類可塑性隨年齡增大而減少，錯過此時期，就難以彌補。

㈡如何發展胎兒的智力——胎教

　　一般來說，健康情況良好，營養充足，心情愉快與在受孕期間有充分智力刺激的父母所生的子女，多半較健康，智慧也高，「胎教」便依此原則進行，其教育方式如下：

　1.生理方面：保護胎兒和孕婦的健康是胎教最重要的部分，許多研究指出，孕婦的健康情況會直接影響胎兒腦細胞的成長與智力發展，故孕婦要注意下列事項：

　　⑴飲食—孕婦的飲食應「質重於量」，要顧及到各種維他命、碳水化合物、脂肪、蛋白質、醣類、礦物質與水份的充足，因胎兒成長所

需的營養是直接由母體身上攝取的。

(2)休息與睡眠—充分的睡眠與休息能使孕婦精神充沛，身體各部也能得到適宜的休養，對胎兒發育有極大幫助。

(3)衣服—以輕便適體，寬大爲之土，以免束縛身體，妨礙呼吸、血液循環等。

(4)日光與空氣—孕婦應多散步，多吸收新鮮空氣。多曬柔和的陽光，日光可供給人體維他命丁與鈣質，增長胎兒骨骼與肌肉的成長，新鮮空氣可增進血液循環，幫助消化等。

(5)工作、運動與娛樂—孕婦儘量避免粗重工作，但適當的運動，對身體有益。在工作之餘可從事聽音樂、繪畫、文學作品欣賞等娛樂活動。

(6)便祕與牙齒的注意—孕婦應養成每日定時排便習慣，以利健康。當胎兒二個月後，開始建立自己的齒顎根基，須從母體攝取鈣質與各種礦物質，故此時母體的牙齒易受影響，應多吃含鈣與礦物質食物，並常檢查牙齒。

(7)定期產前檢查，並注意臨產衛生—因在過去常有些嬰兒，在生產過程中，由於受壓力過大，致使腦部變形甚至造永久性傷害，影響嬰兒智力發展，甚至成爲一個後天的低能兒。

2.心理方面：孕婦的一切心理狀態對胎兒的人格均會產生影響，許多研究指出，孕婦常保持愉快心情，其所生子女均較健康與聰慧，故懷孕期應儘量避免憂鬱、恐懼、憤怒、焦急不安，而多感受一些新鮮、美好且及愉快的印象。

3.智力刺激方面：提高胎兒智力最主要的方法，是孕婦應處於有充分智力刺激的環境因素，因孕婦受到智力刺激，間接也使胎兒受到智力刺激。此處指的「智力刺激」，不含壓迫與勉強意義，它只表示啓發智力，增進智力的一種方式或因素而已。

㈢如何促進嬰兒的智力發展

1.充分給予感覺上的刺激：

發展嬰兒智力最重要的是充分給予感覺與智力上的刺激，應儘可能地

供給某些物體供他玩賞或刺激他的感官，如聽覺、視覺、嗅覺等，或者給予他能抓、咬、吃、玩操作的東西。

2.多與嬰兒接觸、談話：

嬰兒最喜歡的「玩具」便是父母，所以在給嬰兒餵奶、換尿布或洗澡時，可利用此機會對他微笑、輕拍、撫抱，甚至對牙牙作聲的嬰兒說話。這些動作有助於嬰兒身體和感官的發達。他雖不了解說話內容，但可從你的聲音得到感覺和智力上的刺激。

「人類的行為」（human behavior）該書曾敍述一項研究結果，「兒童與成人接觸談話的機會愈多，他的語言發展就愈迅速。因此，如果你喜歡，就多花時間和嬰兒一起玩樂，但不要勉強，而是要時時保持他的樂趣」。

3.佈置生動、活潑有趣的環境：

瑞士心理學家皮亞傑（Piaget）曾說「嬰兒看到、聽到的新事物越多，就越想多看、多聽」，所以應儘可能在孩子所見範圍內，多佈置美麗的圖畫或有許多彩色的圖案，並把室內加以設計，此亦是一種很好的刺激方式。

4.多放柔和、輕鬆的音樂：

母親於餵奶時，能順便放些柔和、輕快的音樂，對嬰兒身心發展，會有更大助益。因根據心理學家實驗，結果發現，柔和、輕快的音樂可刺激嬰兒大腦裏音樂細胞的成長，並促進其他才能（包括思考力、想像力、表現力、集中力、持續力）的發展，還可能消除孩子不安的心理。此外，它給嬰兒大腦神經傳入抒情的美感，有助於繪畫、寫作、語言能力的發展。

㈣如何促進兒童的智力發展

1.充分佈置富有智力刺激的環境，充分供給兒童自由學習的機會：

兒童期的智力發展，方式不限於被動地對外界的感受，而是主動認識外界環境，探索周遭世界，故因儘可能安排各種安全而能啓發孩子智力的環境，使其能自由探索，好奇心能得到良好的表現與滿足，無形中會對自己產生信心，將來從事各種學習活動就順利多了。

此時就應為孩子安排安全的活動場地，供給各種小廚具、竹馬、積

木、洋娃娃、小口琴、鏡子、小碟子等，使其能自由操作，藉以促進智力發展。

2.利用兒童的問話促進其智力發展

兒童常會問「這是什麼呢？」、「那是什麼呢？」、「為什麼會這樣呢？」我們可藉各種技巧回答他，助其語言發展、字彙理解能力和一般的智力。有時問話中隱含某些意義，最好能從其問話的真義點著手。

在答話過程中，儘可能鼓勵孩子建立對周遭事物求知的信心，使其對外在世界有更深的認識與濃厚興趣。

3.替孩子選擇玩具、圖書、錄音帶：

兒童的學習活動並非只限於學校的「正規教育」，他們是隨時隨地都在從事學習活動，因此我們必須配合其發展階段與年齡，為其選擇具有安全性，耐久、趣味性、可操縱、能組合、能引起其好奇心與「活」的玩具，降低水準和他一起遊戲。

兒童在四歲左右就可學習閱讀，可配合其年齡與發展階段，購買內容經過精密設計，文字敘述流暢，且能引其興趣的圖書，使其從小就能經驗學習的樂趣，培養對圖書的愛好。

讓兒童常聽兒歌、世界童謠、故事，或益智性的錄音帶，可養成孩子「注意聽」的技巧，並助其語言發展，使其在學習過程中得到更多的樂趣與了解。

4.講故事、說笑話、和讀書給孩子聽：

一般說來，孩子喜歡聽故事，透過大人的講解、描述，易帶給孩子快樂並啟發其想像力，增廣知識領域，或激發志趣與理想，進而促進語言發展。

5.報導孩子繪畫、唱歌

孩子常藉著畫畫表現自己內心所想的事物，因此不要隨便禁止孩子塗鴉，應替他安排適當作畫場所，充份供給紙、筆或小黑板，積極去鼓勵指導孩子繪畫。

孩子多半喜歡唱歌，唱歌可助其語言順利發展、發音器官發達、記憶許多字彙和句子結構，亦可啟發孩子的想像力，增加對事物的敏感性。有時利用音樂作團體遊戲，可培養其合群力。

6.指導孩子遊戲

遊戲可使孩子健康、快樂。且在遊戲過程中，他可學到許多有用知識，因而提高智力，況且遊戲有其身體上、治療上、教育上、社會上、道德上的價值。若利用機會教導各種技巧、介紹許多有用知識，將會增加其適應環境的能力。

7.指導孩子看電視與電影：

兒童從電視、電影裏可學到許多有趣的新科學知識、歷史故事、社會現況、與生活情形，也可看到各式各樣新東西，如火箭、太空梭、金字塔……等，這些均能使其得到智力刺激，看電視、電影時，父母要與之共同欣賞，並給予必要的資料補充。

8.帶兒童出外遊歷，或參觀各種富有教育意義的場合和活動：

父母可經常帶孩子到處旅遊，增加見聞，或帶孩子參觀博物館、科學館、郵局、圖書館、書店、動物園、兒童樂園、百貨公司、超級市場等。

9.指導孩子思考：

⑴鼓勵孩子仔細觀察事物，激發孩子的好奇心。

⑵利用實在的經驗引發孩子的抽象思考。

⑶幫助兒童發展「基本觀念」。

「基本觀念」是指一種能綜合許多不同現象成為簡明的原理，且易為兒童所了解的觀念。我們可用一些兒童日常所經驗的事物來作敍述的內容和方式（如地心引力）。

⑷發展兒童的直觀思考與創造思考：

所謂直觀思考是藉著精神的猜測、聰明的假設，迅速果斷的觀察而得到初步的概括判斷。雖直觀思考不一定完全正確，但它可迅速認識事物的重要意義、結構和關係，使思考迅速解決某個難題。

創造思考是指在思想歷程中，能發現事物的新關係、解決問題的新方法、設計或製造新的藝術形式。創造力愈強的人，愈能經常有效運用直觀思考來學習事物或解決問題。其方式如下：

①讓孩子常接近「無結構性的材料」。一（如紙、泥土、蠟筆等）

②鼓勵孩子閱讀各種啓發想像力的圖書並說故事。

③鼓勵孩子從事繪畫、音樂、舞蹈等藝術活動。

④發展兒童積極而無意識的心理意像（Positive Images）

⑤鼓勵孩子自由表現與創造。

⑥幫助兒童用遊戲的方式來生活─工作就是遊戲。

第三節　創造力的本質與理論

一、創造力的意義

愛因斯坦曾說過：「創造力比智識更重要」，故它是所有人具備的能力，更是我們賴以解決和表達生活問題的能力。因此，創造力是無所不包，且毫無限制的。它可以表現在各方面，而其定義亦眾說紛紜。

有人認為創造力是直覺的天才、生命的力量、宇宙的力量、瘋狂的表現……等等，六十年代至七十年代初期，更企圖重新下定義，並歸納其共同特徵，其中托蘭士博士（Dr. Paul Farrance）指出：「創造力是一種心理活動的歷程，乃在發覺某些事物之間的缺陷或不足的因素，形成各種假設，以及表達實驗的結果，而修正原先的假設並引起重新的實驗。」

二、創造力的特質

㈠流暢性

對於某一個問題能夠源源不斷的比一般人表現出更多有關的意見或想法（ideas），但不一定以語言或文字方式表示。

㈡變通性

係指觸類旁通的能力，對於解決問題能夠見機行事，不固執一方。

(三)獨創性

表現出新穎的觀點與作法，能夠推陳出新，而不是依樣畫葫蘆。

(四)精進性

例如在畫圖時，能精益求精以刻畫入微的特性。

除了上列幾點外，具備創造能力兒童，大致具備以下的特徵：

(1)懷疑的態度。

(2)堅忍的毅力。

(3)幽默感。

(4)不附會他人。

(5)好奇。

(6)具備發現慾望。

(7)喜歡選擇從事困難的任務或工作。

(8)樂於解決各種問題。

(9)具備獻身工作的熱忱和動機。

(10)具備各種綜合觀點及發現新意義之能力。

(11)處處表現探討研究，追根究底的精神。

(12)涉獵廣泛，知識廣博。

(13)能夠形成各種抽象的概念，及分析、綜合資料。

三、多向度的創造力理論

這類的理論認為創造力是多方面的，包含許多不同層面的因素。

(一)安德森

安德森（Anderson，1965）從生物學、神經學、社會學及發展觀點說明創造力包括十方面，如：

(1)創造力是一種結果，也是一種歷程。

(2)創造力是一種生活原型。

(3)創造力是一種自發性行為。

(4)創造力是社會交互協調形成的。

(5)創造力是此時此刻的行為。

(6)創造結果是靠過去的經驗。

(7)創造力是以覺知過去為基礎。

(8)創造力是一種發展歷程。

(9)創造力顯現較大的活動範圍。

(10)創造力發生於潛意識中。

㈡克拉克

克拉克（Clark，1979）從思考、直覺、感受及覺察等四方面說明創造力至少包含四種內容，即：

(1)思考(thinking)：從意識活動中可以測量出來的理性行為。

(2)直覺(intuitive)：從非理性和機械方面測量個人潛意識和下意識的心理狀態。是屬於較高的意識活動。

(3)感受(feeling)：為達到自我覺知和自我實現歷程，所產生的情緒活動的需求和反應。

(4)感覺(sensing)：具有才能，能創新產品，屬於較高的生理及心理活動需求發展及技能的發揮。

㈢奧斯汀

奧斯汀（Asutin，1978）從個人內在衝突歷程說明創造力是由個人信念和外在行為各種特質激發所形成的。如圖10-4所示：個人的創造力形成靠內在結構—外在經驗及內在衝突—外在經驗等特質形成的。

㈣高文

高文（Gowan，1971）從自然和文化因素探討創造力，他認為創造力應從認知、人格特質、心理健康、心理分析及超心理學等方面加以界定。他認為創造力包括多方面：

(1)創造力是認知、理性和語意的。

(2)創造力受環境及幼時敎養經驗的影響。

(3)創造力是高度心理健康的表現。

(4)創造力是受性衝動的影響，所表現的補償和集中潛意識的行爲。

(5)創造力是一種超感覺和先見之明。

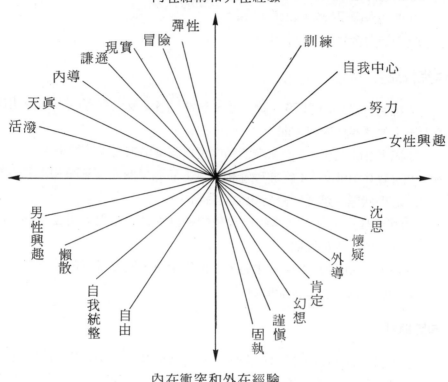

圖10-4　形成創造力的特質

(五)尤金

尤金 (Eugene，1981) 認爲創造力包括許多解決問題能力和創造性人格特質。他認爲創造力應包括流暢力、變通力、敏感力、獨特力、好奇心，開放的情感、強烈追知動機、注意力集中、想像力，分析、運作和綜合能力，容忍曖昧問題能力、分辨選擇能力、獨立、基本知識架構、醞釀能力、參與生產及創作能力、譬喻力及冒險意志等多因素。

四、單一向度的創造力理論

㈠心理分析論

1. 佛洛依德認為創造力是一種替代的滿足，也是一種從「性」驅力轉移到非「性」方面事物的昇華作用。他認為人們常以替代的滿足來躲避挫折，藉昇華以轉移本能力量的方向，朝向不致受挫的目標，以獲得某種程度的成就。人類本能的需求產生，衝突隨之而起，由於潛意識的作用，使得衝突成為激發個人創造的力量。他認為早期的兒童生活經驗對個人創造力及創造性行為影響甚鉅。
2. 榮格和佛洛依德皆同意創造力的動機來自先天的稟賦。創造力的形成是從潛意識中產生一種創造性的驅策力和創造衝動。
3. 阿德勒的創造補償說，認為人類創造力的產生是由於個人為了彌補自卑感和不安全感，而力爭上游的。
4. 科里斯認為創造力是一種自我退化現象，是自我鬆弛和自我退化的歷程。

㈡人本論

1. 羅傑士（Rogers，1959）認為人類為了自主和持久的自主性和堅毅性的表現社會控制行為，才產生創造力活動的需求；因此，創造力形成需要開放性經驗，內控的評量和事實的概念。
2. 馬斯洛（Maslow，1959）認為自我實現是個人才能、能力和潛能的充分應用和發揮，因此自我實現也是創造的實現。創造力的發生是由於個人為達到自我實現而發揮的潛能，它是高度心理健康的指標。

㈢社會行為論

1. 莫菲（Murphy，1958）認為創造力是個人個性主義的表現和降低順從行為的表現。

2.米德（Mead，1959）認爲創造力的產生與個人追求自由有關。

四個人歸因論

這種理論認爲創造力是屬於個人唯一獨特的心理結構。如戈爾福認爲創造力與認知層面有關，創造力即爲個人拓散性思考力，可包括流暢力、變通力、獨特力和精緻力四種能力。

泰勒和何蘭（Taylor & Holland，1964）認爲創造力與智力動機和人格變項有關，它是屬於創造性行爲。

五發展階段論

高文（1979）結合了皮亞傑認知發展論及艾瑞克遜心理社會說的觀點，創出了創造能力發展階段論，如表10-1所示，將創造力的發展分成三個階段，即：

1.潛伏期

此階段個人很少考慮到我是誰的問題，缺乏自我意識及自我。這個階段包括表10-1中的①、④、⑦期。

①嬰兒期（0-1歲）：嬰兒了解外界事物

④青少年期（6-12歲）：了解大小、形狀、事物變化

⑦成年期（16-40歲）：了解小孩、工作、藝術及心理

2.統整期

此階段考慮到我是誰？我爲何生存？我死後將發生何種事情？這個階段包括表10-中②、⑤、⑧期。

②嬰兒期（1-2歲）：反抗階段

⑤青少年（13-18歲）：追求理想、反抗權威、追求獨立

⑧成年（50-80）：忘掉現實生活需求

3.創造期

此階段考慮到能與他人關係包括③、⑥、⑨階段。

③嬰兒（3-5歲）：創造進取、被關愛

⑥青少年（18-30歲）：追求愛與被愛

⑨成年（81歲以後）：愛的最高境界

表10-1　創造力發展階段論

發展程度↓ ＼ 注意模式→		潛伏期 它·他們 世界	統整期 我 自我	創造期 他們 其他人
嬰兒	艾瑞克遜（情意方面）	信任－不信任 (0-1歲) ①	自立－羞愧懷疑 (1-2歲) ②	創造進取－罪惡感 (3-5歲) ③
	皮亞傑（認知方面）	感覺動作－不協調	前操作期－自閉	直覺－固執不變通
青少年	艾瑞克遜 皮亞傑·高文	勤勉－自卑 (6-12歲) ④	統整－角色混淆 (13-18歲) ⑤	親密－孤離 (18-30歲) ⑥ 創造力－權威性
成人	艾瑞克遜 高文	生產－遲滯 (30-50歲) ⑦ 創新－傳襲	自我完整－失望絕望 (50-80歲) ⑧ 豁朗－衰老	愛最高境界 ⑨ 創造實現

㈥腦側化理論

凱茲（Katz，1978）認爲人類創造力活動須先靠左腦覺知新事物，再組織舊觀念，再靠右腦去肯定、精緻和溝通。一般左腦控制人的閱讀及語言、數理分析及計算能力。右腦則控制著人的創造性活動及創造力的發展。

這派理論是根據臨床醫學的研究，證實人的大腦結構有分化現象，大腦左右半球處理訊息的型態有所不同。一般而言，左腦半球擅於處理語文、符號、及數學等具有分析性、邏輯性和系列性訊息、擅於聚斂性思考、依據事實作理性結論。右腦半球擅於處理直覺、整體、完形等型態的訊息、擅於擴散性思考、使用譬喻方式解決問題。然而這些看法仍有許多爭論，就創造力與腦側化研究中，有各種不同看法及結果。

總而言之，創造力也是一個複雜的能力和歷程，創造力的本質及定義，隨著各種理論而有不同的界定。

第四節　創造力發展的研究

一、創造力發展與家庭環境因素

一般研究發現較溫暖家庭，要求孩子服從社會及家庭要求，使小孩缺乏創造力發展。反而是父母親表現愛恨兩面感情者，孩子的創造力高（Hitchfield，1973）。

㈠兒童養育經驗與創造力發展

羅伊（Roe，1953）研究指出父母親的彈性和固執態度影響子女的創造性行為。

帕洛夫（Parloff，1967）、戴塔和帕洛夫（Datta & Parloff，1967）研究指出父母親給予子女的自主性及社會控制是影響子女創造性行為因素。父母親給予子女更多的自主性及獨立性，少於權威控制，則創造力行為較多。希格曼（Siegelman，1973）指出父母管教子女時給予較少溫暖是形成子女創造力高表現因素。由於反叛性想法，導致子女獨立行動，形成創造性行為。反而在充滿愛與溫暖家庭反而因父母鼓勵順從社會價值觀念及小孩接受父母傾向，導致創造力行為較少出現。

㈡父母親與子女創造力的關係

有關子女的創造力與父母親創造力相關至今仍未有明確定義。如多明諾（Domino，1979）研究父母親與子女的拓散性思考力相關，但未有顯著相關。但瓦林格和塞丹里（Wallinga & Sedahlia，1979）研究則指出子女的創造力與父親的創造力有顯著相關，但與母親各方面的創造力皆無關。

㈢子女出生別與創造力

子女出生順序可能影響其創造力。一般言，老大較具有獨立性、自主性及創造力。此一看法有許多研究結果支持，但亦有其他人持相反意見，至今仍爭議不休，未有定論。

二、創造力發展與動機因素

高智力學生可能具有高創造力，但本身若不具有動機，則不可能有創造力的表現。高創造力學生對問題充滿好奇心，對問題較敏感且執着。

三、創造力發展與資訊儲存關係

創造力發展須要更豐富的知識架構爲基礎，同時好奇心的驅使，會使個人不斷儲存新的知識。因此創造力發展與儲存訊息能力息息相關。

四、創造力發展與教育關係

學校的教育措施，教材呈現，教法及態度的培育方式都可能影響學生的創造力發展。例如教材呈現過於單調，教學情境缺乏生動變化、統一的教學方法，忽略個別差異及個人需求，統一的評量方式，只重視學生的認知成就，不重視認知及學習歷程等，鼓勵學生的順從行爲等因素都可能影響個人創造力的發展。

第五節　智力與創造力的關係

研究創造力與智力及其他能力間的關係，其結果大致分爲三派，一派認爲創造力與智力之間有重疊部份，如早期戈爾福（1950）研究指出創造力與智力之間有關係存在，但是相關並不高，他認爲高智力者未必具有高創造力，而高創造力者也未必是高智力組。桑代克等人（Throndike，1963；Ward，1966；Cropley，1966）也支持此看法，認爲創造力與智力之間僅有部份是重疊的。又如華勒士（Wallach，1970）研究智力與拓散性思考力關係中，發現觀念性流暢力與普通智力無關，但是語文流暢力、變通力和獨創力卻與智力有關。另外一派學者認爲創造力與智力之間應有高度相關，如麥尼馬（McNemar，1964）支持智力與創造力之間關係應呈扇

形分佈，高智力者應想為高創造力者，但是其研究結果並未支持其原先假設。安那塔西和薛弗（Anastasi & Schaefer，1971）簡茂發（民71）研究證明智力與創造力之間相關極高，創造力與智力不是各自獨立的能力。智力與學業成就或其他能力相關應等於創造力與學業成就及其他能力相關。第三派學者認為創造力與智力之間無關係存在，智力與創造力是二種各自獨立能力。如傑西爾和傑克森（Getzels & Jackson，1962）預測高智力者與高創造力者在學業成就上應有顯著差異，然而其結果並未支持其想法。米尼克等人（Mednick & Andrews，1967；Dacey & Medaus，1971）研究說明智力與創造力之間無相關存在。渥布朗等人（Wallbrown，Wallbrown & Wherry，1975）研究却支持智力與創造力是完全獨立的認知能力，二者之間並無相關存在。

　　由以上研究結果說明有關智力與創造力之間關係，常因研究對象及測量工具不同，而有不同的結果。

第六節　創造力與學業成就之相關

　　在教育上早已公認智力與學業成就的關係甚為重要，因而，創造力與學業成就關係的研究，亦成為重要的話題，以下是有關的研究：

一、兩者呈低相關

㈠**麥堅龍（ Donald Mackennon 1962 ）的研究**
　　研究當中指出許多傑出創造能力的人才，發現這些人在校的學業成績竟然大多數都是 C 和 B，而不是 A。
㈡**Getzels & Jackson（ 1962 ）之研究**
　　發現高創造力者，在學業成就上，並沒有達到預期的顯著差異。

二、兩者無相關存在（國內）

㈠**林幸名（民70）的研究**

以國中一年級學生模擬甄選資優學生，發現創造力與學業成就無關。

㈡**洪冬桂（民62）的研究**

以國中三年級普通學生為受試，結果發現，創造力與學業成就常呈低相關。

㈢**Holland（1961）的研究（國外）**

以美國全高中優等生決選的部分學生為受試，採用實際表現的創造成就學業成績求相關，而發現了這現象：兩者無關或呈負相關。

三、兩者之間有很高的正相關

㈠**如 Getzels & Jackson（1962），Torrance（1963），Fairbanks（1975），McCarthy（1977）與 Saarenman & Michael（1980）的研究**

研究受試包括小學及中學資優學生，研究工具也各不相同，但他們一致發現創造力與學業成就相關頗高，甚至於 Getzels & Jackson 發現高智力組的學業成就比不上高創造組，即使受試者並非資優學生，Cline Richards & Abe（1962）與 Cline、Richards & Needham（1963）也發現單獨使用創造力測驗即可有效預測學業成績，不需加上智力為預測變項。

㈡**吳靜吉（民68）的研究**

受試中國中學生部份，創造力各因素與學業成就達到顯著水準的相關，而男生部份卻不然。

綜觀以上之研究，大體可以說，學業成就與創造力的相關遠較其與智力的相關為低，而國內對此兩者之關係，亦缺乏一致的理論。因創造測驗欲測出其擴散性思考能力，而傳統的學業成就，評量的卻是固定的答案式

問題，很難顯示出彼此的關係。

第七節　如何培養學生創造力

　　林幸名（民62）設計出一套創造性教學與教材內容，採用一學期後，證實如果加以設計教材，將有助於提升兒童各科成績及創造力，更由前面所言，創造力並非天賦的，是可靠培養的，以適應更多的變遷與情況。

一、培養創造性的態度

㈠培養學生探討的精神。

㈡培養學生正確的批判態度。

㈢培養學生自行解決問題的能力。

㈣激發學生好奇心及洞察力。

㈤培養學生的想像力。

二、激發學生的基本潛能及知識

三、訓練學生的思考能力

四、開發學生自發能力

　　卡林和山德傅士（Dr A. A. Carin and R. B. Sund）亦提出教師協助提高兒童創造力的建議：

　　(1)給予學童適當的信任，並設法減少學童的恐懼心理，時時表示信心。

(2)鼓勵自由交換意見。教師以廣闊心胸接納。

(3)允許學生自行決定活動的目標以及自行評價，教師給予絕對的尊重。且不做「好」與「壞」之評價。

(4)不要對學童控制太緊，應鼓勵他們多多嘗試各種不同的學習方式。

(5)濫用獎賞方式來鼓勵創造，亦產生弊端，會剝奪彼此交換創造心得的現象，取而代之的是：狡詐、欺騙。

總而言之，或許我們教室氣氛過於嚴肅，教師太過權威，使學生壓抑他們許多想法，怕自己的觀念不符合老師的價值判斷，因而，在教育上，除了教師需有「民主」的胸襟外，教材教法亦須改進，尤以課程內容，更須以促進思考方式編選，當然，更待教師如何靈活應用，使學童能獲得更多思考解決方式，而非受習慣僵化之限制，受制於傳統的，堅固的思考阻礙，因創造力非與生俱來的，而是異於一般智力的獨立歷程。

參考資料

林邦傑（民70）：國中及高中學生具體運思、形式運思與傳統智力之研究。中華心理學刊，23卷2期，33～49頁。

林邦傑（民70）：國中及高中學生具體運思、形式運思與學業成就之關係。測驗年刊，28輯，23～32頁。

林邦傑（民71）：國中學生場地獨立性與具體運思、形式運思之關係。中華心理學刊，24卷2期，101～110頁。

吳靜吉等（民70）：拓弄思圖形創造思考測驗（甲式）指導及研究手冊，遠流出版社。

盧欽銘，林清山，吳鐵雄（民76）：基本心理能力測驗之編製。測驗年刊・34輯，1-5頁

盧欽銘，黃堅厚等人（民77）：考夫曼兒童智力測驗修訂報告，師大教育心理學報，21期，1-9頁。

Abraham, J. T. (1983) *Gifted childern Psychological and educational perspectives.* New York: MaCmillan Publishing Co.

Anderson, H. H. (1965). On the meaning of Creativity. In H. H. Anderson, (ed.) , *Creativity in childhood and adolescence,* p46-61. Palo Alto, Calif: Science and Behavior Books.

Arieti, S. (1976). *Creativity,* New York: Basic Books, Inc.,

Austin, J. H. (1978). *Chase, chance and creativity.* New York: Coloumbia Univ Press.

Barron, F. (1963). *Creativity and psychological Health, Princeton, N. J. P. Van Nostrand Co.*

Bruner, J. S. (1970) Structure in Learning. In Hass, G. et al. *Readings in curriculum boston: allyn & bancon,* 314-315.

Bruner. J. S. (1971) Needed: A theory of Instruction. In Hyman, R. T. *Comte-mporary: thought on teaching* N. T.: Prentice-Hall.

Bruner. J. S. (1973). *The relevance of Education.* New York: Norton.

Chen, M.J.; Holman, J; Jones, F. N and Burmester, L. (1988). British, *Jo. of developmental psy.* 6, 71-82.

Carrol, J. B.(1988) Cognitive Abilities, Factors and Processes *Intelligence,* 12, 101-109.

Clark, (1979). *Growing up gifted columbus,* Ohio: Charles. E. Merrill Publishing Co.

Cropley, A. J. (1966). Creativity and Intelligence Brtitsh *Journal of Ed. Psy,* 36,259-266.

Dacey, J. S. & Medaus, G. F. (1971) Relationship between Creativity and Intelli-gence. *Journal of educational research,* 64,213-216.

Dave, R. (1979) Effects of Hypnotically Induced Dreams on Creams on Creative Problem Solving. *Journal of abnormal psy,* 88,293-302.

Day. J. D.(1983) *The zone of proximal development: cognitive strategy research psychological fouldation.* 179-202.

Erikson, E. H. (1950). *Childhood and Society.* New York: W. W. Norton.

Eugene, R. (1981). *How creative are you?* N. Y. Academc Press.

Eysenck, H. J. (1988) The Concept of Intelligence: Useful or Useless? Intelligence, 12,1-16.

Freud, S. (1908). *The relation of the poet to day-dreaming.* In Collected Papers, Voll. II London Hogarth

Gange, R. M. & Leslie, J. B. (1974). *Principles on instructional design.* New York: Holt, Rinehart and Winston, Inc.

Getzel, J. W. & Jac Kson, P. W. (1962). *Creativity and intelligence: explorations with gifted children,* New York: John Wiley.

Gowan J. C. (1979). The Development of Creative Individual. In J. C. Gowan,; J. Khatena, and E. P. Torrance, (Eds.), Educating the Ablest p.58-79.

Guilford, J. P. (1950). Creativity. *Arerican psychlogist,* 5,444-454.

Guilford, J. P. (1975) Varieties of creative giftedness: Their measurement and development, *Gifted child quarterly,* 19(2),107-121.

Guilford, J. P. (1979). Some thoughts on incubation. *Journal of creative behavior,* 13(1),1-8.

Guilford, J. P(1988) Some Changes in the Structure-of-Intellect Model. *Educational and psychological measurement,* 48. p1-4.

Gur, R. C. & Payner, J. (1976). Enhancement of Creativity via Free-Imagery and Hypnosis. *American journal of Clinical hypnosis,* 18,237-249.

Humphrey, L. G. & Davey, T. C. (1988) Continuity in Intellectual Growth from 12 Months to 9 Years. *Intelligence,* 12,183-197.

Jung, C. G. (1971). Psychological Types. In Collected Works Vol,6, Princeton, N. J. Princeton Univ Press.

Kane, M. & Kane, N. (1979) Comparison of Right and Left Hemispheres Fuctions. *Gifted Child ouarterley,* 23,157-167.

Katz, A. H. (1978). Creativity and the Right Cerbral Hemisphere: Towards a physiological based theory of Creativity. *Jo. of creative behavior,* 12, 253-264.

Larson, G. R.; Merritt, C R. and Williams S. E(1988) Information Processing and Intelligence: Some Implications of Task Complexity. *Intelligence,* 12,131-147.

Lim, T. K. (1988) Relationships between Standardized Psychometric and Piagetian Measures of Intelligence at the Formal Operations Level. *Intelligence,* 12,167-182.

Lehrl, S and Fisher, B(1988) The Basic parameters of Human Information Processing: Their role in the determination of Intelligence. *Person, indffldual diff.* Vol. 9, No5, 883-896.

Pintrich, P. P.; David. R. C.; Robert, K. and Wilbert, J. M. (1986) *Instructional psychology.* 37, 611-651.

Rose, S. A.; Feldman. J. F. and Wallace, I. F (1988). Individual Differences in Infants Information Processing: Reliability, Stability, and Bediction. *Child development,* 59,1177-1197.

Siegler, R. S. (1988). Individual Differences in strategy choices: Good Students, Not-So-Good Students, and Perfectionists. *Child development,* 59,833-851.

Sternberg. R. J (1985) General Intellectual Ability: Haman Ability an information Processing Approach, *Ability* p5-30.

Sternberg. R. J. (1985). *Beyond IQ: a triarchic theory of human intelligence.*

Stonewater, B. B.; Stonewater, J. K.; and Hadley, T. D. (1986) Intellectual Development Using the Perry Scheme: An Exploratory Comparison of Two Assessment Instruments. *Jo. of college student personnel,* No1, 542-547.

Wimmer, H and Hogrefe, G. J. (1988) Childrens Understanding of Informational Access as Source of Knowledge. *Child development,* 59.386-396.

11

人格與道德發展

　　假如有機會去觀察國小一年級新生剛入學的情況，或許可發現有的孩子怯生生地坐在角落裏沈默不言，有的甚至淚眼汪汪，另外有的馬上和其他孩子說話，很活潑的樣子，有的則忙著探索環境，比比桌子、試試椅子、翻翻櫃子，以上種種表現均屬於個人和別人或環境互動中行為模式的差異，概稱人格（personality）。而人格與智力（intelligence）是心理學裏探討個別差異（individual difference）的二個範疇。本章前部份主要說明人格的意義，以及介紹描述或解釋存在於人格之個別差異的理論取向：(1)生物性解釋（biological　approach）以氣質的差異反映人格；(2)心理分析論（psychoanalytic approach）以內在天生的特質及環境特殊需求之觀點說明；(3)社會學習理論（socaial learning theory）以環境所提供不同型態的增強而造成的行為差異而言之。針對每一取向說明其對人格定義之看法、對人的基本主張、人格的結構與發展等。

　　本章後半部份則著重道德的發展，兒童如何判斷對錯？道德行為與道德判斷之間的關係又如何？這些問題藉由探討道德發展的理論與爭論的議題嘗試回答。

第一節　人格的定義

　　「人格」是我們常用的字眼，一般言之，當我們使用這字眼時，我們表示了一種價值判斷──某某人的人格高尚。在心理學的範圍裏，何謂人格至今尚無一個絕對或大家公認的定義。有人以個人的特質或特徵來界定，如英國心理學家艾森克（ Eysenck, H. J. 1963）提出了二個人格特質向度：內─外向及穩定─不穩定（ 圖11-1 ）。有人則以外在行為來推論其內在歷程藉此定義人格，如佛洛依德的人格結構，有人則以行為傾向來探討。

　　雖然人格定義仍未獲得定論，但為方便起見，將人格定義如下（ 鄭慧玲，民71，p. 2 ）：

人格是代表個人在對情境做反應時，將自己所表現出的結構性質和動態性質。換句話說，人格代表一種使個人有別於他人的持久特性。這個定義強調一些觀點：

⑴它指出人格包含結構和動態二方面──人格特徵能用其成份及
　成份之間的關係來表示，因此人格可視為一個系統。

⑵人格以行為來定義，但行為須經研究者的觀察和測量後共同認
　定。

⑶人格須具備人與人之間、團體與團體之間的一致性，甚至個人
　本身的一致性。

⑷行為乃是對有關情境的反應。

概括而言，人格為決定個人適應環境的行為模式及思維方式的特性。

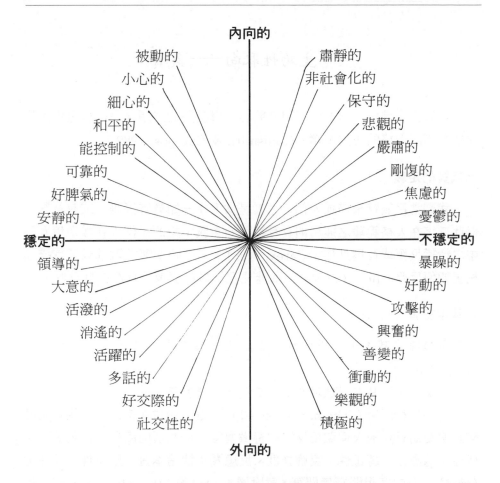

圖11-1 艾森克的向度與人格特質的關係

（摘自Eysenck & Eysenck，1963）

第二節 人格發展的理論

　　如前所述，人格的定義各家說法不一，而於描述或解釋存在於人格的個別差異亦有不同。本節僅就一些主要的架構取向大略說明於後。

一、生物性取向──氣質

「氣質」是過去五至十年間發展心理學熱門的主題之一，也是由生物性觀點探討人格的主要範疇（Goldsmith & Campos, 1982）。

㈠氣質的定義

我們常用氣質來描述人們（尤其是女人）─如氣質高雅、或有氣質。但此二字在人格範疇之運用則具有特別的意義，指的是個人在與環境互動中之情緒反應或行爲型態（Carey, 1981）。同時，氣質取向較著重描述兒童如何反應（how）的模式，而非兒童能做什麼或爲什麼如此反應。

㈡基本主張

氣質論者基本上認爲個別差異是與生俱來的，其基本主張有三（Bee, 1985）：

1.每個人天生具有對環境或別人反應之特徵型態

湯瑪斯和卻斯（Thomas A. & Chess, R., 1977）提出九項氣質向度來說明嬰幼兒對別人或環境反應的特徵型態。這九項向度是：活動量、規律性、適應性、趨避性、反應強度、反應閾、情緒本質、堅持性、及注意分散度（各向度說明請參閱第4章附欄4－1，第118－119頁）。綜合每一向度行爲評量結果可區分三種氣質類別─易養育型（easy tempera-ment）、難養育型（difficult temperament）及慢吞吞型（slow－to-warm－up）（表11－1）。

另外，伯斯和普洛明（Buss, A. & Plomin, R., 1975）則指出四個氣質向度──活動／無力的、情緒化／平靜的、合群／離群的、衝動／審愼的（表11－2）。

由此觀之，雖然被提出的氣質向度有所不同，但氣質論者共同認定這些氣質特徵是天生俱有的。

2.個人擁有的氣質特徵將影響其與他人互動或行事方式

　　一位氣質屬於社交的兒童會尋求與別人互動，而活動性的兒童可能選擇足球而不選擇拼圖。

3.個人的氣質亦將影響別人對他的反應方式

　　父母可以常對著社交氣質的兒童微笑、說話，因社交的兒童較常對他們微笑。活動量大的兒童可能被認為調皮搗亂而受到責罵。雖然氣質是天生的，但非決定人格的唯一因素，孩子與他人的互動也很重要，不過有時由於兒童本身的氣質影響了互動的型態。

表 11-1　依據氣質向度區分的三類型

氣質向度	易養育型	難養育型	慢吞吞型
活動量	中	變化	小→中
規律性	非常規律	不規律	變化
趨避性	接受	退縮	退縮
適應性	高	低	低
反應強度	低→中	激烈	弱
情緒本質	正向	負向	輕微負向

（摘自 Dworetzky, 1987, p.110）

表 11-2　伯斯和普洛明提出之氣質四向度

氣質向度	說明
活動／無力	活動的人通常很忙碌與匆忙，有著精力充沛的活動。
情緒化／平靜	情緒化的人很容易被激起情緒且對他人較有反應。
合群／離群	合群者較具親和力，喜歡與他人相處且對他人較有反應。
衝動／審慎	衝動者喜作迅速反應而較不預作計畫或抑制反應。

（摘自 Buss & Plomin, 1975, p.8）

㈢研究證據及理論優缺點

　　以上三項主張均有研究證據支持，如進行雙生子研究發現同卵雙生子比異卵雙生子在氣質上更爲接近，由此可知氣質乃天生（ Buss ＆ Plomin, 1975；Goldsmith, 1983；Matheny et al., 1981 ）。而社會性與活動量最受遺傳影響。

　　除此之外，研究亦發現氣質在時間上具有某種程度的一致性，例如在六歲前幼兒之正向與負向反應有其程度上的一致性（ Matheny et al., ）。

《附欄11－1》

氣質與學習的關係

　　湯瑪斯和卻斯提出氣質九向度，而氣質不僅影響父母與兒童之間的互動，在學校裏，氣質亦或多或少影響兒童的學習效果。徐澄清（民 75 ）提出兒童的成績（尤其低年級者）與學習動機有關，而近年來的個案研究也發現氣質的個別差異在這方面亦扮演重要角色：

　1.活動量

　　活動量大的兒童不論在教室內或寫作業很難靜下心來，他亦難安安份份地聽講或做事，以致影響師生關係及學習。

　2.趨避性

　　若氣質屬於較退縮的兒童，在學習上可能發生困難。例如，初次接觸新老師，他須花很多心力來熟悉老師而忽略學業。同樣地，新單元或新課程，他須較長時間適應。

　3.注意力分散度

　　此乃學習中最重要的氣質向度。注意力分散的兒童容易分心，未能集中精神聽課。

　4.反應閾

　　反應閾高兒童須較大的刺激量才能引起反應，故可能予人「遲鈍」或「相應不理」的印象，故對課程的重點較難掌握。

5.堅持性

堅持性太高或太低也會影響學習，因這些氣質一方面由於太過堅持非要解決某個問題不可，導致影響其他的學習，或太過輕易放棄而不能嘗試解決問題。

氣質是與生俱來，在教育上若能因材（氣質）施教，注重每個人的個別差異，使兒童的學習獲得最理想的效果。

二、心理分析論

心理分析論為一以佛洛依德為先，後接榮格（Carl Jung, 1963）、阿德勒（Alfred Adler, 1964）、艾瑞克遜（Erik Erikson, 1980）等人之學派。所謂「psyche」一字在希臘文指的是人的靈魂（soul）、精神（spirit）、及思想（mind）。因此 psychoanalysis 的意思則為分析精神與思想。

心理分析論代表心理動態（psychodynamic）的人格理論，相當重視存在於人之各種力量之交互作用及其對行為的影響，故行為被視為動機、驅力、慾望、需求之間掙扎與妥協的結果。而此理論亦以研究和分析某些方面受到干擾的成人或兒童為始，是臨床觀點的架構。心理分析各理論中以佛洛依德及艾瑞克遜二位學者比較討論到發展的問題，以下僅就此二者概略說明：

㈠佛洛依德理論

1.基本主張

佛洛依德的基本假設如下：

⑴人為一能量系統，且所有行為均受基本本能的驅力所引發

佛洛依德對人的看法主要觀點是人格是一個能量系統，由此系統釋放能量，能量若以某方式釋放，相對地以另一方式所釋放者將減少。同時，

人天生具備三種本能：①生的本能（ sexual drives ），亦稱之爲原慾力（ libido ）；②維生本能（ life-preserving drives ），包括飢、渴、痛等本能；③攻擊本能（ aggressive drives ）。其中最爲重要的是生的本能。且人的一生則著重在這本能的滿足。

　⑵人格的結構有三——本我（ id ）、自我（ ego ）、與超我（ super-ego ），而於兒童成長過程中發展，以協助本能的滿足

　　本我指的是人天生具有的一切原始且無法抑止的慾望與本能，通常存在於嬰兒。而本我的滿足則以享樂原則進行一追求慾望立即滿足。然成長過程中，因種種因素影響，嬰兒慾望滿足有時受到限制，於是他必須逐漸知道現實環境的條件，以延宕、或想像、或計畫、或其他方式來考慮現實以滿足慾望，此乃自我的發展，並以現實原則進行。超我正好與本我相反，代表著社會規範或道德標準下的行爲獎懲。超我的功能在控制行爲，又可分爲二部份：①道德良心（ conscience ）一當行爲違背規範或標準時，則予以懲罰而形成罪惡感、自卑感等；②理想我（ ego－ideal ）一對好的行爲提供獎賞，如驕傲、自愛。

　　總而言之，本我代表著衝動、非理性、予取予求及自以爲是，超我的功能是抑制本我的衝動、說服自我以道德目標取代現實目標及追求完美，而自我的角色則是居於本我、現實環境、超我的中間人。

　⑶人的心有三種意識狀態——意識（ consciousness ）、前意識（ preconsciousness ）及潛意識（ unconsciousness ）

　　佛洛依德提出另一重要的概念即潛意識。佛洛依德認爲人的心如一座冰山，浮出水面者代表意識經驗一隨時均可察覺的現象，而大部份掩蓋於水平面之下者是潛意識經驗一除了在某些特殊狀況下，我們根本不能察覺的現象。介於二者之間乃前意識一只要加以注意便能察覺的現象。潛意識雖未能察覺，然卻影響日常生活的行爲。

　⑷在本能之表現與抑制之間及本我、自我、超我衝突之間，焦慮產生，並以防衛機轉（ defense mechanism ）消除焦慮

　　焦慮理論亦是重要概念之一，而個人發展出防衛機轉來降低焦慮、減除痛苦情緒。佛洛依德所提的防衛機轉，例如合理化（ rationalization ）一個人對行爲重新解釋，使其顯得合理而可接受；反向（ reaction－

formation）一個人有了不爲人所接受的衝動或想法，以相反的表現來防衛。

　2.發展時期

　佛洛依德認爲人格的發展可以身體區域最能獲得滿足加以區分，並提出五個心性的發展時期（the stages of psychosexual development）（表11-3）（請參閱第一章，第22頁）。

　不論任何一個時期，若發展有問題，如被剝奪或過度滿足均會有固著現象（fixation）且影響其人格表現與發展。

　由五個時期觀之，出生至一歲以嘴巴刺激爲最能獲得滿足，如吸吮；而肛門期的滿足來自排泄；性器期則爲撫弄性器官；潛伏期的孩子則把興趣轉移到環境；異性期時，對異性產生愛慕行爲。

表11-3　佛洛依德之心性發展時期

時期	年齡	主要發展任務	固著的一些特徵
口腔 (oral)	0-1	斷奶	口腔活動，如抽煙、飲食過量；消極。
肛門 (anal)	1-3	控制排泄	過份要求秩序、整齊、潔癖；抗拒外界的快樂。
性器 (phallic)	3-6	戀母情結——認同同性父母	虛榮；魯莽（或相反）。
潛伏 (latency)	6-12	發展自我防衛機轉	無（此時期無固著現象發生）。
異性 (genital)	12-	成熟之性關係	若順利整合早期發展的成人，此時將發展實際與成熟的親密異性關係。

㈡艾瑞克遜理論——心理社會危機（psychosocial crises）

　佛洛依德以本能、潛意識及心性發展說明人格。而屬於心理分析論的

一員艾瑞克遜卻與佛洛依德的論點有些不同：(1)艾瑞克遜強調的重點是自我（ego）—意識的自我及自我認同（ego－identity）；(2)艾瑞克遜主張人的發展受文化及社會之影響，故其提出心理社會發展時期（psycho-social stages）；(3)艾瑞遜擴展佛洛依德所提山之五個時期爲人一生的發展。

1.基本主張

艾瑞克遜（1980）之基本主張爲：

(1)人的一生將經歷一系列的發展階段，每個階段均有衝突存在，所謂成長便是克服這些衝突的過程

艾瑞克遜認爲人的一生可劃分爲八個階段，每一階段均有重要的發展任務必須完成。而發展任務都和自我特質（ego quality）有關。這些任務其實亦反映每一階段成長之衝突，稱之爲心理社會危機（psychosocial crises）。艾瑞克遜使用連續線的兩極端代表危機（如對人的基本信任感—不信任他人）。危機之意義在於若某一階段之任務得以順利完成的話則有助於以後階段的發展，反之，對日後發展有負向影響。

(2)成長乃依據「epigentic principle」而來

所謂「epigentic principle」指的是胎兒在子宮裏按照預先決定的藍圖成長，每一部份都有其發展的時間，直到所有部份都發展而且功能完全。

此原則亦可運用到出生後的發展，人的發展有其內在規則導致個體與他人有意義的互動中有其順序存在，且引導人格的發展。故人格發展中每個階段乃爲其特定任務發展之關鍵期（critical period）。

(3)人的發展為個人成熟與社會環境之互動而成

人的發展是個人成熟與社會環境之互動而成，發展階段也以此作爲劃分及界定的依據。除外，任務是否順利完成有賴個人與社會環境之互動。因此艾瑞克遜提出在每一階段中重要的社會環境。

2.發展時期

表11－4列出艾瑞克遜之八大發展時期與心理社會危機。於下簡略說明學前及學齡之階段：

(1)出生至一歲—對人基本等人信任感—不信任他人（basic trust vs.

basic mistrust）

　　嬰兒期的兒童剛脫離母體，他使用自己一些小小能力，藉著嘴巴、眼睛、耳朵配合主要照顧者（通常是母親）以獲取所需。若母親可在適當的時間、提供適量且適當的刺激，則可藉此發展出良好的信任感，且爲建立和別人的友誼之第一步。反之，則無法和別人建立互惠的關係。

　　⑵一歲至三歲——活潑自動—羞愧懷疑（autonomy　vs.　shame, doubt）

　　一歲至三歲之幼兒一方面由於肌肉系統較過去成熟，而發展意志控制排泄爲其主要任務。面對這項任務，幼兒存在雙重衝突：①自己本身對排泄物之保留／排除的衝突；②自己意願與父母意願的對抗。若能順利發展控制排泄之能力，則幼兒會建立自我控制的驕傲感，否則形成對自己能力的懷疑。

表 11-4　艾瑞克遜之心理社會發展時期

階段	心理社會危機	重要社會環境	有利之影響
0－1	對人的基本信念感—不信任他人	母親	驅力和希望
1－3	活潑自動—羞愧懷疑	父母	自制和意志力
3－6	自動自發—退縮、內疚	家庭	方向和目的
6－青春期	勤奮努力—自貶自卑	鄰居、學校	方法和能力
青年期	自我統整—角色錯亂	同儕團體	奉獻和忠貞
成年期早期	友愛親密—孤獨疏離	伙伴	親合和愛
成年期中期	精力充沛—頹廢遲滯	分工和享受家的溫暖	生產和照顧
成年期後期	自我統整無憾—悲觀絕望	「人類」氣味相投者	自制和智慧

　　⑶三歲至六歲——自動自發—退縮內疚（intiative vs. guilt）

　　此時期的幼兒想像力豐富、好奇心強烈、身體動作技巧趨於成熟，且

活動範圍得以擴大，故他喜歡參與很多探索與活動，但他的活動時常無意地干擾別人。若此階段發展良好，則形成積極主動的精神；若他對別人的干擾時常受到指責批評，則形成罪惡感。

⑷六歲至十二歲——勤奮努力—自貶自卑（industry vs. inferiority）

六歲兒童入小學，小學是正式教育之開端，在小學裏接受該社會文化之基本技巧。因此學習及完成事情是本階段的任務。學習及完成事情使他獲得肯定，反之則形成自卑感。

三、社會學習理論

社會學習理論並不討論所謂的「人格」，其研究的仍是增強所導致之行為模式的差異。此理論不用諸如害羞、外向等特質來描述兒童，相對地，兒童所表現的行為情形為其描述兒童的重點。

社會學習論基本主張簡述如下：

1.兒童的行為可藉由示範學習而形成

兒童大部份的社會行為可藉由觀察別人的行為和別人行為結果來學習。而觀察的歷程是這樣的：示範事件→注意歷程→保留歷程（保留示範行為之重要特徵）→模倣動作歷程→動機歷程→倣同表現。

2.兒童的行為可由行為結果而修正

行為結果乃社會學習論的重點之一。行為結果具有下列功能：⑴傳遞行為訊息—何者行為可得獎勵，何者行為會得懲罰；⑵動機—行為前，過去自己或別人所得的獎勵／懲罰的行為結果有增加／減少行為表現；⑶增強—根據行為後之內在、外在或附帶之行為結果來修正行為。

3.兒童會儲存行為—行為結果

兒童儲存經由直接經驗或觀察所得之情境—行為—行為結果的訊息，並於類似的情境下，加以衡量、判斷及選擇而後做出行為。

四、各人格理論之優點與缺點

表 11－5 大略地列出上述人格理論之優、缺點（ Bee, 1985 ）。

表11-5 各人格理論之優點與缺點

理論	優點	缺點
氣質	注重遺傳的角色。 重視孩子個人的氣質與別人反應之間的互動。	對於氣質的定義與評量方法尚未取得一致性。 對於氣質與別人反應之互動情形亦尚未完全澄清。
心理分析	提出發展順序。 重視父母與環境對發展的影響。 提出一些新概念，如防衛機轉、認同等。 艾瑞克遜提出成人的發展。	理論其實仍屬假設的架構階段而非實證的因果關係。
社會學習	可解釋行為與情境之關係，及解釋行為之一致性與不一致性（與增強有關）。 提供行為修正之方法。	較缺乏解釋孩子運用資訊的能力與過程

（ 摘自 Bee, 1985, Chapter 9 ）

第三節　道德發展的層面

　　「道德」自古以來即為中國所強調與重視並有廣泛地探討。每位父母無不希望子女行為符合道德標準，而社會無不希望每一成員均具備道德。然世風日下，人心不古又或多或少反映一些現代人的無奈。

　　本章不準備就道德的涵義作深入說明，而以道德發展的探討為主。一般而言，道德指的是行為的對錯或行為對錯之信念、價值觀與內在判斷系統。究竟道德的發展為何呢？至少有三個層面予以討論：(1)道德的情感層面—孩子在成長過程中內化父母之道德規範而形成超我，倘行為違背道德規範則受良心之懲罰，若符合則得理想我之讚賞，以此控制行為，此層面為佛洛依德理論探討的重點；(2)道德的行為層面—著重道德行為的探討如欺騙、說謊，不能延宕需求的滿足或不能抗拒誘惑等，此為社會學習論的主題；(3)道德的認知層面—兒童依據什麼原則或理由來判斷行為對錯，這些原則、理由與發展的關係又如何？此乃認知發展論的重點。

　　關於前二者之理論在本書第一、八、十一章均有涉及，故於道德發展理論的討論以認知發展論為主。

第四節　道德判斷的發展

　　如前所述，所謂道德判斷（moral judgement）或道德推理（moral reasoning）乃是判斷行為對錯的標準或理由。對於道德判斷發展，在認知發展論有皮亞傑（Jean Piaget）與柯柏格（Lawrence Kohlberg）提出其論點。

一、皮亞傑的道德發展論

　　皮亞傑經由瞭解兒童對遊戲規則的看法和兒童使用行為結果或意圖來判斷行為這二者加以探討道德發展。在遊戲規則方面，皮亞傑從實際與兒童進行遊戲（如彈珠遊戲）觀察兒童對遊戲規則的看法。而結果或意圖判斷方面，皮亞傑利用配對故事，請兒童說明故事中的事件應如何負責。例如一個故事描述一位孩子無意中碰到一個托盤而打破了十五個杯子，其配對故事是一位孩子不遵守母親的規定爬上櫥櫃偷取果醬，碰到一個杯子掉落地上，杯子破了。皮亞傑詢問兒童在故事中那一個孩子比較頑皮。

　　皮亞傑提出在九歲至十一歲以下的兒童，其道德發展屬於道德絕對論（moral absolutism），也就是說兒童由無規則的意識逐漸注意到規則，不過兒童認為規則是不可改變的，並對規則的改變表現強烈的抗拒。而這時期的兒童亦傾向以行為結果來判斷行為的嚴重性，例如打破十五個杯子的孩子比打破一個杯子的孩子頑皮，且應接受較嚴重的處罰。同時，兒童認為做出不對的行為時，處罰不可避免地會接踵而至，處罰來自於神或無生命物體的控制（immanent justice）。此乃道德的現實觀（moral realism），而兒童的自我中心和現實思考是影響道德現實觀的主要因素。

　　九歲至十一歲兒童進入了互惠的道德（morality of reciprocity）或稱合作的道德（morality of cooperation）。兒童不再認為規則是不可改變，而規則是由參與遊戲的人做決定，只要每個人同意即可。對行為的判斷方面，兒童漸漸以意圖（intention）作為準則。例如故事中打破十五個杯子的孩子是無意而可原諒，但打破一個杯子者乃有意不遵守規則，因此他的行為犯了較大過錯（Piaget, 1932；兪筱鈞，民71）。

　　關於皮亞傑所提出兒童大都由道德絕對論發展為互惠的道德，許多研究均支持這項發展順序（Hogan & Emler, 1978；Lickona, 1976）。然而另一方面，有關兒童以結果或意圖來判斷行為的部份卻受到一些質疑。例如Austin, Ruble & Trabasso（1977）指出在皮亞傑的故事中，行為意圖的資料出現在前，行為結果的資料則出現在後，由於記憶容量的關係，

兒童經常忘記意圖的資料，以致於兒童會使用行為結果破壞性的多寡來判斷行為。為了確知兒童對意圖的瞭解，一些研究在配對故事中把行為結果的破壞性保持一致，只呈現不同的行為意圖，在這種情況下，五歲的兒童亦可用行為意圖加以判斷行為（ Imamogln, 1975；Rule, Nesdale & McAra, 1974 ）。

二、柯柏格的道德發展論

柯柏格的道德發展著重於行為對錯判斷的理由（ moral reasoning ）之發展。依循皮亞傑原先對道德發展的討論，柯柏格致力研究認知在道德思考上的運用（ Kohlberg, 1958, 1969, 1971 ）。

在1920年代，行為學派探討兒童在情境下之道德行為表現，發現道德行為並非全或無的現象，不能單以「誠實」或「欺騙」來評量，其與情境有關（ Hartshorne & May, 1929 ）。而柯柏格亦認為研究行為是否道德並不重要，重要的是判斷行為的理由，有時行為表現相同，但其理由不同。反之，不同的行為表現其理由相同。

柯柏格以兩難情境（ moral dilemma ）的故事探討孩子對道德行為判斷理由的發展。最著名的故事之一是漢斯應不應該偷藥。故事情節是這樣的：在歐洲有一婦人因癌症快死了，只有一種藥可以救她，而這藥是住同區的藥劑師發現的。這藥索價美金二仟元，十倍於製藥的價錢。生病婦人的先生漢斯向所有他認識的人籌錢，但只能籌到一半，漢斯告訴藥劑師他太太快死了，希望藥劑師可以賣他便宜些或可以讓他日後再償清。但藥劑師不答應。於是漢斯十分失望且偷闖入店裏而偷走藥。漢斯應不應該這麼做？為什麼？（ Kohlberg, 1969 ）。

柯柏格以類似此兩難情境故事詢問各年齡層、社經階層、智力水準、動機的人們收集他們的理由，根據並分析這些理由而提出發展階段。

㈠柯柏格的基本主張

柯柏格對道德發展有下列的主張：

(1)道德發展有其順序，而順序是世界性的，即全世界的人都經由一系
　列順序發展，同時順序是固定不變的。

(2)每一階段的發展是整體性，即處於某一階段中以某理由原則來判斷
　不同情境故事。

(3)個人若要達到較高層次的道德發展時期則須先具有較高水準的認知
　程度，但另一方面，具有較高水準的認知程度並不見得一定達到高
　層次的道德發展。

㈡道德發展時期

　　柯柏格提出道德判斷的發展有三層次六時期（表11－6）。柯柏格及
其他研究進行一些研究來驗證其基本主張與架構。柯柏格（1963, 1969）
發現約兒童中期，道德發展屬於道德前層次（preconventional level），
而青春期（約十三至十六歲）則是與傳統一致的道德層次（conventional
level），大約50％之青少年（十六至二十歲左右）可達自我接受的倫理
道德原則層次（postconventional, autonomous or principled level
）（圖11－2）。而縱貫設計研究中亦驗證柯柏格所提循序漸進發展的主
張（Kohlberg ＆ Elfinbein, 1975；Rest, 1975；Rest, Davison ＆
Robbins, 1978）。除此之外，泛文化研究（包括美國、英國、台灣、墨
西哥、土耳其等）亦支持道德發展世界性的假說（Kohlberg, 1969；Tu-
riel, Kohloberg ＆ Edwards, 1972）（圖11－3）。

表11－6　柯柏格之道德發展時期

1.道德前層次（preconventional level of morality）

　　道德判斷是依據外在或身體的標準，個人使用文化規範對錯標準，但
卻不分析這些標準的意思。

　⑴時期1──以處罰和服從為本位

　行為對錯的準則是依據是否得到懲罰為主。例如，漢斯不應該偷藥，
因他破壞了很多東西，而且也沒有得到別人的同意。

　⑵時期2──天生的享樂原則

　所謂對的行為包括滿足自己欲望與需求的行為，偶而滿足別人的，屬

於報償性或有利回報之遵守規範。例如漢斯偷藥沒關係，因爲他太太需要它。

　　2.傳統一致的道德層次（ conventional level of morality ）

　　此時期乃是個人依據社會規範判斷。個人服從並維持社會秩序、認同社會成員，尤其是有權力者。

　　(3)時期3──保持良好關係和認同別人的「好孩子」道德

　　此乃所謂「乖男巧女」型的道德。服從大多數人的意願。例如漢斯應該偷藥，這是一位好先生應該做到的。

　　(4)時期4──維繫權威的道德

　　以遵守法律爲準則，因社會是靠法律來維繫，動機並不足以判斷行爲，法律就是法律，每個人須遵守。漢斯想獲得藥物來救太太無可厚非，但偷竊總是不應該的。

　　3.自我按受的倫理道德原則層次（ postconventional, autonomous or principled level ）

　　不再依據社會規範爲標準，而是以自己良心爲憑據。

　　(5)時期5──契約性、個人權益和民主律法的道德

　　法律是可變的，標準應由理性的人共同同意達成共識，且爲社區利益，尊敬公平的判決而遵守規範。例如法律並未爲這特定情況設訂法則，在這種情況下偷藥不見得全對，但卻也正當。

　　(6)時期6──個人良心的道德原則

　　抽象倫理原則導引行爲，爲己所不欲、勿施於人的良心道德。例如漢斯不應單只考慮他對太太的愛，也許別人亦急需這種藥，他應考慮所有人的生命在內。

註：不論那一層次及那個時期，判斷漢斯行爲是對或錯並不重要，重要的是理由的層次。因此任一時期均有正反二方（認爲漢斯的行爲是對是錯），但不論正或反，其提出的理由可歸納分析爲六時期之一。

（摘自Kohlberg, 1969）

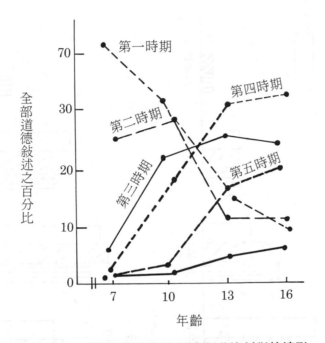

圖11-2　在四個年齡使用六種時期道德判斷的情形

（摘自 kOHLBERG, 1963 ）

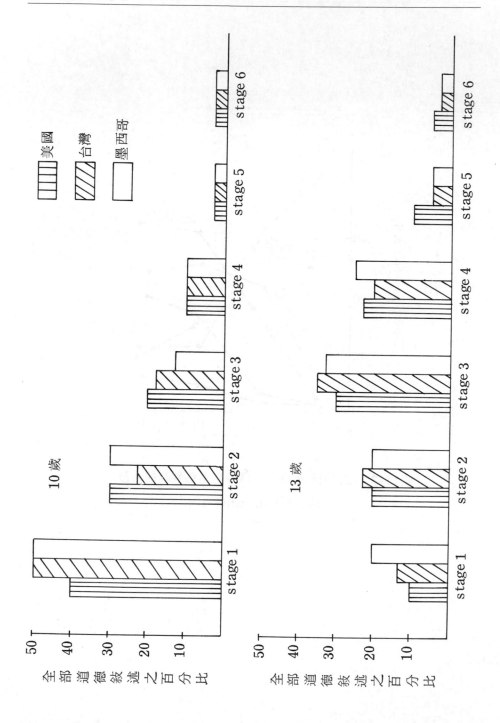

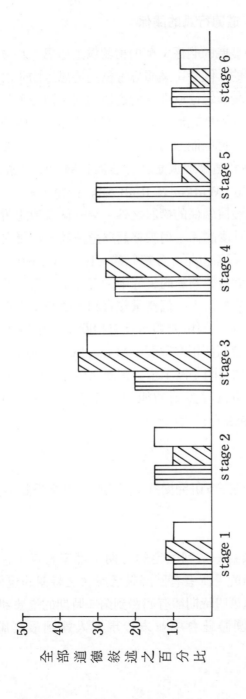

圖11-2　美國、台灣與墨西哥兒童在道德發展上的情形

㈢認知發展、道德判斷、道德行爲的關係

關於認知發展與道德發展的關係，柯柏格認爲道德思考和邏輯思考、觀點取替能力是並行發展的。同時，邏輯思考爲道德思考的先決條件，例如個體要做「自我接受的倫理道德原則」的道德判斷，他必須先達到形式心智操作時期的思考型態。因爲在形式心智操作期的個體才能抽象思考以及考慮系統之間的關係，而這些能力乃是高層次道德判斷所必要的能力。許多研究均發現認知發展和道德發展是並行發展且關係十分密切（Rest et al, 1978；Selman, 1976；Walker & Richards, 1979）。

除了認知發展和道德發展關係的探討之外，另一個有趣的問題是：道德判斷和道德行爲間又有什麼關係？柯柏格認爲道德判斷是獨立於道德行爲的，若二者有關係，其關係也是十分複雜的。Blasi（1980）分析在十一個比較犯罪者和無犯罪者道德判斷的研究中，有九個研究結果顯示犯罪者的道德判斷層次較低。另外，十一個測量誠實和道德判斷關係的研究，六個研究結果發現正相關，二個研究顯示沒有相關，三個研究卻有負相關。甚至有些研究發現二者關係相當微弱（Maccoby, 1980；Michel & Michel, 1976）。這可能的原因是除了道德判斷之外，道德行爲表現與否受到其他因素影響，例如自我控制的能力，定義公平、正義的能力等（Grusec & Lytton, 1988）。

㈣對柯柏格理論的爭議

雖然柯柏格的理論受到許多研究支持，但仍引起許多爭論，其爭論議題大致如下：

1.在理論基本主張方面

柯柏格主張道德發展爲一系列固定的時期，然辛普森（Simpson, 1974）卻發現美國及台灣的受試者有回歸較低層次之時期的現象。例如1/5美國大學生受試者已達第四時期卻有回歸到第二時期的道德判斷。

除此之外，在某些團體社會中並未發現有人達到最高層次的時期（Gibbs, 1977）。

2.在研究方法方面

　　首先，柯柏格採用兩難情境的故事作爲研究的材料，而兩難情境的故事，語言佔著相當重要的份量。針對此問題受到的質疑爲：

(1)當受試者未能達到較高層次的道德判斷其可能的原因是由於受試者無法用語言表達出來；相對地，若受試者的回答已達高層次時期卻非絕對地表示其已具備此程度的瞭解，亦有可能是受試者重覆他人的想法或語彙而已。因此道德判斷的測量與語言的表達有關（Moran & Janiak, 1979）。

(2)評量者對受試者的答案亦有錯誤解釋的可能性。爲減少語言導致的問題，研究者（Rest, 1975）改變開放式的回答爲陳列一組理由的敍述，再由受試者加以評定。

(3)柯柏格所使用的情境故事可能會因文化差異而影響受試者的反應，例如某些社會有其原本存在的倫理信念異於西方社會，甚至可能某些社會根本無法理解兩難情境的故事，所以情境故事的設計須去除文化偏差的影響。

　　其次，對於受試者在情境故事之反應的評定方法十分複雜，非屬柯柏格研究團體或受其訓練者無法正確評定（Hogan, 1973；Kurtines & Greif, 1974）。

3.道德判斷及行爲之關係

　　道德判斷與行爲的關係是柯柏格理論中被爭議的問題。由於沒有一致的研究結果顯示二者之間的關係。所以，柯柏格提出之道德判斷的重要性亦受考驗。其一，對於個人如何判斷情境故事的瞭解並非核心問題，重要的是個人的實際行爲（Alston, 1971）。個人做出道德行爲也許依據簡單的理由，但總比按照高層次的理由做出不道德的行爲來得好。其二，影響道德行爲之原因不是只有道德判斷而已，尚含動機、習慣、情緒狀態等，故柯柏格的理由僅呈現某部份的觀點，且對兒童而言，故事情境的判斷或許爲假想的狀況而已（Arbuthnot, 1975）。

《附欄11-2》

國小教科書中的道德特質

　　我國是十分重視道德培養，而於國小中亦列有「生活與倫理」的課程，林氏（Lin，1985）曾對國小「生活與倫理」的讀本加以內容分析，其結果就道德特質而言，讀本裏強調的道德特質如下：勤學、禮節、愛國、仁慈、公德心、誠實、合作、守法、正義、友愛、勇氣、孝順、睦鄰、節儉、羞恥、負責、恆心、和平等項。上述特質乃持續我國歷年來的傳統道德規範。

　　除外，若以柯柏格的六個道德判斷時期分析，則讀本所呈現的大多以第三個時期──認同別人的「好孩子」道德為主（一、二年級者占70.49％，三、四年級占65.00％，五、六年級占75.00％）。其中有趣的是這些道德特質多半用故事型態或口頭敎條故事型態合併呈現，然故事型態卻極少描述到衝突情境。而故事主角亦多為男性（一、二年級者占92.8％，三、四年級者占94.12％，五、六年級者占78.26％）。

　　「生活與倫理」教科書其實部份反映我們（至少是作者或編輯）希望以何種方式培養兒童那些道德規範，因此所呈現的道德特質及如何呈現或多或少將影響兒童的道德發展，此乃兒童教育者不容忽略的重點。

　　總而言之，柯柏格理論雖受爭議，但亦有其貢獻。於道德敎育方面，其提供另一種層面來教育兒童。

第五節　結語

　　本章首先探討四種解釋人格之個別差異的理論架構，由生物性的氣質向度予以區分對他人與環境反應的類型，不同氣質類型者須給予適切的引

導。佛洛依德以本我、自我、超我三者人格結構及三者間的動態運作闡釋人格，著重心性的發展。艾瑞克遜擴展佛洛依德的性心理發展而提出心理社會危機，主張社會文化對人格形成的影響。而社會學習學派則著重行為形成，強調觀察及增強的作用。

接著，在道德發展上，以皮亞傑的道德發展為前驅，柯柏格之道德判斷的發展時期重視所謂判斷理由的階段性，柯柏格理論雖有不少支持證據，但仍有頗多爭議之處。

參考資料

俞筱鈞民國71年：人類智慧探索者——皮亞傑。允晨出版社。

徐澄清民國75年：因材施教——從出生的第一天開始。健康世界雜誌社。

鄭慧玲譯民國71年：人格心理學。桂冠圖書公司。

Alston, W. P.（1971）Comments on Kohlber's from is to ought. In T. Mischel（Ed.）, *Cognitive development and genetic epis－temology*. New York：Academic Press.

Arbuthnot, J.（1975）Modification of moral judgment through role *playing. Developmental psychology,* 11, 319－324.

Austin, V. D. Ruble, D. N. & Trabasso, T.（1977）Rocall and order effects as factors in children's moral judgemnts. *Child Development,* 48, 470－474.

Bee, H.（1985）The developing child. New York：Harper & Row, Publishers.

Blasi, A.（1980）. Bridging moral cognition and moral action：A critical review of the literature. *Psychological Bulletin,* 88. 1－45.

Buss, A. H. & Plomin, R. A.（1975）. *Temperament theory of*

personality development. New York：Wiley.

Carey, W. B.（1981）The improtance of temperament – environment interaction for child health and development. In M. Lewis and L. A. Rosenblum（Eds.）, 1981. *The uncommon child. New York*：Plenum.

Dworetzky, J. P.（1987）*Introduction to child development*（3rd ed.）MN：West Publishing company.

Erikson, E. H.（1959）. *Identity and the life cycle.* New York：N-orton.

Erikson, E. H.（1963）. *Childhood and society,* New York：Norton.

Erikson, E. H.（1964）. *Insight and responsibility.* New York：N-orton.

Eysenck, H. J. & Eysenck, S. B. G.（1963）. *The Eysenck personality inventory.* San Diego, calif：Educational Testing Service ; Landon：University of Landon Press.

Gibbs, J. C.（1974）. Kohlberg's stages of moral judgment：A constructive critique. *Harvard education review,* 47, 43 – 61.

Goldsmith, H. H.（1983）. Genetic influences on personality from infancy to adulthood. *Child development,* 54, 331 – 355.

Goldsmith, H. H. & Campos, J. J.（1982）. Toward a theory of infant temperament. In R. N. Emde and R. J. Harmon（Eds.）, *The development of attachment and affiliative systems.* New York：Plenum.

Gruse, J. E. & Lytton, H.（1988）. *Social development*：*Histroy, Theory and Resarch.* Springer – Verlag New York Inc.

Hartshorne, H. & May, M.（1929）. *Studies in character,* New York：Macmillan.

Hogan, R.（1973）. Moral conduct and moral character：A psycho-logicalperspective. *Psychological bulletin,* 79, 217 – 232.

Hogan, R., & Emler, N. P.（1978）. Moral development, In M. E.

Lamb (Ed.) , *Social and personality development.* New York ﹕ Holt.

Imamoglu, E. M. (1975) . Children's awareness and usage of intention cues. *Child Development,* 46, 39 – 45.

Kohlberg, L. (1958) . The development of models of moral thinking and choice in the years ten to sixteen. *Ph. D. dissertation,* University of Chicago.

Kohlberg, L. (1963) The development of children's orientations towards a moral order, 1. Sequence in the development of moral thought. *Vita Humana,* 6, 11 – 33.

Kohlberg, L (1969) . Stage and sequence ﹕ The cognitive – developmental approach to socialization. In D. A. Goslin (Ed.) , *Handbook of socialization theory and research.* New York ﹕ Rand McNally.

Kohlberg, L. (1971) . From is to ought ﹕ How to commit the naturalistic fallacy and get away with it in the study of moral development. In T. Mischel (Ed.) , *Cognitive development and genetic epistemology.* New York ﹕ Academic Press.

Kohlberg, L. & Elfinbein, D. (1975) . The development of moral judgments concerning capital publishment. *American journal of orthopsychiatry,* 45, 614 – 640.

Kurtines, W. & Grief, E. B. (1974) . The development of moral thought ﹕ Review and evaluation of kohlberg's approach. *Psychological bulletin,* 81, 453 – 470.

Lickona, T. (1976) . Research on Piaget's theory of moarl development. In T. Lickona (Ed.) , *Moral development and behavior* pp. 219 – 240. New York ﹕ Holt.

Lin, H. Y. (1985) . *Moral development and Children's literature in Taiwan.* Doctoral Dissertation, University of California,

Santa Barbara.

Maccoby, E. (Ed.), (1980). *Social development*. New York : Harcourt, Brace and Jovanovich.

Matheny, A. P. Jr., Wilson, R. S., Dolan, A. B. & Kranz, J. Z. (1981) Behavioral contrasts in twinships : Stability and patlerns of differences in childhood. *Child development,* 52, 579 – 588.

Mischel, W. & Mischel, H. (1976). A cognitive social – learning approach to morality and self – regulation, In T. Lickona (Ed.), *Moral developmet and behavior*. New York : Holt, Rinehart and Winston.

Moran, J. J. & Joniak, A. J. (1979). Effect of Language on preference for response to moral dilemma. *Developmental psychology,* 15, 337 – 338.

Piaget, J. (1932). *The moarl judgment of the child*. New York : Harcourt, Brace.

Rest, J. R. (1975). Longitudinal study of the Defining Issues Test of moral judgment : A strategy for analyzing developmental change. *Developmental psychology,* 11, 738 – 748.

Rest, J. R., Davison, M. L. & Robbins, S. (1978). Age trends in judging moral issues : A review of cross – sectional, longitudinal, and sequential studies of the Defining Issues Test. *Child development,* 49, 263 – 279.

Rule, B. G., Nesdale, A. R. & McAra, M. J. (1974). Children's reactions to information about the intentions underlying an aggressive act. *Child Development,* 45, 794 – 798.

Selman, R. L. (1976). Towand a structural analysis of developing interpersonal relations concepts. In A. Pick (Ed.), *Minnesota symposium on child psychology* (Vol.10). Minneapolis : University of Minnesota Press.

Simpson, E. E. L.（1974）. Moral development research：A case study of scientific cultural bias. *Human Development,* 17, 81 − 106.

Thomas, A. & Chess, S.（1977）. *Temperament and developmen.* New York：Brunner/Mazel.

Turiel, E., Kohlberg, L. & Edwards, C.（1972）. Cross − cultural study of development of moral judgment. In L. kohlberg and E. Turiel（Eds.）, *Recent research in moral development.* New York：Holt, Rinehart and Winston.

Walker, L. J. & Richards, B. S.（1979）. Stimulaling transitions in moral reasoning as a function of stage of cognitive development. *Developmental psychology,* 15. 95 − 103.

12

社會認知的發展

社會認知的發展是近幾十年來發展心理學界新興的一個研究領域。本文從社會認知發展的緣起談到社會認知發展的研究趨勢以及社會認知的定義和研究範圍。最後以角色取替能力發展為社會認知發展的重心。角色取替能力共分三類：認知性（概念性）的角色取替能力，知覺性（空間性）的角色取替能力以及情感性的角色取替能力。雖然各個角色取替能力的定義、研究方法各不相同，但其間仍有許多重疊部份。本章最後以傅來福（Flavell，J. H.）和沙門（Selman，R. L.）的發展理論為主，並提出我國的相關研究。

第一節 社會認知的緣起與發展趨勢

一、社會認知的緣起

近二十年來，兒童利用社會知識來進行思考推論的研究越來越多，也越來越盛行。早在發展心理學剛開始萌芽之時，社會發展和認知發展本來是各立門戶的。研究社會發展的心理學家們研究兒童自我概念的形成（Harter，1983），性別角色的認同（Huston，1983），以及家庭、學校、社會同伴團體等社會環境對兒童社會行為的影響（Maccoby & Martin，1983；Minuchin & Shapiro，1983；Hartup，1983）。可是研究認知發展的心理學家們則汲汲營營，專心致力於幼兒知覺的發展（Gibson & Spelke，1983），皮亞傑的認知發展階段論的探討（Gelman & Baillargeon，1983），兒童的語言發展（Shantz，1983）以及訓練（training）對兒童智能發展的影響。但是，近二十年來，多方面的研究結果發現，一個人對另外一個人的觀感和態度（認知狀態）會影響到二者之間的行為方式（社會發展）。比如說，四歲的轟轟面對常破壞他玩具的威威時，總擺出一付隨時備戰的狀態。但面對溫柔的婷婷時，則自動的把玩具讓給婷婷玩。這個結果說明了轟轟對威威和婷婷有著不同的認知狀態，也因此影響到他和威威或婷婷之間互動的結果（Dodge，1980）。如果威威有一次特別表示對轟轟友善，拿糖給他吃，拿玩具給他玩，重新建立了轟轟對威威的認知狀態，也可能因而改變了轟轟對威威的攻擊態度（Damon & Killen，1982）。

但是，目前現有的社會發展理論，如佛洛依德的精神分析論（psychoanalysis），社會學習論（social learning theory），和艾瑞克遜（

Erickson, E.）的心理社會論（psychosocial development）都不足以解
釋這個特殊的現象。因此研究社會發展或認知發展的心理學家們嘗試將心
理學的各行各派加以整合，因而促成了社會認知學派的發展。

二、社會認知學派的發展趨勢

針對這個研究趨勢，各學派的心理學家對社會認知的領域也有著不同
的貢獻。這些學科大致可分成三類：(1)以皮亞傑爲主的認知發展心理學說
；(2)社會心理學的理論；以及(3)近年來發展心理學所強調的研究趨勢（
Shantz，1983）。這些學說所提出的理論、假設；所探討的問題和研究
方法；深深地影響到社會認知發展心理學的研究和走向。現就這三大趨向
分述於后。

㈠皮亞傑的認知發展觀

皮亞傑的認知發展理論是由最基本的物理環境著眼（physical　envi-
ronment）。他探究幼兒的空間概念（spacial relation），數概念（num-
ber），因果關係（causual relation），邏輯關係（logic relation）和分
類概念（classification）等等。也因而建立了由零歲至十二歲的認知發展
階段論。雖然皮亞傑極少探索社會概念，也不強調社會環境對認知發展的
影響，但在他諸多的論作中仍提出了幼兒「自我中心」（egocentrism）
的想法。雖然皮亞傑仍然以物理刺激——三座山的研究來闡述這個問題，
但他所提出的觀念卻引發了社會發展心理學家的興趣。

皮亞傑認爲三到四歲的小孩之所以無法理解別人的想法，沒法與人作
有效的溝通，完全是因爲他們沒法體認到別人見到的東西和自己見到的可
能不同。因此有關幼兒溝通能力的研究，社會知覺（social perception）
的研究，風行一時。同時，也有許多探討人與人關係的社會認知理論發展
出來。諸如沙門（Selman）的角色取替階段論（Selman，1980），友誼
發展階段論（Selman，1980）等等。

㈡社會心理學家的貢獻

有關成人的社會推論 (social inference) 和社會判斷 (social judge-ment) 等與社會心理學相關的研究同樣地也豐富了社會認知發展的理論架構與研究方向。社會心理學的歷史長遠，理論較具多樣性；由於它的潤澤使得社會認知的領域更見豐碩。如歸因理論 (attribution theory) 對社會認知發展的影響就極其遠大。

歸因理論早期是由海德 (Heider，1958) 所提出。海德認爲成人在探索一件行爲發生的原因時，總是將事情的成因歸諸於二個因素：外在的環境因素抑或是內在的個人因素。譬如說，某甲今天托福考試沒考好的可能原因是，教室周圍噪音太大，影響了情緒，無法專心 (情境因素)；或者是平時不夠用功，能力不足，試題都看不懂 (個人因素) 所致。因此，我們在判定某甲托福考得不好的原因時，一則會先考慮某甲所在的情境是不是真的很吵，二則考量某甲平時的表現來推論某甲在考試時能否把自己的能力表現出來。當歸因理論應用到社會認知理論時所強調的是一個人在歸因時根據已有的線索知識所做的推論歷程。

㈢近年來發展心理學所強調的研究趨勢

除了皮亞傑的認知發展論和社會心理學所提出的理論應用到社會認知發展之外，近年來強調以社會互動 (social interaction) 來獲取社會知識 (social knowledge) 的觀點獨占鰲頭。兒童是環境中的一份子，是社會環境中的「行動者」 (actor)，主動的探求社會知識；而不是在社會環境被動的吸收知識。這個觀念可由前面的例子說明。轟轟是和威威和婷婷互動的過程中，學習到對威威和婷婷的認知。但在實際的應用過程中，轟轟主動的選擇對威威和對婷婷的態度；而這種概念不應該是由父母親或是其他朋友告知而來的。

這個研究傾向可由布羅斐布 (Brofenbrenner，1979) 提出發展的生態系統論 (ecology of development) 可見一絲端倪。布羅斐布認爲影響個體的行爲發展是由四類環境組成。這四類環境包括(1)微系統 (mi-crosystem)，(2)中間系統 (mesosystem)，(3)外系統 (exosystem)，

和(4)大系統（macrosystem）。其中微系統是指與發展個體直接觸的環境，影響也最直接。以三歲的小華爲例，家庭是他的微系統，因爲這是可以直接影響到行爲表現的環境。而另一個小華不直接觸的中間系統，如九歲的哥哥小明所在的學校，雖然不直接影響到小華，但也透過小華的哥哥影響到小華的行爲。比如說，小明在學校不受同學歡迎，回家後落落寡歡，小華想找小明一起堆積木也挨了頓罵，小華因而也不高興，隨意亂摔積木。另外，小華所居住的地區（外系統），如東區；和中國的文化傳統、價值觀隨時都在塑造著小華，影響小華的生長與發展，態度與行爲（見圖12-1）。而這些系統內的影響因子並不是靜止的，隨時隨著小華的認知結構和與環境中的互動過程中而改變，進而影響到小華的行爲。

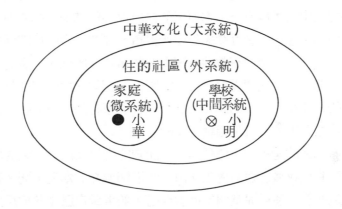

圖12-1　布羅斐布的生態系統論

　　由以上三個領域的研究結果，間接促成了社會認知的蓬勃發展。個體本身所具有的認知能力，配合歸因理論所提出的推論方式與內涵，形成個體在社會環境中的互動模式。而這些認知能力與內涵的培養則受到個體所處的生態環境所影響，而且在互動過程中也不斷地改變生態環境中的各種影響因素（Sameroff，1982）。

第二節　社會認知的定義

一、定義

　　簡單的說，社會認知的能力是指一個人利用自己已有的知識來處理或面對其社會環境中事物的能力。因此社會認知發展的任務其實就是要兒童在發展的過程中去了解自己，進而了解自己以外的其他人的心理狀態與人格特質。而個體在與社會互動過程中所累積的知識也會直接或間接地影響到個體的社會行為，進而有效地處理周遭的事物。因此，社會認知的發展應包括二個部份。一是個體對自己和對別人的認知狀態；二則是個體利用自己已有的知識和對別人的認知來處理社會上事物的能力。這二個部份的發展可說是相互影響而且是相輔相成的。

　　在個體成長的過程中，隨著年齡、認知能力以及社會經驗的增長，兒童開始感受到自我概念逐漸變化。由一個懵懂無知的幼兒，開始有了自己的想法；這些想法使得兒童開始反省自己，並考量自己應該成為什麼樣的人。隨著年齡的增加，這種反省考量自己的思考方式穩定之後，兒童逐漸發展出考量和解釋他人行為的態度和技巧。也因此認定每一個人都可以擁有自己的人格、思想、動機、看法和缺憾，而且各有其獨特性。每個人的人格特質與想法並不一定相同。這個想法的生成使得兒童有能力發展出判別周圍的其他人的行為法則，以致於兒童可解釋並預估其他人的行為；而在與社會互動的過程中，累積既有的社會知識與經驗，逐漸衍生出辨別與處理事物的能力。

　　由以上的觀點看來，在傳統社會發展領域中所探討的利社會行為（prosocial behavior），攻擊性行為（aggressive behavior）和溝通能力

(communication ability) 等等，均屬于社會認知領域中的研究題材；只是所探討的層面不同罷了。比如說攻擊性行為，傳統的社會學習理論討論兒童的攻擊性行為是如何學來的 (Baumrind，1967，1971) ；電視、電影的暴力傾向是否會影響兒童攻擊行為出現的頻率 (Collins，1973；Collins，Berndt & Hess，1974；Leifer & Roberts，1972) 。但是社會認知領域中所探討的攻擊性行為則著重於兒童在某一特定的情境下，是否會表現攻擊行為。如小強被小明撞了一下，小強很生氣，揮起拳來就要揍小明。但是如果小強在揍小明之前，先想想看：小明為什麼撞我？是「故意」撞我的？還是「不小心」踢到石頭才撞到我的？由於這層考慮，使得小強不會單純得只因為小明撞了他一下，就掄起拳頭揍小明。

二、研究領域

㈠利社會行為

然而近年來許多研究都發現，利社會行為 (prosocial behavior) 的發展往往和個體本身能否站在別人的立場，替別人著想的能力有正相關 (Aronfreed，1968；Feshbach，1978；Hoffman，1978；Kohlberg，1969；Murphy，1937；Piaget，1967) 。譬如說，兒童的合作行為 (cooperation) ，友善行為 (friendliness) ，慷慨行為 (generosity) 和利他主義 (altruism) 的表現都和個體能否站在別人的立場替人著想的能力有顯著的相關。一般說來，如果個體越能體認對方所處的情境，感覺出他人在這情境中的窘狀，看到對方所有的苦處之後，越能表現出安慰、幫助、分享等行為來。但是，這並不表示個體所擁有的這類能力是決定個體之所以表現利社會行為的唯一因素。除了個體本身所具備的替人著想的能力之外，還有其他的情境的，或是個人的因素，同樣地也會影響個體利社會行為的表現。

除了利社會行為的表現和個體本身替他人著想的能力有正相關之外；其他如溝通能力的表現，攻擊行為的多少也和個體替人著想的能力有著顯

著的相關（柯華威，民77；Feshbach，1978；Sodian，1988）。

㈡攻擊行爲

費巴哈（Feshbach，1978）曾經發現兒童的攻擊行爲，尤其是五歲以後的男童，和其本身所擁有的爲人著想的能力有顯著的負相關。譬如前面所提的例子，小強因爲小明撞了他一下，就想掄起拳來揍小明。但小強如果以認知和感情的層面來考量小明的行爲，也許就不會想要揍小明了。以認知的層面而言，小強首先檢視引起衝突的情境，是否有其他因素使得小明撞了小強。如果小強發覺路中央橫了個大石頭，小明一時不察，絆了一跤才撞到小強的，根本不是小明故意找麻煩。小強心想，如果自己是小明，也可能因爲同樣的狀況而撞到別人，因此小明的無理情有可原。以感情的層面看來，如果小強因此揍了小明，小明一定會覺得很痛而且會覺得很傷心，連好朋友都不肯原諒自己無心的過錯。如果小強換成小明，同樣地也不希望好朋友冤枉他；更何況小明並無惡意，乾脆原諒他算了。基於以上的考量，小強想到小明的處境，所以也不會和小明打架了。

㈢參照說明溝通

現今有關參照說明溝通（referential communication）的研究也以個體考量他人立場的能力爲基本的指標（柯華葳，民77；Sodian，1988）。在這類研究中，兒童在實驗室面對一堆形狀不規則的參照物（見圖12-2）。受試者（通常是兒童）主要的任務是描述手中所選取的參照物給另一名兒童聽，並要求這名兒童撿選出受試者所描述的參照物。受試者和選取參照物的兒童間隔了夾板，二人不得以眼神或比劃的方式來描述參照物。因此，受試者爲了圓滿地達成任務必先考慮自己和對方的差異，如位置，方向等等，才能以對方的立場描述所選的參照物。除了二者在位置、方向有差距外，二人的知識，經驗和用字用語也有不同。受試者必須明瞭對方的處境和知識能力，二者才能溝通。坐在對面的兒童才能正確地撿取受試者所提出的參照物。

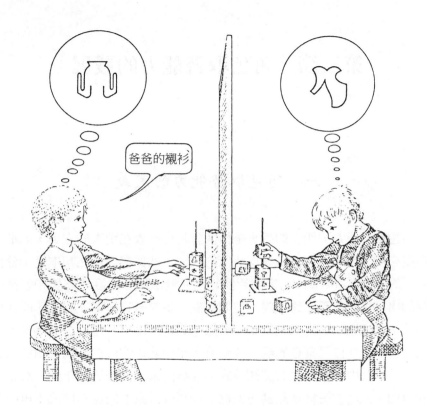

爸爸的襯衫

圖12-2　參照說明溝通研究的實驗情境

　　由以上研究的內容看來，個體能否站在別人的立場，考量他人的處境
與個體是否表現出利社會行為、攻擊性行為以及與人溝通的能力之間有顯
著的相關。而這種站在別人的立場考量他人的處境、揣摩他人心意和知識
的能力就是角色取替能力（perspective-taking ability or role-taking
ability）。大多數社會認知的研究多以兒童角色取替能力的發展為其主要
的研究方向發展。

　　以下分別就角色取替能力的定義、理論和研究方法為討論的重點。

第三節　角色取替能力的發展

一、角色取替能力的定義

　　角色取替能力，簡單的說，是指個體將自己放在別人的立場，以別人的角度來看事情的能力。根據皮亞傑的說法，幼兒在發展之初本是十分自我中心的（egocentric）。這個時候的幼兒無法區分主觀的感覺和想法與客觀的事實間的差異。比如說，他們喜歡上麥當勞吃漢堡、薯條，同樣地認為爸爸媽媽也一定喜歡吃漢堡、薯條。想買一件生日禮物送給媽媽，但結果卻選了一件自己喜歡的玩具或糖果。諸如此類的行為表現都由於幼兒還沒由「自我中心」為主的認知模式中抽離出來。但是隨著年齡、社會經驗的增加，幼兒在與社會互動的過程中逐漸學得原本的認知模式不再能夠解決現階段的事務，因此新的能力逐漸發展。個體開始慢慢的以別人的觀點來看社會的事務，以別人的立場來考量事情。「媽媽為什麼不喜歡吃我買的糖糖？哦！我忘了，媽媽原本就不喜歡吃糖的。下回我買東西時應該先慮媽媽想要的是什麼？如果我是媽媽，我會想要什麼？」

　　目前研究角色取替的內容看來，角色取替能力可分成三類。一是指認知性或概念性的角色取替能力（cognitive or conceptual perspective-taking ability）。二是指知覺性或是空間性的角色取替能力（perceptual or spatial perspective-taking ability）。三是指情感性的角色取替能力（affective perspective-taking ability）。現分就各個能力說明如下：

㈠認知性的角色取替

　　認知性的角色取替通常是指個體去考量他人的思想、意圖的能力。這

個能力通常是當個體有意去組織一個遊戲時，或是想贏得這個遊戲時產生。此時個體可能想要以對方聽得懂的方式告知比賽規則；也可能想要猜測對方的比賽策略和想法，並贏得比賽。

　　著名的美國心理學家傅來福就曾探討這個問題（Flavell，Botkin，Frg，Wright & Jarvis，1968）。他在一項研究中要求兒童去解釋「大富翁」的遊戲規則給不同的人聽。在這個研究裡他想了解受試者是否明瞭聽的人本身特質會影響到解釋的方法。譬如說阿英沒玩過「大富翁」，因此得用阿英聽得懂的方式來詳細解釋遊戲規則。而阿強早就玩過「大富翁」了，所以只要稍微提醒他某些要緊的步驟即可。結果傅來福發現，二年級的兒童還無法體認到解釋的方式會因聽的人本身的特質不同而有差異；大約要等到六年級以後，兒童才會理解到解釋的方法可以因人而異。

　　除了解釋遊戲規則的方式可以因人而異之外，想要贏得比賽的方式也會因對手不同而有差異。如果對方是經驗豐富的下棋高手，受試者在對奕時必得沈著應戰，步步為營。但如果對方只是個初學圍棋的門外漢，則下棋時可能談笑用兵即可。而研究認知性角色取替時，則探討年齡層與這一連串意識過程的關係。

　　傅來福利用銅板遊戲（nickle and dime test）來探索這個歷程。在他的研究裡，受試者有一個五分錢的銅板和一個十分錢的銅板以及二個馬克杯。受試者的任務是隨意用這二個杯子將銅板蓋起來，使得猜的對手選到五分錢（nickle）而非十分錢（dime）。受試者每回都得報告擺放的方法及策略，使得對方無法選到五分錢。而分析受試者的策略即可探知受試者是如何猜想對方的思考方式的。

㈡知覺性的角色取替

　　知覺性的角色取替是指個人考量以他人的感官知覺來看事務的能力。譬如說，小平想要爬上桌台拿櫃子裡的餅乾；但櫃子太高需用矮凳才拿得到。而小凳在櫃子底下，小平的視線剛好給冰箱擋住了，因此小平找不著小凳。正巧小莉在客廳玩耍，發現了小平的困難，而告知小平凳子的所在。如果小莉不明白小平是因為看不到矮凳才找不著，可能會覺得小平實在是太笨了，怎麼凳子在這麼明顯的地方都找不到。可能因而取笑小平，更

別說幫忙小平了。另一個很有趣的例子則是小英可能一個人在樓上房間裡玩他的玩具火車，而爸爸在樓下客廳看報。過了一會，爸爸覺得很奇怪，怎麼小英半點聲音都沒？不知跑那去了；因而大聲叫小英：「小英，你在幹什麼？」小英在樓上聽見了爸爸的叫聲說：「我在玩『這個』嘛！」爸爸不知道小英到底在幹嘛，因此繼續問：「你到底在幹什麼呢？」小英可能會很不耐煩的說：「我在玩『這個，這個』嘛！」在小英的眼裡，她在玩火車是顯而易見的事，怎麼爸爸老不明白，而要一問再問呢？

根據傅來福的研究，幼兒知覺性的角色取替能力發展較認知性的角色取替早；大約在幼兒三、四歲左右時即可分辨自己看得見的東西別人不一定看得見 (Flavell et al.，1968) 。而認知性的角色取替能力比較複雜，牽扯到個體對他人的認知、對整個情境的熟悉與了解。因此，認知性的角色取替必須等到兒童年齡較大時才得發展完全 (Flavell et al.，1968) 。

㈢情感性的角色取替

情感性的角色取替能力是指個體考量他人的感覺或情緒的能力。而這類的角色取替能力應包含二種能力。一是指個體辨識他人情緒的能力。如快樂、生氣、傷心和害怕等情緒間的區別。個體是否能辨別對方是傷心而不是害怕，是喜悅而不是生氣。二是指個體是利用線索來推論他人情緒的能力。如在什麼情況底下，小英會覺得高興？是吃了巧克力；或是在公園迷了路的時候 (柯華葳、李昭玲，民77年；Broke，1971；Kurdek & Rodgon，1975) 。譬如說小燕今天一早起來就把床疊好，睡衣放整齊；媽媽因此直誇小燕長大了，會自己照顧自己了。小燕因此心情特別好，一路唱著歌來到學校。但在學校裡碰見小明，低著頭不說一句話。小燕心裡覺得奇怪，小明平時都是笑嘻嘻的，怎麼今天不高興了。因此追問小明原委。小明哭著告訴小燕，小狗嘟嘟早晨給車壓死了。小燕聽了也覺得很難過，心想從此就再也見不到活潑可愛的小嘟嘟了。但小燕仍然會安慰小明，要小明不要太過傷心。這個例子說明了小燕經歷整個事件時的幾個歷程：(1)小燕自己原來覺很高興，但她仍然查覺了小明的表情與平常不同，並確認了小明難過的心情。(2)小燕聽了小狗嘟嘟的事件之後也覺得傷心難過，並理解到小明是因為小狗才覺得難過。(3)小燕雖然也覺得難過，但她仍

然能安慰小明，要他不要太傷心了。而這種體認他人情緒的能力會隨著年齡上升而增加。根據研究顯示，情感性的角色取替能力發展較知覺性或認知性的角色取替爲晚 (Kurdek & Rodgon，1975) 。

　　由上面的例子可知，情感性的角色取替可分成辨識，推論和行動幾個歷程。而這個歷程和個體同理心 (empathy) 的發展之間有很大的關連。但情感性的角色取替是否就等於同理心仍然爭議不斷。事實上，認知、知覺和情感性的角色取替能力是不可以截然劃分的，三種能力之間仍然有很大的重疊部份。而在測量的過程中也很難判定那一種實驗材料僅牽扯到受試者的知覺歷程，那一種材料僅關連到受試者的認知歷程而無半點情感的成份。就算上面所提的例子，小燕體認到小明因爲失掉了小狗而難過，進而勸慰小明。但這整個推論的過程中仍然與小燕本身的認知有很大的關係。如果小燕根本不喜歡小明，也許小燕反而幸災樂禍呢！因此，將角色取替能力分成三種不同的類型僅是在測量時偏重的方向，並非截然的劃分；也因此許多研究在探討年齡與角色取替能力之間的關係時會得到不同的結果了 (謝水南，民64年；柯華葳，李昭玲，民77年；Broke，1971；Iannotti，1985；Kurdek & Rodgon，1975) 。

二、角色取替能力發展的理論

　　目前探討兒童如何推理或採取別人角度來看事情的理論有二。一是由傅來福於1968年所提出的假說 (Flavell et al.，1968) 。另一則是由沙門於1980年所提出 (Selman，1980) 。現分述如下：

㈠傅來福的理論

　　美國心理學家傅來福的理論以訊息處理 (information processing) 的觀點來探討兒童表現角色取替能力的過程。這個歷程包括四個階段。

　　第一個階段稱爲「存在期」 (existence phase) 。這是指兒童理解到其他人對同一事件也會有不同的看法和態度，而這些看法和態度是有可能「存在」的。這個「存在」的概念爲傅來福所獨創，其他研究角色取替

的心理學家並沒有意識到「存在期」的必要性 (Shantz，1983)。

其次則是所謂的「需要期」 (need phase)。這時兒童由於實際需要會「想要」推測對方的想法。這種需要達成某種目的所產生的動力則是推動個體之所以需要站在別人的角度來看事情的趨力。比如說，小燕和弟弟小明決定以猜拳的方式來決定最後一根冰棒給誰吃。小燕非常想吃這根冰棒，因此在出拳之初會先猜測到底小明可能先出什麼？是「剪刀」？是「石頭」？還是「布」？這是因為有這種「需要」所致。同樣的，利用策略以勸服別人打消某種念頭也是引起推測他人想法的趨力之一。

第三個時期則是「推論期」 (inference phase)。這是指個體利用手邊現有的各種資料、指標來進行的心理活動，借以推定對方隱含的特質。這些經由推測所得的資料可以滿足實際的需要，以解決現有的問題。就上述的例子而言，小燕想到小明以往每每出拳時都先出「剪刀」，因此小燕明白，她只要出「石頭」就可贏得冰棒。這個利用以往經驗（小明常出「剪刀」）來推測自己因應措施（出「石頭」來贏「剪刀」）的過程稱為推論期。

最後一個階段則是「應用期」 (application phase)。這時兒童利用以往經驗所累積的知識來解決其他類似的問題。如果小燕因猜對了小明出的招式而贏得冰棒，以後小燕和小明猜拳時都會如法泡製。甚而以後小燕和其他人猜拳時都會預先考量對方所出的招式，再小心應付。雖然，傳來福將角色取替的表現歷程分成存在、需要、推測和應用四個時期，但個體在表現的過程中，這四個時期都是在一瞬間完成的 (Shantz，1983)。

㈡沙門的理論

沙門於1981年發展出另一套理論來探討個體角色取替能力的發展過程。他認為個體在成長的過程中，以年齡為發展的基準點，會出現五個不同的階段。現分別說明如下：

第0個階段稱為「自我中心期」

這個階段發生在個體成長的三至七歲左右。這個時期的幼兒主觀地認定自己所想的就是別人所認為的，完全不經過劃分，因此稱之為「自我中心期」(egocentric or undifferentiated perspective)。譬如說，小華每回

出門總拖著爸爸媽媽去麥當勞吃漢堡薯條。在他的腦袋裡：「如果我喜歡，爸爸媽媽也一定喜歡」。而前面所說的小英在樓上玩玩具的例子也是兒童自我中心期的一個具體表現。

　　自我中心期的幼兒又可分成二個時期。前期的幼兒不自覺地把自己的觀點當成別人的觀點。如上述的例子，小華自己喜歡吃漢堡，父母親也一定喜歡吃漢堡。但是到了自我中心的後期，幼兒則是不願意將自己的想法將他人的想法分開。如果爸爸媽媽此時問小華，到底爸爸媽媽喜不喜歡吃漢堡呢？小華可能會說：「我怎麼知道？我又看不見你們心裡想的！」這個例子說明了自我中心後期的幼兒逐漸體會到自己的想法和他人的想法可能會有不同，但又無法確定到底是不是真有不同。

第一個階段稱為「主觀期」

　　主觀期（subjective or differentiated perspective）以四歲至九歲的兒童最多。這個時期的幼兒仍然將自己的想法和他人的想法歸併，但是歸併的原因則由於自己和他人同處於一個情境底下。因此這時期的小朋友雖然明白二個人的想法會有不同，但由於二個人同處於一個情境底下，二個人的想法依然相同。譬如說，媽媽帶小華和弟弟去麥當勞。小華和小弟同樣叫了漢堡、薯條和汽水。小華可能因此誤認每個來麥當勞的人都想吃漢堡、薯條和汽水。到了發展後期，小華才可能理解到每個人到麥當勞想吃的東西可能大不相同。有的人想吃漢堡、薯條和汽水；有的人想吃魚堡和果汁；有的人可能根本只想喝杯茶罷了。自己的想法和他人的想法可能不同，但無法由外在的情境因素來決定他人的想法。他人的想法是由個人的心理因素決定，別人是看不到也摸不著的。

第二個階段稱為「自我反省期」

　　自我反省期（self-reflective or reciprocal perspective）兒童的特徵是可以由另一個角度來反省自己的想法或好惡；也可以由自己的想法來推測他人的想法。以六歲至十二歲的兒童居多。由於這個階段的兒童已知道自己的想法是由個人的內在因素來決定，別人看不著也摸不著，因此想用自己的想法來推測他人的想法，進而反省自己的想法。以上面的例子來說，如果媽媽要小華幫在家的爸爸買份餐點回家，小華可能會想：「我喜歡吃漢堡，也許爸爸也會喜歡。」於是，小華決定幫爸爸也買份漢堡，但如

果小華進一步推敲爸爸是不是眞的會喜歡漢堡時，則會考慮其他的因素了。小華也許會想自己喜歡吃漢堡的原因何在，而爸爸是否同樣會因爲這些原因而喜歡吃漢堡。這時的小朋友意識到自己和其他人的想法之間有關連性，因此又稱爲「第二個人的看法」（second-person perspective）。

第三個階段稱爲「第三個人的觀點」或「相互的觀點」

個體的發展由二個人之間的關係發展到群體之間的關係，這個時期的特徵是個體可以站在第三個人的觀點（third-person or mutually per-spective）來看另外二個人之間的關係。如小華可以明白小燕和小平之所以成爲好朋友的原因是因爲小燕和小平二個人常互相幫忙。而小燕和小莉之間相互不講話是由於小莉常說小燕的壞話又傳回小燕的耳朵裡。又如前面所提小燕和小明猜拳的例子，小燕覺得小明知道她想要出「石頭」來贏他的「剪刀」，因此弟弟小明會出「布」來包她的「石頭」，所以她要出「剪刀」來剪他的「布」。這種層層包裹式的思考方式（recursive thinking），「他認爲我知道他想要……」，是這個階段的特色。以九歲至十五歲的兒童和靑少年爲主。

第四個階段稱爲「社會期」或是「深層社會觀點期」

這個時期的個體體認到每個人都可以擁有自己的想法，而各人所秉持的想法則是組成社會系統的根源。這些經過統合、整理後的每個人想法乃形成社會的道德規範與價值系統。由於每個人都理解到道德、規範與法則的形成過程，因此也願意遵守這些結合許多人共同意願的規範與法則。因此社會上的每一個人除了有共同遵守這些表層結構的社會責任外，同時也擔負著組成社會深層結構的責任。所以說社會上的每一份子的所成所爲，思想態度都可能會影響到社會結構的本質。而這個階段發展的目的則在建構一完整和諧的社會系統，並增進全人類的福祉。因此這個階段稱爲社會期或是深層社會觀點期（society or in-depth perspective），以靑少年和成人爲主要的發展對象。

然而目前社會上國人不守法，沒有公德心的事件屢見不鮮。除了社會環境沒有配合之外，國人本身角色取替能力發展得不夠完全也可能是一個重要原因。中國人自私自利，只顧自己的作風早爲他人所詬病。然以角色取替能力的發展來看，這充其量只到沙門的自我反省期而已。凡事以主觀

的標準設定規則——「因爲我家的垃圾太多了，所以我拿出來丟，管他是放在你家門口還是他家門口，只要不是在我家門口就好了」。上焉者考慮隔壁林太太家，天天見面不好意思，還是拿遠點。這是由自我反省期邁入相互期，考慮到二人以上間的關係。然要求整個社會和諧進步，必須以全體國民、社會上的每一份子爲參予的對象。社會規範由全體社會人民共同制定，社會責任也應由全體國民共同來負擔。沙門的研究曾經指出，角色取替能力的發展和認知發展、道德發展都有緊密的關係。如果我們再一昧的忽視社會所付與的責任，除了「嫦娥將笑我們髒」之外，嫦娥恐將笑我們「呆」了。

三、研究角色取替能力的方法

　　研究認知性角色取替的方法很多，除了前面所提以銅板遊戲的方式來探討受試者贏得比賽的策略之外，看圖說故事和二難困境的方式也是研究的方法。

　　「看圖說故事」的方法以傅來福「小孩、蘋果、狗」的故事最有名（Flavell et al.，1968）。他在這個故事裡將一個小孩和狗的關係畫成七張圖片（見圖12-3）。現分述如下：

圖片一：一個男孩沿著人行道，邊走邊吹口哨。

圖片二：那個男孩碰上一隻兇惡的狗，衝向他，他十分害怕。

圖片三：那個男孩趕快跑，並回頭看狗，狗正緊追不捨。

圖片四：那男孩跑向一棵結滿蘋果的樹，將右手伸向樹，狗不在圖中出現，男孩的臉部給樹的枝葉遮住。看不見面部的表情。

圖片五：那男孩攀上樹幹，狗追上來要咬他的足跟。

圖片六：那男孩坐在樹上，狗正橫越馬路（圖中的狗看起來較小，且面部無兇惡之相），雖然男孩面向狗走的方向，但面部並無特殊表情。

圖片七：那個男孩坐在樹上，大口地吃著蘋果，沒有看到狗的蹤跡。

圖12-3 「小孩、蘋果、狗」的故事所使用的圖片

（摘自謝水南，民64年）

　　首先，傅來福要求受試的兒童就這七張圖片說明這七張圖片所連成的故事。然後，主試者告訴受試的兒童，現有另一個小朋友，他沒聽過前面的故事；如果他現在只看到其中的四張圖片，他會說出什麼樣的故事。這四張圖片分別是圖片一、圖片四、圖片六和圖片七。根據傅來福的假設，這四張圖片連成的故事和前面七張圖片所連成的故事之間有明顯的不同。前面七張圖片的故事是小孩被狗追而害怕得爬上樹，而後面四張圖片並沒看到小孩被狗追，而小孩也在樹上吃蘋果。如果受試的兒童能夠區分後來只看四張圖片的小朋友其實並不知道小孩曾被狗追，而只根據這四張圖片，把小孩經歷的事情說出來，則表示受試者不會將先前故事經驗加於後來的小朋友。結果發現低年級的小朋友很容易將七張圖片的故事和四張圖片的故事混淆，而無法分別沒看過七張圖片的小孩根本不知道小孩被狗追的事。傅來福就是利用這種關係來分辨受試者是否能有認知性的角色取替能力。

　　另一種研究認知性角色取替的方法則以沙門的兩難困境為代表。沙門的兩難困境研究法主要由柯柏格（Kohlberg）的道德兩難困境衍生而來（Selman，1976）。譬如說，蘋蘋是個爬樹高手，附近的鄰居都曉得蘋蘋喜歡爬樹而且很會爬樹。但是她有一天，一個不小心從樹上摔下來。雖然她沒有受傷，但嚇壞了爸爸媽媽。爸爸因而要求蘋蘋答應他從此不再爬樹。蘋蘋也答應了爸爸的要求。但是，有一天蘋蘋朋友莉莉的小貓咪咪爬上樹而不下來，莉莉非常著急，要蘋蘋爬上樹把咪咪救下來。如果蘋蘋不爬上去救咪咪，咪咪可能因而摔死。請問蘋蘋應該怎麼辦？這個研究的目的是想探討受試的兒童能否理解莉莉的立場，而爬上樹把咪咪救下來。

　　研究知覺性的角色取替能力多以皮亞傑的三座山研究為基準點（Flavell et al.，1968；Piaget & Inhelder，1956；Selman，1971）。這些研究的方法基本上和皮亞傑的三座山的研究類似，僅材料的難度不同。皮亞傑的三座山的研究乃要求參予受試的小朋友面對三座山組成的模型。每座山的大小、顏色各不相同，山上也各有不同的物體。譬如說一座山上有條小河蜿蜒而下，另一座山山頂上則有個紅十字。受試者的任務是告訴主試者他本身看到的三座山是什麼樣子的；然後再預測另一個坐在不同方位的洋娃娃所看到的三座山是什麼樣子的。這個研究的目的是想探知受試

的兒童是否理解到坐在不同位置的人所看到的模型是不相同的。皮亞傑當
初設立這類實驗最主要的目的是想探究兒童對空間的認識，是否兒童能了
解物體的相對關係所衍生出來的空間關係。

　　情感性的角色取替的研究方法則以看圖說故事並辨識故事人物的情緒
爲主 (Broke，1971；Kurdek & Rodgon，1975)。首先，主試者要求受
試的兒童辨識圖片中人物的情緒，是高興？是傷心？是害怕？是生氣？以
確定兒童有能力分辨喜、怒、哀、樂等情緒表現。然後，主試者按圖說故
事給受試的兒童聽。故事中的人物因爲經歷了某些事件而有某種情緒。這
件事件包括吃了巧克力糖，玩具熊掉了，在公園裡迷了路或者是不准看電
視等等。最後，主試者要求受試者說明圖片中的人物應該有什麼表情？由
於圖片中人物的臉是空白的，受試者無法單由辨認臉上的表情來判定人物
的喜、怒、哀、樂，必須由事件所引起的感情來推定圖片中人物的喜、怒
、哀、樂。這類研究的目的是想判定受試者能否體驗故事中人物經歷的情
境而體認到故事中人物的情緒感覺。

四、角色取替能力的訓練

　　由前面的說明可知，角色取替能力是個體發展過程中一項非常重要的
能力。它不但和個體利社會行爲的表現息息相關，也和個體溝通能力的好
壞，攻擊行爲的表現有著很高的關連性。因此，學者們紛紛研究是否可以
經由訓練的方式來增進個體角色取替的能力？是否可以經由角色取替能力
的增加而增加個體利社會行爲的表現？是否可以經由角色取替能力的增加
而減少個體的攻擊行爲？研究的結果也顯示，學齡前及學齡兒童的角色取
替能力的確可以經由個體經驗的累積而增加 (Burns & Brainard，1979
；Iannotti，1978；Saltz & Johnson，1974)；而個體的反社會行爲 (
anti-social behaviors) 可以經由角色取替能力的訓練而減少 (Chandler
，1973)。除此之外，情緒不穩定兒童的溝通能力也可以經由角色訓練的
方式來提升 (Chandler，Greenspan & Barenboim，1974)。

　　然而，最有效的角色取替訓練方法首推角色扮演 (role enactment)

。也就是說，給予被訓練兒童一個故事的腳本，並提供故事情節，讓受試的兒童來扮演故事中的人物，表演故事的情節。通常故事中扮演的角色經常調換，使得每個小朋友都有機會來嘗試不同的角色。而故事的情節可以和現實情境的事件相同（reality play），也可以是幻想的情境（fantacy play）。通常每次角色扮演的時間是半個小時，一個禮拜二次，並持續訓練二到十個禮拜才能顯示出訓練的效果（Shantz，1983）。

《附欄12-1》

人際問題的解決技巧可經由訓練獲得嗎？

社會認知技巧的訓練，也就是「站在他人的立場替他人著想」的能力之培養，是幫助兒童處理人際問題(interpersonal problem solving)的好方法。這類人際問題包括搶玩具，爭吵和打架等等。一般兒童在處理這類問題時多少總會表現出不適應的行為。如攻擊性強、好與人爭；情緒衝動、又哭又鬧；要不然則是退縮、害羞、躲在一旁。

然而心理學家們卻發現人際問題的處理技巧可以經由訓練的方式讓兒童習得。蕭爾和史皮歐克（Shure & Spiuack）於1980年則成功地訓練兒童學得解決人際問題的方法。訓練的方法大概可分成三類：(1)訓練兒童尋找或思考其他的解決方法。如當琥琥和姐姐瑋瑋都搶著要盪鞦韆時，應該怎麼辦？鼓勵兒童去想解決問題的辦法。譬如每個人輪流盪三分鐘。(2)訓練兒童預估一件行為的後果。如小華拿了姐姐的彩色筆而沒告訴姐姐，等姐姐知道以後會有什麼樣的結果？(3)訓練兒童考量和揣測事情的前因後果。如小明哭了。到底小明為什麼會哭呢？可能因為小明摔倒了；也可能因為小明和哥哥打架打輸了；也可能是因為不聽媽媽的話，被媽媽處罰了。

結果發現，經過訓練的兒童在處理問題的技巧上顯著地高於控制組的兒童（見圖）。這三種處理技巧又以第一類──尋找或思考其他解決問題的方法為最有效。而未經訓練的兒童在處理問題的技巧上顯著地低於三個實驗組。除此之外，經過訓練的兒童其人際關係較好，適應社會的能力也較強。尤其是碰到問題時能夠尋求適當的解決途徑，不會因而隨意毆打別人、亂發脾氣，更不會畏畏縮縮、躲在一旁不知所措了。

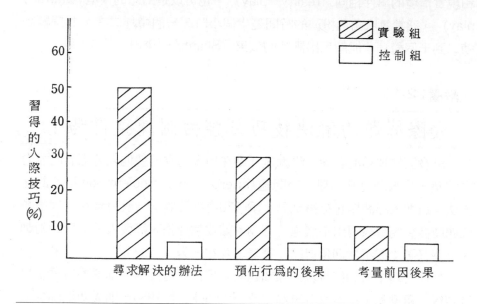

（摘自 Mussen，Conger，Kagan & Huston，1984.）

五、我國的研究

目前我國專門研究角色取替能力發展的學者不多，僅少數人利用國內的受試者從事這方面的研究（謝水南，民64年；江麗莉，民77年；柯華葳、李昭玲，民77年）。其中謝水南的研究以知覺性和認知性的角色取替能力爲主要的研究題材，並以學齡兒童爲對象。柯華葳、李昭玲的研究以幼稚園和國小兒童爲研究對象，但其研究偏重於情感性角色取替能力的發展。江麗莉的研究以認知性的角色取替能力爲主，但其研究對象則以學齡前兒童爲主。由於本章探討學齡兒童的發展狀態，故以謝水南和柯華葳、李昭玲的研究爲探討的重點。

㈠謝水南的研究

謝水南的研究以二年級和五年級的學齡兒童爲主要研究對象。研究的素材則偏重傅來福教授研究時所使用的材料。測量知覺性的角色取替能力以六個形狀、大小、顏色不一的圓柱體爲主。認知性的角色取替則以「小孩、蘋果、狗」的圖畫故事來測量。結果發現，我國兒童角色取替能力的發展約在三至五年級之間（謝水南，民64年）。唯知覺性的角色取替能力的發展（約在四到五年級之間）比認知性的角色取替能力（約在三到四年級之間）的發展爲晚。而且我國兒童角色取替的發展過程中，早期（約在二到三年級之間）發展的速率較晚期（約在四到五年級）爲快。這個研究的結果與原先的假設有若干不合。

依皮亞傑的認知發展而言，個體是由感覺動作期（sensori-motor period）的摸索學習，再由感官知覺的經驗發展成概念（Baldwin，1967；Piaget，1971；Mischel，1971）。因此，概念性或認知性的發展應晚於知覺性的發展（謝水南，民64年；Flavell et al.，1968）。但是謝水南卻發現知覺性的角色取替能力發展先於認知性的角色取替能力。可能的原因有二。一則是目前知覺性的角色取替研究多採三座山的形式，然後要求受試的小朋友描述他自己或是別的小朋友的知覺情形。然三座山或是圓柱體所形成的知覺形式屬於抽象式的幾何圖形。要求小朋友用語言描述呈現在網膜上不規則的圖像對小朋友而言恐怕是一項負擔。很可能小朋友之所以表現出「自我中心」（egocentric）的形像是因爲他不知道怎麼說，而不是不知道別人在不同的角度看見的東西可能和自己不同。更何況測量認知性角色取替的能力則利用傅來福「小孩、蘋果、樹」的圖畫故事來測量。小朋友僅需按照圖片描述狗、蘋果和小男孩之間的關係就可以了。而這些關係在日常生活中顯而易見，對小朋友而言，與生活經驗相連，因此較容易推論。另則是目前研究在測量兒童角色取替能力時，往往在一個孩童全然陌生的情境中測量。因此，一個在熟悉環境中能夠很自然地揣摩自己同伴心境的幼童，面對實驗室中複雜的材料時，往往不能利用材料中現有的線索來推測別人內心的思想狀態，因此表現得有如「自我中心期」的幼兒。由此可見，測量情境的熟悉度對幼童的行爲表現是有很大的影響的。

㈡柯華葳、李昭玲的研究

　　根據前述角色取替的研究和定義可知，情感性的角色取替應包含二個歷程。一是指幼兒指認他人情緒的能力。二是指幼兒利用線索來推測他人情緒的能力。柯華葳的研究則探討了這個歷程的發展（柯華葳、李昭玲，民77年）。

　　在她們的研究裡，主要想探討幼稚園和三、五年級的學童是否因年齡不同而角色取替能力的發展狀態不同。和謝水南研究不同的是，柯華葳不但提出了情緒認知的發展會因年齡不同而有差異；而且提出了假設性的建構。各個階段有著不同型態的發展，而個體隨著年齡的增加而往更高層次的階段發展。

　　柯氏的研究方法和早先研究情感性角色取替的方式類似，也利用看圖說故事的方式來進行研究。首先，由實驗者提供圖片並說故事給受試的兒童聽。故事中雖然包含各式各樣的情緒，但是受試者無法看見故事中人物的表情，而且主試者在說故事時也不帶任何情緒詞藻。受試者的任務是要說出故事中人物的情緒，而且說得越多越好。除了要求受試者儘量說出情緒的詞藻來形容故事中人物的情緒之外，主試者並要求受試的兒童說明到底他們是如何推測故事中人物的情緒的。由於受試的兒童看不到故事中人物的表情，因此在推測人物的情緒時必須利用其他的線索來推論。

　　結果發現，隨著年齡的增加，小朋友使用情緒的詞藻也越具多樣性。如幼稚園以高興、快樂形容正面的情緒，三年級則以高興、快樂、驚訝等三種方式，但到了五年級，小朋友則利用高興、興奮、快樂、愉快、驕傲和神氣等等用語來形容正面的情緒。同樣地，小朋友利用詞彙來形容負面的情緒時也有相同的趨勢。

　　除此之外，小朋友利用線索來推論故事中人物情緒的方法也隨年齡增加而有不同的推論方式。柯氏將之分成五個階段。層次0：不知道別人的情緒反應。層次1：有情緒反應但無法說出其推測方式。層次2：以上下文的方式來推測主角的情緒。層次3：以自己的經驗來推測。層次4：歸納大多數人的原則經驗來推測，如每個人被老師罵都會難過。結果發現，有一半幼稚園的兒童停留在層次0或層次1的反應方式，不是不知道他人的情

緒反應就是無法說出推測方式；另一半兒童則層次2的反應方式，利用上下文來推測其他人的情緒。但大多數的三、五年級的小朋友則發展到以上下文的方式來推測別人情緒的階段。而有50%的成人則發展到層次3，以自己的經驗來推測他人的情緒。由這個研究結果顯示，兒童辨認情緒與推論情緒的發展是有階段性的，而這個階段的發展則隨年齡的上升而上升。

第四節　結語

　　社會認知的發展是近幾十年來發展心理學研究的一個新領域。由於它的發展使得發展心理學界另開一扇窗，更使得理論與實際的結合向前邁了一大步。過去廿年來，研究社會認知發展的學者大致開創了二個新局面。一是利用實驗法或晤談法來探討兒童對社會現象的理解狀態，並研究年齡與這些現象的發展關係。其次，則是利用觀察法來探討兒童與社會互動間的關係，並研究兒童利用角色取替能力或溝通能力的社會認知歷程（Damon，1981）。前一個局面的開創使得我們理解到不同年齡的個體與其理解的社會現象間的關連性；而後一個局面的開創則使得我們理解到兒童是如何建立與社會互動的關係，以及如何利用社會互動的關係來促進社會的和諧與進步。

　　誠如前面所說，傳統的社會發展與認知發展已不能解決現有的問題。而且幼兒在成長的過程中，其接觸的不再是單純的物理世界。在個體的發展過程裡，「人」是一個人生長環境中最重要的變項。不單只有自己（self）還有別人（others）。因此，人與人間的互動成為研究個體在社會環境中發展的重要課題。個體有思想、有意念、有企圖；他人也有思想，有意念和企圖；而良好的社會關係則有賴於個人與他人間的思想、意念與企圖的協調與平衡。如能使得個體與他人的意念相結合，如站在別人的立場替別人著想，則許多人際問題，如友伴關係、親子關係，都可以迎刃而解。

參考資料

江麗莉 (民77年) ：兒童角色取替能力之發展。台灣區省市立師範學院七十六學年度兒童發展與輔導學術討論會論文集，p.326～339。省立台南師範學院。

柯華葳 (民77年) ：兒童口語溝通能力。國際幼兒教育學術研討會，台北市立師範學院。

柯華葳、李昭玲 (民77年) ：兒童情緒認知研究。國教學報，1，173-187。

謝水南 (民64年) ：兒童角色取替能力的發展。國立台灣師範大學教育研究所集刊，18，25-82。

Aronfreed, J. (1968). *Conduct and conscience:* The socialization of internailzed control over behavior. New York: Academic Press.

Baldwin, A. L. (1967). *Theories of child development.* New York: John Wily & Sons , Inc.

Baumrind, D. (1967). Child care practices anteceding three patterns of preschool behaviors. *Genetic psychology monographs,* 75, 43-88.

Baumrind, D. (1971). Current pattems of parental authority. *Developmental psychology,* 4, 1-103.

Borke, H. (1971). Interpersonal perception of young children: Egocentrism or empathy？ *Developmental psychology,* 5, 263-269.

Bronfenbrenner, U. (1979). *The ecology of human development: Experiments by nature and design.* Cambriage: Harvard University Press.

Burns, S. M. & Brainerd, C. J. (1979). Effects of constructive and dramatic play on perspective taking in very young children. *Developmental psyschology,* 15, 512-521.

Chandler, M. J. (1973). Egocentrism and antisocial behavior: The assessment and training of social perspective-taking skills. *Developmental psychology,* 9, 326-332.

Chandler, M. J. (1976). Social cognition: A selective review of current research. In W. F. Overton & J. M. Gallagher (Eds.), *Knowledge and development* (Vol.1). New York: Plenum.

Chandler, M. J., Greenspan, S. & Barenboim, C. (1974). Assessment and training of role-taking and referential communication skills in institutionalized emotionally disturbed children. *Developmental psychology,* 10, 546-553.

Collins, W. A. (1973). Effect of temporal seperation between motivation, aggression, and consequences: A developmental study. *Developmental psychology,* 8, 215-221.

Collins, W. A., Berndt, T. V. & Hess, V. L. (1974). Observational learning of motives and consequences for television aggression: A developmental study. *Child develpoment,* 65, 799-802

Damon, W. (1981). Exploring children's social cognition on two fronts. In J. H. Flavell & L. Ross (Eds.), *Social cognitive devlopment: Frontiers and possible futures.* New York: Cambridge University Press.

Damon, W. & Killen, M. (1982). Peer interaction and the process of change in children's moral reasoning. *Merrill-palmer quarterly,* 28, 347-367.

Dodge, K. A. (1980). Social cognition and children's aggressive behavior. *Child development,* 51, 162-170.

Feshbach, N. D. (1978). Studies of empathic behavior in children. In B. A. Maher (Ed.). *Progress in experimental personality research* (Vol.8). New York: Acad-emic Press.

Flavell, J. H.; Botkin, P. T., Fry, C. l., Jr., Wright, J. W. & Jarvis, P. E. (1968). *The development of role taking and communication skills in children*. New York: Wiley.

Gelman, R. & Baillargenon, R. (1983). A review of some piagetian concept. In J. H. Flavell d M. Markman (Eds.), *Handbook of child psychology* (Vol.3): *Cognitive development*. New York: Wiley.

Gibson, E. J. & Spelke, E. S. (1983). The development of perception. In J. H. Flavell d M. Markman (Eds.), *Handbook of child psychology* (Vol.3): *Cognitive development*. New York: Wiley.

Harter, S. (1983). Developmental perspectives on the self-system. In E. M. Hetherington (Ed.), *Handbook of child psycholoay* (Vol.4): *Socialization, Personality, and social development*. New York: Wiley.

Hartup, W. W. (1983). Peer relations. In E. M. Hetherington (Ed.), *Handbook of child psychology* (Vol.4): *Socialization, personality, and social development*. New York: Wiley.

Heider, F. (1958). *The psychology of interpersonal relations*. New york: Wiley

Hoffman, M. L. (1978). Empathy Its development and prosocial implications. In C. B. Keasey (Ed.), *Nebraska Symposium on Motivation* (Vol.25). Lincoln: University of Nebraska Press.

Huston, A. C. (1983). Sex-typing. In E. M. Hetherington (Ed.), *Handbook of child psychology* (Vol.4): *Socialization, personality, and social development*. New York: Wiley.

Iannotti, R. J. (1978). Effect of role-taking experiences on role-taking, empathy, altruism, and aggression. *Developmental psychology,* 119-124.

Iannotti, R. (1985). Naturalistic and structured assessment of prosocial behavior in preschool children: The influence of empathy and perspective taking. *Developmental psychology*, 21, 46-55.

Kohlberg, L. (1969). Stage and sequence: The cognitive-developmental approach to socialization. In D. A. Goslin (Ed.). *Handbook of socialization theory and research*. Chicago: Rand McNally.

Kurdek, L. A. & Rodgon, M. (1975). Perceptual, cognitive, and affective perspective-taking in kindergarten through sixth-grade children. *Developmental psychology*, 11, 643-650.

Leifer, A. D. & Roberts, D. F. (1972). Children's responses to television violence. In J. P. Murray,; E. A. Rubinstein, & G. A. Comstock (Eds.), *Television and social behaviors:* II. *Television and social learning. Washington* D. C.

Maccoby, E. E. & Martin, J.A. (1983). Socialization in the context of the family: Parent-child interaction. In E. M. Hetherington (Ed.), *Handbook of child psychology* (Vol.4): *Socialization, Personality and social development.* New York : Wiley.

Minuchin, P. P. & Shapiro, E. K. (1983). The school as a context of social development. In E. M. Hetherington (Ed.), *Handbook of child psychology* (Vol.4): *Socialization, personality and social development.* New York: Wiley.

Mischel, T. (1971). *Cognitive development and epistemology,* New York: Academic press, Inc.

Murphy, L. B. (1937). *Social behavior and child personality: An exploratory study of some roots of sympathy.* New York: Columbia University Press.

Mussen, P. H., Conger, J. J.; Kagan, J. & Huston, A. L. (1984). *Child development and personalty.* (6th ed.). New York: Harper &

Row publishers.

Piaget, J. (1967). *Six psychological studies.* New York: Random House.

Piaget, J. (1971). *Biology and knowledge.* Chicago: University of Chicago press.

Piaget, J. & Ingelder, G. (1956). *The child's conception of space.* London: Routledge & Kegan Paul.

Saltz, E. & Johnson, J. E. (1974). Training for thematic-fantasy play in culturally disadvantaged children: Preliminary results. *Journal of educational psychology,* 66, 623-630.

Sameroff, A. J. (1982). Development and the dialectic: the need for a systems approach. In W. A. Collins (Ed.), *The concept of development: Minnesota symposia on Child psychology (* Vol.15). Hillsdale, N. J.: Erlbaun.

Selman, R. L. (1971). Taking another's perspective: Role-taking development in early childhood. *Child development,* 42, 1721-1734.

Selman, R. L. (1980). *The growth of interpersonal understanding.* New York: Academic Press.

Selman, R. L. (1981). The child as a friendship philosopher. In S. R. Asher & J. M. Gottman (Eds.), *The development of friend- ships.* New York: Cambridge University Press.

Selman, R. (1976). Social-cognitive understanding: A guide to eductaional and clinical practice. In T. Lickona (Ed.). *Moral development and behavior.* New York: Holt, Rinehart & Winston.

Selman, R. L. & Byme, D. F. (1974). A structural-developmental analysis of role taking in middle childhood. *Child develop- ment,* 45, 803-806.

Shantz, C. U. (1983). Social cognition. In J. H. Flavell & M. Markman

(Eds.), *Handbook of child psycholoay* (Vol.3): *Cognitive development.* New York: Wiley.

Shantz, C. U. (1981). The role of role-taking in children's referential communication. In P. Dickson (Ed.), *Children's oral communication development.* New York: Academic Press.

Shantz, M. (1983). Communication. In J. H. Flavell & M. Markman (Eds.), *Handbook of child psychology* (Vol.3): *Cognitive development.* New York: Wiley.

Sodian, B. (1988). Children's attributions of knowledge to the listener in a referential communication task. *Child development,* 59, 378-387.

13

家庭與個體發展

13

　　家庭是兒童居住與成長的場所，亦是兒童接受家庭教育與行為社會化的機構，父母更是這個機構中養育、保護與教育兒童的成人，朝夕相處，休戚與共，父母的教養行為對於成長中兒童身心的發展影響甚鉅，近年來由於社會變遷、家庭的結構與功能都有顯著的改變，例如核心家庭興起、雙生涯家庭日益普遍、離婚與單親家庭的出現，這些現象對於兒童生活、父母的養育方式、親子關係的影響又當如何？本章就是從家庭的功能、父母教養行為、親子互動、手足關係、以及現代家庭特有的離婚，雙生涯，兒童虐待等主題來探討家庭生活中各個層面，對於子女身心發展的影響。

第一節　家庭的意義與功能

一、家庭的意義

　　由社會學家的觀點來看，家庭是以婚姻、血統或收養關係爲基礎而形成的社會團體，家庭中的成員扮演夫／妻、父／母、子／女、手足等角色，並肩負各個角色的職責，美國社會學家史蒂芬（Stephen，1963）認爲家庭具有三個特性；(1)夫妻與子女居住在一起；(2)承擔爲人父母的權利與義務；(3)夫妻在經濟上有相互扶養的責任。由是觀之，家庭不僅是生活在同一屋簷下的人們，而是具有共同利益與目標，家人之間不但滿足彼此經濟、教育與心理的需求，更有彼此照顧、相互扶持、促進家庭與自我發展等職責。

　　由心理學的觀點來看，兒童誕生於家庭，成長於家庭，家庭是兒童生活中最重要的文化生態環境之一，父母乃是兒童與社會間的媒介，肩付了兒童行爲社會化與促進子女健全發展的責任，舉凡家庭的氣氛、父母的教養方式、親子關係、手足關係、婚姻關係等家庭因素，對於兒童的認知、社會、情緒及人格的發展，均甚爲重要。

二、家庭的功能

　　家庭在每一個社會中都受到重視，是因爲它具有多樣化的功能，可以滿足人類不同的需要，在傳統的社會中由於社會結構簡單，家庭的功能很多，包括生殖、經濟、宗敎、敎育、情愛、以及保護等，隨著時代的進步

，社會分工日趨於精細，若干傳統家庭功能，如教育、宗教、經濟等功能，已漸由社會上專職機構所取代。近年來，中國人「不孝有三，無後為大」的觀念亦漸淡薄，家庭生殖功能不若昔日重要，然而就發展心理學或教育的觀點來看，父母肩負教養子女的責任，促進子女健全發展的親職功能，卻益發變得重要。

今日社會變遷迅速，家庭結構亦隨之改變，家庭型態由大家庭、折衷家庭逐漸轉變為核心家庭，婦女外出工作的結果，雙生涯家庭普遍，離婚事件增加造成許多單親家庭，在這些特殊型態的家庭中，家庭中的親職功能，多少會受到不利的影響。

三、父母教養子女的目標

李溫 (Levine，1974) 在研究許多文化中父母教養子女的目標之後，歸納出一般性的教養目標如下。

㈠獨立生存的目標

父母具有撫養子女的職責，滿足子女衣、食、住、行、衛生、保健的需要，促進子女身體健康，使子女能夠獨立生存於現代社會，完成成家立業的目標。

㈡經濟自主的目標

幼小的兒童在經濟上依賴父母，以維持生存，然而父母的終極目標，是在培養子女謀獨立生活所需要的能力與行為特質，具備謀生的技能，俾能做到經濟上獨立自主，毋須依賴他人。

㈢自我實現的目標

兒童終將成為社會的一份子，擔當社會的責任，父母有責任促進兒童行為的社會化，發展其適應生活的能力，建立子女正確的人生觀、價值系統、宗教信仰、成就與聲望，俾能在社會當中獲得自我滿足與自我實現。

　　上述的父母教養目標，本身構成爲一個階梯式的系統，首先父母在確保子女的生存與安全無虞之後，才進一步的送子女接受敎育，學習生活必備的知識與謀生技能，最後乃是促進子女的自我實現。

第二節　父母與嬰兒間的互動

一、嬰兒對於家庭的影響

　　生兒育女是家庭中的大事，孩子的誕生對於父母的行爲、自我概念、家庭生活與婚姻關係，都會產生莫大的影響。

　　孩子的誕生，促使父母親由家庭中單純的夫妻角色，轉變爲擔當親職的父母角色，其本身的性別角色行爲亦隨之改變，新鮮母親往往會覺得自己更加女性化，照顧嬰兒，從事更多的女性化活動，甚至於初做父親的人，由於對於孩子的關愛與照顧，也覺得自己較往昔更加女性化。

　　孩子誕生後照顧孩子的工作增加，導致家庭生活的改變，諸如父母休閒活動，朋友交往活動顯著的減少，處理金錢的習慣上也有很大的改變，花在自己身上的金錢減少，而購買嬰兒用品的金錢反而增加。

　　孩子的誕生對於夫妻關係的影響是正負兼具的，根據張欣戊（民73）調查研究的結果顯示，74%之受試認爲孩子的出生會加強婚姻關係，做太太的會覺得先生變得更成熟（73%）與更可依賴（52%），自覺責任重大與心滿意足（66%），然而孩子誕生亦可能增加適應的困難，照顧孩子使父母覺得身心俱疲與失去自由（80%），與先生獨處的時間減少（41%），婚姻的滿意度降低（Belsky，Lang & Rovine，1985）等。

　　影響初爲人父母者適應親職生活的因素很多，諸如婚後是否立即懷孕，父母自幼是否獲得其本身父母的關愛，婚姻關係是否良好，甚至於嬰兒

的氣質都會影響到適應的結果。

二、父母對於嬰兒的影響

㈠母親的影響

　　近年來心理學家的研究一致發現，溫暖而敏感的母親，經常與嬰兒說話，提供給嬰兒多樣化的刺激，有助於嬰兒社會依附、好奇心、探索環境行為，以及智能的發展，不但促進了嬰兒健全心理功能的發展，更替未來奠定良好的基礎 (Shaffer，1989) 。

　　母親的年齡實為影響其對待嬰兒敏感度的重要因素，太過年輕的母親，尚未滿廿歲，對於育兒工作常持消極的態度，對子女需求的敏感度較低，反應性亦較差，因此無法提供子女正常發展的環境，而年齡超過廿歲甚至於高齡父母，不但對於子女敏感度與反應性較高，而且從育兒工作中所得滿足程度亦高 (Ragozin et al.，1982) 。

㈡父親與嬰兒間的互動

　　過去親子互動的研究，多以母親為對象，這種現象一方面出於男主外女主內性別角色的刻板化影響，另方面則是由於母親擔負較多照顧嬰兒的工作。自從1970年代之後，父親對於子女發展的影響，才開始受到重視，李比斯基與漢克 (Rebelsky & Hanks，1971) 發現父親與初生三個月內的嬰兒互動較少，平均每天2.7次，約40秒鐘，且隨嬰兒年齡增加而互動亦漸頻繁 (Easterbrook & Goldberg，1984) ，父親與子女相處時，多扮演孩子「玩伴」的角色，遊戲活動包括較多的身體活動與刺激性（Lamb，1981) ，伯奈與白魯奇 (Barnett & Baruch，1987) 發現父親與兒子相處的時間比女兒多，很早就開始影響男孩的性別角色發展，鼓勵男孩玩耍適合性別的玩具，父親與子女之間若能建立安全的依附關係，對於嬰兒探索環境，社會與情緒的發展都很重要。

　　父親除了直接與子女互動，影響子女的發展之外，其與母親的互動、

夫妻關係，亦產生間接的影響，例如父母的婚姻關係失和，父親對母親態度惡劣，都會影響母親照顧嬰兒工作的品質與滿意度，致使父母雙方對子女的敏感度與反應性降低，亦容易導致不良的親子關係。若婚姻關係和諧，父親則較願意參與育兒工作，父母雙方亦常常以孩子爲話題，母親有了父親精神上感情上的支持力量，則會更加任勞任怨的照顧嬰兒，許多育兒的問題都能獲解決 (Crnic，Greenberg，Ragozin，Robinson & Basham，1983)。

第三節　母親教養行爲對於子女發展的影響

一、母親教養行爲的向度

　　心理學家深受心理分析學派人格發展理論的影響，重視早期家庭生活經驗對於個體發展的影響，自1930年代便開始研究母親的育兒方式，試著將母親表現的教養行爲分爲若干類型，研究這些類型對於子女發展的影響，由於研究者取樣的對象與使用方法上的差異，所得之結果各有不同。

　　早期的研究淵源於研究少年犯罪與情緒困擾兒童的家庭，西蒙（Symonds，1949）綜覽當時的文獻，將母親的教養行爲歸納出⑴接納─拒絕；⑵支配─順從兩個向度。稍後包爾溫 (Baldwin，1945，1949) 在Fel研究機構 (Fel Research Institute) 進行兩年半的縱貫研究，他利用觀察法評定母親的教養行爲，得到三個向度，分別是關愛、放縱以及民主，在關愛教養方式中，母親教養行爲特色包括接納、關懷、愛護、和藹等特質。放縱的教養方式中，母親往往對於子女過份的縱容，而採用民主教養方式的母親，具有清晰的育兒哲學，採用合理的紀律方式，對子女有高度的同理心。

　　1960年代，有關母親教養行為的研究開始轉變，心理學家認為採用訪問母親或以問卷方式收集母親教養行為資料的方法值得商榷，因為這種方法難免受母親偏見或記憶因素的影響，而有失客觀，因而新的方法應運而生，如透過兒童的知覺來了解父母的教養行為（Roe & Siegelman，1963），或是深入家庭，觀察親子間的互動，以各種尺度來評定母親的教養行為，包姆林（Baumrind，1967，1971，1973，1977，1979）便是其中佼佼者，最享盛名。

　　根據包姆林的研究結果發現，母親的教養行為可歸納下列三種類型：

㈠權威型

　　在日常生活中，權威型（authoritarian）的母親，常以絕對的標準來衡量子女的行為，非常重視父母的權威，強調子女的絕對服從，尊重工作、秩序與傳統，不太鼓勵意見的表達與親子間的溝通。

㈡容忍型

　　容忍型（permissiveness）母親對子女的控制最少，接納子女的一切衝動，期望與行為，很少使用懲罰與要求，完全讓子女自主。

㈢權威開明型

　　權威開明型（authoritative）的母親期待子女表現成熟的行為，訂定合理的行為標準，然後以堅定的立場去貫徹始終，鼓勵子女的獨立性與個性表現，親子之間採用開放的溝通、尊重子女，但必要時仍然會使用父母的權威。

二、母親教養行為對於子女的影響

　　從上面的敍述觀之，不論母親的教養行為類型如何區分，大體可分為母親對於子女行為控制的程度與母親對子女情感的表達兩個層面，現在就讓我們從這兩個層面來探討其對於子女的影響。

㈠控制與子女行為

上述包姆林研究母親教養行為的類型，實質上反映了母親對子女行為

表13-1　母親控制類型與子女行為特徵

母親教養行為類型	子女行為特徵
權威開明型	**能幹友善型**
	自我依賴
	自我控制
	愉快友善
	具備因應壓力的能力
	合作
	好奇心
	高目標導向
	高成就導向
權威專制型	**脆弱不成熟型**
	害怕，困惑
	情緒不穩定、不快樂
	容易生氣
	具消極性敵意
	無目標
	不友善、壞脾氣
容忍型	**衝動攻擊型**
	具反叛性
	自我控制與自我依賴性低
	支配性強
	低目標導向
	低成就

控制的程度，權威型乃母親對子女施行高度的控制，容忍型乃相反的極端，權威開明型則居間，包姆林（1971）曾在幼稚園中觀察110個三至四歲的幼兒，根據他們的行為分為能幹友善，脆弱不成熟，衝動攻擊三種類型的兒童，然後再到兒童的家中，實地觀察母親的教養行為，尋求兩者間的關係，茲將其結果列表如表13-1。

　　由上表觀之，權威開明型的母親，往往教導出能幹友善型的小孩；相反地權威專制型的母親，則教導出脆弱不成熟的孩子；容忍型的母親所教養出來的孩子；則是自我中心、攻擊性強、而又低成就的。

　　父母教養方式對於子女的影響具有相當的穩定性，包姆林於五年之後當受試已經八～九歲時，再度觀察他們在學校中表現的認知與社會能力，結果如表13-2所示。

　　表13-2顯示，權威開明型的母親其子女到了小學階段，仍然在認知與社會能力上有卓越的表現，如在認知方面，思考具獨創性，具有高成就動機，喜歡富智力挑戰性的工作，在社會能力方面，則表現具有社會技巧，外向與高社交性，主動參與團體活動，具領袖才能等特質。而容忍型母親其子女則在認知與社會能力表現較差，而且包姆林新近追蹤研究結顯示，這些受試的行為特質一直持續到青少年時期(Donbusch，Ritter，Leiderman，Roberts & Fraleigh，1987)。

表13-2　母親控制類型與小學時子女認知與社會能力表現

母親控制類型	子女能力表現	
	女	男
權威專制型	中等認知與社會能力表現	中等社會能力表現 低認知能力表現
容忍型	低社會與認知能力表現	低社會能力表現 極低認知能力表現
權威開明型	極高社會與認知能力表現	高社會能力表現 高認知能力表現

㈡溫暖與子女行為

母親溫暖的教養方式，對於子女的社會，情緒及認知發展都有密切的關係，子女在溫暖接納的家庭中成長，多具有以下的特質：

(1)在嬰兒時期，便能夠與母親建立安全的依附關係，而安全的依附關係則是好奇、探索、解決問題能力，以及良好人際關係的基礎。

(2)在學業成就表現方面，能夠符合其能力而逐年進步。

(3)具有利他與服從傾向。

(4)具有高度自尊心與角色取替能力。

(5)具有明確的性別認同與性別角色行為。

(6)具有內控特質與內在的道德價值系統作為行為準則。

遭受父母拒絕的子女卻恰巧相反，通常表現高度的焦慮，情緒上易受到挫折、易怒、攻擊性強、自尊心低，亦較多表現適應上的困難與行為問題。

㈢國內的實徵研究結果

在國內方面，過去二十餘年來，有關父母教養方式與子行為的實徵研究成果，多達四十餘篇，研究對象範圍廣泛包括幼童、學齡兒童以青少年，楊國樞 (民75) 在縱覽上述文獻之後，得到下面的八項結論：

(1)積極的教養態度與行為，如關懷接納及適中的限制，有利於自我概念的改進與自我肯定的提高；但消極的教養行為或態度，如過份的權威，則會產生不良的影響。

(2)消極的教養態度或行為，如嚴格、拒絕及溺愛，不利於子女成就動機的培養。

(3)積極的教養態度或行為，如愛護、寬嚴適中、精神獎勵及獨立訓練，有利於內控信念與內在歸因特質的形成；消極的教養行為與態度，如拒絕、寬鬆、忽視、嚴苛及獎懲無常，則有利於外控信念的形成。

(4)積極性的親子關係與民主管教，有利於子女認知能力，創造能力及

創造行爲的發展；而消極性的親子關係與干擾性管教方式，則不利
於子女此等行爲的發展。

(5)誘導型的紀律方式能夠促進子女的道德發展與道德判斷，權威型的
紀律方式則不利於子女的道德判斷與道德發展。

(6)積極性的教養方式，如愛護、關懷、獎勵、一致、公平及親切，有
助於子女學業成就的提高；消極性教養態度或行爲如拒絕、忽視、
懲罰及嚴苛、則可能不利於子女學業成就的提高。

(7)積極性教養態度或行爲，如愛護、關懷、獎勵及親子認同，有利於
子女的生活適應；而消極性教養行爲或態度，如拒絕、嚴格、溺愛
、忽視、權威、控制、矛盾、分歧及懲罰，則不利於子女的生活適
應。

(8)積極性教導態度行爲，如關懷、愛護、溫暖及獎勵會防止子女的偏
差行爲；消極性教養行爲或態度如嚴格、拒絕、紛歧、矛盾、溺愛
、權威的威脅，則會促進子女的偏差行爲。

三、影響父母教養方式的因素

影響父母教養方式的因素很多，大體而言可以從爲父母本身，情境及
子女三方面來看。

㈠父母本身的因素

在管敎子女時，父母所流露出來的管敎態度與所採用的管敎方式，往
往反映出其過去的經驗，小時候父母如何對待我們，我們亦如是般的對待
自己的子女，專制嚴格的父母往往出自專制嚴格的家庭；虐待子女的父母
，其本身在幼年時代多有受虐待的經驗，父母的管敎方式是會發生代間傳
遞現象。

在管敎子女時，父母亦往往流露其本身的人格特質，例如具有權威型
性格的父母，多採用嚴厲權威以及支配型的管敎方式，父母適應不良，則
可能歪曲解釋子女的正常行爲；父母情緒不穩定動輒發怒，子女則動輒得

咎容易養成害羞與退縮的行爲。

　　母親對於懷孕的態度可能會影響日後對於嬰兒的照顧行爲與敏感度，此外母親接納母職的程度與爲人父母信心等，都是影響父母管教方式的因素。

㈡情境因素

　　存在於家庭內外的壓力因素，往往影響父母對待子女的行爲與態度，諸如母親過份熱衷於工作，或是工作壓力很大、家庭負債、破產、家人疾病、吵架以及離婚等生活事件，都可能形成嚴重的心理壓力，導致父母管教態度的改變，趨向於較爲限制、拒絕或懷有敵意，因此家庭內外的支持系統是舒解壓力的管道、父母、親人、朋友、甚至夫妻兩方的支持都是很重要的。

　　心理學家發現，家庭社經水準影響父母的教養方式甚鉅，最重要的因素是低社經水準家庭所承受的壓力較多，價值觀念與生活格調與中高社經水準家庭有所不同，父母的教養方式亦有所差別，一般而言，低社經水準家庭中，父母強調服從與權威，較多採用限制與專制的管教方式，嚴格的懲罰與紀律，而高社經水準家庭中，父母較強調成就，創造及獨立性的培養，在管教子女時亦多採用誘導式的紀律方式、溫暖開明的管教方式（Maccoby，1980）。

㈢子女本身的因素

　　在親子互動時，子女本身亦在影響父母的行爲，父母在實施管教時，如果子女能夠服從，樂於跟父母配合，則彼此容易建立良好的親子關係，因此可知子女的氣質影響親子間的互動，性格頑強難以駕馭的孩子，母親較多採用權威而嚴格的管教方式，親子間的衝突較容易發生（Bates，1980），甚至於父母在傷腦筋之餘，乾脆放棄管教的責任。

　　孩子身體特徵儀表亦是影響父母行爲的另一因素，母親與面貌姣好的子女接觸較多（Langlois & Sawin，1981），對於肢體殘障或智能不足的子女常持有補償心理，而容易持過份保護的管教態度。

　　此外，親子之間由於長期共同生活所發展出來對於對方的認知型態，

籍以解釋或期待對方的行為，也因而影響對方的行為。

　　子女的年齡不同，父母的管敎方式也隨之而異，子女年齡越幼小，父母愈扮演管轄監督者的角色，子女年齡越大，親子關係亦趨向平等。

第四節　手足關係

一、手足關係的本質

　　在家庭生活裡，除了父母之外，與我們關係最密切的，莫過於有相同血脈的手足，過去心理學家非常重視親子關係與友伴關係對於兒童行為社會化的影響，較少注意手足關係，其實兄弟姐妹在我們的一生當中扮演重要的角色，年長的兄姐是弟妹模仿與學習的對象，心目中的偶像與榜樣，對於兒童的遊戲技能、性別角色、道德與價值觀的形成，影響甚鉅。手足關係的本質兼具親子關係與友伴關係的特色，親子關係是血脈關係亦是上對下的縱向關係，手足關係亦復如此，親子間父母對子女的扶助照顧，也常見於手足之間，除此之外手足之間，也表達出友伴般的平等互惠橫向關係，成為生活中親密的夥伴，情感的支持力量，或是憤怒與攻擊行為的發洩對象。

　　白士開與蔣森（Baskett & Johnson，1982）的研究發現，兒童對於父母與對於手足的行為有顯著的不同，對於父母多表現積極性的行為，諸如服從、敬愛或談話等，而對於手足則表現較多的負向行為，如爭吵、打架等。

二、手足互動的類型

在嬰兒期，個人社會接觸最頻繁的對象是母親，到了幼兒期，與手足的接觸漸漸超過與母親的接觸，學齡時期之後，兄弟姐妹分享同一個房間，晨昏相處，產生的影響力更大，心理學家分析手足之間的互動行為，大致可分為下列類型：

㈠符合社會規範的行爲

在手足互動過程中，彼此都會表現許多合於規範的利社會行為，例如教導、模仿、給予、分享、幫助、合作、請求、友善、讚許、微笑、親近，以及表達情感的動作如擁抱、握手等行為，一般而言，兄姐常扮演教導者的角色，弟妹則多為模倣者的角色，兄姐所表現的幫助，分享以及給予的行為較多，當手足之中有一遭到挫折或不愉快時，亦會彼此流露關懷與安慰。

㈡爭論性與反社會性的行爲

手足關係亦有消極的一面，那就是兄弟姐妹競爭結果所表現的敵意、嫉妒、爭吵以及攻擊行為，手足間競爭最重要的來源乃是父母的偏心與兄弟姐妹的成就，尤其是後者往往成為其他手足社會比較的標準，難免構成心理壓力，在弟妹心目中，兄姊的權力較大與可享受的便利較多，而在兄姐的心目中，父母給弟妹更多的寵愛和關懷。

㈢手足替代母職的行爲

人口衆多的家庭，母親家務繁重，照顧年幼子女的工作，多由年長的兄姐分勞，照顧弟妹的工作，從餵食、洗澡、管敎、溫習功課以及帶領弟妹玩耍等都包括在內，心理學家的研究發現，長姊較常扮演替代母職或敎師的角色，年幼子女也較容易接受她們的指導；而長兄則常扮演競爭者的角色，對弟妹而言，由於長兄提供較多的刺激，往往可激發弟妹心智的成

長。

三、出生序與手足關係

在不止一個孩子的家庭裡，每一個孩子先來後到的順序，構成在家庭組織中的特殊排行地位，這種排行地位，不但爲每個兒童建立起特殊的權力、職責及角色，同時也影響其與父母和手足的關係，以及個人人格的發展，下面是分別就排行老大、中間、老么以及獨生子的性格特徵，加以說明。

㈠排行老大

排行老大多是在父母，殷切盼望中誕生，父母對老大的一舉一動也特別在意，花較多的精神與時間來照顧老大，陪他玩耍，鼓勵他學習，通常老大集父母寵愛與敎導於一身，因此在語言、學業成績以及智力測驗得分上均佔優勢，而在性格上，由於經常是父母注意的焦點，也容易養成支配性與獨斷性，喜歡別人注意他、欣賞他、喜歡處於領導的地位、自視甚高、自尊心強，由於父母對老大期望較高，以致培養成他雄心萬丈的氣魄。父母常賦予老大管敎弟妹的特殊權利，擔當較多的家庭責任，做父母代理人，這些責任常促使老大較爲早熟，有比較嚴謹的工作習慣與責任心，正因爲如此，老大對弟妹常有矛盾的情懷。

㈡排行中間

家中的老二或老三，不像老大那樣受到熱切的歡迎，況且父母已經有了敎養老大的經驗，對於排行中間的小孩，在心情與行爲都較爲輕鬆，對他們的期望也較切合實際，再者排行中間的小孩，經常需要學習調適自己和能力較強的兄姐與能力較差的弟妹相處，在家庭內所發展出來的人際關係技巧，使他具有同理心、友善的態度，具有友伴導向以改良的社會關係，能夠清楚的認淸自己的環境，具有實際的目標。

㈢排行老么

　　排行老么與排行老大在兄弟姐妹之中，同樣地享有特殊的地位，因為老么是家中最小的孩子，深得父母的寵愛，經常被驕縱，予取予求，因此養成依賴性，喜歡找藉口，缺乏解決問題的能力，容易養成好逸惡勞的習性。與兄姐比較起來，老么也常會覺得自己的能力不如別人，又常受兄姊的支配與使喚，因此難免容易產生自卑感。

㈣獨生子女

　　獨生子女是家中唯一的子孩，由於沒有手足與他分享父母的愛，通常是父母生活的中心，因此容易養成自我中心、不願與人分享和獨立自主的性格。由於沒有機會從手足那兒學習施與受的經驗，因此與友伴相處時可能發生適應的困難，傳統上認為獨子女是自私、寂寞的、不合群的，但是獨生子女的生活環境亦有其有利的條件，如免除手足競爭與具有充分的親情，如果父母親能夠提供適當的學習機會，讓獨生子女多與友伴接觸，那麼獨生子女一樣能夠學習與人分享，尊重他人，做一個團體中的成員，由於他們經常與成人接近，向成人認同，長大之後通常特別具有領導才能和獨立自主的精神。

四、手足競爭

　　手足競爭是兄弟姐妹之間所流露出來的競爭、嫉妒與敵意，可以說是手足關係的一大特色，手足競爭開始的時間很早，通常家中第二個新生嬰兒的誕生，便是手足競爭的開始，心理學家納德曼與比京（1982）曾經訪問了五十三位母親，關於他們兩歲至五歲半幼兒對於新弟妹誕生的反應，結果大多數的受訪母親都表示，新弟妹的誕生多少給老大帶來情緒上的苦惱，其中有百分之四十在弟妹尚未出生之前就很明顯，有百分之二十六在弟妹出生之後才顯現，而表現若干退化行為，如尿床、要求以奶瓶喝奶、常出現兒語、容易發脾氣、不合作等行為，但是大多數幼兒能夠很快的適

應家中的新嬰兒。

　　手足競爭隨弟妹年齡之增長而愈烈，在整個兒童期間都很普遍，手足之間年齡愈接近，彼此比較、競爭，各不相讓的情形越多，所表現的爭執，敵視的攻擊行爲也越多；手足的性別亦是影響手足競爭的因素，同性別的手足，不論男女正向互動較多，而異性別手足之間，負向的互動較多。

　　學齡兒童認爲他們與手足之關係不及與父母以及友伴之間來得親密，衝突較多，但同時手足的重要性與可靠程度，卻又比友伴高 (Buhrmester & Furman，1987) 。

第五節　離婚的影響

　　隨著現代社會的快速變遷，不但家庭結構改變，離婚亦不斷的升高，根據人口政策委員會 (民73) 的分析，我國台閩地區粗離婚率爲1.01%，平均每8.21對新人結婚，就有一對夫婦離婚 (在秀英，民75) ，在美國離婚的情形更爲普遍，約有50%的家庭走上離婚之途，約有40—50%的美國兒童，居住在單親家庭之中，其數量可謂驚人 (Shaffer，1989) 。黃德祥的研究指出 (民70) ，台北市國小兒童中，平均每班有兩人至三人是父母離婚兒童，徐良熙與林忠正 (民73) 亦指出，台灣1163各種類型的家庭當中，單親家庭佔8.09%。

一、父母離婚對兒童所造成的影響

　　父母離婚是一種家庭危機，雙方漫長的衝突過程對兒童而言亦是一種傷害，進而影響子女的生活適應與社會及情緒的發展。

　　海斯靈頓 (Hetherington，1981) 的研究結果指出，對絕大多數的兒童而言，父母離婚是一種痛苦經驗，最初他們感到憤怒，害怕與沮喪，具

有強烈的罪惡感，其中以學前階段幼兒情緒反應最爲強烈，青少年雖然亦有憤怒與害怕的情緒反應，但是由於齡較長，比較能夠瞭解父母離婚的意義，較能理性的處理父母離婚所帶來的問題。

　　泰德勒、李菲和史邱曼（Tedder，Libbee ＆ Scherman，1981）將父母離婚兒童分爲四組，(1)3－6歲；(2)7－8歲；(3)8－11歲；(4)13－18歲，父母離婚對於不同年齡組兒童所造成的影響，及其因應之道結果，詳見表13－3。

　　父母離婚是今日社會中單親家庭的最主要因素，單親家庭中的兒童生活適應較差，無論在個人適應成社會適應方面均較健全家庭中的兒童較差（曾明惠、廖進揚，民78），表現較多犯罪行爲（Dornbuch，1985；Steiulierg，1987），此外父母離婚兒童的自我概念較差（黃德祥，民71），表現或多的依賴性、攻擊性、抱怨、苛求及缺乏感情（Hetherington & Cox，1979），父母離婚亦會產生長期的影響，有的青少年在父母離婚十年之後仍然心有餘悸對婚姻有所懼怕（Kurdek et al.，1981）？生活磨練的機會，處理得當往往亦能促進兒童的早熟。

二、兒童因應之道

　　海斯靈頓（Hetherington，1981）認爲大多數兒童對於父母離婚事件的因應之道分爲危機期與適應期兩個階段，危機期大約歷經一年或以上，適應期則顯示兒童逐漸恢復正常，適應單親的家庭生活。

　　在危機期間，兒童不但具有強烈的情緒反應，而且經歷親子關係的改變，離婚的母親，由於經歷心理創傷，家務與管敎孩子的負擔過重，行爲往往變得乖張，缺乏耐性，忽略孩子的心理需求，在管敎子女時難免吹毛求疵，趨向專制，孩子亦傾向不服從與不合作，致使親子關係陷於低潮（Hethrtington，Cox & Cox，1982）。由於在美國父母離婚之後，子女的監護權多歸母親所有，男童一向與父親較爲親近，所經歷的失落較爲嚴重，父母離婚所產生的影響亦往往較女童更爲嚴重，我國在法律上規定子女的監護權多歸父親，此種安排是否增加女童適應的困難性，尚待進一步研

表13-3　父母離婚對於不同年齡組兒童的影響

年齡 反應	2.5～6歲 （學前期）	7～8歲 （潛伏期前期）	9～12歲 （潛伏期後期）	13～18歲 （青春期）
情　　感	易怒、激烈、分離焦慮、攻擊。	悲傷、憂愁、恐懼、被剝奪感、失落感與憤怒。	失落感與拒絕，無助與孤獨，羞恥、擔憂、受傷的感覺。	失望
表　　現	幼兒退化行為、攻擊與破壞行為、幻想。	哭泣，幻想、獨霸，不與他人分享。	直接反對父親、母親或雙親；易怒、要求多、嚴訓的態度；偷竊；身體症狀；與雙親關係緊張。	對當前情況採取開放的態度，投入社會活動。
因 應 方 式	無適當的因應方式，因而常使用攻擊。	無健康的因應方式以避免痛苦。	嚴肅而清楚地看父母離婚事件，以許多適應方式掩飾其情感；沉溺於遊戲之中。	更為自恃，獨斷獨行。
學 業 成 就	尚未就學	與其他兒童沒有差別	明顯地低劣	與其他兒童沒有差別
對父母離婚的 歸 因	自責	多數認為父母離婚與自己有關聯	少數認為父母離婚與自己有關聯	認為不是自己造成父母離婚的。
認　　知	對所發生之事感到迷惑。	對所發生之事感到迷惑。	對所發生之事有清楚地了解。	對所發生之事有清楚地了解。
訪　　問	次數多——每週一次。	次數最多——每週三次	次數不多，且非定期性訪問。	少接觸，超過9～12天
父 母 離 婚的 影 響（1年後）	多數的情況惡劣	65%變好，或接受父母離婚之事實；23%轉劣。	25%擔心被雙親遺忘拋棄。75%在教育與社會成就上重新變好。但孤獨感更惡化。	多數兒童皆恢復以往的表現，但面臨一些認知上的疑問。

（摘自Tedder，Libbee & Scherman，1981）

究。

三、對於父母離婚兒童的輔導

　　傳統上認爲爲了給孩子完整家庭，貌合神離的夫妻應該勉強的生活在
一起，然而家庭內長期的緊張與衝突，使兒童生活在沒有溫暖與安全感的
環境中，並不能給孩子帶來幸福的生活，因此離婚不失爲生活的轉機，父
母離婚應儘量避免將孩子介入衝突之中，適當時機向孩子說明與解釋，讓
子女心理上有所準備，亦讓子女了瞭解父母離婚之後，仍然關愛子女，最
好是父母具有共同監護權，給予對方探視子女的權利，離去的親長如能於
離婚後，繼續給予子女情感與經濟的支持，則子女受到的傷害會降低到最
低的限度，亦能夠很快的適應新的單親家庭生活方式。

　　學校教師與輔導工作人員，若能同時給予父母離婚兒童精神的支持與
心理建設，輔導他們了解父母離婚的眞象，處理失落感，去除憤怒與自我
譴責，接受父母離婚的事實，建立對現實生活抱有合理的期望，使父母離
婚的生活危機化爲生活挑戰的機會，而產生積極正面的力量。

第六節　雙生涯家庭

　　雙生涯家庭係指家庭中夫妻二人均從事有薪津的工作，根據統計顯示
，台北市69年度婦女勞動參與率爲43.9％，預計民國78年爲47.4％，因此
在都市化工業化的社會中，雙生涯家庭已經是很普遍的現象。

　　母親就業已是現代化家庭生活的一部分，根據過去的研究結果顯示，
職業婦女扮演工作角色，往往更能夠滿足母親個人的需求，同時亦能改善
家庭的經濟狀況，因此母親就業反而對於家庭，配偶及子女的抱怨較少，
對於子女的態度較佳，親子間的互動比較爲愉快，雙生涯家庭中的子女亦

較爲獨立，甚至母親就業是否會影響子女的課業成就，則見仁見智，有的研究結果顯示雙生涯家庭子女的學業成就較家庭主婦的子女爲低（Bronfenbrenner，1986；Hoffman，1984），有的研究結果則顯示並無不良影響究竟母親就業所發生的影響如何尚無定論，待進一步研究。

第七節　兒童虐待

近年來兒童虐待問題日益嚴重，根據估計台灣地區每年約有二十萬兒童受到身體、心理和性虐待（李文吉，民77），中華兒童福利基金會亦曾統計民七十六年七月至十二月之間，出現在報章雜誌以及社會福利機構刊物中出現的虐待兒童個案共有682件，在美國兒童虐待事件更趨於普遍，每年及有一百四十萬至一百九十萬的兒童遭受某種身體或情緒的傷害（Starr，1979）。

兒童是國家的未來主人翁，應當受到家庭與社會的照顧與愛護，爲什麼在生活中與兒童最親近的長輩或親友會殘酷的傷害兒童的身心呢？兒童虐待問題，自從1960年代，已經引起學者的注意，我國於近一兩年來亦開始注意這個問題，學者們對於造成兒童虐待的因素？是那些兒童遭受虐待？虐待兒童具有那些特徵？均有深入的研究，茲分別說明之。

一、受虐兒童

任何兒童都可能成爲虐待的對象，然而就兒童本身而言，具有若干特質，更容易成爲家庭中的目標，例如不服從父母的管教，過動或易激動的嬰兒、脾氣暴躁而不合作、攻擊性強、喜歡哭鬧、令父母不愉快等因素，都可能導致父母以嚴屬的方式來對待子女，惡性循環的結果，變本加屬造成虐待事件。

二、虐待者的特徵

什麼樣的父母或親近兒童的人具有虐待兒童的傾向？最早的假設認為，虐待子女的父母具有精神病傾向，事實上肯皮等人（Kenrpe & Kempe，1978）的研究結果顯示，精神疾病並非虐待兒童的主要因素，僅佔虐待者人數之10％。然而大多數虐待子女的父母，對於子女懷有敵意（Frodi & Lamb，1980），在其本身的成長過程中，曾經遭受過虐待與忽視，自幼沒有得到適當的照顧與愛護，不知如何接受與施予關愛（Belsky，1980；Steele & Dollack，1974），虐待子女的母親亦往往將嬰兒傳達需要的訊息，誤解為拒絕與不喜歡母親的訊號，進而導致嬰兒更多的挫折與痛苦，如是惡性循環，嬰兒的行為將引起母親虐待的反應。梅茵與喬治（Main & George，1985）的研究發現受虐待的兒童對於別人痛苦的反應與一般兒童不同，在幼稚園中受虐兒童看到其他兒童痛苦，不但沒有同情心與同理心反應，反而易引起憤怒的情緒，甚至於身體的攻擊行為。

三、環境因素

一般而言，環境中存有若干因素會助長兒童虐待事件的發生，例如家庭生活於壓力之中，母親家務負擔或照顧子女的負擔太重，而又缺乏父親及其它親友等社會支持系統（Crakenberg，1987；Eqeland et al.，1983），家庭變故諸如家人死亡、離婚、失業、搬家等事件，能夠破壞家庭內人際情感關係，進而助長兒童虐待之可能性。此外由社會生態學的觀點來看，家庭居住的環境、社區、甚至於文化傳統，都將影響兒童虐待事件發生的機率，例如某些社會網絡解組的社區，各個家庭多處於孤立的狀態，很少與外界聯繫，缺少社會支持系統，則兒童虐待事件的發生率很高（Garlarino & Sherman，1980）。貝爾斯基（Belsky，1980）認為美國兒童虐待事件之如此猖獗，主要是由於一方面美國人民對於暴力犯罪事件的

受虐兒童

一般兒童

□關懷、悲傷反應　　　　　　　　　■害怕苦惱的反應

▨有興趣、凝視及機械式的安慰反應　▦威脅、憤怒及身體的攻擊反應

圖13-1　托兒所中受虐兒童與一般兒童觀察其它兒童苦惱情境的反應類型

（摘自 Main ＆ George，1985之研究）

容忍態度，另方面一般家庭接受使用體罰來管教子女的方法。

四、如何協助虐待子女的父母與受虐兒童

如何幫助父母以預防虐待子女事件的發生，可以從加強立法、給予兒童適當的保護與加強執行親職教育等方面著手。

我國於民國六十二年訂定兒童福利法，由於立法的時代背景距離現代社會甚遠，法中對於兒童虐待之界定與罰則，均含混不清，不能發揮保護兒童的功能，因此修改兒童福利法，明確界定兒童虐待事件，建立舉發責

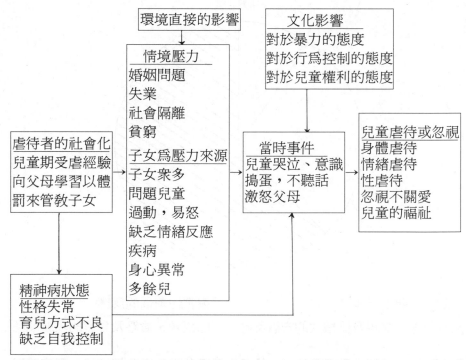

圖13-2　兒童虐待的社會─生態學模式

(摘自Gelles，1973)

任制，制定協助系統的權責等均爲當務之急。

　　加強親職教育，促使父母善盡父母的職責，亦爲有效預防兒童虐待事件發生的根本方法。

　　對於已經發生的事件而言，則社會兒童福利機構應廣設協助措施，如熱線電話、危機托兒所、父母匿名團體等，讓父母有機會與專業人員討論或獲得適應的心理治療。

　　兒童虐待是非常複雜現象，其形成的因素也非常錯綜複雜，如圖13—2所示，今後學者們尚須不斷的努力來解決與預防兒童虐待事件的發生。

參考資料

王秀英（民75）：影響父母離異家庭的國中生自我觀念與內外控信念之家
　　　　途因素探討。台北縣中山國中。

李文吉（民77）：搶救20萬個被虐待的兒童。　人間，32期，20—58。

徐良熙、林忠正（民73）：家庭結構與社會變遷；中美單親家庭的比較。
　　　　中國社會學刊，8期，11-22。

黃德祥（民71）：父母離婚兒童之自我觀念焦慮反應學業成就的團體諮商
　　　　效果之研究。國立台灣師範大學輔導研究所碩士論文。

曾明惠、廖進揚（民78）：台北市國中單親學生與一般學生生活適應之比
　　　　較研究。未來發表論文。

張欣戊（民73）：嬰兒在台灣婦女的婚姻中有些什麼影響。學前教育月刊
　　　　，6卷，10期，2—4。

楊國樞（民75）：家庭因素與子女行爲：台灣研究的評析。中華心理學刊
　　　　，28卷1期，7—28。

Barnett, R. C. & Baruch, G. K. (1987). Determinants of father's parti-
　　　　cipation in family work. *Journal of marriage and the fam-
　　　　ily,* 49, 29-40。

Bates, J. E. (1980). The concept of difficult temperament, *Merril-
　　　　palmer quarterly,* 26, 299-319。

Baumrind, D. (1967). Child care practices anteceding three patterns of preschool behavior. *Genetic psychology monographs,* 75, 43-88.

Baumrind, D. (1971). Current patterns of parental authority. *Developmental psyhbology monographs,* 4(1, Pt, 2).

Baumrind, D. (1977, March). *Socialization determinants of personal agency.* Paper presented at the biannual meeting of the Society for Research in Child Development, New Orleans.

Baskett, L. M., & Johnson, S. M. (1982). The young child's interaction with parents versus siblings: A behavioral analysis. *Child development,* 53, 643-650.

Belsky, J. (1980). Child maltreatment: An ecological intergration. *American psychologist,* 35, 320-335.

Belsky, J. (1981). Early human experience: A family perspective. *Developmental psychology,* 17, 3-23

Belsky, J., Lang M, E. & Rovine, M. (1985). Stability and change in marriage across the transition to parenthood: A second study. *Journal of marriage and the family,* 47, 855-865

Bronfenbrenner, U. (1986). Ecology of the family as a context for human development: Research perspectives. *Developmental psychology,* 22, 723-742.

Buhrmester, D., & Furman, W.(1987). The development of companionship and intimacy. *Child development,* 58, 1101-1113。

Crnic,K. A., Greenberg, M. T., Ragozin, A, S., Robinson, N. M., & Basham, R. B.(1983). Effects of stress and social support on mothers and premature and full-term infants. *Child development,* 54, 209-217

Crockenberg, S. (1987). Predictors and correlates of anger toward and punitive control of toddlers by adolescent mothers. *Child Development,* 58, 964-975.

Dornbusch, S. M., Carlsmith, J. M., Bush-wall, S. J., Ritter, P. L., Leiderman,; P. H., Hastorf, A. H., & Gross. R. T. (1985). Single parents, extended households and the control of adolescents. *Child development,* 56, 326-341.

Nornbusch, S. M., Ritter, P. L., Leiderman, P. H., Roberts, D. F., & Fraleigh, M. J. (1987). The relation of parenting style to adolescent school performance. *Child development,* 58, 1244-1257.

Easterbrooks, M. A., & Goldberg, W. A. (1984).Toddler development in the family: Impact of father involvement and parenting characteristics. *Child development,* 55, 740-752.

Egeland, B., Sroufe, L. A., & Erickson, M.(1983). The developmental consequences of different patterns of maltreatment. *International journal of child abuse and neglect,* 7, 459-469.

Frodi, A, M., & Lamb, M. E.(1980). Child abusers' responses to infant smiles and cries. *Child development,* 51, 238-241.

Garbarino, J. & Sherman, D. (1980). High-risk neighborhoods and highrisk families: The human ecology of child maltreatment. *Child development,* 51, 188-198.

Hetherington, E. M. (1981). Children and divorce. In R. W. Henderson (ed.), *Parent-child interaction: theory, research, and prospects.* Orlando, Fl. : Academic Press.

Hetherington, E. M., Cox, M., & Cox, R. (1982). Effects of divorce on parents and children. In M. E. Lamb (ed.), *Nontraditional families.* Hillsdale, N. J. : Erlbaum.

Hoffman, L. W. (1984). Work, family, and the socialization of the child. In R. D. Parke (ed.), *Review of child development research.* Vol. 7: The family. Chicago: University of Chicago Press.

Kempe, R. S., & Kempe, C. H. (1978). *Child abuse.* Cambridge, MA.:

Harvard University Press.

Kurdek, L. A., Blisk, D., & Siesky, A. E., Jr. (1981). Correlates of children's long-term adjustment to their parents' divorce. *Developmental psychology,* 17, 565-579.

Lamb, M. E. (1981). *The role of the father in child development.* New York: Wiley.

Langlois, J. H. & Sawin, D. B. (1981). *Infant physical attractiveness as an elicitor of differential parenting behavior.* Paper presented at the meeting of the Society for Research in child development, Boston.

Levine, R. A. (1974). Parental goals: A cross-cultural view. *Teachers college record,* 76, 226-239.

Maccoby, E. E. (1980). *Social development.* San Diego, CA. : Harcourt Brace Jovanovich.

Main, M., & George, C. (1985). Responses of abused and disadvantaged toddlers to distress in agemates: A study in the day-care setting. *Developmental psychology,* 21, 407-412.

Ragozin, A. S., Basham, R. B., Crnic, K. A., Greenberg, M. T., & Robinson, N. M. (1982). Effects of maternal age on parenting role. *Developmental psychology,* 18, 627-634.

Rebelsky, F., & Hanks, C. (1971). Father verbal interaction with infants in the first three months of life. *Child development,* 42, 63-68.

Roe, A., & Siegelman, M. A. (1963). Parent-child relationship questionnaire. *Child development,* 34, 355-369.

Shaffer, D. R. Jr. (1989). *Developmental psychology* (2nd ed.), Brooks cole.

Starr, R. H., Jr. (1979). Child abuse. *American psychologist,* 34, 872-878.

Steele, B. F., & Pollack, C. B. (1974). A psychiatric study of parents who abuse infants and small children. In R. E. Helfer & C. H. Kempe (eds.), *The battered child.* Chicago: University of Chicago Press.

Steinberg, L. D. (1987). Single parents, stepparents, and the susceptibility of adolescents to antisocial peer pressure. *Child development,* 58, 269-275.

Stephen, W. N. (1963). The family in cross-cultural perspectives. N. Y.: Halt, Rinehard, and Winoton.

Symonds, P. M. (1949). *The dynamics of parent-child relationships,* New York: Appleton-Centary-crofts.

Teddler, S. L., Libbee, K. M. & Scherman, A. A. (1981). Communing support group for single custodial father. *The personnel and guidance journal,* 10, 115-119.

14

青年期的身體與性的發展

　　青年期（adolescence）一詞來自拉丁文的動詞「adolescere」，意即生長至成熟（to grow into maturity），其所指應該是完成有效參與社會所需之態度與信念的一個歷程，而非一段固定的時間。青年期有時以實際年齡來定義，在美國，成熟的年齡被定在十八歲，但並非一成不變，青年前期約在十二～十五歲，青年中期介於十五～十八歲，青年後期則在十八～二十二歲間，至於成年期從幾歲開始並無明顯界定。在我國，青年期習慣以年齡為準，介於十二～十八歲之間，二十歲便是法定的成人。近年來，學者們認為此一過渡時期可擴為十一～二十一歲。我國少年事件處理法適用對象是滿十二歲到未滿十八歲的青年，二十歲以上有完全行為能力，在法律上的地位便算完全。以年齡為標準界定青年期，雖然武斷卻也十分明確。從發展的歷程來看，青年期可視為連接兒童期與成人期的橋樑，由兒童轉變為成人的過渡時期；從身體狀況來看，青年期也是生理發展的時期，青年前期個體邁進青春期（puberty），即個體生理變化最顯著，最急速的時期，生殖器官成熟，性成熟，具有生殖能力，第二性徵出現，持續成長至十八、九歲或二十歲出頭青年後期趨於完全。

第一節 內分泌腺與青春期

青春期是成長快速，生殖器官成熟的時期，這些急速的轉變，與體內的內分泌腺 (endocrine glands) 有密切的關係。荷爾蒙或激素是內分泌腺所分泌的一種高效能生物活性物質，可經由血液輸送至全身，具有調節新陳代謝的作用，青春期控制生長及生殖器官的主要內分泌系統是下視丘、腦下腺及性腺。

一、下視丘

下視丘 (hypothalamus) 位於腦部的中央且緊緊包在腦下垂體之上，是內分泌系統的控制中心。其所分泌的荷爾蒙，可以刺激或抑制腦下腺的分泌。下視丘與腦下腺可調節自律神經系統，消化、呼吸、循環、生理水分及鹽分、飢餓、口渴及因應危險的防衛機轉皆由此調節。

二、腦下腺

腦下腺 (pituitary) 又稱腦下垂體，附著於腦下方，受下視丘的控制，其所分泌的荷爾蒙影響到其他腺體和身體各部分的細胞，因此又稱主腺。腦下腺分泌的荷爾蒙與青春期有密切關係者，一種是生長激素 (growth hormone，GH) ，具有調節生長、促進肌肉、骨骼發育的作用；另一種是性腺激素 (gonadotropic hormones) ，促使性腺產生性荷爾蒙 (sex hormones) ，包含女性素 (estrogens) 、助孕素 (progesterone) 與男性素 (endrogens) 。腦下腺分泌的三種性腺激素是濾胞刺激激素

(follicle stimulating hormone，FSH)、黃體激素 (luteinizing hormone，LH) 及組織間細胞刺激素 (interstitial cellstimulating hormone，ICSH)。濾胞刺激激素刺激女性卵巢濾胞成長和雄性精子形成；黃體激素控制卵巢釋放的女性素和助孕素，女性素刺激女孩性徵的發展，如胸部的發展、陰毛的生長及體脂肪的分佈，而助孕素產生於排卵和月經之間的兩週，它控制月經週期，並使子宮遇有受精卵即可懷孕 (Katchadourian，1977)；組織間細胞刺激素控制睪丸男性素的分泌，也刺激精子的產生，男性素助長男孩性徵的出現，如陰莖和陰囊的生長、陰毛，體毛、體型及肌肉力量的改變等。如缺乏上述三種性腺激素，則精卵細胞無以成熟，生殖也將無能發生。

三、性腺

性腺 (gonads) 在男性是睪丸，在女性是卵巢。睪丸能分泌男性素產生精子，促進男性器官發育及第二性徵的出現；卵巢分泌女性素形成卵細胞，刺激女性器官的發育及月經的來臨，並促進女性性徵的表現。

由下視丘—腦下腺—性腺組成的主要內分泌系統網狀組織是青春期轉變的內在動力，由這系統所分泌的荷爾蒙使男女青年得以大放青春異彩。

第二節　身體和性的發展特徵

兒童早期的成長速率並不快，到達青春期身體方面出現成長衝刺 (growth spurt) 的現象，在身高、體重、肩寬、臀寬及肌肉力量等方面產生急速的改變。由於每個人成長開始的年齡、從開始成長到逐漸減緩的時距尺度和力量改變的差異而導致成人期不同的體態。

一、身高、體重的急速成長

　　由於內分泌腺的作用促進青年期身高體重的急速成長。根據美國 Public Health Service 1973年發表的一項十二～十七歲青年身高體重的研究指出：男孩十二歲與十七歲的平均身高相差約二十三公分，女孩相差約七點六公分；十二歲時，女孩稍高於男孩，而在女孩十三、四歲以後，男孩的平均身高要比女孩高得多。身高的急速成長早於體重，大多數女孩在十四、十五歲時會到達成年的身高，男孩約在十八歲 (Elkind 1984)。國內邱維城（民68）曾進行兒童及青少年體格及基本體能之發展研究，發現女孩身高的急速生長在國小五至六年級之間（約十一至十二歲），而男孩卻在國中一至二年級之間（約十二、三歲至十三、四歲），兩性之間相差約兩年。女孩在國小期間、身高的生長超過男孩，其差異且逐年增加；而男孩則要到國中以後，其生長的速度方開始超過女孩，其差異也有逐年增加趨勢。生長最快速始於青春期開始時，不過青春期前的高度，並不能正確地預測青春期後的高度。

　　就體重而言，美國的資科顯示十二歲的女孩比男孩多八磅（約三點六公斤），十七歲時男孩卻比女孩多十五磅（約六點八公斤），而最重的男孩比最重的女孩多三十磅左右（約十三點七公斤）。女孩體重增加最顯著的時期是在初經前後，而男孩則遲至十四～十五歲之間。女孩體重的增加與皮下脂肪有關、男孩則否。國內邱維城（民68）的研究顯示：男孩體重的急速生長都明顯的在國中一至二年級之間，但女孩則分別在國小五至六年級及國中一至二年級，與身高的成長不甚相同，而體重的增加，無論男、女孩各年級間增長的變異缺乏明顯一致的趨勢。

二、肩膀及臀圍的改變

　　女孩肩膀成長的顛峰出現於身高成長衝刺之前，而男孩通常在身高成

長衝刺之後。青春期中肩寬的增加女孩比男孩少。臀寬的成長組型剛好與肩寬相反。在青春期前的各發展階段，男孩臀圍較女孩爲寬，此後女孩臀寬的增加勝過男孩，並持續快速增長一直到青春後期（Faust，1977；Tanner，1972）。女孩在青春期開始時，肩膀稍寬大於臀圍，而肩寬／臀寬的比率在青春期間逐漸減少；男孩一開始也是肩膀較臀圍寬大，但肩寬／臀寬的比率在青春期間慢慢增加。

三、肌肉力量的增加

在青春期期間，肌肉的力量是不斷增加的，且在每一個發展階段，男孩都比女孩強壯，性別團體間也有一些重疊發生。青春期後期，最強壯女孩的肌肉力量，可以比得上那些瘦弱的男孩。對女孩而言，身高的成長衝刺，同時也是其肌肉力量增加最快的時候；而男孩則在青春期後期，肌肉力量成長速度增加最多。

四、性的成熟

由於體內荷爾蒙的分泌，生殖器官的發育趨於成熟。女性的主要生殖器官爲卵巢、輸卵管，子宮及陰道；男性則爲睪丸、陰莖，陰囊、輸精管及前列腺等，構成第一性徵（primary sex characteristics）。性機能成熟，開始具有生殖能力。性成熟是青春期開始的標準，女孩以第一次月經（first menstruation）（初經）（menarche）來臨爲性成熟的指標——從子宮排出含有血液成分之分泌物的現象；男孩則以第一次夜間夢遺（nocturnal emissiens）——睡眠時不自主的射精爲標記，一些研究說明有些男孩根本沒有夢遺經驗，有些未加注意或甚至發生在青春期後，因此這個標準似乎不太明確，可分析男孩尿中是否有精子或男性荷爾蒙作爲確定性成熟的徵兆。

個體之間性成熟的年齡差異很大，男孩的性成熟標準較不易確定，性

成熟年齡大約在十四至十五歲之間（Hurlock，1968）。目前各國初經發生的年齡介於十二至十四歲之間，我國女性青年性成熟的平均年齡為十三點四六歲，變化最顯著的年齡在十三至十四歲之間，有60.87%之十三歲受調查之女性青年尚未成熟，而至十四歲，已有75.46%趨於成熟（邱維城等，民61），不同地域之間性成熟的年齡也有差異，台北市女性青年平均初經年齡為12.82±0.97歲；而花蓮市為13.02±0.98歲（周無愁，民77）。美國方面的研究，初經介於十點五至十五點八歲之間，平均數為十二點七九歲（Faust，1977），此項數字與英國的研究相近（Marshall Tanner，1969；Tanner，1966）。初經的年齡因遺傳、環境、氣候、營養及文化因素而有異，發展心理學者根據文獻探討，推衍出所謂百年趨勢（secular trend）意即目前的青年比一個世紀以前青年更早達到成年的身高和性成熟，過去百年以來歐美每隔十年初經即提早二至三個月（Tanner，1973；Wyshak，1982），這似乎說明工業化和都市化結果，生活水準的提高及公共衛生的進步對性成熟的影響。

五、第二性徵的出現

第二性徵（secondary sex characteristics）是指個體發展接近成熟時，除生殖器官成熟以外，其他與男、女性別發展有關的一些身體上的變化。由於第二性徵的出現，使得男女青年在身體外表上有顯著的不同，女性的第二性徵主要為胸部的發展、陰毛和腋毛的生長，這些性徵在初經之後，仍然繼續發展。女孩邁進青春期最明顯可見的信號就是胸部的發展，由初期胸部平坦，漸漸地萌生乳芽，乳房隆起，乳房及乳暈增大，乳暈及乳頭從乳房中央部位隆起終至成熟。陰毛的生長由開始的色澤淡而少，分佈在陰唇兩側成倒三角形，其後顏色變深而粗捲，成人時期則向上生長至陰部上方呈一條水平線。腋毛通常在初經之後才出現，開始細直色淡，至成人時捲曲濃密。此外由於骨盆發育和皮下脂肪增加，臀部變得渾圓寬大，聲音也變得渾厚優美。男性的第二性徵為長乳房結、陰毛、腋毛的生長及聲音的改變等。男孩也會經歷暫時乳房擴大現象，並在乳腺周圍出現乳

房結，不久就會消失。陰毛與腋毛的成長特徵與女孩相同，但成人的陰毛，其上端可能延至肚臍，並擴大到大腿上端。聲音的變化發生在陰毛長出以後，初則音質模糊沙啞略帶磁性，至青春期末期聲音變得低沈。其他如手臂、腳、肩、胸等部分長滿濃密的體毛、前額側面髮線由弓型變為楔形。男女皮膚變得較粗較厚，膚色較黃，皮脂腺擴大，功能增強是長青春痘的原因，腋窩汗腺功能增強，常因出汗而發出奇特氣味。

第三節　生理的轉變對個人的衝擊

　　青年由於身高體重的生長陡增，肌肉骨骼及神經系統的快速成長，器官的加大與功能的增強，性機能的成熟，第二性徵的出現帶來一些心理上的衝擊。青年不但對自己身體變化格外敏感與關心，同時也關切同性友朋的成長變化，並且將之與自己相較，以為建立自信與安全感的主要來源，同時因應生理轉變所造成的心理衝擊必須重新加以調適。

一、早熟與晚熟的影響

　　性成熟的年齡因遺傳、內分泌，營養、環境及健康狀況而有不同，性別的差異也極顯著，早熟與晚熟可能導致一些心理的衝擊。

㈠早熟的男孩與女孩

　　早熟的青年，兒童期較短，青年期較長，被認為較具自信，領導地位較佔優勢，能夠從容地完成社會與情緒方面的適應，不過由於沒有足夠時間為青春期的急劇成長作準備而飽受較多的威脅 (Peskin，1972)。對男孩而言，早熟是較好的，早熟的男孩比同年齡的友伴較高較壯，這些特徵使他們擁有較佳的體能和耐力，可以在運動方面佔盡上風而獲得較高的聲

望與地位，受同伴的讚賞與擁戴。高壯外表的男孩較可能被賦予責任成為
領袖，因而獲得較多的學習機會，增進社會的適應。此外，自信是早熟男
孩的一項重要特徵，由於較滿意自己的身體，對自己即將變為一個成人抱
持正向的態度 (Blyth，Brlcroft ＆ Simmons，1981；Clausen，1935；
Dwyer ＆ Mayer，1969) 。

　　就女孩而言，早熟少女的好處不如早熟的少男，她們可能因為身高的
陡增和胸部的發展而矛盾與不安，為避免同儕對其外型改變的評價而害羞
與退縮 (Jones ＆ Mussen，1958；Peskin ＆ Livson，1972) 。她們無法
自然地與男性同伴討論有關月經的事實，縱使與未有月經的女性同伴討論
此事時亦可能有部分保留。弗斯特 (Faust，1960) 研究發現月經早臨對
小學六年級的女生而言，由於只有少量訊息可供準備，易產生一種負向的
經驗。早熟的女孩在學校中大多被視為與問題行為有關，他們的吸毒及有
關性方面的問題較一般人為多，學科成就測驗中較少獲得優良成績。早熟
的女孩在生理發展方面比同年齡的女孩早了一、兩年，相對於同年齡的男
孩就早了三、四年了，很自然的對男孩發生興趣，在社交活動和習慣上也
較成熟，有人認為過於老成與矯飾，其至被指責為放蕩、不雅。

㈡晚熟的男孩與女孩

　　成熟較晚的青年，兒童時期較長，青年期較短，常受忽視、排擠，影
響其未來的成人適應。晚熟的男孩身體弱小又不成熟易受輕視，成人總把
他們當兒童看待，所期待於他的，也只是一些既無效率又不成熟的行為，
因而較自卑、不安、依賴、缺乏自信，反抗並尋求別人的注意。這些行為
特徵使他們較不受成人或同儕的歡迎，也很少被選為同儕的領袖。在兩性
群體中，晚熟男性通常較不易平衡並感到不適應，或許是早期掙扎的結果
，晚熟者顯得有較多的自我領悟，也較能變通。晚熟的女孩在心理上所受
到的不良影響比晚熟男孩輕。由於生理成熟特徵的延緩出現，會使她們耽
心自己是否異常或發育不良而表現出害羞、焦慮與緊張，但這些似乎就是
女性角色的行為，所以不像晚熟男孩那樣受到批評。晚熟女孩的成熟時間
大約與一般常男孩相同，所以他們的性發展在時間上較能與同年齡的男孩
相當，不過當她們發現女性同儕都忙著與異性約會時，可能會產生孤獨或

被遺棄的感覺。

　　青年期因為青春期的開始，身體快速成長，性的成熟和第二性徵的相繼出現，這些生理的變化，使得青年必須對自己的身體重新加以適應。表14-1所示為青年期生理變化的一般順序，唯仍有部分男女青年有其發展的獨特順序。

表14-1　青年期生理變化的順序

女孩	男孩
荷爾蒙平衡的改變	荷爾蒙平衡的改變
骨骼開始快速成長	骨骼開始成長
胸部開始發育	生殖器變大（睪丸變大，陰莖增長變粗，陰囊色紅而粗）
直的陰毛出現	直的陰毛出現
最大的成長衝刺（最快的生長速率）	聲音變得沙啞
捲曲的陰毛出現	初次射精（夢遺）
初經	捲曲的陰毛出現
腋毛的出現	最大的成長衝刺
	臉毛出現
	胸毛及腋毛出現
	聲音變得低沈
	臉毛變得粗黑

（摘自 J. S. Dacey，Adolescents today，1986）

二、月經所造成的衝擊

　　首次月經的現象是極重要的經驗，因為它不僅顯示女性青年性生理的發展已進入成熟階段，而且在當時帶給她們心理上一些特殊新奇的感受。

女性青年對月經的認識和經驗可從下面幾點加以說明:

1. 相當多數的女孩對月經一事沒有預先準備,無論青春期前或已進入青春期的女性普遍缺乏生理衛生知識。由於事先缺乏認知,也沒有機會和別人談論,心理上毫無準備,而又在身心失衡情況下,月經猝然來潮,所以初經的經驗以害怕、驚慌、憂慮、難為情及不知所措的比例居多 (邱維城等,民59) 。

2. 女性青年有關月經方面的知識來源,主要以從母親和師長居多 (Thornbury,1972;邱維城等,民59) ,其餘為同學、教科書或書報雜誌等,而由書報雜誌媒體報導所獲較教科書為多。書報雜誌及視聽媒體的報導固非不可取,但經常將不正確的觀念傳播給正在成長的青年,尤其一些黃色書刊或市面上到處充斥的黃色錄影帶,可能腐蝕青年身心的健康。

3. 多數青春期前後的女性認為月經是他們必須接受的不愉快事情 (Nishizawa,1982) ,一般女性對月經的感受以負面居多,普遍認為那是一件麻煩、討厭而又不方便的事,此種看法可能與其在經期中某些生理及心理方面的症候有關 (邱維城等,民59) 。

4. 就月經的經驗而言,月經期間身上會長面皰、乳房脹痛、腰酸背痛、下腹部有下墜感或痙攣痛;而心理上則對事情缺乏興趣、煩燥易怒、情緒激動、憂鬱易笑、多愁善感等 (邱維城,民59;陳淑月,民72;魏炳炎,民69) 。由於月經來潮時甲狀腺分泌增加,情緒常有易於激動現象,腹痛等固為生理現象,可經由醫師指示,使用口服藥劑,使得經期中徵狀變化不明顯,痛苦減少,但也有一部分是受到心理因素的影響。有些研究發現:聲稱經期中腹痛的女性,一半給予止痛劑,另一半給予外表相同而無止痛作用的試劑,結果兩者均能產生止痛的效果。這似乎說明腹痛是由心理的因素使然。經期中的其他症狀也常是由於同樣的原因。她們在獲得適當的照顧和健康的指導之後,增加安全感,消除緊張,那些症狀也就因而霍然了。

5. 女性青年對經期保健的看法不甚正確。一些陳腐的刻板觀念,往往成為影響女性月經態度的社會文化因素。不少女性認為經期期間需要多休息,甚或完全的休息,少參加社交活動或太過勞動,飲食應有禁忌

。事實上月經是正常的生理變化，月經期間只要維持正常的生活就行了。不需要有過多的休息，劇烈的運動固然不宜，但仍可從事任何正常的活動，飲食也無須過多的顧慮。不必要的禁忌和隱諱只會加強她們對經期的負向態度。

女性青少年對月經的處理與適應是需要學習的，許多研究顯示初期經驗對以後月經態度及徵狀的痛苦程度有極重要的影響（Koff，et al.，1982；Poulson，1961；邱維城等，民57；黃定妹，民74）。有經痛及使用止痛藥者認為月經帶來負向影響，較少在經期中感覺不適的女孩對它持有較肯定的態度（Shainess，1961），對月經有所準備的女孩，對它擁有正面的態度，早熟者較晚熟者傾向否定的態度。家庭及學校適時的提供正確的知識和觀念，預先作好準備，減少因了解不夠而造成的恐懼與焦慮。尤其重要的影響人物能夠保持溫暖、支持、開放的態度，使她們能在異性面前輕鬆的自我表露，將有助於減少月經週期徵狀的痛苦和一般性的身體症狀。女性青少年也要能改變對月經的覺知和看法，減少對經期的不適，肯定月經的正面經驗，增進個人的健全發展。

三、對身體改變的反應

除了老年期外，青年期的男女比任何階段更注重身體的變化，他們花費很多時間在鏡子前面凝視自己的影像，試驗新的髮型或調整服飾。他們最擔心的就是其成熟的體態是否接近他們理想的標準。他們不了解成人的標準是與他們不同的。一個高中階段的男孩追求肌肉健美，但不了解這些對成人而言並不是那麼具有吸引力；而相貌平凡的女孩也無法體會為什麼在將來對缺乏魅力這件事實就不會那麼在意。青年男女對其身體特徵產生的反應並不完全是拒絕或否定的，但絕大多數的女孩比男孩更不滿意她們的身材，尤以對身高、體重的抱怨甚多。男孩希望高大結實、寬肩窄臀、具有男性氣概；女孩則希望身材修長、發育良好、具有淑女氣質。任何使男孩覺得自己像女性或使女孩覺得自己像男性的屬性，都會使他們焦慮不

安。

　　青年的身體特徵與自我觀念密切相關 (Lerner，1979) ，覺得外貌較佳較具吸引力的人，通常較富自信，對自己的評價較高，較滿意自己；反之，缺乏自信，對自己的評價較低，較不滿意自己。此外，青年的外觀也影響社會關係，由於大多數的人都將身體外觀具有吸引力的人和種種令人欣羨的特質相連在一起，外表被他人正面評價者，產生受歡迎和社會接納的認知，獲得自信和自尊；外表被他人負面評價者，產生不受歡迎和社會拒絕的認知，導致苦惱和自卑。

第四節　青年期成長的一些問題

　　青年期的身體和性的發展迅速，變化劇烈，在發展過程中潛藏著適應上的問題，往往改變了發展的正常模式而導致適應上的困難。如能事先注意各方面發展上可能遭致之適應問題，當可作好準備，克服危機，防患不良適應的發生，進而使個體獲得充分發展。

一、營養

　　青年期最應注意食物營養。營養素是促進成長所必需，鈣質有助骨骼之成長並維持心臟之功能；蛋白質是細胞成長所不可或缺。女孩在十二至十五歲，男孩在十四至十七歲間對熱量的需求到達顛峰時期。女孩每日應攝取2400卡，男孩應攝取2800～3000卡的熱量供其成長之需 (Katchadorian，1977；Schuster，1980) 。青年的飲食模式傾向於流行，偏愛速食，以點心代替正餐，常省略早餐或午餐，這種現象在雙生涯的家庭中更為普遍。美國田納西大學曾於1979年進行一項學生飲食習慣的調查研究指出，青年的飲食並無過量，但吃了身體上不需要的東西。那些專門吃速食的

同學往往攝取了足夠的熱量，卻造成了維他命A和C的缺乏。也就是說，他們攝取了過量的肉類，過少的水果和蔬菜。飲食影響青年的體格、成熟、精力、健康和疾病的抵抗力，可能導致下列幾種問題：

㈠營養不良

不正常的飲食和貧窮會增加營養不良的可能性，在青春期前期和青春期營養不良對於體格大小及成長速率的影響遠超過其對於體型的影響（Tanner，1978），若屬於短時間的營養不良，會因及時的補充營養而趕上被延滯的成長速率，而長期嚴重的營養不良將減緩成長的速度，影響成長的年齡，甚至導致永久的成長缺陷。在青年群中，肥胖者也會營養不良，對一個因成長而大量飲食導致肥胖的的青年，爲了要獲得令人滿意的外觀，可能會嚐試減肥，然而這些肥胖者仍然需要足夠的熱量來應付成長，所以他們的體重雖然超重，但是營養卻不足。

㈡肥胖

青少年持續進食過多以及營養選擇不平衡，因而堆積過多的體脂肪，導致肥胖。有些人喜在睡前大吃大喝，由於睡前能量消耗很少，熱能囤積造成肥胖；有些人因心理壓力而猛吃猛喝，由於太胖發展負向自我觀念，自尊降低的痛苦而過度進食填塞，造成惡性循環，另外也有一些肥胖是來自內分泌，下視丘異常及新陳代謝障礙，或飲食行爲偏差和父母態度的影響。肥胖破壞青年的形象，產生情緒的困擾、焦慮，自尊的傷害和社交的孤立。肥胖者的治療法首先要探求減肥的動機，動機強，非強迫的，則成功率高，藉著運動，飲食療法配合行爲改變技術（強調不當飲食習慣的認知及戒除）並鼓勵團體參與才能獲得較佳效果。

㈢神經性厭食症

神經性厭食症者以自我飢餓（self starvation）爲特徵，強制自己節食並從事過多的活動，導致體重減輕，體瘦如柴，甚至威脅個人的生命。此症大多數發生於中上階層的青春期少女及年輕婦女身上，其發生率近年有逐漸增加的趨勢，其病因雖未確定，但可能與時下追求苗條的流行風尙

、女孩對性行為的高度壓力及恐懼無法勝任或控制未來多變的生活等有關 (Bruch，1978) 。神經性厭食症會導致下列三種心理功能的障礙：

(1)身體形象的知覺被嚴重的曲解，少女認同自己的衰弱，認定瘦骨如柴是好看的，強調能獲得此結果是值得的，害怕體重增加，誤認別人所關心的就是要她發胖。

(2)誤解內外的刺激，尤其是對飢餓的經驗。此類患者有不正確的飢餓感，她們無法了解營養的重要，也不會主動進食，即使進食一點後，就感覺非常的飽，而且從拒食中獲得愉快，她們甚至會設法增加體能消耗，引起嘔吐或利用瀉藥來加速食物的排泄。

(3)對自己生活中可能改變的任何事情，有強烈的無助感。神經性厭食症的患者，大多順從性高，受到過多的控制，厭食顯示她們企圖脫離父母的控制。

神經性厭食症的治療是相當困難的，其結果是不確定的。改善病患嚴重的營養不良，解決心理困擾，改善家庭成員的互動型態，實施心理治療，改變對消瘦的錯誤觀念及對自我形象的扭曲，協助厭食青年恢復理想的體重。

二、抽煙

很多人的抽煙習慣是在青年期養成的。醫學上的研究已証明抽煙與肺癌、心臟病，氣腫及其他疾病有關，年輕人抽煙時血壓增高、心跳加快，要比正常人付出更多的心力來完成各種工作。中學階段的青少年身心發育尚未成熟，養成吸煙習慣，會產生不良的副作用，各校均禁止中學生抽煙，因抽煙而被記大過者，男生多於女生。禁止歸禁止，抽煙的學生照抽不誤，而且還有不斷增加的趨勢，這些學生儘量找訓導人員逮不到的地方抽煙，其中以躲在廁所的最多，其他如儲藏室、牆角、車棚、地下室、操場的死角都可能成為他們的樂園，一旦離開學校的監督，那更是無處不可抽，有模有樣令人嘅嘆不已。

　　青年抽煙的原因錯綜複雜並不單純，抽煙可能基於好奇，也可能是早期不愉快生活經驗尋求補償的表現，也有些人以抽煙爲一種防衛作用，藉抽煙引人注意，減輕壓力消除緊張，另有些人是來自社會性模仿，週遭的教師父母有樣學樣，年輕人起而效之，或同儕強迫吸煙，爲尋求團體的認可，蔚成風氣。抽煙行爲若得到增強，則能持續不斷，或吸食過久，藥物成癮。

　　在年輕人眼中，對抽煙的想像是老成，具有吸引力和社交成功的（Barton，Chassin Presson & Sherman，1982）。抽煙行爲與人格特質有關，青少年抽煙者較傾向於反抗，渴望長大，學業成績較差、運動較少（McAlister et al.，1939）強烈渴望擁有自己的生活型態，排斥任何加諸他們身上的外來事物（Lotecka & Lasselben，1981）。他們不信任成人在抽煙上的指導，而較喜歡同儕領導或書本的計劃來戒除抽煙習慣。大專學生對抽煙的行爲已降低了它的神奇性，許多以前抽煙者，由於父母的壓力、運動及健康上的理由，使得抽煙人數大幅滑落。

　　由抽煙引起的健康危害是可以預防的，因此勸阻或減少吸煙的宣傳是刻不容緩的。大部分的宣導都集中在抽煙所造成的長期健康危害，然而這種方式不易被青少年接受。他們難以將數年後的健康危害與吸煙聯想在一起，甚至青少年認爲抽煙所帶來的好處大於健康的危險（Leventhal & Cleary，1980）。抽煙的害處會逐年加深，年輕的吸煙者可藉由戒煙、或減少吸煙量或吸食含尼古丁較少的香煙，或僅吸食香煙的前段，（末段含50％的有害物質）來減少或免除危害。

三、酒精

　　大多數的年輕人首次飲酒是在上高中之前（Johnston et al.，1982），在美國青少年的酒精消費量尙稱穩定。恩格（Engs，R.）於1979對十五所大學生所做之飲酒量的研究顯示：82％的男生和75％的女生喝酒，男生酗酒的人數爲女生的五倍，飲酒未因年級的高低而有不同。

　　酗酒會導致胰臟炎、胃炎、意志消沈，大多數的心理和身體的併發症

都與長期酗酒有關，包括肝硬化等疾病，但這些疾病較少出現在青少年身上，青少年酗酒問題仍以社會問題爲嚴重。青少年階段若喝酒過量常導致長大成年後的酗酒，而且喝得比年輕時更多更凶。在美國，很多三十多歲的酗酒者坦承他們在十幾歲時就開始接觸酒精了。

酒精的不良作用在於解除抑制，使當事者想去冒更大的險。對青少年而言，喝酒是不合法的，但它卻很容易得手。大部分青少年喝得不多，不常喝，但仍有許多人喝出了不幸的後果，或因酗酒而導致終生的遺憾。青少年的暴力和惡行、殺人與自殺行爲及酒後駕車行爲，大多與酒精的濫用有關。

芬恩和布朗（Finn & Brown，1981）建議：與其指責，不如讓青少年瞭解飲酒的負面影響。在一項對麻州1269個高中生調查結果顯示，大部分學生都已經認知酗酒的短期和長期害處。大部分喜好杯中物的人都明瞭酗酒的危險性，但仍有多數人認爲值得冒險。所有成年人應幫助青少年析他們認爲值得飲酒的動機，促使他們減少對酒精的依賴，而不是將時間花在說明他們早已知道的飲酒的害處上。

四、藥物濫用

青少年使用藥物是社會的一大隱憂，尤以吸食大麻（marijuana）最爲嚴重。研究顯示，任何藥物的濫用將導致身體對藥物的忍受性增強，對藥物有更強、更深的依賴。藥物濫用現象與酒精、煙草的使用有關，通常青少年在飲用酒精和吸煙二年後可能開始吸食大麻和其他藥物。青少年有很多理由使用藥物，女孩用藥物來控制體重，有些人是爲了準備考試或增加身高，或使用藥物來擴展自我領域，克服其中的限制。也有些青少年因承受團體的壓力，爲尋求隸屬需求而使用藥物。

吸食大麻可同時在身體和認知方面產生影響。身體的效應來說，可以使身體感覺溫暖幸福、四肢放鬆，動作輕快不費力；認知的效應來說，使人思想順暢無阻，易生幻覺，知覺變得極端敏銳，顏色變得鮮明亮麗，聲音變得清晰悅耳，對時間的感受也變了，幾分鐘變成像幾小時之久（Katchadourian，1977）。使用大麻者已經被證實會有一些不良影響，包含嘔吐、暈眩、煩悶等慢性病狀。吸癮越重的危害越大，傾向於侵略性的暴力犯罪、社會孤離感和個人的墮落等。

處理藥物使用和濫用的問題是相當複雜的，這類行為與同儕壓力、家庭問題，文化價值觀及個人因素密切相關，治療及輔導上必須做廣泛的考慮，注意個人和環境的因素。研究者發現，家庭環境特別重要，使用藥物者的父母缺乏處理孩子問題的技巧與信心，而不濫用藥品者的父母較有自信，他們會用各種方法和規則來引導孩子解決問題的技巧和正確的態度，避免吸毒和濫用藥物（Reese & Williams，1983）。另外的研究發現，濫用藥物的學生大都來自單親家庭，貧困家庭及文化不利的家庭，這些學生即使具有中上的資質，上課意願低落，學習成就較差，易受同伴引誘，有問題找不到討論與傾訴的對象，雖然他們一致坦承藥物對他們的問題沒有任何幫助，卻又厭惡對他們沒有實質幫助的輔導，於是使用藥物來逃避問題。

五、意外

青少年特別容易遭致某些特定型態的意外和疾病。十幾歲的青少年致死原因，以意外佔第一位，佔60％，其中40％為摩托車意外，90％的的摩托車意外為男性，其中年齡在十五～二十四歲間佔三分之二強。意外的原因不出超速、不遵守交通規則、駕駛不慎或超車不當（Katchadourian，1977）。除摩托車意外，其他如游泳和划船溺斃，火災灼傷等也是青少年易見的意外，且男性多於女性。

六、自殺

自殺為青少年死亡的重要原因，其比例正逐年增加（Tischler，McHenry & Morgan，1981）。美國每年25,000個自殺事件中有五分之一

是介於十五至二十四歲者。據估計有比此更多的自殺案件未被發表或被當作意外事件處理。資料指出，由於長期心理不適應，或因家庭破裂，或無法適應某種成人角色時，男性會有怠忽職守、類似犯罪的行為，女性會事先揚言要自殺。男性自殺成功率較高，而女性往往使用藥物或毒品，卻常自殺未逐 (Csoand，Bourque & Kraus，1982) 。

　　在美國波士頓十二所高中學生的研究中指出青少年自殺有三十種跡象可尋，例如70%學生顯現抑鬱，失望和悲傷、生理徵象的異常，如吃和睡的問題，自殺的企圖會不經意的表現在他的工作和行為上，通常顯現退縮、社會孤獨、缺乏同儕的支持。一般而言，嚴重而長期的心理挫敗，長期的行為失調和家庭遭遇變故是預測青少年自殺的重要因素。青少年的自殺行為是多方面的問題，大部分是心理問題及外在的創傷所造成，鮮少是基於生理疾病的原因，自殺行為的預防與輔導必須同時兼顧社會、生理及心理三方面的因素，給予信心，並且與家庭討論溝通，給予支持 (Cosand，Bourgue & Kraus，1982；Grob，Klein & Eisen，1983) 。

七、健康狀況和疾病

　　青少年是一生中最健康的時期，依據美國健康統計中心1975年的報告，在父母心目中60%的青少年健康狀況極佳，36%健康良好，僅有5%中下或不好，但生理上的檢查卻發現：青少年的健康狀況比他們自己想像得差。

　　青少年最主要的健康問題是性病（由性交所感染的疾病）特別是淋病。這種疾病普遍而不易控制。在美國每年約有200萬的患者，青少年佔三分之一，女孩與男孩的比例為3：8，其中25%是十五至十九歲的青少年。由於淋病的潛伏期短，無免疫性，學校社會不予重視，有很多是無症狀的帶原者，但卻會傳染給他人，不易有效的控制。女性患者未經治療可能併發引起骨盤炎而導致不孕或子宮外孕而死亡。梅毒在1950年有增加的趨勢，但隨即穩定，它雖然不像淋病那樣普遍，若未予治療，會影響心臟，血管和中樞神經系統。淋病和梅毒對孕婦而言，會傳染給胎兒。性病所以會

在青少年群中擴大流行的主要原因是，性觀念開放，青少年較以前更熱衷於性行為，性教育流於表面化；忽略性病及其預防；青少年不了解性病的徵候，未能及時尋求醫藥的幫助；青少年在使用指定的藥物之前，必需先獲得父母的同意，使得他們不願求醫診治，特別是當他們感覺雙親或權威者不能接受他們的行為時，他們寧可將秘密保留在心中。

參考資料

王瑋等（民77）：人類發展學下冊。台北：華杏出版公司，頁757～790。

邱維城、蘇建文、黃堅厚（民57）：台灣省女性青年身心發展調查研究。師大教育心理學報，第2期，頁1～22。

黃定妹（民74）：婦女月經週期的身心變化及情緒穩定性之探討。國立台灣師範大學輔導研究所碩士論文。

黃慧貞譯（民78）：發展心理學。台北：桂冠圖書股份有限公司，頁403～422。

陳淑月（民73）：中部地區五專女生經期不適及其相關因素之探討。公共衛生，第11卷、第3期，頁361～375。

Barton, J., Chassin, L., Presson ,C. C.& Sherman, S. J. (1982). Social image factors as motivators of smoking initiation in early and middle adolescence, *Child development,* 53,1499—1511.

Clausen, J. A. (1966). Family structure, socialization, and personality. in L. W. Hoffman & M. L. Haffman (Eds.), *Review of child development research* (vol.2) New York: Russell Sage Foundation.

Blyth, D. A., Bulcroft, R. & Simmons. R. G. (1981). *The impact of puberty on adolescents: A longitudinal study.* Paper presented at the annual convention of the Americam Psychological Association,Los Angeles.

Cosand, B. J. Bourque, L. B. & Kraus, J. F. (1982). Suicide among adolescents in Sacramento County. California 1950—1979, *Adolescence,* 17(68), 917—930.

Dacey, J. S. (1986). *Adolescents today* (3rd ed.) Scatt Foresman and company, Glenview, Illinos, p93—121.

Dwyer, J. & Mayer, J. (1968—1969). Psychological effects of variations in physical appearance during adolescence. *Adolescence,* 3,353—368.

Faust, M. S. (1960). Derelopmental maturity as a determinant in prestige of adolescent girls. *Child development,* 31,173—184.

Faust, M. S. (1977). Somatic develepment of adolescent girls. *Monagraphs of the Society for Research in child development,* 42.

Grob, M. C.; Klein, A. A.& Eisen, S. V. (1983). The role of ·the high school professional in identifying and managing adolescent suicidal behavor. *Journal of youth and adolescence,* 12(2).

Jones, M. C. (1957). The later Careers of bay who were early—or— late maturing. *Child development,* 28,113—128.

Koff, E., Rierdan, J., Sheingold, K.& Wellesley, C. (1982) Memories of menarche: age, preparation, and prior knowledge as determinants of initial menstrual experience. *Journal of Youth & adolescence,* 11(1),1—9.

Marshall, W. A. & Tanner, J. M. (1969). Variations in the pattern of puberfal changes in girls, *Archivesof the disease of childhood,* 44, 291—303.

Mussen, P. H. & Janes, M. C. (1957). Self-conceptions,motivations and interpersonal attitudes of late and early maturing boys. *Child development,* 28, 243—256.

Mussen, R. E. (1970) Adolescent development amd the secular trend, *Adolescence,* 5(19), 267—284.

Newman, B. M.& Newman, P. R. (1986). *Adolescent development.* Merill publishing Company, Columbus.

Peskin, H. & Livson, N. (1972). Per-and post-pubertal personality and adult psychologic functioning. *Seminars in psychiatry,* 4(4),343—353.

Rogers, D. (1985). *Adolescents and youth,* Prentice—Hall.Inc. Englewood Ciffs. New. Jersey.

Tanner, J. M. (1973). Growing up. *Scientific American,* 229(3), 35—43.

Theiano, G. (1968). The prevalence of menstrual symptoms in Spanish students. *British journal of psychiatry,* 114(511), 771—773.

Wyshak, G. & Frisch, R. E.(1982). Evidence for a Secular trend in age of menarche. *New England journal of medicine,* 306(17), 1033—1035.

15

青年期的認知發展

　　青少年時期是一個特殊的階段。這個時期的個體肩負著承先啓後的責任。「承先」是指整合個體在幼兒期、兒童期所儲備的知識與技能，使之成爲自己的一部分。「啓後」則是指利用這些整合過的知識與技能來開創另一片新機，以便將來能夠獨立地解決周遭的問題。事實上，個體的認知能力在這個整合的契機中扮演著十分重要的角色。個體必須要能夠超脫自己曾經接觸過的具體事物，建立各種不同的假設，以便能夠更詳盡地訂定計畫。除此之外，個體也要能夠考量他人的立場，以便能夠事先預想可能遭遇的困難，俾使事情獲得更圓滿的解決。這個章節主要就是探討青少年的個體在認知能力方面的發展。本章主要是以皮亞傑的形式運思能力爲主導方向，輔以其他認知發展的理論。最後則討論青少年自我中心的現象，其最終目的則是幫助個體解決人際溝通的困難。

第一節　青少年的認知發展

　　皮亞傑認爲個體認知發展的過程可以依序分成四個階段：由出生到二

歲的感覺動作期 (sensorimotor stage)，由二歲到六歲的運思前期 (preoperational stage)，由六歲到十一歲的具體運思期 (concrete oper-ational stage)，和十一歲以後的形式運思期 (formal operational stage)。基本上這個理論的前三個階段涵蓋了個體在嬰兒、幼兒以及兒童時期的發展，而個體在青少年時期的認知發展則處於形式運思期的階段。由於前面已介紹過前三個階段的發展，本節的重點則描述個體在形式運思期所具備的思考特徵。

一、形式運思期的思考特徵

個體在形式運思期的思考與具體運思期有明顯的不同。根據多利特 (Dulit, 1972) 的看法，「形式」 (formal) 的意義有三。第一，「形式」的意義可指個體思考的內容。具體運思期的個體僅能思考具體的，或是已經經驗過的事物。但是形式運思期的個體思考的內容可以是假想的，或是未曾經驗過的事物。譬如說，如果天上「沒有」太陽……；如果冰是「熱」的……；如果你有「至高無上的權力」……。這些超越事實的假設都是兒童時期的個體所不能理解、所不能想像的。但是，個體到了青少年則可以超越現實中既存的事實而以另一個角度來思考問題。第二，「形式」的意義可延伸到個體的邏輯推理能力。這是指個體在思考時所採用的方式 (form)，而非思考的內容 (content) 而言。由於這時所思考的內容是假想的、是未曾經驗過的，因此個體必須靠邏輯 (formal logic) 的推演能力來預估事情的可能結果，推斷各事件間可能的關係。否則，個體不知該如何來思考未曾經驗過的事物。譬如說，假若「天下雨則地上濕」是眞的，那麼「天不下雨則地上不濕」是不是也是眞的呢？一個沒有邏輯推理能力的個體僅能由日常生活的經驗來推論，否則無法連結這二個命題來判定「天不下雨時地上不溼」是不是眞的。第三，「形式」的意義不再僅限於物體的本身，而可以超越物體，以「符號」做爲思考的對象。如字、詞、概念、命題、假設，甚或思考的本身都可以是個體思考的對象。以上面的例子而言，個體可以用「若A則B」的方式來思考。其中A和B可以是任何

事件。由於「形式」具有以上三種意義（Dulit，1972；Inhelder　& Piaget，1958），因此個體在形式運思期可衍生出五種思考特徵（Keating，1980）。這五種思考特徵分別是：(1)「可能性」的思考（thinking about possible）；(2)「假設性」的思考（thinking about hypothesis）；(3)「前瞻性」的思考（thinking　ahead）；(4)「思考性」的思考（thinking about thought）；(5)「超越成規性」的思考（thinking beyond conventional limits）。以下就各個特徵分述如下：

㈠「可能性」的思考

　　個體在兒童時期的思考特徵僅限於具體的，或是可以觀察的事物。在他們的經驗裡，可以思考的事物就是真的存在的事物；可以思考的事物就是由他們的感官可以直接觀察的到的事物（Berzonsky，1981；Cole　& Cole，1989）。但是，到了青少年時期，個體逐漸體認到「真的存在的事物」或是「自己已經經驗到的事物」只是「可能存在的事物」中的一個特例罷了。除了自己經驗過的事物之外，還有其他可能存在的事物，這些事物不會因為自己未曾經驗過而不存在。譬如說，地上溼的原因很多：可能是天下雨，可能是有人灑水，也有可能是空氣中太潮溼所造成的結果。但是具體運思期的個體僅經驗過天下雨會使得地上溼，故認定使得地上溼的原因只有一種，而忽略了其他的可能。但是形式運思期的個體則會考量其他可能存在的因素，而不單純地認定一種原因而已。這種「可能性」的思考方式是個體邁入形式運思期時最明顯的特徵（Berzonsky，1981；Cole & Cole，1989；Keating，1980；Inhelder　& Piaget，1958）。

㈡「假設性」的思考

　　伴隨著「可能性」的思考方式，個體逐漸發展出「假設性」的思考方式。這是個體進入形式運思期的第二個特徵。「假設性」的思考方式是指個體由事物發生的可能性中衍生出相關的假設，並檢驗這些假設。譬如說，以前述「地上溼」的例子來說，當個體理解到使得「地上溼」的原因有很多之後，則需要逐一檢驗這些因素，以找出在這個情況下造成「地上溼」的真正原因。所以，個體形成「剛剛下過雨，所以地上溼」，「剛剛有

人灑過水，所以地上溼」，以及「空氣太潮溼，所以地上溼」等三個假設，並逐一檢驗那一個假設合乎事實。

　　除了由可能的原因推衍出相關的假設之外，個體也可由「不可能」的原因中推衍出假設。這類假設通常是與事實相反（countrary-to-fact）的假設（Bart，1972；Elkind，1974；Keating，1980）。譬如說，「如果天下雨則地上不溼」，「如果有人倒水則地上不溼」等等與事實相反的假設都可用來幫助個體思考以檢驗假設的眞僞。

　　由可能發生的原因中建立假設並檢驗假設是個體在形式運作期中很重要的特徵。由於個體在這個階段可做全面性的考量，因此個體可反覆檢驗假設存在的眞實性，也可以由不同的角度來探討命題存在的眞實性。所以，造成地上溼的三個原因對形式運作期的個體而言，都有可能同時存在。但是在具體運思期的兒童往往只檢驗一個假設存在的眞實性，而忽略了三種因素可以同時存在的可能性。因此當兒童發現其檢驗的命題爲眞時則停止不前，而認定此一命題存在的普遍性。譬如說，兒童發現今天下過雨時則認定現在地上溼的原因一定是因爲下過雨，而忽略了可能天下過雨後地上乾了，而有人又往地上灑水造成的。

㈢「前瞻性」的思考

　　「前瞻性」的思考也是青少年的個體在思考上的一個重要特徵。這個特徵使得個體有「作計畫」（Planning）的能力。譬如說，我想用自己的零用錢買一架遙控飛機，但在儲蓄的過程我可能會遭遇什麼困難？看到別人在吃冰淇淋時，我要用什麼方法來減低誘惑？我要存多少錢才能買到飛機？我要存多久才能買到飛機？我能否加速我的儲蓄計畫？青少年在訂定計畫時比較會做詳盡而且周密的思考。他們會尋找可能遭遇的問題，並預想解決的方案（Keating，1980）。但就兒童的思考模式來說，「計畫」僅僅是假想的一個目標。至於計畫要如何達成，計畫執行中可能會遭遇什麼困難則不在他們思考的範疇之列（Cole & Cole，1989）。

㈣「思考性」的思考

　　「思考性」的思考是指個體以「自己思考的歷程」爲思考的對象，或

是以「自己思考的結果」做爲思考的材料。這類的思考是以個體本身的思考結果做爲思想的客體而進行思考，也就是皮亞傑所強調的第二層次的思考（second-order thinking）。這類的思考普遍存在青少年及成人時期，在兒童時期則很少出現（Keating，1980；Inhelder & Piaget，1958）。這類思考方式基本上可分成三方面來討論。第一，由於有了這類思考，個體在思考的層次上進了一大階，不再需要以實物爲思考的對象，而可以操弄、監控自己的思考歷程，也就是發展出後設認知（metacognition）的思考模式（Cole & Cole，1989；Flavell，1977，1979，1985；Keating，1980）。後設認知的範圍很廣，包括後設記憶（metamemory），後設溝通（metacommunication），以及後設注意（metaattention）等等，都屬於後設認知的範圍。這類認知心理學的研究與發展近二十年來也在心理學界與教育學界引起廣泛的注意與討論。譬如說，記憶策略的學習與應用，如何幫助學童獲得後設策略並使用後設策略等等。第二，由於這種能力的發展，使得青少年發展出內省（introspection）的能力（Elkind，1974）。在這個時期個體開始察覺到自己思考的內容。但也由於過度地注意到自己思考的內容，個體往往把自己想的東西和別人想的東西混爲一談，認爲自己是別人眼中的焦點。這就是一般人所說的青少年自我中心的現象（adolescent egocentrism）（Elkind，1967，1968，1974）。另一方面，也由於個體對自己的想法過於敏感，往往認爲別人不會了解自己的想法，因而產生畏懼、退縮等自怨自艾或是逃避外界的行爲（Conger，1977；Keating，1980）。第三，由於這種能力的發展使得個體發展出角色取替的能力（perspective taking ability）（Selman，1980）。在這個階段裡，個體可以同時在腦中考量自己的想法和他人的想法，並權衡比較這二種想法的輕重緩急、利弊得失。由於這時候的個體不單純地以自我爲中心而有能力體諒別人的想法，因此這種能力的發展有助於個體與他人建立友誼（Cole & Cole，1989；Keating，1980；Lapsley & Murphy，1985；Selman，1980）。

㈤「超越成規性」的思考

　　這時的個體往往利用其新發展出來的能力來重新定位其所經驗的事物

。他們企圖以一普遍性的、或是超越成規性的規準來衡量一切的事物。這些事物涵蓋的範圍很廣，包括人與人間的關係、宗教信仰、政治態度、職業選擇和道德感、價值觀等等。當這些事物不合乎這個規準時，則個體會嘗試一切努力使之合乎原則（Cole & Cole，1989；Keating，1980）。譬如說，青少年認為做人要坦蕩無私，絕不可因循苟且。因此，如果發現社會上某些人貪贓枉法，則會對這些人十分不恥而意圖作個「救世主」來拯救生靈。也因此青少年時期的個體「理想主義」十分高張；「英雄膜拜」的心境也十分渴求（Cole & Cole，1989；Keating，1980）。

二、研究的發現

皮亞傑等人除了說明形式運思期的思考特徵之外，並將這些特徵賦予操作性定義（operational definition），使之可以用實驗的方式來驗證（Inhelder & Piaget，1958）。這些研究基本上可分成三種類型（Keating，1980）。包括：(1)研究比例概念（proportionality）的天平問題（balance beam）；(2)研究組合歸納推理（combinational operations）的化學藥劑混合問題（chemical combination problem）；(3)研究控制變因（isolation variable）的鐘擺問題（pendulum problem）。以下則分別討論這三類的研究。

㈠比例推理能力

皮亞傑和他的研究伙伴殷海德認為天平問題（balance beam）是最能測量出個體比例推理能力的題目（如圖15-1）。

這些基本的比例推理能力是個體能夠控制變因、檢驗假設和歸納推理的基礎，也是個體進入形式運思期的指標（Inhelder & Piaget，1958）。個體必須明瞭物體的重量或是距離中心點的遠近都不足以單獨地決定天平是否就能保持平衡。物體的重量和距離中心點的遠近二因素所呈現的互補關係才是決定天平是否保持平衡的重要因素。因此，這二因素之間不但有相互的關係（reciprocal relation），還有互補的關係（compensation

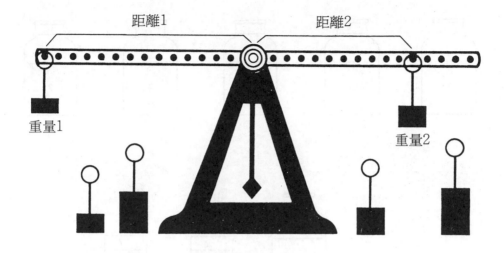

圖 15-1　天平問題所用的材料

relation）（Keating，1980）。這種能力的發展靠個體系統地改變重量和距離二變項，並組合這二變項，以查覺二者之間所形成的等式關係（重量1：距離1＝重量2：距離2）。雖然，這類比例推理能力是在天平問題上發現，但這種能力也利用其他材料測量出來（Capon & Kuhn，1979）。如小明和媽媽去超級市場買菜，在市場裡小明發現有二種不同瓶裝的大蒜鹽。大瓶的67g重要賣30元；小瓶的35g重要賣16元。小明想知道買大瓶的還是小瓶的比較便宜？當個體學得了比例推理能力後則能在日常生活中應用這種能力，而發覺買大瓶的鹽比較划得來（Cole & Cole，1989；Inhelder & Piaget，1958）。

㈡組合歸納推理能力

　　這類研究是以化學藥劑混合實驗的方式來探討個體以系統化的方式來解決相關問題的能力。實驗開始之初，研究者提供四個玻璃瓶，裡面分別裝滿四種無色無味的液體並標明號碼。此外，另有一瓶試劑g（如圖 15-2 所示）。

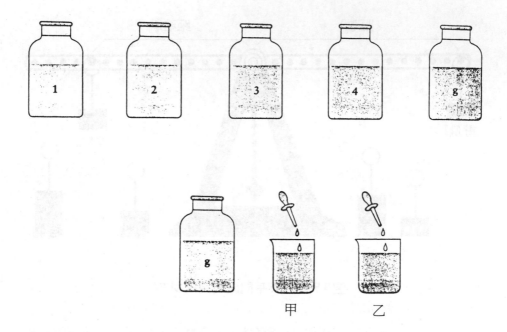

圖15-2　化學藥劑混合問題所使用的材料

　　實驗開始時，燒杯甲中裝滿溶液1和溶液3的混合液；燒杯乙中則裝滿溶液2。兩種都同時呈現在受試者面前。但是，受試者並不知道燒杯甲或燒杯乙中的溶液為何。接著，主試者在受試者面前示範溶液和試劑間的關係。

　　當試劑g滴入燒杯甲時，燒杯甲中的液體的顏色轉變成黃色（e.g. 1＋3＋g）。如果將試劑g滴入燒杯乙時，燒杯乙中液體的顏色不變，維持無色的狀態（e.g. 2＋g）。但如果將燒杯甲和燒杯乙中的液體混合再加入試劑g時，則液體的顏色變成黃色（e.g. 1＋3＋g＋2）。此時，如果再將這杯混合過的溶液加入溶液4，則液體的顏色又轉變成無色的狀態（e.g. 1＋3＋2＋g＋4）。在這個研究裡，受試者的任務是組合各種溶液以複製出黃色的液體（王文科，民72年；Cole ＆ Cole，1989；Inhelder ＆ Piaget，1958）。研究發現，七歲時的個體和十四歲的個體在製造黃色液

體時的表現上有很大的差異。七歲的個體在製造黃色液體時以隨機、任意的方式來組合各種溶液。譬如說，以1＋g，再4＋g，再3＋g的方式來試驗可否製造出黃色溶液。如果沒有製造出黃色溶液則可能再接受主試者的暗示以二種或三種溶液組合來製造黃色溶液。如以2＋3＋g或以1＋4＋2＋g等組合方式。但是，個體並不會以系統的方式來組合這四種液體，也不記得那些組合是已經試驗過了。因此，個體可能重覆試驗已經檢驗過的溶液組合；也可能遺漏某些未曾試驗過的溶液組合。一旦個體製造出黃色溶液時則停止不再作實驗，也不管是否還有其他的組合存在。

　　但是，十四歲的個體碰到這類問題時則有的不同的表現方式。十四歲的個體基本上會把這個化學藥劑混合問題視為一完整的結構（structurally whole），然後有計畫地進行實驗工作。不像七歲的個體僅是任意地、片面地進行實驗。十四歲的受試者會以一種溶液配試劑的方式開始實驗，如1＋g，2＋g，3＋g，4＋g。然後再以二二配對的方式進行，如1＋2＋g，1＋3＋g，1＋4＋g，2＋3＋g，2＋4＋g，3＋4＋g，最後再以三三組合的方式進行，如1＋2＋3＋g，1＋2＋4＋g等等。如果在進行的過程中已製造出黃色液體，個體仍會繼續試驗其他的組合，直到試驗過所有可能的組合才停止。由於整個實驗的過程是有系統性、程序性和統合性的，個體很容易發現各溶液之間的關係。如1＋3＋g和1＋3＋2＋g都可製造出黃色的液體，因此試劑g對溶液2可能沒作用（Inhelder & Piaget，1958）。此外，1＋2＋3＋g的黃色溶液加入溶液4可轉變成無色溶液，可見溶液4對黃色液體有還原作用。皮亞傑認為，個體之所以能夠有系統地檢驗各溶液間可能的組合乃是由於個體認知的層次更上了一層樓，有了邏輯演繹能力之故（王文科，民72年；Keating，1980）。而由於七歲的兒童缺乏這種能力，因此僅能片面的檢驗各溶液間的關係。

㈢控制變因能力

　　鐘擺問題是皮亞傑等人用來研究個體控制變因能力發展時所使用的材料（Inhelder & Piaget，1958；Keating，1980）。鐘擺是指一端固定，另一端掛重物，由A點釋放，使之均勻擺動的物體（見圖15-3）。鐘擺問題是想讓個體思考影響鐘擺擺動快慢的因素為何。在這個研究裡，實驗者

提供的因素有四個。這些因素包括鐘擺的長度、鐘擺的重量、釋放鐘擺時
的高度、和釋放鐘擺時的推力。事實上，僅有鐘擺的長度才會影響鐘擺擺
動的快慢，其他三個因素與鐘擺擺動的快慢都沒有關係。但是，受試者必
須由實際操弄的過程中去掉無關的變因，系統地變化相關的變因，才能找
出影響鐘擺擺動快慢的真正原因。而個體在實際操弄之初必先有一個全盤
的計畫，然後根據制定的計畫研擬相關的假設進行實驗。由實驗的過程中
細心觀察變化的結果，再去掉無關的因素，才能產生正確的結論。譬如說

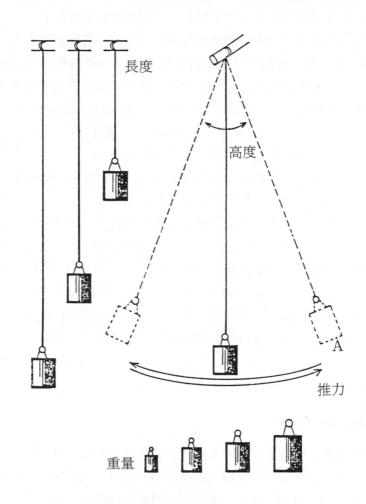

圖 15-3　鐘擺問題所使用的材料

，受試者研定全盤的計畫後檢驗其中的假設：鐘擺的長度會影響鐘擺擺動的快慢，鐘擺的重量與之無關。於是根據形成的假設進行實驗，得到實驗的結果如表15-1所示。結果發現，所得的研究結果與假設相符。檢驗過一個假設之後，受試者仍得繼續探討相關的假設，以類似的方法消除掉其他無關的因素才能真正去掉無關的因素，統籌出一個可信的結論。

　　由此可見，個體要能解決鐘擺問題必須具備以下三種能力。一是作計畫的能力。個體必須縱覽全局，以可能影響的因素為基礎訂定全盤的計畫。二是形成假設的能力。這些假設是由個體經由思索、推衍得來的。個體並沒有經驗過這些事件，但個體可借由抽象的思考能力形成相關的假設。三是仔細觀察結果，去除無關變因的能力。由表15-1的結果發現，無論鐘擺的重量如何變動，鐘擺的擺動並不因為鐘擺的重量而有差異，反而隨著鐘擺的長度而有差異。受試者必須要有能力由觀察所得的資料中歸結出以上的結果，才能去掉無關的因素，獲得正確的結論。

表15-1　根據假設所得的研究結果

試　　驗	鐘擺長度	鐘擺重量	觀察結果	結　論
重量的	短	輕	快	無作用
作　用	短	重	快	
重量的	長	輕	慢	無作用
作　用	長	重	慢	
長度的	短	重	快	有作用
作　用	長	重	慢	
長度的	短	輕	快	有作用
作　用	長	輕	慢	

（摘自杭生譯，民76年）

三、對皮亞傑的評價

　　一般學者認爲，皮亞傑成功地描述了個體在形式運思期的思考特徵，也成功地說明了青少年的個體在面對問題時所表現出來的思考模式。這些思考模式是青少年時期所獨有，而是具體運思期的個體所缺乏的（Keating，1980；Neimark，1982；Sroufe & Cooper，1988）。但是，皮亞傑卻無法清楚的解釋形式運作思考的底層所隱含的結構（structure）是什麼？而這些結構又是如何得來的（Flavell，1985；Keating，1980；Sroufe & Cooper，1988）？針對這個論點，皮亞傑本人也承認其理論有疏漏之處，並意圖彌補、修正其理論的缺失。只可惜皮亞傑在1980年過世之後留下其未竟之志。雖然，皮亞傑的理論未臻完美，但他的理論卻是探討個體認知發展最完整的理論。現今的研究學者也多以他的理論以基本的參照點。以下則是學者們對形式運思期的論點所有的一些爭議。

㈠形式運思期的思考方式普遍地存在每一位青少年中嗎？

1.年齡

　　根據皮亞傑的說法，個體到了青少年時期就應發展出形式運思期的思考方式。個體會以抽象思考的模式來思考問題。但是，心理學家多利特有不同的發現（Dulit，1972）。他以化學藥劑混合問題（chemical combination problem）爲研究題材，來探討四組不同年齡的受試者解決問題的思考型態。這四組受試者分別是第一組的智力平均、年紀較輕的青少年（平均年齡14歲）；第二組的智力平均、年紀較長的青少年（平均年齡16—17歲）；第三組是資賦優異、年齡較長的青少年（智力商數平均爲130—140，平均年齡16—17歲）；第四組則爲一般的成年人。結果發現，僅有20％左右智力平均的青少年（第一組和第二組）和35％的成年人（第四組）到達形式運思期的水準，而第三組資賦優異的青少年中卻有60％到達水準。可見，形式運思期的思考方式並不普遍地存在每一位青少年時期的受試者當中。甚至，也不存在於每一位成年人當中（Berzonsky，1981；

Capon ＆ Kuhn，1979；Dulit，1972；Keating，1980；Linn，1983；
Neimark，1975；Siegler ＆ Liebert，1975）。因此，年齡不應該是決定
個體是否到達形式運思期的唯一因素。

　　除了以化學藥劑混合問題為研究材料可以得到這個結果之外，實驗者
以「比例問題」來探討個體的思考能力時也發現，形式運思期的思考方式
並不普遍地存在每一位受試者當中（Capon ＆ Kuhn，1979）。

2.性別

　　研究學者米韓（Meehan）在1984年以綜合分析法（metaanalysis）
分析了將近150個研究，來探討性別與形式運思思考方式間的關係（Mee-
han，1984）。結果發現，在某些項目上男性的形式運思能力顯著地優於
女性（Cole ＆ Cole，1989）。這個發現，激起了許多人研究的興趣。到
底是什麼原因造成男女在形式運思能力上的差別？是男女之間本質上的差
異，抑或是因為研究材料的關係才造成這種差異？基本上，研究者在選取
研究題材時多半使用傳統皮亞傑式的實驗材料。如化學藥劑混合的問題、
鐘擺問題和天平問題等等。這些問題都是女性不熟悉，而且不感興趣的（
Cole ＆ Cole，1989）。如果將這個中介變項（mediated variable）去掉
，是否男女之間還有差異呢？研究學者發現，基本上，對科學概念沒有興
趣的高中女生在傳統女性的工作上表現出來的形式運思能力要比在科學工
作上來得好（Peskin，1980）。她們面對傳統女性工作時，同樣地能夠控
制變因，系統地改變其中的因素，並作假設檢定。但是，當面對的實驗材
料是科學性的時候，個體表現得比較差，無法顯現出形式運思的思考能力
。因此可見，測量時所使用的材料會影響個體的表現。對所用材料的興趣
、熟悉度都會影響到個體表現形式運思的能力。除了受試者對研究材料的
熟悉度和興趣會影響到個體的表現之外，個體在面對問題時是否應用到空
間推理能力（spatial ability）也是影響研究結果的一個中介變項（Hyde
，1981；Linn ＆ Sweeney，1981）。

　　研究發現，男女兩性在空間能力的表現上原本就有顯著差異（Hordn
＆ Rosser，1984；Hyde，1981；Linn ＆ Petersen，1985）。但研究發
現，空間推理能力和形式運思能力之間並無顯著的相關（Linn ＆ Pulos
，1983）。如果個體在作判斷推理時必須要使用空間能力，則造成男女性

別差異的原因可能不是男女在形式運思能力上的差別，而是個體在空間推理能力上的差異罷了（Cole & Cole，1989）。因此，現階段研究認爲男女性別角色在某些形式運思的思考能力上有顯著的差異仍待進一步的檢驗。況且，探討形式運思的思考能力的普遍性時不應該有性別的差異。

㈡能力和表現之間的爭議

　　皮亞傑認爲，青少年之所以會有這些思考特徵乃由於個體邏輯能力（logical competence）的發展。這些邏輯能力在個體的心智結構中形成一完整的體系，並影響個體的行爲。而這層完整的結構就如同個體在習得語言過程中所學得的深層的文法結構（deep structure）。皮亞傑將這些結構稱爲INRC四組心智結構（Keating，1980）。其中I是代表「同一性」（identity），N是代表「相逆性」（negation），R是「相互性」（reciprocity），C是「相關性」（correlativity）。而這四組心智結構可依命題的有無結合成十六種不同的組合（combination of four binary propositions）（兪筱鈞，民71年；Keating，1980）。這十六種組合則是個體表現形式運思的思考時所有的深層結構。

　　但是，個體內在深層結構的有無和個體表現出來的行爲之間並無絕對必然的關係（Keating，1980）。這二者之間的關係就如同英語會話與英文文法結構之間的關係一樣。英文說得流利的個體並不表示其熟諳英文的文法結構；而懂得英文文法的個體也不見得就能說得一口好英文。皮亞傑以個體處理問題的表現型態來判定個體形式運作能力的有無就好像以個人的會話能力來決定個體是否懂得文法結構一樣。這種測量的方式使得皮亞傑在闡揚他的理論時有了缺失。而皮亞傑也沒有詳細說明個體的能力與行爲之間的關係（Keating，1980）。除此之外，皮亞傑在描述INRC四組思考結構的內容時也不甚清楚，也無法說明這層深層結構是如何轉變而成的（Flavell，1985；Keating，1980；Sroufe & Cooper，1988）。

　　事實上，行爲的表現（performance）和能力（competence）間常常有差異性存在。早在1960年代，傳來福（Flavell，J.）就已提出這個觀念（Flavell，Beach & Chimsky，1966；Flavell & Wohlwill，1969）。一般研究者往往以個體表現出來的行爲來決定個體是否具有這些能力，反而

忽略了「表現」（performance）和「能力」（competence）之間的隔閡。因此，當個體沒有表現這類行為時，則判定個體缺少這種能力。殊不知，個體可能具有這項能力，但在當時的情境中無法表現出來。事實上，許多探討兒童能力的研究都可發現這類的缺點（Gelman，1978）。

　　然而，這二者之間的隔閡不是不可彌補的。研究方法的改進是補足其間差異的一種方式（Gelman，1978）。此外，也可由理論著手。現代的研究學者發現，個體不表現某些行為並不是他們沒有能力，而是在當時的情境中個體沒有想到要如此表現。這類探討後設認知能力（metacognition）的研究則是從這個角度幫助個體表現出合於自己能力的行為（Berzonsky，1981；Paris & Lindaur，1982；Stone & Bay，1978）。

　　正因為如此，研究者在探討「訓練」的有效性時也必須多加考量。在訓練的過程中，個體獲得的是「能力」抑或是「行為的表現」？而評量訓練的結果時，測量的是個體內在的能力，還是外在的行為表現？縱使個體在訓練的過程中學得的是能力，在測量時個體能否就當時的情境適切地表現這種能力？諸如此類問題有賴研究「訓練」的學者一再反省與深思的（Berzonsky，1981；Danner & Day，1977；Srofe & Cooper，1988；Stone & Day，1978，1979）。

㈢形式運思期是認知發展的最後一個階段嗎？

　　雖然，皮亞傑認為形式運思期是個體認知發展的最後一個階段，但是有的學者卻不以為然。他們認為個體在形式運思期之後還會有另一個階段的認知成長（Kramer，1983；Labouvie-Vief，1982，1986；Riegel，1973；Santrock，1990；Sinnott，1982）。形式運思期的個體不明白現實情況下各種條件的限制，他們對事情的態度往往過度地理想化。在思考問題時總是檢閱相關的變項，以邏輯推論的形式衍生出各類假設，並逐一檢定這些假設。但是，過了形式運思期的個體在思考上更進了一步。這時候的個體會認清現實的狀況，體認當時情境下條件的限制，以最有效率的方法來形成最可能的假設，並檢驗假設，而不是逐一審閱各種可能的假設（Labouvie-Vief，1982，1986；Santrock，1990）。

　　研究也發現，個體在日常生活中所表現的思考能力和在實驗室中是不

《附欄 15-1》

皮亞傑四組心智結構的意義

　　皮亞傑認為主導個體在形式運思期所表現的抽象思考能力的深層結構是INRC四組心智結構。I是指同一性（identity）；N是指相逆性（negation）；R是指相互性（reciprocity）；C是指相關性（correlativity）。這四組心智結構的組合說明了個體歸納及演繹的思考過程。但是，究竟這四組心智結構代表什麼意義呢？專門研究皮亞傑的學者多利特對這四組結構做了一簡單的描述（Dulit，1972）。多利特以平衡桿為例說明這四組結構的意義。

● **同一性**

　不加任何重量也不移動物體的位置，使之保持現有的狀態（如甲圖）

● **相逆性**

　把甲圖物體在B點的重量去掉5g，使之維持平衡（如乙圖）

● **相互性**

　把另一個5g的物體加在甲圖中A點的位置（如丙圖）或把在B點位置的物體移到C點，使之維持平衡（如丁圖）

● **相關性**

　把丁圖中物體在C點的位置移回B點，並把重量減為5g（如戊圖）

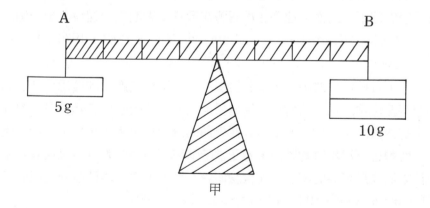

甲

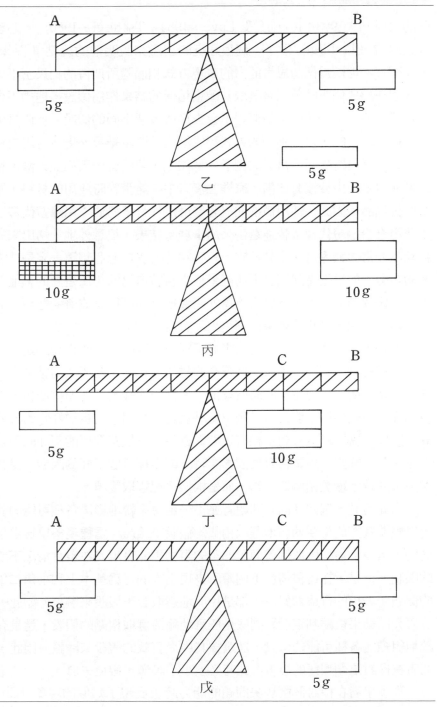

同的（Linn，1983；Rogoff ＆ Lave，1984；Tschirgi，1980）。心理學家史屈吉（Tschirgi）做了一個很好玩的實驗來說明他的論點（Tschirgi，1980）。他認為個體思考能力的表現方式和個體所期待的結果密不可分。個體在形成假設時，只會選取其願意相信的結果作為假設。他們不會組合各種可能發生的狀況，他們也不會去形成多種不同的假設。他們是根據所要達到的目的，以最精簡的方式形成假設並驗證結果。史屈吉用的材料很簡單，是日常生活中常見的例子。譬如說，阿明有一天心血來潮，想烤蛋糕。但是，由於沒有準備，家裡並沒有平常烤蛋糕時所用的材料，僅有某些替代品。因此，他用植物油（乳瑪琳）代替了奶油；用蜂蜜代替了糖；並用全麥麵粉代替了普通麵粉來烤蛋糕。結果，很意外地，烤出來的蛋糕竟然非常柔軟溼滑，十分好吃。阿明沾沾自喜之餘心想這一定是「蜂蜜」的功勞。如果這時阿明想再烤個蛋糕來驗證自己的想法是對的，他會怎麼做？研究結果發現，受試者認為阿明會把全麥麵粉換成普通麵粉，把植物油換成奶油，僅將蜂蜜保持不變來驗證自己的想法。

　　但是，如果阿明第一次烤出來的蛋糕十分難吃，阿明也認為是「蜂蜜」惹的禍的話，則阿明第二次烤蛋糕的材料會和前一個研究的結果完全不同。這時阿明會先把惹禍的蜂蜜換掉，以糖取代蜂蜜，而植物油和全麥麵粉二種因素則維持不變。這是因為受試者認為烤出來的蛋糕好吃的最要緊的。因此，當「蜂蜜」對蛋糕有正面影響時，改換其他可能不好的因素。但是，當「蜂蜜」對蛋糕有反面影響時，則去掉這個不好的因素。受試者並不會系統地檢驗相關的因素，而是根據情況選取變項。

　　由此可見，個體在面對問題時並不一定會系統地形成各種可能的假設，僅根據實際的需要適切地選取相關的假設來檢驗。這種現象以日常生活的例子居多。這是由於個體面對熟悉的事物更能發現其在現實情況下所有的限制。但是，在這種情況下個體所表現出來的行為基本上和小學二年級的個體所表現的行為類似──都是片面地選取若干假設來驗證。如此一來，研究的結果很難判定個體到底是任意地隨機選取相關的假設，還是有系統地組織過各種可能的假設，並選擇其中最有效的假設來驗證。因此，研究者在探討這類型態的思考方式時必須小心謹慎，避免失真。

　　許多學者在探討個體解決問題的能力時也發現了類似的現象（Chase

& Simon，1973；Chi，Glaser，& Rees，1982；Latour，1987)。他們
發現，一個有經驗的專家 (expert) 在解決問題時多半利用很簡單的步驟
就把問題解決。而沒有經驗的生手 (novice) 所採用的步驟不但多，而且
繁，可能其中還有許多無意義的步驟。所以，個體在解決問題時並不一定
如皮亞傑所言。個體面對問題時會根據自己在日常生活中的經驗，以非正
式邏輯 (informal logic) 的方式來解決問題。當個體所遭遇的問題是不
熟悉的，或經驗中缺乏的，則以皮亞傑的模式來組合相關的變項，形成各
種可能假設，就如同「生手」遇到問題時所使用的解決方法。但是，當個
體所遭遇的問題是熟悉的，他們解決問題的步驟就不同了。這時他們解決
問題的方式就有如「專家」一樣。專家編纂知識的特殊能力使其在面對問
題時跳脫了許多簡單與熟悉的步驟，以最直接最有效的方式深入問題的核
心，提出解決的方案。譬如建築師在設計房子時雖然會分析籌畫建築物的
結構，但在規畫的同時，建築師也要考量經費的限制，以及對周圍環境的
影響。而這類編纂知識，整合熟悉變項的能力則有賴個體更進一步的認知
發展 (Santrock，1990；Smith，1987)。因此，許多學者認爲形式運思
期並不是個體認知成長的最後一個階段。

四、對青少年認知的其他看法

　　皮亞傑提供了一套完整的理論來說明個體認知發展的狀態。這個理論
成功地給予研究的學者一個思考的參照點。但是，皮亞傑的說法僅說明了
形式運思的思考方法是青少年認知思考的一種方式。這種思考的方法並非
絕對的、獨一無二的方法 (Berzonsky，1981)。因此，許多其他的學者
也從不同的角度來探討青少年時期的認知成長，以訊息處理理論 (infor-
mation processing) 爲中心的研究取向是其一；強調文化環境 (culture-
context) 對個體認知成長的影響的研究取向是其二 (Cole & Cole，1989
)。這二種研究取向不同於皮亞傑的認知發展模式。訊息處理理論是以更
細微精確的過程模式來解釋個體認知能力的成長；而文化環境的研究取向
則探討個體所在的情境 (context) 對認知成長的影響。以下則分別說明

這二派學者對個體認知成長的看法。

㈠以訊息處理理論爲主的研究方向

贊同訊息處理理論的研究學者基本上不同意皮亞傑所強調的不連續（discontinuous）的發展概念。他們認爲，個體在青少年時期所有的邏輯思考能力是累積許多因素而成的。個體認知空間的改變，認知策略的獲得，以及後設認知能力的培養都使得個體認知能力更上一層樓（Cole ＆ Cole，1989）。這些能力是累積而來，並不是跳階（stage）而成的。皮亞傑認爲個體的認知結構是前一個時期的心智結構轉換（transform）而來的。這些經由轉換而來的認知結構基本在形態上是有差異的。所以個體具體運思期的思考結構和形式運思期的思考結構在質（qualitative）的評量上有顯著的差異。

席格勒（Siegler，R.）是採取訊息處理研究取向的研究學者（Siegler，1976，1978，1983）。他仍然以皮亞傑所使用的天平問題（balance beam）爲研究素材（如圖15-1）。他的研究發現，個體到了青少年可以發展出更有效的解決問題的策略。這種策略的發展是累積過去的經驗而來的，舊策略與新策略之間在本質上並無差異（Siegler，1983）。

皮亞傑認爲「天平問題」根本是單一的邏輯問題（Cole ＆ Cole，1989）。個體不能解決天平問題乃由於缺少邏輯能力（logical competence）之故。個體不明白物體的重量和距離中心點的遠近二者間的互補關係，也不明白二者之間的數學關係。因此，個體不會解決天平問題。一旦個體發展出相關的邏輯概念之後，個體才可以解決天平問題。

但是，席格勒採工作分析法（task analysis）來分析天平問題時則發現了另一種結果。他認爲，個體從不能解決問題到能夠解決問題並非一蹴即成的。隨著年齡的發展，個體解決天平問題所使用的策略也愈臻完善（Siegler，1976，1978，1983）。五歲的個體不會使用任何策略來解決問題；八歲的個體會注意到物體的重量是決定天平平衡的因素，但不知距離也是影響天平平衡的因素之一。十七歲的個體可以明瞭物體的重量和距離二因素共同決定天平的平衡，但仍無法掌握這二者之間規則性的關係。大概僅有30%的成年人才知道重量與距離之間有互補的等值關係（距離1×

重量1＝距離2×重量2)　(Siegler，1976，1978，1983)　。由此可見，個體是逐步獲得完整的邏輯概念的。而訊息處理理論的研究方式，則可補足皮亞傑理論的不足。

(二)以文化情境爲出發點的研究取向

以文化情境爲出發點爲研究取向的學者基本上並不排斥皮亞傑的理論，而是強調個體在認知成長的過程中，文化與情境對個體認知成長的影響(Cole & Cole，1989)　。研究發現，個體在情境中可以學到一套特有的解決問題的方法，而這套解決問題的方法與正統的學校教育所要獲得的方法並不相同。譬如說，在巴西街上，兒童賣糖果時有自己一套計算錢的方法(Saxe，1988)　。日常生活中也可見到市場中賣菜的小販對於斤兩的計算與價錢的轉換間也有獨到的能力。可見，個體在日常生活中會根據自己常遭遇的問題而發展出一套獨特的認知模式(Sternberg，1986，1988，1989)　。由於每個人在日常生活中所遭遇的問題不大相同，所處的文化情境也有差異，因此每個人的認知狀態也不盡相同。如果個體在日常生活中根本不需要抽象思考能力，則個體抽象思考能力一定顯著地低於其他有此需要的人。譬如說，國中畢業就進入工廠就業的某甲，其抽象思考能力必定低於同班卻繼續升學的某乙。由於某甲日常生活中遭遇的問題多半爲具體的操作問題，故其抽象思考能力無法顯著的成長。而某乙在學校中需要不斷地接受幾何、代數和三角抽象問題的試練，因此其抽象思考的能力也會顯著地增加。由此可見，在同一文化中，個體所要面臨問題會影響其思考能力的發展。而不同文化的個體也會因爲日常生活處理的問題不同而有不同的思考能力(Cole & Cole，19879；Dasen，1977a，1977b；Jahoda，1980)　。

第二節 青少年自我中心的現象

　　青少年時期是一個轉型的階段，是一個整合的階段，也是一個混亂的階段。這時期的個體身體、生理上的諸多變化使之產生不協調的感覺。相同地，社會對青少年時期的個體也有著過多的期待，使之有透不過氣的感覺。而認知能力上的變化更使得個體看人看事有著不同於以往的感受。隨著生活領域的擴張，青少年更渴望地是來自同伴團體的接受與讚許。許許多多因素交織在一起形成一張密不透風的大網，罩住青少年時期的發展。有些網眼間需要協調，但有更多的網眼需要突破。青少年在這張大網下長大蛻變，也在這張大網下掙扎徬徨。而在這張網下有一個很特殊的發展現象，影響著青少年時期個體行為模式。這就是青少年自我中心的現象（adolescent egocentrism）。由於這個現象的生成與個體的認知發展有很高的相關，故在本章來探討這個問題。

一、青少年自我中心現象的特徵

　　青少年自我中心的現象最早由艾肯德（Elkind，D.,1967）所提出。根據他的看法，雖然青少年時期的個體在思考能力上進了一大階，但也由於這種能力的發展，使其面對外界事物時受到了限制，而表現出某些特殊的行為（Elkind，1967，1968，1978，1985）。這時期的個體開始考慮別人有別人的想法，別人的想法可能和自己的想法並不相同。但是，這個階段的個體卻無法區辨自己關心的內容和別人關心的焦點是否相同（Elkind，1985）。由是之故，青少年的個體在面對外界事物時通常以自己的想法推估他人的想法而產生自我中心的現象。這個現象以個體在國中時期達到最高峰，大概要到青少年晚期才完全消失（Adams ＆ Jones，1981；

Enright, Shukla & Lapsley，1980；Goosens，1984；Gray & Hudson，1984；Lapsley，Milstead，Quintana，Flannery & Buss，1986）。而假想觀衆（imaginary audience）的建立和個人不朽（personal fable）的現象則是靑少年自我中心現象的二個重要特徵。

㈠假想觀衆的建立

　　隨著年齡的增長，個體逐漸可以超越自己，能夠站在他人的立場來考量事情。但是，他們在推想事情時往往將重點擺錯了地方，錯認自己是別人眼中的焦點。這時的個體認爲自己就好像是站在舞台上，而周圍所有的認識的、或不認識的個體都是舞台下的觀衆。這些觀衆無時無刻不在審閱自己、批評自己。正因爲如此，個體一定要把自己在舞台上的戲演好。這齣戲不但不能砸鍋，更不能有半點瑕疵，以免落人笑柄。由於這群觀衆根本是個體在腦海中所營造出來的一批人，並不是眞有這麼一群人時時在審閱自己，故稱之爲「假想觀衆」。

　　由於這批觀衆是自己想像而來的，因此這些觀衆所注意的焦點根本和自己所關心的要件是一樣的。譬如說，十四歲的阿興出門前在鏡子前站了半天，梳理自己的短髮，因爲他覺得朋友阿黃也會注意到自己剛剪的漂亮髮型。除此之外，阿興覺得自己頭頂上那根翹起來而壓不下去的頭髮，會使自己在朋友面前顏面盡失、無地自容。這麼一小根頭髮都逃不過觀衆的眼底，更何況臉上的靑春痘了。這一小顆靑春痘也會落入同伴的眼裡而毀了自己淸麗的容顏。再則靑少年會因爲褲角壓皺了而大發脾氣，不肯出門，非等褲子燙過了再說。這些現象的產生都是個體以爲自己所注意到的些微瑕疵也是別人眼中的焦點。殊不知，這些缺點可能在別人眼中根本微小得看不見，甚或根本不值一提。這些現象也是靑少年自我意識（self-consciousness）高張的表現方式之一。他們注意著自己的服裝儀容，關心著自己的一舉一動，避免爲人話柄，防止遭人議論。學者認爲靑少年的自我意識和假想觀衆之間有高相關存在（Lapsley，1985；Muuss，1982）。但是，二者之間的因果關係仍有待進一步的研究。

　　隨著個人自我意識的高張，個體也強烈地要求個人的隱私權（pri-vacy）。學者認爲，這是由於個體非常厭惡自己時時要遭人評價，常常

要與人比較所衍生出來的心態（Muuss，1982）。個體對自己常常要正襟
危坐，保持最好的一面的情狀十分不耐。因此，個體在可能的情況下往往
願意將自己關在房裡，全心全意的放鬆自己，以減少自己被查看的機會。
在一個完全屬於自己的空間裡，個體可以放心大膽地展露自己的本性，不
必擔心遭人議論，也不必操心被人評價。但是，一旦出現在人群中時，個
體就有如置身在廣大的舞台上，必須時時檢省自己，免得貽笑大方。

　　由於「假想觀衆」的建立，別人的看法也深深影響著青少年。只要是
會被人笑話的事，個體情願一輩子躲在家裡也不願意被人看到。這個現象
對身體有缺陷的個體影響尤大（Muuss，1982）。他們覺得別人的眼光老
是會停留在自己有缺陷的地方。因而，身體殘障的個體在邁入青少年期時
往往會產生憂鬱症和自卑感，深深覺得別人都在取笑自己。除了身體殘障
的人之外，晚熟的個體同樣地也會有這種感覺（Muuss，1982）。

㈡個人不朽的現象

　　個人不朽的現象是青少年時期自我中心的另一個特徵。這時的個體不
但開始注意到自己的想法，他們也開始注意到自己的思考方式。雖然，對
個體而言這是一種了不起的經驗，但是他們卻不明白這是一般人都會有的
體認。由於錯認了這種新的經驗，使得青少年認定自己思考的內容和方式
都是與衆不同的，因而產生自我中心的現象。

　　「獨特性」（uniqueness）是個人不朽現象表現的第一種方式。由於
這些想法對個體而言是新的，因此他們不認爲別人也會有，或是曾經有過
這樣的想法，反而沾沾自喜於自己想法的獨到之處。譬如說，當父母阻止
其結交男女朋友之時，個體會覺得爸爸媽媽根本不曾戀愛過。他們一定不
明白這種刻骨銘心的戀愛滋味。但是，隨之個體也會苦惱，「爲什麼只有
我有這種感覺？」「你們都沒辦法體會我的苦處！」甚而產生「根本沒人
了解我！」的感喟。這種獨特而又不爲人了解的感覺是造成青少年苦惱的
主要原因。然而，因爲日記是唯一可以發紓情感而又能保守秘密的地方，
因此青少年往往選擇日記來表露自己。許許多多怨恨與感慨都可在青少年
的日記中發現（Muuss，1982；Piaget，1967）。

　　除了「獨特性」之外，「不可毀滅性」（indestructibility）也是個

人不朽現象的表現方式之一。這種無法被毀滅的感覺深深地影響個體對事
情的判斷。青少年往往認為自己有著鉅大無比的抗爭力，使得個體可以免
於一切危難，避免遭受任何損傷。因此，在許多情況下，雖然說者言之鑿
鑿，但青少年卻依然故我，絲毫不理會他人勸告。譬如說，「吸煙有害健
康，但不會危害到我」；「雖然吸食安排他命容易上癮，但那絕對不是我
」；「無照駕車，但我永遠不會被抓」。諸如此類的想法使得青少年自以
為身穿防彈盔甲，不但與眾不同，並且刀槍不入。也因此，許多青少年容
易陷入萬劫不復的地步 (Blos，1962；Muuss，1982)。

　　除此之外，青少年的理想主義 (idealism) 也是一個常見的現象 (
Piaget，1967)。由於青少年獨特的思考方式，在思考的問題時可利用相
關的變項衍生出所有可能的假設，但也因此忽略了實際情況下可能有的限
制。尤其是面對一般政治、經濟和社會等問題時，往往提出「書生論政」
的模式，企圖以最理想的狀態來解決問題。當實際情況無法接納其構想時
，反而怨天尤人，憤世嫉俗，責怪當政者的不是。事實上，青少年時期的
理想主義也最易為有心人所撩撥而造成各種運動。

二、青少年自我中心現象的來源

㈠與形式運思能力的關係

　　自我中心 (egocentrism) 通常是指個體沒有能力分辨自己和他人之
間的關係。個體無法區隔自己的想法和其他人的想法是否相同，總認為自
己是世界的核心，世界上的其他人都和自己的想法相同 (Muuss，1982)
。早年，在哥白尼發現太陽是宇宙的中心之前，人人都以為地球是宇宙的
中心而忽視了宇宙還有其他重心。這種想法是自我中心的一個最明顯的例
子 (Muuss，1982)。

　　自我中心發展的階段論最早是由美國心理學家艾肯德所提出 (Elkind
，1967)。他認為個體在認知發展的每一個階段都會產生屬於那個階段所
特有的自我中心的現象。因此，隨著個體年齡的增加，個體會產生四種不

同型態的自我中心現象。這四種自我中心現象分別是：感覺動作期的自我中心 (sensori-motor egocentrism) ，運思前期的自我中心 (preoperational egocentrism) ，具體運思期的自我中心 (concrete operational egocentrisn) ，和青少年的自我中心 (adolescent egocentrism) 。這四種自我中心現象分別源自於當個階段的認知思考能力而到下個階段的認知思考能力生成時結束。所以，感覺動作期的自我中心乃出自感覺動作期的認知思考能力。當個體的認知思考能力到達運思前期時，感覺動作期的自我中心即告結束，而表現出運思前期的自我中心 (Elkind，1967；Muuss，1982) 。

　　青少年的自我中心也是源自於這種邏輯下的產物。個體進入形式運思期後，由於思考能力的擴張，也造成思考能力上的限制，使得個體產生另一種自我中心的現象。這個時期的自我中心基本上不同於前三個時期的自我中心。這時的個體雖然明白每個人都會有自己的想法，但是他們往往把自己關心的內容和別人關心的內容混爲一談，誤以爲自己關心的焦點也是別人注意的方向。他們以爲自己的體型、外表是別人關注的焦點，殊不知別人也只會去關心自己而不會去理會他人的體型和外表。因此，忙了半天去約會的阿黃和阿陳，見了面彼此關心的焦點都還是在自己的穿著和打扮，根本不會注意到對方。但是，隨著年齡的增加，青少年與人交往的機會增多，與人溝通交換意見的場合逐漸增加，便會發現，自己關心的焦點也許別人根本毫不在意。由是，青少年自我中心的現象乃逐漸降低。可見，雖然前三個時期自我中心現象的結束是由下一個階段的認知和思考能力的生成，但是青少年自我中心現象的降低並不是由於新的思考能力的出現。青少年自我中心現象的結束乃是由於人際溝通互動的機會增加，使得青少年發現了自己以外的其他人的眞正想法 (Elkind，1967，1985；Lapsley，1985；Lapsley & Murphy，1985；Muuss，1982) 。

　　除此之外，也有學者指出，形式運思期的思考方式與青少年自我中心現象的發生並沒有平行的對等關係 (Lapsley & Murphy，1985；Shantz，1983；Sprinthall & Collins，1989) 。他們認爲，雖然青少年自我中心的現象是青少年時期的重要特徵，個體表現出來的特殊行爲也可利用這個現象來解釋。但是，造成青少年自我中心現象生成的主要原因並不完全由

形式運作的思考能力而來。而且艾肯德的自我中心發展理論也有明顯的缺失。（Lapsley & Murphy，1985）。因此，有些學者認為個體角色取替能力的發展狀態才能更貼切地解釋青少年自我中心的現象。

㈡與角色取替能力的關係

拉斯里和莫菲（Lapsley & Murphy）等人基本上採用角色取替能力（perspective taking ability）發展的觀點來探討青少年自我中心的問題（Lapsley，1985；Lapsley & Murphy，1985）。他們認為個體自我中心現象的發展必須以一個完整的理論架構來解釋，而不能單純地套用皮亞傑的認知發展理論。這個完整的理論架構就是沙門（Selman）的角色取替能力發展的理論（Lapsley & Murphy，1985；Selman，1980）。沙門的理論我們在第十二章兒童時期的社會認知發展時曾經討論過。根據拉斯里等人的說法，青少年的自我中心現象在第三階段「相互的觀點期」（third person or mutually perspective）出現，而在第四階段「社會的觀點期」（in-depth or social perspective）結束（Lapsley ，1985；Lapsley & Murphy，1985）。

剛入相互的觀點期的個體可以站在第三個人的觀點來查看其他二個人之間的關係。譬如說，阿黃想要追小萍，但他不了解小萍，故想透過其他的途徑來了解小萍。於是乎向他人探尋小萍和其前任男友阿呆之間的關係。除此之外，他又透過小萍所在的社團來打聽小萍的點點滴滴。由是，阿黃不但思考自己的事，也思考小萍和阿呆間的事，更考量另一個與他無關的團體的事（Santrock，1990）。除了第三人的觀點外，這時的個體也會出現層層包裹式的思考方式（recursive thinking）。在這種思考方式下，個體會考量「我想我覺得……」等相關問題。因此，這時的個體本身不但是思考的主動者（active agent），個體本身也是被思索的對象（passive object）。當個體本身是思考的主動時，個體會有「我想……」等思考經驗。當個體本身是被思考的對象時，個體則產生「我想我覺得……」。這二種思考方式相互混淆時，個人則產生自我中心的現象。（Lapsley，1985；Lapsley & Murphy，1985）。當個體能完全掌握這種角色取替的能力時，自我中心的現象也消失不見。

《附欄 15-2》

幫助青少年降低自我中心的方法

雖然，青少年自我中心的現象是個體發展過程中一定會出現的現象，但是這種想法很可能會干擾他們的判斷，影響他們的生活。研究發現，少年犯罪的個體所表現的「假想觀眾」的現象顯著地高於非少年犯罪的個體（Anolik，1981）。可見在青少年時期，個體想要引起他人注意的行爲表現和少年犯罪率有顯著的正相關。同時，這類行爲的表現和父母教養的方式也有關連性（Adams，1982）。到底如何幫助青少年降低其自我中心的現象呢？以下提供二個可行的方案。

㈠角色取替能力的訓練

幫助個體站在他人的立場來考量事情通常是降低自我中心的方法。陳德勒（Chandler，1973）利用角色訓練的方式來幫助經常犯罪的青少年。她以劇本的方式將故事呈現給被訓練的個體，並要求他們檢選並扮演其中一個角色。最後個體必須用演戲的方式把劇本中人物說話的方法，感情的表現呈現出來。結果發現，這種利用「角色扮演」的方法的確可以減低個體自我中心的現象，進而影響到個體所表現的行爲。

㈡工作的經驗

除了直接訓練角色取替能力之外，早期工作經驗也是降低青少年自我中心的方法（Steinberg，Greenberger，Jacobi & Garduque，1981）。這些工作經驗包括平時上課時間的半職工（part-time job）和暑期的全職工（full-time job）。由於青少年的生活經驗較少，個體可以利用早期的工作經驗來增加人際互動的機會。在工作環境裡個體必須學習不斷地變換各種角色，以保持人際溝通的和諧。同樣地，個體也可以利用與人互動的機會了解各種不同經驗、不同背景的人對事情的看法，並考量自己的想法和他人想法之間的差別。這種變通性的角色扮演的方法的確是降低個體自我中心的有效方法。

　　實徵研究發現，個體的角色取替能力的確與個體的年齡成正相關（Bryne，1973；Lapsley & Murphy，1985；Santrock，1990；Selman，1980）。大約85%十歲左右的個體屬於第二階段自我反省的觀點期（self-reflective perspective）；57%左右的十六歲個體是屬於第三階段相互的觀點期（mutually perspective）；而所有的成年人則處於第四階段社會的觀點期（society perspective）。可見，大部分的青少年多半處於相互的觀點期這個階段。但是，研究也發現，各階段個體年齡的重疊部分頗大，每個階段涵蓋的年齡範圍也很廣（Selman，1980）。光以年齡來界定個體的角色取替能力，進而推斷自我中心的有無，似乎不足以服眾。因此，探討相互的觀點期和青少年自我中心之間因果關係的研究實屬必要。況且拉斯里等人也認為他們所提出的看法仍有待更進一步的驗證（Lapsley，1985；Lapsley & Murphy，1985）。但是，他們的看法開啟了研究的另一扇窗，也提供了學者了解社會認知發展的另一個方向。

　　雖然，形式運作的思考能力不足以解釋青少年自我中心的現象。但是，許多研究也發現，個體的認知思考能力往往是個體社會認知能力的必要條件（Lapsley，1985；Lapsley & Murphy，1985）。這個說法在探討個體道德發展時已得到學者的支持（Kohlberg，1976，1984）。有某一個階段的認知發展能力不見得就有當個階段的道德發展；但有這個階段的道德發展則一定有同一階段的認知發展。角色取替能力與認知發展能力也有同樣的相對關係（Lapsley，1985）。由此可見，個體要跳脫自我中心的現象，解決人際溝通的問題必須要有二種能力：一是個體的認知能力，二是個體的角色取替能力。二者相輔相成個體才能超越自我中心的現象，形成更圓熟的人際關係。

參考資料

王文科（民72）：認知發展理論教育──皮亞傑理論的應用。台北：五南圖書公司。

杭生譯（民76）：思維、學習與教學。台北：五洲出版社。

俞筱鈞（民71）：人類智慧的探索者——皮亞傑。台北：允晨文化實業公司。

Adams, G. & Jones, R. (1981). Imaginary audience behavior: A validation study. *Journal of early adolescence,* 1, pp.1—10.

Bart, W. M. (1972). A comparison of premise types in hypothetico-deductive thinking at the stage of formal operations. *Jouranl of psychology,* 1972. 81, 45—51.

Berzonsky, M.D. (1981). *Adolescent development.* New York: Macmil-lan Publishing Company.

Blos, P. (1962). *On adolescence: a psychoanalytic interpretation.* New York: Free Press.

Byrne, D. (1973). *The development of role taking in adolescence.* Unpublished doctoral dissertation. Harvard University Graduate School of Education.

Capon, N., & Kuhn, D. (1979). Logical reasoning in the supermarket: Adult females' use of a proportional reasoning strategy in an everyday context. *Developmantal psychology,* 15, 450—452.

Chandler, M.J. (1973). Egocentrism and antisocial behavior: The assessment and training of social perspective-taking skills. *Developmental psychology,* 9, pp.326—322.

Chase, W.C., & slmon, H. A. (1973). Perception in chess. *Cognitive psychology,* 4, 55—81.

Chi, M. T. H., Glaser, R., & Rees, E. (1982). Expertise in problem solving. In R.J. Sternberg (Ed.), *Advances in the psychology of human intelligence* (Vol.1). Hillsdale, N.J: Erlbaum.

Cole, M. & Cole, S. (1989). *The development of Children.* N.Y: Free-man & Company.

Conger, J. J. (1977). *Adolescence and youth: psychological development in a changing world (2nd ed.).* New York: Harper & Row.

Danner, F. W., & Day, C. (1977). Eliciting formal operations. *Child development,* 48, 1600—1606.

Dasen, P. R. (1977a). Are cognitive processes universal? A contribution to cross-cultural Piagetian psychology. In N.Warren (Ed.), *Studies in cross-cultural psychology (vol. 1).* London: New York: Gardner.

Dasen, P. R. (1977b). *Piagetian psychology: Cross cultural contributions.* New York: Gardner.

Dulit, E. (1972). Adolescent thinking a la Piaget: The formal stage. *Journal of youth and adolescence,* 1, 281—301.

Elkind, D. (1967). Egocentrism in adolescence. *Child development,* pp.1025—1034.

Elkind, D. (1968). Cognitive structure and adolescent experience. *Adolescence,* 2, pp.427—434.

Elkind, D. (1974). *Children and adolescents: interpretive essays on Jean Piaget (2nd ed.).* New York: Oxford University Press.

Elkind, D. (1978). *The child's reality: Three developmental themes.* Hillsdale, N.J.: Erlbaum.

Elkind, D. (1978). Understanding the young adolescent. *Adolescence,* 13, 127—134.

Elkind, D. (1985). Reply to D. Lapsley and M. Murphy's Developmental Review paper. *Developmental review,* 5, 218—226.

Enright, R., Shukla, D., & Lapsley, D. (1980). Adolescent egocentrism-sociocentrism self-consciousness. *Jouranl of youth and adolescence,* 9, pp.101—116.

Flavell, J. H., & Wohlwill, J. F. (1969). Formal and functional aspects of cognitive development. In D. Elkind and J.Flavell (Eds.). *Studies in cogntive development: Essays in honor of Jean Piaget.* New York: Oxford University Press.

Flavell, J. H. (1977). *Cognitive development.* Englewood Cliffs, NJ:

Prentice-Hall.

Flavell, J. H. (1979). Mctacognition and cognitive monitoring: A new area of psychological inquiry. *American psychologist,* 34, 906 —911.

Flavell. J. H. (1985). *Cognitive development.* Englewood, Cliffs, NJ: Prentice-Hall.

Flavell, J. H., Beach, D. R., & Chinsky, J. M. (1966). Spontaneous verbal rehearsal in a memory task as a function of age. *Child development,* 37, 283—299.

Gelman R. (1978). Cognitive Development. *Annual review of psychology,* 29, 297—332.

Goosens, L. (1984). Imaginary audience behavior as a function of age, sex, and formal operations. *International journal of behavioal development,* 1, pp.77—93.

Gray, W., & Hudson, L. (1984). Formal operations and the imaginary audience. *Developmental psychology,* 20, pp.619—627.

Horan, P. F., & Rosser, R.A. (1984). A multivariate of spatial abilities by sex. *Developmental reveiew,* 4, 387—411.

Hyde, J. S. (1981). How large are cognitive gender differences? A meta-analysis using W and D. *American psychologist,* 36, 892 —901.

Inhelder, B., & Piaget, J. (1958). *The growth of logical thinking* (A. Parsons and S. Milgram, trans.). New York: Basic Books.

Jahoda, G. (1980). Theoretical and systematic approaches in mass-cultural psychology. In H. C. Triandis & W. W. Lambert (Eds.), *Handbook of cross-cultural psychology* (*Vol.1*) Boston: Allyn and Bacon.

Keating, D. (1980). Thinking proccsses in adolescence. In. J. Adelson (Ed.), *Handbook of adolescent psychology.* New York: Wiley.

Kohlberg, L. (1976). Moral stages and moralization: The congitive-developmental approach. In J. Lickona (Ed.), *Moral development behavior: Theory, research and social issues.* New York: Holt, Rinehart & Winston.

Kholberg, L. (1984). *The psychology: The nature and validity ofmorals tages (Vol. 2).* New York: Harper & Row.

Kramer, D. A. (1983). Post-formal operations? A need for further conceptualization. *Human development,* 26, 91—105.

Labouvie-Vief. C. (1980). Beyond formal operations: Uses and limits of pure logic in life-span development. *Human development,* 23, 141—161.

Labouvie-Vief, G. (1982). Dynamic development and mature autonomy: A theoretical prologue. *Human development,* 25, 161—191.

Labouvie-Vief, G. (1986). *Modes of knowing and life-span cognition.* Paper presented at the annual meeting of the American Psychological Association. Washington, DC.

Lapsley, D. K. (1985). Elkind on egocentrism. *Developmental review,* 5, 227—236.

Lapsley, D., & Murphy, M. (1985). Another look at the theoretical assumptions of adolescent egocentrism. *Developmental review,* 5, pp.201—217.

Latour, B. (1987). *Science in action.* Cambridge: Harvard University Press.

Linn, M. C. (1983). Content, context, and process in reasoning. *Journal of early adolescence,* 3, 63—82.

Linn, M. C., & Petersen. A.C. (1985). Emergence and characterization of sex differences in spatial ability: A meta-analysis. *Child development,* 56,1479—1498.

Linn, M. C. & Pulos, S. (1983). Male-female differences in predicting displaced volume: Strategy usage, aptitude relationships, and Experience influences. *Jouranl of Educational Psychology,* 75, 86—96.

Linn, M. C., & Sweeney, S. F. (1981). Individual differences in formal thought: Role of expectations and attitudes. *Journal of educational Psychology,* 73, 274—286.

Meehan, A. M. (1984). A meta-analysis of sex differences in formal operational thought. *Child Development,* 55, 1110—1124.

Muuss, R. E. (1982). Theories of adolescence. (4th ed.) N. Y.: Random House.

Neimark, E. D. (1975). Longitudinal development of formal operations thought. *Genetic psychology monographs,* 91, 171—225.

Neimark, E. D. (1982). Adolescent thought: Transition to formal operations. In B. B. Wolman and G. Stricker (Eds.), *Handbook of developmental psychology.* Englewood Cliffs, N.J: Prentice-Hall.

Paris, S. C. & Lindauer, B. K. (1982). The development of cognitive skills during childhood. In B. B. Wolman (Ed.), *Handbook of developmental psychology.* Englewood Cliffs, NJ: Prentice-Hall.

Piaget, J. (1967). *Six psychological studies.* New York: Random House.

Piaget, J. (1970). *The child's conception of movement and speed.* New York: Ballan Books.

Riegel. K.F. (1973). Dialectic operations: The final period of cognitive development. *Human development,* 16, 371—381.

Rogoff, B., & Lave, J. (1984). *Everyday cognition.* Cambrige: Harvard University Press.

Santrock, J. W. (1990). *Adolesconce. (4th ed.).* Dubuque, IA: WCB Publishers.

Saxe, G.B. (1988). Candy selling and math learning. *Educational Researcher,* 17 (6), 14—21.

Selman. R. L. (1976). Social-cognitive understanding. In T. Lickona (Ed.), *Moral development and behavior.* New York: Holt, Ringhart and Winston.

Siegler, R. S. (1976). Three aspects of cognitive development. *Cognitive psychology,* 8, 481—520.

Siegler, R. S. (1983). Information processing approaches to development. In P. H. Mussen (Ed.), *Handbook of child psychology: History, theory and methods (Vol.1).* New York: Wiley.

Siegler, R. S. & Liebert,R. M. (1975). Acquisition of formal scientific reasoning by 10— and 13— year-olds: Designing a factorial experiment. *Developmental psychology,* 11, 401—402.

Sinnott, J. D. (1982). Post-formal reasoning: The relativistic stage. In Commons, Richards, Armon, (Eds.). *Beyond formal operations: Late adolescent and adult cognitive development.* New York: Praeger.

Smith, L. (1987). A Constructivist interpretation of fromal operations. *Human development,* 30, 341—354.

Shantz, C. (1983). Social cognition. In P. H. Mussen (Ed.), *Handbook of childpsychology, (Vol.*Ⅲ*) : Cognitive development.* N. Y: Wiley.

Sprinthall, N. A. & Collins, W. A. (1988). *Adolescent psychology: A developmental view. (2nd ed.).* N. Y: Random House.

Sroufe, L. A. & Cooper, R. C. (1988). *Child depelopment: It's nature and course.* New York: Knopf.

Steinberg, L. D., Greenberger, E., Jacobi, M., & Garduque, L. (1981). Early work experience: A partial antidote for adolescent egocentrism. *Jouranl of youth and adolescence,* 10, pp.141—

157.

Sternberg, R. J. (1986). *Intelligence applied.* San Diego: Harcourt Brace Jovanovich.

Sternberg, R. J. (1988). *The triarchic mind.* New York: Viking Penguin.

Sternberg, R. J. (1989). Introduction. In R. J. Sternberg (Ed.), · *Advances in the psychology of human intelligence* (*Vol. 5*). Hillsdale. NJ: Erlbaum.

Stone, C. A., & Day, M. C. (1978). Levels of availability of a formal operational strategy. *Child development,* 49, 1054—1065.

Stone, C. A., & Day, M. C. (1979). *Deploying formal operational skills.* Paper presented at the meeting of the Society for Research in Child Development. San Francisco.

Tschirgi, J. E. (1980). Sensible reasoning: A hypothesis about hypotheses. *Child development,* 51, 1—10.

16

青年期的人格發展與適應

第一節　青少年人格發展

當一個人進入青少年時期，不可避免的，要經歷生理上及思考上的變化。這些變化是兒童時期所沒有的，所以對青少年來說，這些變化是陌生的、不熟悉的，他必須要去適應。也就是說，他要使這些變化與過去的經驗相連接，否則會有一種不知如何是好的不安感覺。日常生活中，我們可觀察到青少年迷惘於我是誰，我要做什麼，將來我會是什麼樣的一個人？這一類不容易找到答案的問題。雖然他不斷地模倣四周突出的形象以為上述問題的答案。這就是青少年面對身心變化不知所措但在努力尋求上述問題答案的一種表現。

新心理分析學者 (neo-psychoanalysist) 艾瑞克遜 (Erikson, E.) 以為這些身心變化對青少年來說，看似危機卻是一個轉機，如果青少年能克服危機建立自我，則能成為一個統整、成熟的個體。

一、艾瑞克遜與自我認同

艾瑞克遜1902年生於德國。他一直希望做個藝術家，也就不很在乎學校的教育，因而沒有接受完整的學校教育。偶然有個機會，艾瑞克遜在維也納教一群當時在那裡接受佛洛尹德式心理分析訓練的美國人的小孩美術，由於這個機緣他進入了維也納心理分析學院（Vienna Psychoanalytic Institute）。在那兒，接受安娜‧佛洛尹德（Anna Freud）及當時一些心理分析大師的訓練。

1933年，艾瑞克遜來到美國，成為哈佛醫學院第一位兒童心理分析師。往後，他在美國有名的學院或醫院任教及任醫至今（Miller，1989）。

由於他成長的背景以及不很傳統的受教育歷程，艾瑞克遜在人事物的關心上所用的角度與學院派學者不太相同。他曾以人類文化學的研究方法去觀察印地安蘇族人與美國白人文化間的互動。他發現白人所加給印地安人的價值模式與印地安人自己的模式有很大的差距，造成印地安人有向自己文化失落卻又無法與美國文化統整的危機。

此外，艾瑞克遜也以歷史與自傳文獻探討方式研究宗教改革者馬丁路德、印度聖雄甘地等人的成長歷程來說明他逐漸形成的人格發展理論。

基本上，艾瑞克遜吸收了佛洛尹德的心理分析學說加以修改。他認為人格發展是繼續不斷的。隨著年齡的增加，生理、心理和環境都有變化，生活目標與生活方式也因而不同，適應上也必有所不同。基於此理念，艾瑞克遜將人的一生分為八個階段，每個階段都有一個危機為其主要發展任務。個體面對每個階段危機要調適要統整過去的經驗與現在所面臨的發展任務以順利往下一個階段發展（八個階段發展請見十一章）。

艾瑞克遜雖將人格發展分為八個階段，然其理論的中心是自我認同（self-identity）（Miller，1989）。艾氏相信面對每個人生階段危機時，每個人都要重新調適自我。只是自我認同的任務在青少年期顯得特別迫切。因為青少年此時所面臨的身心變化是發展上很突出的。

自我認同指的是個體的自我統合（self-synthesis）。是個體尋求內

在合一（sameness）及連續（continuity）的能力，而合一與連續的感覺要與個人所在的環境相配合（Erikson，1959，P.94）。換句話說，認同是個體在面對新環境時，能將過去經驗所連續下來的感覺，目前自己的知覺以及對未來的期望做一個統整，以能了解並接受自己和自己的團體。

艾瑞克遜會特別提出自我認同與自身的經歷是有關的。他在正式教育與非正式教育、藝術與醫學、移民身份與本族本民之間有很多的迷思與醒思。他曾說：「身爲一個移民，我面臨失去土地，失去語言，必須要重新定義自己的問題。但這一切都又以我過去的經歷及概念化的影像爲基礎，爲參照」（Evans，1967，in Miller，1989）。艾瑞克遜日後的研究如觀察印第安蘇族人與美白人的文化衝突或治療第二次世界大戰中退伍士兵都以自我認同爲分析問題的出發點。

二、七個認同問題

青少年面臨自我認同的危機可分七方面來說：

㈠前瞻性的時間觀或混淆的時間觀 (time perspective vs. time diffusion)

對時間有清楚的認識是自我認同上很重要的一件工作。有些青少年面對危機時，沒有體認到時間的改變是不能挽回的，自己必須與時俱進。爲了避開成長的壓力，有的青少年或是希望時間過去，難題也過去，或是希望時間能停止不前而以回憶過去來延擱對未來必須有的計畫與行動，造成混淆的時間觀。

㈡自我肯定或自我懷疑 (self-certainty vs. apathy)

有的青少年太看重別人對自己外表的看法，變的很自覺。有的則完全不顧別人對他的看法，造成冷漠的反應。青少年要將別人對自己的看法和自己對自己的看法統整，才能自我肯定，否則會產生自我懷疑。

(三)角色嘗試或角色固著(role experimentation vs. role fixation)

在成長過程中，青少年需要嘗試各種角色，體會不同角色所負有的任務。這些嘗試使青少年不會提早固定角色，造成面對未來各種角色缺少彈性適應能力。

(四)預期工作有成或無所事事 (anticipation of achievement vs. work paralysis)

職業選擇是青少年要面對的一個很實際的問題。青少年要能開始一個工作並將它完成以肯定自己的能力。重點不在青少年是否有能力，而在是否能堅持並肯學習以發揮潛能。許多有優異才能的青少年就因缺乏毅力而變的像是沒有能力、無所事事的人一樣。也有的青少年不願學習，無法應付任何工作，而一事無成。

(五)性別角色認同或兩性混淆(sexual identity vs. bisexual diffusion)

青少年此時要對社會所規範的性別角色有所認同，接受自己是個完全的男性或女性且有適當的性別行為表現。此外，與兩性相處要感到自在。否則他會陷於兩性混淆的危機中。

(六)服從或領導的辨認(leadership polarization vs. authority diffusion)

在民主社會中，人人有機會領導或被領導。青少年要培養在被推舉為領導者時有適當的領導行為，而在被領導時，能不盲從的服從。

(七)意識信念形成或價值混淆 (ideological polarization vs. diffusion fideal)

青少年要開始選擇人生哲學，理想或宗教信仰以為一生的內在支持。若青少年不能形成一生活信念，又對社會的價值懷疑，會造成生活沒有重心而飄搖不定 (Maier，1978) 。

三、環境與青少年認同

　　青少年在面對身心變化的危機中，要統整過去與現在的經驗，並形成
對未來確切的期盼，他不能丟掉過去，也不能不面對未來，因此，除了上
述七件認同子題要達成，他還要確定自己對團體的認同，這包括對家族、
民族、種族，宗教信仰等的認同。這些在他的過去就存在，在未來還會繼
續影響他的團體及團體價值，他不能丟棄，必須將之統整於自己的經驗中
。因此一個社會所提供給它的青少年的歷史教育會影響青少年的認同。若
社會太強調過去而不強調未來，會使青少年沒有盼望。但只強調未來，沒
有歷史教育，青少年也無法肯定自己的來源，同樣會造成認同混淆。此外
，社會安定與否，存在的價值觀念是否混淆不清也會影響青少年的認同與
統整。因為青少年要在此時確定生活理念且要與團體的目標相配合。若團
體中價值觀念紛陳，青少年不但無法認同，且產生懷疑，不利於其認同與
統整。

　　所以青少年若要對未來肯定，則必須完成對時間有前瞻性，對自己有
信心，勇於嚐試社會各種角色，對職業有興趣、性別分化、能領導也能被
領導並形成自己的生活哲學。但在青少年認同的過程中，社會所提供的認
同模式，不論是人、物、價值觀，若愈複雜則愈叫青少年混淆。這就是艾
瑞克遜理論的重點。他看重人格的發展除了本身的條件外，環境有其不可
或缺的影響力。

四、四種青少年

　　馬沙（Marcia，1966）是一個善用艾瑞克遜自我認同理論的人。他
曾發展量表來証實艾氏的理論。他認為認同有兩個要素，一是危機（cri-
sis），一是投入（commitment）。危機是一個人面對多種抉擇的時刻。
這些抉擇包括職業選擇或再考慮童年所獲得的信念等。經歷危機時都是充

滿壓力的時刻。青少年所面臨的身心成長是個危機。只是不是每個青少年
都有危機的感覺。在危機層面中可分為：(1)缺乏危機（absense of crisis
），個人未感受到有選擇目標的必要。(2)正在危機中（in crisis），個人
正努力去解決認同問題，要作抉擇。(3)通過危機（past crisis），個人已
克服危機，做了抉擇。

　　做了抉擇後，個體就要投入。投入指個人針對目標所花費的時間、精
神及毅力的程度。

　　馬沙從個人職業、宗教和政治三個領域上是否表現出危機和投入，將
青少年的自我認同分為四種類型：

㈠認同成功者(identity achiever)

　　這種青少年經歷了危機但做成了一種職業或意識信念上的選擇而後投
入。在面臨抉擇時他很認真地考慮由各方面來的意見，包括父母的意見。
最後他的決定，可能與父母的意見相合或與之相背，但都是經過他自己考
慮而決定的。至於在宗教和政治理念的選擇上，認同成功者重估他過去所
接受的與目前所面對的，統整出一個他行為的依據。這種人當面對新環境
和臨時落到身上的責任時，他不會顯得驚慌失措，因為他已有了方向。

㈡尚在尋求者(moratorium)

　　這種青少年正在危機中但尚未投入，因為他還在抉擇的過程中，希望
能在父母的期許，社會的要求、個人的能力中找出一個方向來。他有時顯
得徬徨，是因他不能決定那對他來說有吸引力的職業或是意識信念與父母
、社會及個人的考慮間如何取得平衡。

㈢提早成熟者(foreclosure)

　　這種青少年沒有經歷危機但有投入。他以別人所期望於他的為他投入
的方向。例如父母安排他接管家裡的事業，他就接手，未曾考慮是否合乎
他的能力，是否能配合社會的需求。在宗教和政治信念上，他也接受父母
親的信仰及政治偏好。這種人，在性格上較嚴謹。因為他接受權威也依賴
權威，對於權威，他不敢置疑。因此他雖投入，一旦碰到與他父母信念不

同的情境時，他會覺得倍受威脅。不知如何去面對。因爲他從來沒有面對抉擇思考過。他從來接受別人幫他安排好的抉擇。

㈣**認同失敗者**(identity diffusion)

　　這種青少年可能經歷了危機也可能沒有，但無論如何他都沒有投入。與尚在尋求者不一樣的地方是，他對抉擇沒有興趣，他似乎對職業選擇漠不關心，對價值信念形成更是不在乎，即使面對危機，他或是放棄抉擇的機會或是選擇目前對他來說有利的，但他不會爲所選擇的投入。一旦有另一件事情吸引他，如多一天的休假福利，他就換工作。這種青少年似乎常常在嚐試新東西，因他受不了每天固定的或重覆的工作。

　　馬沙（1966）曾以訪談及句子完成的方式將八十六位男性大學生分成認同成功者、尚在尋求者和提早成熟者三組，而後給他們概念獲得測驗（Concept Attainment Task, CAT)。這個測驗是請受試以問題來猜出主試卡片上的圖案。受試每問一個問題可得五分，每猜一次得十分。在沒有猜到圖案前，每過三十秒再得五分。分數愈高表示受試的表現愈不好。主試者爲了增加CAT的壓力，告訴受試 CAT的結果與個人的聰明才智及在大學中的表現有關。此外，在測驗過程中，有的受試會受格外壓力。主試會故意走過去看受試表現，並給負面回饋，如「你比別人看起來較少自信」「你似乎覺得自己很成熟，但與別人比起來，你並不比較成熟」。

　　三組青少年做CAT的結果是認同成功者在壓力下比其他兩組表現的好，雖有負面的回饋，他仍不受影響有水準程度的表現。至於尚在尋求者在壓力下，表現較認同成功者差。在一般狀況下，其表現與認同成功者一樣好。最差的是提早成熟者。一有壓力，他們表現失常，甚至拒絕繼續參與研究。

　　由上述資料我們看到提早成熟者，放棄危機中的抉擇，以權威的判斷爲依歸是一件很危險的事。因他不知如何去面臨困難。他們對自己的期望由於沒有經過統整是不實際的，在面臨挑戰時，他不知修改不切實際的期望，反而造成對自尊的傷害，是發展上的一個悲劇。

　　在我們社會中，提早成熟型的青年人不少。他們接受父母的建議考大

學、找工作，選結婚對象。由外人來看，他們很早定向，但若沒有經過抉擇，這些投入都不能遇到挫折，否則他們很可能放棄投入。這種例子在我們四周不少的原因是我的父母視子女爲己出，常將自己的期望加在子女身上，就如本地多數青少年都感受到父母對他們的期望過高（省社會處，民72年）。子女通常也都接受父母的建議，因此很容易成爲提早成熟者，以父母的期望爲期望，以父母的價值觀爲價值觀。青少年時，他們或許顯得老沉持重，有方向，但因未經危機，未曾爲自己的投入仔細思考過，因此他們沒有能力面對壓力，特別是當父母的庇護離開時，這些青少年即使已爲成人也常會不知所措，因他從來是爲別人而活的。

國內江南發（民國71年）曾改編康斯坦弟諾（Constantinole，1969）的《Inventory of Personality Development》爲「自我發展量表」來看國內青少年在艾瑞克遜理論上的發展情形。這份量表包括艾瑞克遜前五個階段。每個階段有五題屬積極性解決方法及五題屬消極性解決方法（resolution）。答題者在量表中有三個分數：一爲統整解決指數爲積極性解決的分數相加，一爲統整混淆指數爲消極性解決的分數總合，第三爲自我發展總分爲上述兩項分數的總合（題目請見表 16-1）。結果發現：統整解決分數愈高者在自我概念分數及高登人格量表上的分數也愈高，而統整混淆分數則與上述兩種測驗成負的顯著相關。顯然自我發展好的青少年，自我概念好，而其在團體中的也較主動、自信、堅持己意，對工作鍥而不捨，情緒穩定（高登人格量表中的項目），這與前述艾瑞克遜理論是吻合的。

江南發還曾比較犯罪青少年與一般青少年在自我發展量表上分數的差異。結果發現不論男女，犯罪青少年在統整混淆分數上都顯著地高於一般男女青少年，雖然在統整解決分數上一般青少年比犯罪青少年沒有較高的趨勢。很明顯地犯罪青少年比一般青少年以消極及反社會的方式來尋求認同（江南發，民國71年），而導致犯罪行爲的產生。

表 16-1　自我發展量表題目

統整解決	統整混淆
我一向充滿著信心和毅力。	我常為了討好別人，而不得不掩飾或偽裝自己的感情。
我的行為表現一向都自然而誠懇。	我常喜歡同時從事多種活動，以致沒有一件事情能夠做好。
我是個內心寧靜、情緒穩定的人。	我雖內心不安，但仍會努力表現得若無其事的樣子。
我了解自己的能力，也知道自己的目標。	我一向弄不清楚自己心裏真正的感受。
我對於自己的個性及人生觀引以自豪。	我做事常敷衍了事，無法專注。

(摘自江南發，民71年)

第二節　青少年的認知能力與認同

　　當兒童進入青少年時除了生理上的變化外，思考上的成熟也是一大改變。根據皮亞傑的理論（請見第十五章），青少年認知上進入形式運思期。形式運思期的特徵是：

　　(1)「可能性」的思考

　　(2)「假設性」的思考

　　(3)「前瞻性」的思考

　　(4)「思考性」的思考，包括後設認知、內省及角色取替的思考

　　(5)「超越成規性」的思考

　　這些思考上的能力對一個需要自我認同與統整的青少年來說是很重要

的。前面提過，青少年此時面對許多的選擇，有職業上的、宗敎的、政治上的，更重要的是他是否能統整過去的我、現在的我及未來的我。若他能做「可能性」的思考，當他面臨各種選擇時，他能逐一考慮而不會有瞻前不顧後的窘境。在做抉擇時，有許多選擇青少年只是由外界得到資訊，並沒有實際的經驗，因此他必須能以假設性的思考來預期這些選擇可能會有的結果。因能假假，青少年也就能對自己、社會、家庭、學校形成理想。這些理想也是他抉擇與投入時的參考依據。而在整個選擇、抉擇、投入的過程中若沒有內省，這一切都顯得虛浮。認同失敗者，他可能有所選擇，但少去內省的過程，不清楚這樣的選擇對自己和對環境的影響，而顯得隨便或不實際。

因此當青少年面對自我認同抉擇時，他的運思能力能協助他思考以選擇。例如當青少年面對自己是誰的問題時，因著有思考各種可能性的能力，他可以參考外界對他不同的回饋及評價，他也可以參考自己對自己的評價，他更可以假設自己或許有某種潛能而加以嘗試驗證。這假設中包括他對理想自我的建立，但這理想必須符合實際否則空有理想。又例如面對職業選擇時，外界提供的資訊很多，青少年必須分析自己的能力、興趣，給自己機會去嘗試卻不冒然投入，等驗證後找到方向才投入。因此青少年若沒有形式運思能力幾乎不可能面對認同的工作。

江南發（民71年）分別給一般青少年及犯罪青少年自我發展量表及可測出形式運思能力的邏輯推理測驗。

研究結果指出，統整解決分數與形式運思分數成正相關但在統計上不顯著。而統整混淆分數與形式運思分數成顯著負相關。換句話說形式運思分數愈低，統整混淆分數愈高。江氏的結果證實了形式運思能力與自我統整發展是有關係的。犯罪青少年自我發展上消極性成分遠比一般高中、高職青少年高，這是因他們的思考能力不成熟。如吳澄波、余德慧（民67年）曾發現虞犯青少年較以直覺作判斷，缺乏有系統解決事情的能力。

林正文（民76年）研究暴力少年犯的人格特質發現非暴力組比暴力組具有思考內向性的人格特質，也就是他們對事情較能三思而後行。暴力組則屬思考外向型，思考不精、粗心大意，對事情只是籠統地想一下就決定了。這些研究都說明了在面臨自我統整的抉擇時，虞犯青少年或暴力犯青

少年因思考上不成熟只能以消極的方法來應變了。

第三節　青少年適應問題

　　前面提到青少年正值生理與心理上轉變邁向成熟期。這些變化都是他們過去所未曾經歷過的，因此在適應上是會造成一些困擾，例如青春期少女接受生理的變化，認為「月經是成熟的象徵」但同時也覺得「月經是干擾生活的事」（黃琪瑜，民75年）。這種認知上的差距造成他們一方面盼望「好朋友」來臨，另一方面又不希望它帶來麻煩的矛盾。這樣的矛盾在青少年適應中隨時可見。最明顯的是表現在他們想獨立於父母又不能不依賴父母的矛盾上。有了矛盾，生活適應上自然有困擾。

　　王瑞仁（民73年）及蔡敏光（民74年）分別以自編的問卷來調查國中與高中青少年生活上的適應問題。他們所設計的問題包括身體的健康、經濟與生活、社交與娛樂、異性的愛情、人我的關係、自我的認識、家人的關係、升學與就業等等。下面將以這兩個研究為根據來看青少年對自己、對人際、對環境的適應問題。

一、青少年看自己

㈠健康生活

　　四分之一以上高中男生，有健康方面的困擾如近視、眼睛常常不舒服及運動不夠等。高中女生又多一項體重過重的困擾（蔡敏光，民74年）。困擾四分之一以上國中男生的問題有：視力問題、睡眠不足、挑食、長得太高或太矮　三餐不能定時定量及長得太胖或太瘦。國中女生又多三項：對自己相貌、膚色不滿意、笨手笨腳及常常頭痛（王瑞仁，民

73年）。

　　進入青少年時期最明顯的變化應屬生理上的變化。今天多數高中、國中青少年所困擾的生理問題事實上與生理變化本身有直接關連者少，多數是因其他困擾而彰顯在健康或生理方面上，如視力問題，運動不夠、睡眠不足等。

　　這些問題產生的主因是升學壓力。在升學競爭下，學生不得不犧牲休閒，甚至犧牲正常規律的生活。另一個原因是青少年進入了形式運思期，會對自己做多層面的各種考慮。過去他可能也是個胖小子，但到了青少年期他有能力從別人的標準來思考自己，更感到胖的不便與不美觀。又如國中青少年擔心「吃東西總是挑著吃」。過去他也挑食，但只怕父母嘮叨他挑食，現在他自己卻擔心挑食，因他知道營養均衡的重要，只是抵不過口腹的需求，而形成這麼一個矛盾與困擾。作者無意淡化青少年生理上的困擾，只是提醒生理上的困擾可能是外表現象。成人需多注意造成的主因才能協助他們解決困擾。

㈡個人心理問題

　　困擾四分之一以上高中男生的個人與心理問題有：注意力不集中、對某些事情不夠認真、粗心大意、唯恐發生錯誤。高中女生則再加上很容易受感動流淚、多愁善感、缺乏自信、情緒不穩定等（蔡敏光，民74年）。

　　困擾四分之一以上國中男女學生的問題有：自己有時候不誠實；會胡思亂想；粗心；不能有效利用時間；忘不了曾經做過的某些錯誤；缺乏自信、猶豫不決；易激動、發脾氣；碰到困難時，不知怎麼辦才好；擔心會失敗；記憶力差；對將來感到恐懼（王瑞仁，民73年）。

　　由高中及國生學生的個人心理問題看來，我們可以了解到他們是一群感覺敏銳、對自己信心不足，對未來又沒什麼把握的年青人。

　　這正說明了青少年面對轉變而起的心理不調適現象。他們回想過去，發現所面臨的問題用過去的經驗，不足以解決，又看到自己的問題如「不夠認真」、「粗心」、「不能有效運用時間」等，更叫「他們不知如何面對無法預知的未來」。所以艾瑞克遜認為青少年期最重要的發展任務是認同，把過去、現在、未來的自我統整好，找到方向與目標。

二、青少年與家庭

㈠家庭生活

　　根據台灣省政府社會處的調查（民72年），青少年認為家中最大的問題是父母對自己的期望過高。蔡敏光（民74年）調查多數高中學生的家庭困擾項目分別是，擔心父母為我犧牲太多、父母愛嘮叨、父母和我的思想不能溝通、父母對我期望太高，與家人談話時間太少及父母不瞭解我。

　　至於國中生認為在家中最大的困擾為「我在家裡沒有一個可談心事的人」（王瑞仁，民73年）。很清楚的，青少年在找談話的對象。很多父母認為青少年不會要跟他們談話，但由上述兩項結果看來，青少年雖感受到雙方「不能溝通」但仍希望家中有人可以跟他們談話，了解他們。這也是一個矛盾。

　　青少年與成人包括父母及老師間常有不能溝通的困擾。在《心聲愛意傳親情》一書中，編者張春興（民71年）列舉許多父母與子女間的溝通問題，例如「爸媽！請您真正了解我，而不要猜我正在想什麼」（25頁）；「我希望我的女兒不要以為我不關心她，我只是不善於表達」（33頁）。

　　青少年與成人之間是不是有代溝？張春興（民69年）及曹國雄（民70年）的研究可能可以告訴我們一些訊息。

　　張春興根據大學生的意見設計十個價值主題：教育、家庭、婚姻、職業、服裝、交友、宗教、錢財、法律、戰爭。其中每項各有五個題目，共五十題；問國中生一至三年級每年級男女生、高中生一至三年級每年級男女生各四十人，大學生一至四年級每年級男女生各二十人，共640人。同樣問卷又問四十歲以上的中年人，半數為上述學生的父母，半數為中學老師，共七十四人。問卷請當事人按自己的意見選是否同意某價值觀，另一方面以想像猜測父母、老師（或子女）對同一問題可能的態度。結果可由兩方面來看：兩代自判的差距及兩代互猜的差距，若自判間真有差距才算是兩代間有「代溝」存在。

表 16-2　兩代自判差距題

重要事項　　　　　　　　兩代	父母	青少年
父母輩知識觀念落伍	反對	同意(國中、高中男)
父母有權干涉子女宗教信仰問題	同意	反對(高中男女)
上大學會被人輕視	反對	同意(高中男)
男孩子不應該蓄長髮留鬍鬚	同意	反對(高中、大學男)
墮胎合法化	同意	反對(國中男女)

(摘自張春興，民69年)

　　研究的結果指出，在五十題中只有五題十四個差距顯示兩代自判態度彼此對立，他們分別如表16-2所列。在600個差距中〔父母(2)×高中、初中、大學(3)×男女(2)×50題〕，只佔千分之二十三。

　　兩代互猜的差距在五十題中有十二題，這些題目分屬於教育、家庭、婚姻、職業、服裝、金錢等六方面，共九十六個差距。

　　由此可見代溝是成人與青少年互相猜測所造成的差異。張先生稱之為「假代溝」，是代間溝通不好所致。雙方各自以為了解對方，可猜對對方的想法，只是研究結果顯示事實並非如此。

　　曹國雄調查高中、高職生在十五個問題上他和父母，他和同伴在看法上的差異。這十五個問題分別是：(1)學業，(2)交朋友，(3)零用錢的使用，(4)服裝，(5)髮型，(6)吸煙，(7)喝酒，(8)婚前性行為，(9)管教問題，(10)電視節目，(11)宗教信仰，(12)音樂，(13)大學教育，(14)人生觀，(15)政治問題等。填答的方法分為自己與父母，自己與同伴的看法(1)完全不相同，(2)稍為不相同，(3)幾分相同，(4)很相同，(5)完全相同。另外作者又請青少年填了一份「對父母態度量表」，在此量表上得高分者表示青少年認為父母不了解他、不接受他，低分表示青少年認為父母了解他、接受他。接受調查的青少年共有2557人，男1439人，女1118人，全是高中、高職學生。

　　研究結果顯示青少年與父母的觀點較相近的價值項目有零用錢的使用和宗教信仰兩項。與同伴觀點較相近，也就是較傾向同伴的價值項目有：

學業、交朋友、服裝、髮型、電視節目、音樂、大學教育及政治問題等項目。這些項目價值觀多數是較有「時尚」的價值觀，也就是隨時代觀點變遷的。青少年容易受傳播、時髦、流行的影響，因此在這些項目上自然取與其同伴相似的觀點。

若由青少年對父母的態度來看他們與父母價值看法的異同發現：對父母態度較佳者與父母在宗教信仰、零用錢的使用、吸煙、喝酒、婚前性行為、管教問題、人生觀等七項上較相似。對父母態度不佳者只在宗教信仰一項上與父母看法相近。這結果顯示與父母關係愈好，愈能接受父母的價值觀。反之，則反。

張、曹的研究皆指出一個問題，青少年與父母的看法相近與否，也就是代溝問題存在與否是看青少年與父母的關係如何。與父母的關係好或壞是要建立在雙方的溝通上。雙方有好的溝通，彼此較能互相了解，就有好的關係，雙方對價值的看法也就接近，沒有所謂的代溝存在。雙方沒有好的溝通，只能自以為了解對方地來猜測對方的意思，可能全然猜錯，造成更多的磨擦與衝突。

(二)經濟生活

高中生在經濟生活方面最大的困擾在「想自己賺點錢」及「必需向父母要錢」（蔡敏光，民74年）。這裡所透露的訊息是「他們想獨立」，而獨立的表現就是不必再向父母要錢。但事實上，他們自己也很困擾，特別是在學學生，還沒有工作，所有花費都必須向父母伸手，一方面不得不依賴，一方面又想獨立。對青少年來說，在伸手要錢花的時候，矛盾之情濃的化不開。有的青少年會認為父母以此控制他，表現父母權威手段。因此每次要錢就免不了會有衝突，尤其當他們看到同儕有比較容易給錢的父母或是能打工賺錢，更覺得自己的依賴及父母的不夠大方。

事實上青少年時期零用金的取得與支出是他們學習經濟生活的最佳途徑。若能借著零用金的使用使青少年學到計畫與節約是上上策。此外，在愈來愈開放的社會中，青少年有許多打工的機會如在速食店或餐廳，百貨公司做臨時工、或是為公司行號分送海報。為自己賺取一些零用金，除叫自己感覺得獨立外，也可因工作而學得一些社會應對技能。

三、青少年與學校

㈠學業生活

在高中及國中學生的困擾中以學業的困擾項目爲最多,且困擾的百分比最高,有百分之四十到五十的青少年都爲學業所苦。它是最困擾青少年的問題 (社會處,民72年)。它左右了青少年的喜、怒、哀與樂 (蘇建文,民70年)。學業的成功似乎代表整個人的成功,而學業的失敗則代表整個

表 16-3　高中生課業與學習的困擾問題

項　　　　　　　目	全　體 百分比	男　生 百分比	序列	女　生 百分比	序列
沒有養成良好的讀書習慣	40.12	42.72	1	37.52	1
對某些課程不感興趣	36.11	35.32	2	36.91	2
用在自修上的時間不夠	31.54	31.46	4	31.63	3
在班上討論時,不敢任意發言	30.95	31.59	3	30.31	6
不知如何增進學習效率	30.13	29.72	7	30.55	4
擔心學業成績	29.52	28.60	9	30.45	5
學業不能達到預定的目標	29.10	28.79	8	29.42	8
寫作能力不夠	28.73	28.05	10	29.42	7
讀書方法不得要領	28.27	30.28	6	26.26	9
對英文感覺困難	27.89	30.41	5	25.64	10
對數學感覺困難	26.48	27.92	11	25.03	12
不能專心學習	25.74	26.92	12	24.56	14
擔心考試	25.70	26.55	13	24.84	13
不善以語文表達自己意見	25.45	25.49	14	25.41	11

(摘自蔡敏光,民74年)

人的失敗。

　　蔡敏光（民74年）列出困擾四分之一以上高中學生的課業與學習的困擾（請見表16-3），其中以沒有良好的讀書習慣爲榜首，叫百分之四十左右的高中學生煩惱。

　　至於國中生在課業與學習上的困擾共有十項（見表16-4），其中困擾半數以上國中生的有：我常立志用功讀書，但不能有恆；我爲數學而苦惱；我覺得升學競爭的壓力很重。這些壓力對男女生來說皆同，只是男生多兩項困擾，是女生沒有的：我對於學校的功課不感興趣及我在上課時心裡悶煩、坐立不安（王瑞仁，民73年）。

　　台大兒童心理衛生中心（民67年）曾報告國民中學裡請病假學生中有四分之一未作任何生病的處理。請事假學生中，理由充足者只佔23.08%。換句話說，這些孩子不是眞的有病或有事而請假。而缺席愈多者，學業成績偏低，雖他們的學習潛能（以瑞文氏智力測驗測得的分數）並不比不缺席者差。

表 16-4　國中生課業與學習的困擾問題

項　　　　　　　　　　　　　　目	百分比	序列
我由於分心的事太多，而無法專心向學。	35.19	8
我讀書常不能抓住重點。	36.35	7
我害怕功課不及格。	45.19	5
我害怕考試。	33.46	9
我常立志用功讀書，但不能有恒。	57.69	1
我對於一部份教師的教學法不滿意。	30.58	10
我爲數學而苦惱。	53.65	2
我爲英語而苦惱。	46.35	4
我爲物理、化學而苦惱。	42.31	6
我覺得升學競爭的壓力很重。	50.58	3

（摘自王瑞仁，民73年）

顯然，學業所帶來的壓力會叫孩子想脫離學校與學業，甚至有的孩子會得身心症。但愈逃避的學生，學業表現就可能愈差，愈差就愈想脫離學校，形成一個惡性循環。

目前國民中學仍有前、後段班級的存在。研究指出前後段學生對學業的困擾項目類似，但嚴重性卻不相同（表16-5）。前後段班學生都覺得「常立志讀書，但不能有恒」，但前段班困擾人數明顯比後段班學生多。後段班害怕不及格，為英、數困擾的人數則比前段班人數多。很明顯的兩組學生都深感學業壓力但因環境期許不同，所感受不同困擾的程度就不同。由表16-5中我們可看出一個趨勢，那就是：前段班的困擾在競爭所造成的壓力。至於後段班已知升學無望，因此沒有學業競爭的壓力卻變得自卑及不知為什麼要唸書。他們不能體會透過學習，個人知識能有所增長。事實

表16-5　國中前後段學生學業困擾問題之比較

項　　目　　內　　容	前段%	後段%	Z　值
我對於學校的功課不感興趣。	13.85	27.69	-3.89*
我對讀書常不能抓住重點。	30.77	41.92	-2.64*
我覺得課本太深，不易瞭解。	6.54	18.85	-4.22*
我害怕功課不及格。	37.69	52.69	-3.44*
我讀國中只想得到畢業證書，沒有什麼目標。	1.15	15.38	-5.89*
我的學業成績很差，非常自卑。	12.31	25.38	-3.81*
我為數學而苦惱。	45.38	61.92	-3.78*
我為英語而苦惱。	32.31	60.38	-6.42*
我覺得功課負擔太重，作業太多。	26.54	15.38	3.12*
我常立志用功讀書，但不能有恒。	70.77	44.62	6.04*
我覺得同學間競爭激烈，精神負擔太重。	25.77	17.31	2.35*
我為物理、化學而苦惱。	52.31	32.31	4.62*
我覺得升學競爭的壓力很重。	61.54	39.62	5.00*

＊相差達統計上顯著差異　　　　　　　　　　　　（摘自王瑞仁，民73年）

上他們也沒什麼增長，因爲或是預期自己不能學或是老師預期他們不能敎，更重要的是大家都認爲所學無所用，因此都自暴自棄了。

㈡升學與就業

對不升學的國中學生來說，讀國中只爲了畢業證書，拿到以後做什麼實在沒有把握（見前一節）。對高中學生來說就業與升學的問題就比較迫切，但更是沒什麼把握了（表16-6）。

表16-6　高中生升學與就業的困擾

項　　　　　　　　　目	全　體 百分比	男　生 百分比	序列	女　生 百分比	序列
不知能否得到一份我所嚮往的職業	34.73	34.04	1	35.45	1
擔心自己考不上大專學校	26.67	27.92	2	25.41	3
不了解自己眞正的性向或興趣	25.90	25.12	4	26.68	2
想知道自己的職業能力	25.73	26.43	3	25.03	5
關於畢業後要做什麼需要別人指導	23.43	21.64	7	25.22	4
對於各種職業想多了解一些	23.31	24.56	5	22.06	7
不了解自己眞正的需要是什麼	21.49	20.46	10	22.53	6
希望自己安排前途而不受干涉	20.83	22.57	6	19.09	10
不了解各大專學校的情況	21.72	21.57	8	21.87	8
感覺前途茫茫	19.65	20.95	9	18.34	11
不知如何去尋覓一份工作	19.29	18.09	11	20.50	9

根據台灣省社會處的調查（民72年）青少年時職業選業的偏好如表16-7所列。

表 16-7　靑少年職業選擇的偏好

職業 百分比 學歷	科學家	企業家	藝術家	醫師	律師	建築師	教授	其他
國　　中	14.06	16.53	25.30	8.60	2.88	5.93	4.35	22.30
高職中	13.15	28.31	20.13	4.40	2.20	7.11	5.78	18.87
專　　科	15.75	30.30	17.57	3.63	1.81	6.66	9.69	14.54
大　　學	22.64	26.41	13.20	5.66	3.77	3.77	11.32	13.20
總　　計	13.87	22.20	22.25	6.90	2.47	6.25	5.35	20.40

（摘自台灣省社會處，民72年）

　　雖然社會處的調查可能因提供可選擇的職業項目太少而造成選「其他」及「藝術家」這兩項定義較不清的人數多。但從學歷的不同所選擇的職業趨向不同上我們可看出教育程度愈高，靑少年愈能具體指出自己最喜歡的職業，而且在選擇職業時會考慮將來發展的潛力（見表16-8）。

表 16-8　靑少年選擇職業時所考慮的因素

人數 百分比 學歷	待遇多少	職位高低	職業聲望	個人的專長和興趣	將來發展的潛力	其　他
國　　中	3.77	1.78	2.20	82.93	8.55	0.73
高(職)中	3.46	1.00	1.63	80.86	12.02	1.00
專　　科	1.81	0.00	2.42	79.39	16.36	0.00
大　　學	0.00	0.00	1.83	62.26	32.07	3.77
總　　計	3.85	1.55	2・12	81.10	10.50	0.87

（摘自台灣省社會處，72年）

　　由社會處的資料我們還可以看到青少年在選擇職業時還會受其他因素的影響，例如男生選做科學家（18.85％）比女生（7.81％）多。女生選做教授（8.48％）比男生（2.77％）多。台北市青少年選做藝術家（22.95％）比高雄市多（0.00％），高雄市選做醫師的（16.66％）比台北市（7.09％）多。父母親從事教職者，子女選做教授的百比分比其他行業多。

　　從高中學生升學與就業困擾中我們不難看出今天學校在就業輔導工作上必須加強。學生不知道自己能做什麼，也不知道是否找的到工作。更進一步說，他們沒有把握在學校所學的將來能適當的用在工作上，因此感到前途茫茫。

四、青少年與同儕

　　青少年生活上最感需要的是友誼的慰藉（省社會處，民72年）。隨著年齡的增加，他們生活的重心也漸由父母移向同儕。雖然說在較重大事項上他們的看法仍與父母親相近，如升學問題、道德問題。在許多價值判斷上，如時尚、髮型、服飾、交友、人際問題，他們會較順服同儕的意見而不是父母的意見（王柏壽，民73年；曹國雄，民70年）

　　由於與同儕接近，在人際處理上自然也產生一些困擾。困擾四分之一以上高中學生的同儕人際問題有：討厭某一類人；想更得人緣；期望有一個更愉快的人格；口才比不上別人；擔心別人對自己的印象；缺乏領導能力等（蔡敏光，民74年）。國中生的困擾則有：很想遠離自己所不喜歡人；缺乏領導才能；會害羞；在社交場合很不自在；及和朋友交談時不知道要說什麼（王瑞仁，民73年）。

　　至於與異性的交往，高中男女學生所擔心的事項不太一樣，其中男生的困擾多於女生的困擾（表16-9）。至於國中學生與異性交往最大的困擾是「我和異性朋友在一起很不自然」（28‧27％）。對高中學生來說與異性交往是一個勝於「怎麼交往」的問題。一如他們的人際困擾，高中學生除想知道什麼是有效的交友技巧外，他們尋求的是知己及合適的終身伴侶。這是青年的第四個大夢（吳靜吉，民67年）。顯然對高中學生交友（包

括異性朋友在內）的輔導不能只有交友技巧的輔導，還應包括他對自己交友的理想、對自的己期望等價值的澄淸在內。

表 16-9　高中學生異性困擾問題

項　　　　　　　　　　　目	全　體 百分比	男　生 百分比	序列	女　生 百分比	序列
不知道將來能否找到一位合適的異 　性對象	24.45	26.37	3	22.53	1
與異性交往太少	23.63	29.10	1	18.15	4
不會主動結交異性朋友	22.73	26.31	4	19.14	3
與異性來往感覺不自然	22.03	22.74	8	21.31	2
不能決定誰爲固定異性對象	22.03	28.92	2	5.46	8
想知道結交異性朋友的方法	——	24.63	5	12.72	6
與異性會談不知道如何取悅對方	——	24.44	6	10.37	7
難以了解異性的心理	——	24.32	7	15.60	5

（摘自蔡敏光，民74年）

　　由靑少年的適應問題看來，我們更肯定他們在經歷變動中要調適自己。而在調適中，有許多的矛盾存在。有矛盾表示靑少年知道有問題要面對，但或是不知如何去面對或是不願認眞去面對如上面研究資料所顯示。而在矛盾中的掙扎與衝突，表現在行爲與情緒上自然顯得不穩。霍爾（Hall，S.）稱之爲狂飆（storm and stress），是靑少年期現象的描述。造成這現象的主因是身心的變化。艾瑞克遜以這些變化爲危機——現在所面對的與過去的不連續，因此靑少年必須從事認同——把過去、現在、未來統整後，不論是事業，意識信念或對自己認同且肯投入，才算是健康的靑少年。而在抉擇與投入的過程中，進入形式運思期的靑少年在認知運作上更寬廣、更能面對這樣的危機。如何協助靑少年善用形式運思能力來面對自我認同問題是關心靑少年發展的人士要努力的方向。

參考資料

王柏壽（民73）：父母與同儕對青少年作決定的影響之比較研究，師大教育研究所碩士論文。

王瑞仁（民73）：國民中學學生生活調適問題之研究，師大教育研究所碩士論文。

江南發（民71）：青少年自我統整與形式運思能力關係之研究，高雄師範院教育研究所碩士論文。

林正文（民76）：暴力少年犯的人格特質，理論分析與實證研究。台北五南圖書。

吳澄波、余德慧（民67）：虞犯青少年輔導工作之檢討與改進，載中央研究院民族研究所主編：社會變遷中青少年問題研討會論文專集。台北：中研究。

吳靜吉（民69）：青年的四個大夢，台北：遠流。

曹國雄（民70）：高中高職生的代溝，中華心理學刊23（1）：9—16。

黃琪瑜（民75）：青少女的月經態度及其有關因素之探討，政大心理研究所碩士論文。

張春興（民69）：從重要事項的價值取向分析我國現在社會中的代間差距問題，師大教育心理學報，13：1—12。

張春興（民71）：心聲愛意傳親情，台北：桂冠。

蔡敏光（民74）：高中生行為適應問題之研究，師大教育研究所碩士論文。

蘇建文（民70）：兒童及青少年基本情緒之縱貫研究，14：79-102頁。

臺大兒童心理衛生中心（民67）：國民中小學學生缺席的臨床流行病學及家庭訪視對改善缺席情形的功效，社會變遷中青少年問題研討會論文專集，台北：中研院民族研究所。

臺灣省社會處（民72）：台灣省青少年生活狀況調查報告第四期，中興新村：台灣省社會處。

Erikson, E (1959，1980). *Identity and the life cycle,* New York: W. W. Norton & Company.

Maier, H. (1978). *Theories of child development.* NY: Harper and Row. Marcia, J (1966). Development and Validation of ego-identity status, *Journal of personality and social psychology,* (3) 5：551—558.

Miller, P (1989). *Theories of developmental psychology,* New York: W.H. Freeman.

17

成人發展的轉變：
由早成人期到中年期

　　我們的社會並沒有什麼儀式或典禮來明示一個人從靑年期到成人期（adulthood），也沒有規定人們到了那一個年齡就是成人了。因此只是專斷地定義早成人期（early adulthood）爲十八歲至四十歲，以高中畢業作爲進入成人期的標誌；我們又常說四十歲以後，各方面的發展都將邁向最高峯，因此中年（middle　adulthood）是一生中的統領時代（command generation）、全盛時期（prime times），所以，四十歲就成爲中年的開始；至於老年（late adulthood）則以退修年齡，或六十歲以後爲依據，如此看來，成人期由於持續的時間很長，且各時期在身心方面的特徵有很大的差異，本章僅就早成人期及中年期加以描述，十九章將專門探討老年期的發展。

第一節　年齡與發展

一、兒童期、青年期與成人期發展的差異

　　在了解兒童期與青年期的發展上，知道一個人的年齡是很重要的，如一個六歲的兒童，我們知道他的身體與動作的發展已能夠握住一枝鉛筆，而注意一行印刷的字，開啓了他讀與寫的世界；他也能夠藉助於具體的事物來從事推理與邏輯思考；他的社會關係除了家庭成員外，還有老師與同學以及其他小朋友，在與這些人的互動中，發展了他的合作與競爭、分享與同情等行爲，也同時學習了團體的規則。一個十二、三歲的青少年，我們知道他正處於生理的劇變時期，由於主性與副性特徵的發展，使此時期的青少年身體生長快速；而他的認知發展已能超越具體的事物，根據形式邏輯的法則來思考；在人格發展上，個人也會對自己的能力志趣、心理特徵、價值系統、性別角色以及其他社會角色作清晰的認知，以獲得自我認定；社會行爲也由於青年團體的影響，由依賴而漸趨獨立。這都說明了知道一個兒童或青年的年齡，便可知道其身心發展的梗概。

　　在了解成人期的發展上，一個人的年齡却不是個很好的指標（參閱本節第二小節）。傳統的發展理論對發展的看法可歸爲兩個主要的類型，其一認爲發展是穩定的，是基於觀察行爲的恒定而來，如人的行爲在最初幾年就已決定了，因此而有早期的發展是後期發展的基礎之說；其二認爲發展是有順序的改變，是基於行爲隨時間作有系統與可靠方面的改變，發展的階段論 (stage theory) 就是此類型的代表。兩者在描述早期行爲是適當的，因爲兒童期與青年期的發展是比較穩定，且隨年齡作有系統與順序的改變；然而，以這種穩定與系統的改變的觀點來敍述成人期的發展，就

不太適當了。我們知道成人的發展受社會與歷史事件的影響更甚於年齡與
生理的改變，傑根（Gergen, K.L., 1980）認為成人的發展型態是多變的
，非穩定的，生命的發展途徑是受社會歷史因素的影響，而此種影響對同
年齡層（cohort）的人與不同年齡層的人有所不同。

㈠同年齡層的影響

　　所謂同年齡層（cohort）是一組人出生在同一時期，例如，出生在
1920年或1920與1929年間，很明顯地，這組人一起長大，經歷相同的歷史
影響，這些經驗對個人的態度、價值、世界觀都有影響，例如，出生在二
次大戰後的人，不會像他們的父母那樣，受1930年間美國經濟大蕭條（
great depression）的影響；同時出生在不同時期的人，也因他們不同的
年齡，而受歷史經驗的影響也不相同。

　　舉例來說，越戰對美國的年輕人的影響較之對小孩與年紀較大的成人
的影響是不同的，在1960年至1970年間，年齡在十八至二十五的這一年齡
層的人是最直接受戰爭的影響，最近對這一年齡層的退伍軍人的研究，發
現他們對一些特殊的問題與爭論的議題都有不同的看法，這種歷史事件對
於一個人的態度、價值、個人的世界觀都有很大的影響，同時也影響了他
整個成人期的發展。在我們中國，對日抗戰是一重大的歷史事件，同樣的
，這事件對當年響應蔣委員長的「十萬青年十萬軍」的號召的年輕人來說
是不同於小孩與年紀較大的成人的，這些流亡學生當時隨著政府顛沛流離
，在艱難困苦中完成學業，他們有強烈的國家觀念、民族意識，生活勤儉
克苦；而他們的子女在戰後或政府遷台以後出生，生活逐漸好轉，對日抗
戰的歷史也是間接從書本中得知，他們的態度，價值與宇宙觀自然與直接
經歷抗戰者有所不同。

㈡歷史時期的影響

　　許多歷史事件影響某一年齡層的人大於另一年齡層的人，已如前述；
有些歷史事件，大體而言，影響整個社會，例如，發明汽車、電燈、電晶
體、噴射機等已影響全人類，同樣地，由於醫藥、營養、衛生的改進，也
影響了所有的人，那就是人類壽命的普遍延長。然而，這些在健康、營養

、科技、或敎育水準的改變，影響所有的人，但對某一年齡層的人仍然大於另一年齡層的人，那就是說，發展（年齡）的改變是與某一年齡層，以及在某一歷史時期（historical period）交互影響的。舉一簡單的例子來說，一般而言，年輕的成人身材高於兒童也高於老人，這種高於兒童的差異，很明顯的是由於發展，因爲兒童尚未完全長大；然而，較好的營養，使得兒童將來高於他的父母，同樣地，今天的成人比早期的成人高，因此今天的成人高於老人是因爲老人在他較早的時候，由於不適當的營養，沒有能長得像現在的成人那麼高。

再舉一代溝（generation gap）來說明，如果代溝的現象存在的話，將是一有趣的例子來說明發展是受個體生命週期（individual life cycle）與歷史時期的交互影響。假設代溝是年輕人與他們父母具有不同的價值、態度與生活方式，那麼可從發展的與歷史的兩方面來說明。

從發展的觀點來看，這種差異是由於年輕人與他們的父母在不同的生命發展階段（stage）。年輕人正在尋求認定（identity），「我是誰？」，「我與社會如何聯結？」，根據艾瑞克遜（Erikson，1968）的說法，這是年輕人對社會價值的質疑，部份也反應在對父母價值的質疑上，以便發展出自己的價值體系與態度；相反地，父母是在傳遞社會價值、提供經濟與情緒的穩定，並且是在關心他人、服務社會的階段，在艾瑞克遜的模式中是屬於生產繁衍對頹廢疏離（generativity versus stagnation）階段。我們可以預期，當這些年輕人進入他們父母的發展階段，面對著養育子女的任務（task），服務社會、維持一固定的收入，這些責任以及對生命看法的改變，他們的價值觀會與他們的父母接近（雖然不是完全一樣），他們會發現一個代溝存在於他們與他們的子女之間。

這種代間的衝突可能也是社會改變使然，特別是在迅速的社會改變下，年長者還沒有能充分準備去適應新的與複雜的社會發展；在另一方面，也由於青年期的延長至二十多歲，這使得年輕人有更多的時間，從經濟安全、個人自由、與知識的探索的立場，去質疑與評量社會與社會的價值，而且這些年輕人大部分都在學校裏念書，使得他們很少有機會與不同年齡的人接觸，如老一輩的祖父母，以及年紀小的兒童，他們所接觸的是老師與教授等並非典型的成人，在這種環境下的年輕人的相互社會化是藉著學

校同儕的價值與態度，而不是較傳統的代間的價值與態度，結果形成了所謂的青年文化，這一歷史時期的這些因素，更加強了不同發展階段的代間衝突，也使得傳播媒體大量強化了代溝的現象。從以上代溝的例子，可以知道在了解發展現象時，應該同時考處發展時期與歷史時期的交互影響。

二、在發展研究中年齡的意義

前面已經說過，在了解成人期的發展上，一個人的年齡並不是一個很好的指標，如知道一個人二十五歲，並不能讓我們更進一步的知道些什麼，因此在對成人的了解上，除了一個人的實際年齡外，還有其他各種年齡，更有助於我們對成人期行為的了解。

雖然實際年齡本身並不是一個很有意義的發展指標，至少它是一個非常方便的指標，它代表一個人從出生後經過的時間，因為有些發展歷程與時間相關的 (time-dependent) ，如一個人生理的生長，這種生長歷程與年齡是非常符合的，但是有些發展歷程是與時間不相關的 (time-independent) ，如一個人心理的安寧，或身體的疾病，這些歷程可能影響一個人的發展，而他們與年齡是不相關的。因此，在發展的研究中，特別是成人發展的研究中，了解與時間相關以及與時間不相關的歷程，而導致改變產生的年齡，是很重要的，通常下列四種年齡與了解發展是非常相關的。

生理年齡 (biological age) 是指一個人生理的發展與身體健康的程度；心理年齡 (psychological age) 是反應一個人心理的成熟度，或者是指經歷如艾瑞克遜所謂的一系列發展階段；社會年齡 (social age) 指的是一個人經歷社會所定義的發展里程碑 (milestone of development) ，如開始工作、結婚、作父母，以及作祖父母等；知覺年齡 (perceived age) 是衡量一個人的知覺他本身的年齡，如認為自己是年輕、中年、或老年。因此，假如一個人的實際年齡是三十五歲，可能他的心理年齡四十五，因他是負責的，已定了努力的目標，在退休前要有所成，同時也有一種親密 (intimacy) 與生產繁衍 (generativity) 的感覺，但社會年齡却

是二十一，仍在專業的訓練中，未婚、沒有小孩，他的生理年齡可能是六十五，有高血壓與灰白的頭髮，而這個人知覺他自己認爲是年輕的成人（young adult）。因此，實際年齡對一個人並沒有提供很多的訊息。在很多方面，知覺年齡比起實際年齡來可能更有用，因爲它眞正反應一個人的社會、心理、生理，與實際的年齡，一個年僅十六歲的人，可能感覺、表現，同時看起來像個成人，別人對他的反應也認爲是個成人；另一個三十歲的人可能並不覺得自己是個成人，直到完成研究所爲止；同樣的，一個七十歲的人可能覺得自己老，同時健康情況不佳，而另一個七十歲的人可能覺得自己是中年，且積極地、精力充沛地像四十五歲一樣。

由上可知，實際年齡可視爲一種指標，而這種指標是與其他因素互動而產生的發展，這種發展是生理、心理、社會、與自我知覺等因素隨著時間而產生的改變，單是年齡本身不會產生這些改變。例如二十歲與四十歲，很明顯地有年齡上的差異，這些差異對四十歲的人來說，包括較大的事業上的成就，較重的家庭中的責任，較多的過去經驗，這些差異不是由於年齡造成的，而是活得較久，累積較多的經驗，加上社會、生理、心理的改變而形成的。然而，這也不是說我們可以不管年齡這個變項，因爲它仍然可說是目前唯一可用來描述隨時間而產生的改變，而是說我們應該看看年齡背後，形成發展改變的歷程，那些是與時間相關的，以及那些是與時間不相關的。

三、年齡常模與社會時鐘

㈠年齡常模

雖然在了解成人的發展上，年齡不是一個很好的指標，然而在一生中，許多用以標誌人們發展的里程碑（milestones），如完成學業、離家、結婚、生育子女、作祖父母等，却是期望發生在適當的年齡範圍內，我們都知道這些，而我們的行爲與對他人行爲的反應也都受其影響，紐佳特（Neugarten et al.，1965）以中等社經地位的中年人爲對象，從事有關不

同年齡相關特徵（age-related characteristics）的研究，發現受試對年齡相關特徵有相當高程度的一致性，因而引申出年齡常模（age norm）的概念，例如80％的男性與女性受試覺得二十～二十五歲範圍內是一個男人最適當的結婚年齡，其他的年齡與相關特徵的一致性如下表：

表17-1　中等社經地位的中年受試對各種年齡與相關特徵的一致性

項目	適當的或期望的年齡範圍	一致的百分比	
		男 N＝50	女 N＝43
一個男人結婚的最適當年齡	20－25	80	90
一個女人結婚的最適當年齡	19－24	85	90
什麼時候大多數的人應該作祖父母	45－50	84	79
大多數人完成學業而工作的最適當年齡	20－22	86	82
什麼時候大多數的男人應該定下來發展事業	24－26	74	64
什麼時候大多數的男人是在他事業的最高峯	45－50	71	58
什麼時候大多數的人應該準備退休	60－65	83	86
一個年輕男人	18－22	84	83
一個中年男人	40－50	86	75
一個年老男人	65－75	75	57
一個年輕女人	18－24	89	88
一個中年女人	40－50	87	77
一個年老女人	60－75	83	87
什麼時候一個男人有最大的責任	35－50	79	75
什麼時候一個男人成就最高	40－50	82	71
一生中一個男人的全盛時期	35－50	86	80
什麼時候一個女人有最大的責任	25－40	93	91
什麼時候一個女人成就最高	30－45	94	92
一個好看的女人	20－35	92	82

（摘自Neugarten et al，1965）

　　因爲這些年齡常模包含個人對不同年齡的適當行爲與不適當行爲的知覺，所以我們常對年輕人與對中年人及老年人的反應有所不同。我們不可能看見一位65歲的老婦人穿著兩片式的泳裝在海灘上，假如我們眞看到這樣的婦人，我們會認爲她的行爲不適當；又如我們看見一位35歲的婦女，穿著像一位年邁的老祖母，我們也會認爲她的行爲不適當。因此年齡常模也有對我們的行爲有拘束作用，稱爲年齡拘束 (age constraint)，如果某種行爲對年輕人與對中年人及老年人都是適當的，則沒有年齡拘束，如果某種行爲只對某一組人 (如年輕人) 是適當的，則此行爲受年齡拘束的程度就很高。

　　這種年齡常模也因社會變遷，或因不同年齡層而有所改變，Passuth和 Maines (1981) 以Neugarten等在1965年的問題重複硏究，受試仍是中等社經地位的中年人，發現在1960年代的受試約有90％的受試認爲十九～二十四歲是一個女人結婚的最適當年齡，但在1980年的受試則只有40％作如此的回答，原因是美國婦女超過24歲仍未結婚者，在1950年是很低的，而在1970年間則顯著地增加。

㈡社會時鐘

　　紐佳特 (Neugarten，1968) 同時也提出社會時鐘 (social clock) 的概念，意思是說在她硏究的中年受試常以年齡常模作爲一種時間表，促使個人完成某一目標，或減慢一個人對某一社會里程碑的到達。這種調節的感覺來自個人自己內在對社會常模、期待與角色的知覺，有如一計時器，提供個人「是做什麼事的時候了」，例如，「那是到歐洲旅行的時候了，否則就太老了而沒法作長途旅行，；或是「那是回到學校繼續作畫的時候了，現在我的小孩都能自己照顧自己了」。

　　這種內在化的社會時鐘是成人時間安排的主要資源，它調節成人經歷年齡相關事件的進展。當然，大多數的人都是在適當的時候結婚、變更工作、作父母等；有些人在經歷各種事件時有些時間上的差異。這種社會時鐘的例子之一可見諸於紐佳特 (1967) 的一個中年受試，對到了該改變工作的時候的反應，曾這樣說：

我在四十五歲時從一大的公司轉到一律師事務所，我在最後可能
的時刻作此決定，因爲四十五歲以後，要想找到一個你想要的工
作是太難了，假如你到那時還沒有決定，你最好趕快決定，否則
你就被困住了。

有些研究顯示，這種社會時鐘對不同社經地位的人有些微的差異；例
如，圖17-1爲奧生（Olsen，1969）對美國中西部某個城市年齡在五十～

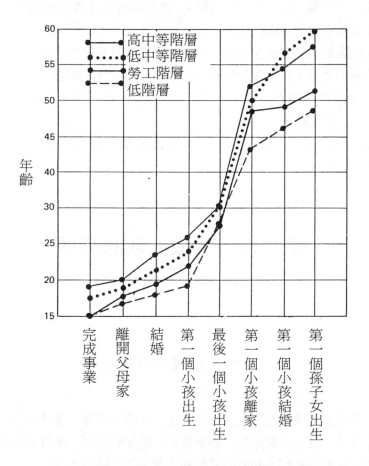

圖17-1　不同社經地位的人經歷家庭相關事件的年齡

（摘自Neugarten ＆ Hagestad，1976；Olsen，1969）

七十間的某一代表性樣本所作的研究，發現較高社經地位的人經歷家庭相關事件（family－related events）比之較低社經地位的人為晚。

紐佳特和海傑塔（Neugartes & Hagestad，1976）指出不在適當的年齡範圍內發生的事件，是特別難以適應的，如早年喪偶，或是事業成就延後；相對的在適當的年齡範圍發生的事件是比較少壓力的，因為人們都習慣於期待它並有所準備，因此，早婚或事業有成延後者在很多的滿意度測量上都受影響；然而，有些事件不在適當的年齡範圍發生反而較為滿意，例如，倪德格（Nydegger，1973）就發現較晚才作父親者比之準時或較早作父親者更無慮與有效。

我們會對人們在一生中很多方面依據社會時鐘完成重要事件的人給予一種特殊的評價，同時我們也允許在各方面的彈性，例如，中年婦女已經完成照顧家庭、養育子女，而又到大學或研究所進修（Neugarten & Hagestad, 1976）。

這些社會常模、角色、期待，以及社會時鐘的學習與對行為的影響可說是成人社會化的歷程之一。

第二節　早成人期的發展

一、身體的特徵

人們到了早成人期，大多數的人在其身體的敏捷、速度與強力方面都達到最高峯，這一時期是內、外身體狀況最好的時期，僅管是如此，很多不為此一時期的年輕人知覺的老年的身體特徵已開始出現。

大約在二十多歲，影響工作的身體改變已慢慢、繼續進行中（Weg，1983）。肌肉的強力在20～30歲之間最高峯，30歲以後開始下降，視覺

敏銳度以及聽力在二十多歲也開始下降，最初的細小縐紋也開始在眼角出現，皮膚也開始老化，特別是那些經常日曬的人，因爲太陽的紫外線會干擾皮膚內DNA（去氧核糖核酸）與蛋白質的產生，結果皮膚細胞的新生較慢，致使皮膚薄而容易產生縐紋（Wantz and Gay，1981）。

身體內部也開始改變，旣使是體重維持不變，體內脂肪對肌肉的比例開始增加；此外，由心臟跳動使血液流出的量，以及每一呼吸所能進入肺內的空氣量，也在二十多歲逐漸減少，而減少的量是大約每年1%（Perl-mutter and Hall, 1985），動脈的改變也開始了，疑似動脈粥狀硬化的患者的管壁會形成一硬而黃色不透明脂肪；不均衡的飲食與缺乏運動會在中年或老年時患慢性疾病。

很少年輕人考慮到這些改變，雖然有些三十多歲的人偶而在他們的髮間發現一根白髮，也許這是因爲人們都認爲這段時期是一生中，在體型與身體運作上是最好的，在二十六歲前，反應時間通常是在最高峯，在任何的競賽或其他須要快速反應的情境，年輕人都是表現最好的，如籃球、拳擊、網球、滑雪和棒球，大多數的職業運動員，當他們進入三十歲時，開始覺得他們「年紀大了」，即因他們的反應時間慢的緣故。

二、早成人期的發展理論

當人們進入成人期，他們的精力與動機集中在各種發展任務上（developmental task），在早成人期，人們面對的主要發展任務是完成敎育，從事工作、結婚、做父母，每個人都面對這些任務，各種不同的成人發展理論都尋求解釋這些發展任務的成長與改變，有些理論者相信他們所描述的發展歷程適用於任何社會，有些學者比較謹愼，認爲他們的理論主要適用於科技進步社會的成人。

㈠艾瑞克遜的心理社會論

艾瑞克遜（Erikson, E.，1982）對成人發展的解釋出自他對一生分爲八個階段的理論，他認爲發展包含向前解決個人需要與社會要求產生不可

避免的衝突。在此八個階段的每一時期，人們必須至少部分地解決那個階段的主要發展衝突，才能進入下一階段，並面對下一階段的問題。

　　早成人期面對的主要任務是發展親密（intimacy），這是以青年期發展了自我認定為前提，親密的相對是孤立（isolation）。當成人成功地解決了這種親密對孤立的衝突，他們便能夠承諾自己建立一種關係，而這種關係要求犧牲與妥協，他們才能夠不自私地去愛另一個人；假如孤立主宰了親密，他們的情緒關係是冷漠的，不自然的，沒有真正的情緒互通，當一個人的性關係是這樣的，他或她會是極端的孤立（Erikson ＆ Hall，1987）。艾氏的心理社會論是泛文化的，適用於男女與不同的社會。

㈡李文生的人生季節

　　另一個成人發展的階段論是李文生（Levinson，D.）對人生季節（the season's of a man's life) 的描繪（Levinson, Darrow，Klein，Levinson, and Mckee，1978）。李氏認為他的理論是建立在艾瑞克遜的心理社會理論上，但所強調的各有不同，艾氏集中在個人的內在發展，李氏強調人對社會的關係，李文生以十七歲的男性來研究，發現他們經歷一順序的穩定與轉變的時期。在穩定時期，人們追求他們的目標比較平靜，因為相關的發展任務已經解決；在轉變時期能夠使得人的生命產生主要的改變，因為這時候人們會質疑他們的人生型態，並探索新的可能。李氏的理論是基於一系列的訪問四十位男士（包括不同社經地位的黑、白人），他的理論僅適於二十世紀美國的男性。

　　李文生認為一個人從十七歲到二十二歲是轉變到早成人期的時候，相似於艾瑞克遜的自我認定的完成，人們在心理上脫離父母而獨立；到二十二歲，他們變得自主，同時進入一個穩定的時期，企圖在成人的世界裏去發展，他們與另一女性成立家庭，以艾瑞克遜的說法是發展親密關係；在以後的六年，他們大約二十八歲，將進入另一轉變時期，此時他們看見自己生活型態的缺點，而有新的選擇，然後大約在三十三歲，他們準備要安定下來，事業的鞏固是主要的目標，人們專注於技能的發展，以及加深其經驗，朝著所定的目標努力。

㈢戈德的轉變

戈德 (Gould，R；1975，1978) 的成人發展理論適用於男女，在他的524個中等社經地位的男女白人訪問中，形成了他的理論，戈德認為成人發展經驗一系列的轉變 (transformations) ，在每一轉變中，人們重新形成他的自我概念，面對幼稚的錯誤觀念，並解決其衝突。

在德戈的理論中，年輕成人經歷四個時期，第一時期開始於晚青年期，持續到二十二歲，人們漸趨於自我認定，而遠離父母的世界；第二時期，人們朝目標努力；在二十八～三十四歲，人們會經歷一轉變期，他們對早期的目標質疑，並重新評量他們的婚姻，此時許多人的經濟是拮据的；大約在三十五歲，他們的不滿加深，並警覺中年的到來，生命似乎是痛苦的，困難的，以及不確定，此不穩定時期要持續到四十三歲，有些人會改變他們的生活，重新過另一種生活方式，長期的單身可能會結婚，而較早結婚者可能離婚，一直在家的母親可能決定回到學校念書或工作，而不想要小孩的夫妻可能想要一個小孩。戈德的理論與李文生的人生季節論是平行的，所不同的是戈德也提供了女性發展的知識，二者理論形成的時間是相同的，他們都是在1970年間做的研究，李文生研究美國東部的男性，戈德研究加州的男女。

㈣加德曼的作父母所必需

加德曼 (Gutmann, D.，1975) 所發展的理論認為成年男女人格的發展主要是作父母所必需 (parental imperative) 。他認為種屬進化到人類的男女的特徵，主要是確保嬰兒與兒童的情緒與身體的安全。在早期的人類社會，父親的攻擊、自主、能力、以及控制，可以保護他的小孩免於被掠奪，以及出外狩獵；而母親的養育、同情、溫柔，以及了解等特質，適於接近她的小孩，並提供情緒的安全。

加德曼認為男女與生俱來即具有兩種性別角色的潛能，經由多年的社會化，他們很能安逸於所加之的特質並執行之，當他們作了父母後，父親變得更加傳統的男性，他們的關心是家庭的安全（包括身體與經濟的），因為假如一個被動的、依賴的、同情的父親可能影響帶回家中所必需要的

資源，或保衛孩子的能力，男人壓抑了依賴與同情的衝動；新的母親也變得更爲傳統的女性，她們的關心是照顧與養育小孩，因爲一個攻擊、不敏感的母親可能傷害她的小嬰兒，女人壓抑了她的自信、精通、或攻擊的衝動，直到最後一個小孩長大離家，男女兩性能自由地表現他或她的自我，這種自我是因作父母的責任被蒙起來的。

雖然加德曼的理論可適用於歷史上的不同社會，這種將成人期人格的發展明顯地限制於父母的角色，可能在現代科技的社會並不這麼重要，當父母親共同提供子女的物質支持、照顧、與情緒安全時，父母可能較不如加德曼所建議的，要求在角色與人格上的改變。

三、工作、婚姻、有小孩

㈠工作

在成人生活中，工作佔了相當的部分，同時影響到我們生活的每一方面，並表示我們在社會中的位置，如果幸運的話，它使我們生活充滿意義，提供滿意的活動，使創造力得以發揮，也是社會刺激的來源 (Perlmutter & Hall, 1985) 。我們的自我概念與我們的工作緊密相連，因此常以我們做什麼來定義我們自己，如「我是IBM的工程師」，「我是一位老師」，或「我只是一個家庭主婦」，當我們介紹一位朋友時，通常我們會提到一個人的職掌，如「我介紹王先生給你認識，他是某公司的一位經理」，佛洛伊德也強調工作的重要，他認爲一個健康生活所需的是愛與工作。

1.工作的重要

我們所從事的工作影響我們的人格、家庭生活、社會關係，以及態度。我們說工作影響人格，乍聽起來可能有點奇怪，但是當我們想到工作環境是一種長期呈現的刺激，長期暴露在工作環境中，我們的人格自然受其影響 (Garfinkel，1982) 。當工作者被追縱十年；發現工作對人格的影響似乎來自工作的複雜性，根據孔恩 (kohn，1980) 的研究，認爲個人的職業須要思考與獨立，影響人格的很多方面，職業的複雜性似乎會增強

智力的變通性，從而也影響一個人對社會的價值、自我概念與態度；在另一個研究中，製造工廠的工作者參與解決問題以及做與工作有關的決定，顯示在人際關係技巧、溝通技巧，與傾聽他人等能力的改進（Crouter，1984）。

　　工作情境的情緒狀況也帶入工作者的日常生活，研究顯示員工在工作場所的社會關係影響一個人的心理健康（Repetti，1985）。員工社會關係的品質（由同事或本人來評量）與自尊、焦慮層次，以及對沮喪的傾向有關。

　　工作也是壓力的來源，特別是當一個人過度地投入工作並工作很久（Hoffman，1986）。工作的很多方面能夠產生壓力：被解僱、太少錢、職位低、與工作相關的不愉快事情、工作價值與個人價值相衝突、缺乏控制與自主、挫折與士氣低落、身體的危險，以及工作侵入到個人生活的其他方面；即使是一個非常成功的工作者，過度的投入會導致對壓力的不能容忍。

　　當工作相關的壓力導致沮喪，使得那些社會角色少的工作者造成最大的困擾，Repetti & Crosby（1984）研究400多位男女，他們的工作從侍者、卡車司機到醫生、律師，研究者發現一個單身，他的社會角色僅只一個（那就是工作者）最可能導致沮喪，而父母（他的社會角色包括工作者、配偶、父或母）是最不可能導致沮喪；在每一團體內，低聲望職業（low-prestige occupation）者比起高聲望職業者，顯示較多的沮喪。

　　工作也可以是無數滿意的來源，特別是給工作者有種創造、生產，與成就的感覺時（Garfinkel，1982）。當他們的職業具有挑戰性、經濟的酬償、給人們把工作做好所須的資源，以及工作的條件是舒適的，則各階層的工作者都感到高度的滿意（Seashore & Barnowe，1972）；讓人們沒有機會有所創造或學習新事物、沒有自由去決定如何做，以及不准工作者使用他們的技術，人們對工作有疏離的感覺。

2.職業的選擇

　　在兒童期與青年期的社會化歷程中，已經開始準備個人未來職業的要求與角色，因此職業選擇的歷程早在實際工作前很多年便開始，至於選擇所包含的因素有智力、特殊性向、興趣、價值觀念、態度，以及人格（張

慶凱，民六十二），有關這方面在青年期部分已詳述、不再重述。至於一些不太相關的因素，如住家的所在地、機運，以及性別等也決定我們事業（career）或職業（job）的選擇。

住家所在地幫助決定職業選擇上有兩點可以說明：第一，地方的產業性質決定什麼職業是可行的，這個因素對勞力階級的年輕人作職業選擇時特別重要，假如他們住在美國加州矽谷（Silicon Valley）工業區，他們的職業多半是電腦裝配的工作；如果他們住在艾達荷州（Idaho），他們獲得的工作是在木材工廠；假如他們住在德克薩司州（Texas），他們的工作是在油田；第二，人們所從事的工作是他所知道的，社區成人提供了該工作的角色楷模，而影響了孩子對各種職業與事業的想法與意向，一個生長在愛渥華州（Iowa）的女孩，可能想到要成爲一個植物遺傳學家，以培育新的玉米品種，她比較不可能考慮成爲聯合國的翻譯員。

大多數的職業與事業選擇有賴於機運，所謂機運是有幸知道某人在那個公司工作，這種非正式的接觸似乎比從分類廣告得知或職業介紹更重要，這種與在某工作環境的人的接觸是新進者最容易進入某種職業的途徑。

3.在工作組織的性別差異

性別影響職業與事業的可行性、個人的工作型態及職業選擇的途徑；當孩子被包括在內時，母親的工作可能影響夫妻以及他們的婚姻關係。

(1)工作型態的性別差異

男女早期的工作是相似的，但是當年輕的男人開始從偶而的工作轉變爲較穩定的工作時，男女職業選擇的途徑就分開了。大多數男人與單身的女性傾向於有一個順序前進的職業生活，當他們大學畢業，他們工作，在尋求適當工作前，經過一些轉換，所謂適當工作主要是有升遷機會的，一旦他們找到，他們就定下來，在他們二十多至三十多歲間，是他們自立事業的時期，大約在三十五歲，他們變得對所從事的工作有經驗與知識，他們專心從事並鞏固他們的事業（Super，1957）。

有些女性是遵循不同的途徑，正當男人與單身女性建立自己職業或事業時，她們離開了就業市場。不論她們最後一個孩子在三、六或七、八歲大時是否再去工作，這種中斷總是對她們的事業有傷害（Hoffman ＆ Nye， 1974）。近年來，大多數的女性不停止工作或縮短離開就業市場

的時間。

(2)母親工作與士氣

母親在外工作通常擔負家務與照顧小孩的責任，這種雙重的負擔產生這麼多的壓力，會損害母親的士氣嗎？通常是不會的，相反的，比起在家的母親來，大多數在外工作的母親有相當高的士氣，她們較不沮喪，較少心身性症狀，較少顯現因壓力而起的徵兆（Hoffman，1986；Kessler ＆ MacRae，1982）。勞工階級的工作母親由於有成就、具挑戰性、與充滿刺激的感覺，以及獲得成人友誼的機會，使她們自尊提高（Hoffman，1984）；在一研究中等階級工作母親，從事專業，她們認為自己有高的自尊，很少感到孤獨。認為自己有能力、有價值（Birnbaum, 1975）；她們埋怨時間不夠，雖然角色過度的負荷能導致過多的壓力，但似乎沒有過度的緊張。士氣低落最可能發生是當母親有幾個學前小孩、有一殘障小孩、不能找到適當的小孩照顧者，沒有成人的支持，或者是配偶是一慢性疾病患者。在有些情況、將全日工作改成部分時間工作，對於過度的負荷可以減輕（Hoffman，1984b）

至於工作婦女如何影響她的婚姻品質呢？研究者發現母親工作與婚姻關係並沒有明確的影響（Hoffman， 1986）。有些婚姻似乎有所改進，特別是那些想要工作的母親，父親並不反對，或是夫妻倆都是中等階級者；有些婚姻卻變壞，特別是那些寧願在家的婦女，丈夫反對她工作的婦女，或是夫妻倆都是勞工階級。雖然母親工作家庭的離婚率較高，大多數研究者覺得母親工作並不導致離婚，工作還提供了一個失敗婚姻的避難所。

㈡婚姻

在我們一生中，大多數的人至少結婚一次，在美國十人之中有九人以上終究都結婚，有96％的人認為結婚是一種理想的生活型態（Yan Kelovich，1981），長久以來一直如此，直到1984年，根據調查，只有不到6％的人到六十五歲時仍是單身，但結婚的年齡卻延後了，在1960年代，年齡在二十～二十四之間的，有72％的女性以及47％的男性已經結婚，然而今天，只有43.1％的女性以及25.2％的男性在那個年齡範圍內結婚（U.S. Bureau of the Census，1986），不管在那個年代，通常女人比男

人早結婚，主要是因爲她們所嫁的男人比自己大幾歲。

　　最近晚婚的趨勢，部分反應就讀大學的人數增加，人們進入大學常常延後結婚，直到他們完成大學教育，同時年輕女人發展她們的事業也延後結婚；此外延後結婚也因社會的其他方面的改變，諸如男女同住不結婚也被接受，單身視爲是一種適當的生活方式，也許高的離婚率使得人們視結婚爲畏途。通常勞工階級比之中等階級較遵循早婚的原則，而中等階級的成人繼續念大學。

1.選擇伴侶

　　選擇另一半不只是心愛而已，某些決定友誼的相同的社會因素也影響配偶的選擇。一對配偶結婚前，他們必須相遇，因此住在那裏，在那讀書等均限制了可能人選的範圍，人們住在相同的地區，有同樣的教育經驗，比較可能認識，但要發展成一種持續的、親密的關係，仍有賴於有共同的興趣、背景、與目標（Wong，1981）。

　　一見鍾情的情形是很少的，而是要經過一系列的再見面，經由約會，或非正式的接觸。這種見面在大學生方面是非常輕鬆的，彼此都沒有興趣在永久的關係上，至於勞工階級的成人，他們比較考慮到婚嫁；外在的因素常常也影響結婚，勞工階級的成人可能爲逃避家庭的衝突而結婚；而不是爲了與伴侶建立一種生活而結婚。社會階級或種族標準對結婚的適當年齡、收入、職業安全，以及個人自己的傾向結婚等都影響一個人是否結婚（Ankarloo，1978）。

　　一旦兩人發展到了一種承諾關係（committed relationship）的階段，他們的朋友以及家人開始視他們爲一體，若缺一人其中一人是不被邀請的，漸漸地，兩人也開始想他們自己成爲「我們」（us），也知道彼此相互依賴，假如他們公開表示有意結婚，其中一人或兩人同時會經歷一焦慮時期，懷疑他或她是否做了正確的選擇。

2.使婚姻成功

　　婚姻建立家庭，有如一社會體制，每人必須適應婚姻組織的社會角色，在第一年結婚終了之前，兩人發展了一種處理權力分工的方式，這種分工是建立婚姻角色的中心。在傳統的婚姻中，男人主宰這種關係，並做最後的決定；女人接受男人的決定，或者很技巧地、間接地表示她的影響（

Falbo & Peplau，1980），有些婚姻從不適合這種傳統的模式，但大多數仍是如此。

　　大多數的夫妻如何適應呢？通常爲使婚姻持續，比起男人，女人作較多的讓步，也許是因爲傳統的女人遵循這個「假如家庭圓滿，我就滿意了」（If the family does well，I do well）的基本原則，根據Scauzoni & Fox（1980）的研究，這種假定使得女人因爲丈人與孩子的興趣而埋沒她自己的興趣；相反的男人的基本原則是「假如我好，家庭就圓滿了」（If l do well, the family does well），照這個原則，男人將個人的興趣考慮在先，他這樣也是爲了家庭這個團體好。由於性別角色改變以及女人對自己就業視爲是重要且滿意的趨勢不斷增加，導致重新調適家庭權力的平衡。當女人開始假定得到自己的興趣，也同時對家庭有幫助，男人也接受這種看法，夫妻基於這種假定來運作，那麼婚姻將是平等的關係，共同做決定。然而在西雅圖、舊金山與紐約研究的300對夫妻中，男人非常勉強的放棄傳統婚姻的男人主宰決定之權（Blumstein and Schwartz, 1983），在這些中等階級，良好教育的夫妻中，大多數的女人希望平等的關係，而男人希望保留他們的傳統支配。

　　婚姻帶給年輕夫妻的滿意是不同的，這些差異與個人人格特質有關，情緒的成熟、情緒的表達能力、體諒他人、自尊，以及適應力都與快樂婚姻有關，情緒不成熟的成人似乎沒有準備去面對家庭生活的正常危機（Cole，Cole & Dean，1980）。不成熟也與對婚姻的不切實際看法有關，當人們對婚姻有不切實際的高度期望，與婚姻生活的現實相比之下，便感到不滿意（Spanier and Lewis，1980）。

㈢有小孩

　　美國人有較少的小孩，並延後生小孩，這些小孩最後也都做了父母，自古以來做父母都是一樣的，由於社會的變遷，在很多方面卻改變了做父母的經驗。經濟有效的節育方法，使得家庭人口減少，也意謂著男女在積極養育子女的時間縮短；在我們的曾祖父母時代，一個女人與她的女兒同時生產是非常普遍的；節育使得第一個小孩延後出生，使女人能夠發展建立她的事業，使夫妻在做父母前能夠建立經濟的安全，能夠控制做父母的

《附欄17-1》

婚姻的早期

大多數的夫妻在一種羅曼蒂克氣氛的籠罩下結婚，很少想到生活在一起的問題以及解決的方法。當他們結婚後，在處理有關權力、權威，與控制的論題時，根據柯德和史密特 (Kurdek & Schmitt，1986) 對一組還沒有小孩夫妻的研究，大多數的夫妻將經歷三個預期的階段。

在結婚的第一年稱為溶合期 (blending phase) ，夫妻進入彼此的生活中，這是學習生活在一起的時期。髒襪子要洗、浴室要清刷、以及個人習慣要適應，兩人可能都習慣於早餐時看報紙的第一版，其中一人可能是擠牙膏後不蓋上，洗完時內衣丟滿地，另一人可能是一好挑剔的，且愛乾淨的人，在婚前所不知的人格特徵全都顯現出來，在適應這種新情境時，夫妻的工作是要想到自己是相互依賴的一部份，一人的行動會影響他人 (Golan，1981) 。然而，儘管有這些問題，彼此關係的品質是好的，愛是熱情的，性活動是高的。

結婚的第二與第三年，彼此投入共築他們的窩 (nest) 、夫妻互相發掘他們的相容共處的特徵，或是沒有這些特徵，熱情的愛正在消失，很明顯地，充滿羅曼蒂克的愛情觀念是達不到的，在此時期，夫妻同時會感覺因結婚而吸引，也因結婚而排斥，衝突常因分担活動而起，許多婚姻在這個時期分開。

假如婚姻能夠持續三年，他們進入了維持期 (maintaining phase) 。在此時期，性生活減少；家庭的慣例建立了，夫妻的個性重新出現，如果夫妻仍在一起，他們婚姻的壓力減輕，許多在築巢期的衝突解除，彼此關係的品質改進。

時間，使得小孩的到來是預期的、受歡迎的。

又因為科技的進步，使得做父母並不像過去那麼的繁重，所有的發明都使得生活較為舒適，此外紙尿布的使用，使得父母辛苦的工作變得不費力，這些都讓母親能夠進入就業市場，但是高的離婚率，以及未婚媽媽的增加，也意謂著更多做父母的經驗是沒有另一半支持的。

1.懷孕

事實上作父母開始於懷孕，當夫妻知道他們將有小孩，他們的關係開始改變，對某些夫妻來說，懷孕是具有高度壓力的時期，對其他夫妻而言，它是個人成長的時期；懷孕時的情緒可能使婚姻更穩固，否則使婚姻破裂 (Osofsky & Osofsky，1984)。有些女人對她懷孕的感覺是正面的，她覺得很特別、能生育、像女人、興奮以及等不及了；有些女人對懷孕的感覺是負面的，她恐慌、精疲力竭、擔心未出生的小孩，考慮她做母親的能力 (Grossman, Eichler & Winickoff，1980)。因為妻子是敏感的，因此丈夫的反應對她的感覺懷孕有重要的影響，大多數的男人如何反應呢？他們通常感到興奮與驕傲，但負面的感覺也是很平常的，一個男人可能擔心嬰兒的出生將如何改變婚姻的關係，羨慕妻子能夠懷著小孩的能力、妒嫉即將來臨的小孩，感到責任的重大，或者感到自己像一個旁觀者 (Osofsky & Oso fsky，1984)。

對100位正期待他們第一個或第二個小孩的中等階級夫妻的研究中發現，婚姻關係的性質影響懷孕的過程 (Grossman，Eichler & Winickoff，1980)，當婚姻滿意度高，以及夫妻共同做決定時，懷孕期的身體與情緒問題是很少的，同時嬰兒是在想要受孕時來的，則懷孕期的併發疾病減少。

大多數的夫妻對他們第一次的懷孕非常注意，而忽略了什麼是做父母所需要的 (Alpert & Richardson，1980)。女人常常注意懷孕身體的改變，沒有想到嬰兒將改變家庭生活與社會角色，直到嬰兒誕生後，才面臨這些問題，父母在小孩出生前對這些問題知道得越多，他們似乎越能適應這種改變。在對第一次懷孕夫妻所作的縱貫研究中，發現夫妻知道懷孕期所期望的是什麼，知道分娩，以及孩子出生的第一年，對各方面的過程都處理得很好 (Entwisle & Doering，1981)。此外，家庭與朋友的支持也

使得這些經驗易於處理。

2.父母期的適應

　　第一個小孩的出生造成夫妻生活的巨大變動，它改變了個人的社會角色，友誼型態，家庭關係、人格、價值，以及社區的投入，許多女人聲稱她們生活的最大改變不是由於結婚，而是由於第一個小孩的出生；父母感到有種新的責任，他們必須要保護與養育另外一個來到世上全然無助的生命。

　　做父母是喜樂痛苦參半的，它既是一種有報酬、興奮的經驗，又是一段不愉快受苦的時間。在美國一個大規模的對學前兒童父母的研究發現，95%～98%的父母親，不論他們的教育程度如何，他們都認為做父母有一種很大的滿足（Hoffman & Manis, 1978），當問到列出做父母的快樂是什麼時，他們認為與子女情緒的緊密連結列為第一位，增添樂趣是第二位，父母喜歡看子女的活動，並跟他們一起玩，自我實現與有種成熟的感覺也是重要的滿足；至於有小孩所形成的不愉快則為小孩把你捆綁住，同時花費也不少。

　　作父母的要求與責任改變了婚姻的關係，當夫妻適應這種轉變時，如果婚姻是基於浪漫愛情的虛幻比起是基於伴侶的觀念來，可能發現更多的壓力（Belsky，1981），他們婚姻的滿意會減低，夫妻溝通減少，他們發現自然性的社交生活與性生活減少，他們比以前更多緊張與焦慮，金錢的使用方面呈現不同的意見，比起其他時期來，在作父母的最初幾年，似乎彼此較不了解。所有這些壓力可能不是由於作父母的關係，因為沒有孩子的夫妻，在結婚的最初兩、三年也顯示相似的壓力與衝突，只不過是大多數夫妻有了第一個小孩，也是結婚兩、三年了（Kurdek & Schmitt，1986）。

　　大多數夫妻覺得小孩使他們更加親近（Hoffman & Manis，1978），這種親近似乎是由於分擔養育子女的結果，夫妻有一共同的目標；其他的因素還包括分享孩子們的快樂，與感覺孩子是彼此的一部分。當夫妻覺得因孩子而使彼此分開，這種疏遠似乎是由於在一起的時間減少，孩子養育態度的不一致，或是丈夫覺得妻子專注於孩子而忘了他的存在，如此說來，作父母的確是增添快樂與不滿意。

作了父母也改變了其他方面的家庭生活，它改變了人們的價值與態度，比較對家庭感興趣（Michaels, Hoffman, & Goldberg，1982），它同時也改變了對社區的投入，比較可能去投票（Adelson & Hall, 1987），當孩子長大，他們變得較關心學校、教會，以及其他社區的活動，夫妻的社交生活顯著地改變（Hoffman, 1978），他們較少去看沒有小孩的朋友，而發展了與自己小孩的朋友的父母的友誼，夫妻的社交生活部分時間也花在與自己父母的接觸上，因爲子女的存在會加強代間的連繫。

3.作父母時期的安排

二次大戰後出生的嬰兒的母親大多在她們三十多歲時生出小孩，1980～1983年間，年齡在三十～三十五歲間的母親的生產率（birth rate）增高了15%（New York Times，1984）。作父母的經驗受父母年齡的影響嗎？研究者發現物質與心理因素與年齡交互影響著。

當夫妻在他們二十多歲時，剛出校門，事業未成，生小孩是特別有壓力的，很少夫妻此時擁有房子，很多是沒有積蓄的，大多數夫妻是兩人工作來付所有的開支。年輕作父母有很多事要做，在一研究中發現十幾到二十多歲就作父母的母親，她不但要照顧嬰兒，還要照顧丈夫（Daniels & Weingarten，1982）；當然這麼年輕就當媽媽也有好處，有足夠的精力去處理小孩永無休止的活動，當二十或二十五歲以後，小孩也漸漸長大，此時父母相當年輕，到小孩長大離家後他們在中年就有自由的時間。

當夫妻延後幾年才生小孩，他們有機會使初結婚的兩三年作一種調適，夫妻等到三十多歲有小孩，比較沒有壓力，他們的婚姻關係也較少緊張，此時他們通常都有一些資產，甚至有自己的房子，他們之中有一人或兩人同時事業有成，他們的收入較高，他們也能夠供得起一些奢侈品，而使生活較爲舒適，夫妻也比較成熟；在另一研究中發現這種家庭中的父親比較關心與了解母親的情緒需要（Daniels & Weinganten，1982），他們分擔家事並照顧小孩，年紀較大的母親比起年輕的母親來，對孩子的需要更爲敏感，而母親與嬰兒的關係也是較爲正向的（Ragozin, Basham, Crnic, Greenbekg, & Robinson，1982）；此外，年紀較大的母親在她第一個孩子出生時，認爲與嬰兒的互動是愉快的。

第三節　中年的轉變

一、身體的特徵

　　一般人到了中年開始知覺到他們身體的外表與功能的顯著改變，早成人期的些微改變仍穩定地進行著，使得中年人了解到他們不再年輕了。他們的肌肉不像過去那樣有強勁，反應快；部分原因是因為人到四十肌肉開始萎縮，而這種萎縮是由於較不活動的結果，因此，中年人有正規的運動可增加肌肉，相對的，脂肪便減少，因為肌肉的萎縮伴隨著脂肪的增加。

　　這些早期的肌肉強勁與反應速度的減低對大多數人們日常生活影響並不顯著，因為人們面對這些體能的改變，學習到對各種工作仍能維持或改進他們的表現。他們開始拿起兩袋東西，而不是過去的拿四袋，他們避免有賴於速度的工作，而選擇工作能適合自己速度的。

　　很多中年人，特別是中年男人，開始關心他們的健康，因為慢性（chronic）疾病與威脅生命的疾病到了中年期劇增，最通常的是體重增加、過度緊張、與關節炎（Weg，1983）；中年也是糖尿病顯著出現的時期，中年期的糖尿病是糖尿病的一種，身體產生正常成分的因素林（insulin），但是個體組織變得對其不敏感；中年期死亡率也開始增加，當人們到六十歲時死亡率更是加速地增加，六十多歲這年齡最常致死的疾病是心臟病，其次是癌症與中風。

　　雖然如此，約有四分之三的美國中年人沒有慢性疾病問題，他們的日常生活也不受限制（U.S. Bureau of the Census，1982），儘管他們的免疫系統減弱，四十五～六十四歲的人們仍保持對過去曾患疾病的抵抗力，這是因為生活方式的改變，比起年輕人來，中年人較少有急性疾病，如

感染、呼吸與消化系統的疾病。

並非所有與中年有關的身體改變是由於老化的歷程，有些改變是由於疾病，有些是由於惡習，如抽煙、喝酒、吸食藥物、營養不良，以及緊張，而使身體變壞；有些是由於不使用，因此正規的運動是很重要的，因為運動能保持肌肉的強勁與持久，增加關節的活動性，減緩心臟血管與呼吸系統的改變，減少肥胖、阻止骨質疏鬆（de Vires，1983）。總之，養成良好的健康習慣，人們能減少對到中年時身體改變的敏感，均衡的營養、運動、減少酒精與香煙的消耗，以及避免直接的陽光照射，能夠阻止許多健康與外表的預期改變。

二、中年期的發展理論

中年意謂著這一年齡群的人是社會的主宰，具有權力、統領與責任。中年的特徵是強調擴展與主張（expanding and asserting），有時也發展一種新的生活方式。當人們進入中年，大多數的人發現他們的精力是針對多方面的，此時的改變與實際年齡無關，而與生活情境較有關聯，譬如：有些人的子女還小，所以仍從事早成人期的發展任務；而有些中年人却接受身體改變的限制，想到死亡不遠，當他們了解到生命無多時，人們會感覺到沒有足夠的時間去做他們想做的事。現在我們來看看，上一節所談到的發展理論，可以發現當人們到中年在處理新的發展任務時所產生的改變。

㈠艾瑞克遜的心理社會論

當人們進入中年，艾瑞克遜（1982）認為人們會面對生產繁衍（generativity），即關心下一代，與頹廢遲滯（stagnation）的掙扎。許多人表現這種關心為教育自己的小孩，指導他們進入成人期；有些是教育他人的小孩，他們藉著工作，如當老師、醫生、或護士，或在其專業上做年輕工作者的良師、顧問。艾氏也認為生產繁衍除可直接關心年輕人外，還有它更廣的意義，艾氏也建議可經由創作與生產性與建設性的工作表現

出來，作家、藝術家，以及音樂家滿足生產繁衍的需要表現在他們的創作上，木工可在蓋房子給人住表現出來（Erikson and Hall，1987），因此所有幫助維持或改進社會的都是生產繁衍的表現。根據艾氏的理論，生產繁衍是人類組織的動力，人們表現生產與創作便發展出關心，這是中年期的力量，它包含神入（empathy）以及願爲他人承擔責任。

人們如沒有顯示關心下一代，或爲社會盡責，會發現他的生命是頹廢遲滯的，這樣的人變得自我佔有，他們是令人生厭的，生活充滿挫折，有失落的感覺。

對艾瑞克遜理論的後期各階段的研究不多，然而從一些縱貫的研究中，已經證實支持他的看法，有些對於成人的研究，追踪到中年，發現只有那些發展了生產繁衍者，能夠成功地與熟練地適應所處的社會（Vaillant & Milofsky，1980），同時也已圓滿地完成較早期的發展任務，他們婚姻美滿，職業穩定，與孩子相處良好，不論收入如何，他們樂於幫助他人，並且熱衷於公益事務，而沒有發展生產繁衍的中年人是早期發展了不安全的自我認定（identity），而且在發展親密關係上有困難。

㈡李文生的人生季節

李文生等人（Levinson, Damon, Klein, Levinson, & Mckee，1978）的研究發現，人們在四十至四十五歲之間轉變到中年期，會重新評估他的生活，同時認爲年輕時對未來的夢是不易實現的。李文生認爲這個時期是混亂的，人們再重新評估他的目標，並試著去改變他的生活；此期的一個中心問題是發現「什麼是我眞正想要的？」在李氏等人研究的受試中，有些人改變他們的職業，與他們的妻子離婚，搬遷到另一城市；當縐紋、灰髮的出現，以及體力的漸減迫使他們考慮到死亡；許多人開始扮演年輕成人的良師顧問。

一旦經歷這種轉變，人們會基於新的選擇，開始新的生活，這些成功地經歷中年轉變的人會發現生命更有生產性，較前更覺滿意，而那些不能解決中年轉變的人，將在他們四十歲期間經歷一頹廢遲滯與衰退時期。當他們在五十歲期間開始經歷這種轉變，而在四十歲間逃避這種中年轉變，常會發現混亂騷擾緊隨著，又面臨到目標與生活不配合的掙扎。到五十多

歲時，人們是在李文生所謂的中年期的最高峯 (culmination of middle adulthood) ，生活安定下來；許多人發現未來的十年將是最大的實現的時期，到六十歲就開始了晚成人期 (late adulthood) ，在未來的五年中，人們會重新衡量、選擇並決定未來歲月如何地度過。

㈢戈德的轉變

戈德 (1975,1978) 認爲中年期的轉變相似於李文生的對人生季節的描述，但是戈德發現中年期的轉變較早，大約在三十五歲，直到四十三歲。戈德也發現此期有搔動、質疑，以及極端的改變，當此暴風雨過後，人們發現在四十多歲時有一穩定與滿足的時期，他們的目標變得較爲實際，並且趨於同意「我要滿足我擁有的，而不要想太多我可能得不到的事」，朋友、家庭、與婚姻是他們主要關心的，而金錢似乎較不重要。

到了五十多歲，人們也警覺到死亡與時間不多，在四十多歲所關心的，在此時變得更重要，婚姻也變得更爲滿意，孩子們是溫馨與滿足的潛在來源。人們變得更加自我接納，很多人表現他們的生產繁衍在社區活動方面。

㈣榮格的中年期概念

正如艾瑞克遜一樣，榮格 (Jung, C.,1969) 的成人期理論也是基於心理分析的觀點，他認爲成人發展是受未來目標與過去經驗指導而產生成長與改變的歷程，並認爲健康的發展是充分的發揮潛能，這種自我實現須要發展我們人格的各方面，然後聯合它們成一平衡統整的自己。

當人們到中年，榮格認爲我們會感覺在生活的各方面，從事業、家庭到指導行爲的理想、信念都獲致成功，但我們的人格却又開始從佈滿灰塵的廢物中復甦起來，依榮格的觀點，我們每個人都具備男性與女性的人格特質，到中年時，沒有表現的人格特質會變得明顯，而形成男人具有女性人格特質，女人具有男性人格特質，一旦女人積極扮演母親角色的時期終了，男人也不再像年輕時傾全力要有所成，此時另一性別的特質顯現出來，女人變得意志堅強的，並走入工作的行列，或發展一種興趣，以擴展其社會關係；男人變得親切仁慈，而較少主張。中年人們抑制這種改變會發

現自己陷於情緒困難中，因爲壓制男性或女性人格特質，可能在某些間接、不理性方面來確定自己人格方面的改變。

　　榮格認爲中年時在人格、目標與興趣方面的改變是自然的，當人們經歷中年，他們必須設定新的目標，一個偉大的芭蕾舞者，當她的精確動作與高雅舞姿漸退時，不應繼續表演，而應成爲一位同樣偉大的芭蕾舞指導，或芭蕾教師。

㈤加德曼的作父母所必需

　　加德曼（1980）的作父母所必需是得之於榮格的隱而不顯的人格特質到中年期又重新顯現出來的觀點，加德曼認爲一旦積極擔任父母的長期緊急任務過去，女人變得較爲攻擊的，較不親和，並較具管理性與政治性；男人變得對其工作較少興趣，而對友誼、親和感興趣。加德曼認爲這種改變是人類發展所致，是可預期的，也是一積極正向成長的徵號。

　　加德曼與榮格都認爲成人到後半生（the second half of life）變得較爲兩性的（androgynous），加德曼（1975）自己在美國、中美洲，以及中東等地區，在他研究的社會均顯示這種發展現象，其他的研究也發現相似的趨向。林美珍（民七十七）爲了驗證此種中年男女人格特質轉變是種發展的現象，特以我國的中老年人爲對象，受試是台北市及台北縣四十歲以上的中老年人，以加德曼的研究方法進行研究，也獲得同樣的結果。在美國的藍領階級工作者中，中年婦女變得更自信，自我主張，有能力，而相同的特質在中年男性中却減低（Fiske，1980）。在一研究中也發現當孫子女來臨時，人們變得更爲兩性的，比起其他尙未當祖父母的中年男女，祖母是較爲自主的，而祖父則較爲親切與憐憫（Feldman, Biringen & Nash，1981）。沒有人能夠確定，是否這種趨勢會出現在廿一世紀的美國中年男女。假如今天的年輕人都自由地表現兩性的潛能，那麼這種中年男女性別角色轉變的傾向可能消失。

三、工作、婚姻、家庭

㈠工作

人們到了中年，工作的地位在人的生命中有決定性的改變，工作仍是很重要的，但對工作的態度却改變了。

1.男人的工作

對大多數男人而言，工作仍是很重要，但並不像在三十歲期間那麼有興趣，至少對那些已經達到目標的人而言，他們已經到達所期望的，因此努力往上爬的驅力減退，工作似乎變得較爲滿意（Bray ＆ Howard, 1983; Clausen, 1981）。很多變成年輕工作者的顧問，給新進者輔導，使新進者在向前進的路上較爲平坦。

當大多數的人減少他們工作的時間，使得這種改變更加地明顯，在加州的一項縱貫研究中，四十五歲左右的勞工與中等階級的人開始縮減工作時間，而行政主管與專業人員例外（Clausen, 1981）。這些高度成功的人反而增加時間在工作上，這種型態的發展，男人投注更多時間與精力在事業上，使得家庭生活的品質消失，婚姻關係以及與子女的關係均受影響（Hoffman, 1986）。

2.女性的工作

大多數單身女性的工作歷程相似於男性（Keating ＆ Jeffrey, 1983）。但是已婚的，特別是有小孩的女性，到了中年的工作歷程是非常不同的，當男性對工作不那麼投入時，女性則對工作變得非常的投入，或重新進入工作的世界中，這些相當與外界隔絕的家庭主婦，一旦工作會發現對工作的社會面感到滿意，而男性或單身女性則比較以工作的酬勞或工作的挑戰視爲更重要（Kessler ＆ McRae, 1981）。

當被問到工作所產生的滿意時，女性所提到的是有機會爲自己工作，有能力與成就感，高興有一適合自己興趣與技能的工作（Baruch ＆ Barnett, 1986），這些滿意超過工作所遇到的不愉快，她們主要的埋怨是身

心過度支出，有太多要做，要巧妙地處理工作之間的衝突。

　　女性重新回到她的工作或開始工作，特別是對那些子女長大離家者是有利的，新的投入填補子女離開的空隙，並增加生活的樂趣；而那些在養育子女時期又同時發展事業的女性會懷念過去，到了中年，她們一則感到孩子離去，同時又歡迎從此生活中沒有像過去養育子女時的一些限制。

㈡婚姻

　　晚婚與延後作父母將改變中年期婚姻的關係，較早的中年期婚姻研究是針對夫妻與青少年子女的關係，以及子女離家後如何適應。當家庭生命週期進入另一時期，夫妻倆對新角色要作調適，在此轉變的情境中，要發展出新的方式來看自己，現今有很多中年夫妻有小的嬰兒以及年幼的子女在家，因此在很多方面，他們的婚姻相似於早成人期的婚姻，當然，還是有很多夫妻，特別是勞工階級的夫妻，他們比較早婚，仍然是面對中年期傳統婚姻的適應。

　　在婚姻滿意方面，通常橫斷法的研究顯示當子女出生時，婚姻滿意開始下降，且持續到子女到了青少年降至最低點，而當子女長大離家後，婚姻滿意度升高，且持續整個中年期，這種現象是可以理解的，因為一旦積極扮演父母角色的辛苦過後，以及經濟的要求減少，夫妻進入一種新的自由時期，免於經濟責任、行動自由、免於家事的責任以及與子女有關的雜事，有自由做他們想做的事。

　　有些夫妻真的感到如此，他們敍述當子女離家後，他們比以往有較多的歡笑在一起，共同討論事情，以及一起完成一件工作也比以往為多。中年女性更滿意她的婚姻，主要是因為與配偶為伴的可能增加，丈夫與妻子重新享受彼此的陪伴。

　　橫斷法的研究對婚姻滿意的描述，並不遵循婚姻發展歷程的滿意現象，只是同時提供我們對不同年齡婚姻的概述。在一縱貫的研究中發現夫妻對於青少年小孩在家與十六到十八年前，他們沒有作父母時一樣的滿意，在此研究中，愉快婚姻的夫妻表示，他們的婚姻隨着時間更加改進，他們彼此喜歡，相互仰慕，相敬如賓，這樣的婚姻稱為伴侶婚姻（companionate marriage），當然這不是典型的婚姻，研究者估計，在美

國只有20%的婚姻是屬此類。大多數美國的婚姻是組織的婚姻（institutional marriage），夫妻已經建立一個以實利爲主的居住環境，彼此也覺得滿意，這種婚姻夫妻間沒有情緒的結合（bond），而滿足來自物質的擁有與孩子。研究發現組織的婚姻又有三種型態（Cuber & Harroff，1965），第一種是夫妻經常爭吵，甚至互打也是接受的；第二種是夫妻保持距離，他們的婚姻是令人厭倦的；第三種是夫妻生活是晦暗，但還滿意。事實上，這些夫妻發現他們在子女離家後都較爲滿意，這種滿意的增加不是因爲他們能做他們想做的，而是因爲較少事情讓他們爭吵（Swenson, Eskew & Kohlhepp，1981）

㈢家庭

中年的父母過去是青少年與年輕成人的父母，直到最近，中年夫妻有各種年齡的小孩，有些母親在她四十多歲時才有個小嬰兒，有些在她們二十多歲或三十多歲時做了媽媽，而當爸爸則在他們四十多歲、五十多歲，甚之於六十多歲時。

1.延後做父母

女性在四十多歲才生育小孩會發現受孕困難，受孕率有些微的降低直到三十五歲，此後則顯著下降；大多數的男性在中年仍能成爲小孩的父親（Menken, Trussell, & Larsen，1986）。

一旦受孕後，某些胎兒的異常很可能發生，如唐氏症候群（Downs syndrome）、脊髓缺損（spinal cord defect），隨著產婦年齡增高而其出現的機率也增加，四十歲的母親有1／100的機會生出患有唐氏症候群的小孩，但四十五歲的母親却有1／45的機會（Omenn，1980）。當母親的確懷孕時，許多中年婦女施行羊膜穿刺術（amniocentesis）以確保胎兒是否正常；一般而言，高齡婦女比起在二十多歲時易流產，懷孕期間較多併發症，分娩時比較困難，並且生產時致死的危險性也比較高（Vider, 1986），但是產科技術的進步已大大地減少這些危險，因此大多數健康的高齡母親都有正常的懷孕以及健康的嬰兒。

中等社經地位的中年夫妻有了小嬰兒似乎成爲專業父母（professional parents），他們以小孩爲生活的中心，他們通曉懷孕與顧照小孩

的知識，他們之中有些像考前開夜車般地研究產前發展與兒童心理學，一旦嬰兒出生，似乎被嬰兒所吸引，同時發現做父母是如此這般地有代價，他們似乎很鎮定，放鬆，並且比輕年的父母平靜，中年父母的高度滿意似乎與他們沒有經濟的困擾有關。

2.青少年的父母

當子女到了青春期，一些家庭的衝突是免不了的，因為代與代間在不同的發展階段，面臨不同的發展任務。中年父母與他們幾乎長大的孩子對改變的角色、不同的責任、子女力爭自主、以及父母可能認為家庭關係的不統整而常常爭論；大多數都是為了些小事，而使兩者間的衝突不時地發生。

青少年的尋求自我認定與獨立是青少年的發展論題，在這方面父母的限制常引起衝突，同時父母與他們的青少年子女也會在性、成就、價值等方面常因溝通破裂而引起衝突 (Rapoport, Rapoport & Strelitz，1977)。當子女在面對自我認定、自主、與性等方面的問題時，父母擔憂所有來自報張雜誌與電視新聞的災難會發生在自己的子女身上，子女有沒有吸食藥物？喝酒？以及其他意外？父母可能對青少年子女增加控制 (Hoffman，1985)。

3.空巢

不論做青少年的父母時是愉快的或是厭煩的，孩子們終究是會離開家的，通常父母是在他們五十多歲的時候，最後一個孩子離家。曾經有一段時期，精神分析醫師與心理學家認為子女都離家的空巢 (the empty nest) 期，對父母而言是難以適應的，特別是對母親而言更是如此，面對子女的離去，以及自己青春的不再，加上更年期的到來，女人是處在一種極端的沮喪中，即所謂的退化的憂鬱症 (involutional melancholia)；但是當研究者開始將理論與實際分開，所呈現的是完全不同的景象，研究發現四十五歲以前，四十五至五十五歲之間，以及五十五歲以後的婦女的沮喪憂鬱是相同的 (Weissman，1979)，這並不是認為沒有空巢症候群 (empty nest syndrome)，事實上，這是一種情緒的危機，它對婦女的防衛產生威脅，既使它並沒有使她陷入沮喪中。

其他的研究者則直接觀察空巢期的現象，Neugarten (1970) 以及她

的研究人員比較子女在家、有一些子女離家，以及子女完全離家的中年婦女，發現子女完全離家的中年婦女比起其他兩組婦女來，比較快樂，更加滿意。有一些的研究也與Neugarten等的結果相同（Glenn，1975；Lowenthal & Chiriboga，1972）。

當子女在適當的時候離家，父母已有所準備它的到來，當子女太早離家，如一個十五歲的小孩離家出走，可能引起情緒的危機，這種空巢發生在不適當時候，是嚴重不適的來源，父母生活在一種持續的緊張與自覺有失敗的感覺（Hagestad，1984）。

當子女在適當的時候離家，也有些因素影響父母對子女離家的反應，假如是唯一的小孩，或兩個年齡相近的小孩則很快空巢，父母因子女的突然離開而感覺劇痛；但不論家庭的大小與子女間隔的遠近，丈夫與妻子的關係也影響他們對子女離家的反應，假如夫妻是彼此非常關心，他們的反應是解脫與高興，他們彼此將有時間，高興時一起去旅行，又彷彿回到第一個小孩出生前的親密時期；假如夫妻有一滿意的組織的婚姻，他們的反應也是積極的，因為他們彼此可追求自己的興趣，縱使沒有太多的情愛，也能舒服的生活在一起，假如夫妻的婚姻是衝突的、不愉快的，他們的反應可能是離婚。

另一個影響對空巢反應的因素是母親與她的子女的關係（Bauch, Barnett, & Rivers，1983），假如她們是自主的母親（autonomous mothers），並視子女為一獨立的個體，喜歡與子女一起，鼓勵子女成熟，喜歡子女像她們一樣，通常這些母親的自尊是高的，並自覺有能力控制她們的生活，她們比較可能發覺空巢是個愉快的地方；有些母親是所謂的母子（女）配的母親（coupled mothers），認為子女是她們自己的延申（extensions），子女使母親的生活有意義，使得母親覺得子女需要她，比起自主的母親來，母子（女）配的母親的自尊是低的，並自覺沒有能力控制她們的生活、她們比較是焦慮沮喪的，這樣的母親可能發現空巢是個凄涼與被棄的地方。

4.與年邁父母的關係

大多數中年成人的父母仍健在，可以預期的是當他們到老年時，他們的父母仍活著，研究者估計出生在1930年的女性到1990年她們之中約有四

分之一的母親仍活著（Winsborough，1980）。當人們年紀大時，親子關係將改變，有些研究者認爲成人子女與他們父母的關係較以往更爲溫暖與親近。根據邸林（Cherlin，1983）的研究，認爲這種關係在殖民時代是冷淡與有距離的，很明顯的是因年老的父母仍控制著田園，而且以專制的方式統治家庭，邸林認爲當沒有任何一代相互依賴經濟的支持，成人與他們的父母可能發展接近與親切，研究發現支持這種觀點。在一個研究中發現，當年老的父母是身體健康與經濟獨立，中年成人與他們父母的關係是最溫暖的（Johnson & Bursk，1977）；此外，父母對子女的態度也影響這種關係，當年老的父母，對子女的選擇（女婿或媳婦）贊許，對他們有興趣，並且很少對他們批評，相對地，子女也會對父母表示溫暖與關心（Weishaus，1979）。

　　雖然大多數成年子女與他們的父母並不相互依賴，然而禮物與服務却是經常在代間穿梭（Bengston, Culter, Mangen, & Marshall，1985），中年成人在很多方面協助他們的父母，他們可能提供經濟的支助，個人的照顧，開車載父母去辦事，共同去渡假、幫忙煮飯或家中雜事，年老的父母對這也很領情，但他們却更強調子女的關心與尊敬（Treas，1983）；事實上，只要父母仍然健康、獨立，他們也會對成人子女提供相同的禮物與協助。

　　有時中年成人必須爲了年老的父母負擔大多數的責任，同時他們仍有青少年子女在家，或者負擔年輕成人子女在大學的費用，老一代與年輕一代的同時催迫，使得中年父母正處於所謂的生命週期的瓶頸（life-cycle squeeze）（Hagestad，1984）。中年婦女比起男性來更有這種壓得喘不過氣來的感覺，雖然他們都提供相同程度的照顧，研究者認爲這是由於家庭的管理、小孩的養育、以及情緒的支持，都認爲是女性的責任，既使她也在外面工作（Brody，1981）。

　　在未來，中年成人可能面臨嚴重的問題，現在的年輕人到中年，大多數只有一個兄弟姐妹來分擔照顧父母的責任，而唯一的小孩則負擔照顧父母的全責，同時大多數的中年婦女又都在工作，這種趨勢正不斷增加，在這種情形下，中年婦女將面臨三種選擇；辭職在家、請人來照顧、或將父母送至安養院（nursing home），不論選擇那一方面，勢必會感到內疚

與憤恨；有些研究者已看到未來，並看到家庭中代間的要求對中年父母是種過度的負荷 (Bengston & Treas，1980) 。

5.作祖父母

當人類壽命延長，多代家庭 (multigenerational families) 增加快速，許多中年人都當了祖父母，而同時他們的父母仍健在，在美國至少有4%的老人是曾祖父母 (Troll, Miller, & Atchley，1979) 。在這種四代，甚至於五代的家庭，中年的祖父母不是家庭的老者，而是中間的一代，每一個父母與子女的連鎖 (parent-child linkage) 是整個家庭鏈 (chain) 的一部分，除了最年老與最小的之外，每個人同時是父母與子女的角色 (Hagestad, 1984) ，如圖17-2。

作祖母的年齡是各不相同的，有的祖母在她三、四十歲時，她的青少年女兒便生下小孩，也有六、七十歲的祖母，她的事業心重的女兒一直延後生小孩；有的祖父可能更老，前面曾談到後作父母，五、六十歲的父親有一小嬰兒，假如他的女兒直到三十五歲才成立她的家庭，他將在接近九十歲時孫子女才誕生。最近的一個研究中發現，作祖父母的年齡從四十五到九十歲間 (Thomas，1986) 。

這樣的年齡範圍可以說沒有一種典型的祖父母存在，因為各年齡層有其不同的發展任務。在一般人的心裏，刻板印象中的祖父母是一位年老的、白頭髮的、和藹可親的人，這種印象的祖父母實際上相似於現在的曾祖父母。在美國平均作祖母的年齡是四十九至五十一歲，而作祖父的年齡是介於五十一至五十三歲之間 (Tinsley & Parke, 1984) 。當第一個孫子女出生時，大多數的祖父母仍在工作，祖母也因太忙，因為她每天還去上班，而不能照顧孫子女。林美珍 (民七十七) 曾經訪問了台北縣市兩百多戶的三代或多代同住家庭，發現作祖母的年齡從三十五到七十五歲，作祖父的年齡稍後，從四十到七十五歲之間；至於平均作祖母的年齡是49.25歲，平均作祖父的年齡是53.8歲。

至於祖父母與孫子女的關係，大多數的祖父母對與孫子女的關係都感到滿意，但並不是所有的祖父母都如此，那些太年輕或太年老的人在擔任祖父母時較不適應 (Troll, 1980) ，五十歲不到而作了祖父母，自己會覺得太年輕就扮演一般人認為是屬於老人的角色，而那些八十歲以上的祖父

母可能不能與孫子女有愉快的經驗，因爲他們沒有精力與耐性去處理喧鬧的孫子女。其他的研究顯示祖母比祖父更能勝任這個角色，祖父母在幫忙與照顧孫子女而覺得有些責任時，他們對作祖父母的滿意度增加（Thomas，1986）。

　　孫子女似乎也與祖父母的關係密切，這種關係很少是緊張的，緊張的

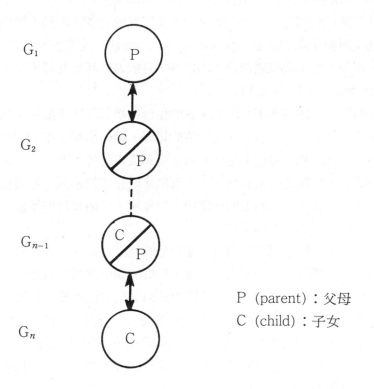

圖17-2

多代家庭的父母與子女關係模式，這種四代家庭關係模式顯示每一父母與子女連鎖是整個縱鏈（vertical　chain）的一部分，開始爲曾祖父母代（G_1），他們僅是父母的角色，因爲他們自己的父母已去世，終了爲曾孫子女代（G_n），他們仍然沒有長大，只是小孩的角色，中間的父母與子女代（G_2，$G_{n=1}$），他們兼具父母與子女的角色。（摘自Hagestad，1984，並加以修改）

關係可能存在於父母與子女之間，因爲基本上父母負有養育子女的責任，而祖父母與孫子女在一起則不必擔心後果會怎麼樣，因此祖父母與孫子女的關係密切，特別是當孫子女小的時候，祖父母與孫子女的關係更爲密切；當孫子女到青少年時，會覺得再像過去那樣與祖父母一起講故事、玩遊戲似乎不大適當，這時與祖父母的關係變得有距離，但彼此的喜愛是不變的。

　　林美珍（民七十七）在其研究的兩百多戶三代或多代同住家庭中，有五分之四以上的祖父母認爲他們與孫子女的關係是非常密切的，他們所提到的理由不外乎是住在一起，照顧孫子女、一起嬉戲等；至於關係普通或疏遠的理由也提到孫子女長大要念書或工作，相處時間不多。

　　祖父母對孫子女的影響也表現在很多方面，他們是孫子女的照顧者以及玩伴，有一研究（Kornhaber & Woodward，1981）是訪問300名小孩，他們都認爲祖父母照顧他們，並與他們嬉鬧；他們還認爲祖父母是歷史學家，告訴他們有關他們的種族文化以及家族歷史與傳統，他們也認爲祖父母是良師，指導他們並給予勸告，此外，祖父母也是一種楷模（model），他們本身給孫子女呈現祖父母角色、提供老人的形象，以及可能的職業的模範（祖父母從事的工作，孫子女對它有所認識），最後孫子女還認爲祖父母是他們自己與父母之間的調停者，緩和他們與其父母間之緊張。其他的研究發現，祖父母在間接方面影響孫子女，他們提供父母養育子女的技術、給予情緒與經濟的支持，勸告與各種經驗（Tinsley & Parke，1984）。

　　林美珍（民七十七）的研究中，不是訪問孫子女，而是訪問祖父母，他們都認爲自己照顧孫子女，跟他們嬉鬧，且樂趣無窮，這就是我們常說的一句話，「含飴弄孫，乃祖父母時期的一大樂事」；他們也教導孫子女，給他們講家族歷史、個人經驗、情緒支持、教他們說家鄉話等；當然他們也扮演孫子女與他們父母間的調停人，只是他們比較護著孫子女，所以他們也認爲自己有時會寵溺他們。

《附欄17-2》

爺爺、奶奶是我們的知心人

　　祖父母的角色是多樣的，這可從他們對孫子女成長的功能上可見一般。哈里斯（P. L. Harris）曾說：「祖父母對子女或孫子女的生活實扮演著一關鍵性、甚至不可或缺的角色」。一般的研究與實際的經驗都顯示祖父母對孫子女成長的功能有下列幾點：

㈠老師

　　我們通常認為學校負責教育小孩的責任，其實祖父母就是孫子女的教師，而且他們是在一種非形式的以及親密的方式下來教孫子女，孫子女在沒有考試與分數的負擔下，從祖父母學習到各種技術，能力與觀念，這些長者的經驗與智慧對孫子女的成長是非常可貴的。

　　在美國，巴倫諾斯基（M. D. Baranowski）的研究，發現在他調查的青少年中，百分之六十的受訪者已從祖父母那學習到有價值的技術、嗜好，或運動；許多編織、建造、機械修護，野外烹煮等技巧都是父母、同儕和學校所不能學到的。生長在一個大多數的東西都可購買得到的時代，青少年實在非常感激他們的祖父母教他們「自製」以及「自己動手做」的價值，而筆者所作的研究，也發現有相當高比率的祖父母認為他們的經驗可以傳給孫子女。

㈡家族歷史學家

　　我們都認為現在的年輕人缺乏對過去的瞭解與對未來的信念，他們過份強調目前，而祖父母正好經由對過去事件與其他地方的敘述，延展了孫子女的時空界限。正如著名人類學家米德（M.Mead）所說的，「祖父母是歷史改變的活的寶庫」。他們經驗與適應了歷史上許多的改變，因此他們能夠提供一種對過去與現在連接的感覺。目前在家族中，大家正熱衷於尋根之際，祖父母實扮演一關鍵性的角色。

㈢調停者與知己

因為祖父母已免除了直接負責孫子女社會化的責任，因此他們常常能夠在非常自然與公平的情況下，成為父母與其子女間的調停者，特別是當父母與子女有衝突或意見不合時，同時在孫子女與他們父母的關係變得緊張，或孫子女不能與他們的父母討論他們的事情時，孫子女就會向他們的祖父母訴說，因此祖父母成為孫子女的知己了。

㈣敎養者與照顧者

其實父母的主要責任是敎養與照顧子女，然而有些家庭中祖父母也擔任這些工作。祖父母提供這些服務特別是在緊急或危難之際（如父母生病，母親生產、離婚、或死亡）則更形重要。即使是不在危難時，祖父母也能提供幫助以減輕父母的過渡負擔，由於越來越多的父母都在工作，這種情形是越來越普遍了。

㈤老年的楷模

大多數的兒童由於缺乏與老人的接觸，以至於對老人的態度是不切實際與負向的，認為老人是很難看的，有病痛的，行動不便，沒有用的，孤單等，這種刻板印象，不僅損壞當今老人的形象，同時也影響了兒童當他們老年時的自我概念。很多研究都顯示兒童與祖父母有親密與溫暖的關係，會類化到對一般老人的感覺。筆者最近的研究（林美珍，民 76）也發現兒童對自己祖父母的態度比起對一般老人來，要實際多了，且認為祖父母是快樂、慈祥、幸福、和藹的，這些正向的反應會改變他們對老人的刻板印象。

（摘自中央日報家庭版「三代情」專欄，民國七十七年一月九日）

參考資料

林美珍，民77，中老年人性別角色與人格之研究，性別角色與社會發展學術研討會論文，台北：台灣大學人口研究中心婦女研究室。

林美珍，民77，祖父母意義、祖孫關係、祖父母類型及其影響因素之研究，台北：遠流出版公司。

林美珍，民76，兒童對老人態度之研究，教育與心理研究，第十期85—104頁。

林美珍，民77，爺爺、奶奶！是我們的知心人，中央日報一月九日，家庭版。

張慶凱，民62，職業行爲與職業發展（下）輔導月刊，第九卷、第七期，4－5頁，中國輔導學會。

Adelson, J. Interview by E. Hall. (1987). Children and other political Naifs.In E. Hall, *Growing and changing,* NY: Random House.

Alpert, J. L., and Richardson. M. S. (1980). Parenting. In L.W. Pooh. (Ed). *Aging in the 1980s,* Washington, DC: American Psychological Association.

Ankarloo, B. (1978). Marriage and family formations. In T. K Hareven. (Ed). *Transitions. NY: Academic Press.*

Baranowski, M. D. (1983), Strengthening the grandparent—grandchild relationship *Medical aspects of human sexualing,* Vol. 17, No. 4 April.

Baruch, G. K. and Barnett, R. C. (1986). *Role quality in multiple role involvement and psychological well－being in midlife women.* Working Paper no.149. Center for Research on Woman. Wellesley, MA: Wellesley Loll.

Bauch, G. K., Barnett, R. C., and Rivers, C. (1983). *Life prints.* NY:

McGraw—Hill.

Belsky, J. (1981). Early human experience. *Developmental psychology,* 17, 3—23.

Bengston, V. L., Cutler, N. E., Mangen, D. J., and Marshall, V. W. (1985). Generations, cohorts, and relations between age groups. In R. H . Binstock and E. Shanas, (Eds.), *Handbook of aging and the social sciences,* 2nd. ed. NY: Van Nostrand Reinhold.

Bengston, V. L. and Treas, J. (1980). The changing family context of mental health and aging. In J. E. Birren and R. B. Sloane (Eds.). *Handbood of mental health and aging.* Englewood Cliffs, NY: Prentice—Hall.

Birnban, J. A. (1975). Life patterns and self—esteem in gifted family — oriented and career—committed women. In M. T. S. Mednick., S. S. Tangi., and L. W. Hoffman, (Eds.), *Women and achievement.* NY:Halstend Press.

Blumstein, P., and Schwartz, P. (1983). *American couples. NY:William Morrow.*

Bray, D. W., and Howard, A. (1983). The AT and T longitudinal studies of managers. In K. W. Schaie. (Ed.). *Longitudinal studies of adult psychological development.* NY: Guilford Press.

Brody, E. M. (1981). Women is the middle and family help to older people. *Gerontologist,* 21, 471—480.

Cherlin, A. (1983).A sense of history. In M. W. Riley., B. B.Hess., and K. Bond. (Eds.) . *Aging in society.* Hillsdale, NJ:Lawrence Erlbaum Association.

Clausen, J. A. (1981). Men's occupational careers in the middle years In D. H. Eichorn, et al (Eds.). *Present and past in middle life.* NY: Academic Press.

Crouter, A. C. (1984). Participative work as an influence on human development. *Journal of applied developental psychology.* 5, 71–90.

Cuber., J. F., and Harroff, P. B. (1965). *Sex and the significant Americans,* Baltimore: Penguin.

Daniels, P., and Weingarten, K. (1982). *Sooner or later.* NY: Norton.

Entwisle, D. R., and Doering, S. G. (1981). *The first birth.* Baltimore: Johns Hopkins University Press.

Erikson, E. H. (1968). *Identity: Youth and crisis.* New York: W. W. Norton.

Erikson, E. H. (1982). *The life cycle completed.* NY: Norton.

Erikson, E. H. Interview by E. Hall. (1987).The father of the identity crisis.In *Growing and changing.* NY: Random House.

Falbo, T., and Peplan, L. A. (1980). Power strategies in intimate relationships. *Journal of personality and social psychology,* 38, 618–628.

Feldman,S. S., Biringen, Z. D., and Nash, S. C. (1981).Fluctuations of sex— related self—attributions as a function of stage and of family life cycle. *Developmental Psychology,* 17,24–35.

Fiske, M. (1980). Tasks and crises of the second half of life.In J.E. Birren and R. B.Sloane. (Eds.). *Handbook of mental health and aging.* Englewood Cliff, NJ:Prentice—Hall.

Garfinkel, R. (1982).By the sweat of your brow. In T. M. Field., A. Huston, H. C. Quay, L. Troll, and G. E. Finley,(Eds.). *Review of human development.* NY: Wiley Interscience.

Gergen, K. L. (1980). The emerging crisis in life—span developmental theory, In P. Baltes and O. Brim, Jr. (Eds.) *Life—span development and behavior:* Vol. 3. New York: Academic Press.

Glenn, N. D. (1975). Psychological well—being is the postparental stage. *Journal of marriage and the family,* 37, 105—110.

Golan, N. (1981). *Passing through transitions.* NY: Free Press.

Gould, R. L. (1975). Adult life stages. *Psychology Today* 8, Feb., 74—78

Gould, R. L. (1978). *Transformations.* NY: Simon and Schuster.

Grossman, F.K., Eichler, L. S., and Winickoff, S. A. (1980). *Pregnancy, birth and parenthood,* San Francisco:Jossey—Bass.

Gutmann, D. L. (1975). Parenthood. In N. Datan and L. H. Ginsberg. (Eds.). *Life span developmental psychology.* NY: Academic Press.

Gutmann, D.L. (1980).The post—parental years.In W. H. Norman and T. J. Scaramella (Eds). *Midlife* NY: Brunner／Mazel.

Hagestad, G. W. (1984). The continuous bond. In M. Perlmutter (Ed). *Minnesota symposia on child psychology.* vol.17. Hillsdale, NJ: Lawrence Eilbaum Association.

Hoffman, L.W. (1984). Work, family, and the socialization of the child. In R. D. Parke (Ed.). *Review of child development research.* Vol.7, Chicago: University of Chicago Press.

Hoffman, L. W. (1984). Maternal employment and the young child. In M. Perlmutter. (Ed.). *Minnesota symposia on child psychology.* Vol. 17. Hillsdale NJ: Lawrence Erlbaum Association.

Hoffman, L. M. (1978). Effects of the first child on the womans' role.In W. Miller and L. Newman. (Eds). *The first child and family formation.* Chapel Hill: University of North Carolina Press.

Hoffman, L. W. (1986). Work, family, and the children. In M. S. Pallak and R. O. Perloff. (Eds.). *Psychology and work.* Washington, D. C. American psychological association.

Hoffman, L. W. (1985). *Social change and the effects of maternal employment on the child.* Paper presented at the international seminar on the educational role of the family. Japan. March.

Hoffman, L. W., and Manis, J. D. (1978). Influences of children on marital interaction and parental satisfactions and dissatisfactions. In R. Lerner and G. Spanier (Eds.). *Child influences on marital and family interaction.* NY:Academic Press.

Hoffman, L. M., and Nye, F. I. (1974). *Working mothers.* San Francisco: Jossey—Bass.

Jung, C. G. (1969). *The Structure and dynamics of the Psyche.* Princeton: Princeton University Press.

Keating, N. C. and Jeffrey, B. (1983). Work careers of ever married and never married retired women. *Gerontologist,* 23, 416—421.

Kessler, R. C., and McRae, Jr. J. A. (1981). Trends in the relationship between sex and psychological distress.*American sociological review,* 46.443—453.

Kessler, R. C., and McRae, Jr., J. A. (1981). The effects of wives employment on the mental health of married men and women. *American sociological review,* 47, 216—227.

Kohn, M. (1980). Job complexity and adult personality. In N. J. Smelser and E. H. Erikson (Eds.). *Themes of work and love in adulthood.* Cambridge: Harvard University Press.

Kornhaber, A., Woodward, K. L. (1981). Grandparents／grandchild. Garden City, NY: Anchor Press.

Kurdek, L. A., and Schmitt. J. P. (1986). Early development of relationship quality in heterosexual married,heterosexual cohabiting, gay, and lesbian couples. *Developmental Psychology,* 22,305—309.

Kurdek, L. A., and Schmitt, J. P. (1986). Early development of relationship quality in heterosexual married, heterosexual co-habiting, gay, and lesbian couples. *Developmental psychology,* 22, 305—309.

Levinson. D. J., Darrow, C.N., Klein, E.B., Levinson, M.H., and Mckee, B. (1978). *The seasons of a man's life.* NY: Knopf.

Lowenthal, M. F., and Chiriboga, D. (1972). Transition to the empty nest. *Archives of general psychiatry,* 26,8—14.

Mead,M. (1974). Grandparents as educators, In Leichte, H. J. (ed.) *The family as educator,* New York. Teachers College Press.

Menken, J., Trussell, J., and larsen, U. (1986). Age and infertility. *Science,* 233, 1389—1394.

Michaels.G Y., Hoffman, M. L. and Goldberg, W. (1982). Paper presented at the annual meeting of the Ameican psychological association. Aug. Washington, DC.

Neugarten, B. L. (1968). Adult personality: Toward a psychology the life cycle. In. B. L. Neugarten. (Ed.), *Middle age and aging,* Chicago: University of Chicago Press.

Neugarten, B. L. (1967). The awareness of middle age. In B. L. Neugarten (Ed.). *Middle age and aging.* (Chicago: University of Chicago Press. 1968. (Originally published in: Middle Age. Roger Owen, Ed. London: British Broadcasting Corporation).

Neugarten, B. L. (1970). Adaptation and the life cycle. *Journal of geriatric psychiatry,* 4, 71—87.

Neugarten, B. L., and Hagestad, G. O. (1976). Age and the life course. In R. H. Binstock and E. Shanas (Eds.) *Handbook of aging and the social science.* New York: Van Nostrand Reinhold.

Neugarten, B. L., Moore, J. W., and Lowe, J. C. (1965). Age norms, age constraints, and adult socialization, *American journal of*

sociology, 70 (6),710—717.

New York Times, 1984. Study shows births up in women in their 30s.May 9,C8.

Olsen, K. M. (1969). *Social class and age group differences is the timing of family status changes: A study of age—norms in American society.* Unpublished doctoral dissertations, University of Chicago. (Cited in Neugarten and Hagestad 1976.)

Omenn, G. S. (1983). Medical genetics, genetic counseling, and behavior genetics. In J. L. Fuller and E. C. Simmel, (Eds.), *Behavior genetics.* Hillsdale, NJ: Lawrence Erlbaum Association.

Osofsky, J. D., and Osofsky, H. T. (1984).Psychological and developmental perspectives on expectant and new parenthood. In R. D. Parke. (Ed). *Review of child development research,* Vol. 7, Chicago: University of Chicago Press.

Passuth, P. M., and Maines, D. R. (1981). *Transformations in age norms and age constraints:* Evidence bearing on the age—irrelevancy hypothesis, World Congress on Gerontology, Hamburg, 1981.

Perlmutter, M., and Hall, E. (1985). *Adult development and aging.* NY: Wiley.

Ragozin, A., Basham, R. B., Crnic, K.A., Greenberg, M. T., and Robinson, N. M. (1982). Effects of maternal age on parenting role. *Developmental psychology,* 18, 627—634.

Rapoport, R., Rapoport, R., and Strelitz, Z. (1977). *Fathers, mothers, and society.* NY:Basic.

Repetti, R. L. (1985). *The social environment at work and psychological well—being.* Ph.D. dissertation. Yale University.

Repetti, R. L., and Crosby, F. (1984). Gender and depression. *Journal of Social and clinical Psychology,* 2, 57—70.

Scanzoni, J., and Fox, G. L. (1980). Sex roles, family, and society. *Journal of marriage and the family,* 42, 743−756.

Seashore, S. E., and Barmowe. J. T. (1972). Collar color doesn't count. *Psychology today,6,* Aug., 119−128

Spanier, G. B., and Lewis, R. A. (1980). Marital quality. *Journal of marriage and the family,* 42, 825−839.

Super, D. E. (1957). *The psychology of careers.* NY: Harper and Row.

Swenson, C. H., Eskew, R. W., and Kohlhepp, K. A. (1981). Stages of family life cycle, ego development and the marriage relationship. *Journal of marriage and the family,* 43, 841−853.

Thomas. E. (1986). Growing pains at 40. *Time,* May, 19, 22−41.

Tinsley, B. R., and Parke, R. D. (1984). Grandparents as support and socialization agents. In M. Lewis (Ed.) *Beyond the dyad.* NY: Pleuum Press.

Treas, J. (1983). Aging and the family. In D. S. Woodruff and J. E. Birren (Eds.), *Aging,* 2nd. ed. Monterey. CA: Brooks／Cole.

Troll, L. E. (1980). Grandparenting. In L. W.Poon. (Ed.) *Aging in the 1980s.* Washington, DC: American Psychological Association.

Troll, L. E., Miller, S. J., and Atchley, R. C. (1979), *Families in later life,* Belmont, CA: Wadsworth.

US Bureau of the Census. 1986. *Statistical abstract of the United States.* Washington, DC: US Government Printing Office.

U.S. Bureau of the Census (1982). *Statistical abstract of the United States, 1982−1983.* Washington, DC: US Govt. Printing Office.

Valliant, G. E., and Milofsky, E. (1980). Natural history of male psychological health. *American journal of psychiatry,* 137, 1348 −1359.

Vider, E. (1986). Late motherhood. In H. E. Fitzgerald and M. G.Walraven (Eds.) *Human development.* Guilford, CT:Dushkin.

Vries, H. A. (1983). Physiology of exercise and aging. In D. S.Woodruff and J. E. Birren (Eds.), *Aging,* 2nd, ed. Monterey, CA:Brooks／Cole.

Wantz, G. C., and Gay, J. E. (1981). *The aging process.* Cambridge, MA: Winthrop.

Weg, R. B. (1983). Changing physiology of aging.In D. S.Woodnuff and J. E. Birren (Ed.), *Aging,* 2nd ed. Monterey, Ca: Brooks Cole.

Weishaus, S. (1979). Aging is a family affair.In P. K. Ragan (Ed). *Aging parents.* Los Angeles:University of Southren California Press.

Weissman, M. M. (1979). The myth of involutional melancholia. *Journal of the American medical association,* 242, 742－744.

Winsborough, H. H. (1980). A demographic approach to the life cycle.In K. W. Back (Ed.). *Life course,* Boulder: Westview Press.

Wong, H. (1981). Typlologies of intimacy. *Psychology of women quarterly,* 5. 435－443.

Yankelovich, D. (1981). *New rules.* NY: Random House.

18

成人期的智力

　　成人用各種各樣的解決問題方式來處理日常事務，在成功地解決生活中實際問題時，有賴於普通的知識與經驗的累積，也有賴於基本的讀、寫、算技能，更有賴於人們使用後設認知的（metacognitive）策略，如計劃、提出假設，並加以應用，檢查進展情形，如有必要，修改假設，總之成人的思考，須要老練的（sophisticated）智慧。

第一節　成人智力的研究

一、研究成人智力的方式

　　心理學家在研究成人智力發展時，引起了定義智力的問題，因爲成人不再接受正式的教育，並沒有一個基本的知識庫，期望人們在同一個時期都能精熟，每個人由於職業與興趣的不同，所精通與熟悉的事也不一樣，

雖然人們所擁有的知識與經驗，固然是智力的某一方面，然而以某一方面
的知識來衡鑑智力是不適當的。

　　研究者曾經對成人智力有各種不同的看法，有些認為智力是一個人做
計劃與選擇以及必要時去改變的能力，有些認為它是對問題與情境作快速
反應的能力，有些則認為應基於學業技能與教育成就，有些認為它是測驗
分數，其他則相信智力為對日常情境實際理解的能力，這些都提到智力的
不同面，但沒有一個是非常滿意的。當研究一生中的智力發展時，大多數
的研究都傾向於使用心理計量的方式，與實用的方式。

㈠心理計量的智力

　　心理計量的（psychometric）方式是研究者測量成人一生中對標準
化測驗的反應表現，這些標準化測驗是根據智力的構成因素理論，主要是
衡鑑兒童的能力對學校的成就而設計的；用來測量不同年齡的成人，主要
是研究者希望了解不同年齡在各種能力的改變。

　　並非所有的研究者都喜歡用心理計量的方式來測量成人的智力，他們
認為有幾個因素使得智力測驗用來測量成人智力時不是一好的工具，因為
⑴許多智力測驗是以年輕人為對象而建立起來的標準化測驗，可能不適用
於中年或老年人，⑵智力測驗的項目（item），通常須要用理解課本教
材的思考推理方式作答，每一項目都清楚地提供了解決問題所須的訊息，
而且只有一個正確答案，通常只有一種方法獲得答案（Wagner & Stern-
berg，1986）。為了要編製這些測驗項目，測驗編製者就必須將測驗項
目抽象化，脫離現實生活。為了要回答這些測驗項目，人們必須忽略了測
驗編製者已經消除了的影響因素，既使這些影響因素在現實生活中會面臨
到。這種要求對已離開學校的成人來說似乎是不太滿意的，他們通常認為
這種抽象化刻板形式的問題過於簡單，五、六十歲的人可能會拒絕作答，
因為他們的經驗顯示這種解答是不切實際的（Labouvie-Vief，1985）。

　　智力測驗的結果與學校的成就非常有關，同時它也是一個在評量機械
、飛行、與電腦程式等專業新進人員的良好預測工具（Willis & Schaie
，1986），此種相關使智力測驗對某些年輕人而言是一有效的工具，然而
測驗結果與大多數職業的成功却僅有適度的相關，相關係數大約.20（

Wagner & Sternberg，1986）。很明顯地，智力測驗只能測出成人智力的某一部分，由於心理計量的方式來研究智力僅限於學業技能的智力，許多發展心理學家轉而針對實用的智力來研究。

㈡實用的智力

實用（practical）智力的研究認爲發展是一個主動的、且終身適應環境的歷程（Dixon & Baltes，1986），因爲人類發展是在一社會情境中，智力的研究最好是基於在此情境中，個人解決日常生活要求的能力。在這種情形下看智力，研究者假定累積的知識、經驗、以及個人的專業都影響人們思考與面對日常生活要求的方式，假如日常生活要求的能力是在他們的職業或生活中常常使用的技能，成人應該做得很好；假如日常生活要求的能力是在他們的職業或生活中很少使用的技能或是自離開學校，就沒有使用了，成人應該做得比較不好。由於成人的經驗與專業有很大的不同，正如同他們的思考與認知型態也有很大的差異。

實用智力與日常生活功能的接近，使得它成爲研究成人智力的一有價值的方向，當我們以心理計量的方式來評估中年與老年人的智力時，我們很可能低估他們在各種不同工作情境，以及處理日常生活情境的能力（Dixon & Baltes，1986）。

二、兩種歷程的智力模式

縱使心理計量的測驗來評估成人的智力並不是最好的，但它給予我們在社會情境外的基本智力技能有一比較性的測量，而實用的智力可能在成功的生活中比較重要。例如研究者已經發現，一個人能夠在生活中作一明智的選擇（比較超級市場中某一產品的大小與價格）與他的算術運算的測驗分數是沒有相關的（Scribner，1986），因此我們可以認爲智力是由兩種歷程所組成，正如Baltes等人也曾作如此的建議（Baltes, Dittmann-Kohli, Dixon，1984）。

在這兩種歷程的智力模式（The dual-process model of intelligence

）中，智力功能包含機械性（mechanics）與實用性（pragmatics），智力的機械性包括處理訊息與解決問題的基本思考運作，這些功能與能力可能在青年期末了即發展完全，它們是由智力測驗中的實作量表（performance scale）或是其他測量流動（fluid）智力的測驗來測量；智力的實用性包括所有與儲存的知識、經驗、與日常生活有關之基本認知技能（機械性）等有關之程序，這些功能及能力在成人期持續發展，如知識的精緻，保持及轉變，智力測驗中之語文量表或測量結晶（crystallied）智力的測驗可測量某些實用性的智力，但不是全部。實用的智力也包含保持專業知識與生產性的方法，以及解釋知識等，也就是我們通稱的睿智（wisdom）。

發展心理學家起初對生命早期感興趣時，在討論智力時，睿智是很少提到的，睿智因經驗而成長，故不論一個受過多高教育的青年或年輕成人，他們不可能有睿智，睿智與知識是不同的，由於它須要的不僅是事實的擁有，具有睿智的人了解他們所知道的什麼是重要的，他們在有關生活行為、影響生命的因素、及面對工作之發展上表現睿智的判斷（Dixon and Beltes，1986），睿智是智力的某方面，且隨年齡不斷地增加，因為它是由廣泛經驗所孕育發展的。

第二節　成人智力的發展

兒童期智力改變是很快的，當兒童獲得經驗、增加知識與思考技能，他們對世界的了解更加廣闊，他們適應的方法變得更為成熟。這種改變是可預知的，且有其共同特徵，以致於我們可以清楚地知道一個十歲的小孩，假如她的想法像大多數八歲的小孩或是像大多數十二歲的小孩，這種發展的規則步履使得兒童的認知發展相當容易去了解。成人期認知改變非常慢，且沒有預測性，我們對一個四十歲的人，假如知道他的思考像一個三十五歲的人我們對他是一無所知，這種與兒童期發展不同的步履，又使得

研究者在研究成人的智力發展時更爲困難。

一、皮亞傑理論的延申

　　近數十年來，幾乎沒有研究者研究成人期的認知發展，大多數的理論家都集中於兒童期的研究，致使青年期以後的智力改變很少提及。我們知道皮亞傑認爲青年期的形式運思是認知發展的極致，而且這種形式運思發展得慢，也只有少數青年人具有此種能力，因此似乎沒有理由去探尋成人思考的進一步發展。

　　由於對整個一生的發展研究興趣的出現，這種情形始有所改變，一旦心理學家發現生命並不是自青年期後即如此簡單地像走下坡一樣，他們開始探尋成人的認知發展的徵象，瑞格（Riegel，1975）提出我們應該加一個第五階段或最後一個階段到皮亞傑的理論上去，這個階段名爲辯證的（dialectical）運思，也稱爲後形式思考（postformal thought）。辯證理論家認爲人們與社會的互動，思考會到達一新的層次，成人期的經驗使得我們發現問題、產生懷疑與矛盾，進而導致我們思考的重組。

　　辯論思考與形式運思到底有什麼不同呢？在形式運思階段，思考與行動是與邏輯（logic）相一致的，矛盾觀念的解決接近兒童期的方式，並達到一種平衡狀態。瑞格認爲在辯證階段的成人不再須要達到一種平衡狀態，認知不平衡並不困擾著他們，例如，他們了解人與事常有矛盾的現象，一個人同時可以是熱情與冷酷、慷慨與貪婪、堅強與軟弱。了解到發現絕對眞理是不可能的，他們明瞭他們自己的假設及思考方式影響了他們從世界中所獲得的知識，這種了解使得他們認爲接受矛盾是所有思考與發展的基本。我們可以說成人的思考包含了一持續性的辯證，面對衝突的觀點，他們不再拼棄其一，而能夠統整他們成爲一較大的理論架構（Kramer，1983）。

　　一些研究顯示中年人較之年輕人更精於統整衝突的訊息（Labouvie-Vief，1985），當他們面對一個人，其談話與他的臉部表情或動作不一致時，中年人會將兩方面的訊息加以考慮；在面對同樣的情境時，年輕人會

接受他所說的而忽略其他的證據。在陪審團的情境中，結論必須依據各種不同的訊息，這些訊息常常是互相衝突的，年長的成人較之年輕的成人似乎更能統整所有的資料再作結論。

社會兩難問題的推理

當我們面對生活的許多進退兩難問題時，而這些問題又是屬於高度情緒的議題，形式思考（formal thought）能對這些問題加以解決嗎？假如成人發展了後形式思考（postformal thought），那麼中年男女比起青年或年輕成人來，對社會兩難問題的解決將會提出較妥的理由。

心理學家布蘭加費得（Blanchard-Fields, F.，1986）以一組二十個青年（年齡從十四至十六歲準備就讀大學的學生）以及二十個成人（年齡從三十五至四十六歲）為對象，給他們三個兩難的問題，每個受試先閱讀這些兩難問題，描述他們的衝突，給予判斷並說明他們的立場。第一個兩難問題不是有關情緒方面的，而是要求他們替參與科幻戰爭的對方解決衝突，第二個兩難問題是一個青年男孩與他的父母為了去看他的祖父母而引起彼此的衝突，第三個兩難問題是一對男女為了一個不是計劃中的懷孕是否要墮胎的衝突看法。每一受試都做了一個形式推理測驗、智力測驗中的一個字彙分測驗，以及情緒成熟測驗。

本研究的結果幾乎所有的受試都顯示出一些形式運思，但是這種形式推理與對兩難問題所提出的理由沒有關係，在三個兩難問題中，大多數三、四十歲的成人均試圖去協調雙方觀點的差異，他們針對事實，企圖將兩難問題中人物的解釋分開。例如，在祖父母的故事中，有些人認為青年為了獲得同儕認可的需要，以至於不能滿足父母的需要，這點是應當考慮的；許多人認為每一方面的觀點都是有效的，獨特的，與其他人的觀點是不相協調的，很明顯地，他們已到達辯證思考的階段。很少的年輕成人能夠如此，他們認為每個人的差異是可以預期的，他們很可能會說，假如有一中性團體出面的話，真理自會出現。在其中一則不涉及情緒的兩難問題中，青年所提出的理由與成人相似，但是在涉及情緒的兩難問題上，大多數

的青年僅考慮某一方面的觀點，雖然他們表示知道相反一面的觀點，他們較不可能如成人般試著去考慮並加以處理。

少數青年與大多數年輕成人的推理像成人一樣，他們認爲每個人的觀點都是獨特與有效的，什麼使得我們去預測年輕成人的後形式推理呢？敎育程度不是一個預測的指標，智力分數與情緒成熟是預測年輕人的後形式思考的主要因素，年輕成人的這兩個測驗分數高是比較不可能去認爲這個世界不是黑就是白，比較可能去協調相反的觀點，而年長成人的這兩個測驗分數低，那麼他們的推理像青年人。

成熟能使成人將個人對事情的看法從事的本身分開，也能夠更精確地對各個衝突的了解，並尊重他們的立場，這種進展與一些認知發展的觀點一致，它是辯證（dialectical）推理的反應，實用（practical）智力的應用，或是負責階段（responsible stage）的達成。

二、成人認知的階段

Riegel建立他的認知發展在皮亞傑的系統上，斯凱伊（Schaie，1977，1978）發展了成人智力的階段論，強調認知與發展任務（developmental task）的相關聯，他的智力的觀點與艾瑞克遜的系統相互一致的（參閱十七章）。在斯凱伊的理論中（見圖18-1）成人期前的認知改變表現在逐漸增加獲得新訊息的有效方法，成人期的改變表現在使用訊息於各種不同方面，因此，他將兒童期與青年期合併爲一個階段，稱爲獲得階段（acquisitive stage）經由這個時期，年輕人從事學習新技能，儲存知識，而這些獲得的知識是爲將來使用，這是一個爲學習而學習的時期，獲得知識不知是否會用到，「什麼是我應該知道的？」是這一時期的最好說明。事實上，年輕人整天在學校，社會也堅持他們盡全力去獲得知識。

在成人期的三個階段中，斯凱伊認爲「我如何用我所知道的？」是早成人期與中年的最好說明，早成人期是斯凱伊理論的第二個階段，稱爲成就階段（achieving stage），這時已經到達去利用多年來累積知識的時

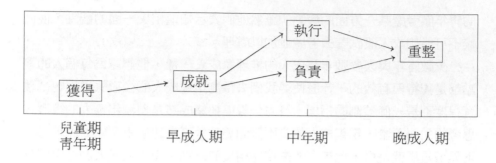

圖18-1　成人認知發展階段

Schaie認爲認知與發展任務相關聯，第一階段（兒童期與青年期）專心於獲得知識，成人期各階段的反應則在使用知識於各方面（摘自Schaie，1977，1978）。

候，年輕成人開始應用他們的知識在職業上，同時他們也應用他們的知識在個人生活上，許多人結婚，成立家庭，他們也應用他們的知識在嗜好的追求上，如登山、健行、球類、棋藝等。這個階段所要解決的問題都是非常巨大的，如是否結婚，和誰結婚、是否要有小孩，何時有小孩，選擇那種職業等。

　　年輕成人經過了成就階段則預備進入中年的認知階段，斯凱伊稱之爲負責階段（responsible stage）和執行階段（executive stage）。這些階段須要成人應用他們的智力在對社會負責，負責階段先開始，在此階段，人們對生活的實際問題負責，對他的家庭成員以及雇主負責。有很多人進入執行階段，在此階段，個人從對家庭與雇主的責任擴大到對組織與社會的責任，成人考慮如何管理組織，如一個工作部門、一個工廠、一個俱樂部。他們的興趣也轉向較複雜的地方與國家的議題，如行政區的劃分、學校董事會、徵稅，或外交政策。

　　斯凱伊認爲晚成人期是個重整的階段（reintegrative stage），這個時期獲得知識的要求已經轉弱，要做決定的機會也有限，「爲什麼我應該知道？」（意思是說我可以不知道）是此階段的最好說明，老年人不再像過去那樣的投注在職業、家庭、以及地方與國家的議題上，而只重點似的

專注在單一方面。也許退休使他們較有時間參與政治活動、宗教事務，或是社區福利；也許他們轉向與配偶與孫子女的關係上，也許有些可能繼續從事他的專業，但是却減少了在生活中其他方面的熱衷。

在這些階段中，從一個階段到另一個階段是決定於發展任務，而不是由年齡所決定（參閱第十七章）。在獲得階段，人們必須保持申縮性，因為我們不知道我們的生活會是什麼樣子，或是在什麼樣的情境中使用我們的技能。當我們進入成人期，應該對職業、配偶、子女養育負責，問題的發生與解決離不開家庭與工作情境。問題不再是嚴格地被定義，答案也不再是清楚的，成人是在處理模稜兩可的情境，了解對自己以及他人的含義，不是去考慮事實與正確的解決（Labouvie-Vief，1985）。當成人期發展事項改變，那麼人們的思考與智力功能也隨之改變。

第三節　年齡與智力改變

研究成人智力的一個中心議題就是「是否智力測驗所測的認知技能隨著人們年齡的增加而改變？」人的身體因年齡而改變，這是生理上所設定的，因此，似乎可以假定認知功能的下降也是不可避免的。大約三十年前，大多數的心理學家都假定認知發展的歷程與身體的成熟與衰退相平行，認為智力功能在生命的最初二十年不斷增加，然後有幾年時間保持穩定不變，以後則往下降（Labouvie-Vief，1985）。

然而對智力發展的這種描述是有些問題的，第一，這種下降正逐漸往後移（Schaie，1983），在1916年，測驗結果顯示人的智力的最高峯是在十六歲，二十幾歲時的思考已沒有那麼靈活了；在1939年，智力的最高峯似乎在二十幾歲；到了1950年代，智力持續上升直到三十多歲，人們似乎在四十歲還是相當的敏銳。第二，假如預測是正確的，那麼有一群老年人，他們的智力功能應該是下降的，然而仍繼續維持在一高的水準，這些人包括最高法院的法官、政府官員、作家、畫家、雕塑家、音樂家、哲學家

、心理學家、建築家、以及演員，在他們七十、八十，甚至九十多歲時仍
對社會有重要的貢獻，在晚年，他們生產創作活動的量似乎減少，然而他
們的品質却維持不變 (Perlmutter，1988) 。

一、智力下降的分析

　　前面說過以心理計量的方式來研究智力是研究者測量成人一生中在標
準化測驗的表現，結果却發現隨著年齡的增加而測驗分數持續下降，爲什
麼在測驗分數的持續下降的同時，許多成人的表現仍維持高的水準？心理
學家狄克遜和貝特茲 (Dixon & Baltes，1986) 在回顧所有的文獻後作成
這樣的結論，他們認爲成人期智力的發展遵循三個原則：
　(1)心理功能的機械性 (即用以處理訊息的基本運作) 隨著年齡的增加
　　　而下降，但經由練習而擁有的功能與技能會維持平穩，甚至有所改
　　　進。
　(2)年老成人常常不能充分應用他的心理潛能，意思是說他們所擁有的
　　　潛能往往在某些情境中表現出來。當他們有興趣、努力去做並加以
　　　練習，或是他們動機很強，他們的智力表現會充分展露。
　(3)當某些方面的心理功能下降，可從其他方面獲得補償，因此智力表
　　　現的下降只是局部的，並不如測驗結果所顯示的。

　　如此說來，中年、老年的智力功能有賴於練習、動機與經驗。對成人
智力而言，單一智力測驗分數並不是一有效的測量，智力測驗沒有告訴我
們人們思考方式的改變，假如智力各方面的改變是不同的，那麼相同智力
測驗分數的人，可能在不同的年齡，有不同的意義。現在我們仔細地分析
智力測驗的表現，我們可以清楚地發現那種智力功能的下降是不可避免的
，以及爲什麼它不如智力分數所顯示的那麼嚴重。

㈠橫斷的研究

　　在橫斷的研究 (cross-sectional studies) 中，顯示四十至七十歲成人

的智力分數開始逐漸下降，此後下降得比較顯著。當進一步分析各種分數時，我們發現並不是所有分數的下降都是相同的，語文量表的分數下降的最少，有些分測驗的分數保持穩定，甚至於上升，而所下降的似乎是集中在操作方面，或是非語文量表，屬於這方面分測驗分數在中年即開始下降，且繼續下降至生命終了。這種下降型式稱為古典老化型式（classic aging patterns），不因男女、種族、或社經地位的不同而有差異（Botwinick，1977）。

對流動與結晶智力的研究也顯示成人思考的各方面呈現不同的發展型式，流動智力分數反應心理功能的機械性，在三十多歲開始下降，以後持續下降，每隔十年，成人在抽象思考、非語文理解與問題解決，以及處理新奇訊息方面表現漸差。是什麼原因使流動智力下降呢？根據荷恩（Horn，1982）的說法，認為成人每過十年，他們在最初面臨問題須要組織訊息方面漸感困難；他們在保持注意於眼前處理的事情上漸感困難；他們在對一件工作期待的形成上漸感困難。

儘管如此，流動智力的下降並不對中年人產生困難，因為這方面能力的下降伴隨著結晶智力的上升（參見圖18-2）。成人在解決問題，而所解決的問題有賴於在熟悉的情境、應用已有的知識方面一直保持得很好；在其他特殊技能方面，如字彙測驗、同意字測驗，以及擴散性思考測驗，成人在六十多歲時比在二十幾、三十幾，或是四十幾歲表現得更好，荷恩1982）認為結晶智力的增加是由於累積的知識，老年人有較多的知識，在使用與組織訊息時更為有效與具有彈性。

一些發展心理學家仍然相信橫斷的研究不能提供成人智力正確面貌，當研究者從另一個角度來看這些測驗時，他們了解到一些使智力分數下降的因素。第一，智力測驗每經過些時候就重新修訂，老年人必須獲得較高的分數才能維持他們原有的智力水準，這是因為教育、生活水準，以及廣播、影片與電視的影響使智力測驗較難，今天測驗分數114相當於1937年的測驗分數100（Flynn，1984）；第二，大多數的智力測驗分數是有時間限制的，許多分測驗的分數受速度的影響（Wllis，1985），當智力測驗的答案有賴於速度來評量時，知覺速度的緩慢或是深思熟慮後再做出答案將使分數下降；第三、測驗的標準化或是常模的建立是以年輕的成人為

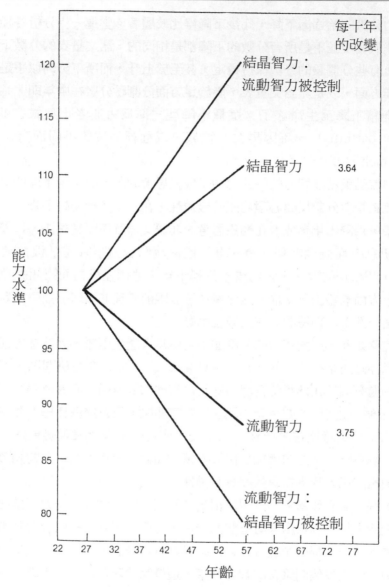

圖18-2　流動與結晶智力的老化

從中年開始，結晶智力（Gc）隨年齡的增加而上升，但流動智力（Gf）
則隨年齡的增加而下降；當流動智力被控制，結晶智力的上升更加顯著，
當結晶智力被控制，流動智力的下降更加顯著，圖中的右邊顯示每十年成
人智商上升或下降的情形（摘自Horn，1982）。

樣本，他們有的仍在學校或是剛剛離校就業，他們習慣於做測驗，或是習慣於從事脫離現實的推理工作，對已離開學校三十年或更長時間的成人而言，是不習慣於這種正式的測驗情境，並對測驗工作感到困難。第四，健康、認知經驗，以及生活方式影響我們訊息的儲存，以及如何使用訊息，有些中年與老年人患有慢性疾病（且每過十年，罹患者人數增加），他們的教育水準也低於年輕的成人，今日的年輕人有超過85％的人高中畢業，只有55％的五十五歲或更老的人完成高中（U.S. Bureau of the Census，1986）。當研究者比較教育程度相同的成人，發現在六十五歲以前，他們的智商幾乎都沒有下降（Botwinick，1977）。其他方面的年齡層效應（cohort effects，參閱第十七章）也是很重要的，社會漸趨複雜，這種複雜影響教育的性質、職業以及日常生活；此外，歷史的改變（參閱第十七章），如人們自出生後即持續暴露在電視的環境中，也會影響我們的知識與思考模式。

㈡縱貫的研究

在橫斷的研究中，顯示的年齡層差異使得一些研究者想到縱貫的研究（longitudinal studies）可能給我們對成人智力的改變有一較樂觀的看法，因為縱貫的研究能夠幫助我們解開由於年齡層效應所產生的一些曲解，而顯示出個體本身的改變。最重要的一個縱貫的研究是由斯凱伊（Schaie and Hertzog，1983）所領導的，此研究的設計同時兼具序列的（sequential）的特性，亦即同時追踪兩組成人歷時十四年，他們的智力分數與橫斷研究的四組受試相比。在第一次測驗時，年齡範圍從二十二到六十七歲，因此含蓋整個成人時期。

年齡層差異影響幾個分測驗的分數，年輕的受試在推理、語文意義與空間等測驗分數較高，空間與歸納推理都是測量流動的智力，而語文意義是一種結晶的智力技能；年老的受試在字的流暢上分數較高。

在十四年期間，的確顯示出成人智力分數的各方面的下降是不同的，但是這種下降比起橫斷研究的發現是小些。年齡層效應很明顯地突顯了這種下降的顯著性；縱貫研究的受試的分數在早成人期顯示較為上升，而在中年顯得較少下降（參見圖18-3）。當人們到五十多歲時，統計學上的可

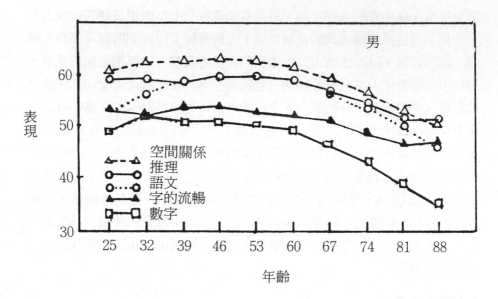

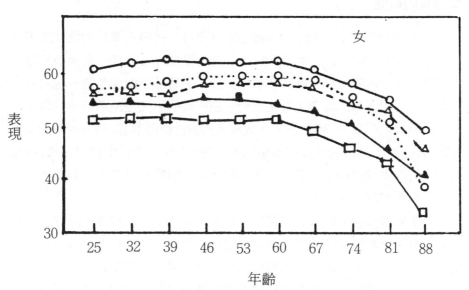

圖18-3　在縱貫的研究中，老化影響各種不同心理能力發展

（摘自Schaie，1983）

靠性下降開始出現，但是這種下降是太少了以致於並不明顯地影響成人的智力表現，在四十六到六十歲之間，這種智商的下降只有三點。縱貫研究顯示老人在所有的分測驗中都有些微下降，並指出這些測驗是有時間限制的，斯凱伊認爲這種下降是由於老人在從事智力活動時變得較爲緩慢的緣故。

在生命的後期，很多人到七十歲時才顯示出智力分數的下降，也有一些人在八十歲時才第一次測量出智力下降的現象 (Schaie，1984) 。在加州的一個研究中 (Eichorn，Hunt & Honzik，1981) ，發現有些因素影響中年的智力改變，這些受試在他們三十六至四十八歲期間智商有些微的增加，也有一些受試的智商有顯著的上升與下降，這些智商上升的男女主要是在這段期間曾到世界各國旅行，嫁或娶的配偶其智商比自己在青年期的智商高出十點，而大多數智商下降的受試則是在這段期間酗酒以及有嚴重的健康問題。

㈢臨終的下降

有些研究者認爲臨終的下降 (terminal drop) 足以反應出健康與智商的關係，所謂臨終的下降就是智力分數在去世前的顯著下降，這種下降與年齡沒有關係，而是與死亡有關。很明顯地，這是由於身體衰退或損傷的結果，在德國的一個縱貫研究中，發現六十五歲以前死亡的人，其健康與智力分數非常有關聯 (Riegel & Riegel，1972) ，此外，在其他縱貫研究中，顯示出這種明顯的下降大約在死亡的前五年，有些也發現這種下降在生命的最終十個月，究竟這種下降是如何影響智力的各方面還不得而知，有些研究者已經發現最顯著的下降是在語文知識方面，也有些研究者發現是在操作技能方面的下降，其他的研究者則認爲兩方面都下降 (Botwinick，1977) 。由於這些衝突的結果，使得臨終的下降這個概念仍在爭論不已。

《附欄18-2》

人老智力未必差

　　智力對一個人的學習和適應環境是很重要的，而一般人卻認為，智力隨年齡的成長而增加，直到早成人期（約二十多歲），繼之有一段時期相當平穩，然後隨著年齡的增加而遞減。也就是說，老人的智力將愈來愈低。這種看法隨著心理學家的研究發現已予以否認，他們的研究可從兩方面獲得證明。

　　首先他們認智力隨年齡的增加而遞減是由於研究方法的缺失。譬如我們在比較年輕人與老人的智力時，我們的老人多半是身體健康狀況不佳的，沒有考慮到社會進步、歷史變遷的影響（即十年前六十歲的老人與當今的六十歲老人是不同的）。同時，有些老人多少都有些疏遠隔離的經驗，因此造成與年輕人在智力上的差異。這種差異可能是健康狀況與其他因素的結果，而不是年齡的不同。

　　其次是智力測驗內容本身的問題。譬如三歲小孩對某一智力測驗題目的回答是不同於三十歲的人，因此智力測驗應真正反映一個人的經驗、睿智，以及面對生活問題的能力，而不是在所提供的答案中，在規定的時間內作一正確的反應。我們以適用於年輕人的標準來評量老人在智力測驗上不如年輕人，更是值得商榷的。

（採自民生報家庭版「長青道上」專欄，民國七十七年六月一日）

二、智力下降的補救

　　大多數中老年人智力分數的改變對他們的生活有顯著的影響嗎？事實上，除非一個人患有使身體逐漸衰弱的疾病，智力的機械性分數下降是非常微小的，直到生命的晚期，人們在解決他們所面臨的問題上才有一些可察覺的影響。在回顧有關的研究後，研究者作這樣的結論，認為大多數的工作者，特別是在職業分類中，屬專業的工作者，隨年齡的增加，他們的

《附欄18-3》

結晶智力不退反進

　　在老年的研究中，智力是最為心理學家所注意的了；Horn（1970）將智力分為流動的智力與結晶的智力；流動的智力是指個人的普通心理能力，特別是屬於實際操作的能力，如符號與數字的配對、知覺統整的拼圖等的心理動作能力，以及在視覺範圍內轉換注意的能力。這種智力隨著年齡的增加到了老年，會有衰退的傾向，而與知識、經驗，和學習無關。老人的這種智力之所以不如年輕人是因為老人的反應時間慢，需要較多的時間去反應，這使得老人在駕駛汽車或閱讀方面比較受影響。

　　結晶的智力是指經由經驗而獲得的知識，如字彙定義、語文理解，以及普通常識等屬於語文的能力，這種能力並不因年老而衰退，對某些人而言，且有增加的趨勢，因此老人在利用過去的經驗、儲存的知識來解決問題是大有可為的。

　　有了這種認識，老人應該選擇與經驗和知識累積有關的情境與工作，而不應選擇有時間壓力與需要發展新方法的工作，這樣老人的表現可能比年輕人更好。

（採自民生報家庭版「長青道上」專欄，民國七十七年十月十二日）

工作變得更為有效率（Waldman & Avolio，1983）。他們如年輕成人一樣準確，且更加穩定，他們較少發生意外，而且也較少曠職（Stagner，1985）。在一個以印刷工廠為受試的研究中，發現五十多歲是工作效率與準確的巔峰時期，六十歲以後才有些微的下降，但有一類工作者例外（Clay，1986），那就是校對工作者，在他們六十多歲時似比二十多歲與三十多歲的工作者更為準確與快速。

　　前面說過，工作的表現有賴於練習、動機以及專門技術與知識，較老的從業員較之年輕的從業員對工作更為投入，對組織更為休戚與共，與某種工作相關的技能非常精熟，並且繼續不斷地精進（Perlmutter，1988），這些均與有效地組織知識，早期策略與職業相關技術的發展有

關。

此外，成人也可在其思考的機械性減緩後獲得新的、補救的技能以阻止表現的下降，例如，反應時間是打字技能的因素之一，當測量打字的反應時間、年老的打字員比年輕的打字員慢些，但是老年人也打得像年輕人一樣快，研究顯示出年老的打字員為了彌補他們減緩的反應時間、可藉著先看所要打的資料（Salthouse，1984）。當研究者安排使打字的資料不能先看到時，年老的打字員的速度即下降，年輕打字員的速度仍舊一樣，這說明了老年人以經驗來代替速度。在做決定方面，老年人也沒有顯示退步的現象，年老的橋牌手可能須長的時間叫牌，年老的棋手可能在移動一棋子時須較長的時間，但是年輕的成人也會如此（Charness，1985）。

第四節　影響成人智力的因素

在斯凱伊的縱貫研究中，十四年期間，幾乎有一半的受試在七十歲時智力並沒有下降，因為這些發現，研究者想要知道成人期的智力受那些因素的影響。較早我們曾提到教育是一個影響因素（參閱第三節）；此外，人格、生活型態，以及運動與慢性疾病等也是重要影響因素。

一、人格

人格如何影響我們的思考呢？研究顯示在高度壓力的情境，人格型態會影響認知功能。有些人的行為好像在與時鐘競走，當他們受阻會變得高度地競爭，充滿敵意；有些人是放鬆的，並沒有感到時間的壓力。在大多數的情境下，與時間競走型的人（也就是A型人格）比起放鬆型的人（也就是B型人格）較具生產性與成就性，但是在高度壓力的情境下，A型人格的人似乎有很強的需要以維持自身的穩定。同時高度壓力可能給他們帶

來麻煩（Glass，1977）。在一個研究中，A型與B型人格的受試解決一組
問題（Brunson & Matthews，1981），當他們做完後，他們開始解決另
一組問題，但這組問題是無從解決的，當他們努力解決這一個個無從解決
的問題時，A型人格的受試感到受挫與生氣，他們認爲測驗太難了，以至
於沒有能力去解決它，沒有嘗試新的方法就放棄，既使研究者一再說那是
不對的，他們也一再重覆不正確的答案。B型人格的受試的反應就完全不
同了，他們似乎也感到不愉快與無聊，但並沒有生氣，相反地，他們嘗試
去找新的方法去解決，並且似乎相信最後會成功的。

二、生活型態

生活型態也是影響成人認知的一個重要因素，它能預測晚成人期智力
發展的情形。斯凱伊（1984）已經發現中年人的生活，其環境刺激是高的
，特別是那些繼續追求教育方面的興趣；一般而言，他們的智力仍然維持
不變，很明顯地，人們環境的複雜性與認知能力的不下降有關，那些從事
刺激智力工作的人將繼續發展他們的心理能力。在早成人期從事管理職位
者到中年期，其智力有繼續增加的現象（Willis，1985）。

有些研究者認爲當人們退休，以及從全部參與生產行列與社會生活中
撤退，智力開始下降（Labouvie-Vief，1985）。在斯凱伊的研究中，發
現智力的下降與窮困、社會孤立、鰥寡、或離婚、以及停止工作有關（
Gribbin, Schaie, & Parham, 1980）。至於女性智力的顯著下降是由於丈
夫去世，從社交活動中撤退，生活在相當不易接近的環境中；成人如果維
持一相當活動的生活型態，充滿社交與心智活動、智力測驗的表現將令人
滿意。

三、運動與慢性疾病

運動似乎也孕育心智發展，過胖年輕成人的反應時間相似於年老的成

人，當這些過胖的成人參與一項強健的運動計畫後，他們的反應時間獲得相當地改善（Tweit，Gollnick, & Hearn,1963），其他的研究也顯示出年老成人的認知與運動的關聯（Wiswell，1980），那些身體狀況不佳的成人，他們的反應時間漸緩、注意力受影響，且記憶力衰退，遠不如經常運動、身體健康的年老成人。

為什麼運動對認知有影響呢？運動似乎可以解除焦慮與減輕緊張，在一研究中顯示步行十五分鐘比服用鎮靜劑對一高度焦慮者的解除更為有效（deVries & Adams，1972）；規則的運動也能降低血壓，改進循環系統的狀況，降低膽固醇，使紅血球增加，心臟附近的血管狀況良好。

運動對血壓與循環系統的影響是特別重要的，因為有些研究者已經發現這些因素與智力下降相關聯，在一個研究中，高血壓的年輕成人的智力比之正常血壓年輕成人或中年人為低（Schultz，Elias，Robins，Streeten & Blakeman，1986），當這些中年成人在六年後再測時，具有正常血壓的中年人顯示在語文量表的分數增加，實作量表的分數相當穩定，而過度緊張的成人在兩個量表的分數都是穩定的，雖然這些成人有高血壓，他們卻沒有其他身體疾病。

其他的研究也發現須要形式運思推理的問題解決能力與心臟血管疾病相關聯（La Rue & Jarvik, 1982）。中老年人解決鐘擺問題（參閱第十六章）以及另兩個皮亞傑的測驗，測量形式推理與類推能力，結果發現年齡對測驗沒有影響，健康才是影響的因素；研究者也發現認知與腎臟功能有關（Osberg，Mears，Mckee & Burnett，1982），腎臟疾病、腎臟功能失常，以及須要透析等與智力下降相關。

健康與智力功能的密切關係在杜克（Duke）大學對成人從事二十一年的縱貫研究中更可證明（Manton，Siegler & Woodburg， 1986）。在此研究結束前，大多數的參與者已經去世，研究者根據他們過去智力分測驗的分數以及其他認知變項，包括記憶與反應時間，將他們分為五組，分數最低的患有高血壓以及健康狀況最不好，分數最高的有最好的健康狀況與心理健康。

總之，在健康的成人中，教育以及一種高度活動的生活方式是對智力下降的最好防衛。

參考資料

林美珍（民77），人老智力未必差，*民生報*六月一日家庭版。

林美珍（民77），結晶智力不退反進，*民生報*十月十二日家庭版。

Baltes, P.B., Dittmann-Kohli, F., and Dixon, R.A. (1984). New Perspectives on the Development of Intelligence during Adulthood. In P. B. Baltes and O. G. Brim, Jr., (Eds.) *Life—Span Development and Behavior.* Vol. 6. NY: Academic Press.

Blanchard—Fields, F. (1986). Reasoning on Social Dilemmas Varying in Emotional Saliency. *Psychology and Aging,* 1, 325—333.

Botwinick, J. (1977). Intellectual Abilities. In J.E. Birren and K.W. Schaie (Eds.) *Handbook of the Psychology of Aging* NY: Van Nostrand Reinhold.

Brunson, B. I., and Matthews, K.A. (1981).The Type A Coronary—Prone Behavior Pattern and Reactions to Uncontrollable Stress. *Journal of Personality and Social Psychology,* 40, 906—918.

Charness, A. (1983). Aging and Problem—Solving Performance. In N Charness (Ed). *Aging and Human Performance. NY: Wiley.*

Clay, H.M. (1956). A study of Performance in Relation to Age at Two Printing Works. *Journal of Gerontology,* 11, 417—424.

deVries, H.A., and Adams, G. M. (1972). Electromyographic Comparison of Single Doses of Excrcise and Meprobamate as to Effects on Muscle Relaxation. *American Journal of Physical Medicine,* 52,120—141.

Dixon, R.A., and Baltes, P.B. (1986). Toward Life—Span Research on the Functions of Pragmatics of Intelligence. In R. J. Sternberg and R.K. Wagner(Eds.) *Practical Intelligence.* NY: Cambridge University Press.

Eichorn, D.H., Hunt, J.V., and Honzik, M.P. (1981). Experience，Personality and IQ. In D.H.Eichorn., J.A.Clansen., N. Haan., M.P. Honzik., and P.H. Mussen. (Eds.) *Present and Past in Middle life.* NY: Academic Press

Flynn, J.R. (1984) . The Mean IQ of Americans. *Psychological Bulletin,* 95, 29−51.

Glass, D.C. (1977). *Behavior Patterns, Stress, and Coronary Disease.* Hillsdale, NJ: Lawrence Erlbaum Assoc.,

Gribbin, K., Schaie, K.W., and Parham, I.A. (1980). Complexity of Lifestyle and Maintenance of Intellectual Abilities. *Journal of Social Issues,* 36, 47−61.

Horn, J.L. (1982). The Theory of Fluid and Crystallized Intelligence in Relation to Concepts of Cognitive Psychology and Aging in Adulthood. In F.I.M. Craik and S. Trehub (Eds). *Aging and Cognitive Processes.* NY: Plenum.

Kramer, D. A. (1983.) Post—Formal Operations? *Human Development,* 26, 91—105.

Labouvie—Vief, G. (1985.) Intelligence and Cognition. In J.E. Birren and K.W. Schaie (Eds.) *Handbook of the Psychology of Aging,* 2nd ed. NY: Van Nostrand Reishold.

La Rue, A. and Jarvik, L.F. (1982), Old Age and Biobehavioral Change. In B.B Wolman (Ed). *Handbook of Developmental Psychology.* Englewood Cliffs, NJ: Prentie—Hall.

Manton, K.G.: Siegler, I.C. and Woodburg, M.A. (1986). Patterns of Intellectual Development in Later Life. *Journal of Gerontology,* 41, 486−499.

Osberg, J.W., Mears, G.J., Mckee, D., and Burnett, G.B. (1982). Intellectual Functioning in Renal Failure and Chronic Dialysis.

Journal of Chronic Disease, 35, 445—457.

Perlmutter, M. (1988) Contiued Cognitive Potential Throughout Life, Zn J.E. Birren and V.L. Bengston (Eds.) *Theories of Aging.* NY: Springer.

Riegel, K. F. (1975). Toward a Dialectical Theory of Development. *Human Development.* 18, 50—64.

Riegel, K. F., and Riegel, R.M. (1972). Development, Drop, and Death. *Development Psychology,* 6，306—309.

Salthouse, T.A. (1984). Effects of Age and Skill in Typing. *Journal of Experimental Psychology General,* 113, 345—371.

Schaie, K.W. (1977／78). Toward a Stage Theory of Adult Development. *International Journal of Aging and Human Development,* 8, 129—138.

Schaie, K.W. (1983). Age Changes in Adult Intelligence. In P.S. Woodruff and J.E. Birren (Eds.) *Aging,* 2nd ed., Monterery, CA: Brooks／Cole.

Schaie, K.W. (1984). Midlife Influences upon Intellectual Function in Old Age. *International Journal of Behavioral Development,* 7, 463—478.

Schaie, K.W. and Hertzog, C. (1983). "Fourteen—Year—Cohort—Sequential Analyses of Adult Intellectual Development. *Developmental Psychology,* 19, 531—543.

Schultz, N.R., Jr., Elias, M.F., Robbins, M.A. Streeten, D.H.P., and Blakeman, N. (1986). A Longitudinal Comparison of Hypertensives and Normotensives on the Wechsler Adult Intelligence Scale. *Journal of Gerontology,* 41, 169—175.

Scribner, S. (1986.) Thinking in Action. In R.J. Sternberg and R. K. Wagner (Eds.) *Practical Intelligence.* NY: Cambridge University Press.

Stagner, R.(1985). Aging in Industry. In J.E. Birren and K.W. Schaie

(Eds.) *Handbook of the Psychology of Aging,* 2nd, NY: Van Nostrand Reinhold.

Tweit, A. H., Gollnick, P. D., and Hearn, G.R. (1963). Effect of Training Program on Total Body Reaction Time of Individuals of Low Fitness. *Research Quarterly,* 34. 508−512.

U.S. Bureau of the Census. (1986). *Statistical Abstract of the United States.* Washington, DC: US Govt. Printing Office.

Wagner, R.K., and Sternberg, R.J. (1986). Tacit Knowledge and Intelligence in the Everyday World. In R.J. Sternberg and R.K. Wagner (Eds.) *Practical Intelligence.* NY: Cambridge University Press.

Waldman, D.A., and Avolio, B.S. (1983). *Enjoy Old Age.* NY: Norton.

Willis, S.L (1985) . Educational Psychology of the Older Adult Learner. In J.E. Birren and K.W. Schaie (Eds) . *Handbook of the Psychology of Aging.* 2nd NY: Van Nostrand Reinhold.

Willis, S.L., and Schaie, K.W. (1986.) *Adult Development and Aging* 2nd ed. Boston: Little, Brown.

Wiswell, R.A. (1980). Relaxation, Exercise, and Aging. In J.E. Birren and R.B. Sloane (Eds.) *Handbook of Mental Health and Aging* Englewood Cliffs, NJ: Prentice──Hall.

19

老年期身體與心理功能的轉變

第一節　老年期身體與生理的改變

一、身體的改變

　　對大多數人而言，年老意謂著美貌、體力、活力的繼續喪失，雖然身體的改變在整個成人期已開始，但並不影響人們的日常生活，直到七、八十歲時才會干擾人們的效率與日常習慣（Weg，1983）。

㈠老化的典型徵兆

　　老化的速率有很大的個別差異，而最後典型的改變是頭髮轉白且稀疏，皮膚失去水份與彈性，臉上佈滿縐紋，骨骼結構改變，人會比過去矮，但這種身高的萎縮並不像早期橫斷研究所顯示的這麼明顯（Rossman，

1977)，缺乏運動將加速肌肉的萎縮，關節的僵硬，當鈣減少時，骨骼變得疏鬆與易脆，因此很容易破碎，骨骼挫傷仍能接合，但要較長的時間恢復 (Tonna，1977)。

在老人體內，其他的改變也會發生，這些看不見的改變對一個人適應壓力與其他改變有很大的影響。一個健康、充滿活力的人，當他受運動的壓力或情緒煩亂後，心臟的運作還是跟正常一樣，而老年人的心臟則要較長的時間回復到正常的跳動與運作，既使是輕度的運動，循環系統所攜帶的血液也不像過去一樣；當動脈管壁硬化，變得比較沒有彈性，血液流通比較慢，血壓因此上升；每次呼吸進入肺內的氣體也比較少，使得呼吸急促，運動後感到不舒適。

約有三分之一的老人埋怨睡眠不好，但大多數老人仍能如年輕人一樣，一天中保持七、八小時的睡眠。睡眠不好是因為睡眠型態與睡眠特質改變的緣故，老人在晚上會醒來，而在白天藉午睡彌補睡眠的不足。在最近的一項研究中，研究對象是六十五～九十五歲的中等社經地位的老人，紀錄他們平均在家睡眠的時間約為八小時又十八分鐘 (Ancoli-Israel，Kripke, Mason & Kaplan，1985)。

事實上，睡不好並不是伴隨老化的正常現象，它可能由於沮喪、喝過多的咖啡或酒，或使用安眠藥所致。安眠藥干擾睡眠是因人們形成對安眠藥的容忍，並增加呼吸停止的發生 (呼吸停止至少十秒鐘)，以及心跳不規則。假如有睡眠困擾的老人，能夠使躺在床上的時間減少，白天儘量不要午睡，停止使用安眠藥，將會發現睡得很好，在晚上睡眠時較少醒過來 (Woodruff，1985)。

㈡身體的衰退是不可避免的嗎？

當研究者指出老人骨骼疏鬆易脆、或容易患高血壓、缺乏精力時，通常我們會假定這些都是由於年齡使然，是免不了的。事實上，這些研究的受試大多數都患有某些退化的疾病，而且是住在安養之家(nursing home)的老人，他們幾乎都是病弱的，因此不能用來代表大多數的健康老人。

在十七章中曾談到一些隱而不顯的疾病 (hidden disease)，不使用 (disues) 與濫用 (abuse) 都可能與老化的改變有關，我們認為老人飽

經風霜的縐紋其實主要是曝晒與風吹的結果；在過去認爲骨骼疏鬆病（osteoporosis）對已停經的（post-menopausal）的婦女而言，是不可避免的，事實上，食物中缺乏鈣，以及缺乏運動可能是骨質疏鬆的主要原因，年齡在六十九～九十五歲的婦女參與一項三年的正規運動課程，發現她們的骨質密度增加4.2%，而沒有運動的婦女在同一時期，其骨質密度減少2.5%（Buskirk，1985）。過去認爲氣腫（emphysema）是正常老化的現象，現在研究者知道就像肺癌一樣，是由於吸煙與其他環境的損害造成的。

　　正規的運動可以阻止很多老化的影響，它可以防止肌肉組織的萎縮，增進關節的活動，增加呼吸的持久，促進血液循環，減少罹患心臟疾病的危險高達50%（U.S. Public Health Service, 1979）。

　　如果我們在生活中持續運動，不抽煙、不狂飲或濫用藥物，注意飲食，大多數的老人將靑春永駐，免於退化的疾病之苦，保持精力與活力，直到臨終前的所謂「耗損」（wear out，此爲老化的理論之一，意即人體好比一部複雜的機器，經年纍月的使用，終究會耗損的）。在一個縱貫的研究中發現，沒有疾病且活得最長命的受試是高度運動者（Palmore,1974），而早去世的受試則是吸煙者，至於常常生病的受試是過胖或過瘦者。

　　許多老人不瞭解運動的價值，認爲老人活動是有危險的，其實，輕鬆一點、休息一下，可能是對老人的最壞建議。

二、生理的改變

㈠感覺能力與訊息處理速度

　　環境中的刺激經由感覺系統而傳至大腦，當人們年老時，所有的感官變得較不敏銳，使得獲得外界訊息更加困難，人們須要較長的時間去操作日常生活的事物，如打開瓦斯爐，或錄下一個電視節目等。

　　這種情形就好像你的眼鏡塗上一層凡士林，你的耳朵塞上棉花，然後來戴上一雙橡皮手套，在多方感官訊息的剝奪下，老年人的動作就可能緩慢，而更加小心翼翼了。心理學家伍魯夫（Woodruff, D.，1983）認爲老

年男女是處在一種感官剝奪的情況，好在有些方法可以補償這種損失；同時這種感官的損失也不是所有的男女都如此，許多老年人並不與社會隔離。身體系統的老化，在感官剝奪方面是有很大的個別差異，有些八十歲的老人仍能不須戴眼鏡看小的印刷字，聽覺也像二十五歲的年輕人，很技巧地彈鋼琴，並能嚐出烹調使用調味料的改變。

1.視覺

大多數的老年人並沒有嚴重的視力喪失，有些老人的視力甚至像在三十歲時一樣，視力的改變是緩慢的，很多人在四十多歲開始改變，到六十多歲時，人們才深感被光所困擾，在黑暗中看得不太清楚，須要較強的光才看得清楚，而且看清楚物體的能力也大不如前了 (Kline & Schieber，1985)。他們的眼睛對明暗的適應須要較長的時間，因此當從亮到黑、或從黑到亮須較長的時間來恢復視力，同時視野也收縮，因此一些周圍視覺也失去，戴眼鏡與適當的亮度能夠解決許多老化的視力問題。

視力改變對許多老年人的影響可從夜間駕駛顯現出來，夜間開車在看馬路的交通號誌有困難，原因是老年人必須在短時間內作反應，否則就開過去了，同時他們須較長的時間來適應交叉路的明亮到通過後的黑暗，因此許多老年人在天黑後開車顯得較慢也就不足為奇了；然而，有些老年人比起一般年輕人來並未顯示這種對光亮改變的敏感 (Sterns, Barrett & Alexander，1985)。

2.聽覺

四十五歲以後對高頻率 (high frequency) 聲音的聽力開始下降，而在七十多歲時明顯地顯現出來，此時約75％的老年人警覺到有聽力問題，通常聽力喪失是男性較女性為甚(Olsho，Harkins，& Lenhardt，1985)。老年人最感困難的是在吵雜的聲音中傾聽某一談話聲，當聽力損失嚴重時，他們會錯過很多字，以致於藉著猜想來持續談話，而猜錯時又顯得非常困窘，有時甚至於停止談話。這種困難可克服一些，那就是說話的人降低他的音量，說得很慢且清楚，同時注視老人的臉，以便提供視覺綫索。

對某些老人而言，聽力的損害非常嚴重，以致於正常的談話似乎像秘密的耳語。事實上，患有妄想症的老年人 (paranoid disorders，認為別人要迫害他) 常常是嚴重的聽力損失者 (Post，1980)，這引起辛巴度 (

Zimbardo, P.) 與他的同事 (Zimbardo, Andersen & Kabat，1981) 以大學生為受試，以催眠法使受試暫時失聰，看看這種經驗是否使他們多疑，學生並不知道他們為何突然聽不見，他們的思考、感覺、與行動開始有異，他們變得不安、敵視、緊張、不友善，雖然他們認為自己並不多疑，他們在妄想症的測驗分數上升；其他知道是因為催眠而失聰的學生並沒有顯示這種改變。也許某些老年人的聽力損失發展得非常緩慢，以致於老年人並不知道他們已經聽不見了，他們試圖去解釋為什麼聽不見而導致的心理反應似乎與不知道為什麼暫時失聰的大學生的反應是相似的。

3.訊息處理速度

當人們年老時，須要花較長的時間撥個電話，拉上夾克的拉鍊，打開一片口香糖的包裝紙，決定電燈不亮的原因是在開關還是在插座，以及平衡支票簿等，這種緩慢似乎影響所有的行為，是什麼原因造成的呢？心理學家尚不能正確地知道是什麼生理的改變導致行動的緩慢。有些研究者認為造成緩慢的原因是因為周邊神經系統 (peripheral nervous system) 的老化。神經及感覺接受器將來自外界的刺激傳遞至中樞神經系統，而支使運動神經牽引肌肉。隨著老化，這種感覺的傳遞產生改變，研究者認為當人年老時，這種傳遞的功能會減退。將外界刺激傳至大腦和從大腦下達命令至運動神經而牽引肌肉，這些步驟所花費的時間都會增長。

感覺的緩慢可能會造成行動的緩慢。但是，沙赫斯 (Salthouse, T. 1985) 卻認為此因素只是造成行動緩慢的部分原因而已。如果感覺的緩慢是原因，則年輕人與老年人所發現的速度差異，亦同樣會出現於簡單和複雜的工作上。對於這兩種工作而言，傳遞感覺訊息和運動神經下達命令都會花同樣長的時間，而事實上，在訊息接收後的訊息處理過程所花費的時間才會受工作複雜度的影響。當工作的複雜度增加時，年齡的差異也愈大。因此認為中樞系統 (腦及脊髓) 的活動隨著年齡的增加變緩慢，所以所有的訊息處理也變慢。唯一不受年齡老化而影響速度的活動，是那些已成自動化的活動，例如技術純熟的打字員的打字。

㈡大腦和神經系統

如果行為的緩慢是由於中樞神經系統所造成，則大腦的生理改變必須

為行為的緩慢負起責任。然而研究者尚無法確定大腦和脊髓對正常老化的影響。有關生理改變的大部分訊息是來自死亡後的大腦切片。這時就很難區分正常老化和心臟血管疾病、呼吸功能、大腦疾病、藥物和酒精損害以及其他毀滅性的力量之間的不同 (Bondareff，1985)。

　　大腦隨著年齡增長會有明顯的縮減現象。當組織縮小，大腦深度的空間 (腦室，ventricles) 就會擴張。七十歲時，一般人會減少5%左右的腦組織，九十歲時損失達20%。然而導出這些結論的研究，也包含來自不同程度疾病的研究。當研究者只觀察認知功能正常的人腦時，他們發現大腦縮減的量顯著的較少 (Adams，1980)。電腦斷層掃瞄技術 (computer-ized axial tomography, CAT) 可以讓研究者觀察到任何深度任一角度的活腦的橫切面。在一使用此技術的研究裏，研究者研究成人的腦，而發現在大約三十歲時，人的腦有稍微縮小的情形 (Takeda and Matsuzawa，1985)。這種縮減每隔十年都會增加，而且應該是老化的正常過程，因為參與研究的都是健康的成人。

　　在大腦裏傳遞訊息的某些化學物質的濃度減低，可能也是造成認知衰退的另一個原因。神經原 (neurons) 可能停止製造某一種必須的傳導物 (transmitters)。沒有這種傳導物，神經原之間無法聯結，而且神經通路也被阻擾了。通路破壞到某種程度後，功能就喪失了。這個過程導致神經原本身的破壞，但是遠在神經原死亡之前，這個破壞就已經存在了 (Bondareff，1985)。很多人並不因這樣的神經原損傷而有改變或是只受到一點點的影響，很可能是因為某些神經原的聯結遭破壞，含有其他神經細胞的新的聯結產生。雖然腦細胞本身無法再生，但是新纖維的成長似乎可以補償部分神經原的損失。在七、八十歲的人腦中新的纖維存在要比在五十歲時更顯得普遍。而邦達瑞夫 (Bondareff, w. 1985) 相信他們可以防止老年人漸進性的功能損壞。

　　對於某些老年人而言，這樣多的聯結遭破壞以至於其認知功能損壞。損壞的性質須視神經原的損傷而定。金保尼 (Kinsbourne, M. 1980) 認為如果損害面是廣大的，則所有的功能仍能運作，只是速度變慢。這類人會發覺自己很難應付好變動的情境，反應遲鈍而且缺乏警覺性。注意力遭破壞，所以當試著同時做幾件事時 (例如一邊開車，一邊說話)，其中一

件事就會干擾到另一件事。如果損害集中在某個區域，則反應的範圍就會有所限制，這會失去某些正常的行為，而過份倚賴其他的行為。隨著損害部位的不同，一個人可能會是衝動的，或是猶豫的，不斷的發現自己的注意力被限於某些細節上，或是只能有範圍寬廣的卻只是表面的注意。

脳波的紀錄為中樞神經系統活動提供了另一個測量方法。一直至八十歲，在思考及專心時非常快速的脳波仍與過去一樣。然而，當健康人到了七、八十歲時，非常慢的脳波所佔的比率就增加了。如果整個脳部散布這樣的慢波，則IQ會下降 (Marsh & Thompson, 1977) 。研究者相信慢波活動的增加顯示了脳組織裏血流的降低以及脳裏新陳代謝的減慢。當新陳代謝慢下之後，神經傳導物質的生成也跟著降低，而伴隨著前面所提及的困擾 (Bondareff，1985) 。

很多發展心理學家相信認知的下降是源於神經通路的干擾或是神經原的損壞，後者更是主要影響健康狀況不好的老人的原因。一直到最近，對於老人認知改變的大部分研究都是在安養之家完成的，而在這的老人很少是身體健康的。

(三)疾病

大部分認知功能的降低和健康之間的關係會大於和年齡之間的關係 (Siegler and Costa，1985) 。如十八章所述，高血壓和心臟血管疾病與智力測驗分數的降低是有關係的，不僅在中年是如此，老年時亦同樣存有這樣的關係。那些有心臟血管疾病的人比健康者在記憶工作的表現上顯的更差。而研究者認為大部分認知功能隨年齡增加而下降的實驗研究很可能是由沒有診斷出的心臟血管疾病所造成。

有些老年人具有不同形式的嚴重的心理退化，稱做器質性的腦疾病 (organic brain disorders) 。研究者估計大約有5%的老年人患有中度到嚴重的器質性腦疾病，而另外有10%具有輕微的腦疾病 (La Rue，Dessonville & Jarvik，1985) 這些疾病具有不同的原因，但是在認知過程及行為卻產生類似的改變。器質性腦疾病的特徵包括(1)嚴重的智力退化以至於影響了社交和職業的功能；(2)記憶損害；(3)判斷受損及思考歷程受損 (American Psychiatric Association，1980) ，器質性腦疾病所引起的思

考及人格的退化稱做衰老症 (senility) 。

1.多重梗塞癡呆症

具有器質性腦疾病者有20%以上的成年人是多重梗塞癡呆症 (multinfarct dementia) ，是由血管疾病所引起的。它發生於小動脈阻塞而重覆的切斷通往腦中不同部位的血流供應。剛開始的徵兆是不明顯的，首先是頭痛或暈眩。有時，記憶會時好時壞或受到混淆的侵擾 (Butler & Lewis，1982) 。多重梗塞癡呆症和其他器質性腦疾病主要的不同是前者會出現頭腦清楚和記憶回復的時候 (Sloane，1980) 。診斷是重要的，因為治療高血壓及血管疾病可以顯著的使此種疾病的發展過程緩下來。

2.阿滋海默症

癡呆症最普遍的形式就是阿滋海默症 (Alzheimer's disease) ，阿滋海默症影響了約二分之一的器質性腦疾病患者，另外還有12%的病人同時患有阿滋海默症以及多重梗塞癡呆症 (Butler & Lewis，1982) 。只有在死亡後才能肯定的做出阿滋海默症的診斷。阿滋海默症病患的腦有四個特徵。(1)腦部受到纏結的神經纖維 (neurofibrillary tangles) 侵擾，這些纏結的神經纖維在大部分老化的腦中皆出現，但是只有阿滋海默症患者的皮質 (cortex) 及海馬迴 (hippocampus) 有這些纏結的神經纖維佈滿的狀況發生。(2)類似斑 (plaques) 的一種濃縮在神經細胞外聚集，斑 (plaques) 是包裹著特殊蛋白質的死亡神經原的碎片。(3)傳遞衝動至神經原的神經纖維萎縮。(4)腦部明顯的萎縮。醫師總在排除了其他疾病的可能後，才做阿滋海默症的診斷。

是什麼原因引起阿滋海默症？研究者發現至少有10%的患者在第二十一對染色體上有一缺陷的基因 (第二十一對染色體也是造成唐氏症候群《Down's syndrome》的染色體) (St. George-Hyslop et al, 1987) 。靠近這對染色體的另一個基因是形成斑 (plaques) 的核心的特殊蛋白質以及纏結的神經纖維的原因 (Goldgaber, Lerman, McBride， Saffiotti and Gajdusek，1987) 。阿滋海默症的其他病例可能是由遺傳及特殊環境的組合而造成的。研究者尚不肯定何種環境會引起此病以及為什麼在很多案例裏並沒有遺傳的因素。

阿滋海默症的惡化程序是相同的 (Coyle, Price & DeLong，1983)

。大腦提供乙醯膽鹼（acetylcholine）這種傳導物質的供應戲劇性地降低，主要是因為綜合成這種傳導物質的酶，供應斷絕，位於腦部深處可產生乙醯膽鹼的神經原死亡。死去的神經纖維伸展進入腦的其他部分而形成斑（plaques）。缺乏足夠的乙醯膽鹼，使得位於腦部其他部分的神經原死亡，特別是位於海馬迴的神經原（海馬迴是形成記憶的腦組織）（Hyman, Van Hoesen, Domasio & Barnes，1984）。而且在海馬迴的鄰近地區的神經原死亡阻礙了神經衝動的進出（Clark，1984）

　　阿滋海默症的惡化很緩慢，而記憶力衰退常常是第一個徵兆。記憶衰退變的很嚴重而且很快的和老化造成的記憶衰退不相干。正常老化者可能會忘了汽車鑰匙放在那，可是阿滋海默症的患者會忘記他擁有一輛車。寫支票、換零錢的能力消失了；同一本書他可能一讀再讀，因為他根本忘了曾經讀過；閱讀能力仍能保持一段時間，但了解意義的能力卻沒有了。兒子交給母親一張老朋友的邀請卡，但是這名患有阿滋海默症的母親雖然大聲地從頭唸到尾，這些字對她而言卻沒有任何意義（Leroux，1981）。

　　研究者發現回憶是第一個衰退的認知現象（Vitaliano, Russo, Bren, Vitiello & Prinz，1986），當具輕微病症的病人和正常人比較時，在回憶測驗的分數上，兩組有差異；而注意力及再認測驗的分數兩組卻是類似的。當疾病開始惡化時，注意力及再認能力也變差了。輕微及中度的阿滋海默症患者在回憶測驗上的分數一樣差，但是只有中度病症的患者在注意力及再認能力上會有退化的現象。輕微病症的患者在兩年後，也會開始有注意力及再認能力上的缺陷。

　　當疾病惡化時，患者可能在仲夏裏穿著暴風雪的衣服；忘了小孩的名字；無法認出配偶；或是坐在自己的客廳裏卻問什麼時候回家。他們不能照顧自己的吃與穿。末期的病人，甚至不能說話與行走。他們常因肺炎、泌尿器官的感染，或是其他疾病而成為臥床病人，最後也常死於這些疾病。

　　阿滋海默症是無法治療的，雖然研究者已經實驗出不同的能供應乙醯膽鹼這種傳導物質的藥物（Clark，1984），疾病的惡化無法停止，只能給予簡單的幫助，例如在屋裏貼上便條紙（「你的午餐在冰箱裏」而將紙條貼於冰箱上；「關掉瓦斯爐」而將紙條置於爐上；在電話邊寫上名字及號碼；在前門貼上「不要出去，我3：30就回家」），這可以增加阿滋海

默症病患自立的時期。

3.瞻妄

大約有20%的器質性腦疾病患者具有可以逆轉的情況而可以治療。這種急性的疾病稱瞻妄 (delirium) ，是指大腦代謝產生問題的結果。瞻妄的患者有器質性腦疾病的徵兆，但是也有幻覺、妄想，以及發熱、肌肉顫抖、心跳快速、流汗、瞳孔擴大、血壓高等的生理症狀。

瞻妄的原因很多：急性酒精中毒、腦瘤、肝病、心臟血管疾病、中風、發燒、氣腫、營養不良或是任何可以影響中樞神經系統的藥物，通常原因不止一個 (Sloane，1980) 。當原因經過治療，則可以免除瞻妄並恢復心理能力。瞻妄常發生於誤用過量藥劑的患有心臟血管疾病的老年人。

第二節　老年的學習與思考

在1983年布洛屈 (Bloch, F.F.) 獲得紐約大學的歷史學博士學位 (New York Times, 1983) ，這則消息除了年齡外，是不太為人所知的，布洛屈花了十五年的時間，以他八十一歲的高齡獲得博士學位，證明老人能夠學習，而他們的思考歷程並不一定會退化。

當然很少老年人從事如此能顯露他們成功學習的事業，我們僅能從人們的行為中推測學習。老年人的學習歷程是很難研究的，他們可能學到很多事，但苦於沒有機會使用，如果在一種情境能利用所學，但卻沒有顯現出來，你能說他沒有學習嗎？也許他們只是太疲倦了，或是缺乏動機而沒能將所學表現出來。

老年人可能不能如他們年輕時學習的一樣快速或是如年輕時一樣有能力。研究一致地顯示年輕人在大部分的學習上都佔優勢，然而因為學習的研究幾乎都是橫斷設計的，所以不能肯定在什麼時候學習技能開始下降，或是這種下降的速度多快。研究者很難消除健康不良或其他因素對學習的影響，健康不良的因素比如沒有被發現的心臟血管的疾病，或是早期未被

診斷出的阿滋海默症。或許藉由對與學習有關的注意、反應時間、以及反應速度與年齡之間關係的了解，可以一瞭老年心理功能的轉變。

一、注意

　　根據某些研究者的說法，中樞神經系統的老化使得老年人集中注意於工作上顯得困難。只是，他們對於注意如何被影響卻無法存有共識。有些研究者認為老年人在集中注意上顯得有困難是因為他們被一些與學習工作無關的訊息所吸引而分心所致；然而在某些情境下老年人可能並不會比年輕人更易分心。當研究者以成年人為受試，測驗找尋特殊字母時，發現他們和老年人一樣都會受到無關訊息的干擾（Madden，1983）。這個研究似乎證明老年人的問題是在他們集中注意於相關的訊息上，不論引起分心的刺激是否存在皆然。

　　對於那些很少人會花費很多注意的日常生活事件又如何呢？在到飛機場的途中，我們會試圖回想是否已將該做的事都做好了？我們記得鎖前門嗎？記得關自動調溫器嗎？記得澆花嗎？研究指出老年人和年輕人在儲存這類的訊息上並無差異；他們記得已經計畫的活動，也記得是否已完成（Kausler, Lichty & Freund，1985）。雖然老年人在確認那些活動已真正完成方面有些退化的現象，他們卻和年輕人一樣有效率地知道那些活動是他們所計畫的。

　　某些研究者認為老年人的注意力並非有缺陷，而只是不夠有效率（inefficient）（Craik & Byrd，1982）。雖然老年人仍有能力學習，但是他們既無法注意到工作的各個層面，亦無法付出工作所需的努力，從這個觀點看，老年人所能供應的心理能力是有限的。當人們集中注意於所學習的活動上，他們比沒有興趣學習時更深入的處理這些手邊的訊息。他們重新組織這些訊息，費心思考訊息，從訊息裏做出推論，還有和其他的訊息做比較。老年人並不做這樣的深入處理，但是當情境使這樣的處理變得容易或是可以達到時，他們也會有深入的訊息處理（Craik & Byrd，1982）。

在一個需要成年人按目標字母相對應的字母鍵的研究中，老年人似乎不太有集中注意的困難（Madden，1985）健康且有良好教育的老年人和大學生一樣皆能利用螢幕上的目標字出現前的綫索，而且當綫索和目標字母之間的間距很短時（200毫秒），他們比年輕人的反應更準確。這個研究結果並不支持老年人無法週密地集中注意的說法。然而，在某個情境裏，老年人按鍵的時間比年輕人更長，亦即他們的反應時間比年輕人慢。

二、反應時間和反應速度

早先我們提到老年人在簡單的活動上速度較慢，例如拉上夾克的拉鏈，他們在實驗室學習新工作時也較慢，學習後所呈現的錯誤也較多。在一個典型的動作技能學習的測驗裏，這個工作是保持針筆在一個銅幣大小且順著時針方向旋轉的目標上（Wright & Payne，1985）。在工作的開始，七十歲的受試比十九歲的受試顯得效率較差，而且隨著練習次數增加差距也變大。兩組經過三十次的嘗試後都有進步，但是年輕的受試比年老的受試進步更快。然而實驗室的實驗（只有幾分鐘或是幾小時的練習）和日常生活中能有幾千次嘗試的練習機會而獲得進步的工作是不同的（Salthouse，1985）。

保持針筆在目標上或是按鍵活動都與反應時間很有關。在按鍵的研究裏，成人必須在兩個反應裏做選擇，當紅燈亮時以右手食指按鍵；當綠燈亮時以左手食指按鍵。老年人並沒有學習的困擾，但是他們的反應時間較慢。在燈亮起時，他們的反應時間會比年輕人稍慢一點。在心理實驗室裏，這些差異達統計的顯著水準，但是這些差異這麼小以致於在日常生活的活動中顯得沒有意義。如我們所預期的一樣，處理訊息的速度有很大的個別差異，在每個研究裏，某些老年人的反應時間會比年輕人平均的反應時間更快，然而，大部分的老年人並無法像年輕人一樣快。在某個研究裏，老年人的正確反應受到增強（Ba ron & Menich，1985），電腦螢幕上出現「答對，你得了一分」的訊息，在收到這些迴饋後，他們的反應變快。然而，增強並沒有消除存於年輕人和老年人之間的速度差異，而只是減少

差距而已。

　　在健康的老年人之間，這種緩慢較不明顯 (Salthouse，1985) ，大部分的研究者接受速度變慢是老化所不可避免的結果，或許，他們是錯的。當瑞克利和布希 (Rikli, R. & Busch, S. 1986) 測驗一組六十多歲具高活動力的女性及一組高活動力的大學生，卻發現反應時間並未因年齡的不同而有差異。年老的女性已參與高活動力的計劃達十年以上 (至少每次三十分，一週至少三次) ，而運動對年輕人的反應時間卻沒有影響；活動力不高的年輕人和活動力高的年輕人有一樣快的反應時間。這結果顯示，高活動力的生活型式可能可以防止隨年齡產生的認知上的遲緩。

　　很明顯的老年人比年輕人要花更多時間去學習。然而在實際上，這種差異卻顯得很小，而且老年人的緩慢也不會干擾到大部分的學習。某些學習上的變緩可能是由於研究者要求他們學習的速度所導致 (Arenberg & Robertson-Tchabo，1977) 。或許，當老年人有更多的反應時間時，他們能藉由其他的方法補償他們的緩慢。

三、學習的步調

　　有些研究者認為當老年人可以用自己的步調學習時，他們可以學的和年輕人一樣多。例如學習字單 (a list of words) ，老年人需要十五次嘗試而年輕人只要六次嘗試即可熟練 (Kausler，1982) 。有幾個可能影響老年人學習速度的因素。第一，老年人常是謹慎的，他們並不求反應快速，而總會在反應前先深思熟慮，如果他們不確定答案，他們常常就是不做反應。在很多測驗裏，年老的學習者所犯的錯誤是遺漏，而年輕人的錯誤是錯誤的答案 (Arenberg & Robertson-Tchabo，1977) 。

　　第二，老年人可能是焦慮的。當老年人處於實驗情境時，可能會變的憂慮以致於使得表現變差。大約在二十年前研究者藉著對一半的受試注射降低警醒狀況的藥物來驗證這個假設 (Eisdorfor, Nowin & Wilkie，1770) 。接受鎮靜藥物注射的年老受試比接受生理食鹽水注射的年老受試在學習活動上有更好的分數。

　　最後，其他情境的訊息可能會干擾學習活動。當老年人開始學習時，以前所建立的習慣可能會影響在實驗室情境裏的反應方式（Arenberg & Robertson-Tchabo，1977）。如果一開始的指導語是複雜的，則老年人可能會發展出實驗者無法校正的錯誤概念，或是他們無法使用實驗者要求他們採用的策略，而沿用以前的習慣但卻是不適當的策略。

四、問題解決

　　老人的生活裏充滿各式各樣的問題，有些問題很瑣碎，諸如打開一瓶貼有防止小孩誤開護膜的藥瓶或是決定在超級市場要買些什麼。有些問題是會引起困擾但總是會獲得解決的，諸如當冰箱停止製冰時該怎麼辦？當鑰匙放在屋內而人在屋外時如何進屋內？

　　面對問題，成年人可能使用的解決策略有很多種。開啓貼有護膜的蓋子可以藉由小心遵循說明而打開；或是將塑膠瓶毀壞，而將藥丸置於另一個容器，或是要求藥劑師用不同的瓶蓋。成年人可能會僵硬地使用舊策略應付問題，或是調整舊策略以應付新的情況，或是想出新策略，或是忽略問題，或是操弄環境而使問題改變（例如不買貼有防止小孩誤開護膜的藥瓶）（Reese & Rodeheaver，1985）。

　　沒有研究顯示老年人解決日常生活問題的真實情況如何，但是在實驗室的工作裏，他們的表現確實比年輕人差。某些實驗室工作需要演繹的推理。在典型的研究裏，成人受試閱讀一頓飯三道菜的描述，每道菜有四種可能的選擇（Hartley，1981），在十二道菜中有兩道有毒，只有吃到其中一道就會致命（安全的菜餚是無毒的）。爲了找出那道菜是有毒的，實驗者會說，有一個人做出三道菜，而某人吃了這頓飯會是生還是死呢？解決這個問題必須運用到「演繹的推理」這種思考方式。年老的受試比年輕或是中年的受試有較差的解題力，而即使解答成功也必須花費更多的嘗試。老年人似乎不容易了解，發現某種食物有毒會減輕另外的食物亦有毒的機率這種道理。他們也常堅持沒有效率的策略，通常被直覺所牽拌而無法驗證所有的可能性。

是否老年人在實際的問題解決上能力亦較差，這種說法尚無定論。丹尼和芭瑪 (Denney, N. & Palmer, A. M.，1981) 試圖在實驗室裏模擬實際問題。他們問受試如何處理以下的情境：冰箱的內部是熱的；地下室積滿了水；暴風雪中於公路上扭傷；看見強盜侵襲人；接到恐嚇電話。中年人提出最有效的解決方案，而老年人及年輕人明顯的較不能獨自處理這些情境，而較需依賴他人。然而，從這些結果類推卻是危險的。對於狀況的最好處理因人而異，必須視他們在類似情境裏的經驗及他們的身體狀況而定。

某些老年人其解決抽象問題的能力與年輕人一樣好，他們可以有效的玩認知遊戲，運用演繹的邏輯，組織問題的成份，設計（和遵循）有系統的策略。在有毒食物的遊戲裏，表現好的老年人大多是受過良好教育者和有高的流動智力 (fluid-intelligence) 者 (Reese & Rodeheaver，1985)。實際上，當老年人與年輕人按非語文智力測驗的分數配對時，問題解決的能力並不隨年齡下降 (Denney，1982)。年齡層 (cohort) 影響可能扮演一重要角色，今日老人的教育程度普遍較低，因教育的限制而使得在某些活動上的表現打了折扣，而這些困難只需加強教育即可以獲得改善。

五、老年人的學習與思考能夠加以改進嗎？

或許老年人在學習或是解決問題上無法運用有效的策略是因爲他們已經很多年沒有機會使用這些策略，這種缺乏使用 (disuse) 的情形在年輕人也是可見的。當一名以英語爲母語的成人，在學習法文後已經很多年沒有使用，他們會認爲自己已經忘了如何說法語，但是只要他們花上一、兩個月說法文，他們的法語能力就會恢復，而且也能和以前說的一樣好。相同的過程會影響某些心理動作 (psychomotor) 技能。柯斯勒 (Kausler, D.，1982) 報告一名已幾十年未打字的八十歲老翁的切身經驗，當他坐在打字機前，他打的速度不會比初學打字時的頭一個星期所打的速度快，但是在天天練習了一個月後，他重新獲得了技能。如果「缺乏使用」是老年人無法使用有效策略的主要因素，則直接的訓練就可能會改進他們的學習

和問題解決的技能。

　　基於這個假設，研究者已經使用了各種方法去激勵老年人採用有效的策略（Denney，1982），不論用何種方式，這種訓練通常都是有效的。呈現老年人在訓練期間解決的同類問題，老年人通常能使用新的策略。現在問題是使用有效策略於某些特殊問題的成年人是不是能將這些有效的策略遷移至並不明顯類似的問題上。

　　在一個使用電視遊戲來加速老年人訊息處理的研究裏，遷移是明顯的出現（Clark, Lanphear, & Riddick，1987）電視遊戲需要注意力。遊戲者必須很快的注意到類似性及差異性，選擇性地集中注意，以持續的方式集中心思於活動上。遊戲提供立即的迴饋；對於遊戲者所反應的是對或是錯是不會有所爭議的。七個星期中每天都玩小精靈（Pac Man）和俄羅斯方塊（Tetris），使得老年人在這項遊戲上的分數產生巨大的增加，正如我們所預期的。研究者想要知道的是：是否玩小精靈的經驗可遷移至其他情境，而使得其他情境亦有更具效率的反應。老年人的技能真的獲得遷移，他們在選擇後的按鍵動作所費的反應時間更少而且更準確。研究者相信玩這個遊戲會影響老年人在訊息處理上的策略，而會使得他們採取可降低選擇反應時間的策略。

　　研究者想知道為什麼老年人會在某些活動後採用有效的策略？或許，在他們開始解決問題時，甚至並沒有想過用那一個策略。或許，他們考慮某個策略，但是並不了解其中的價值或是他們覺得策略太難而無法使用。哈特利和安德森（Hartley, A. & Anderson, J.，1986）試圖找出正確的解釋。成年受試中，其中的一組被催促產生策略，他們必須說出所有他們所想到的可以有助於解決問題的策略。第二組則是閱讀已經寫下的策略，並判斷每一個策略其解決問題的能力如何。老年人產生的策略和年輕受試一樣多，但是他們所提的策略比年輕人所提的在效率上顯得差些。老年人在判斷策略的有效性時其正確率也比年輕人低。很明顯的，問題解決的年齡差異，主要來自產生的策略所具有的缺陷。老年人使用沒有效率的策略，但是他們相信策略的價值時，就會採用它。

第三節　老年人的記憶

　　因爲問題解決和學習都必須用到獲得、保存、提取訊息能力，所以記憶力的衰退可能是造成大部分於晚年時認知衰退的原因之一。大部分的記憶研究試圖發現老化如何影響訊息處理系統的各方面，包括儲存和提取訊息。來自環境的訊息以一瞬即逝的感覺印象進入感覺記憶（sensory register）。以少於一秒的快速將訊息儲存起來。如果這訊息吸引了我們的注意，則移入短期記憶（short-term memory, STM）——短暫的掌握和組織的系統。在短期記憶裏，訊息經過編碼，而且我們能查覺它的存在。當訊息在意識裏消失，可能是遺失了否則便存於長期記憶（long-tem memory, LTM）。當我們需要訊息時，可以從LTM提取出訊息，使訊息移至短期記憶，在STM中我們即可查覺訊息。有關記憶的問題可以出現在這個歷程中的任何一個階段。

　　老年人在不同的記憶工作中，都比年輕人及中年人表現的差。至於是那一個記憶階段造成年齡的差異尚不清楚（Howe & Hunter，1986）。老年人必須花更多的時間記憶字單，而且在回憶時所產生的錯誤也更多，特別是這個字單是由不相關的字所組成，或是可以歸類的字，或是一組原先並沒有關聯的字（河流／石頭）。然而，當他們被要求記憶和回憶那些原先就有關聯的字時（母雞／蛋；夢／睡眠），老年人和年輕年做的一樣好（Gillund & Perlmutter，1988）。

一、編碼

　　在訊息被編碼前，訊息必須先存於感覺記憶。這樣可以延長有助於編碼的確認和選擇的時段。編碼這個階段是永久記錄訊息所必經的過程。感

覺記憶，不論是視覺或是聽覺，都不受老化的影響（Kausler，1982：Poon，1985），短期記憶的能力似乎也不受老化的影響。在數字單或是字單的測驗裏很少有年齡所造成的差異，這些測驗要求受試覆述剛剛聽過的字單或是數字單。老年人也和年輕人一樣有新近效果（recency effect）；如果研究者大聲唸出的字單超過短期記憶的容量，則老年人記得最後唸的幾個字（仍存於STM的字）而年輕人亦同（Craik ＆ Rabinowitz，1984）。舉一實際生活中的例子，例如在翻閱到電話號碼之後，老年人可以和年輕人一樣記得很好，而記憶的時間也長到足以撥好電話。

　　然而，當老年人必須操弄或是重組訊息，例如以顛倒的次序記憶電話號碼，年齡的差異即出現於短期記憶（Erber，1982）。當訊息編碼成長期記憶時，重新組織是使訊息永久儲存的重要策略，老年人可能不會使用這種策略於編碼上。某些研究者認為這是由於老年人的訊息處理能力已經退化，他們不再使用過去曾用的策略。其他的研究者卻認為問題不是出於訊息處理上的缺陷，而是不使用的缺陷（production deficiency）。亦即老年人能有效率地編碼，但是他們不能自發性地使用有助益的記憶策略，只有透過教導或外在要求才會使用。這個觀點可由以下的研究得到驗證：在這個研究裏，老年人必須藉由分類以組織字單，這個程序迫使他們思考每個字的意義（Mitchell ＆ Perlmutter, 1986）。在一個事先未告知的回憶測驗裏，年齡差異消失了。老年人記起的字和年輕人一樣多。

二、儲存

　　老年人對於學習材料的保存能力如何？材料的保存和徹底處理訊息的關聯要大過年齡的影響。重新組織的經深思熟慮的，或是和其他知識相比對過的訊息會進入長期記憶，並提供了相當持久的記錄。這層深入的處理解釋了訊息並與個人已具備的訊息加以統合。這樣的訊息就不可能被遺失，雖然可能會暫時提取不到。

　　早期的研究指出新近儲存的材料所造成的遺失是有年齡差異的。當年輕人被問及上星期所學習的材料時，他們記憶的量要比老年人多的多。研

究者認為老年人無法記得很好是由於易受過去儲存的訊息干擾。稍後的研究又指出造成大部分年齡差異的原因是沒有效率的學習而不是干擾。當材料經過研究者的安排而使老年人和年輕人學的一樣徹底時，年齡的差異就消失了，（Kausler，1982）。干擾可以引起遺忘，但是年輕人和老年人都同樣受影響。

《附欄19-1》

雖是六十年前，可是彷彿就在昨日

　　大多數的人都相信老年人會忘了上星期發生的事或是上個月發生的事，可是兒提時及年輕時所發生的事卻歷歷在目。這項有關老年人記憶的說法也是眾多的老化傳言之一。的確很多老人可以清楚的描述年輕時發生的事，但是沙赫斯（Salthouse，1982）卻認為有四個問題使我們不能接受話舊（reminiscences）即是能清楚記憶過去的證明。第一敘述的內容可能半真半假。第二所描述的內容可能是很重要的或是因為某些理由而特別令人記憶深刻的（例如，當我聽到珍珠港（Pearl Harbor）的消息時，我正在做什麼？；第一次我看見你的祖母；第一次與鄰人打曲棍球打贏），比較不重要的事件可能就從記憶裏消失；第三，很多材料可能是經由推測而不是記憶，描述她六歲的生日，你的曾祖母可能會描述細節，而且很可能是正確的（如蛋糕上有六枝蠟燭）或描述一般在生日都會出現的共同情景；第四，這事件可能不是取自很久以前的記憶，而是取自這件事在最後一次被提起的時候。每次回憶事件就會覆誦和重新仔細想過一遍，所以可能不是取自六十年前的記憶而是六個月內或六個星期內的記憶而已。

　　因為這些問題，所以探索久遠記憶的本質已造成實驗室研究者的困惑。某些研究者要求不同年齡的成人回憶過去發生的有新聞價值的事件。這些研究的結果出現矛盾。有些研究顯示老年人的記憶較優（Perlmutter，1978）；有些則顯示沒有年齡差異（Borwinick & storandt，1974）；而有些卻顯示年輕人的最好。然而沒有證據可以證明個人的記憶是來自個人經驗或是閱讀歷史事件。有些人無法回憶過去的事是因為在過去他根本就沒有很注意這事；不喜歡棒球的人不可能記得三十年前的世界冠軍是誰，

甚至去年的冠軍亦不記得。

　　另一個探測久遠記憶的方法是給成人單一個字作線索（花園，聖誕節，學校），然後要求他們回憶「第一次的事件」。當Dennis Holding和他的助手使用這個方法時，無法支持老年人對早期的事件記得最清楚這種說法（Holding, Noonan, Pfau & Holding，1986）。七十歲老人的回憶和大學生的回憶型式相同，三分之二以上的記憶來自最近的過去──就在接受測驗之前不久。年輕人及老年人都認爲最近的記憶最容易提取，也最容易記得日期，主要的年齡差異在於提取及標示日期的速度。老年人在取得適當的記憶時所花的時間是年輕人的兩倍長。

　　雖然探索屬於每個人久遠記憶的正確性是困難的，很多的研究者都認爲，老年人對於久遠過去的記憶記得相當清楚，但是最近發生事件的記憶也同樣清楚（Erber，1981）。

三、提取

　　雖然編碼是在記憶工作上造成年齡差異的主要因素，但是提取也是因素之一。有時材料雖已儲存，但是老年人卻無法有效的提取。這個現象可在老年人再認（recognition）已見過的材料時所顯現的能力獲得支持。例如，成年人再認了原先記不起來的字單，這有賴於搜尋的過程。看見原始材料似乎可以當成一個綫索，而這個綫索使得提取訊息變得容易（Perlmutter，1979）。當成年人既無法再認亦無法回憶時，是因爲他們事前沒有能有效的編碼。

　　再認及回憶（recall）都有年齡差異，但是實驗顯示再認所顯現的退化較小。在某些情況下，老年人的再認能力與年輕人一樣好。例如，在看了一系列的照片和圖畫後，六十多歲的成年人和大學生在隨後的再認上表現的一樣正確（Park, Puglisi & Smith，1986）。年輕年及老年人都發現細節較多的照片或圖片較容易再認，這個現象意謂著兩者都處理了細節的訊息。然而四個星期後，當受試重回實驗室，年齡的差異卻出現了，大

學生的再認較正確，而老年人出現很多錯誤，這些錯誤是屬於那些原本不曾見過的圖片認為是看過的。

　　在某些情況下，受試的特徵決定了是否在再認上會產生年齡差異。當測驗受試對字的再認能力時，研究者發現具有高的語文IQ的七十歲受試與亦具有同樣高的語文IQ的大學生，在字的再認上表現的一樣好（Bowles & Poon，1782），但是在低語文IQ的成人裏，七十歲受試較之具有一樣低的語文IQ的年輕受試，表現會比較差。很明顯的，大量儲存的知識可以彌補與再認有關的退化。

　　當受試知道將要接受測驗時，年齡在回憶上所造成的差異會更大。在這樣的測驗裏，受試記憶字單，然後試圖自發性地覆述（這個程序是自由回憶）。在三十歲時，自由回憶第一次出現年齡差異。在二十歲與老年之間，每隔十年都使得自由回憶差距變大。然而如在測驗時能有提取的線索（如提供類別的名稱），年齡的差異就會縮減（Craik，1977）。因為儲存的訊息藉由意義而組織，所以類別的名稱可以促使相關的概念活動，而使得搜尋的工作範圍變小，需要較少的處理即可。年輕的受試從提取的線索所得到的獲益較小，或許是因為在自由回憶裏他們能使用自己的提取線索。

四、文章的記憶

　　除了購物單外，大部分的記憶所測驗到的是受試回憶不相關聯字的能力，這類的材料很少出現在日常生活裏，更重要的是閱讀和回憶有意義訊息的能力。其目標是回憶文章的要旨，而不是單獨的字的回憶。老年人回憶他所閱讀過的報紙、雜誌、和書籍，這種能力也會隨年齡而降低嗎？

　　對於文章的了解是否不因年齡而改變，需要考慮幾個因素（Dixon, Hultsch, Simon & Von Eye，1984）第一個重要的因素是文章是否組織的很好，文章的重點不是隱藏在文中的某處。另一個重要因素是語文能力，在具有高語彙能力的成人之中，其自文章中抽取出重點的能力並沒有年齡差異，不論受試是二十歲，四十歲或是八十歲，他們的分數都相同。對

於在語彙測驗得分低的受試而言,其在抽取出重點的能力上有持續的年齡差異,年輕人表現最好,老年人表現最差。一般而言,當文章是組織的很好,是年輕人及老年人都熟悉的題目,且當他們的語彙能力都在中等以上時,回憶文章就不會有太大的年齡差異,甚至沒有差異。

五、後設記憶

所謂後設記憶包括有兩種能力,一種是瞭解,即認識影響記憶歷程的有關因素,如學習者、記憶材料、和策略;一種是控制,即調理 (regulate) 自己的記憶活動,包括計畫採用什麼策略,監視該策略是否一直順利採用著,評量策略完成目標的成效如何 (Brown,1985)。老年人無法使用策略於記憶工作和其記憶減低有關聯嗎?實際上,不使用缺陷 (production deficiencies) 和後設記憶 (metamemory) 之間的關係是類似的,一旦人們加深了記憶系統的了解,以及相信記憶策略的價值,則他們會採用記憶策略。如果沒有達到這個階段,則即使他們知道如何使用記憶策略,他們也不會自動採用。當研究者探索這個可能性時,他們發現對於策略有效性的知識只是後設記憶的一部分。其他還包括基本記憶過程的知識(例如,知道記憶有趣的事比記憶無聊的事容易;對於自己心理能力的了解(例如,知道自己是否擅長記名字);查覺記憶能力的任何改變;知道情緒狀態會影響記憶力(例如,心情煩悶時,記憶力較差);動機(認為記憶力好,在記憶工作上表現很好是很重要的);以及知覺到某些控制記憶力的因素。在分析後設記憶後,逖克遜等人 (Roger Dixon & David Hultsch,1983) 比較成人對於後設記憶的知識和他們記住曾經讀過的文章中的重點能力之間的關係。發現後設記憶的知識和回憶重點的能力兩者之間的關係隨年齡而改變,年輕人的表現和他們對策略的常識、記憶系統的一般運作以及他們的記憶能力有關。雖然了解記憶系統對於老年人而言亦很重要,除此之外,他們的動機以及相信能夠控制記憶力這兩個因素亦很重要。隨著年齡增加,態度對於記憶力的影響,愈來愈大。

面對有意義的訊息時,老年人能預測他們知道多少,使用先前在回憶

測驗記不起來的問題，這些問題的內容是有關電影、體育、目前發生的事件，研究者以多重選擇的問題形式呈現；當受試回答時，也要他們表示他們的回答正確性如何。在回憶測驗方面，當不確定答案時，老年人較不可能去猜答案，在表示答案的正確性如何方面，所有年齡組都是相同的，在提取額外知識的有效性，或是答案的正確性與對答案的自信之間，都不具有年齡的差異（參閱圖19-1）。很明顯地，老年人能如年輕人一樣有效地後設其所儲存知識的提取。

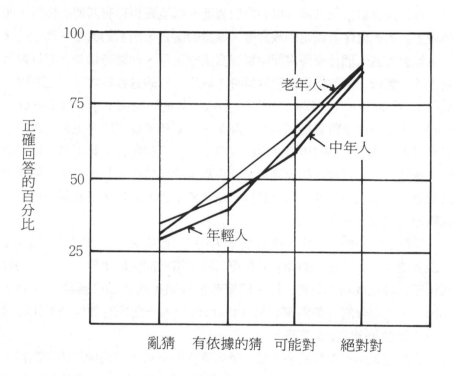

圖19-1

當問到有意義的材料時，老年人對「回答的正確性如何？」此問題與年輕人和中年人一樣地正確。老年人正確回答的百分比與他們選擇答案的自信之關係與年輕人一樣高。（摘自Lachman & Lachman，1980）

六、老年人的記憶能夠加以改進嗎？

雖然老年人的記憶表現因不使用的缺陷（production deficienc ies）而受影響，他們仍然使用某些記憶策略。他們將所要做的事列表、將東西放在顯眼的地方、會議時作筆記、隨身帶著約會登記、保有記下生日的本子、以及提供給自己其他有用的提取綫索。環境裏也存有其他的綫索，如郵箱上各人的信件有固定的放置處、媒體的廣告、季節的改變、鳥類的移居，都會提醒人們什麼時候開始整理庭園的花草、什麼時候該爲假日做準備等等。實際上，當提取出現困難時，缺乏外界的適當綫索可能是原因。胡利卡（Hulicka, I.，1982）得到一名八十歲的哥哥與七十五歲的妹妹年輕時的來往信件。信裏提到旅行、朋友、慶祝和家庭問題等主題，在信中皆有詳細的描述。胡利卡根據信的內容出了二十道題目。哥哥只回答了四題，妹妹只答了三題。稍後這對已分別數年的兄妹與胡利卡會面。胡利卡又問這二十道題目以及十道新題目。藉著給予提取線索，兄妹倆回答了九題新題目以及十九題舊題目。

有關名字、臉孔、字、電話號碼以及東西放哪兒，這些問題仍然困擾了很多老年人。「記憶訓練」計劃可以減少這些問題的困擾。學習新的編碼策略已經能成功的改善記憶，即使有輕微腦疾病者亦可獲益（Poon，1985）。大部分的計劃仰賴心像（imagery），一個極有效但是不如覆誦及組織那麼普遍的記憶策略。

心像在幫助人聯結名字，臉孔時顯得特別有效。在某個訓練計劃裏，研究者敎導一群退休的中級主管，以顯著的臉部特徵與名字產生聯結（Yesavage, Rose & Bower，1983）。在選擇臉部特徵後（如大嘴巴），這些老年人學習從名字創造出心像（「Whalen」變成whale『鯨』），然後將心像與永久特徵藉視覺產生聯結（鯨卡在人的嘴巴裏）；然後，他們再決定創造出的心像是怡人的或是不令人愉悅的；最後的步驟需要思考心像，因此可以在編碼時作更徹底的處理。在簡短的訓練後，老年人所記起的名字增加了一倍。當這些計劃之前能有預先的訓練計劃（即降低老年

《附欄19-2》

老年人如何評估記憶衰退？

似乎健康的老人常常會抱怨記憶差。年輕人也常會忘記事情，但是他們的記憶衰退似乎較不頻繁，而且也很少因遺忘而造成困擾（Cavanaugh，Grady & Perlmutter，1983）。很多老年人因記憶差而困擾，很可能是因為他們接受了記憶衰退是老年無可避免的現象這種傳言。

英國劍橋的老人最常見的記憶衰退就是他們記不起已到了嘴邊的字（Sunderland, Watts, Baddeley & Harris，1986），其他主要的還有忘了東西放哪；須重返再檢查工作是否已完成；忘了前一天聽到的事；忘記攜帶隨身物品；說話時忘了自己說到那裏；弄不清楚剛剛聽說的事的細節。

儘管抱怨顯得稀鬆平常，研究者卻指出老年人可能誇張了心理能力的衰退。當研究者問記憶問題時，他們常常發現老人抱怨記憶力差與記憶測驗的得分之間並不相關。相反的，抱怨常和憂鬱有關聯（O'Hara, Hinrichs, Kohout, Wallace & Lemke，1986）。憂鬱的老年人與不憂鬱者相比較，前者有更多的抱怨是有關忘記名字、臉孔、字、電話號碼和東西放哪等；他們認為自己比同年齡的老年人有更差的記憶力，而且更可能說他們的記憶已不及年輕時一樣好；但是其在自由回憶測驗上的表現卻和不憂鬱的老年人表現的一樣。換句話說，常常抱怨自己的記憶衰退的老年人通常和不抱怨的老年人表現的一樣好。

為什麼憂鬱者認為他們的記憶力差呢？很可能是憂鬱使他們注意到生活裏不愉快的方面。他們抱怨食慾、對事情提不起興趣、疲倦、無法做決定，以及記憶衰退。因為接受了老化的傳言，他們對於每一個記憶衰退的徵兆都顯得特別的敏感，並且誇大了它的重要性（Zarit，1980）。

相信這些傳言的老年人可能會對記憶衰退的結果感覺很困擾，以致於他們的心理能力及效率因此受到阻礙（Hulicka，1982）。然而，伴隨老化而來的輕微的記憶衰退，並不會干擾到沒有器質性腦疾病老人的日常生活運作。大部分的老年人相信他們的記憶在年輕已開始衰退，卻很少年輕人會將自己記憶的失敗視為缺陷（Sunderland et al.，1986）。

人對於記憶問題的焦慮）則更有效。

　　在自我訓練計劃裏，原先抱怨自己的記憶退化的老年人學習了很多記憶技術（Scogin, Storandt & Loft，1985）。參加的老年人都有一本九十二頁的手册，上面記載了十六個一小時的指導課程。他們學習創造心像、將大量的數字分成串節（chunking）以便記憶（「110011001100」記成「3個1100」），藉由分類組織材料，使用位置記憶法。使用位置記憶法必須先找出一處熟悉的地方，例如自己的家，然後將每個記憶的項目放置於不同的位置（一條麵包置於沙發上，一瓶牛奶置於餐桌上，燒餅放於前門等等）回憶這些項目時，必須在心裏進行漫步，從房子的一端走向另一端，而且在通過時回憶每個項目。自我訓練明顯地改善了字單及名字與臉聯結的回憶。雖然記憶的表現獲得改進，但是這些老年人卻仍然抱怨他們的記憶力差。

　　自我訓練計劃顯示老年人不需花費太多心思或是接受昂貴的訓練課程就能改善記憶；然而並非每人皆能從中獲益，而且也沒有一個方法可以適用於所有人及所有情境（Poon，1985）。老年人會在日常生活中繼續使用這些記憶策略嗎？沒有人可以肯定這點。心像的運用必須在編碼時花費時間；採用自我訓練計劃後，老年人在記憶活動上所花費的時間顯著地增加。如前面所述，老年人似乎心理的能量已經減少。如果他們覺得這些技術太麻煩，則可能會摒棄不用。能繼續使用的關鍵或許在於動機。當老年人可以藉由技術的幫助而達成目標並且也相信技術有用時，則他們就可能繼續採用。

參考資料

Adams, R.D. (1980), Morphological Aspects of Aging in the Human Nervous System. In J. E. Birren and R. B Sloane. (Eds), *Handbook of Mental Health and Aging.* Englewood Cliffs. NJ: Prentice-Hall.

American Psychiatric Association, (1980). *Diagnostic and Statistical*

Manual of Mental Disorders. 3rd ed. Washington, DC:Amer. Psychiatric Assn.

Ancoli-Israel, S., Kripke, D. F., Mason, W., and Kaplan, O. T. (1985) .Sleep Apnea and Period Movements in an Aging Sample, *Journal of Gerontology,* 40,419—425.

Arenberg, D., and Roberbson-Tchabo, E. A. (1977). Learning and Aging. In J. E. Birren and K. W. Schaie. (Eds.) *Handbook of the Psychology of Aging.* NY:Van Nostraud Reinhold.

Baron, A., and Menich, S. R. (1985). Age-Related Effects of Temporal Contingencies on Response Speed and Memory. *Journal of Gerontology,* 40, 60—70.

Bondareff, W. (1985). The Neural Basis of Aging. In J. E. Birren and K. W. Schaie (Eds). *Handbook of the Psychology of Aging.* NY: Van Nostrand Reinhold.

Botwinick, J., and Storandt, M. (1974), *Memory, Related Functions and Age.* Springfield. IL: Charles. C. Thomas.

Bowles, N. L., and Poon,L.W. (1982). An Analysis of the Effect of Aging on Recognition Memory. *Journal of Gerontology,* 37, 212—219.

Brown, A. L. (1985). Mental Orthopedics, The Training of Cognitive Skills. An Interview with Alfred Binet.In S.F. Chipman, J. W. Segel, and R. Glaser. (Eds.) *Thinking and Learning Skills: Research and Open Questions* Vol. II. Hillsdale, NJ: Erlbaum.

Buskirk, E. R. (1985). Health Maintenance and Longevity. In C.E. Finch and E. L. Schneider, (Eds.). *Handbook of the Biology of Aging, 2nd. ed.* NY: Van Nostrand Reinhold.

Butler, R. N., and Lewis, M.I. (1982), *Aging and Mental Health,* 3rd ed, St. Louis: Mosby.

Cavanaugh, J. C., Grady, J.G., and Perlmutter, M. (1983). Forgetting and Use of Memory Aids in 20-and 70-year-Olds' Everyday Life.*International Journal of Aging and Human Development.* 17,113-122.

Clark, J. E., Lanphear, A. K., and Riddick, C. C. (1987).The Effect of Videogame Playing on the Response Selection Processing of Elderly Adults. *Journal of Gerontology,* 42, 82—85.

Clark, M. (1984). A Slow Death of the Mind. *News week,* Dec,3,56—62.

Coyle, J. T., Price, D. L., and DeLong, M.R. (1983), Alzheimer's Disease. *Science,* 219, 1184—1190.

Craik, F. I. M., and Byrd, M. (1982). Aging and Cognitive Deficits. In F. I. M. Craik and S. Trehub (Eds.) *Aging and Cognitive Processes.* NY:Plenum.

Craik, F. I. M.,and Rabinowitz, J. C. (1984), Age Differences in the Acquisition and Use of Verbal Information. In L.Long and A. Baddeley, (Eds). *Attention and Performance.* Vol.10. Hillsdale, NJ:Lawrence Erlbaum Assoc.

Craik, F. I. M. (1977).Age Differences in Human Memory. In J.E. Birren and K.W. Schaie. (Eds.) *Handbook of the Psychology of Aging.* NY:Van Nostrand Reinhold.

Denney, N. W., and Palmer, A. M. (1981). Adult Age Differences on Traditional and Practical Problem-Solving Measures. *Journal of Gerontology,* 36, 323—328.

Denney, N. W. (1982). Aging and Cognitive Change.In B. B. Wolman, (Ed). *Handbook of Developmental Psychology.* Englewood Cliffs, NJ: Prentice Hall.

Dixon, R. A., Hultsch, D. F., Simon, E. W., and Von Eye, A. (1984).Verbal Ability and Text Structure Effects on Adult Age Differences in Text Recall. *Journal of Verbal Learning and Verbal Behavior,* 23, 569—578.

Dixon, R. A., and Hultsch, D.F. (1983). Metamemory and Memory for Text Relationships in Adulthood. *Journal of Gerontology,* 38, 689—694.

Eisdorfer,C., Nowlin,J., and Wilkie, F. (1970), Improvement of Learning in The Aged by Modification of the Central Nervous System. *Science,* 170, 1327—1329.

Erber, J.T. (1982). Memory and Age. In T. M. Field, A. Huston, H. C. Quay, L. Troll, and G. E. Finley. (Eds) *Review of Human Development* NY: Wiley.

Erber, J. T. (1981). Remote Memory and Age. *Experimental Aging Research.* 1,189—199.

Gillund, G., and Perlmutter, M. (1988). The Relation Letween Semantic and Episodic Memory across Adulthood.In L. L. Light and D.M. Burke (Eds). *Language, Comprehension, Memory and Aging.* NY: Springer.

Goldgaber. D., Lerman, M.I., McBride, O.W., Saffiotti, U., and Gajdusek, D.C. (1987). Characterization and Chromosomal Localization of a cDNA Encoding Brain Amyloid of Alzheimer's Disease. *Science* 235, 877—880.

Hartley,A.A. (1981). Adult Age Differences in Deductive Reasoning Proceses. *Journal of Gerontology,* 36, 700—706.

Hartley, A. A., and Anderson, J. W. (1986). Instruction,Induction. Generation, and Evaluation of Str ategies for Solving Search Problems. *Journal of Gerontology,* 41, 650—658.

Holding, D. H., Noonan, T. K., Pfan, H. D., and Holding, C. S. (1986) Data Attribution, Age, and the Distribution of Lifetime Memories. *Journal of Gerontology,* 41, 481—486.

Howe, M. L., and Hunter, M. A. (1986). Long-Term Memory in Adulthood. *Developmental Review,* 6. 334—364.

Hulicka, I.M. (1982). Memory Functioning in Late Adulthood. In

F.I.M. Craik. and S. Trehub, (Eds) *Aging and Cognitive Processes* NY: Plenum.

Hyman, B.T., Van Hoesen, G.N., Damasio, A.R., and Barnes, C.L. (1984). Alzheimer's Disease. *Science,* 225, 1168—1170.

Kausler, D. H. (1982). *Experimental Psychology and Human Aging.* NY: Wiley

Kansler, D. H., Lichty, W., and Freund, J. S. (1985).Adult Age Differences in Recognition Memory and Frequency Judgments for Planned vs. Performed Activities. *Developmental Psychology,* 21,647—65.

Kinsbourne, M. (1980). Attentional Dysfunctions and the Elderly. In L. W. Poon, J. L. Fozard, L. S. Cermak, D. Arenberg, and L. W. Thompson. (Eds). *New Directions in Memory and Aging,* Hillsdale, NJ: Lawrence Erlbaum Assoc.

Kline, D. W., and Schieber, F. (1985), Vision and Aging. In J. E. Birren and Schaie ,K. W. (Eds). *Handbook of the Psychology of Aging,* 2nd ed. NY: Van Nostrand Reinhold.

Lachman,J.L., and Lachman,R. (1980). Age and the Actualization of World Knowledge. In L.W. Poon,J.L. Fozard, L.S. Cermak, D. Arenberg, and L.W. Thompson. (Eds) . *New Directions in Memory and Aging.* Hillsdale, NJ:Lawrence Erlbaum Assoc.

La Rue, A., Dessonville, C., and Jarvik, L. F. (1985). Aging and Mental Disorders. In J.E.Birren and K. W. Schaie (Eds) . *Handbook of the Psychology of Aging.* NY: Van Nostrand Reinhold.

Leroux, C. (1981). *The Silent Epidemic.* Chicago: Alzheimer's Disease and Related Disorders Assn.

Madden, D. J. (1983). Aging and Distraction by Highly Familiar Stimuli during Visual Search. *Developmental Psychology,*

19,499—507.

Madden, D. J. (1985). Adult Age Differences in Memory-Driven Selective Attention. *Developmental Psychology,* 21, 654—665.

Marsh, G. R., and Thompson, L. W. (1977). Psychophysiology of Aging. In J. E. Birren and K. W. Schaie (Eds). *Handbook of the Psychology of Aging.* NY: Van Nostrand Reinhold.

Mitchell, D.B., and Perlmutter,M. (1986), Semantic Activation and Episodic Memory. *Developmental Psychology,* 22,86—94.

New York Times, (1983). A Sense of History. June 9.

O'Hara, M. W., Hinrichs, J.V., Kohout, F.J., Wallace, R.B., and Lemke, J.H. (1986). Memory Complaint and Memory Performance in the Depressed Elderly. *Psychology and Aging,* I,208—214.

Olsho ,L. W., Harkins,S. W., and Lenhandt, M. L. (1985). Aging and the Auditory System. In J. E. Birren and K. W. Schaie. (Eds) . *Handbook of the Psychology of Aging,* 2nd ed. NY: Van Nostrand Reinhold.

Palmore, E.B. (1974). Health Practices and Illness. In E. Palmore (Ed). *Normal Aging* II, Durham, NC: Duke University Press.

Park, P. C., Puglisi, J. T., and Smith, A. D. (1986).Memory for Pictures. *Psychology and Aging,* 1.11—17.

Perlmutter, M. (1979).Age Differences in Adults' Free Recall . Cued Recall, and Recognition. *Journal of Gerontology,* 34, 533—539.

Perlmutter, M. (1978). What is Memory Aging the Aging of *Developmental Psychology,* 14, 330—345.

Poon, L.W. (1985). Differences in Human Memory with Aging. In J.E. Birren and K.W. Schaie (Eds) *Handbook of the Psychology of Aging.* 2nded. NY: Van Nostrand Reinhold.

Post, F. (1980).Paranoid, Schizophrenia-like, and Schizophrenic States in the Aged. In J. E. Birren and R. B. Sloane (Eds). *Handbook of Mental Health and Aging.* Englewood Cliffs. NJ: Prentice-Hall.

Reese, H.W. and Rodeheaver, D. (1985). Problem Solving and Complex Decision Making, In J. E. Birren and K.W. Schaie (Eds) *Handbook of the Psychology of Aging,* 2nd (ed). NY: Van Nostrand Reinhold.

Rikli, R., and Busch, S. (1986), Motor Performance of Women as a Function of Age and Physical Activity Level. *Journal of Gerontology,* 41,645—649.

Rossman, I. (1977), Anatomic and Body Composition Changes with Aging. In C. E. Finch and L.Hayflick (Eds). *Handbook of the Biology of Aging,* NY: Van Nostrand Reinhold.

Salthouse, T. A. (1985). Speed of Behavior and Its Implication for Cognition.In J. E. Birren and K. W. Schaie (Eds) *Handbook of the Psychology of Aging.* NY:Van Nostrand Reinhold.

Salthouse, T. A. (1982). *Adult Cognition,* NY: Springer-Verlag.

Scogin, F., Storaudt, M., and Lott, L. (1985). Memory-Skills Training, Memory Complaints, and Depression in Older Adults. *Journal of Gerontology,* 40,562—568.

Siegler, I. C., and Costa, Jr. P. T. (1985).Health Behavior Relationships. In J. E. Birren and K.W.Schaie (Eds). *Handbook of the Psychology of Aging.* NY:Van Nostrand Reinhold.

Sloane, R. B. (1980). Organic Brain Syndrome. In J. E. Birren and R. B. Sloane (Eds). *Handbook of Mental Health and Aging.* Englewood cliffs, NJ:prentice-Hall.

Sterns, H. L., Barrett, G. V., and Alexander, R. A. (1985), Accidents and the Aging Individual. In J. E. Birren and K. W. Schaie, (Eds), *Handbook of the Psychology of Aging,* 2nd ed. NY:Van Nostrand Reinhold.

St George-Hyslop, P.H., et al. (1987). The Genetic Defect Causing Familial Alzheimers Disease Maps on Chromosome 21. *Science,* 215,885—890

Sunderland, A., Watts, K., Baddeley, A.D., and Harris, J.E. (1986). Subjective Memory Assessment and Test Performance in Elderly Adults. *Journal of Gerontology,* 41, 376—384.

Takeda, S., and Matsuzawa, T. (1985). Age-Related Brain Atrophy. *Journal of Gerontology,* 40,159—163 ·

Tonna, E. A. (1977).Aging of Skeletal-Dental Systems and Supporting Tissue. In C.E. Finch and L.Hayflick (Eds) *Handbook of the Biology of Aging.* NY: Van Nostrand Reinhold.

U.S. Public Health Service, (1979). *Healthy People.* Dept, HEW Pub. No. 79—55071, Washington, DC:U S Govt. Printing Office.

Vitaliano,P.P., Russo, J., Bren, A. R., Vitiello, M. V., and Prinz, P. N. (1986). Functional Decline in the Early Stages of Alzheimer's Disease. *Psychology and Aging,* I. 41—46.

Weg, R. B. (1983) Changing Physiology of Aging. In D. S. Woodruff and J. E. Birren, (Eds). *Aging,* 2nd ed. Monterey,CA:Brooks ∕Cole.

Woodruff, D. S. (1985) Arousal,Sleep,and Aging. In J. E. Birren and K. W. Schaie, (Eds). *Handbook of the Psychology of Aging,* 2nd. (ed), NY: Van Nostrand Reinhold.

Woodruff, D. S. (1983). Physiology and Behavior Relationships in Aging. In D. S. Woodruff and J. E. Birren, (Eds), *Aging,* 2nd (ed). Monterey, CA: Brook∕Cole.

Wright, B.M., and Payne, R. B. (1985). Effects of Aging on Sex Differences in Psychomotor Reminiscence and Tracking Proficiency. *Journal of Gerontology,* 40, 179—184.

Yesavage, J.A., Rose, T.L., and Bowen, G.H. (1983). Interactive Imagery and Affective Judgments Improve Face-Name

Learning in the Elderly. *Journal of Gerontology,* 38, 197—203.

Zarit, S.H. (1980), *Aging and Mental Disorders.* NY: Free Pr.

Zimbardo, P. Audersen, S. M.,and Kabat, L. G. (1981). Induced Hearing Deficit Generates Experimental Paranoia. *Science,* 212,1529—1531.

20

個人與社會：
成功的生活與尊嚴的死亡

人的一生是不斷改變與發展的歷程。前面曾經說過，晚成人期（
later adulthood）又稱爲老年期，老年期的發展事項是屬於個人方面的，
是瞭解與接受一個人的生活，並用他長期累積的經驗去處理個人的改變與
失落（Fiske，1980）。通常在老年期，人們會面臨三方面的問題。第一
，他們必須適應身體與健康的逐漸衰退；第二，他們必須適應退休，認同
工作的人必須重新的定義自己；第三，他們必須面對即將來臨的死亡。對
於第一點，有些人一心一意專注於他的身體狀況，一點不適都令他全神貫
注；有些人認爲身體改變是不可避免的，而發現建立與他人的關係是非常
的愉快，並從事較不須要體力與精力的活動。對於第二點，有些人因失去
工作的角色可能變得沮喪；有些人可能培養其他的角色，諸如配偶、祖父
母，或是其他。對於第三點，有些人面對死亡心生恐懼，憤怒、憎恨而認
命；有些人則以有意義的生活來面對，諸如由於自己的影響，經由子女對
社會有貢獻，或是香火有人綿延，或是信仰宗敎等。

　　當人們處理老年期這三方面的問題時，各種不同的心理歷程都引起心
理學家的注意。

第一節　老年期的發展理論

一、艾瑞克遜的心理社會階段論

當成人進入生命的最後階段，艾瑞克遜 (1982) 說，人們的工作是認爲他們的生活是統整與一致的，他們須接受自己的生活，從中發覺意義，相信他們已做得最好，假如這個工作成功的話，人們將發展成自我統整（ego integrity）。唯有在絕望地掙扎後才能獲得自我統整。當絕望主宰著人們，那麼人們會恐懼死亡，雖然人們輕蔑生命，但仍然渴望再有一次機會再活一遍；當統整主宰著人們，則人們擁有老年的力量，那就是睿智，有睿智的老人能接受限制 (limitation) ，他知道何時要接受改變，何時不接受改變，何時靜坐一旁，何時起而力爭。

人們到了老年並沒有終止一個人中年期的生產繁衍，艾瑞克遜預測老人將繼續熱衷外界事務 (Erikson & Hall，1987) ，他認爲晚年是一更具生產與創造的時期，八十歲的藝術家、作家、或音樂家將不再稀奇。

二、李文生的人生季節

李文生等人 (Levinson, Darrow, Klein,Levinson and McKee，1978) 的男性成人發展約在六十五歲，即轉變到老年的時期，絕望是這個轉變的普遍現象，因爲男性常感到年輕已經死去，他們對社會的貢獻也幾乎完成，進入艾瑞克遜所謂的統整與絕望的掙扎，晚年的到來伴隨個人認定的瓦解，特別是當一個人退休或失去他的能力與權威時，此時主要的問題是

在自我與社會之間，或是外在與家庭之間找到一個新的平衡，理想的情形是工作與遊戲融合，免於經濟的壓力與外在世界的壓力，一個人能夠利用他的創造精力從事他認為最感興趣的事。

根據李文生的看法，晚成人期介於六十五至八十歲之間，他瞭解八十歲以上的人正快速地增加，他提出一個新的，也是一生中的最後一個階段，稱為晚晚成人期 (late－late adulthood)。在這個時期中，人們醒悟到死亡的來臨，死亡是一種歷程，艾瑞克遜認為死亡開始於晚成人期，其發展包含找尋一普遍的與個人的對生命與死亡的意義。

三、榮格的晚成人期的概念

榮格 (Jung，1969) 認為老年人仍在努力自我發展，因為榮格相信尋求統整的人格是很少能夠完成的，認為每個人的衝突傾向必須被認可與妥協，這種被認可的反應表現在性別特質，這特質通常是與另一性別的特質相關聯，正如第十七章所說的，榮格認為這種與另一性別相關聯的特質最初出現在中年期，榮格與加德曼 (Gutmann，1980) 都認為表現這種隱藏的性別潛能到晚成人期繼續增加。

在晚成人期，男人的女性特質表現與女人的男性特質表現是妥協衝突傾向的一種嘗試。榮格認為一個人是外在世界導向的稱為外向 (extraversion)，而一個人是內在主觀世界導向的稱為內向 (intraversion)。在早成人期與大部分中年期，人們表現他們的外向，一旦家庭已經成長，事業已經完成，男女能夠自由地發展他們自己所關心的事，反應他們的價值，探索他們內在世界，榮格曾寫道 (1969)：「對一個年輕人而言，太過度的專注於自己，那幾乎是一種罪過，或至少是一種危險，但是對一老年人注意自己，那是一種責任，而且是必要的」。這種導向的改變使得老年人的發展傾向於自己內在主觀的世界。

四、撤離理論

　　約在四十年前，芝加哥大學的研究者，開始研究年齡在四十～九十歲住在堪薩斯市 (Kansas city) 的人們，追踪這些成人多年，研究者希望瞭解隨著人們年齡的增加，在人格、態度，以及價值的發展情形，並發現他們的適應型態，從這些研究却導出了晚成人期人格與動機理論的衝突。

　　在歷經五年的研究後，孔明和亨利 (Cumming & Henry，1961) 提出老人的典型適應型態的最好描述是撤離 (disengagement)，孔明和亨利認為當人們年老時，他們的潛能改變，他們的喜好也改變，他們選擇從過去的社會角色中逐漸的撤離，減少對他人事物的熱衷，榮格也認為老人變得非常的傾向於主觀的內在世界，同時社會也逐漸地撤離老年人，而將老人過去的角色與責任交與年輕人，孔明和亨利假定撤離是一種普遍的現象，基於生理的歷程，為老年人所歡迎，而且老人與社會均感滿意，孔明和亨利相信這是成人的一種最好適應老年的方式，那些撤離的老人比起仍保持活動與投入的老人較感到生活滿意。

　　這種撤離理論認為是晚成人期人格的普遍現象，却遭到大多數研究者的反對，雖然到了老年的確失去一些社會角色，大多數的人並不會從社會中撤離。人類學的研究顯示在有些文化社會，老年人仍高度的熱衷於社會與他人的事務 (Featherman，1981)，一些縱貫的研究也顯示沒有普遍撤離的證據，也沒有徵號表示撤離將使老年更加感到滿意，在杜克 (Duke) 大學的一項研究發現最感到生活滿意的是高度活動的老人，而不是撤離的老人 (Palmore，1970)。

　　事實上，這兩種不同的看法實在簡化了這個問題，在1960年期間，研究者深陷於撤離理論而與活動理論 (active theory) 相抗，主張撤離論者認為老人生活滿意視其情緒與身體兩方面從社會角色與活動撤離而定。活動理論者聲稱生活滿意視其社會統整與高度參與社會活動而定。其實對某些人而言，這兩種說法都是對的 (Maddox and Campbell，1985)，雖然社會熱衷的老人與其他人相比，是可能感到滿意些，而一些社會撤離的

老人也是感到非常滿意的。這麼說來，似乎有很多種方式去適應老年，而無論那一種方式都與一個人在年輕和中年時適應相關聯，撤離的老人他在中年時以及年輕時也是不熱衷社會事務的。

第二節　工作與退休

工作是生活的一個重要部分，它提供人們一種有能力的感覺、一種認同感、一種組織生活、以及生活規律，同時工作也是一種社會刺激、提供友誼、有機會步出戶外以及很多的生活滿意，因此從工作到退休是一重要的轉變。大多數的人似乎渴望退休，美國老人仍在工作的人數已逐年降低，原因是由於社會安全（social secuity）和私人退休金（private pension）制度的建立。在1900年，約68%的六十五歲男人與9%的六十五歲女人仍在工作，到了本世紀中，當社會安全制度遍及到大部分的工作者時，約50%以及10%的六十五歲男女仍在工作，現在僅有15%的男性老人與8%的女性老人仍在工作（Greenhouse，1986）

一、決定退休

為什麼有些人決定提早退休，有些人準時退休，而有些人只要身體狀況許可則繼續工作，許多因素決定一個人的退休，有很多因素還是一個工作者所不能控制的呢？

㈠提早退休

在美國使人們提早退休的主要原因是在六十二歲時可以享有社會安全給付，有些私人退休金還可更早給付。1978年有68%可享受社會安全給付的工作者退休，既使他們知道在六十二歲退休他們的社會安全給付將大大

地減少。當工作者選擇在六十五歲前退休，他們的健康、金錢、以及能否再被雇用是決定的主要因素；大部分的人提早退休是健康狀況不良的，工作變成是一種累贅，因此他們願意接受減少的，常常是不夠的社會安全或私人退休金給付；另外一些提早退休者有健康的身體，沒有經濟的憂慮，並對退休有積極的態度。且有機會再被雇用 (Robinson, Coberly & Paul，1985)。

㈡準時退休

雖然健康狀況是決定提早退休的重要因素，但却不是工作到六十五歲的人決定退休的主要原因，健康與退休決定缺乏關聯可從縱貫的研究中清楚的看出來 (Palmore, George and Fillenbaum，1982)，波禾摩 (Palmore) 與他的同事認爲退休的工作者誇大了他們的退休理由，並否認一個工作者是遭他的雇主拒絕所致。

㈢延遲退休

工作者在六十五歲後仍繼續工作很可能是中等社經地位的專業人員，或是他自己擁有小型的生意，教育程度高與職業地位高的人有較多的機會工作，且有更多的誘因使人們工作長久 (Palmore, George & Fillenbaum，1982)，對工作的積極態度使得人們繼續工作，也就是說繼續工作不是爲了錢，人們喜歡工作甚於休閒，或是在六十五歲後已有很多錢，仍繼續工作，或是退休到另一公司從事部分時間 (part－time) 的工作。

有些老年人繼續工作是因爲財力不足以負擔退休的生活，在一項調查六十五歲以上仍工作的人發現，46%的女性與39%的男性說他們需要錢，使得他們繼續工作 (Collins, 1986)。假如工作時間有彈性，老年工作者的人數將增加，在兩個大公司的調查中發現，有一半以上的工作者認爲他們能工作部分時間，而仍能支領部分的退休金，他們將不退休 (Robinson, Coberly & Paul，1985)。

二、退休的性質

人們一旦退休，可能發現有很多方面是退休前沒有預期到的。大多數的人期望結束鬧鐘叫起來開始一天忙碌的生活，期待過着長期休假的閒暇生活，但是每天整理庭院、蒔花養鳥的生活，並不比週末偶而為之來得有趣，就如同整天與配偶在一起，並不比晚間與週末在一起顯得更令人愉悅。有些退休者發現他們懷念工作時的常規，以及與同事的接觸，研究者以退休者為研究對象，發現退休是一生中的重要事件，且是一種歷程，參閱《附欄20-1》：退休的時期。

大多數的人非常滿意他們的退休，在一縱貫的研究中，研究者研究5000名男性，80%的退休者認為退休符合或遠超過他們的期望，75%的人認為給他們再工作一次，他們也會決定在相同的年齡退休，或是更早些（Parnes，1981）只有13%的白人與黑人認為他們退休得太早。

身體健康以及有足夠的錢能滿足他們需要的人，會發現退休是最滿意的，事實上，由於健康不良的因素排除後，退休者與仍然工作者同樣滿意於他們的生活（Parnes，1981）。一般人所謂的退休使得健康不好，研究的結果並不支持這種說法（Robinson, Coberly, & Paul，1985），許多退休者認為自從退休後他們的健康反而改進呢！但這種改進似乎是當事人自己的知覺，當研究者比較聲稱健康狀況改進者在退休時的健康記錄與現在的健康記錄，並未發現其健康情形有所改進（Ekerdt, Bosse & LoCastro，1983）。

不論人們多麼不喜歡他們的工作，如果就工作使他們忙碌這點而言，當他們退休時總覺得失去了些什麼，在一全國性的普查，問及退休者最懷念工作的是什麼，結果發現退休者最大的失去是金錢，其次是失去與工作伙伴的接觸（Harris，1981），此外較不重要但常常被提到的因素包括：工作本身、有用的感覺、工作發生的事、他人的尊重、每天有固定的作習。如果退休僅只是失去，人們不可能感到滿意，影響退休生活滿意的關鍵在於退休經驗對生活添加了些什麼新的要素，比起退休者從工作中退休（

retire from a job) 來，那些退休者退休到一新的生活 (retire to a new life) 是比較可能發覺退休更爲滿意的。

《附欄20-1》

退 休 的 時 期

　　退休是一個主要的角色轉變，大多數的人却以相似的方式經歷它，艾其利 (Atchley, R.，1976) 曾發現在退休的歷程中分六個時期，他認爲有些人可能跳過某些時期。在退休之前，工作者經歷所謂的退休預備期 (preretirement phase) ，起初工作者對退休不很清楚，只知道不久將會到來，彷彿像一個靑少年對他的未來生涯一樣，一旦退休日期定下，工作者開始使自己與工作分離，他們對公司的投入開始減弱，因爲他們知道公司的成就將沒有他們的功勞。許多幻想退休的生活，當這種幻想非常實際時，他們面對退休的轉變會比較容易，但是當幻想不切實際時，他們的期待將使他們失望。

　　當退休的午宴後，工作者與他的工作眞的分開了，同時蜜月期 (honeymoon phase) 開始，工作者企圖生活在退休預備期的幻想中，打高爾夫球、網球、橋牌、旅行、整理庭院、釣魚、做祖父母，自修，艾其利認爲這個時期就好像一個小孩在一個充滿玩具的房間，很高興地一會玩玩這、一會玩玩那。在一個對2000人的縱貫研究中，發現最愉快的時期是退休的最初六個月，雖然有些人的蜜月期可持續幾年 (Ekerdt, Bosse & Levkoff，1985) 。

　　終究蜜月期是會結束的，有些工作者，特別是那些幻想不切實際的，將進入所謂的淸醒期 (disenchantment phase) ，他們感到空虛，情緒陷於低潮，甚至變得憂鬱，他們在空中所建的美麗城堡已經倒塌了，他們必須重建退休的建築物，在一縱貫的以退休者爲研究對象的研究中，發現在退休的第一年終了時，生活滿意與身體活動跌到谷底 (Ekerdt, Bosse & Levkoff，1985) 。

　　當淸醒的退休者發掘新的方式來利用時間以及新的熱衷的事務時，他們便進入了所謂的重新適應期 (reorientation phase) ，他們可能轉向家

庭與朋友，或是參加老人中心的活動，他們找尋實際的選擇，所選擇的能使他們感到滿意。在縱貫的研究中，發現退休者在退休的第二年終了，雖然沒有重新獲得他們最初對退休的樂觀，但他們的身體活動以及生活滿意已開始提昇 (Ekerdt, Bosse & Levkoff，1985) 。

　　當退休者找到一個滿意的生活方式，他們便進入穩定期 (stability phase) ，他們知道他人所期待於自己的，並且也瞭解自己的潛能與限制，他們是自足的，已勝任退休的角色，有些人是忙碌的，有些人並不如此，但他們已適應適合自己的退休方式，對退休有實際期望的，可能直接從蜜月期進入這個時期，沒有經過清醒期與重新適應期。

　　最後，人們可能脫離退休的角色，終止期 (termination phase) 的來臨是指與穩定的退休生活不再有關係，對某些人而言，他們決定再去工作，對大多數人而言，他們覺得處理家庭雜事與照顧自己已不可能時，因而放棄他們的獨立與強健狀態，轉為有病與不中用的角色。

第三節　家庭關係

一、與配偶的關係

　　大多數的男性老人是結婚的，但大多數的女性老人並不一定是結婚的，因為男性的平均壽命比較短，到七十五歲時，只有少數的女性是結婚的，不到四分之一的婦女，她們的丈夫仍健在。

　　在成人期結婚仍是必然的，到老年期，夫妻關係的最顯著轉變是丈夫的退休，沒有在外工作的妻子必須適應整天在家的丈夫，齊提和柯爾 (Keating & Cole，1980) 研究丈夫的退休對四百名男老師與他們妻子關

係的影響，他倆發現42%的男性因爲退休使他們的婚姻產生問題，妻子更是採悲觀的看法，78%的女性認爲有婚姻問題，這些問題包括個人自由的減少，太多時間在一起，對她們的時間有太多的要求。

妻子的反應有賴於她們對婚姻的看法，如果認爲婚姻是以持家（house maintenance）爲其主要責任，比之視婚姻爲情愛與關心（affection and caring）爲其主要責任者則更難以適應丈夫的退休（Kerckhoff，1966）。持持家的婚姻觀者，妻子會發現丈夫整日在家是種妨礙，發出這種聲音者爲前美國第一夫人貝蒂福特，她說：「我很高興，我們有更多時間在一起，但是親愛的，請別回家吃午飯」。

大多數退休的研究是研究妻子沒有固定工作的丈夫，當工作的妻子退休，她們面臨與丈夫同樣的損失，包括收入與社會接觸的損失，但她們也失去獨立，這使得她們不太願意退休，特別是那些中年才開始工作，且一心一意被工作吸引的妻子。此時一些夫妻對他們婚姻的角色作這樣的調適，丈夫退休，妻子仍然工作，這使得家庭的角色互換，似乎也是一種適應的方式。

二、鰥寡

失去丈夫或妻子是強烈情緒壓力的來源，活著的配偶將經歷一長期的悲慟，也可能要幾年後才能適應鰥寡的狀況，事實上，守寡似乎是老年女性的正常現象。在美國，約有八百萬的寡婦，却只有一百五十萬的鰥夫（U.S. Bureau of the Census，1986。）

女性似乎比男性更能適應獨居的生活，但比起結婚的人又比較可能死亡，尤其是鰥夫的死亡率更高，他們是結婚者的七倍，這麼高的死亡率的可能原因是：

　(1)身體健康與有經濟能力的鰥夫通常再婚，而維持獨居者通常是健康狀況不佳與缺乏經濟來源的。

　(2)鰥夫所要擔負的新工作是與生存有關的，如烹調與家中雜事，而寡婦所要擔負的新工作是庭院整理與家庭修護。

(3)夫妻與朋友、親戚的社會關係，通常是由妻子維繫，因此妻子去世後，鰥夫常常感到自己是與社會隔離與孤獨的。

　　至於寡婦約有十分之八是獨自生活的，有些勉強與子女住，有些非常窮或身體非常衰弱的則與親戚住，少數表示有興趣再婚，缺乏再婚對象並不令他們苦惱，在路巴塔（Lopata，1973）所研究的寡婦中，有多於75％的人不考慮再婚，她們的理由是想獨立，不想再做從屬的妻子角色，有些人的回答是不想再經歷照顧另一病人的負擔，有些則說根本沒考慮過再婚，也許她們以前的丈夫是這麼的理想，沒有其他人合乎她的標準。

　　我們今日對寡婦的了解，不能類推到大多數中年婦女，當她們變成寡婦時也是如此，因為她們將擁有較多的個人資源，她們的適應將是不同的，今日的寡婦僅半數是高中畢業，不到十分之一是大學畢業，不到八分之一是專業或是有技術的，（Neugarten and Brown—Rezanka，1978）而未來寡婦的教育程度以及職業將提高，自認集工作、妻子、以及母親於一身，她們慣於理財及自己解決問題。研究者認為，假如有任何消極的影響與寡居相關，那是由於寡婦的社經地位低的緣故（Balkwell，1981），二十一世紀的寡婦可能發現適應較為容易。

三、與子女的關係

　　經由結婚建立的家庭，由於子女的誕生而繼續不斷，這種年老父母與子女，以及與子女的子女關係是穩固、親近、與頻繁的，當居住的距離太遠，使得面對面的探視不可能時，彼此藉著打電話與寫信來連繫，在美國年老的父母與他們的子女都喜歡自由與獨立，而擁有自己的住所，但是彼此之間情感的結（bond）却是非常的緊密，研究者稱這種家庭結構為改變的延長家庭（modified extended family），意思是說代與代間是分開住，但是相互幫助與親情却是連結的（Litwak，1960）。

　　禮物、幫助、影響、親情等在代間上下穿梭，彼此都認為他們的關係是密切的。班斯頓與柯特勒（Bengston and Cutler，1976）聲稱年長的

父母認為他們與子女的關係較密切,那表示他們的子女使父母的理想永垂不朽,而子女認為他們與父母的關係較不密切,那表示他們的自主以及與父母不同,這種情形導致父母否認代間的差異子女誇大代間的不同。

　　年老父母與子女強固情感的結顯示在接觸的頻繁上,女兒比起兒子來較常拜訪與打電話給他們的父母,同時與母親方面的接觸也較多 (Hoffman,McManus, & Brackbill, in press) 。四分之三的年老父母居住的地方與其中一個小孩居住的距離僅需半小時的車程,且彼此常常互相拜訪。在一個從全國抽取的4000名老年人的研究中發現距離決定彼此的接觸 (Moss, Moss& Moles,1985) ,有一半以上的父母與他們的子女住在鄰近的地區,並且天天看到他們的小孩,其餘的一星期看他們的小孩好幾次;那些與他們的小孩住在二至十英里距離的父母,通常一星期至少看他們的小孩一次,藉電話聯絡是一星期兩次;當彼此居住散佈在各地時,接觸因而減少,與子女居住的地方超過500英里的年老父母只能一年看他們的子女一次,其中一半的父母與子女每月有信件往來,三分之一則每月互通一次電話。

　　這種情形自然是改變的延長家庭的現象,年老父母與子女是分開住的,家庭成員間關係緊密,彼此來往頻繁。至於年老父母與子女同住的延長家庭 (extended family) ,如我們中國社會,父母一般都與兒子同住,根據研究 (陳北拱,民68) 大約有三分之二的年老父母與他們的子女同住,在這種父母與子女同住家庭中,父母與子女的關係也是非常密切的,林美珍 (民79) 曾研究台北縣市的兩百多戶三代或多代同住家庭,分別訪問了同一家庭中的年老父母與成人子女,結果有80%以上的父親 (兒子) 與70%的母親 (媳婦) 認為與父母或公婆同住的關係是非常融洽的,有不到20%的父親與30%母親認為是普通的。如果根據班斯頓和柯特勒 (Bengston & Cutler,1976) 的說法,年長的父母認為他們與子女的關係較密切,那麼父母認為與子女同住的關係當比子女認為與父母同住的關係來得融洽些。

四、與孫子女的關係

對大多數人而言祖父母角色，是老人家庭生活的一部分，祖父母與孫子女的關係大多相當親密而令人滿意，有些因素使得這種關係受到影響。柏伊（Boyd，1969）對有價值的祖父母（the valued grandparent）的研究發現，影響代與代間家庭情結（family bonds）的因素有親近、對家庭成員的注意與協助、分享他們的活動，以及良好的人格特質，以上這些為強化因素，而空間與社交距離、不同信仰及理念、過度專注於事務而減少了家庭連繫、不常接觸、生病、年老、衰弱等項為減弱家庭情結的因素。這些影響代與代間情結的強化因素，似乎顯示著有價值的祖父母是努力獲得的（acquired），而非自動的（automatic）到來。

另一項影響家庭情結的因素為處在三代中間的父母，麥休斯（Matthews，1983）的研究發現，祖父母與孫子女的親近程度與彼此接觸的次數有關之外，還與其父母和祖父母的親近程度有關；戈爾福等人（Gilford ＆ Black，1972）分析南加州大學三代家庭的受試發現，祖父母與孫子女間的互動及情感有賴其父母對祖父母的態度；而海傑塔和史皮齊（Hagestad ＆ Speicher，1981）的研究也發現，三代中的父母是祖孫關係的媒介，即使孫子女長大也是如此。

在改變的延長家庭中，祖父母與孫子女的關係經由來往頻繁而關係緊密，在延長家庭中，祖父母與孫子女同住，根據柏伊（Boyd，1969）對有價值祖父母的強化因素，自然關係更為密切，林美珍（民77）的研究發現，在受訪的兩百多戶三代或多代同住家庭的祖父母中，有80%的祖父母認為與孫子女的關係是非常親近或親近的，而他們所敍述的理由是：

(1)孫子女出生我們就住在一起；

(2)孫子女從出生就由我照顧（祖母回答）；

(3)我們關係密切是因為他是我的孫子女；

(4)我們住在一起，接觸頻繁；

(5)常一起出遊及嬉戲；

(6)我們有血緣關係；

(7)孫子女和我相處愉快；

(8)孫子女尊敬我。

　　本研究同時也發現三代或多代同住家庭的祖父母提供了瞭解祖孫關係的進一步訊息，那就是祖孫關係部分受到孫子女父母的影響，綜合祖父母的意見爲：

(1)我希望孫子女的父母能對我好些，因爲孫子女會認同模仿他們的父母，而影響了我與孫子女的關係；

(2)由於婆媳間的衝突與摩擦，使得我與孫子女的關係不良。

《附欄20-2》

溫暖親密、相互需求──拉近祖孫間的關係

　　由於醫藥與社會的進步，使人類壽命延長，因此一個人作祖父母的時期也相對地加長。大多數的人約在五十歲左右作祖父母，根據筆者最近研究三代同住家庭的調查發現，男性第一次作祖父的平均年齡是五十三點八歲，而女性第一次作祖母的平均年齡是四十九點二五歲。又根據行政院衛生署新近公佈我國平均壽命，男性爲七十一，女性爲七十六點一歲。依據這兩二項資料顯示祖父母與孫子女大約有廿至廿五年的時間同時生活着，這是過去少有的現象。在這廿多年間，一個祖父母可看着他的孫子女經歷出生、入學、畢業、工作、成家，甚至於作父母親等人生重大事件，而祖父母自己也由中年步入老年。這種祖父母與孫子女同時生活時間的加長，自然影響了他們之間的關係，而這種關係通常是更爲密切。

　　其次是由於現在的中老年人比起以前同年齡的人來，身體較爲健康，教育程度較高，經濟生活較好，有較多的休閒時間，因此他們比較能積極地參與孫子女的活動與生活。根據筆者的研究發現祖父母與孫子女互相要求對方幫忙與共同從事活動的比率相當高；如孫子女要求祖父母一起出遊、逛動物園、教他們念書、寫字、特別是寫毛筆字、參加學校的活動，如母姊會、運動會等；而祖父母有時也要求孫子女幫他們跑跑腿，如買包香

煙、也要求他們幫忙打個電話、寫封信，或一起看電視、一起講故事等，在相互幫忙與活動中，使祖父母與孫子女的關係變得更為親密與自然。

再者是因為家庭型態的改變，過去的大家庭是父母與兩個或兩個以上的結婚子女同住，在這種情形下，祖父母仍具有權威，支配家中的事情，因此祖父母與孫子女的關係是比較形式上的；同時為了公平起見，祖父母對所有的孫子女都一律看待，因此他們的關係也就較不親密而顯得普通了。現在的情形是祖父母與一個結婚的子女同住，同時家中的事情已由子女負責，祖父母在家中的地位不像過去麼具有權威性，而且他們與孫子女的關係也不需要是正式的，因為不必介意其他子女的反應，因此祖父母與孫子女的關係就顯得親密多了。至於不與祖父母同住的孫子女們，有時祖父母去看他們，或他們來看祖父母，其間的關係就顯得非正式，且溫暖與友善多了。筆者的研究也發現絕大多數的祖父母與孫子女的關係是非常親密的，而且他們認為自己是屬於「含飴弄孫」型的祖父母，可見傳統式的權威形式類型的祖父母又轉為溫暖、親密類型的祖父母，成為孫子女的玩伴了。

以上三方面的轉變，使得當今的祖父母與孫子女的關係變得長久與密切，而祖父母的類型，也由過去社會文化所期待的較固定的角色，變得多樣與不同。

(摘自中央日報家庭版《三代情》專欄，民國七十七年一月二日)

第四節　生命的延長：長壽

在早期，人們死於年輕時，父母預期他們的孩子中會有人夭折，這種情形使得年輕夫婦在他們婚禮前，便到當地的墓地選擇地點來埋葬未來的小孩 (Kastenbaum,1985)。在近期，醫藥的進步及衛生、營養的改良，已經大大地減少年輕人的死亡，也因此使得預測人們死亡是在老年期。

一、生命期望值

生命期望值 (life expectancy) 或是一個人平均能期望活的年數，在過去幾世紀來已經增加了很多。古希臘時期的生命期望值大約是二十年，到中世紀已攀升到三十三年，生命期望值的最大跳升是在本世紀，在美國，1920年的生命期望值是四十七年，而出生在今天的嬰兒可期望活到當他們是七十五歲時 (U.S.Bureau of the census，1986)。

這種生命期望值的戲劇性增加，並不是說人類的生命已經延長，而是較多的人可活到老年，生命期望值只是一個平均值，當計算時，所有的嬰兒死亡以及其他時期的死亡都包括在內，會使最後的數值拉低。在十八世紀，每十個人中只有三個能活到二十五歲，到1900年，每六個新生兒中有一個在滿週歲前死亡 (Yin & Shine，1985)，到今天，每二十人中至少有十九人活到成年，營養與衛生的改進，使得嬰兒與兒童的死亡率減低 (Mckeown，1978)，直到二十世紀，當免疫方法、抗生素、以及外科手術開始救活人命時，醫藥科學對生命期望值的延長才有影響，也因此，退化的疾病，如心臟病、癌症、以及中風取代了感染性疾病，如肺炎、肺結核，以及腸胃疾病，成爲主要的致死疾病，也改變了人們死亡的方式 (Brody & Brock，1985)。

二、長壽

有些人在老年仍然是積極的、精力充沛的、身體健康的，有些人到了晚年大部分的時間是在醫院裡度過的；爲什麼有的人似乎老化 (aging) 得快，且不久便死亡，有些人老化得慢，且活得長久，研究者對此生命的發展改變深感興趣，並提出幾種不同觀點。

㈠老化的理論

老化是指一個人的身體日漸顯示出沒有能力去維持它本身以及行使它的運作，結果是隨著時間的過去，自然死亡的可能性逐漸增加。顯然這個定義敍述生理的歷程，並沒有解釋爲什麼人會老化。研究者提出多種理論試圖去解釋爲什麼老化發生，但是沒有一種理論被研究老化的科學家認爲是主要老化的原因（Rockstein & Sussman，1979）。

在這些理論中，其中有六種是針對人體累積的損壞，特別是細胞的損壞：

1.穿著與破舊理論(the wear-and tear theory)

認爲人的身體像常常穿的衣服一樣，日久是會破的，就如同一部機器用久也會壞的；由此觀之，老化就是由於生命所需的各種重要器官逐漸退化所致。

2.廢物積存理論(the waste-product theory)

認爲新陳代謝的廢物積存在細胞內，一個人年齡愈大，積存的廢物也就愈多，並干擾了細胞的功能。

3.錯誤理論(the error theory)

是基於人體內大多數的細胞會重新並重複地製造的事實，根據這種理論，在重新複製細胞的遺傳訊息（genetic message）時，錯誤難免發生，這種控制有秩序行爲的細胞遺傳訊息變得充滿了錯誤，致使細胞的功能不再正常。

4.交叉聯結理論（cross-linkage theory)

是因爲體內組織纖維的分子與細胞內的DNA聯結，致使細胞功能失常；根據廢物積存理論，例如一種纖維蛋白，稱之爲骨有機質（collagen），這種隨著年齡增加而增加的物質，使皮膚出現縐紋以及受傷較慢痊癒等老化特徵。

5.自由根（基）理論（free-radical theory)

是基於正常的細胞活動產生不穩定的分子，如化學分子式中的根（基），這種分子中的自由電子栓上其他的分子，這種情形導致前述的交叉聯結現象，因而損壞了正常的遺傳機制。

6.自動免疫理論 (the autoimmune theory)

認為當一個人年老時，身體的免疫系統開始攻擊正常的細胞，因為身體變老不再能區分何者是自己的細胞、何者是細菌、病毒、或癌細胞（Welford，1983）。

其他的老化理論認為是遺傳控制一個人的老化歷程：

1.遺傳設定理論(the genetic program theory)

認為在發展過程中，基因決定了何時老化，正如基因決定一個人何時青春期到來。

2.定步調者理論(the pacemaker theory)

老化為體內特殊的定步調者所控制，當時候到了，計時員便發出信號，身體的賀爾蒙破壞，老化開始。

3.耗盡計劃理論(the running-out-of-program theory)

假定遺傳計劃在受孕時開始，最後終究會結束，當DNA被用盡時，細胞功能也就終止。

這些理論都假定人類有一自然生命期限，在最好的環境下，能夠期望活到最多的年數，大多數的研究者認為人的生命大約是一百年 (Fries & Crapo，1981)，在平均期望活得那麼長之前，我們仍有很長的一段距離。

㈡影響壽命的因素

雖然研究者對老化的理論沒有一致的看法，但對影響生命期望值的因素卻無二意，是那些因素呢？基因、性別、種族、環境、食物、活動情形、社會角色的穩定、婚姻狀況、對老年的態度、以及期望活多久等因素都與壽命有關。

遺傳是決定一個人活多久的重要因素，長命的最好預測是四個祖父母活得長與活得健康，人們有這種遺傳也會長生，因為心臟病、過度緊張，以及某些癌症有遺傳的傾向，一個人有這種遺傳，處在一個較易引發這些疾病的環境，是很可能發生這些疾病的。

性別也很重要，女性在一些不再須要辛苦勞力與嬰兒出生死亡率低的

社會，通常比男性長命。自1950年以來，很多國家的男女兩性壽命的差距已逐漸增加，包括日本，它是全世界男性生命期望值最高的國家 (Myers & Manton，1984) 。在美國，雖然有較多的男嬰誕生，但到青年期，女孩人數開始超過男孩，到了老年，男女人數之比為100：135，今天美國白人男嬰的生命期望值是七一點五年，白人女嬰則是七十八點八年 (U.S. Bureau of the census，1986) 。我國的平均壽命也是女性高於男性，根據行政院內政部 (民75) 的統計，男性的平均壽命是七十一歲，女性是七十六點一歲。

種族背景也影響人們的生命期望值，美國黑人男嬰的生命期望值是六十四點九年，黑人女嬰是七十三點五年 (U.S. Bureau of the Census，1986) ，都比前述的白人男女嬰低。但是到了老年，種族差異的轉變發生，當黑人男女到了六十五歲，這種差異幾乎消失，在八十多歲的人中，黑人生存的比例遠超過白人 (Wing, Manton, Stallad, Hames & Tryoler，1985) 。

如何解釋這種反轉現象呢？大多數認為這種轉變由於社經地位使然，我們知道在生命的早期，營養、衛生與醫療照顧對一般的生命期望值增加有關，因為黑人的社經地位通常低於白人，黑人比白人較可能死於年輕時，而那些能夠活到老年的黑人可能是比較健康強壯的；此外兩種種族的不同血壓型態也是個重要因素，黑人比白人較可能在中年死於高血壓，白人在老年比較可能死於不同形式的高血壓 (Wing, Manton, Stallad, Hames & Tryoler，1985) 。

㈢增長壽命

遺傳、性別與種族背景是我們不能控制的，但很多環境的因素可使生命延長却是我們所能控制的，為了發現這些因素，研究者研究長壽的人。

長久以來，有關的報告中都會敍述某些地區，那裏的人大多數都活到超過100歲，還有少數是活得更久的，但仔細的研究這些報告，却發現有些問題 (Mazess & Forman，1979；Medvedev，1974) ；例如，有些地方人們受洗的記錄，難免會用相同的聖名，以致於出生日期都搞混了；又有些地方，為了逃避兵役，年輕人用他們已去逝的年長兄弟的名字；還

有些情形是人們向調查者報告的年齡是偏高的，許多人聲稱他們是100或110歲，而不說他們是七十或八十歲，當研究者四年後回到這些地區時，再問這些人的年齡，發現這些人比四年前都多報了十歲。在Vilcabamba.一個名叫Ecuadorean地區，素以長壽著稱，那裏年高七十歲的人們普遍有誇大年齡的情形，當地慶祝百歲人瑞，實際上這些壽星都沒有到100歲，很多誇大他們的年齡達二十年之多 (Mazess & Forman，1979) 。

在這些社會的老年人，雖然他們可能活不到100歲，一生中這些人似乎是積極的、精力充沛的。在Vilcabamba，平均100歲的人實際上是大約八十四歲，平均130歲的人實際上是大約九十五歲，也許這些老人保持他

《附欄20-3》

老化原因仍無定論

科學家對人體老化的研究不遺餘力，但是對老化的發生至今仍是個謎，大多數都相信老化是一複雜的歷程，它牽連到許多身體系統。

有很多理論來解釋為什麼會老以及死亡，一般都針對身體細胞的改變來說明，也就是說隨著年老，細胞的功能改變，當足夠的細胞改變，老化也伴隨而來，以至於死亡。此外有些老化的理論則建議是因為遺傳決定的，正如早期的生長與發展一樣，有一定的時期；個體何時成熟、老化、死亡也為遺傳所決定。其他的理論卻認為老化是因一生中各種身體系統的損壞，而這種損壞是因長時間的磨損，譬如我們長期的吃進以及吸進有害物質，而損壞身體系統。

有些老化理論的重點是在免疫系統，那是身體抵抗疾病的武器，當此系統因老化失去功能時，很容易被濾過性毒、細菌，以及其他疾病產生的生物體所感染而生病。

在科學家研究老化原因的同時，自然會心存緩慢老化的希望，進而延長生命，或使外表與精力方面產生重大的改變，這些仍在不斷地研究中。

(摘自民生報家庭版「長青道上」專欄，民國七十七年七月廿七日)

們的精力，部分是因為在他們農業社區退休是不存在的，因此到了老年仍保有他們的社會角色與責任。

　　在我們的社會，人們活得長久與快樂也有一些共同的特徵（Woodruff，1977）。從訪問年齡在八十七至103的人發現，大多數人的父母也是長壽的，他們婚姻美滿、性生活積極，事實上，美滿婚姻會增加五年的

《附欄20-4》

抗老不易、長生不難

　　雖然沒有所謂抗老化的治療、藥物，或其他方法來緩和老化，進而延長生命，並不意謂著我們對自己的健康以及生命的延長無能為力。如果我們能夠遵照以下的建議，我們是可以維持健康並活得長久的。

　　(1)不抽煙。

　　(2)營養均衡，保持適當的體重。

　　(3)規律的運動。

　　(4)定期健康檢查。當你感覺不適時看醫生，服藥要遵照醫生指示。

　　(5)維持親情與友情。

　　(6)有時間休息與放鬆。

　　(7)有充足的睡眠。

　　(8)經由工作、休閒與社區活動，以保持積極與活躍。

　　(9)適度的飲酒。如果你開車的話，酒後請勿駕車。

　　(10)駕車要擊上安全帶。

　　(11)避免過度的暴露在烈日或冷的天氣中。

　　(12)為避免意外如火災或跌倒，在家宜練習預防意外的習慣（如不要在床上或昏昏欲睡時吸煙、樓梯宜有燈與欄杆等）。

　　最重要的是，對生命有積極的態度，期望活得長久，並且發掘什麼是最令你感到愉快的事而去做它。

（摘自民生報家庭版「長青道上」專欄，民國七十七年八月三日）

生命。

　　另外的特徵是保持身體的與心智的能力，他們的反應時間比起一般老
人來較快，他們熱衷社會事務，假如他們喪偶，大多數會再婚，他們發展
自己的嗜好，他們散步，走很長的路，從事多種運動 (Palmore ＆ Jef-
fers，1971)。他們很少焦慮、總是獨立的，熱愛生命、有宗教信仰、飲
食適中、體重維持正常，他們從不睡很長的時間，有些人喝酒，有些人滴
酒不沾，有些偶而抽煙 (Rose ＆ Bell，1971)。如有需要，他們很能適
應，他們喜歡把握現在，既使目前面臨很多問題，而不是生活在回憶裏（
Jewett，1973)。然而，對他們而言，能活多久並不重要，重要的是他
們生活的品質，也許擴展生產繁衍的中年至老年是更適當的生活目標。

第五節　生命的終止：死亡

一、對死亡態度的發展改變

　　面對一個人的死亡是生命的最後發展事項，有的人死亡來得太快，打
斷了忙碌且充滿計劃的生命，有的人死亡來得太遲或太慢，致使尊嚴地死
亡幾乎不可能，但不論死亡何時到來，當它到來時，人們都會充滿各種不
同的情緒：恐懼、憤怒、悲傷、孤獨、無助、憎恨、不可避免的等等，其
中恐懼是對死亡最普遍的情緒反應。

　　人之怕死猶如小孩之怕黑，這表示每個人似乎都怕死，因此引起研究
者研究人對死亡的恐懼，當以問卷的方式問到死亡的那一方面可怖時，發
現大多數的人認為死亡最可怖的是「所有經驗的終止」，雖然死亡之痛苦
，不可知的未來、個人計劃的不能實現、朋友與家人的悲慟等也是感到恐
懼很重要的原因 (Shneidman，1971)。

一生中不同年齡的人對死亡的態度有所不同，有些人非常担心死亡的來臨，有些人則不大關心；同時在生命過程中，顯示恐懼死亡有其共同的特徵，大多數年輕人是很少想到死亡的。當生命期望值增加，死亡便延後到非常老的時候，年輕人的生活很少與死亡相接觸，他們個人第一次經驗死亡可能是因為祖父母的死亡，甚至於曾祖父母的死亡，因此大多數的研究者發現年輕人對死亡恐懼是低的也就不足為奇了，雖然不是所有的研究都同意這點（Kalish & Reynold，1976）。

中年人可能對自己的死亡比較關心，因為已經親身經歷自己的祖父母或父母的死亡，也清淅地經驗親近朋友突然地死於心臟病或癌症，當那些親近的人的目標與計劃沒有完成而瀕臨死亡之際，著實令人們憂慮自己沒有準備好便面臨死亡，因為如此，中年人恐懼死亡達到最高點。在一個從全國抽取的1500名成人中，比起年輕與老年人來，中年人是最恐懼死亡的，並相信「死亡永遠是來得太快了」（Riley，1970）

當人們進入老年，恐懼死亡似乎降低。事實上，一些研究已經發現老年人比起其他年齡組的人來，顯示較不恐懼死亡（Kalish & Reynolds，1976）。為什麼死亡通常對老年人來說較不恐懼呢？根據凱利（Kalish，1976）的研究，可以說明老人恐懼死亡減低的原因有三：第一，比起年輕人來，老人可能把他們生活的價值看得比較低，他們已完成很多生命中的重要事件，他們可能健康狀況不佳、或者可能有經濟上的問題；第二，他們可能不再感到死亡是不公平的，一旦他們到達被指定的生命終點時，他們可能感到已擁有應得的歲月；第三、老人可能已習慣於死亡的想法，每次面對他人的死亡，似乎也預演了自己的死亡，當他們自己死亡接近時，他們已被社會化了去接受它。

當人們決定自己的死亡是逼近時，已做好了各項準備，這種準備通常開始於一個人真正死亡的前幾年。

二、死亡的歷程

當身體衰弱到極點時，老人在心理上開始準備死亡，這個時期不是決

定於一個人的實際年齡，而是由個人的社會、身體、與心理狀況所決定（Marshall，1980）。一個年高八十五歲、已婚、健康良好的人、有朋友且熱衷社會事務，是根本還沒開始準備死亡的；而一個六十五歲、喪偶、身體衰弱、沒有朋友、對什麼都沒有興趣的人，對死亡可能早已準備妥當。

㈠準備死亡

與生命終了相關連的主要發展事項是對生命的重新評量（Erikson，1978）。老人必須對不可避免的衰弱與失落而接近死亡求得一種解決，當精力消耗殆盡、身體每況愈下時，死亡是不能被否認的。既使一個人記憶仍很好，一個老人在處理複雜的事時，也會變得混淆，加上配偶、親戚、朋友相繼去世，社會失落益加嚴重，電視上常看的人出現了老化的外表，更加感嘆無情歲月的快速流逝。

時間不多，它不再是無止境的，僅僅縮減成只剩少許的幾年，這樣的警覺使得人們重新安排他們的生活與選擇。過去自己長期鍾愛的收藏也變成暫時的，不再新添自己的收藏或圖書，進而想到是否應該在死後賣出，或轉贈他人。很多人已經安排妥他們自認為滿意的生活，當老年人被問到，如果他們只有六個月可活時，什麼是他們想做的，大約有三分之一的老人會說，他們不想有任何改變；有些會進一步說他們想看看書、沈思、或是祈禱（Kalish & Reynolds, 1976）；少數老人會說他們的生活想要極大的改變，諸如去旅行、或尋求新的經驗，儘量使自己忙碌，或是全力關心他人。

還有很多已婚者更關心配偶的生命有多久，那些已接受死亡來臨的人常常希望能夠延後到配偶死亡，自己再死亡（Marshall，1980）。

很多老人對死亡的準備是轉向自己內心世界，他們從活動中撤離，而藉著回顧生命（life review）的歷程來使生命有意義，巴特勒（Butler，1975）認為警覺死亡使得人們反省過去，看看過去生命中的事件，進而調適終究來臨的死亡，他們接納過去的衝突，檢討過去的關係，使過去的所作所為為目前的情境所接受，因而出現自我統整（integrity），發覺生命的意義，否則可能會感到焦慮、罪惡、沮喪、或絕望（despair）。

巴特勒認為回顧生命是發展的歷程，也是艾瑞克遜的統整與絕望的掙

扎的一部分，他相信回顧生命包含問題解決，而且是成熟的象徵，如果成功，將導致平靜，如果不成功，人們將陷入混亂。

　　回顧生命是一個發展的事項，只限於人們期望活到老年的社會，當死亡是很普通的，不可預知的與不能控制的，可能發生在十五歲或二十五歲，也可能發生在七十五歲或八十歲，人們可能不恐懼死亡（Aries，1981）。在這樣的社會，便不可能回顧過去的衝突，而與死亡達成協議。

㈡臨終的歷程

　　除非意外或心臟病發作突然死亡，否則將經歷一臨終的歷程（dying trajectory），它是指一個人從了解到死亡是不可避免的到真正死亡本身所經過的時間（Glaser & Strauss，1968）。這段過程可以持續幾星期，或是幾個月，或是幾天。

　　當死亡來得緩慢，就像大多數老人一樣，臨終的歷程是悠閒的，較少緊張的，生命的回顧已在數月或數年前完成，接下來的幾天、幾星期、或幾個月是讓人們適應死亡的感覺。派提森（Pattison，1977）描述臨終歷程的三個時期：急性的（acute）、慢性的（chronic）與終點的（terminal）。急性的時期開始於當人們了解到將要很快地死去，大多數人的反應是焦慮。並藉著各種心理防衛機制來處理他們的恐懼，否認（denial）是最普通的反應方式，病人一方面否認診斷的結果，「檢驗室把我的資料與某人的搞混了」，「那是良性腫瘤」，再方面又否認它的含意，「我會好起來的」，「我會戰勝病魔的」。否認並不一定是不好的，或是不成熟的，它是一種健康的方式來面對將死的訊息，否認是一種緩衝，保護病人免於驚駭與延後處理即將來臨的死亡。畢竟，診斷有時難免有錯，當醫生已經決定病人已到終點時，病人有時却好起來了。否認與其他的反應，如憤怒與攻擊，常常是年輕人、中年人，以及年輕的老人（young-old）臨終的典型反應，年老的老人（old-old）通常對他們的死亡都已準備妥當，可能將他們的焦慮，昇華爲幽默的反應，並且期待死亡的來臨。

　　在慢性時期，人們了解，他們的病情，並被死亡所威脅，但仍繼續希望會好轉，當接近死亡時，他們的焦慮逐漸下降，然而，他們可能有其他的情緒出現，諸如孤獨、恐懼受苦、恐懼不知、最後進入終點期，此時病

人已放棄所有康復的希望，焦慮慢慢地消失，他們接受這千眞萬確以及即刻到來的死亡。

　　經過了與200位臨終病人相處的經驗，庫伯樂・羅斯（Kubler-Ross，1969）提出人們接近死亡經歷五個階段，最初臨終的病人否認死亡的可能性，並且說「不！不是我」，同時拒絕相信診斷是眞的；在第二階段，人們變得充滿了憤怒，顯著的反應是「爲什麼是我」，臨終的病人非常憤怒，因爲他的生命是這麼的短，並羨慕健康的人命好；在第三個階段，臨終的病人企圖爲生命討價還價，想要向上帝、醫生、護士，或所愛的人買時間，病人相信只要做好事，如爲教會服務、答應損贈遺體給科學界等，死亡便得以延後；第四個階段是沮喪期，病人不是因健康或職業的失落而沮喪，而是預期會失去一切，包括家人、朋友、所有物而沮喪；最後一個階段是接受期，沮喪與憤怒的情緒遠離了，病人靜靜地期待死、感到平靜，而非焦慮、覺得與世界遠離，旣使在最後一個階段，病人仍抱一線希望，也許一種新實驗的藥可以使病全癒，當這最後的希望死去時，庫伯樂・羅斯說，病人也跟著去了。

　　雖然庫伯樂・羅斯的臨終階段似乎有它的眞實性，這些階段並不是大多數臨終病人都經驗到的（Kastenbaum，1985；Shneidman，1980）。她所建議的階段不是經由訓練的觀察者的統計資料，而是由她自己與臨終病人的密切互動提出的結論。研究者已經發現臨終的人可能只經歷庫伯樂・羅斯所提出的某些階段，或是經歷這些階段，但順序有所不同，或者病人在幾小時或幾分鐘之際來回經歷各種階段，例如在談話中，一個臨終的人不可能與他的朋友非常誠懇地談到他的死亡，然後又宣稱他下星期要出院，並想到找一份工作，的確令他的朋友驚訝；此外在庫伯樂・羅斯的臨終階段中，個別差異的問題也沒有談到，一個人面臨的是那一種的死亡，以及面對死亡的方式，都使得經歷臨終的階段有所不同；同時一個人的性別、文化背景、人格、發展程度、以及環境（是否在家、在加護病房、或安養中心）都與末期疾病的性質相關，使得死亡有所不同。死於心肌梗塞、腦瘤、或氣腫的人有不同的問題，也許對他們命運的反應也不同。

㈢如何死以及在那兒死

大多數的人希望死在家裏，然而在過去幾十年，很少人是死在家裏的，大多數都是死在醫院（Kastenbaum，1980）。由於生命延長、科技進步，維多利亞時代的小說，描述聚集在臨終老人床邊告別家人，並接受祝福的景像已不多見。今天大多數的人死在一個陌生的環境、隔離、被陌生人照顧、且受制於例行的作習常規。通常病人是帶著氧氣罩，插著靜脈注射管，以及各種監示儀器，在昏迷不醒的狀態下延長生命。

1.適當的死亡

當人們在上述的狀態下死亡，他們失去所有對環境的控制，特別是醫護人員不停地試著去挽救一個在臨終歷程終點的病人、最後仍是無效，這樣的死亡剝奪了一個人的尊嚴。當然醫院是盡全力在治療，而且當一個病人去逝，醫療人員可能有罪惡感，並思索假如施以某些額外的治療，可能將臨終的病人起死回生（Perlmutter & Hall，1984）。

很多研究者研究臨終的病人，進而驅策醫院在處理臨終病人的作法上有所改變，衛斯曼（Weisman，1972）相信人們應允許選擇一種適當的死亡（appropriate death），降低醫療的處理，但却是免於痛苦的，並准許病人參與治療的決定，只有告知病人病情，選擇一種適當的死亡才是可行的，然而許多醫生認爲告訴病人即將死亡是很困難的，家人也常常共同參與這種隱瞞。

爲什麼醫生與家人不告訴病人眞象呢？許多醫生認爲病人聽到他們的情況會感到不安，引起憤怒，使他的希望幻滅；此外許多醫生也說，人們並不想知道他們將要死亡；然而柏克（Bok，1978）却指出，欺瞞病人將剝奪他們對死亡方式以及最後幾天如何過的決定，不僅使他們不能有個尊嚴的以及適當的死亡，而且可能阻礙了病人與所愛的人表示深度關係的機會。

許多人都喜歡知道眞象，在一項對癌症病人的研究中，80%的患者希望被告知是否他們的病是致命的（Gilbertsen & Wangensteen，1961）。這些病人感覺知道接近死亡會幫助他們瞭解病情，並使他們心靈平靜，進而安排事情。

當病情眞象被隱瞞，臨終者常常會發覺他們的情況，病人、醫生、醫護人員、以及家人都知道死亡是近了，但都不願談，問題仍然是存在的。雖然隱瞞可維持病人的尊嚴與隱私，但同時也剝奪了他從家人獲得情緒支持，以及阻止病人公開地對死亡的關心；隱瞞病情，而認爲病人終究會復元，這種情形最後都是失敗的，到那時，病人也許是如此的平靜，且接近死亡，以致於所有的親密溝通以及病人去處理最後的事務都不可能了。

在過去二十年，人們已開始強調有需要去控制他們的死亡時間與地方，對這種需要的反應是建立安寧院（hospices），在那裏人們優雅地走完人生的旅程。在安寧院裏，沒有額外的測量儀器是用來延長垂危的生命，沒有輸血、靜脈注射、或氧氣罩、安寧院的目的是爲臨終的人提供一種人道的、有尊嚴的環境。第一所安寧院是聖克里司多福（St Christopher）安寧院，爲三十年前英國的桑德斯（Dame Cicely Saunders, D.C.）所創設，後來加拿大、美國相繼成立。家庭照顧與安寧院照顧是互相合作的，只要可能的話，安寧院的人指導家庭的照顧；不論在家或在安寧院，病人所獲的醫療在於減除痛苦，並使病人清醒，朋友與家人在任何時候都可去看望，安寧院提供病人一種溫暖的，像家一般氣氛的環境，在那兒病人平靜地面臨死亡，沒有給他們的家庭增加照顧的負担。

許多病人已接受即將死亡的事實，但仍對死亡的痛若感到恐懼，然而大多數的不治病人死亡並沒有痛苦，死對老人而言似乎比對年輕人來是容易多了。當死亡的時刻到來時，大多數的人感到逐漸增加昏迷，並不知周圍發生了什麼，有些研究相信當死亡接近時，腦會釋放一種化學物質，使得死亡的剎那感到愉快而不是痛苦（Thomas，1976）。總之，絕大多數人的死亡是沒有痛苦的，而且是平靜地過去。

2.選擇死亡

許多臨終的人相信，當活著充滿了痛苦，或是身體與心理都已相當地無能力時，他們有權選擇死亡。但是因爲這種權利的允許涉及到自殺或謀殺，病人希望死或幫病人死的人常常面臨到法律是否許可的衝突。

安樂死（euthanasia）有消極與積極（Morison，1971）兩種方式：消極的安樂死是醫護人員盡一切力量減除病人的痛苦與不適，但不提供額外的延長生命的測量儀器，生命不是經由機器、藥物、輸血、或靜脈注射

而延長。在安寧院實施這種方式的死亡沒有太大的爭議，但在一般醫院裡，特別是假如醫生已經開始使用各種儀器來延長生命時，却很難做到，是否病人是在意識或昏迷狀態，可能引起「拉去揷頭」（pulling the plug）的問題，緊接著法庭之戰開始。

　　積極的安樂死是使用藥物或一些簡單的方法來催促死亡，結束生命。傾向於積極安樂死的人正不斷增加，在美國，研究者曾問「當一個人生病，不能醫治時，你認爲醫生應被法律允許，在病人與其家人的要求下，以無痛的方法來終止病人的生命？」同意這個建議的百分比，從1950年的36％到1973年的53％，以至於到1977年的63％（Ward，1980）。

　　在荷蘭，積極的、主動的安樂死已經被接受，雖然那是違反荷蘭的法律的（Lines，1986）。醫生以巴比妥（barbiturates）與一種毒質（cur-are，南美土人用以製毒箭之毒質）的混合物，給沒有希望復元以及痛得連藥物都無法控制的病人服用。在荷蘭，人們尋求安樂死必須是在一種完全的意識狀態中，在做決定的每一步過程中，醫生均與家人商量，但仍由病人做決定與簽字，因爲如果本人不能做決定，家人是不被允許做這種要求的。

　　因爲大多數的人都希望對他們死的方式能有所控制，因此很多人在生前，特別是在病人能夠做理性的決定時，寫下了遺囑，這些文件使病人有機會決定他們如何死。文件中特別說明當身體與心理極端地無能力，且復元已不可能時，醫生不使用醫療、人爲的方式，以維持一個人的生命；有的常常要求止痛藥物，既使用了以後可能促使一個人的死亡。同時，這些文件也給醫生與病患家人一些指導，特別是當他們的決定足以影響所愛的人死亡的品質時。

　　安樂死是個爭議的論題，主要的論點在於「無論在任何情境，不可殺人（thou shalt not kill）」（十誠之一），弗勒齊（Fletcher，1974）曾經辯稱：「生育控制（birth control）與死亡控制（death control）均屬生物倫理的（bioethical）問題，生命在子宮與生命在盡頭應被視爲具有同等價值。此言一出又引起了許多哲學的問題；如什麼是人的生命？何時是生命的開始？何時是生命的終了？

參考資料

行政院內政部 (民75) ：中華民國台閩地區人口統計。

林美珍 (民79) ：成人子女對與父母同住關係之研究，教育與心理研究，
12, 61-94

林美珍 (民77) ：祖父母意義、祖孫關係及其影響因素之研究。台北：遠
流出版公司。

林美珍 (民77) ：溫暖親密，相互需求：拉近祖孫間的關係，中央日報，
一月二日，家庭版。

林美珍 (民77) ：老化原因仍無定論，民生報，七月廿七日，家庭版。

林美珍 (民77) ：抗老不易長生不難，民生報，八月三日，家庭版。

陳拱北 (民68) ：台灣的老人問題及其對策之商榷，社會建設季刊，36,
97-101.

Aries, P. (1981). *The Hour of Our Death.* NY: Knopf.

Balkwell, C. (1981). Transition to Widowhood. *Family Relations,* 30,
117-127.

Bengston, V.L., and Cutler, N.E. (1976). Generations and Intergener-
ational Relations. In R.H. Binstock and E. Shanas, (Eds),
Handbook of Aging and the Social Sciences. NY : Van
Nostrand Reinhold.

Bok, S. (1978), *Dying,* NY: Pantheon.

Boyd, R.R. (1969). The Valued Grandparent : A Changing Social
Role. In W. Donahue et al. (Eds.) *Living in A Multigenera-
tion Family.* Ann Arbor : The University of Michigan Press.

Brody, J.A., and Brock, D.B. (1985). Epidemiologic and Statistical
Characteristics of the US Elderly Population. In C.E. Finch
and E.L. Schneider (Eds). *Handbook of the Biology of
Aging.* 2nd. (ed.), NY : Van Nostrand Reinhold.

Butler, R.N. (1975). *Why Survive?* NY: Harper and Row.

Clines, F.X. (1986). Dutch Are Quietly Taking the Lead in Euthanasia. *New York Times.* Oct,31,A4.

Collins, G. (1986). As More Men Retire Early, More Women Work Longer. *New York Times,* Apr,3,CIff.

Cumming, E. and Henry, W. E. (1961), *Growing Old,* NY: Basic.

Ekerdt, D.J., Bosse, R., and Levkoff, S. (1985). An Empirical Test for Phase of Retinement. *Journal of Gerontology,* 40. 95—101.

Erikson, E.H. (1982).*The Life Cycle Completed.* NY: Norton.

Erikson, E.H. (1987). The Father of the Identity Crisis. In E. Hall (Ed.) *Growing and Changing.* NY : Random House.

Erikson, E.H. (1978). Reflections on Dr. Borg's Life Cycle. In E. H. Erikson (Ed.) *Adulthood.* NY: Norton.

Featherman, D.L. (1983). The Life—Span Perspective in Social Science Research. In P.Baltes and O. G. Brim, Jr. (Eds). *Life-Span Development and Behavior,* Vol.5. NY: Academic Press.

Fiske, M. (1980). Tasks and Crises of the Second Half of Life. In J. E. Birren and R. B. Sloane (Eds). *Handbook of Mental Health and Aging,* Englewood Cliffs, NJ : Prentice—Hall.

Fletcher, J. (1974), The Right to Live and the Right to Die. The *Humanist.,* 34, 15.

Fries, J.F., and Crapo, L.M. (1981). *Vitality and Aging.* San Francisco : Freeman.

Gilbertsen, V.A. and Wangensteen, O.H. (1961). Should the Doctor Tell the Patient that the Disease is Cancer? In NY : American Cancer Society. Ed., *The physician and the total care of the Cancer patient.*

Gilford, R., and Black. D. (1972), *The Grandchild—Grandparent Dyad: Ritual or Relationship?* Paper presented at the 25th annual meeting of the gerontological society, San Juan, Puerto Rico.

Glaser, B.G. and Strauss, A.L. (1968). *Time for Dying.* Chicage: Aldine.

Greenhouse, S. (1986). Surge is Prematurely Jobless. *New York Times.* Oct.13.Dlff.

Gutmann, L. (1980). The Post—Parent Years. In W. H. Norman and T. T. Scaramella. (Eds). *Midlife,* NY : Brunner／Mazel.

Hagestad, G., and Speicher, J.C. (1981), *Grandparents and Family Influence:* Views of three Generations. Paper presented at the society for research in child development binnial meeting, Boston.

Harris, L., and Associates. (1981). *Aging in the Eighties.* Washington. DC : Nat'L. Counuil on Aging.

Hoffman, L.W., McManus, K.A., and Brackbill, Y. (1990). The Value of Children to Young and Elderly Parent. *International Journal of Aging and Human Development. vol.25 (4) 309.326.*

Jewett, S. (1973). Longevity and the Longevity Syndrome. *Gerontologist.,* 13, 91-99

Jung, C. G. (1969). *The Structure and Dynamics of the Psyche.* Princeton : Princeton Univ. Pr.

Kalish, R.A., (1976). Death and Dying in a Social Context.— In R.H. Binstock and E. Shanas, (Eds). *Handbook of Aging and the Social Sciences.* NY : Van Nostrand Reinhold.

Kalish, R.A., and Reynolds, D.K. (1976). *Death and Ethnicity.* Farmingdale, NY : Baywood Publishing.

Kastenbaum, R. (1985). Dying and Death.— In J.E. Birren and K.W. Schaie (Eds). *Handbook of the Psychology of Aging.* 2nd (ed), NY : Van Nostrand Reinhold.

Kastenbaum, R. (1980). Death, Dying and Beveavement in Old Age. In H. Cox. (Ed). *Aging,* 2nd ed., Guilford, CT: Dushkin.

Keating, N.C., and Cole, P. (1980). What Do I Do with Him 24 Hours a Day? *Gerontologist,* 20, 84－89.

Kerckhoff. A. (1966). Husband－Wife Expectation and Reactions to Retirement. In I.H. Simpson and J.C. Mckinney. (Eds). *Social Aspects of Aging.* Durham, NC : Duke Unir Pr.

Kübler－Ross, E. (1969). *On Death and Dying.* NY: Macmillan.

Levinson, D.J., Darrow, C.N., Klein, E.B., Levinson, M.H., and Mckee, B. (1978). *The Seasons of A Man's Life.* NY : Knopf.

Litwak, E. (1960). Geographic Mobility and Extended Family Cohesion. *American Sociological Review,* 25(3), 385－394

Lopata, H.Z. (1973). *Widowhood is an American City.* Cambridge : Sohenkman.

Maddox, G.L., and Campbell, R.T. (1985). Scope, Concepts, and Methods in the Study of Aging. In R.H. Binstock and E. Shanas. (Eds). *Handbook of Aging and the Social Sciences* 2nd ed. NY : Van Nostrand Reinhold.

Matlhews, S. H. (1983). *Adolescent Grandchildren's Evaluations of Their Relationships with Their Grandparents.* Paper presented at the annual meeting of the gerontological society of America, San Francisco.

Marshall, V. W. (1980). *Last Chapters.* Monterey, CA : Brooks／Cole.

Mazess, R.B., and Forman, S.H. (1979). Longevity and Age Exaggeration in Vileabamba Ecuador. *Journal of Gerontology.,* 34, 94-98.

Mckeown, T. (1978). Determinants of Health. *Human Nature,* 1, Apr, 60－67.

Medvedev, Z.A. (1974). Caucasus and Altay Longevity. *Gerontologist,* 14, 381－387

Morison, R.S. (1971). Death. *Science,* 173, 694—702.

Moss, M.S., Moss, S. Z., and Moles, E.L. (1985). The Quality of Relationships between Elderly Parents and Their Out of Town Children. *Gerontologist,* 25, 134—140.

Myers, G.C., and Manton, K.G. (1984). Recent Changes in the US Age at Death Distribution. *Gerontologict,* 24, 572—575.

Neugarten, B.L., and Brown—Rezanka, L. (1978). A Midlife Woman in the 1980s.— In US House of Representatives. Select Committee on Aging and Subcommittee on Retirement Income and Employment. *Women in Middlife,* Part 1, 24—28. Washington, DC : US Gov't. Printing Office.

Palmore, E. B. (1970). The Effects of Aging on Activity and Attitudes. In E. Palmore. (Ed). *Normal Aging.* Durham, NC: Duke Univ Pr.

Palmore, E.B., George, L.K., and Fillenbaum, G.G. (1982), Predictors of Retirement. *Journal of Gerontology,* 37, 733—742.

Palmore, E.B., and Jeffers, F.C. (Eds). (1971). *Prediction of Life Span.* Lexington, MA: Heath.

Parnes, H. (1981). *Work and Retirement.* Combridge: MIT Press.

Pattison, E.M. (1977). *The Experience of Dying.* Englewood Cliffs, NJ : Prentice—Hall.

Perlmutter, M. and Hall. E. (1985). *Adult Development and Aging.* NY: Wiley.

Riley, J.W., Jr. (1970). What People Think about Death. In O.B. Brim, Jr., H.E. Freeman, S. Levine, and N.A. Scotch. (Eds). *The Dying Patient.* NY : Russell Sage Found.

Robinson, P.K., Coberly, S., and Paul, C.E.(1985). Work and Retirement. In R.H.Binstock and E. Shanas, (Eds). *Handbook of Aging and the Social Sciences,* 2nd ed., NY : Van Nostrand Reinhold.

Rockstein, M., and Sussman, M. (1979). *Biology of Aging*. Belmont, CA : Wadsworth.

Rose, C.L., and Bell. B. (1971). *Predicting Longevity*. Lexington, MA: Heath.

Shneidman, E.S. (1971), You and Death. *Psychology Today*. ,5, Jun. 43−45.

Shneidman, E.S. (1980). *Death*. 2nd (ed). Palo Alto: Mayfield.

Thomas, L. (1976). A Meliorist View of Disease and Dying. *Journal of Medicine and Philosophy*. 2, 212−221.

U.S. Bureau of the Census. (1986). *Statistical Abstract of the United States*. Washington. DC : US Gov't, Printing Office.

Walford, R.I. (1983). *Maximum Life Span*. NY: Norton.

Ward, R.A. (1980). Age and Acceptance of Euthanasia. *Journal of Gerontology.*, 35, 911−931.

Weisman, A.D. (1972), *On Dying and Denying*. NY: Behavioral Pub.

Wing, S., Manton, K.G., Stallard, E., Hames, C.G., and Tryoler, H.A. (1985). The Black ／ White Mortality Crossover. *Journal of Gorontology,* 40. 78−84

Woodruff, D.S. (1977). *Can You Live to be 100?* NY: Chatham Sq.

Yin, P., and Shine, M. (1985). Misinterpretation of Increases in Life Expectancy in Gerentology Textbooks. *Gerontologist,* 25, 78 −82

中英文對照名詞索引

漢英索引

《六劃》

《 七劃 》

《八劃》

《九劃》

《十一劃》

《十二劃》

《十三劃》

《十五劃》

《十七劃》

英文索引

Aa

Bb

Cc

Ee

Ff

Gg

Hh

Ii

Jj

Kk

Nn

Oo

Uu

國家圖書館出版品預行編目（CIP）資料

發展心理學 / 蘇建文等著. --再版--

臺北市：心理, 1998 （民 87）

面；　公分. --（心理學系列；11004）

ISBN 978-957-702-140-3（平裝）

1.發展心理學

173.6　　　　　　　　　　　　　　87011135

心理學系列 11004

發展心理學

作　　者：蘇建文、林美珍、程小危、林惠雅、幸曼玲、陳李綢、
　　　　　吳敏而、柯華葳、陳淑美
總 編 輯：林敬堯
發 行 人：洪有義
出 版 者：心理出版社股份有限公司
地　　址：231 新北市新店區光明街 288 號 7 樓
電　　話：(02)29150566
傳　　真：(02)29152928
郵撥帳號：19293172　心理出版社股份有限公司
網　　址：http://www.psy.com.tw
電子信箱：psychoco@ms15.hinet.net
駐美代表：Lisa Wu（lisawu99@optonline.net）
印 刷 者：紘基印刷有限公司
初版一刷：1991 年 10 月
二版一刷：1995 年 7 月
二版二十一刷：2019 年 7 月
Ｉ Ｓ Ｂ Ｎ：978-957-702-140-3
定　　價：新台幣 600 元